普通高等院校土木工程类**实用创新型**系列教材

道路勘测设计

（第四版）

主编　张志清

科学出版社

北　京

内 容 简 介

本书全面、系统地介绍了公路与城市道路勘测设计的基本理论与实用方法。主要内容包括绪论，汽车行驶理论，道路平面、纵断面、横断面设计，道路选线与定线，道路平面交叉设计、立体交叉设计，道路排水设计，道路计算机辅助设计，以及公路建设项目的可行性研究和小桥涵勘测设计等。

本书可作为高等院校土木工程专业及交通工程专业的教学用书，也可供从事公路、城市道路的设计和科研人员参考。

图书在版编目(CIP)数据

道路勘测设计/张志清主编. —4版. —北京：科学出版社，2022.7
(普通高等院校土木工程类实用创新型系列教材)
ISBN 978-7-03-067550-7

Ⅰ.①道… Ⅱ.①张… Ⅲ.①道路测量-高等学校-教材 ②道路工程-设计-高等学校-教材 Ⅳ.①U412

中国版本图书馆CIP数据核字(2020)第260346号

责任编辑：任加林/责任校对：马英菊
责任印制：吕春珉/封面设计：耕者设计工作室

科学出版社出版
北京东黄城根北街16号
邮政编码：100717
http://www.sciencep.com

三河市骏杰印刷有限公司印刷
科学出版社发行 各地新华书店经销

*

2005年9月第 一 版 开本：787×1092 1/16
2022年7月第 四 版 印张：28 1/2
2024年8月第二十次印刷 字数：675 000

定价：78.00元

(如有印装质量问题，我社负责调换)
销售部电话 010-62136230 编辑部电话 010-62137026 (HA08)

第四版前言

本教材自2005年9月首次出版以来，经过了两版的修订，已重印多次，发行量超过2万册，“实用创新”的编写理念得到同行的认可。2018年1月1日，《公路路线设计规范》(JTG D20－2017)正式实施。从该规范实施之日起，我们就着手对教材中的相关技术内容进行同步调整，修订工作现已完成。

教育、科技、人才是全面建设社会主义现代化国家的基础性、战略性支撑。本书在编写过程中坚持科技是第一生产力、人才是第一资源、创新是第一动力的思想理念，以坚持为党育人、为国育才的原则，本着培养德智体美各方面全面发展人才的指导思想，全面、系统地介绍了公路与城市道路勘测设计的基本理论与实用方法。

在本次修订过程中，尽量保持了原书编排结构的基本稳定，充分吸收了规范的主要内容，对突出功能在公路设计的主导作用以及总体设计在全过程和全方位的引领作用做了重点修订。为了让学生了解新技术应用，在第十章中，增加了10.8节“BIM在公路行业的应用简介”。修订后教材中的现代道路设计理念得到了进一步提升，现代道路设计理论和方法也不断完善，课堂理论教学内容与工程生产实践的关系也更加协调。

在今后的教学实践中，我们将一如既往地继续聆听兄弟院校师生的意见和建议，将我们团队30多年的教学研究成果不断融入教材之中，进一步提高本教材的编写水平，更好地为土木工程类和交通类高等院校的师生提供“实用创新型”的教学平台。

本书第四版仍由北京工业大学张志清教授担任主编，同济大学朱照宏先生和东北林业大学裴玉龙教授担任主审。

再次感谢同济大学朱照宏先生和潘晓东教授一直以来的热情指导！

本书如有疏漏之处，恳请读者批评指正。

反馈地址：北京工业大学城市交通学院 张志清 邮编：100124

反馈信箱：zhangzhiqing@bjut.edu.cn

第一版前言

1998年7月教育部对本科专业目录进行调整，要求培养宽口径复合型人才，交通土建专业统一以土木工程专业招生。为适应21世纪对人才的需求，顺应高等教育改革的形势，高等院校更加注重培养具备基本素质、基本技能的实用创新型人才。考虑到各类高等院校发展的不平衡及教学时数的紧缩，本教材在新颁布的《公路工程技术标准》及《公路路线设计规范》(JTG D20—2006)的基础上，对以往教材中内容陈旧、明显落后于生产实践的部分进行了删减，同时注意先进性与实用性的协调和新规范、新成果的引用，编写了弹性教学内容，为教学提供了有利于教师主导教学和学生自学的平台。

本书的主要特点是更加注重内容的实用性、知识的先进性和编排的系统性。如第六章"道路选线与定线"，将选线和定线编在一起，突出了道路选定线工作的连贯性，并增加了旧路改扩建设计、特殊地区和不良地质地区道路设计的选定线方法及3S技术在道路选定线中的应用等新的实用内容；第七章"道路平面交叉设计"在编排组织上也有较大改进；增补了第九章的"道路排水设计"，使内容更加全面；第十章"道路计算机辅助设计"较以往有较大更新，特别是对现代化的道路勘测设计方法有较详细的阐述；本书编入的附录，有利于学生在生产实习时作为参考材料。总之，本教材较以往同类教材在"少而精、新而全"诸方面做了努力，力争做到重点突出、实用创新。

对学时分配的建议：总学时不超过64学时，实际讲课48学时，包括需要学生重点掌握的32学时和重点理解的16学时，并结合生产实习，安排16学时自学。在此基础上再安排一定的工程实践课：1.5周的课程设计(包括1周的公路设计和0.5周的城市道路设计)及4周的生产实习。

北京工业大学张志清负责全书的统稿。同济大学道路工程系朱照宏教授对全书进行了详细审阅，并提出了许多宝贵的意见。本教材具体编写分工如下：张志清编写第一章，第六章第6.3节和6.6节，第十章第10.1节，10.2节的10.2.1～10.2.4小节，10.3～10.7节；昆明理工大学周亦唐编写第二、九章；内蒙古工业大学崔亚楠编写第三、四、五章；东北林业大学杨林编写第六章第6.1、6.2、6.4、6.7节；北京建筑工程学院张蕊编写第七、八章；兰州理工大学刘汉青编写第六章第6.5节及附录一；昆明理工大学费维水编写第十章第10.2节的10.2.5小节及附录二。

在编写本教材过程中参考了有关标准、规范和论著，特别是得到同济大学朱照宏教授和潘晓东教授的热情帮助，在此表示衷心的感谢。由于编者水平有限，书中难免有不妥之处，敬请读者批评指正。反馈信箱：zhangzhiqing@bjut.edu.cn。

目　　录

第四版前言

第一版前言

第一章　绪论 …… 1

1.1　交通运输系统组成与道路运输的特点 …… 1

1.1.1　交通运输系统组成 …… 1

1.1.2　道路运输的特点与发展概况 …… 1

1.2　道路的基本组成 …… 4

1.2.1　道路线形 …… 4

1.2.2　结构组成 …… 4

1.2.3　沿线设施 …… 6

1.3　道路的分类、分级与技术标准 …… 8

1.3.1　道路的分类 …… 8

1.3.2　公路分级与技术标准 …… 8

1.3.3　城市道路分级与技术标准 …… 12

1.4　道路勘测设计程序 …… 13

1.4.1　公路基本建设程序 …… 13

1.4.2　公路勘测设计程序 …… 14

1.5　道路勘测设计依据 …… 16

1.5.1　技术依据 …… 16

1.5.2　自然条件 …… 16

1.5.3　交通条件 …… 17

1.5.4　道路网规划 …… 22

1.6　本书研究的主要内容及教学建议 …… 25

1.6.1　本书研究的主要内容 …… 25

1.6.2　本书教学建议 …… 26

思考与习题 …… 26

第二章　汽车行驶理论 …… 27

2.1　概述 …… 27

2.1.1　研究汽车行驶理论的意义 …… 27

2.1.2　汽车在道路上的行驶轨迹 …… 28

2.1.3　汽车的行驶性能 …… 28

2.2　汽车的牵引力与牵引平衡 …… 30

2.2.1　汽车行驶中的受力分析 …… 30

2.2.2　牵引力的产生及传递 …… 32

2.2.3　汽车的行驶阻力 …… 34

2.2.4 汽车的牵引平衡和行驶条件 …… 36

2.2.5 动力性能分析 …… 37

2.3 汽车在道路上行驶的稳定性 …… 39

2.3.1 汽车行驶的纵向稳定性 …… 39

2.3.2 汽车行驶的横向稳定性 …… 41

2.3.3 汽车行驶的纵横组合向稳定性 …… 44

2.4 汽车的制动性能 …… 45

2.4.1 汽车的制动过程分析 …… 45

2.4.2 制动时汽车的运动方程 …… 46

2.4.3 汽车制动性能的评价指标 …… 46

思考与习题 …… 47

第三章 平面设计 …… 49

3.1 概述 …… 49

3.1.1 路线平面的基本线形 …… 49

3.1.2 平面线形设计的基本要求 …… 49

3.2 直线 …… 51

3.2.1 直线的特点 …… 51

3.2.2 直线的运用 …… 52

3.2.3 直线的长度 …… 52

3.3 圆曲线 …… 54

3.3.1 圆曲线的线形特征 …… 54

3.3.2 汽车在圆曲线上的行驶特性 …… 55

3.3.3 圆曲线的半径和长度 …… 57

3.4 缓和曲线 …… 59

3.4.1 缓和曲线的线形作用与特征 …… 59

3.4.2 汽车在缓和曲线上的行驶特性分析 …… 62

3.4.3 缓和曲线的长度及参数的设计标准 …… 63

3.5 平面线形组合设计 …… 68

3.5.1 平面线形设计的一般原则 …… 68

3.5.2 平面线形的组合设计 …… 70

3.6 行车视距 …… 75

3.6.1 视距的定义和种类 …… 75

3.6.2 视距的确定与视距的应用 …… 76

3.7 道路平面设计成果 …… 81

3.7.1 公路路线平面设计图 …… 84

3.7.2 城市道路平面设计图 …… 85

思考与习题 …… 89

第四章 纵断面设计 …… 90

4.1 概述 …… 90

4.1.1 路线纵断面的基本线形 …… 90

4.1.2 路线纵断面线形设计的基本要求 …… 91

4.2　纵坡及坡长设计 …… 91
4.2.1　坡度设计 …… 91
4.2.2　坡长设计 …… 95
4.2.3　缓和坡段 …… 98
4.2.4　其他纵坡标准 …… 98
4.3　竖曲线 …… 100
4.3.1　竖曲线的作用和性质 …… 100
4.3.2　竖曲线的最小半径 …… 100
4.3.3　竖曲线设计 …… 106
4.4　道路平、纵面线形组合设计 …… 108
4.4.1　线形组合设计要点 …… 108
4.4.2　线形组合设计方法 …… 110
4.5　爬坡车道 …… 113
4.5.1　设置爬坡车道的条件 …… 113
4.5.2　爬坡车道的设计 …… 114
4.6　纵断面设计要点与方法 …… 116
4.6.1　纵断面设计要点 …… 116
4.6.2　纵断面设计方法与应注意的问题 …… 117
4.7　城市道路纵断面设计要求及锯齿形街沟设计 …… 119
4.7.1　城市道路纵断面设计要求 …… 119
4.7.2　锯齿形街沟设计 …… 121
4.8　道路纵断面设计成果 …… 123
4.8.1　公路路线纵断面设计图 …… 123
4.8.2　城市道路纵断面设计图 …… 123
思考与习题 …… 126
第五章　横断面设计 …… 127
5.1　概述 …… 127
5.2　道路横断面组成 …… 127
5.2.1　公路横断面组成 …… 127
5.2.2　城市道路横断面组成 …… 135
5.3　行车道宽度 …… 140
5.3.1　公路行车道宽度的确定 …… 140
5.3.2　城市道路的行车道宽度 …… 142
5.4　曲线的超高、加宽与视距保证 …… 144
5.4.1　曲线超高 …… 144
5.4.2　曲线加宽 …… 150
5.4.3　视距保证 …… 155
5.5　道路建筑限界与道路用地 …… 157
5.5.1　道路建筑限界 …… 157
5.5.2　道路用地 …… 161

5.6 横断面设计方法 …… 162
5.6.1 公路横断面 …… 162
5.6.2 城市道路横断面设计 …… 165
5.7 路基土石方数量计算及调配 …… 166
5.7.1 横断面面积计算 …… 166
5.7.2 土石方数量计算 …… 167
5.7.3 路基土石方调配 …… 167
思考与习题 …… 170
第六章 道路选线与定线 …… 171
6.1 概述 …… 171
6.1.1 选线的原则 …… 171
6.1.2 公路选线要求 …… 172
6.1.3 选线的步骤和方法 …… 172
6.1.4 路线方案的比选 …… 173
6.2 不同地形条件下路线走向的选择 …… 179
6.2.1 平原区选线 …… 179
6.2.2 山岭区选线 …… 182
6.2.3 丘陵区选线 …… 200
6.3 特殊地区和不良地质地区路线走向的选择 …… 205
6.3.1 特殊地区道路选线 …… 205
6.3.2 不良地质地区道路选线 …… 208
6.4 定线方法 …… 212
6.4.1 纸上定线 …… 212
6.4.2 实地放线 …… 219
6.4.3 直接定线 …… 232
6.4.4 航测定线 …… 239
6.5 改扩建道路选(定)线设计方法实例分析 …… 243
6.5.1 改扩建道路选(定)线的基本方法 …… 243
6.5.2 提高原路线形标准选(定)线方法实例分析 …… 244
6.6 3S技术 …… 248
6.6.1 3S技术简介 …… 248
6.6.2 3S技术在道路选(定)线中的应用 …… 249
6.7 城市道路网规划 …… 251
6.7.1 城市道路网规划的基本要求 …… 252
6.7.2 城市道路网结构形式 …… 253
6.7.3 城市道路网规划主要技术指标 …… 254
6.7.4 城市道路网规划设计的一般程序 …… 257
思考与习题 …… 259
第七章 道路平面交叉设计 …… 260
7.1 概述 …… 260

7.1.1 交叉口的类型及其适用条件 …… 260
7.1.2 交叉口的交通运行特征分析 …… 263
7.1.3 交叉口设计的基本要求和内容 …… 264
7.2 交叉口的交通组织设计及参数确定 …… 265
7.2.1 车辆交通组织方法 …… 265
7.2.2 行人及非机动车交通组织 …… 269
7.2.3 设计车速、通行能力及车道数的确定 …… 270
7.3 交叉口平面设计 …… 273
7.3.1 交叉口设计的基本原则 …… 273
7.3.2 交叉口的几何设计 …… 274
7.3.3 环形交叉口设计方法和步骤 …… 284
7.4 交叉口的竖向设计 …… 289
7.4.1 交叉口竖向设计的要求和原则 …… 289
7.4.2 交叉口竖向设计的基本类型 …… 290
7.4.3 交叉口竖向设计的方法与步骤 …… 291
思考与习题 …… 300
第八章 道路立体交叉设计 …… 301
8.1 概述 …… 301
8.1.1 立体交叉的组成、分类及适用条件 …… 301
8.1.2 立体交叉设计的基本要求与主要内容 …… 308
8.2 立体交叉的规划与选型 …… 309
8.2.1 立体交叉的布置规划 …… 309
8.2.2 立体交叉的形式选择 …… 311
8.3 立体交叉的主要线形设计 …… 314
8.3.1 主线线形设计 …… 314
8.3.2 匝道的线形设计 …… 315
8.3.3 端部线形设计 …… 325
8.3.4 立体交叉综合设计的方法与步骤 …… 330
思考与习题 …… 331
第九章 道路排水设计 …… 333
9.1 概述 …… 333
9.1.1 道路排水系统 …… 333
9.1.2 城市道路排水系统 …… 334
9.2 公路排水设计 …… 334
9.2.1 公路排水设计的一般要求 …… 334
9.2.2 公路地表排水 …… 335
9.2.3 公路地下排水 …… 340
9.3 城市道路排水设计 …… 341
9.3.1 排水系统的制度 …… 341
9.3.2 城市道路排水设计的一般要求 …… 342

9.3.3　雨水管道及其构造物沿道路的布置 …… 343
9.3.4　雨水管渠水文、水力计算 …… 348
9.3.5　雨水管道计算示例 …… 352
思考与习题 …… 355
第十章　道路计算机辅助设计 …… 356
10.1　概述 …… 356
10.1.1　国外道路 CAD 新技术的现状与发展趋势 …… 356
10.1.2　国内道路 CAD 新技术的开发和应用概况 …… 357
10.1.3　道路 CAD 新技术的发展前景 …… 357
10.2　地形数据的采集与处理 …… 358
10.2.1　地形数据采集的分类与特点 …… 358
10.2.2　地形图数字化采集地形数据 …… 360
10.2.3　全站仪采集地形数据 …… 362
10.2.4　航测数据的采集 …… 363
10.2.5　全球定位系统数据采集 …… 367
10.3　数字地面模型 …… 372
10.3.1　数字地面模型的类型及特点 …… 372
10.3.2　数字地面模型的建立 …… 374
10.3.3　数字地面模型在道路设计中的应用 …… 378
10.4　道路路线计算机辅助设计 …… 378
10.4.1　系统的总体设计 …… 378
10.4.2　路线的平面、纵断面和横断面设计 …… 379
10.4.3　路线设计图表的自动生成 …… 383
10.5　道路透视图的绘制及设计成果的三维动态实时显示 …… 387
10.5.1　道路透视图的绘制 …… 387
10.5.2　道路透视图三维动画实时显示 …… 389
10.6　道路勘测设计一体化 …… 391
10.6.1　现状评述 …… 391
10.6.2　道路勘测设计一体化集成系统 …… 392
10.6.3　道路勘测设计一体化与 GIS …… 394
10.7　国外优秀道路软件简介 …… 395
10.7.1　德国 CARD/1 软件 …… 395
10.7.2　美国 Intergraph 公司的 InRoads 软件 …… 396
10.7.3　英国 MXRoad 软件 …… 396
10.7.4　其他软件简介 …… 396
10.8　BIM 在公路行业的应用简介 …… 397
10.8.1　BIM 概述 …… 397
10.8.2　BIM 应用现状 …… 398
10.8.3　BIM 软件研发与应用现状 …… 399
10.8.4　BIM 标准现状 …… 400
思考与习题 …… 401

参考文献 …… 402
附录一　公路建设项目的可行性研究 …… 403
附 1.1　公路建设项目可行性研究的基本概念 …… 403
附 1.2　公路建设项目可行性研究的编制 …… 403
附 1.3　公路建设项目可行性研究的任务与要求 …… 405
附 1.4　公路建设项目可行性研究的主要内容及编制步骤 …… 406
附 1.5　公路建设项目交通量评价 …… 409
附 1.6　项目经济评价 …… 411
附 1.7　公路建设项目可行性研究编制中应注意的问题 …… 418
附录二　小桥涵勘测设计 …… 419
附 2.1　小桥涵位置和类型的选择 …… 419
附 2.1.1　小桥涵位置选择 …… 419
附 2.1.2　小桥涵类型选择 …… 421
附 2.2　小桥涵设计流量及孔径确定 …… 422
附 2.2.1　水文资料调查及流量计算 …… 422
附 2.2.2　孔径计算 …… 435
附 2.3　小桥涵外业勘测 …… 441
附 2.3.1　桥涵位置测量 …… 441
附 2.3.2　桥涵地质调查 …… 442

第一章　绪　　论

1.1　交通运输系统组成与道路运输的特点

1.1.1　交通运输系统组成

交通运输作为国民经济的基础产业之一，是联系国民经济各领域及城市和乡村、生产和消费的纽带，是推动社会经济发展和人类文明进步的重要因素。

现代交通运输系统是由铁路、公路、水运、航空及管道运输五种方式组成，这些运输方式在技术经济上各有特点。铁路运输对于远程的大宗客货运输具有明显的优势；水运具有通过能力高、运量大、耗能小、成本低的优点，但受自然条件限制大，速度慢；航空运输速度快，但运量小，运价高；管道运输适于运输液态、气态及散装物品，具有连续性强、运输成本低、损耗少、安全性好的特点；道路运输机动灵活，可以实现门到门的运输，覆盖面广，避免中转和重复装卸，是综合交通运输系统中最活跃的一种运输方式。

1.1.2　道路运输的特点与发展概况

1. 道路运输的特点

道路是国家经济和国防建设的基础设施，道路运输是随着人类社会经济和文化活动的发展而逐步发展起来的，是人类社会经济活动的基本条件之一。道路运输在整个交通运输系统中也处于基础地位。社会经济水平和交通运输需求决定着道路交通的发展进程，而道路交通也会制约社会经济和交通运输的发展水平。世界各国国民经济的发展进程无不与道路运输及其发展有着密切的联系。道路运输与其他运输方式相比，主要有以下特点。

1）灵活性。道路运输受固定设施的限制较小，可以自成体系，能够在需要的时间和规定的地点迅速集散货物，而其他运输方式却需要道路运输为其提供集散条件，并通过道路运输来完成。

2）直达性。道路运输能够深入到客货集散点进行直接运输，而不需要中转，可以大大节约时间和费用，减少损耗，对于短途运输，效益更加显著。

3）公益性。道路通达深度广，覆盖面大，可以到达工矿企业、城乡村镇，受益人群多，社会效益良好，容易受到社会各方面的关注和支持。

4）主导性。随着我国道路网的不断改造和完善，特别是大量高速公路的建成通车，道路客货运量在交通运输体系中所占比重处于绝对优势。道路交通的发达程度已经成为衡量一个国家经济实力和现代化水平的重要标志。

5）劣势。由于道路运输单位运量较少，行业服务人员和能源消耗较多，导致运输成本偏高。另外，道路运输对环境污染较大，治理较为困难。

近年来，随着道路等级的逐渐提高，汽车性能的不断改善，以及高新技术在道路运输中的广泛应用,使得道路运输越来越快捷、安全、舒适、方便,道路在国民经济和社会生活中的地位日益提高,道路运输已成为各国广泛采用的一种主要运输方式。

2. 我国道路运输的发展概况

(1) 我国道路发展史

我国的道路建设曾经有过辉煌的时期,有着悠久的历史。早在公元前两千多年前,就有轩辕氏造舟车,到周朝又有"周道如砥,其直如矢"的记载,并将城乡道路按不同等级进行统一规划,修建了从镐京(周朝初年国都,今西安市西南)通往各诸侯城邑的牛马车道路,形成了以都城为中心的道路体系。秦始皇统一六国后,大修驰道,"东穷燕齐,南极吴楚,江湖之上,濒海之观毕至",规模宏大,并颁布"车同轨"法令,使道路建设得到较大发展。西汉时期(公元前 206 年~公元 25 年),汉承秦制,随着城市的兴起和商业的发展,形成了举世闻名的"丝绸之路"。到唐代初步形成了以城市为中心的四通八达的道路网。到清代全国已形成了层次分明、功能较完善的道路系统——"官马大道""大路""小路",分别为京城到各省城、省城至地方重要城市及重要城市到市镇的三级道路。

公元 1886 年,第一辆汽车在德国诞生,开创了公路运输的新纪元。20 世纪初,汽车输入我国,公路开始发展。1906 年在广西友谊关修建了第一条公路。受战争、灾荒及其他因素的影响,到 1949 年全国仅有汽车 5 万辆,公路通车里程 8 万 km。

1949 年以来,我国公路建设取得了巨大的成就,截至 2020 年底,我国已建成公路超过了 510 万 km,约是新中国成立初期的 60 倍。我国高速公路通车里程也达 15.5 万 km,超过美国,成为世界第一。高速公路的发展极大地提高了我国公路网的整体技术水平,优化了交通结构,对缓解交通运输的制约发挥了重要作用。

改革开放以来我国的公路建设取得了巨大成就,但由于公路交通基础薄弱,各地发展极不平衡,公路建设水平与发达国家相比,仍有较大差距,还不能满足国民经济的发展对公路运输的需要,存在的主要问题有以下三点。一是地区发展不平衡,各地路网质量差别较大。二是等级公路比重有待提高。在通车里程中,等级较低的三、四级公路占比较大,部分公路还属"等外公路"。三是服务水平低。由于公路设施不完善,抗灾能力较差,交通量增长迅速,干线公路超负荷运行,平均运行速度低,交通堵塞严重。另外,公路运输市场不规范,公路运输管理较为混乱。因此,在今后相当长的时期内,加快公路建设和加强公路运输管理是我国公路建设的主要任务。

(2) 我国道路规划发展史

为促进我国交通事业的进一步发展,交通运输部按照"统筹规划、条块结合、分层负责、联合建网"的方针,制定了公路水运交通发展长远规划,从"八五"开始用 30 年左右的时间建成公路主骨架、水运主通道、港站主枢纽和交通支持系统,即"三主一支持",使我国的交通运输能够满足国民经济的需要,争取到 2050 年左右实现交通运输现代化。

"三主一支持"中的公路主骨架为国道主干线系统,是由高等级公路组成的快速通道,由"五纵七横"12 条路线形成,总里程约 3.5 万 km,连接直辖市、省会城市、计划单列市、特大城市及重要城市节点。其中的"五纵"是:

1) 由同江经哈尔滨、长春、沈阳、大连、烟台、青岛、连云港、上海、宁波、福州、深圳、广州、湛江、海口至三亚。

2）由北京经天津、济南、徐州、合肥、南昌至福州。

3）由北京经石家庄、郑州、武汉、长沙、广州至珠海。

4）由二连浩特经集宁、大同、太原、西安、成都、内江、昆明至河口。

5）由重庆经贵阳、南宁至湛江。

“七横”是：

1）由绥芬河经哈尔滨至满洲里。

2）由丹东经沈阳、唐山、北京、呼和浩特、银川、兰州、西宁、格尔木至拉萨。

3）由青岛经济南、石家庄、太原至银川。

4）由连云港经徐州、郑州、西安、兰州、乌鲁木齐至霍尔果斯。

5）由上海经南京、合肥、武汉、重庆至成都。

6）由上海经杭州、南昌、长沙、贵阳、昆明至瑞丽。

7）由衡阳经南宁至昆明。

这12条国道主干线将贯通北京和各省市自治区的省会，连接所有城区常住人口超过100万的大城市和93%城区常住人口超过50万的中等城市，串联的城市超过200个，约占全国城市的43%。总长约3.5万km的“五纵七横”国道主干线，在2008年初基本完成，提前13年完成规划目标。

2004年12月完成的《全国高速公路网规划》，计划通过20～30年将建成布局为“7918”的高速公路网络，即7条射线、9条纵线、18条横线，总里程约8.5万km。其中，7条首都至各省会城市的放射线总里程约为1.8万km。规划的国家高速公路网将连接所有现状人口在20万以上的319个城市，包括所有的省会城市以及港澳台地区。“7918”高速公路网具体内容如下。

1）7条放射高速公路线：北京—上海、北京—台北、北京—港澳、北京—昆明、北京—拉萨、北京—乌鲁木齐、北京—哈尔滨。

2）9条南北纵向高速公路线：鹤岗—大连、沈阳—海口、长春—深圳、济南—广州、大庆—广州、二连浩特—广州、包头—茂名、兰州—海口、重庆—昆明。

3）18条东西横向高速公路线：绥芬河—满洲里、珲春—乌兰浩特、丹东—锡林浩特、荣成—乌海、青岛—银川、青岛—兰州、连云港—霍尔果斯、南京—洛阳、上海—西安、上海—成都、上海—重庆、杭州—瑞丽、上海—昆明、福州—银川、泉州—南宁、厦门—成都、汕头—昆明、广州—昆明。

规划后的高速公路网，将形成由中心城市向外辐射以及横贯东西，纵贯南北的大通道，并且实现“东部加密、中部联网、西部连通”的新局面；覆盖人口10多亿；直接服务范围东部地区超过90%、中部地区达到83%、西部地区接近70%；实现东部地区平均30min、中部地区平均60min、西部地区平均120min上高速；连接全国所有省会城市，以及目前城区常住人口超过50万的中等城市和城镇人口超过20万的小城市；连接全国重要的交通枢纽城市；连接重要的对外公路口岸；在环渤海、长三角、珠三角三大都市圈内，形成较为完善的城际高速公路网，并且逐步形成“首都连接省会、省会彼此相通、连接主要地市、覆盖重要县市”的新的高速公路网络。

2013 年 6 月,交通运输部正式公布了《国家公路网规划(2013 年—2030 年)》,在新的规划里国家高速公路网进一步完善,在西部增加了两条南北纵线,成为“71118”网,规划总里程增加到了 11.8 万 km。

改革开放 40 多年来,我国公路交通运输发展取得了历史性成就,网络不断完善,结构不断优化,基本形成了以高速公路为骨架、国省干线公路为脉络、农村公路为基础的全国公路网,发展水平显著提升。公路网规模持续增加,2019 年年底全国公路总里程达到 501 万公里,是 1978 年的 5.6 倍。公路网结构不断优化,截至 2019 年年底,全国高速公路通车里程达到 15 万公里;二级及以上公路里程达 67.2 万公里,是 1979 年的 57 倍,占全国公路总里程的比例由 1.3%提高到 13.4%。

1.2 道路的基本组成

道路是布置在地面供各种车辆行驶的一种线形带状结构物,它由道路线形、结构组成和沿线设施三大部分组成。

1.2.1 道路线形

道路路线是指道路的中线。线形是指道路中线在空间的几何形状和尺寸。中线是一条三维空间曲线,由直线和曲线组成。道路是从平面、纵面和空间三个方面来进行研究的。道路线形设计包括平面线形设计、纵面线形设计和空间线形(又称为平、纵组合线形)设计三个部分。

1.2.2 结构组成

道路的结构组成主要包括路基、路面、桥涵、隧道、交叉工程、排水系统、防护工程、特殊构造物等。

(1) 路基

路基是道路行车部分的基础,是由土、石按照一定尺寸和结构要求所构成的带状土工构造物。路基横断面构成如图 1.1 所示。路基横断面有路堑、半填半挖路基、路堤三种基本形式,如图 1.2 所示。

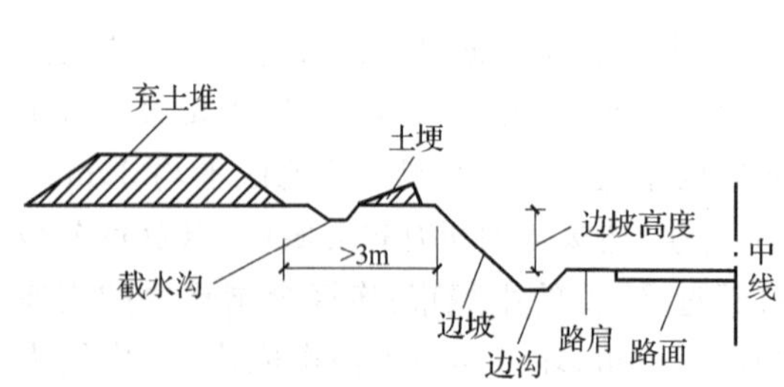

图 1.1 路基横断面构成

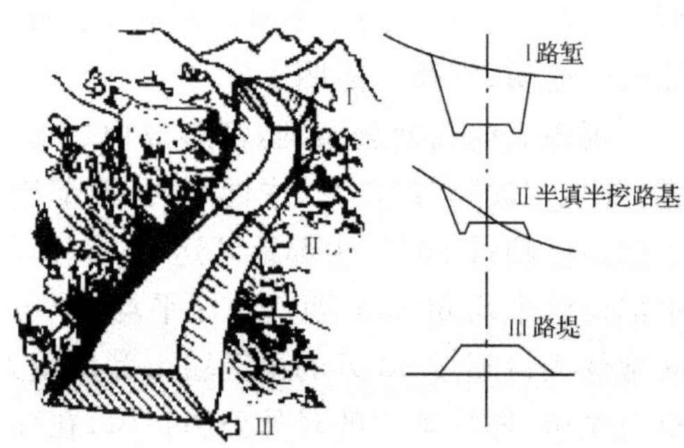

图 1.2 路基断面形式

1）路堤，也称填方路基，指路线高于天然地面时填筑而成的路基。

2）路堑，也称挖方路基，指路线低于天然地面时开挖而成的路基。

3）半填半挖路基是介于上述两者之间的路基。

路基是路面的支撑体，其结构必须稳定、坚实并符合规定的尺寸，可以承受汽车荷载的作用，并防止水分及其他自然因素对路基本身的侵蚀和损害。

（2）路面

路面是路基顶面用各种材料分层铺筑而成的结构层。路面应具有足够的强度、平整度和粗糙度，可以保证汽车以一定的速度安全、舒适地行驶。

路面按其材料组成、结构强度和使用品质分为高级、次高级、中级和低级路面。其按力学性质分为柔性路面和刚性路面。

（3）桥涵

公路跨越河流、沟谷和其他障碍物时所使用的构筑物称为桥涵。如图 1.3 所示，当构筑物的标准跨径 $L_k \geqslant 5m$、多孔跨径 $L \geqslant 8m$ 时为桥梁，否则称为涵洞。

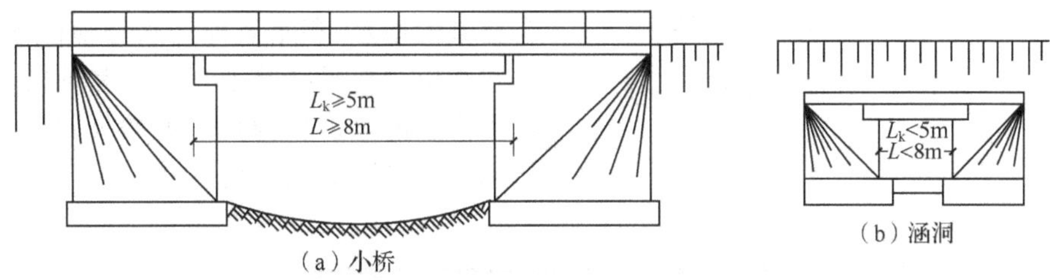

图 1.3 桥梁和涵洞

（4）隧道

隧道是公路穿过山岭、置于地层内或地面下的结构物，包括隧道、明洞和半隧道。利用隧道可使公路缩短里程，降低公路越岭线纵坡，在军事上还具有隐蔽性，如图 1.4 所示。

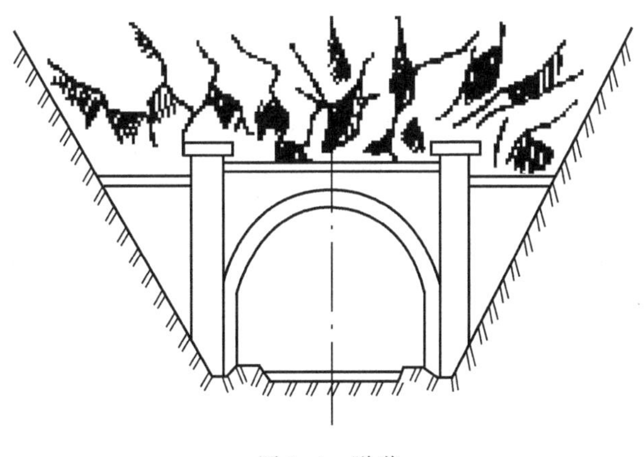

图 1.4 隧道

（5）交叉工程

交叉工程包括公路与公路、公路与铁路及公路与管线的交叉。公路与公路及公路与铁路相交可采用平面交叉或立体交叉(包括互通式立体交叉、分离式立体交叉)两种形式;公路与管线交叉时,一般采用留净空和横向间距的办法以保证各种管线不致侵入公路建筑界限内。

(6) 排水系统

为了确保路基稳定,避免水的侵蚀,公路还应修建排水系统。公路排水系统按其排水方向有纵向排水系统和横向排水系统。

纵向排水系统常见的有边沟、截水沟、排水沟等。

横向排水系统常见的有路拱、桥涵、透水路堤、过水路面、渡槽等。图 1.5 展示了部分横向排水系统。

道路排水系统按其排水位置不同分为地面排水和地下排水。地面排水主要是排除危害路基的雨水、积水及外来水等地面水;地下排水系统主要是排除地下水和其他需要通过地下排除的水。盲沟是常见的公路地下排水结构物,如图 1.6 所示。

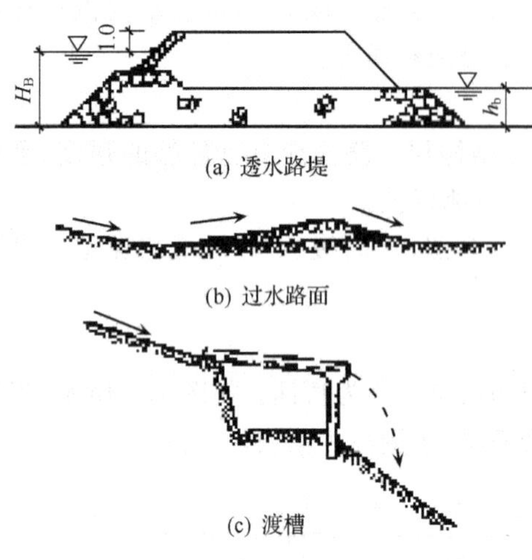

图 1.5 横向排水系统

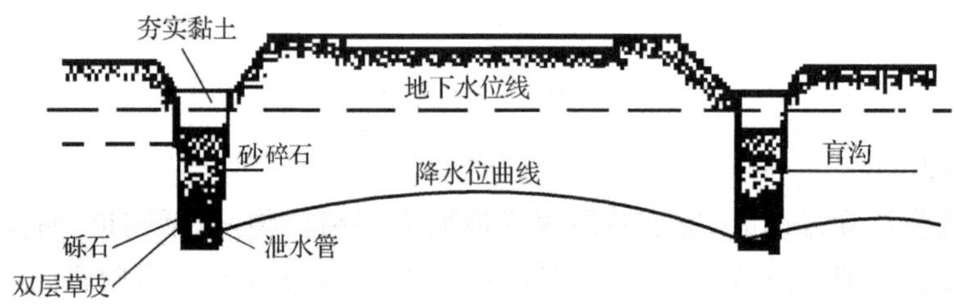

图 1.6 盲沟

(7) 防护工程

防护工程是在陡峭山坡上或沿河一侧,为保证路基的稳定,加固路基边坡所修建的构造物。常见的路基防护工程包括填石路基、砌石护坡、挡土墙、护脚、护面墙等,如图 1.7 所示。

(8) 特殊构造物

在山区地形、地质特别复杂路段,为了保证公路连续、路基稳定,有时需要修建一些特殊构造物,如悬出路台、半山桥、明洞等,如图 1.8 所示。

1.2.3 沿线设施

公路除线形组成和结构组成外,为了保证行车安全舒适,增进路容美观,还需设置各种沿线设施,主要有以下几种。

(1) 交通安全设施

交通安全设施是指为保证行车和行人安全,充分发挥公路的作用而设置的设施,如跨

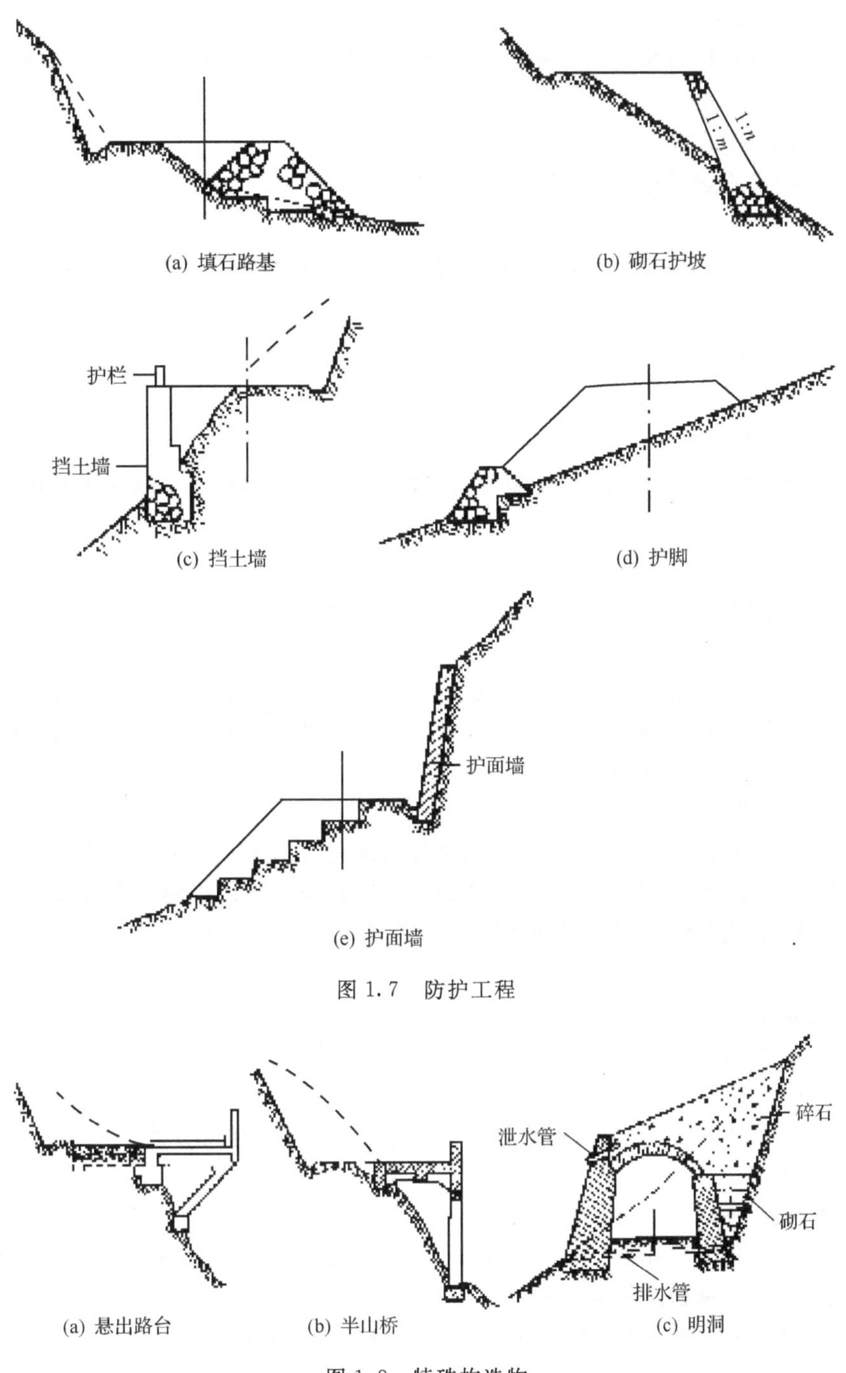

(a) 填石路基 (b) 砌石护坡

(c) 挡土墙 (d) 护脚

(e) 护面墙

图 1.7 防护工程

(a) 悬出路台 (b) 半山桥 (c) 明洞

图 1.8 特殊构造物

线桥、地道、信号灯、护栏、防护网、照明设施、反光标志等。

(2) 交通管理设施

交通管理设施是指为保证良好的交通秩序,防止事故发生而设置的各种设施,如各种公路标志、紧急电话、可变(或不可变)情报板、监控装置等。

(3) 交通服务设施

交通服务设施是指为驾驶员和乘客提供各种服务的设施,如加油站、维修站、停车场、食宿点等。

(4) 其他沿线设施

其他沿线设施如绿化、小品建筑及装饰等。

1.3 道路的分类、分级与技术标准

1.3.1 道路的分类

1. 道路的定义

道路是供各种车辆(除轨道交通)和行人通行的工程设施,是行人和车辆行驶用地的统称。

2. 道路的分类

道路按其使用特点分为公路、城市道路、林区道路、厂矿道路、乡村道路等。

(1) 公路

公路是指连接城市、乡村和工矿基地,主要供汽车行驶,具有一定技术指标和工程设施的道路。公路按其功能和性质可分为国家干线公路(简称国道)、省级干线(简称省道)、县级公路(简称县道)、专用公路等。

(2) 城市道路

城市道路是指在城市范围内,供车辆及行人通行且具有一定技术条件和工程设施的道路。城市道路除了为城市的各种交通服务外,还是城市规划布局的骨架,同时还有为城市通风、采光、防火及绿化提供场地的作用。

(3) 林区道路

林区道路是指修建在林区,主要供各种林业运输工具通行的道路。由于林区地形及木材运输的特殊性,其技术要求应按相应的《林区公路工程技术标准》(LYJ 5014—1998)执行。

(4) 厂矿道路

厂矿道路是指主要为工厂、矿山运输车辆通行的道路,通常分为厂内道路、厂外道路及露天矿山道路。

(5) 乡村道路

乡村道路是指修建在乡村、农场,主要供行人及各种农业运输工具通行的道路。乡村道路一般不列入国家公路等级标准。

由于各类道路所处位置、功能和性质均不相同,在设计时所遵循的标准也各不相同。通常的道路主要分为两大类:公路与城市道路。

1.3.2 公路分级与技术标准

1. 公路分级

为了适应不同地区经济发展的需要,充分满足路网规划和建设功能的要求,公路必须

分等级规划和建设。

2014年交通运输部发布的《公路工程技术标准》(JTG B01—2014)将公路分为高速公路、一级公路、二级公路、三级公路及四级公路五个技术等级。在公路建设时，应根据国家和地区路网结构与规划地区特点、交通特性和建设目标等综合分析公路网中的地位和作用，论证确定公路功能；应根据公路功能，结合交通量及建设条件综合论证确定公路的技术等级。首先，同一公路项目可根据功能和交通量变化，论证分段采用不同的技术等级；其次，以技术等级为主，结合地形条件选用设计速度，并由设计速度控制路线平纵设计；最后，根据公路功能、等级、设计速度，结合交通量、地形条件、通行能力等因素综合考虑选用车道数、横断面各组成部分的尺寸、各类构造物的技术指标或参数、各类设施的配置水平等。

公路按照功能分为干线公路、集散公路和支线公路。干线公路分为主要干线公路和次要干线公路。集散公路分为主要集散公路和次要集散公路。

公路功能是指公路在路网中为出行提供连续直达、汇集疏散和出入便捷的服务功能，按照干线公路、集散公路和地方公路的顺序其机动性依次递减，通达性依次递增。

1）高速公路。单向最少设置两个车道，对允许进入的车辆进行限制，设置中央分隔带分隔对向交通，采用立交接入等措施全部控制出入，完全排除纵横向干扰、保障机动性，是通行效率最高且最安全的公路。

2）一级公路。单向至少设置两个车道，根据功能需要采取不同程度的控制出入。其功能如下。

① 干线功能：公路抗横向干扰能力与高速公路相比略有降低，应采用部分控制出入，保证其快速大容量及安全的服务能力。

② 集散功能：需要兼顾机动性与接入性，纵向、横向干扰均有增加，应采取接入管理措施设置慢车道和非机动车道，减少纵横向干扰。

3）二级公路。为跨区域出行服务，开放出入口，但在行车道内供单一汽车交通的双车道公路。

4）三、四级公路。为当地居民出行服务，行车道内供汽车、非汽车交通混合行驶的双车道公路。

2. 公路技术标准

公路技术标准是指在一定的自然环境条件下，能保持车辆正常行驶所采用的技术指标体系。其具体是指在设计和施工时对公路路线和构造物的几何形状、结构组成及技术性能的要求，将这些要求用指标和条文的形式确定下来即形成公路工程的技术标准。它反映了我国公路建设的技术方针，是公路设计和施工的基本依据和准则，是法定的技术要求，必须遵守。各级公路的技术标准是由其技术指标体现的，部分技术指标汇总见表1.1。

表1.1　各级公路部分技术指标汇总

公路等级	设计速度/(km/h)	车道数/条	车道宽度/m	停车视距/m	最大纵坡/%	最小坡长/m	车辆荷载
高速公路	120	≥4	3.75	210	3	300	公路-Ⅰ级

续表

公路等级	设计速度/(km/h)	车道数/条	车道宽度/m	停车视距/m	最大纵坡/%	最小坡长/m	车辆荷载
高速公路	100	≥4	3.75	160	4	250	公路-Ⅰ级
	80		3.75	110	5	200	
一级公路	100	≥4	3.75	160	4	250	公路-Ⅰ级
	80		3.75	110	5	200	
	60		3.50	75	6	150	
二级公路	80	2	3.75	110	5	200	公路-Ⅰ级
	60		3.50	75	6	150	
	40		3.50	40	7	120	
三级公路	40	2	3.50	40	7	120	公路-Ⅱ级
	30		3.25	30	8	100	
高速公路	30	2(1)	3.25	30	8	100	公路-Ⅱ级
	20		3.00	20	9	60	

注:高速公路和一级公路应根据公路功能、设计交通量确定公路基本路段的车道数,车道数增加时应按双数增加。

各级公路的技术标准是根据路线在公路网中的性质和任务、设计交通量、交通组成、设计速度及路线所处的地形和其他自然条件所确定的。设计速度是技术标准中最重要的指标,它对公路的几何形状、工程费用和运输效率影响最大。路线的设计速度是在综合考虑规划路线的功能、性质及所处环境等因素的基础上,根据国家的技术政策而确定的。

1)高速公路设计速度不宜低于100km/h,受地形、地质等条件限制时,可以选用80km/h。

2)作为干线的一级公路,设计速度宜采用100km/h;受地形、地质等条件限制,可采用80km/h。作为集散的一级公路,设计速度宜采用80km/h;受地形、地质等条件限制,可采用60km/h。

3)高速公路和作为干线的一级公路的特殊困难局部路段,且因新建工程可能诱发工程地质病害时,经论证,该局部路段的设计速度可采用60km/h,但长度不宜大于15km,或仅限于相邻两互通式立体交叉之间的路段。

4)作为干线的二级公路,设计速度宜采用80km/h;受地形、地质等条件限制,可采用60km/h。作为集散的二级公路,设计速度宜采用60km/h;受地形、地质等条件限制,可采用40km/h。

5)三级公路设计速度宜采用40km/h;受地形、地质等条件限制,可采用30km/h。

6)四级公路设计速度宜采用30km/h;受地形、地质等条件限制,可采用20km/h。

7)改扩建公路应采用改扩建后的公路技术标准和指标,对于利用原有公路的路段,因提高设计速度可能诱发工程地质病害、增加工程造价或对环境保护、文物有不利影响时，经论证该局部路段可维持原设计速度和指标，但高速公路长度不宜大于15km，一级、二级公路长度不宜大于10km，且不应降低技术等级。

运行速度综合考虑了驾驶行为、心理、视觉需求。汽车性能特征、线形几何要素，显著提升路线协调性、一致性和安全性。《公路路线设计规范》(JTG D20—2017)明确规定公路设计应运用运行速度法，对路线设计、几何指标和线形组合设计进行分析检验，检验运行速度的协调性和一致性。相邻路段运行速度之差应小于20km/h，同一路段运行速度与设计速度之差宜小于20km/h。同时，二级及二级以上的干线公路应在设计时进行交通安全评价，其他公路在有条件时也可进行交通安全评价。

3. 公路等级的选用

公路等级的选用应根据路网规划、公路功能、交通量，并充分考虑项目所在地区的综合运输体系、远期发展等，经论证后确定。确定一条公路的等级，应首先确定该公路的功能，是干线公路，还是集散公路，即属于直达还是连接，以及是否需要控制出入等，根据预测交通量初拟公路等级；然后再结合地形、交通组成等，确定设计速度和路基宽度。

一级公路具备两种功能，作为干线公路时，应以保证较高的运行速度和安全为目标，为此需采取措施以减少纵、横向干扰；作为集散公路时，为了发挥汇流和疏散车辆的功能，或适当降低服务水平，采用相对较低的设计速度，允许一定的干扰。当一级公路的非汽车交通量大时，应在纵向予以分隔。

当预测的设计交通量介于一级公路与高速公路之间时，应结合公路功能予以考虑。若拟建公路为干线公路，则提倡适度超前，宜选用高速公路；拟建公路为集散公路，宜选用一级公路。

干线公路宜选用二级及二级以上公路。三级、四级公路是为满足通达要求和接入服务的支线公路，允许混合交通，可采用较低的设计速度和服务水平。

合理划定设计路段长度，恰当选择不同设计路段的衔接地点，处理好衔接处前后一定长度范围内的线形设计。一条公路，可分段选用不同的公路等级或同一公路等级不同的设计速度、路基宽度，但不同公路等级、设计速度、路基宽度间的衔接应协调，过渡应顺适。在相互衔接处前后一定长度范围内，主要技术指标应逐渐过渡，避免产生突变，设计速度高的一端采用较低的平、纵技术指标，反之则应采用较高的平、纵技术指标，以使平纵线形技术指标较为均衡。变更地点原则上选在交通量发生较大变化或驾驶员能够明显判断前方需要改变行车速度处，高速公路、一级公路宜设在互通式立体交叉或平面交叉处；二级、三级、四级公路宜设在交叉路口、桥梁、隧道、村镇附近或地形明显变化处。同时还应考虑设计速度差异的协调、运行速度与设计速度差异的协调，其目的是保证运行的安全与顺畅，应能引导驾驶员提前意识到前方的变化以便采取相应措施。

按照公路的使用任务、功能和远景交通量可分段采用不同的公路等级，或同一公路等级不同设计速度,但相邻设计路段的设计速度之差不宜超过 20km/h。

设计速度相同的区段为同一设计路段,同一设计速度的设计路段长度不宜过短,线形技术指标应尽量保持相对均衡。两相邻不同设计路段之间其技术指标应逐渐变化,按不同设计速度设计的各路段长度不宜过短,高速公路不宜小于 15km;一级公路、二级公路不宜小于 10km。

《公路工程技术标准》(JTG B01—2014)首次提出特殊地区高速公路建设标准和指标的概念,并规定:第一,特殊地区是指戈壁、沙漠、草原等小交通量地区,其中小交通量是指年平均日交通量为 1.5 万辆以下;第二,特殊地区的高速公路分离式断面路段可采用横向分期分幅修建,先期建成的一幅按双向通车时,应按二级公路通车条件进行管理,设计速度不应大于 80km;第三,对于地广人稀、小交通量的戈壁、沙漠、草原以及处于交通末端的地区高速公路分离式断面路段利用现有二级公路改建为一幅时,其设计洪水频率可维持原标准不变,并应设置完善的标志、港湾式紧急停车带等安全设施;第四,沙漠、戈壁、草原等地区小交通量高速公路右侧硬路肩部分的面层可分期修建,但在分期修建实施前,应采取技术措施对右侧硬路肩面进行处理,保证交通安全;第五,受地形、地物等条件限制路段路肩宽度可论证采用“最小值”;第六,当沿线城镇分布稀疏,水、电等供给困难时,可增大服务区间距;第七,小交通量高速公路的监控设施,可以采用分段监控的模式,实施全线重点监控、动态信息发布和交通诱导。

1.3.3 城市道路分级与技术标准

1. 城市道路分级

按照道路在城市道路网中的地位、交通功能及对沿线建筑物及车辆和行人进出的服务功能,我国目前将城市道路分为四个等级。

1) 快速路。快速路应为城市中大交通量、长距离、快速交通服务。一般在特大城市或大城市中设置,主要联系市区各主要地区、市区和主要的近郊区、卫星城镇、主要对外公路等。快速路对向车行道之间应设中间分车带,其进出口应采用全控制或部分控制。

快速路两侧不应设置吸引大量车流、人流的公共建筑物的进出口。两侧一般建筑物的进出口应加以控制。

2) 主干路。主干路应为连接城市各主要分区的干路,以交通功能为主,负担城市的主要客货运交通。自行车交通量大时,宜采用机动车与非机动车分隔形式,如三幅路或四幅路。

主干路两侧不应设置吸引大量车流、人流的公共建筑物的进出口。

3) 次干路。次干路应与主干路结合组成道路网,起集散交通的作用,兼有服务功能。次干路两侧可设置公共建筑物的进出口,并可设置机动车和非机动车的停车场、公共交通站点及出租车服务站等。

4) 支路。支路应为次干路与街坊路的连接线,解决局部地区交通,以服务功能为主。

支路是地区通向干道的道路，但不得与快速路直接相接。

2. 城市道路技术标准

城市各级道路的主要技术指标列于表1.2。

表1.2 各级城市道路主要技术指标

道路等级	设计速度/(km/h)		
快速路	100	80	60
主干路	60	50	40
次干路	50	40	30
支路	40	30	20

在选定城市道路的分级标准时，受地形限制的山城可降低标准，特殊发展的省会、自治区首府所在地的中小城市其道路等级可根据实际情况提高标准。改建道路根据地形、地物限制、房屋拆迁、占地等具体情况，选用表1.2中适当的道路等级。有特殊情况需变更级别时，应做技术经济论证，报规划审批部门批准。

城市道路交通量达到饱和状态时的设计年限，《城市道路工程设计规范(2016年版)》(CJJ 37—2012)规定：快速路、主干路应为20年；次干路应为15年；支路应为10～15年。

1.4 道路勘测设计程序

1.4.1 公路基本建设程序

公路工程作为国民经济基本建设项目，其建设全过程包括公路网规划、公路勘测设计、公路施工及养护四个环节。

根据我国《公路工程基本建设管理办法》(1983年2月17日交通部发布)规定，公路基本建设程序为：

1) 根据长远规划或项目建议书，进行可行性研究。
2) 根据可行性研究，编制计划任务书(也称设计任务书，下同)。
3) 根据批准的计划任务书，进行现场勘测，编制初步设计文件和概算。
4) 根据批准的初步设计文件，编制施工图和施工图预算。
5) 列入年度基本建设计划。
6) 进行施工前的各项准备工作。
7) 编制实施性施工组织设计及开工报告，报上级主管部门核备。
8) 严格执行有关施工的规程和规定，坚持正常施工秩序，做好施工记录，建立技术档案。
9) 编制竣工图表和工程决算，办理竣工验收。

公路工程基本建设程序框架图如图1.9所示。

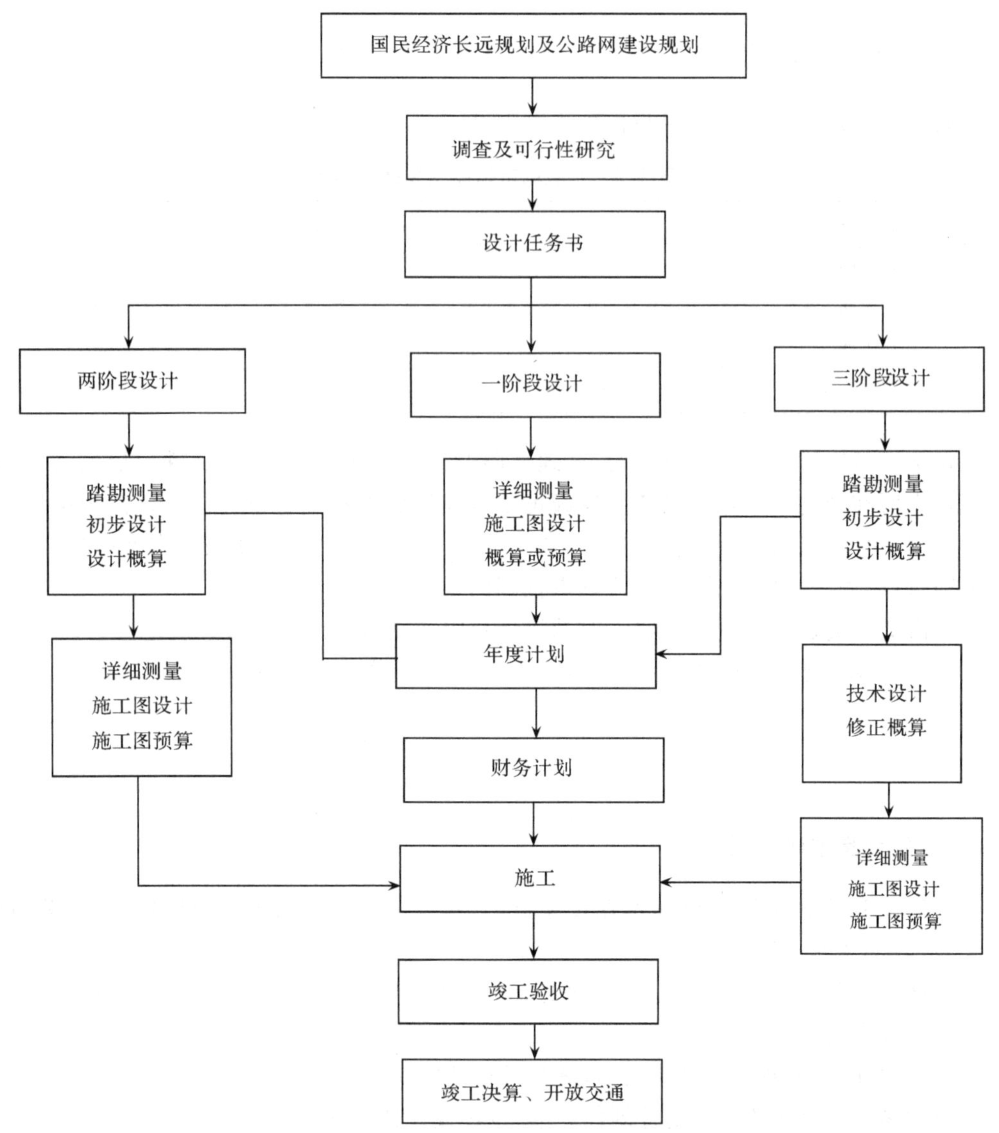

图 1.9 公路工程基本建设程序

1.4.2 公路勘测设计程序

1. 工程可行性研究

工程可行性研究是基本建设前期工作的一项重要内容,是基本建设程序的组成部分,是建设项目立项和编制设计任务书的主要依据。公路工程可行性研究的任务:在对地区社会、经济发展及路网状况进行充分调查研究、评价预测和必要的勘测工作的基础上,对项目建设的必要性、经济合理性、技术可行性、实施可能性等方面进行综合性的研究论证,推荐最佳方案,进行投资估算和经济评价,为建设项目的决策和审批提供科学的依据。

公路建设项目可行性研究报告的主要内容包括以下几个方面内容。

1）概述（或总论），包括建设任务的依据、历史背景、研究范围、主要内容及研究的主要结论等。

2）现有公路技术状况评价，包括区域运输网现状和存在的问题、拟建公路在区域运输网中的作用、现有公路技术状况及适应程度等。

3）经济与交通量发展预测，包括项目所在区域经济特征、经济发展与公路运量、交通量的关系、交通量的发展预测。

4）建设规模与标准，包括项目建设规模和采用的等级及其主要技术指标。

5）建设条件和方案比选，包括调查沿线自然条件和社会条件、进行方案比选、提出推荐方案走向及主要控制点和工程概况，对环境影响做出分析并编制环境影响评价报告。

6）投资估算与资金筹措，包括主要工程数量、公路建设与拆迁、投资估算与资金筹措等。

7）工程建设实施计划，包括勘测设计和工程施工的计划与要求、工程管理和技术人员的培训等。

8）经济评价，包括运输成本等经济参数的确定，建设项目的直接经济效益和费用的估算、进行经济评价敏感性分析、建设项目的间接经济效益分析。对于贷款项目还要进行项目的财务评价。

根据上述研究结果，通过综合分析评价，提出技术先进、投资少、效益好的建设方案。

2. 设计任务书

公路施工前的勘测设计工作是根据批准的设计任务书及有关标准、规范进行的。设计任务书是由提出计划的主管部门下达或由下级单位编制后再按规定上报审批。设计任务书应根据批准的工程可行性研究报告进行编制。设计任务的基本内容包括八个方面。

1）建设依据和意义。

2）建设规模和性质。

3）路线基本走向和主要控制点。

4）工程技术标准和主要技术指标。

5）设计阶段及各阶段完成时间。

6）建设期限和投资估算，对分期修建项目应提出每期的建设规模和投资估算。

7）施工力量的原则安排。

8）附路线示意图、工程数量、钢材、木材、水泥用量和投资估算表。

设计任务书经上级主管部门批准后，如对建设规模、期限、技术等级和标准及路线基本走向等重大问题有变更时，应报原批准机关审批。

3. 勘测设计阶段

公路勘测设计应根据项目的性质和要求分阶段进行。根据《公路工程基本建设项目设计文件编制办法》（交公路发〔2007〕358 号）规定，公路工程基本建设项目可以采用一阶段设计、两阶段设计或三阶段设计。

初步设计应根据批准的设计任务书(或勘测设计合同)和初测资料编制。

(1) 一阶段设计

对于技术简单、方案明确的小型建设项目,可以采用一阶段设计,即根据批准的设计任务要求,一次作详细测量并编制施工图设计文件。

(2) 两阶段设计

公路工程基本建设项目,一般应采用两阶段设计,即初步设计和施工图设计。

1) 第一阶段(初步设计)。根据批准的设计任务书,进行踏勘测量,并编制初步设计文件。其主要任务是:选定设计方案、计算工程数量和主要材料数量、提出施工方案、编制设计概算并提供方案说明和有关的图表资料。初步设计在选定方案时,应对路线的走向、控制点和方案进行现场核查,征求沿线地方政府和建设单位的意见,基本落实路线布置方案。一般应进行纸上定线,并赴实地核对,落实并放出必要的控制线位桩。对复杂困难地段的路线、互通式立体交叉、隧道、特大桥、大桥的位置等,一般应选择两个或两个以上的方案,进行同深度、同精度的勘测设计工作和方案比选,提出推荐方案。

2) 第二阶段(施工图设计)。根据批准的初步设计和审批意见,进行详细测量,并编制施工图设计文件。其主要任务是:对审定的设计原则、设计方案、技术决定进一步具体化,最终确定各项工程数量和尺寸,提出文字说明,提供满足施工需要的图表资料及施工组织计划,并编制施工图预算。

(3) 三阶段设计

对于技术上特别复杂而又缺乏经验的建设项目或建设项目中的个别路段、特殊大桥、互通式立交、隧道等,必要时应采用三阶段设计,即初步设计、技术设计和施工图设计。其中的技术设计主要是对重大而又复杂的技术难题通过科学试验、专题研究,加深勘探调查及分析比较,解决初步设计中未能解决的问题,落实技术方案,计算工程数量,提出修正的施工方案,修正设计概算。其深度介于初步设计和施工图设计之间。

1.5 道路勘测设计依据

1.5.1 技术依据

道路勘测设计的主要技术依据有《公路路线设计规范》(JTG D20—2017)、《公路工程技术标准》(JTG B01—2014)、《公路勘测规范》(JTG C10—2007)、《城市道路工程设计规范(2016 年版)》(CJJ 37—2012)、《城市综合交通体系规划标准》(GB/T 51328—2018)、《林区公路路线设计规范》(LYJ 113－1992)、《厂矿道路设计规范》(GBJ 22—1987)、《公路工程基本建设项目设计文件编制办法》(交公路发〔2007〕358 号)等。

1.5.2 自然条件

影响道路的自然因素主要有地形、气候、水文、地质、土壤及植被等。这些自然因素主要影响道路等级和设计速度的选用、路线方案的确定、路线平纵横几何形状、桥隧等构造物的位置和规模、工程数量和造价等方面。其中,地形决定了选线条件,并直接影响道路的技术标准和指标的选取;气候状况直接或间接地影响地面水及地下水位高度、路基水温状况以及泥泞期、冬季积雪和冰冻期等路面使用质量;水文情况决定排水结构物的数量和大小,水文地质情况决定了含水层厚度和位置、地基或边坡的稳定性;地质构造决定了地基和路基附近岩层的稳定性，决定有无滑坍、碎落和崩坍的可能，同时也决定了土石方工程施工难易程度和筑路材料的质量；土是路基和路面基层的材料，它影响路基形状和尺寸，也影响路面类型和结构的确定；地面的植物覆盖影响暴雨径流、水土流失程度，经济种植物还影响到路线的布设。

1.5.3 交通条件

1. 设计车辆

作为道路设计依据的车型为设计车辆。车辆的几何尺寸、质量、性能等，直接关系到行车道宽度、弯道加宽、道路纵坡、行车视距、公路净空、路面及桥涵荷载等，因此设计车辆的规定及采用对确定公路几何尺寸和结构具有重要的意义。应根据公路功能、交通组成、车型比例，确定设计车辆。

道路上行驶车辆的种类很多，按使用功能及外廓尺寸的不同，对公路和城市道路的设计车辆在《公路工程技术标准》(JTG B01—2014)和《城市道路工程设计规范(2016年版)》(CJJ 37—2012)中都做了明确的规定。

(1) 公路设计车辆

公路机动车设计车辆外廓尺寸见表1.3。

表1.3 公路机动车设计车辆外廓尺寸 (单位:m)

车辆类型	总长	总宽	总高	前悬	轴距	后悬
小客车	6.0	1.80	2	0.8	3.8	1.4
大型客车	13.7	2.55	4	2.6	6.5+1.5	3.1
铰接客车	18.0	2.50	4	1.7	5.8+6.7	3.8
载重汽车	12.0	2.50	4	1.5	6.5	4.0
铰接列车	18.1	2.55	4	1.5	3.3+11.0	2.3

注：铰接列车的轴距(3.3+11.0)m；3.3m为第一轴至铰接点的距离，11.0m为铰接点至最后轴的距离。

(2) 城市道路设计车辆

我国城市道路机动车设计车辆外廓尺寸见表1.4。

表1.4 城市道路机动车设计车辆外廓尺寸 (单位:m)

车辆类型	总长	总宽	总高	前悬	轴距	后悬
小客车	6	1.8	2.0	0.8	3.8	1.4
大型车	12	2.5	4.0	1.5	6.5	4.0
铰接车	18	2.5	4.0	1.7	5.8+6.7	3.8

注：1) 总长是指车辆前保险杠至后保险杠的距离；
2) 总宽是指车厢宽度(不包括后视镜)；
3) 总高是指车厢顶或装载顶至地面的高度；
4) 前悬是指车辆前保险杠至前轴轴中线的距离；
5) 后悬是指车辆后保险杠至后轴轴中线的距离；
6) 轴距是指双轴车时，为从前轴轴中线至后轴轴中线的距离；铰接车时分别为前轴轴中线至中轴轴中线、中轴轴中线至后轴轴中线的距离。

(3) 非机动车设计车辆

我国非机动车设计车辆外廓参考尺寸见表1.5。

表1.5 非机动车设计车辆外廓参考尺寸 (单位:m)

车辆类型	总长	总宽	总高
自行车	1.93	0.60	2.25
三轮车	3.40	1.25	2.50

注:1) 总长是指自行车为前轮前缘至后轮后缘的距离;三轮车为前轮前缘至车厢后缘的距离。

2) 总宽是指自行车为车把宽度;三轮车为车厢宽度。

3) 总高是指自行车为骑车人骑在车上时,头顶至地面的高度;三轮车为载物顶至地面的高度。

2. 设计速度

(1) 定义

设计速度是指在气候条件良好,汽车密度小,车辆行驶只受公路本身条件(几何要素、路面、附属设施等)的影响时,具有中等驾驶技术的人员能够安全、顺适驾驶车辆的最大行驶速度。

设计速度是道路设计时确定几何线形的基本依据。道路的曲线半径、超高、坡度、坡长及视距等直接与设计速度有关。道路的设计速度是决定道路线形几何要素的重要因素,是用来体现道路等级的一项重要指标。

(2) 设计速度的规定

影响设计速度的因素很多,主要有地形、地区特征、设计交通量、汽车的技术性能、驾驶员的适应性、行车的安全性和工程的经济性等。在规定设计速度时,主要考虑汽车的以下几种车速。

1) 最高车速。汽车行驶的最高车速是受汽车的动力性能及汽车构造的限制所能达到的最高车速。在规定设计速度时,必须与汽车所能行驶的最高车速相适应,并考虑公路上行驶的多数车辆的要求。

2) 经济车速。汽车行驶的经济车速是指新出厂的汽车,在一般道路上行驶时,所测定的最经济(油耗少、轮耗小)车速。

3) 平均技术速度。平均技术速度是指汽车在道路上行驶的平均速度。汽车在不同道路条件的路段上行驶时,驾驶员所选择的能适应道路条件的驾驶速度称为技术速度。各路段技术速度的平均值即为道路实际行驶的车速。据观测,由于受行车条件的限制,平均技术速度很难达到设计速度,设计速度较高时,平均技术速度为设计速度的60%~70%,设计速度较低时为设计速度的80%~90%。

由于各国设计车辆和地形条件的差异,设计速度的规定方法也不相同。目前我国道路的设计速度主要考虑的是地形条件、工程难易、工程量大小和技术经济合理性等因素。各级公路的设计速度见表1.1。

城市道路与公路相比,具有功能多样、交通组成复杂、行人交通量大、交叉口多和车速差异大的特点,平均行驶速度比公路低。《城市道路设计规范(2016年版)》(CJJ 37—

2012)规定的各类各级道路的设计速度见表1.2。

3. 设计交通量

交通量是指单位时间内通过道路某一断面的车辆数,交通量是由交通调查和交通预测来确定的。设计交通量有设计年平均日交通量和设计小时交通量。

(1) 设计年平均日交通量(设计交通量)

设计交通量是指拟建道路在预测年限时所能达到的年平均日交通量。它是确定道路等级、论证道路的计划费用及进行各项结构设计的重要依据,但不宜直接用于公路几何设计。因为在一年中的某些季节或时段的交通量可能会高出年平均日交通量数倍,不具代表性。

由于道路的交通量是随着经济的发展和路况条件的改善而逐渐变化的,所以道路的设计应以预测年限交通量变化的需要为准。预测年限所能达到的年平均日交通量根据历年交通观测资料预测求得,目前多按年平均增长率计算为

$$N_d = N_0(1+r)^{n-1} \tag{1.1}$$

式中:N_d——预测设计年限年平均日交通量(辆/日);

N_0——起始年平均日交通量(辆/日);

r——交通量年平均增长率(%);

n——预测设计年限(年)。

(2) 设计小时交通量

根据交通量预测以小时为计算时段作为公路设计标准的交通量。小时交通量是确定车道数和车道宽度及评价道路服务水平的主要依据。

大量交通量统计资料表明,在一天及全年期间,每个小时的交通量都在变化,且变化幅度较大。如果用一年中最大的高峰小时交通量作为设计依据,会造成巨大浪费。但如果采用日平均小时交通量则不能满足实际的交通需求,会造成交通拥挤或阻塞。为使设计交通量的取值既保证交通安全畅通,又能使工程造价经济、合理,借助一年中每小时交通量的变化曲线来指导确定最合乎设计使用的小时交通量。其方法如下所述。

将一年中8760小时的交通量(双向)按其与年平均日交通量的比值从小到大的顺序排列起来并画成曲线,如图1.10所示。从图1.10中可以看出,在20~40小时位交通量附

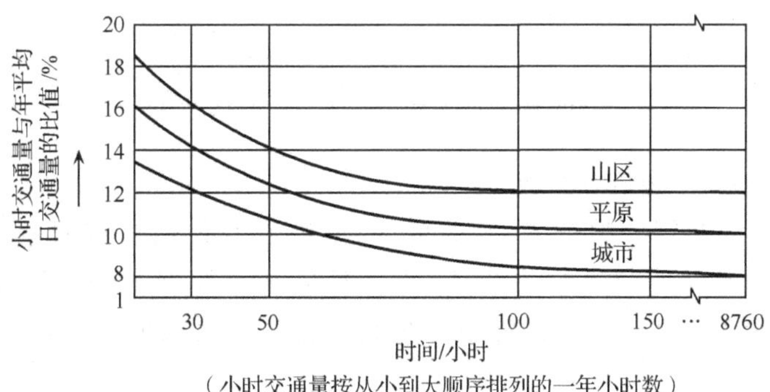

图1.10 年平均日交通量与小时交通量关系曲线

近,曲线急剧变化,其右侧曲线明显变缓,而左侧曲线坡度则较大。显然,设计小时交通量的合理取值范围应在20～40小时位。如以第30小时位交通量作为设计依据,意味着在一年中将有29小时超过设计值,可能发生拥挤,占全年小时数的0.33%,也就是说,全年将有99.67%的时间能够保证交通畅通。

目前,包括我国在内的许多国家都采用第30小时位交通量作为设计的依据,也可根据当地条件,在20～40小时位交通量之间采用最为经济合理的小时交通量作为设计依据。

在确定设计小时交通量时,应根据交通量观测资料绘制设计路线的交通量变化图;如没有观测资料时,可参考性质相似、交通情况相仿的其他道路观测资料进行推算。

设计小时交通量为

$$N_h = N_d \times kD \tag{1.2}$$

式中:N_h——主要方向高峰小时设计交通量;

N_d——设计年限年平均日交通量;

D——方向不均匀系数,即高峰小时期间主要方向交通量与双向总交通量之比$\dfrac{N_h}{N'_h}$[N'_h为高峰小时交通量(双向)],一般取0.5～0.6;

k——设计小时交通量系数$\dfrac{N'_h}{N_d}$,如有观测资料可按图1.10所示的方法求得,无资料时可根据气候分区按表1.6取值。

表1.6 各气候分区设计小时交通量系数 k 取值 (单位:%)

公路环境及分类		k					
		一(华北) 京、津、冀、晋、蒙	二(东北) 辽、吉、黑	三(华东) 沪、苏、浙、皖、闽、赣、鲁	四(中南) 豫、湘、鄂、粤、桂、琼	五(西南) 川、滇、黔、藏	六(西北) 陕、甘、宁、青、新
近郊	高速公路	8.0	9.5	8.5	8.5	9.0	9.5
	一级公路	9.5	11.0	10.0	10.0	10.5	11.0
	双车道公路	11.5	13.5	12.0	12.5	13.0	13.5
城间	高速公路	12.0	13.5	12.5	12.5	13.0	13.5
	一级公路	13.5	15.0	14.0	14.0	14.5	15.0
	双车道公路	15.5	17.5	16.0	16.5	17.0	17.5

(3) 标准车型与车辆折算系数

道路上行驶的车辆种类较多,其速度、行驶特性及占用车道的净空差异较大,作为道路设计依据的设计交通量的统计,应折算成某一标准车型。我国《公路工程技术标准》(JTG B01—2014)规定,将小客车定为各汽车代表车型及车辆折算系数的基数,见表1.7。

表 1.7　各汽车代表车型及车辆折算系数

代表车型	车辆折算系数	说明
小客车	1.0	座位≤19 座的客车和载质量≥2t 的货车
中型车	1.5	座位>19 座的客车和 2t<载质量≤7t 的货车
大型车	2.5	7t<载质量≤20t 的货车
汽车列车	4.0	载质量>20t 的货车

对于非机动车占较大比例的混合交通道路，自行车、行人、畜力车等非汽车交通不再作为交通流中的独立车型，仅作为路侧横向干扰因素考虑，不再参与交通量折算。拖拉机则分为两种情况予以考虑，一是在行车道两侧设有慢车道的一级、二级公路，拖拉机也作为路侧干扰因素考虑而不参与交通量换算；另一种情况是在三、四级公路上，拖拉机混行于机动车道内，对车流形成纵向干扰，每辆拖拉机可折算成 4 辆小客车。

4. 通行能力与服务水平

(1) 通行能力

公路通行能力(道路容量)反映了公路设施在保持规定的运行质量前提下所能疏导交通流的能力(所能承载的交通负荷)，即在一定时段和通常的道路、交通与控制条件，以及规定的服务质量下，车辆能合理地通过车道或道路的一点或均匀断面上的最大小时流率。通行能力实质上是道路负荷性能的一种量度，它既反映了道路疏导交通的能力，也反映了在规定的道路交通特性前提下，道路所能承担车辆运行的极限值。对于多车道道路以一条车道所能通过的最大车辆数表示；双车道道路以往返车道合计车辆数表示。通行能力一般以辆/小时(veh/h)、当量标准车/小时(pcu/h)表示，基本单位是当量标准车/(小时/车道)[pcu/(h·ln)]。

通行能力按其性质和使用要求的不同分为基本通行能力、可能通行能力、设计通行能力。

1) 基本通行能力。基本通行能力是指在理想条件下，单位时间内一个车道或一条道路某一路段可以通过小客车的最大数，是计算各种通行能力的基础。理想条件包括道路本身和交通两个方面，即道路本身应在车道和侧向净空方面有足够的宽度，平、纵线形及视距条件良好；交通方面应是车道上只有小客车行驶，无其他车型混入，交通密度低，车速不限。现有的道路即使是高速公路，基本上没有合乎理想条件的，可能通过的车辆数一般都低于基本通行能力。

2) 可能通行能力。可能通行能力是指考虑到通常的道路和交通条件与理想条件的差距，并对基本通行能力进行修正后得到的通行能力，实际上是指道路所能承担的最大交通量。

3) 设计通行能力。设计通行能力也称实用通行能力，是指按照道路规划和设计标准，要求道路交通的运行状态保持在某一服务水平时道路承担的通行能力。与每一级服务水平相应的交通量称为服务交通量。设计通行能力由可能通行能力与基本通行能力之比 V/C

得到。当V/C值小时,最大服务交通量小,车流运行条件好,相应的服务水平就高;反之,当V/C值大时,服务交通量也大,车流运行条件差,服务水平也低。当设计小时交通量超过设计通行能力时,道路将发生堵塞。

(2) 服务水平

服务水平是指道路使用者根据交通状态,从行车速度、舒适、方便、经济和安全等方面所能得到的服务程度。《公路工程技术标准》(JTG B01—2014)将服务水平定为六级服务水平。

公路规划设计时,既要保证必要的车辆运行质量,又要兼顾公路建设的投资成本。在服务水平六级基础上,高速公路与一级公路以不低于三级服务水平进行设计,突出了依据功能选用服务水平的理念,扩大了设计服务水平选用范围,以保证高峰期交通的运行质量及达到预测交通量使用年限。同样,当一级、二级、三级公路的功能类别高时,应该选用较高的服务水平,功能类别低时,也可降低一级,节约工程投资。

此外,各地由于经济发展水平与地形条件的差异,公路设施设计时也有选用不同设计服务水平的需要。因此,长隧道路段及非机动车与行人密集等路段,土地资源紧缺、工程造价高昂或对环境破坏严重的路段,也可选用低一级服务水平设计。

1.5.4 道路网规划

1. 公路网规划

(1) 公路网

公路网是由区域内的运输点,以及连接诸运输点的所有公路,按一定的要求组合而成,并具有特定功能的网络系统。运输点是指区域内的城市、集镇及运输集散点(如大型工矿、农牧业基地、车站、港口等)。对公路网内公路的基本要求是:四通八达,干支结合,布局合理,效益最佳。公路网规划的根本目的是从总体优化的角度,对区域公路建设在时间和空间上进行宏观控制。公路设计是以公路网为基础,按其规划要求分段分级逐步实施的前期过程。

(2) 公路网的功能和特性

合理规划的公路网应具有必要的通达深度和公路里程长度;具有与交通量相适应的道路技术标准和使用质量;具有经济合理的平面网络。公路网的主要功能是:满足区域内外的交通需求,承担城市之间的运输联系;维持区域内交通的通畅及保证交通运输的快速和高效;确保交通安全和提供优质运输服务;维护生态平衡,防止水土流失,注意环境保护,方便人民生活;满足国防建设和防灾、抗灾需要。公路网系统具有以下四个特性。

1) 集合性。区域公路网是由许多元素(运输点和公路中线等)按一定方式组合而成的系统,由于区域范围内运输点的规模和重要性不同,公路网的组合结构与级别也就有所差别。我国目前的公路网可以分为三个级别,即国道网、省道网及地方道路网(县乡公路)。前两者是全国和省(市)公路网的骨架,是公路运输的主动脉,而众多的地方道路作为分支,直接深达区域内的各有关用户,三者共同组成一个有机整体。

2) 关联性。构成公路网的全部运输点和公路是相互联系、相互制约和具有一定规律性和高效性的整体,它不是若干条公路的简单相加。公路网建设是一个动态的过程,路网中每条公路的建设，均要受到全局因素的制约，并随着经济的发展和时间的变化进行调整，公路网的关联性包含着时间和空间两个方面的特征。

3）目的性。按照一定的目的而规划的公路网，才具有特定的功能，并在特定的路网系统中发挥汽车运输的优势，给区域的交通运输创造良好的条件。

4）适应性。公路网作为区域公路运输的基本组成部分，必须适应于区域国土开发利用和经济发展规划，适应于区域综合运输系统发展规划，并满足公路运输的发展需要。

（3）公路网的图式

区域公路网可以简化为以运输点或交叉口为节点，两点间的公路为边的网络图式。由于受区域内运输点的地理位置和公路走向的制约，各个规划区域内的公路网的结构形式不可能一样，图 1.11 为典型公路网结构形式示意图。一般而言，平原和微丘陵地区，宜采用三角形、棋盘形和放射形路网；而重丘陵和山区由于受山脉和河川的限制，宜采用并列形、树杈形或条形路网；当区域内的主要运输点（省、市或县的行政机关所在地等）偏于边缘时，可以采用扇形或树杈形；在狭长地带的地方路网规划中可以采用条形路网；在较大区域内各种图式可相互配合使用而形成混合形路网。

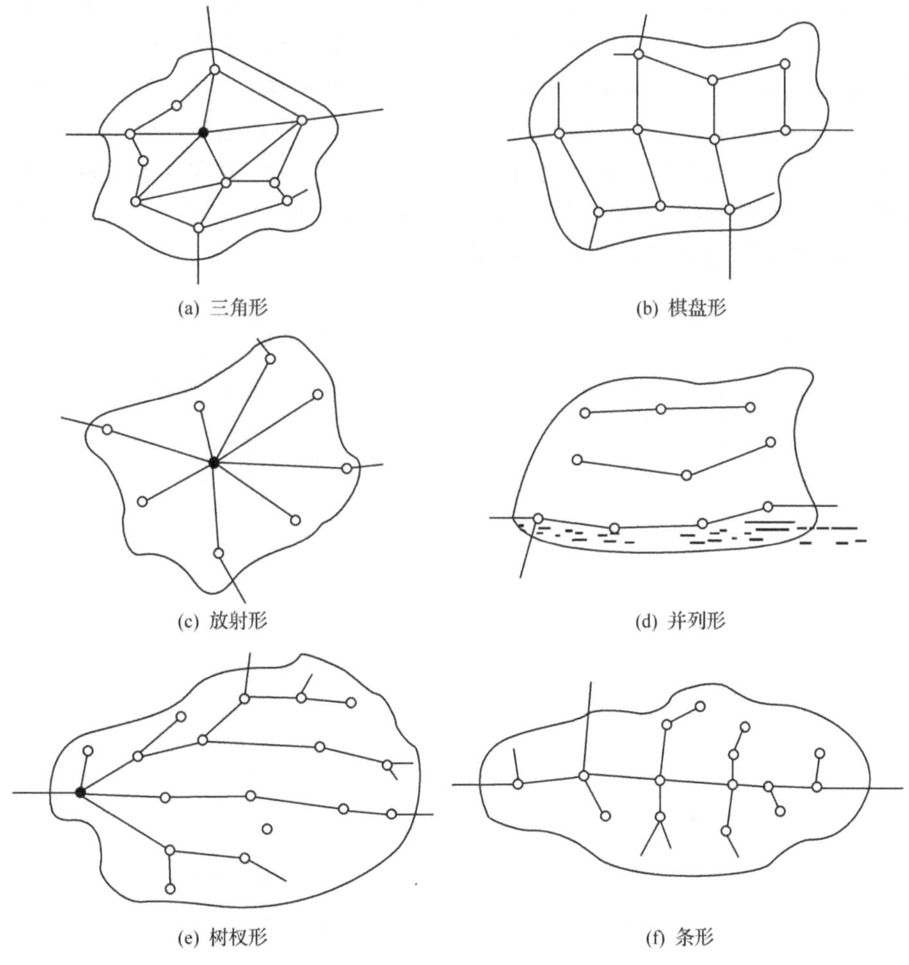

图 1.11　典型公路网结构形式示意图

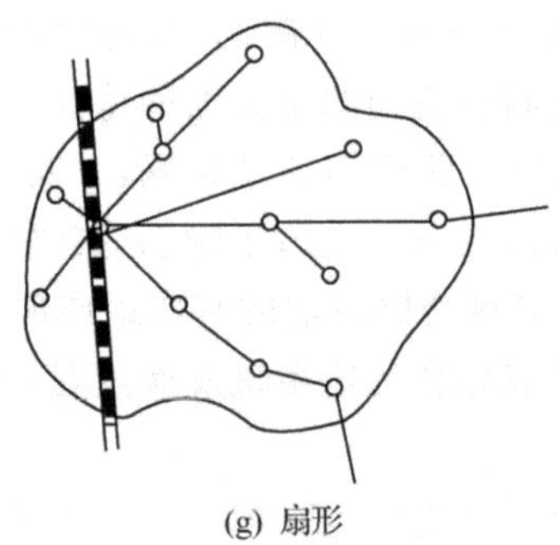

(g) 扇形

图 1.11(续)

2. 城市道路网与红线规划

(1) 城市道路网

城市道路网有别于公路网,城市路网通常与城市总体规划一起考虑,且结合城市的功能分区、交通运输、建筑艺术和自然地形等进行规划,它的结构形式是指道路系统的平面几何图形。城市道路网的几何形状一旦形成,整个城市的运输系统、建筑布置、居民点和街区规划也就确定了。改变一座城市的道路网形状是困难的,也是不经济的。城市道路网与城市的规模、城市中交通吸引点的分布以及城市所在地自然条件等密切相关。对城市道路网规划应在原有结构基础上进行。首先定出干道系统,逐次定出次要道路和一般道路,形成一个有机的结构图形。目前,城市道路网系统形式可归纳为四种主要类型:方格网式、环形放射式、自由式和混合式,如图 1.12 所示。

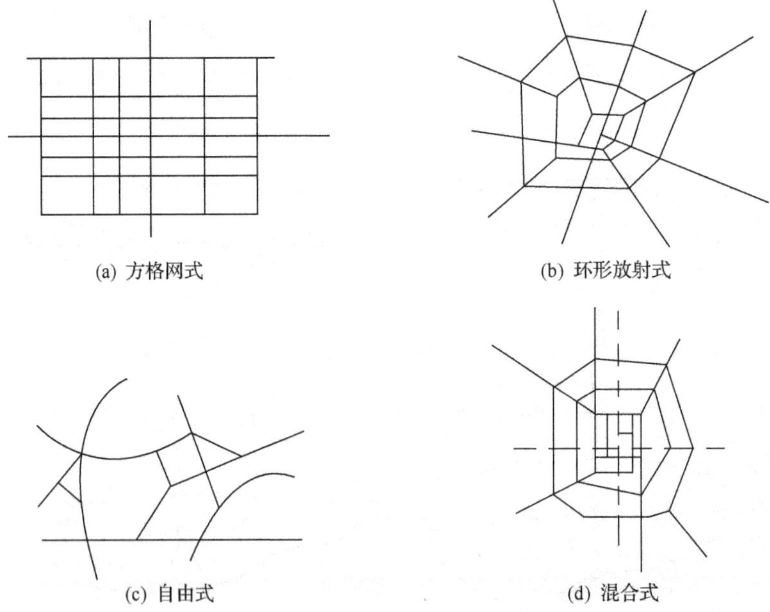

(a) 方格网式　(b) 环形放射式

(c) 自由式　(d) 混合式

图 1.12　城市道路网结构形式示意图

(2) 城市道路红线

城市道路红线是指划分城市道路、城市建筑用地、生产用地及其他备用地的分界控制线。红线之间的宽度就是道路用地范围，称为道路建筑红线宽度或路幅宽度。规划道路红线也就是规划道路的边界线，其目的在于全面规定各级道路、广场、交叉口等用地范围。红线不仅是确定道路及两侧建筑物设计、施工的依据，也是城市公用设施各项管线工程的用地依据。道路红线规划设计的主要内容有以下四个方面。

1) 确定道路红线宽度。根据道路的功能与性质，考虑适当的横断面形式，定出机动车道、非机动车道、人行道、绿化带等各组成部分的合理宽度，从而确定道路的总宽度，即红线宽度。在定红线宽度时要充分考虑“近远结合，以近为主”的原则。

2) 确定道路红线位置。道路红线的位置是依据规划道路中心位置及横断面宽度，在城市总平面图上确定的。如果是新区道路，一般先划定道路红线，然后依照红线分期修建，逐步建造；如果是旧区道路，可采用一次扩宽至道路红线宽度或两侧分期逐步扩宽至道路规划红线宽度两种方式。

3) 确定交叉口形式。根据当地具体条件和近、远期规划的要求，定出平面交叉和立体交叉口的用地范围、具体位置、几何尺寸及安全视距等，并以红线方式绘在平面图上。

4) 确定控制点的坐标和标高。规划道路中线的转折点和各条道路的相交点就是控制点。控制点的坐标和标高可直接实地测量，也可依据可靠的地形图在图上进行计算，然后绘在平面图上。

1.6 本书研究的主要内容及教学建议

1.6.1 本书研究的主要内容

道路是一种带状的三维空间结构物，它是由道路本身的几何线形及其结构物和沿线设施等组成的工程实体。道路设计分为几何设计和结构设计两大部分，几何设计是对道路空间几何形状的研究，属于本书的研究范围；结构设计是对道路各工程实体的研究，属于各相关课程学习研究的范围。结构设计是以几何设计为基础的，而几何设计又要考虑结构方面的要求，所以“道路勘测设计”是一门综合性和实践性很强的专业课程。学习过程中必须理论联系实际，掌握道路勘测设计的基本概念、原理、方法和技能，熟悉相应的规范和标准，为今后所从事的工作做好准备。

本书研究的主要内容是汽车行驶性能与道路几何元素的关系，以保证在一定的自然和交通条件下，使乘客能够得到安全、快速、经济和舒适的运行服务，因此，本书主要涉及的是人、车、路及环境的相互关系。在勘测设计时，既要将其作为一个整体进行考虑，同时也要把它解剖为路线的平、纵、横断面分别进行研究。在明确了汽车的行驶特性及对道路设计的具体要求的基础上，对道路的平、纵、横几何组成分别进行讨论，然后再以汽车行驶特性和自然条件为基础，对道路整体进行综合研究，以实现人、车、路及环境的综合设计。

“道路勘测设计”是一门实践性很强的综合性课程，在学习几何设计理论及开展实践环节时，除了与“路基路面工程”和“桥梁工程”等专业课程有关外，还与“测量学”“工程地质"及"桥涵水文"等专业基础课程有关,为了使学生初步掌握综合设计和勘测的方法,加深对理论的理解,完成纸上定线课程设计和野外勘测实习,这些都是必不可少的教学环节。

1.6.2 本书教学建议

本书编排内容较为全面,由于总学时的限制,不可能全部讲解。按总学时 64 学时安排,需要学生重点掌握的 32 学时,重点理解的 16 学时,自学的 16 学时,其中实际讲课不少于 48 学时。在此基础上再安排一定的工程实践课(1.5 周的课程设计及 4 周的生产实习)。在保证大纲内容完整性和系统性的原则下,讲授的内容和方法,以及新技术的增添和某些次要内容的删减,由任课教师根据实际自行决定。对于开设"交通工程"及"城市道路工程"课程的学校,有关城市道路和交通规划的内容可以从简。

思考与习题

1.1 如何合理选定公路技术等级?

1.2 道路勘测设计的主要依据有哪些?应该怎样理解和遵循道路勘测设计的主要依据?

第二章　汽车行驶理论

2.1 概　　述

公路设计是以满足汽车行驶的要求为前提的。因此，在公路线形设计时，就必须弄清汽车行驶对公路的要求是什么，而要弄清这一问题，又需要了解汽车在公路上是怎样行驶的，这就是汽车行驶理论所需要研究的问题。

2.1.1 研究汽车行驶理论的意义

公路是一种线形的交通运输工程结构物，主要供汽车行驶，因此，必须了解汽车的性能及其行驶对公路的要求。

汽车行驶理论是一门在分析汽车行驶基本规律的基础上，研究汽车行驶原理、实用性能和行驶性能的学科。通过上述研究，进一步分析影响汽车使用和行驶性能的各种因素，最大限度地从汽车构造、公路设计及其他行车条件等方面发挥汽车的使用效益。

汽车行驶总的要求是安全、迅速、经济与舒适。要满足这些要求，就必须从驾驶者、汽车、公路和交通管理等方面来保证。就公路线形设计方面讲，主要从以下几方面来保证。

1）保证汽车在路上行驶的稳定性，即保证安全行车，不发生翻车、倒溜或侧滑。因此，公路线形设计需要在研究汽车行驶过程中力系的平衡条件、分布情况和行车稳定性等的基础上，合理设置纵、横坡度及曲线半径，提高车轮与路面间的附着力。

2）尽可能提高车速。评价运输效率的指标是汽车运输生产率和运输成本，平均技术速度是主要影响因素之一。为了提高车速，就需要充分发挥汽车行驶的动力性能。因此，在公路设计时必须严格控制曲线半径、最大纵坡及坡长，合理设置超高和缓和曲线，并尽可能地采取大半径曲线及平缓的纵坡。

3）保证行车畅通。为保证公路上行车不受阻碍或减少阻碍，公路线形设计需要保证平面上有足够的视距，纵断面上应正确设计竖曲线，横断面上应有足够的通行宽度。此外，公路线形设计还应尽可能地减少平面交叉及增加交通安全和防止公害等措施。

4）尽量满足行车舒适。线形设计时，需要正确地组合平面线形和纵面线形，以增进驾驶者和乘客在视觉上和心理上的舒适感，采用符合视角舒顺要求的曲线半径，注意线形与景观的协调、沿线的植树绿化等。

综上所述，公路的线形设计与汽车行驶时各主要性能是密切相关的，汽车行驶理论是公路线形设计的理论基础，是制定公路线形几何标准（如平曲线半径、纵坡坡度等）的理论依据。掌握应用汽车行驶理论对于指导公路线形设计、研究和制定公路技术标准有着重要意义。

2.1.2 汽车在道路上的行驶轨迹

一辆正常行驶的汽车,无论直行还是转弯,留下的轨迹都是相当顺滑悦目的,形成一条曲折有致的优美线形。对行驶轨迹的进一步研究和分析,可帮助我们深入了解路线要素的几何构成,为新建道路的设计和旧路的改善提供良好的参考。

最理想的路线平面是行车道的边缘能与汽车的前外轮和后内轮迹线完全符合或相平行。

设汽车方向盘转动角为 φ_c,前轮转向角为ϕ_c,两者的关系为$\phi_c=k\varphi_c$($k\leqslant1$,k 为方向盘与前轮转角的比例),即 $\varphi_c=\frac{1}{k}\phi_c$。当以不同的转动角 φ_c 操作方向盘行驶时,汽车相应的行驶轨迹将各不相同。设汽车等速行驶,方向盘转动角 φ_c 不变时,此时汽车的行驶轨迹为圆弧;当方向盘的转动角速度为定速时,即随着行驶距离的增加,曲线半径逐渐减小,此种曲线即为回旋线。

汽车在弯道上行驶时,由于受横向力的影响,为保证行车的安全,要尽可能使道路线形设计满足汽车行驶轨迹的几何要求,相应地进行与直线不同的线形设计。例如,在弯道设置缓和曲线,并在该路段上进行超高、加宽等设计。因此,研究汽车在弯道上实际的行驶轨迹将为进一步改善路线线形设计提供科学的依据。

2.1.3 汽车的行驶性能

汽车的行驶性能随汽车类型而不同,一般归纳起来可包括动力性能和运动性能等,与公路设计关系密切的主要有以下五个方面。

(1) 动力性能

动力性能是指汽车所具有的牵引力,是决定汽车加速、爬坡和最大速度的性能。汽车的动力性能越好,车速越高,爬坡能力和加速能力就越好。

(2) 通过性能

通过性能(又称越野性)指汽车在各种道路和无路地带行驶的能力。汽车通过性能越好,汽车使用的范围就越广。

(3) 制动性能

制动性能指汽车强制停车和减低车速的能力。汽车制动性能的好坏,直接关系到行车安全,制动性能好,汽车才能以较高的车速行驶。

(4) 行驶稳定性

行驶稳定性指汽车遵循驾驶者指定方向行驶的能力,它包括汽车的转向特性、高速稳定性和操纵轻便性。汽车行驶稳定性直接关系到行车的安全。

(5) 行驶平顺性

行驶平顺性指汽车在不平道路上行驶时,汽车免受冲击和震动的能力。汽车行驶平顺性对汽车平均技术车速、乘车舒适性、运货完整性等有很大影响。

关于各种车型汽车的技术性能可在有关资料中查阅,表 2.1 介绍了几种国产汽车的主要技术性能,我国公路和城市道路设计采用的车辆外廓尺寸见表 1.3~表 1.5。

本章主要论述汽车行驶的动力性能、稳定性能、制动性能及行驶轨迹等使用性能。

表 2.1　主要国产汽车技术特性数据

汽车型号		奥迪 Audi100	上海 SANTANA	红旗 CA-773	红旗 CA-770	跃进 NJ-221B	北京 BJ-130	解放 CA-141	东风 EQ-140	黄河 JN-162	交通 SH-161	汉阳 HY-462
汽车类别		中型轿车		大型轿车		轻型越野车		中型载重汽车		重型货车		牵引车
座位数或装载质量		5 座	5 座	8 座	7～8 座	1000kg	2000kg	5000kg	5000kg	10000kg	15000kg	32000kg
整车质量/kg		1130	1460	2500	2730	2520	1880	4100	4080	7000	11000	7000
外廓尺寸/mm	长	4792	4546	5900	5980	4600	4710	7205	6910	7920	8300	5945
	宽	1814	1690	1990	1990	1952	1850	2476	2470	2500	2660	2580
	高	1440	1407	1640	1620	2240	2100	2395	2455	2890	2820	2740
轴距/mm		2687	2548	3520	3720	2650	2800	4050	3950	4300	4500	3500
轮距/mm	前轮	1468	1414	1580	1580	1608	1480	1800	1810	1972	2026	2025
	后轮	1467	1422	1550	1550	1608	1470	1740	1800	1824	1902(中、后)	1920
最小离地间隙/mm		144	160	—	160	240	185	247	265	265	290	340
最高车速/(km/h)		173	169	160	160	92	85	90	90	80	65	60
最大爬坡/%		—	—	—	—	30	36	≥28	≥28	25	33	18
平均燃料消耗/(L/100km)		8.5	8.3	—	20	20	15	26.5	28	26.5	45	—
最小转弯半径/m		5.8	18.85/2	7.2	7.6	6.9	5.7	8	8	8.8	10	7.25
最大功率/kW		66	62.7	161.8	—	64.7	55.15	99	99.26	154.41	161.76	161.76
最大功率转速/(r/min)		5200	—	4400	—	3300	3800～4000	3000	3000	2100	2200	2200
最大扭矩/(N·m)		140	138	411.6	—	220	175	372	360	800	800	800
最大扭矩转速/(r/min)		3500	—	—	—	1800	2000～2500	1200～1400	1200～1400	1200～1400	1200～1400	1300

2.2 汽车的牵引力与牵引平衡

2.2.1 汽车行驶中的受力分析

汽车在道路路面上行驶时,汽车牵引力将克服行驶阻力,并受到弯道超高、加减速、制动、路面凹凸不平等因素的影响。汽车行驶中的受力情况与汽车的运动状态有密切的关系。汽车的运动状态可分为直线行驶和曲线行驶,下面分别对两种状态下汽车行驶中受力情况进行简单分析。

(1) 汽车直线行驶

图 2.1 所示为后轴驱动的双轴汽车,在直线上坡加速行驶的受力情况。图中 G_a 为汽车总重力,α 为坡道倾角,h_g 为重心高度,L 为汽车轴距,L_1 和 L_2 分别为汽车重心至前、后轴的距离,O 为汽车重心,汽车加速上坡行驶时之惯性力 $P_j=\frac{G_a}{g}\frac{\mathrm{d}v}{\mathrm{d}t}$ 及重力平行于路面的分力 $G_a\sin\alpha$(即坡度阻力)作用在汽车的重心 O 上,作用方向与汽车行驶方向相反。空气阻力 P_w 可视为作用在汽车正面风压中心的集中力,风压中心的高度为 h_w。此外,在汽车上尚有汽车重力垂直于路面之分力 $G_a\cos\alpha$。作用在汽车上的力除上述之外,还有路面对汽车的反作用力,即汽车车轮上的法向反作用力 Z_1 及 Z_2,它与接触面垂直,并通过车轮中心;滚动阻力矩 M_{f1} 及 M_{f2},其作用方向与车轮回转方向相反,假设车轮半径为 r_k,车轮与坡道的滚动阻力系数为 f,由前所述知滚动阻力矩值为

$$M_{f1}=Z_1fr_k,\qquad M_{f2}=Z_2fr_k$$

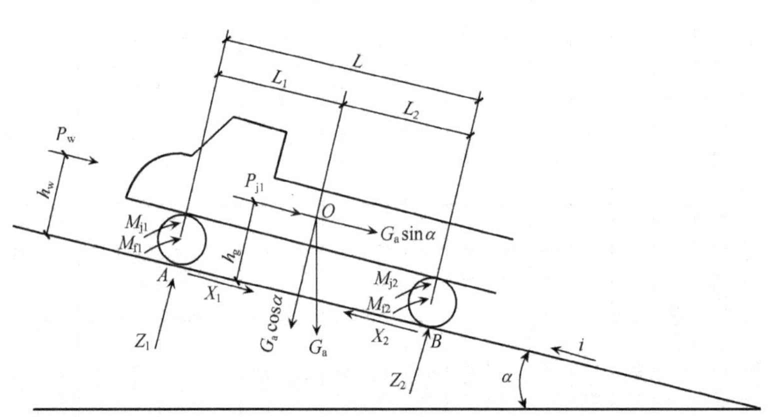

图 2.1 汽车直线上坡加速行驶的受力示意图

汽车车轮上的切向反作用力 X_1 及 X_2 作用在车轮与路面的接触面上,并与车轮接触面的切线方向一致,从动轮的切向反作用力 X_1 的作用方向与汽车行驶方向相反,而驱动轮的切线反作用力 X_2 的作用方向则与汽车行驶方向相同,汽车所产生的转动力矩为 M_e,惯性力矩 M_{j1} 及 M_{j2} 的作用方向与车轮的回转方向相反。

如果将汽车的诸作用力分别对前轮接地点及后轮接地点取矩,并考虑到

$$Z_1+Z_2=G_a\cos\alpha$$

$$汽车滚动阻力\ P_f = G_a f\cos\alpha$$

$$M_{f1} + M_{f2} = (Z_1 + Z_2) f r_k = G_a f r_k \cos\alpha = P_f r_k$$

则

$$Z_1 = \frac{G_a\cos\alpha(L_2 - f r_k) - G_a h_g \sin\alpha - P_{j1} h_g - M_{j1} - M_{j2} - P_w h_w}{L} \tag{2.1}$$

$$Z_2 = \frac{G_a\cos\alpha(L_1 + f r_k) + G_a h_g \sin\alpha + P_{j1} h_g + M_{j1} + M_{j2} + P_w h_w}{L} \tag{2.2}$$

由式(2.1)和式(2.2)可知，当汽车行驶时，作用在汽车前后轮上的法向反作用力不仅与汽车结构参数(如 G_a、L_1、L_2、h_g、h_w等)有关，而且随汽车运动情况而变化。汽车在上坡行驶时，反作用力 Z_1 减小，而 Z_2 增大；下坡行驶时，则相反。空气阻力使反作用力 Z_1 减小，而 Z_2 增大，其差别随风压中心高度的增高而加大。

作用在汽车前轮(从动轮)的切向反作用力 X_1 为

$$X_1 = Z_1 f + \frac{M_{j1}}{r_k} \tag{2.3}$$

而作用在汽车后轮(驱动轮)的切向反作用力 X_2 为

$$X_2 = \frac{M_e - M_{j2}}{r_k} - Z_2 f \tag{2.4}$$

(2) 汽车的曲线行驶

图 2.2 所示为汽车在横坡的道上曲线行驶的受力情况。图中汽车的重力 G_a 和惯性力 P_{jy} 作用在汽车的重心 O 上，轮距为 B，Y_b 为汽车后轮的侧向反作用力，由于横坡的存在，此时作用在汽车上的侧向力除了 $P_{jy}\cos\alpha$ 外，尚有汽车重力平行于路面的分力 $G_a\sin\alpha$。

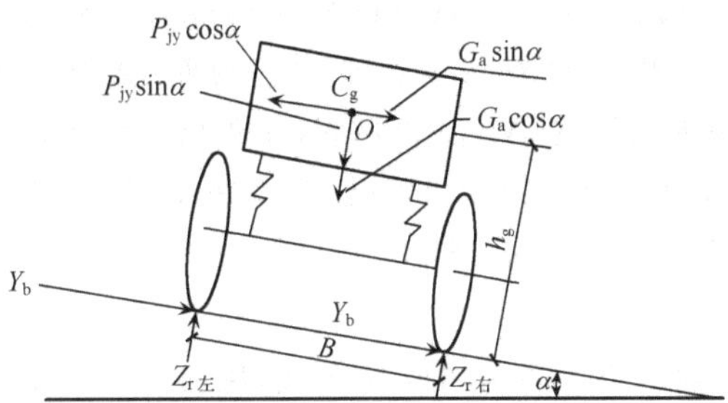

图 2.2　汽车在横坡道上曲线行驶的受力情况

如对汽车左边车轮与公路接触面中点的连线取矩，则可得

$$G_a \frac{B}{2}\cos\alpha + G_a h_g \sin\alpha + P_{jy}\frac{B}{2}\sin\alpha - P_{jy} h_g \cos\alpha - Z_{r右} B = 0$$

解上式可得汽车右轮上所受的法向反作用力为

$$Z_{r右} = \frac{G_a \frac{B}{2}\cos\alpha + G_a h_g \sin\alpha + P_{jy}\frac{B}{2}\sin\alpha - P_{jy} h_g \cos\alpha}{B} \tag{2.5}$$

同理可得汽车左轮上所受的法向反力为

$$Z_{r左} = \frac{G_a \frac{B}{2}\cos\alpha - G_a h_g \sin\alpha + P_{jy}\frac{B}{2}\sin\alpha + P_{jy} h_g \cos\alpha}{B} \tag{2.6}$$

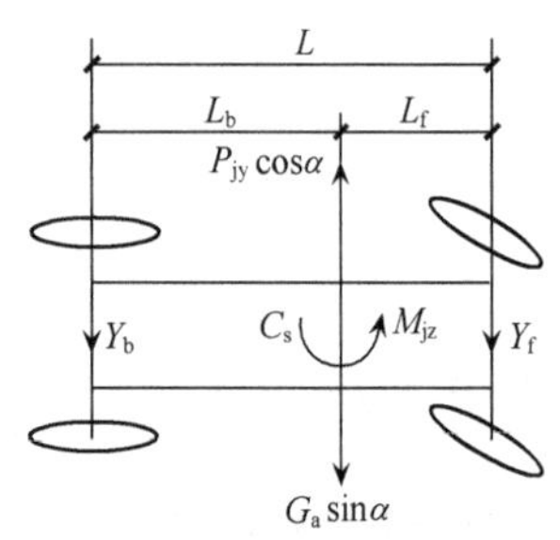

图 2.3　汽车在有横坡公路上曲线行驶时的受力情况

图 2.3 所示为汽车在有横坡公路上曲线行驶时的受力情况(俯视图),图中除侧向力及惯性矩 M_{jz} 外,其他作用力及反作用力均未绘出。

如对汽车后轴中心取矩,则按平衡条件可得

$$Y_f L + G_a L_b \sin\alpha - P_{jy} L_b \cos\alpha - M_{jz} = 0$$

解上式可得作用在汽车前轴车轮的侧向反作用力为

$$Y_f = \frac{P_{jy} L_b \cos\alpha - G_a L_b \sin\alpha + M_{jz}}{L} \tag{2.7}$$

同理可得作用在汽车后轴车轮的侧向反作用力为

$$Y_b = \frac{P_{jy} L_f \cos\alpha - G_a L_f \sin\alpha - M_{jz}}{L} \tag{2.8}$$

式中:M_{jz}——汽车在曲线上行驶时的惯性力矩。

2.2.2　牵引力的产生及传递

汽车的行驶需要克服各种行驶阻力,因而必须具备足够的动力——牵引力,汽车行驶时牵引力来自内燃发动机。燃料在发动机内燃烧,将热能转变为机械能,因此牵引力取决于发动机的性能。

1. 表征汽车发动机特性的基本指标

(1) 有效功率 N_e

有效功率指汽车在单位时间内所具有的做功的能力,单位为千瓦(kW)。不同的汽车,发动机性能不同,所发出的有效功率也不同。例如,解放 CA-141,在发动机转速为 3000r/min 时,发出的最大功率为 N_{max}=99kW;而黄河 JN-162,在发动机转速为 2100r/min 时,发出的最大功率为 N_{max}=154.4kW;红旗小轿车 CA-773,在发动机转速为 4400r/min 时,发出的最大功率为 N_{max}=161.8kW。

(2) 转速 n_e

转速是指发动机曲轴单位时间内的旋转次数,用转/分(r/min)为单位。转速影响汽车行驶的速度。

(3) 扭矩 M_e

扭矩是指汽车发动机产生于曲轴上的转动力矩,用牛·米(N·m)为单位。汽车发动机扭矩决定了汽车产生牵引力。

(4) 转动角速度 ω

转动角速度指单位时间内发动机曲轴转动的角度,单位是弧度/秒(rad/s)。

2. 发动机有效功率 N_e 和曲轴扭矩 M_e 的关系

发动机内燃料燃烧产生的热能,通过活塞、曲轴转化为机械能,产生有效功率 N_e,驱使曲轴以每分钟 n_e 的转速旋转,产生扭矩 M_e,再经过一系列的变速、传动,在驱动轮上产生扭矩 M_k 推动汽车前进。由功率的基本公式可得

$$N_e = \frac{M_e \bar{\omega}}{1000} \quad (\mathrm{kW}), \quad \omega = \frac{2\pi n_e}{60} \quad (\mathrm{rad/s})$$

即

$$N_e = \frac{2\pi M_e n_e}{(1000 \times 60)} = \frac{M_e n_e}{9549} \quad 或 \quad M_e = 9549 \times \frac{N_e}{n_e} \tag{2.9}$$

如将发动机所发出的功率 N_e、扭矩 M_e 以及单位燃料消耗量 g_e 与发动机曲轴的转速 n_e 之间的函数关系以曲线表示，则此曲线称为发动机转速特性曲线或发动机特性曲线。如果此曲线是当节气阀全开(或最大供油量)时所得，则称为发动机外特性曲线。在节气阀部分开启(或部分供油量)时所得的曲线，则称为发动机的部分负荷特性曲线或发动机的节流特性曲线。

当研究汽车牵引性能时，在发动机特性图上可省去单位燃料消耗量。图 2.4 为某汽油发动机的外特征曲线。图 2.4 中 n_{min} 为发动机的最小稳定工作转速，随着转速的提高，发动机所发出的扭矩和功率都在增加。当曲轴转速为 n_M 时，发动机扭矩达到最大值 M_{max}，如进一步提高曲轴转速则发动机扭矩将下降，但发动机功率仍将继续增加，直至转速为 n_N 时功率达到最大值 N_{max}。如再继续提高曲轴转速，则发动机所发出的功率由于汽缸充气恶化，机械损失等原因将逐渐降低。此时发动机的磨损甚为剧烈，故一般发动机设计均使其最大转速不大于最大功率时转速的 10%～25%。

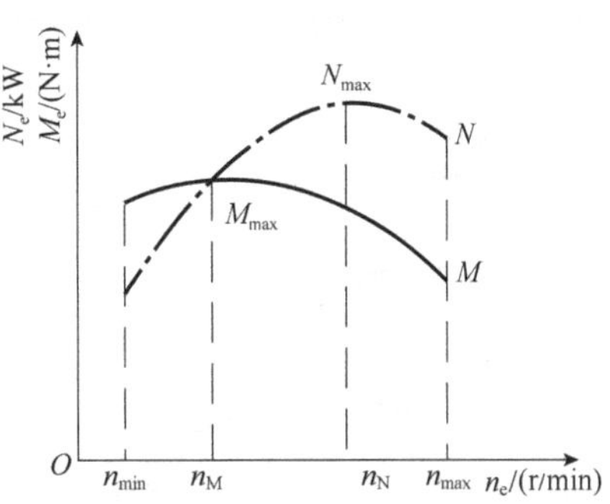

图 2.4　某汽油发动机的外特征曲线

3. 驱动轮扭矩 M_k 及牵引力 P_t

汽车的动力传递为：动力扭矩(发动机)→离合器→变速箱→传动轴(万向节头轴)→主传动器及车轴→驱动轮，即发动机曲轴扭矩 M_e 通过离合器、变速箱，随所用排挡的变速比 i_k 和机械效率 η_k，传至万向节头轴上的扭矩为 M_n，此时 $M_n = M_e i_k \eta_k$。万向节头轴上的扭矩 M_n 再传至主传动器，并随主传动器的减速比率 i_0 及机械效率 η_0，经车轴传到驱动轮上的扭矩为 M_k，此时 $M_k = M_n i_0 \eta_0 = M_e i_k i_0 \eta_k \eta_0$，取 $\eta_M = \eta_k \eta_0$，有 $M_k = M_e i_k i_0 \eta_M$。

汽车行驶时，驱动轮的受力分析如图 2.5 所示。其所受的力包括：作用于汽车驱动轮上的扭矩 M_k，汽车重力 G 及与之相平衡的反力 G'，行驶阻力 T，路面水平反力 F。驱动轮上的扭矩 M_k 可用一对力偶 P_t 和 P 代替，P 作用在轮缘上与路面水平反力 F 平衡，P_t 作用在轮轴上推动汽车前进，与汽车的行驶阻力抗衡，因此

$$P_t = \frac{M_k}{r_k} = \frac{M_e i_k i_0 \eta_M}{r_k}$$

又车速

$$V = 2\pi r_k \times \frac{n_e}{i_k i_0} \times \frac{60}{1000} = 0.377 \times \frac{n_e r_k}{i_k i_0} \quad (\mathrm{km/h})$$

所以有牵引力

$$P_t = 0.377 \times \frac{n_e}{V} M_e \eta_M = 3600 \times \frac{N_e \eta_M}{V} \quad (\mathrm{N}) \tag{2.10}$$

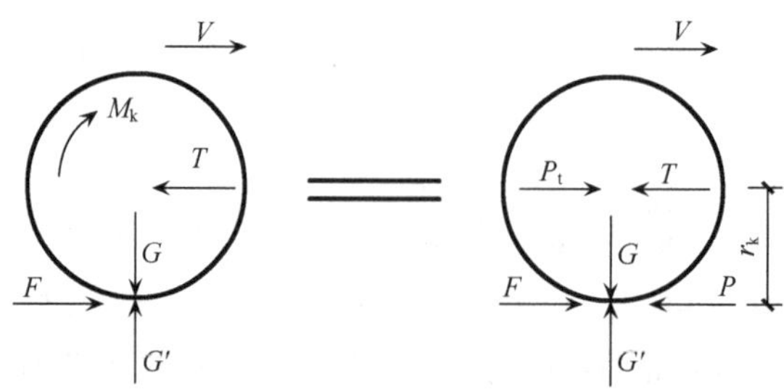

图 2.5 驱动轮的受力分析

如果要求汽车具有较大的牵引力,则必须采用较大的速比 i_k、i_0,但随着 i_k、i_0 的增大,车速 V 会降低,因此汽车设有几个排挡,各挡具有固定的速比或最大速度值。采用低速挡,能获得较大的牵引力和较低车速;采用高速挡,能获得较高的车速和较小的牵引力。

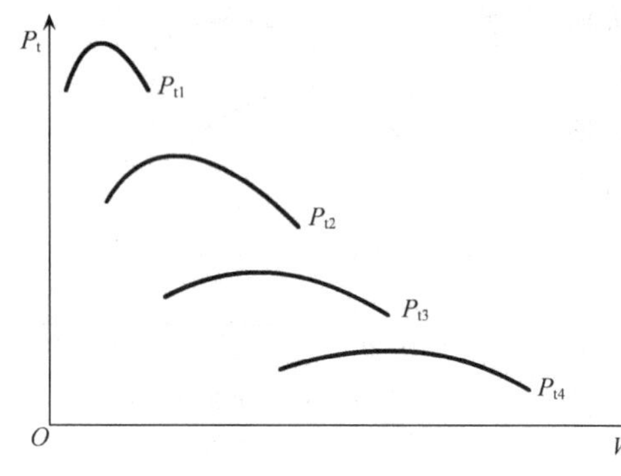

图 2.6 汽车牵引特性曲线

图 2.6 是由发动机特性曲线转换得到的汽车牵引特性曲线。图中 P_{t1}、P_{t2}、P_{t3} 和 P_{t4} 分别表示一挡、二挡、三挡及直接挡时汽车牵引力与汽车行驶速度的关系曲线。汽车的牵引特性对研究汽车的牵引性能至关重要,如汽车的牵引力与行驶速度的关系,不同挡位汽车牵引力的变化,汽车的最大行驶速度、最大加速度、最大爬坡度等都必须借助牵引特性加以分析研究。

2.2.3 汽车的行驶阻力

汽车运动时需要不断克服运动中遇到的各种阻力。这些阻力或来自汽车赖以行驶的路面,或来自汽车周围的介质——空气,通常前者称为滚动阻力 P_f,后者称为空气阻力 P_w。此外,汽车上坡行驶时所需克服的汽车重力在平行于路面方向的分力,称为坡度阻力 P_i;汽车加速行驶时所需克服惯性的阻力,称为惯性阻力 P_j。

上述这些阻力中,滚动阻力和空气阻力存在于任何条件下,因而在汽车运动时,为克服这些阻力经常需要消耗发动机一定的功率。坡度阻力和惯性阻力则存在于某种行驶条件下。例如,汽车在水平路上作等速行驶时,坡度阻力和惯性阻力均不存在;若在纵坡路上作变速行驶,就有坡度阻力和惯性阻力。用于克服上坡时的坡度阻力和加速时的惯性阻力所消耗的功率,在下坡和滑行时尚能部分利用,此时阻力 P_i 和 P_j 是负值,也就成了汽车的驱动力。

1. 滚动阻力

滚动阻力是车轮在路面上滚动时,因路面与轮胎变形而引起产生的阻力。它与路面种类、状态、车速、轮胎结构及充气压力有关。滚动阻力 P_f 与轮胎负荷 G 成正比,即 $P_f=fG$。全部车轮上的滚动阻力为

$$P_f = fG_a \tag{2.11}$$

式中：G_a——汽车总重量(N)；

f——滚动阻力系数，与路面状况、行驶速度、轮胎的性质等多种因素有关；

P_f——滚动阻力(N)。

滚动阻力系数 f 是车辆在一定条件下滚动时所需的推力与车轮总重之比，即单位车重所需的推力。滚动阻力系数 f 是一个综合性的阻力系数，其影响因数较多。它与轮胎的变形、轮胎与路面间底摩擦、路面的平整度、路面的干燥潮湿程度、路面的清洁及油污程度，汽车的行驶速度、汽车的构造及量测滚动阻力系数 f 的方法等有关系。滚动阻力系数 f 由试验确定，在实际应用中可近似地按路面类型选用(表 2.2)。

表 2.2　各类路面滚动阻力系数 f

路面类型	f
水泥混凝土及沥青混凝土路面	0.010～0.020
表面平整的黑色碎石路面	0.020～0.025
碎石路面	0.030～0.050
干燥平整的土路	0.040～0.050
潮湿不平整的土路	0.070～0.150

2. 空气阻力

汽车在空气中运动，空气本身也有运动，两者综合形成的相对运动造成对汽车行驶的阻力。汽车在行驶中迎风面受空气阻碍所引起的阻力与汽车迎风面的压力、形状、面积大小，汽车后面因空气稀薄产生的吸力及汽车表面与空气的摩阻力等有关。为了简化计算，采用集中作用的空气阻力 P_w来等效各个影响因素的阻力作用，同时称空气阻力 P_w的作用点为汽车的风帆中心。

由空气动力学的研究和试验得知，汽车在空气介质中运动时的阻力可确定为

$$P_w = \frac{KFv^2}{21.15} \tag{2.12}$$

式中：P_w——空气阻力(N)；

v——汽车车速(m/s)；

K——空气阻力系数(kg/m^3)，其值可由道路实验、风洞实验等方法测得；

F——迎风面积(m^2)，系汽车在其纵轴的垂直平面上的投影面积，可直接在投影面上测得。乘积 KF 称为汽车流线型系数，可用于评定汽车的整体流线型程度。国产及部分国外车型的 KF 试验值可参见表 2.3。

表 2.3　国产及部分国外车型的 KF 试验值

车型	KF/(kg/m)	车型	KF/(kg/m)
北京 BJ-130	1.58	红星-621	1.05
长春 CC-130	1.60	格斯-69	1.70
上海 SH-130	1.52	格斯-63	2.40
黄河 JN-1150	3.10	吉斯-150	3.00
天津 TJ-620	0.91	吉斯-130	2.40～2.80
红旗 CA-770A	0.84	吉斯-110	1.00
红旗 CA-774	0.56	伏尔加 M-21	0.60

3. 坡度阻力

在具有纵向坡度的公路上,当汽车上坡时,重力在平行路面方向的分力与汽车行进的方向相反,阻碍汽车行驶,此分力称为坡度阻力或上坡阻力;下坡时,其重力在平行路面方向的分力与汽车行进的方向相同,形成了坡度助力。坡度阻力与汽车的重力和公路的坡度角有关。

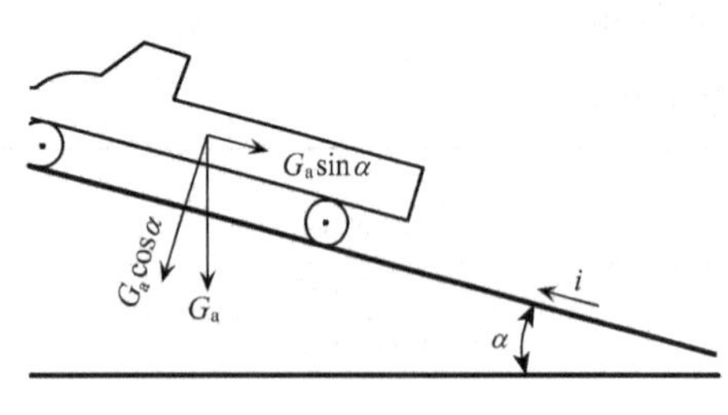

图 2.7 坡度阻力

公路纵向斜坡的陡缓程度通常用坡度来表示,坡度是纵坡的垂直高度与其水平长度之比的百分率。若以 i 代表坡道的坡度(%),α 代表坡道的倾角(度),则 $i=h/s=\tan\alpha$。如图 2.7 所示,汽车在坡上行驶时,坡度阻力为

$$P_i=\pm G_a\sin\alpha \quad (\text{上坡为正,下坡为负})$$

因为一般道路纵坡坡度不会大于 10°,可用 $\tan\alpha$ 代替 $\sin\alpha$,即有 $\sin\alpha\approx\tan\alpha=i$,故

$$P_i=\pm G_a\tan\alpha=\pm G_a i \quad (\text{N}) \tag{2.13}$$

4. 惯性阻力

汽车变速行驶时,需要克服变速运动所产生的惯性力和惯性力矩,这就是惯性阻力 P_j。惯性阻力由两个部分组成:①汽车加速或减速前进产生的惯性力 $\dfrac{G_a}{g}\dfrac{dv}{dt}$;②汽车上机械转动部分(飞轮、离合器、车轮等)因加速或减速旋转产生的回转惯性力矩,即

$$P_j=\delta\frac{G_a}{g}\frac{dv}{dt}=(1+\delta_1+\delta_2 i_k^2)\frac{G_a}{g}\frac{dv}{dt} \quad (\text{N}) \tag{2.14}$$

式中:δ——汽车回转质量换算系数,与车速、变速比有关;

δ_1——汽车车轮惯性影响系数;

δ_2——发动机飞轮惯性影响系数。

这样,汽车的总行驶阻力 P 为

$$P=P_f+P_w+P_i+P_j$$

空气阻力和滚动阻力永远为正,汽车行驶的任何情况下都存在;坡度阻力则是汽车上坡为正,平坡为零,下坡为负;惯性阻力则是加速为正,减速为负,等速为零。

2.2.4 汽车的牵引平衡和行驶条件

1. 汽车的牵引平衡

为使汽车运动,汽车的牵引力必须与运动时所遇到的各项阻力之和平衡,即

$$P_t=P_f\pm P_i+P_w\pm P_j \tag{2.15}$$

或

$$\frac{M_e i_k i_0 \eta_M}{r_k} = G_a f \pm G_a i + \frac{KFv^2}{21.15} \pm \delta \frac{G_a}{g}\frac{dv}{dt} \tag{2.16}$$

式中：P_i前面的"＋"表示上坡，"－"表示下坡；P_j前面的"＋"表示加速，"－"表示减速。P_f与P_w恒为正值。

式(2.15)称为汽车的牵引平衡方程，即汽车的牵引力必须等于各项阻力之和。这是汽车行驶的必要条件，也称驱动条件；但必须明确，这还不是汽车行驶的充分条件。

2. 汽车的行驶条件

由上面分析可知，汽车行驶的第一个必要条件是：汽车的牵引力必须大于等于汽车的行驶阻力。但牵引力的产生还必须靠路面对轮胎提供足够的切向反力才能起作用。若轮胎与路面间摩擦力很小，不能提供足够的附着力，则轮胎将在路面上打滑，甚至空转，汽车仍不能前进。汽车牵引力的发挥还要受到驱动轮与路面的附着力限制，由此可得汽车行驶的第二个必要条件是：牵引力必须小于或等于轮胎与路面间的最大摩擦力(附着力)，即

$$P_t \leqslant G_d \varphi \tag{2.17}$$

式中：φ——附着系数，随路面类别、潮湿程度等因数而异；

G_d——作用在所有驱动轮上的路面法向反作用力。一般小汽车G_d为总重的0.50～0.65倍，载重汽车G_d为总重的0.65～0.80倍。

式(2.17)称为汽车行驶的充分条件——附着条件。式(2.15)和式(2.17)结合起来即为汽车行驶的充分和必要条件，也称为汽车运动的驱动与附着条件。

附着程度主要取决于轮胎与地面在接触处变形后相互摩擦的情况。附着系数φ主要与下述因素有关：①路面的粗糙程度和潮湿泥泞程度；②轮胎花纹和轮胎气压；③车速；④荷载。路表面光滑而潮湿，车速越高，则附着系数φ越低。在计算时可以采用表2.4所示的附着系数在各种类型的路面上的平均值。

表2.4 不同路面状态下轮胎与路面间的附着系数

路面类型	附着系数 φ			
	干燥	潮湿	泥泞	冰滑
水泥混凝土路面	0.7	0.5	—	—
沥青混凝土路面	0.6	0.4	—	—
沥青表面处路面	0.4	0.2	—	—
中级及低级路面	0.5	0.3	0.2	0.1

2.2.5 动力性能分析

汽车的动力性能是指汽车所具有的加速、上坡、最大速度等性能。改善汽车的动力性能可以提高运输生产率和降低运输成本，这是汽车设计者的任务；对于公路设计者来讲，其任务是了解在公路上行驶的主要车型的动力性能，使所设计的公路能很好地发挥汽车的动力性能。

根据式(2.15)和式(2.16)得到

$$P_t - P_w = G_a(f \pm i) \pm G_a \frac{\delta}{g} \frac{dv}{dt} \tag{2.18}$$

等号左边的 $P_t - P_w$ 称为汽车的有效牵引力(或后备牵引力),其值与汽车的构造和行驶速度有关;等号右边各项阻力与道路状况及行驶方式有关,一般不受行驶速度的影响。对式(2.18)两侧除以汽车总重 G_a,就得到汽车单位重量的量纲为 1 的牵引平衡方程,消去了汽车构造系数的影响,即

$$D = \frac{P_t - P_w}{G_a} = f \pm i \pm \frac{\delta}{g} \frac{dv}{dt} \tag{2.19}$$

式中:$\frac{P_t - P_w}{G_a}$——汽车单位重量的有效牵引力;右边为汽车的动力性能,其值称为动力因素,用 D 表示,它表征某型汽车在海平面高程上,满载情况下,每单位车重克服道路阻力和惯性阻力的性能。D 随车速而变化。

当汽车作等速行驶,$dv/dt = 0$,则

$$D = f \pm i = \psi$$

式中:$\psi = f \pm i$——仅与道路状况和坡度有关,称为道路阻力系数。

若道路所在地不在海平面上,汽车也不是满载,由于海拔增高,气压降低,发动机的输出功率、汽车的驱动力及空气阻力都随之降低,所以应对动力因素 D 进行修正,即给 D 乘以一个修正系数 λ,得

$$\lambda D = f + i \tag{2.20}$$

式中:λ——动力因素 D 的海拔荷载修正系数,即

$$\lambda = \xi \frac{G}{G'}$$

其中:ξ——海拔系数;

G——满载时汽车的总重力(N);

G'——实际装载时汽车的总重力(N)。

由 $D = \frac{P_t - P_w}{G_a}$,$P_t = 3600 \frac{N_k}{V}$,$N_k = N_e \eta_M$,$P_w = 3600 \frac{N_w}{V}$,可得

$$D = 3600 \times \frac{N_e \eta_M - N_w}{G_a V} \tag{2.21}$$

式中

$$N_e = \frac{M_e n_e}{9549}$$

$$N_w = \frac{P_w V}{3600} = \frac{KFV^3}{3600 \times 21.15}$$

当汽车外特性 N_e-n_e 曲线已知,由 $V = 0.377 \times \frac{r_k n_e}{i_k i_0}$ 可算出某一排挡不同曲轴转数时的车速,即 $V = f(i_k, n_e)$,进而可绘制动力特性图 $D = f(i_k, n_e) = f(i_k, V)$。利用动力特性图可求出汽车在某一行驶条件下所能保持的速度 V,并可决定汽车克服此行驶阻力所采

用的排挡，同时还可近似地决定所能发出的加速度，以及求得任一排挡时汽车所能克服的坡度，进而推导道路线形设计所需要的车速、行程时间的变化及坡度性能等数据。

2.3 汽车在道路上行驶的稳定性

汽车行驶稳定性是指汽车在行驶过程中，在外部因素作用下，尚能保持或很快恢复原行驶状态和方向，不至于失去控制而发生侧滑、倾覆等现象的能力。

汽车行驶稳定性从不同方向来看，有纵向稳定性和横向稳定性两种。从丧失稳定的方式来看，有滑动稳定性和倾覆稳定性两种。分析和确保汽车行驶的稳定性对于合理设计汽车结构尺寸、正确设计公路、保证行车安全、提高运输生产率、减轻驾驶员的疲劳强度，有着十分重要的意义。

影响汽车行驶稳定性主要有以下三个方面的因素。

1）汽车本身的结构参数，如汽车的整体布置、几何参数、质量参数、轮胎特性、前后悬架的形式等，对汽车行驶的稳定性都有着决定性的影响。

2）驾驶员的因素，如驾驶员开车时的思想集中状况、反应速度、技术熟练程度、动作灵敏程度等因素对于驾驶员做出准确判断、及时采取措施使汽车趋于稳定、确保行车稳定有着直接关系。

3）作用于汽车的外部因素，主要是汽车和路面间的相互作用因素（如公路的纵向、横向坡度、路面附着情况等）及汽车作不等速行驶和曲线行驶时惯性力的作用。

2.3.1 汽车行驶的纵向稳定性

汽车在行驶过程中，随着运动状态的改变，作用在前后车轮上的法向反作用力也有相应的变化。若汽车在某一运动状态下，前轮的法向反作用力为零时，则汽车将发生前轴车轮离地而导致纵向倾覆。当后轮的法向反作用力为零时，根据附着条件，其牵引力将不复存在，汽车丧失行驶能力。这两种情况均为汽车的纵向失稳，导致汽车纵向倾覆或倒溜。

（1）汽车在直坡道上的受力分析

在图 2.1 中，当汽车在直坡道上低等速行驶，忽略滚动阻力、空气阻力影响时，惯性力 $P_j=0$，$f=0$，且 $P_w=0$，此时：

① 对汽车后轮着地点 B 取矩，则可求得前轮垂直反力为

$$Z_1L = G_aL_2\cos\alpha - G_ah_g\sin\alpha, \qquad Z_1 = \frac{G_aL_2\cos\alpha - G_ah_g\sin\alpha}{L} \tag{2.22}$$

② 对汽车前轮着地点 A 取矩，则可求得后轮垂直反力为

$$Z_2L = G_aL_1\cos\alpha + G_ah_g\sin\alpha, \qquad Z_2 = \frac{G_aL_1\cos\alpha + G_ah_g\sin\alpha}{L} \tag{2.23}$$

（2）纵向倾覆

当汽车前轮离地即法向作用力为零时，将导致汽车绕后轮纵向倾覆，此时，$Z_1=0$。由于汽车低等速上陡坡行驶，可以忽略次要因素，由式(2.22)，令 $Z_1=0$，即得纵向倾覆稳定条件 $G_aL_2\cos\alpha_0 - G_ah_g\sin\alpha_0=0$，所以

$$\tan\alpha_0 = \frac{L_2}{h_g} \tag{2.24}$$

式中：α_0——汽车产生纵向倾覆时，道路纵向极限坡度角。

由式(2.24)可知，当公路的坡度角 $\alpha \geqslant \alpha_0$ 时，汽车将失去控制，可能绕后轴产生纵向倾覆。纵向倾覆稳定性仅与汽车结构参数 L_2 和 h_g 有关：L_2 越大，则 α_0 越大，纵向倾覆稳定性越好；汽车重心位置越高，则 α_0 越小，纵向稳定性越差。一般 L_2、h_g 的数值在汽车设计中考虑其比值 $\frac{L_2}{h_g} \geqslant 1$。因此，一般来说纵向倾覆稳定条件容易满足。

(3) 纵向倒溜

从驱动轮的附着条件可知，当汽车上坡时产生倒溜极限状态时，下滑力与最大附着力平衡，略去次要因数，则下滑力为 $G_a \sin\alpha_\varphi$，附着力为 $Z_2\varphi$，将式(2.23)代入得驱动轮不产生滑移的临界条件是

$$G_a \sin\alpha_\varphi = \frac{G_a \cos\alpha_\varphi L_1 + G_a \sin\alpha_\varphi h_g}{L}\varphi, \qquad \tan\alpha_\varphi = \frac{L_1 + h_g \tan\alpha_\varphi}{L}\varphi \tag{2.25}$$

因 h_g 和 $\tan\alpha_\varphi$ 较小，可略去不计，并且 $\frac{L_1}{L} \approx \frac{G_d}{G_a}$，所以

$$\tan\alpha_\varphi \approx \frac{L_1}{L}\varphi \approx \frac{G_d}{G_a}\varphi$$

式中：α_φ——汽车发生倒溜时，道路极限坡度角(°)；

G_d——驱动轮的轴重(N)；

G_a——汽车总重(N)。

由以上分析可知，当公路坡度角 $\alpha \geqslant \alpha_\varphi$ 时，由于驱动轮附着条件的限制，所能产生的牵引力不足以克服 α_φ 的坡度，汽车将发生滑转而倒溜。

(4) 纵向稳定性的保证

如果 $\alpha_0 > \alpha_\varphi$，则汽车在坡道上行驶时发生倒溜的现象在倾覆前出现，这样避免了汽车的纵向倾覆。因此，汽车的设计应满足 $\tan\alpha_\varphi < \tan\alpha_0$ 的条件，即

$$\frac{L_1\varphi}{L} < \frac{L_2}{h_g}$$

近似处理得

$$\varphi < \frac{L_2}{h_g} \tag{2.26}$$

从汽车设计的角度来说，式(2.26)即为后轮驱动汽车保证纵向稳定的条件。一般汽车的构造都可以满足上述条件并有富余，但在运输中装载高度应有所限制，以免重心过高(h_g大)而破坏稳定条件。

对于公路设计的角度来说，不仅要保证坡道上行驶的汽车不会纵向倾覆，还应保证不产生倒溜现象，这就要求公路纵坡满足

$$\tan\alpha < \tan\alpha_\varphi < \tan\alpha_0$$

即

$$\tan\alpha < \frac{G_d}{G_a}\varphi < \frac{L_2}{h_g} \tag{2.27}$$

例如，一般载重车满载时，$\frac{G_d}{G_a}$=0.66～0.76，附着系数 φ 见表 2.4，泥泞时为 0.2，冰滑时为 0.1，代入式(2.27)，则

泥泞时　　　　　　$\tan\alpha<0.132\sim0.152$

冰滑时　　　　　　$\tan\alpha<0.066\sim0.076$

这就是确定最大纵坡 $i_{\max}=9\%$（四级公路山岭重丘区）、规定超高横坡 i_B、合成坡度 i_h 等指标的依据之一。

2.3.2　汽车行驶的横向稳定性

汽车行驶时，常受侧向力的作用及影响，如重力、惯性力等的侧向分力。汽车在侧向力的作用下，当车轮的侧向反作用力达到附着力时，汽车将沿着侧向力的作用方向滑移；侧向力同时将引起左右车轮法向反作用力的改变，当一侧车轮上的法向反作用力变为零时，汽车将发生侧向翻车。因而，汽车行驶时，在侧向力作用下可能产生横向滑移或横向倾覆。为保证行车的安全稳定，必须分析研究行驶的横向稳定性。

(1) 汽车在曲线上行驶所产生的横向作用力(图 2.8)

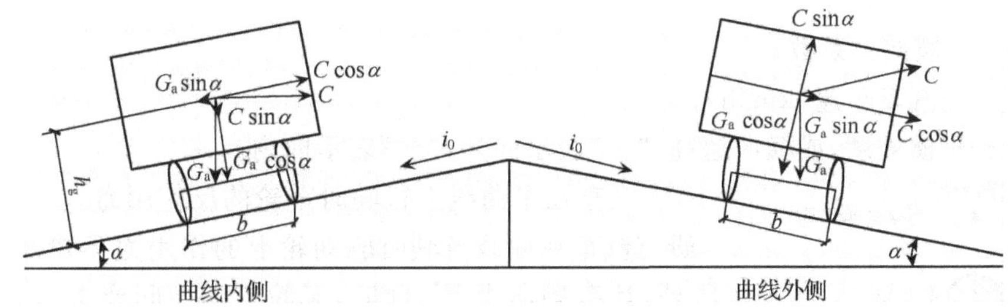

图 2.8　汽车在曲线上行驶所产生的横向力

横向力 Y 为

$$Y = C\cos\alpha \pm G_a \sin\alpha \tag{2.28}$$

因为

$$\cos\alpha \approx 1 \qquad \sin\alpha \approx \tan\alpha = i_0$$

所以

$$Y \approx C \pm G_a i_0 \tag{2.29}$$

式中："+"表示路拱双坡外侧，"−"表示路拱双坡内侧；

α——路面横坡坡角，一般很小；

i_0——路面横坡坡度；

C——离心力，$C=\frac{G_a}{g}\frac{v^2}{R}$。

因而有

$$Y = \frac{G_a v^2}{gR} \pm G_a i_0 \tag{2.30}$$

$$R = \frac{v^2}{g\left(\frac{Y}{G_a} \pm i_0\right)} \tag{2.31}$$

式中：v——车速(m/s)。

由式(2.30)可知，R、v 不取决于 Y 的绝对值，而取决于$\frac{Y}{G_a}$，即取决于汽车单位重量的相对横向力值。取 $\mu=\frac{Y}{G_a}$称为横向力系数，代入式(2.31)，则

$$\mu = \frac{v^2}{gR} \pm i_0 \tag{2.32a}$$

将车速 v(m/s)化成 V(km/h)，有

$$\mu = \frac{V^2}{127R} \pm i_0 \tag{2.32b}$$

则

$$R = \frac{V^2}{127(\mu \pm i_0)} \tag{2.32c}$$

式中：R——平曲线半径(m)；

μ——横向力系数；

V——汽车车速(km/h)；

i_0——横坡度，或横向超高，"+"表示向外，"−"表示向内。

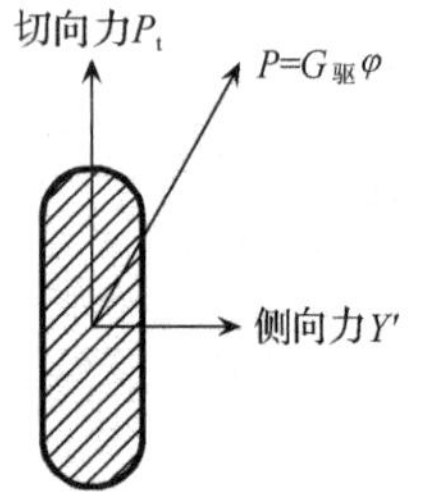

图 2.9 曲线行驶驱动轮上的作用力

(2) 汽车在平曲线上行驶时车轮的反作用力

研究汽车在曲线行驶时驱动轮上的作用力可知，除去切向力 P_t外，还有侧向力 Y'，此时，车轮与路面间产生一总反作用力 P'(图 2.9)，按附着力 P_φ的物理意义，总反作用力 P'的极限值应等于附着力 P_φ，即

$$P' = P_\varphi = G_d\varphi \tag{2.33}$$

同理，切向牵引力 P_t的极限值应等于附着力在切向的分力，侧向的横向反力 Y'的极限值应等于附着力在侧向的分力，即

$$P_t = G_d\varphi_{纵}, \qquad Y' = G_d\varphi_{横}$$

因为

$$P'^2 = P_t^2 + Y'^2$$

所以

$$\varphi^2 = \varphi_{纵}^2 + \varphi_{横}^2$$

式中：φ——附着系数；

$\varphi_{纵}$——纵向附着系数；

$\varphi_{横}$——横向附着系数。

轮胎接触面在切向和侧向所产生的附着能力是大不相同的，根据实验与经验的总结，一般可采用

$$\varphi_{纵} = (0.7 \sim 0.8)\varphi, \qquad \varphi_{横} = (0.6 \sim 0.7)\varphi$$

(3) 横向倾覆

汽车在倾斜的横坡面上做曲线运动时,由于横向力的作用,可能产生横向倾覆。产生横向倾覆的极限条件是:横向力 Y 引起的倾覆力矩等于车重所产生的稳定力矩。由图 2.8可知,倾覆力矩为

$$Yh_g = (C\cos\alpha \pm G_a\sin\alpha)h_g$$

稳定力矩为

$$(G_a\cos\alpha \pm C\sin\alpha)\frac{b}{2}$$

由极限平衡条件,则

$$Yh_g = (G_a\cos\alpha \pm C\sin\alpha)\frac{b}{2} \approx (G_a \pm Ci_0)\frac{b}{2} \tag{2.34}$$

式中:b——汽车轮距;

Ci_0 与 G_a相比甚小,可忽略不计。

因此 $Yh_g \approx G_a\frac{b}{2}$,有

$$\frac{Y}{G_a} = \frac{b}{2h_g} = \mu \tag{2.35}$$

由式(2.35)可得到汽车不产生倾覆的稳定条件为

$$\mu \leqslant \frac{b}{2h_g} \tag{2.36}$$

在倾覆极限状态时,将 $\mu=\frac{b}{2h_g}$代入式(2.32a)即得到汽车在曲线上行驶时不发生倾覆的最大车速 v_{max}和最小平曲线半径 R_{min},即

$$\begin{cases} v_{max} = \sqrt{gR\left(\dfrac{b}{2h_g} \pm i_0\right)} \\ R_{min} = \dfrac{v^2}{g\left(\dfrac{b}{2h_g} \pm i_0\right)} \end{cases} \tag{2.37}$$

显然,若汽车的车速 $v>v_{max}$或平曲线半径 $R<R_{min}$,汽车都将发生横向倾覆。

(4) 横向滑移

汽车在平曲线上行驶时,既存在使汽车向外侧滑移的横向力 Y,同时也存在阻止汽车向外侧滑移的横向反力 Y'。横向反力受附着条件的限制,即 $Y'_{max}=G_a\varphi_{横}$,称为横向附着力。当横向力大于横向附着力时,汽车将发生横向滑移,平衡时有

$$Y = Y'_{max},\quad Y = G_a\varphi_{横},\quad \varphi_{横} = \frac{Y}{G_a} = \mu$$

此时

$$\begin{cases} v_{max} = \sqrt{gR(\mu \pm i_0)} \\ R_{min} = \dfrac{v^2}{g(\mu \pm i_0)} \end{cases} \tag{2.38}$$

显然,若汽车的车速 $v>v_{max}$或平曲线半径 $R<R_{min}$,则汽车将发生横向滑移。

(5) 横向稳定性的保证

比较式(2.36)和式(2.38),倾覆与滑移现象何者先出现,取决于$\frac{b}{2h_g}$与$\varphi_{横}$的数值。若$\frac{b}{2h_g}>\varphi_{横}$,滑移先于倾覆;若$\frac{b}{2h_g}<\varphi_{横}$,倾覆先于滑移。现代汽车由于轮距宽、重心低,一般$\frac{b}{2h_g}$的值均大于$\varphi_{横}$(通常$\frac{b}{2h_g}\approx1$,而$\varphi_{横}<0.5$),所以滑移发生先于倾覆。道路设计如能保证汽车不滑移($\mu<\varphi_{横}$),则也能保证汽车不倾覆。但必须注意,若汽车装货过高,使重心提高,也有可能出现倾覆现象,故一般对装载高度应有所限制。

2.3.3 汽车行驶的纵横组合向稳定性

汽车行驶在具有一定纵坡的小半径平曲线上时,较直线上增加了一项弯道阻力,对上坡的汽车耗费的功率增加,使行车速度降低,对下坡的汽车有沿纵横组合的合成坡度方向倾斜、滑移和装载偏重的可能,这对汽车的行驶是危险的。为此,对合成坡度的最大值应加以限制,以利于行车的稳定性。

如图2.10所示,汽车行驶在纵坡为$i(\tan\alpha)$和超高横坡为$i_h(\tan\beta)$的下坡路段上。作用在前轴上的荷载W_1为

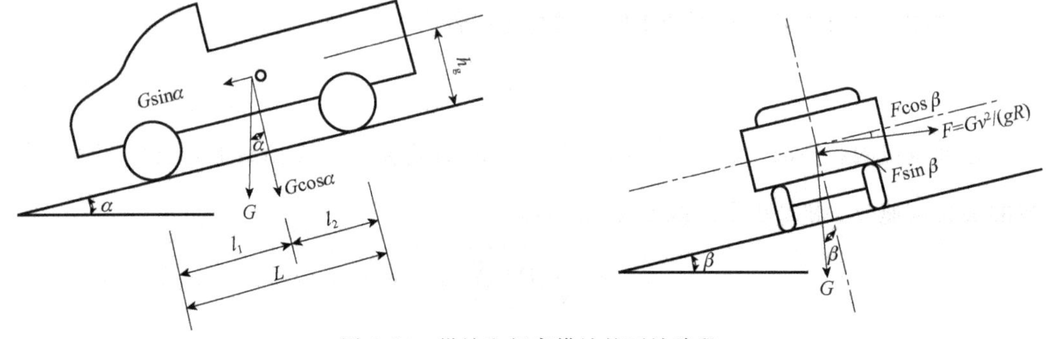

图2.10 纵坡和超高横坡的下坡路段

$$W_1=\frac{G(l_2\cos\alpha+h_g\sin\alpha)}{L}\cos\beta$$

离心力分配在前轴上的荷载W_2为

$$W_2=\frac{Gv^2l_2}{gRL}\sin\beta$$

因倾角α和β很小,则前轴总荷载为

$$\sum W=W_1+W_2=G\left(\frac{l_2+h_gi}{L}+\frac{l_2v^2}{gRL}i_h\right)$$

在平直路段上,作用于前轴的荷载W'为

$$W'=\frac{l_2}{L}G$$

在有平曲线的坡道上,前轴荷载增量与W'_1的比值为

$$I=\frac{\sum W-W'}{W'}=\frac{h_g}{l_2}i+\frac{v^2}{gR}i_h$$

对载重汽车，一般$\frac{h_g}{l_2}\approx 1$，则

$$I = i + \frac{v^2}{gR}i_h$$

在直坡道上 $i_h\approx 0$，则 $I=i$，即汽车沿直坡道下坡时，前轴荷载增量与在平直路段前轴荷载的比率等于该路段的纵坡度。在曲线上如果也以直线上相同的最大纵坡 i_{max}作为控制，则有

$$i + \frac{v^2}{gR}i_h \leqslant i_{max}$$

将 v(m/s)化成 V(km/h)并整理，得

$$i \leqslant i_{max} - \frac{V^2}{127R}i_h \tag{2.39}$$

式(2.39)为汽车沿纵横组合方向的稳定条件，也是最大纵坡在平曲线上的折减条件。

2.4 汽车的制动性能

汽车的制动性能是指汽车在行驶中强制降低车速以至停车，或在下坡时保持一定速度行驶的能力。

汽车制动性能直接关系到汽车行驶的安全，只有当汽车具有良好的制动性能时，才能保证行车安全，提高汽车的行驶速度，充分发挥汽车的其他使用性能，以提高其平均行驶速度，从而获得较高的运输生产率。

2.4.1 汽车的制动过程分析

汽车的制动过程就是人为地增加汽车的行驶阻力使汽车的动能或位能(当汽车下坡行驶时)转化为其他形式的能(一般为热能)。车轮制动是利用制动器内的摩擦阻力矩来形成与汽车运动方向相反的路面对车轮的切向摩擦阻力，简称车轮制动力。

车轮制动力随制动摩擦阻力矩的增加而增加(这时车轮仍然处于滚动状态)，它等于车轮对地面的垂直载力 G 与轮胎和地面的摩擦系数 φ 的乘积。可见，车辆在制动过程中，地面与轮胎之间的摩擦力在不断增长。

大量试验证明，一个弹性轮胎在路面上滚动过程中制动时，其摩擦系数不是理论上的纯滚动状态下达到最大值，而是在部分滑动时才达到最大值。若用滑移率 $\varepsilon\left(\varepsilon=\frac{v-r_k\omega}{v}\times 100\right.$，$v$、$\omega$、$r_k$分别为车轮平移的线速度、车轮角速度、工作半径$\left.\right)$来代表滑移与滚动的百分比，则弹性轮胎能传递的最大切向力发生在滑移率为 20%左右。滑移率 20%是个极值点，在这个点上摩擦系数达到最大值。再继续滑移，将形成一种不稳定状态，摩擦系数将迅速下降到全滑移时的摩擦系数。为了说明弹性轮胎的这种特性，从而把橡胶轮胎的摩擦系数确切地称为道路附着系数。

汽车在制动过程中，随车轮制动力的不断增长，轮胎的滚动也不断增加滑移量。这种滑移现象，在坚硬的路面上则逐渐出现有清晰的轮胎花纹印痕(通常称为“压印”)。从轮

胎局部滑移到全滑移的过程中,轮胎花纹的黑印长度逐渐增加至连成一片(通常称为"拖印")。这时,车轮已被制动器抱死。

当车轮制动力已达到附着力的极限时(抱死),滚动阻力消失,制动器已不能吸收能量,汽车原有的能量均消耗于轮胎与路面之间的摩擦而转化为热能,使轮胎剧烈发热而降低了胎面的强度,造成附着系数的降低和胎面剧烈的磨损。除此之外,车轮抱死滑移时还将失去承受侧向力的能力,使汽车行驶稳定性受到破坏。汽车使用的实践经验表明,经验丰富的驾驶员在滑路上往往是采用连续点式制动的方法获得最大的制动效果,而不致使汽车滑溜以确保制动的安全。

汽车在下坡时,制动器就要较长时间地、连续地作强度较大的制动,制动器温度常在300℃以上,有时高达600～700℃。制动器温度上升后,其摩擦力矩将显著下降。当温度超过450℃时,制动力矩仅为通常温度时的25%～30%。因此,在公路设计时,坡度不宜过长,在连续下坡的山区公路,须设置缓和坡段。另外,为了避免制动器长时间工作而过热,或在滑溜的路上,避免制动力过大而引起车轮侧滑,通常使变速器挂入低速挡,利用发动机起一部分制动作用。

2.4.2 制动时汽车的运动方程

汽车的制动是由于车轮制动的作用,车轮上的最大制动力,取决于轮胎与路面的附着力。因此,作用在汽车上的最大制动力为

$$P_{\mathrm{T(max)}} = G\varphi \tag{2.40}$$

式中:G——传到制动轮上的车重力,当前后轮都制动时,$G=G_{\mathrm{a}}$;

φ——轮胎与地面之间的附着系数,可按路面状况为一般潮湿状态采用。

汽车制动减速行驶时,作用于车轮上的力矩方向与行驶方向相反。其余各项运动阻力与牵引行驶时一样存在。因此,这时汽车的运动力平衡方程可写为

$$-P_{\mathrm{T}} = P_{\mathrm{f}} \pm P_{\mathrm{i}} + P_{\mathrm{w}} + P_{\mathrm{j}} \tag{2.41}$$

由于制动初速度不高及速度下降迅速,空气阻力可略去不计,即$P_{\mathrm{w}}\approx 0$,式(2.41)可简化为

$$P_{\mathrm{T}} + P_{\mathrm{f}} \pm P_{\mathrm{i}} + P_{\mathrm{j}} = 0$$

又因道路阻力系数

$$\psi = f \pm i$$

所以

$$G_{\mathrm{a}}\varphi + G_{\mathrm{a}}\psi + \frac{\delta G_{\mathrm{a}}}{g}\cdot\frac{\mathrm{d}v}{\mathrm{d}t} = 0 \tag{2.42}$$

2.4.3 汽车制动性能的评价指标

汽车制动性能的评价指标是:制动减速度,制动时间和制动距离。

1. 制动减速度 j_{s}

从式(2.42)中可知,制动减速度 j_{s}(m/s^2)为

$$j_s = \frac{dv}{dt} = -\frac{g}{\delta}(\varphi + \psi) \tag{2.43}$$

取路面状况为干燥状态的 ψ 值，制动减速度 j_s 可达 7.0～9.0m/s²。实际使用中，为防止轮胎损耗、减少燃料消耗及为了乘客舒适，一般情况下 $j_s \leqslant 1.5 \sim 2.5\text{m/s}^2$，只有在紧急情况下才有 $j_s > 4.0\text{m/s}^2$。

2. 制动时间 t_s

汽车制动时，如果地面制动力达到了附着极限而保持不变，则可认为这时汽车是作等减速行驶。因此，理论上开始制动到车辆停止的制动时间可计算为

$$t_s = \int_0^t dt = -\frac{\delta}{g(\varphi + \psi)}\int_{V_B}^0 \frac{dv}{3.6} = \frac{\delta V_B}{3.6g(\varphi + \psi)} \tag{2.44}$$

式中：V_B——汽车在开始制动时的速度(km/h)。

实际制动时间因驾驶员反应及制动生效延迟，要比式(2.44)所确定的大。因为从驾驶员开始得到制动信号起，到制动器完全发生作用为止，需要经过一段时间。这段时间取决于驾驶者的反应时间(驾驶者从看到障碍物的时间起，到踩下制动蹬时为止的时间，为0.5～0.7s)和制动生效时间(由开始踏制动蹬到制动器生效，并使制动减速度增至最大值时所需的时间：对液压式制动可采用 0.4s，对气压式制动可用 0.6～1.0s)。在公路设计中，通常这两部分时间之和为 1.2s。

3. 制动距离 L_s

由式(2.43)可知

$$L_s = \int_0^S dS = -\frac{\delta}{g(\varphi + \psi)}\int_{V_1}^{V_2} v dv$$

将 v(m/s)化为 V(km/h)并积分得

$$L_s = \frac{V_1^2 - V_2^2}{254(\varphi + \psi)}$$

式中：V_1、V_2——制动时的初速度及制动后的终速度(km/h)。

若制动完全停止，$V_2 = 0$，则

$$L_s = \frac{V_1^2}{254(\varphi + \psi)}$$

考虑到驾驶员的反应时间和制动有效时间，以及实际使用中有时制动不充分而采用一个使用系数(或称制动系数)，汽车制动减速行驶的全部制动距离应为

$$L_s = \frac{V_1}{3.6}t_s + \frac{K(V_1^2 - V_2^2)}{254(\varphi + \psi)} \tag{2.45}$$

式中：K——制动实际使用系数(或称制动系数)，其值为 1.0～1.4。公路设计中一般可取为 1.2。

思考与习题

2.1　汽车的行驶性能是指汽车哪几个方面的性能？

2.2 为什么汽车的行驶速度越高,作用在汽车上的牵引力反而越小?

2.3 汽车在弯道上行驶会产生横向失稳吗?行驶在弯道内侧要比在外侧显得稳定吗?

2.4 假设车轮距为1.7m,装载重心高度h_g=1.8 m,曲线半径R=50m,路拱横坡i_0=±0.03,求倾覆的临界速度。

2.5 在冰雪覆盖的光滑路面上,以保持转弯时μ不超过0.07,问:在半径为50m,超高率为0.06的弯道上,行车速度不应超过多少?

2.6 汽车在行驶过程中,受到哪些阻力的影响?影响阻力大小的因素有哪些?

2.7 汽车行驶的充分和必要条件是什么?

2.8 试论述汽车的制动过程。

第三章　平面设计

3.1　概　　述

3.1.1　路线平面的基本线形

道路是一条三维空间的实体。它是由路基、路面、桥梁、涵洞、隧道和沿线设施所组成的线形构造物。一般所说的路线是指道路中线的空间位置。路线在水平面上的投影称作路线的平面。沿中线竖直剖切再行展开则是路线的纵断面。中线上任意一点的法向切面是道路在该点的横断面。路线设计是指确定路线空间位置和各部分几何尺寸的工作。为研究方便,把它分解为路线平面设计、路线纵断面设计和横断面设计。三者是相互关联的,既分别进行,又综合考虑。

无论是公路还是城市道路,其路线位置受社会经济、自然地理和技术条件等因素的制约。设计者的任务就是在调查研究、掌握大量材料的基础上,设计出一条有一定技术标准,满足行车要求且工程费用最省的路线来。在设计的顺序上,一般是在尽量顾及纵、横断面平衡的前提下先定平面,沿这个平面线形进行高程测量和横断面测量,取得地面线和地质、水文及其他必要的资料后,再设计纵断面和横断面。为求得线形均衡和土石方数量的节省,必要时再修改平面,这样经过几次反复,可望得到一个满意的结果。路线设计的范围,只限于路线的几何性质,不涉及结构。结构设计在路基路面和桥梁工程等课程中讲述。

路线的平面线形是指由直线、圆曲线和缓和曲线组成的平面线形,如图 3.1 所示。

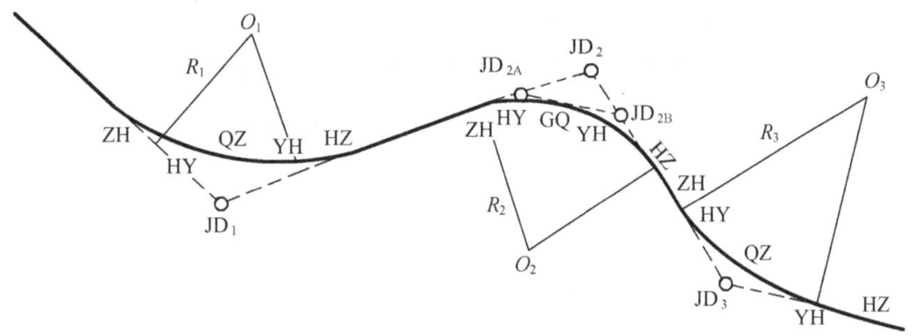

图 3.1　路线的平面线形

JD—焦点;HZ—缓直;ZH—直缓;HY—缓圆;YH—圆缓;QZ—曲中点。

3.1.2　平面线形设计的基本要求

1. 汽车行驶轨迹

现代道路是供汽车行驶的,所以研究汽车行驶规律是道路设计的基本课题,而在路线的平面设计中,主要考察汽车行驶轨迹。只有当平面线形与这个轨迹相符合或相接近时,才能保证行车的顺适与安全,特别是在高速行驶的情况下,对行驶轨迹的研究更显得重要。

经过大量的观测研究表明,行驶中的汽车,其轨迹在几何性质上有以下特征。

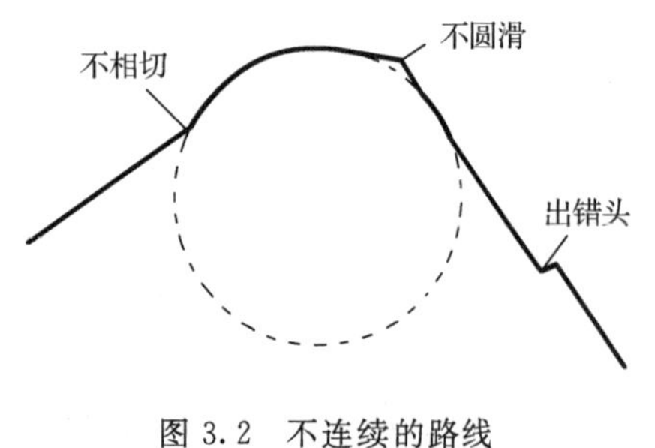

图 3.2 不连续的路线

1) 这个轨迹是连续的和圆滑的,即在任何一点上不出现错头和破折。

2) 其曲率是连续的,即轨迹上任一点不出现两个曲率的值。

3) 其曲率的变化率是连续的,即轨迹上任一点不出现两个曲率变化率的值。

不满足上述第 1)条的路线如图 3.2 所示。

满足了上述第 1)条,但不满足第 2)条的路线如图 3.3 所示。

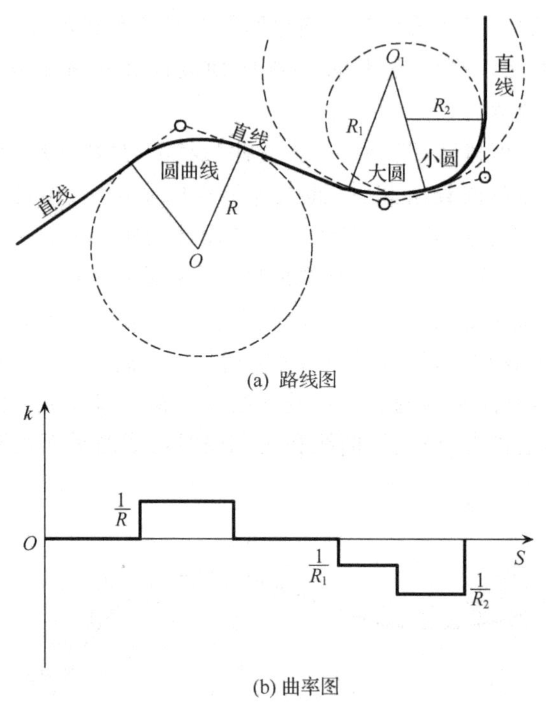

图 3.3 曲率不连续的路线

同时满足第 1)、2)条的路线如图 3.4 所示,但其曲率的变化率是不连续的,即不满足第 3)条的要求。现代高等级道路一般采用如图 3.4 和图 3.1 所示类型的平面线形,它与汽车的行驶轨迹偏离不大,虽不是完全可循的,但实践证明却是很好的线形。

2. 平面线形要素

行驶中的汽车其导向轮旋转面与车身纵轴之间有下列三种关系。

1) 角度为零。

2) 角度为常数。

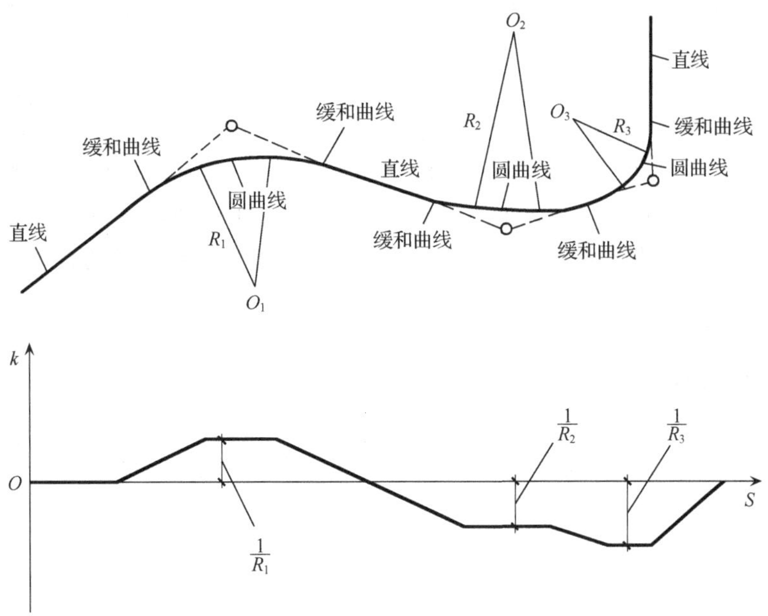

图 3.4 曲率连续的路线

3）角度为变数。

与上述三种状态对应的行驶轨迹线有以下几种。

1）曲率为零的线形：直线。

2）曲率为常数的线形：圆曲线。

3）曲率为变数的线形：缓和曲线。

公路平面线形由直线和平曲线组合而成，平曲线又分为圆曲线和缓和曲线两种。高速公路和一级、二级、三级公路平面线形要素有直线、圆曲线和缓和曲线三种。对于四级公路平面线形要素可只有直线和圆曲线两种。组成道路平面线形的直线、圆曲线及缓和曲线称之为“平面线形三要素”。

平面线形三要素是道路平面线形的基本组成，各要素所占比例及使用频率并无规定。各要素使用合理、配置得当，均可满足汽车行驶要求。至于它们的参数则要视地形情况和人的视觉、心理、道路技术等级等条件来确定。

3.2 直　　线

3.2.1 直线的特点

作为平面线形要素之一的直线，在公路和城市道路中使用最为广泛。因为两点之间直线最短，一般在定线时，只要地势平坦、无大的地物障碍，定线人员都首先考虑使用直线通过，加之笔直的道路给人以短捷、直达的良好印象，在美学上直线也有其自身的特点。汽车在直线上行驶受力简单，方向明确，驾驶操作简易。从勘测设计上看，直线只需定出两点,就可方便地测定方向和距离。基于直线的这些优点,在各种线形工程中都被广泛使用。

因为直线容易布置,且所连接的两点间距离最短,所以直线被认为是较好的线形。但是在长直线上高速行车,景观平静单调,易使驾驶员产生疲劳反应,注意力分散,有时急于加速行驶,往往对车距失去判断,造成恶性交通事故。另外,直线线形大多难以与地形相协调,若长度运用不当,不仅破坏了线形的连续性,也不便达到线形设计自身的协调。所以在运用直线线形并决定其长度时,必须持谨慎态度,不宜采用过长的直线。

3.2.2 直线的运用

下述几种路段可采用直线。

1) 不受地形、地物限制的平坦地区或山间的开阔谷地。

2) 市镇及其近郊,或规划方正的农耕区等以直线条为主的地区。

3) 长大桥梁、隧道等构造物路段。

4) 路线交叉点及其前后路段。

5) 双车道公路提供超车的路段。

直线的最大长度应有所限制。当采用长的直线线形时,为弥补景观单调的缺陷,应结合沿线具体情况采取相应的技术措施并注意下述问题。

1) 在长直线上纵坡不宜过大,因长直线再加下陡坡行驶更易导致高速度。

2) 以长直线与大半径凹形竖曲线组合为宜,这样可以使生硬呆板的直线得到一些缓和(图 3.5)。

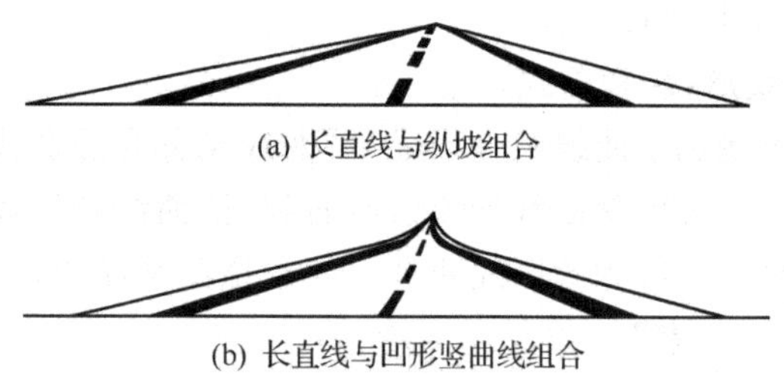

图 3.5 长直线与纵坡、凹形竖曲线组合

3) 道路两侧地形过于空旷时,宜采取植不同树种或设置一定建筑物、雕塑、广告牌等措施,以改善单调的景观。

4) 长直线或长下坡尽头的平曲线除曲线半径、超高和视距等必须符合规定外,还必须采取设置标志、增加路面抗滑能力等安全措施。

3.2.3 直线的长度

1. 直线的最大长度

"长直线"的量化是一个需要研究的课题。有些国家对长直线的运用有条件地加以限制。意大利和日本这样的多山国家,高速公路平面以曲线为主。日本和德国规定直线最

大长度为 $20V$(单位为 m)(V 是设计速度,用 km/h 表示),或以不超过设计速度的 72s 行程,单位以 m 计;西班牙规定不宜超过 80%的设计速度行驶 90s;法国认为长直线宜采用至少为 5000m 半径的平曲线代替。美国和俄罗斯这样地广人稀的国家,线形以直线为主,而又有所区别:美国规定线形应尽可能为直线,但应与地形一致;俄罗斯对直线的运用未加限制,且部分类似于高速公路的不封闭快速干道。美国和俄罗斯均具有土地资源丰富的特点,采用宽中央分隔带改善路容,设置低路堤缓边坡增加直线上高速行车的安全度,这方面显然不适合我国国情。我国对长直线的运用参照日本经验并与德国相近,最大直线长度一般不超过 $20V$。如京津塘和济青高速公路的直线长不超过 3200m;沈大高速公路多处出现 5~8km 的长直线,最大 13km。经过对不同路段,按 100km/h 的行驶车速对驾驶员和乘客调查其心理反应和感受,有如下结果。

1) 位于城市附近的道路,作为城市干道的一部分,由于路旁高大建筑和多彩的城市风光,其高低均被纳入视线范围,驾驶员和乘客无直线过长希望驶出的不良反应。

2) 位于乡间平原区的公路,随季节和地区不同,驾乘人员有不同反应。北方的冬季,绿色少,景色单调,太长的直线使人情绪受到影响;夏天稍许改善一些,但驾驶员加速行驶希望尽快驶完直线的心理普遍存在。

3) 位于大戈壁、大草原的公路,直线长度可达数十公里,司乘人员极易疲劳,车速超过设计速度很多。但在这种特殊的地形条件下,除了直线别无其他选择,人为设置弯道不但不能改善其单调,反而增加路线长度。

由此看来,直线的最大长度,在城镇附近或其他景色有变化的地点大于 $20V$ 是可以接受的,在景色单调的地点最好控制在 $20V$ 以内;而在特殊的地理条件下应特殊处理,若作某种限制看来是不现实的。

但是必须强调,无论是汽车专用公路还是一般公路在任何情况下都要避免追求长直线的错误倾向。

2. 直线的最小长度

考虑到线形的连续和驾驶的方便,相邻两曲线之间应有一定的直线长度。这个直线长度是指前一曲线的终点(缓直 HZ 或圆直 YZ)到后一曲线起点(直缓 ZH 或直圆 ZY)之间的长度。

(1) 同向曲线间的直线最小长度

互相通视的同向曲线间若插以短直线,容易产生把直线和两端的曲线看成反向曲线的错觉,当直线过短时甚至把两个曲线看成是一个曲线,这种线形(图 3.6)破坏了线形的连续性,且容易造成驾驶操作的失误,设计中应尽量避免。由于这种线形组合所产生的缺陷是来自驾驶员的错觉,所以若将两曲线拉开,也就是限制中间直线的最短长度,使对向曲线在驾驶员的视觉以外则可以避免上述缺点。大量的观测资料证明,行车速度越高,驾驶员越是注视远处的目标,这个距离(以 m 计)在数值上大约是行车速度(以 km/h 计)的 6 倍,所以《公路路线设计规范》(JTG D20—2017)推荐同向曲线间的最短直线长度以不小于 $6V$ 为宜。这种要求在车速较高的道路($V \geqslant 60$km/h)上宜尽可能保证,而对于低速道路($V \leqslant 40$km/h)则有所放宽,参考执行即可。在受到条件限制时,无论是高速路还是低速路,都宜将在同向曲线间插入大半径曲线或将两曲线做成复曲线、卵形曲线或C形曲线。

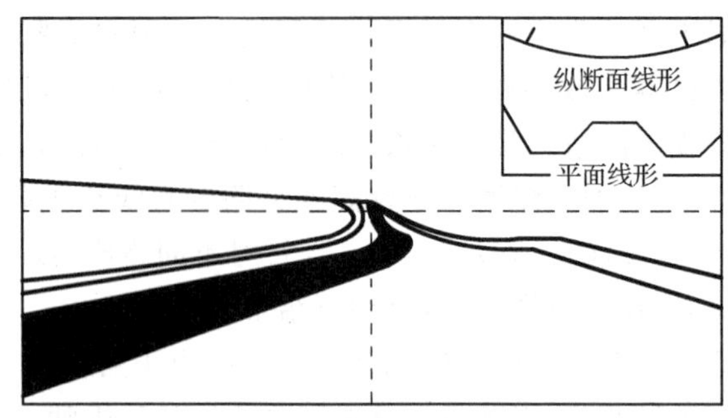

图 3.6 同向曲线间插入短直线

(2) 反向曲线间的直线最小长度

转向相反的两圆曲线之间,考虑到为设置超高和加宽缓和段的需要以及驾驶员转向操作的需要,如无缓和曲线时,宜设置一定长度的直线。《公路路线设计规范》(JTG D20—2017)规定反向曲线间最小直线长度(以 m 计)以不小于行车速度(以 km/h 计)的 2 倍为宜。若二反向曲线已设缓和曲线,在受到限制的地点也可将二反向缓和曲线首尾相接,但被连接的二缓和曲线和圆曲线应满足一定的条件。

3.3 圆 曲 线

3.3.1 圆曲线的线形特征

各级公路和城市道路不论转角大小均应设置平曲线,而圆曲线是平曲线中的主要组成部分。路线平面线形中常用的单曲线、复曲线及回头曲线等,一般均包含了圆曲线。圆曲线具有易与地形相适应、可循性好、线形美观、易于勘测设计等优点,使用十分普遍。

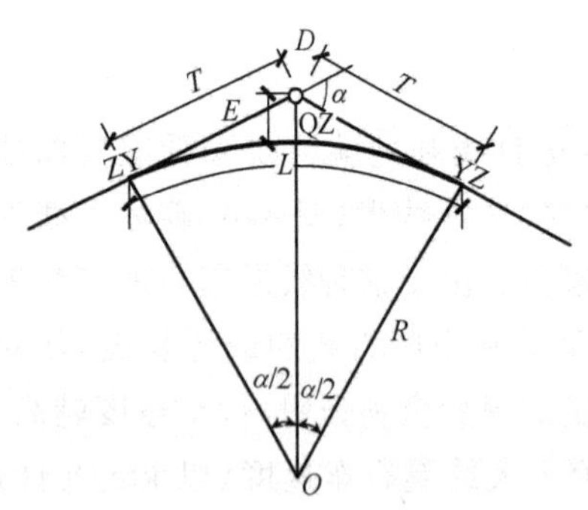

图 3.7 圆曲线几何元素

四级公路可以不设缓和曲线,其他各级公路当曲线半径大于或等于"不设缓和曲线的半径"时也可不设缓和曲线,所以此类弯道的平曲线中只有圆曲线,其几何元素(图 3.7)为

$$T = R\tan\frac{\alpha}{2}$$

$$L = \frac{\pi}{180^\circ}\alpha R = 0.017\ 45\alpha R$$

$$E = R\left(\sec\frac{\alpha}{2} - 1\right)$$

$$D = 2T - L$$

式中：T——切线长(m)；

L——曲线长(m)；

E——外距(m)；

D——校正数或称超距(m)；

R——圆曲线半径(m)；

α——转角(°)。

三级和三级以上的公路当设置有缓和曲线时，其曲线元素见 3.4 节。

3.3.2 汽车在圆曲线上的行驶特性

行驶在曲线上的汽车由于受离心力作用其稳定性受到影响，而离心力的值又与曲线半径密切相关，半径越小越不利，所以在选择平曲线半径时应尽可能采用较大的值，只有在地形或其他条件受到限制时才可使用较小的曲线半径。为了行车的安全与舒适，《公路工程技术标准》(JTG B01—2014)规定了圆曲线半径在不同情况下的最小值。

由第二章，根据汽车行驶在曲线上力的平衡式(2.32c)得

$$R = \frac{V^2}{127(\mu \pm i_c)} \tag{3.1}$$

式中：V——车速(km/h)；

μ——横向力系数；

i_c——超高横坡度。

在指定车速 V 下，最小 R_{min} 决定于容许的最大横向力系数 μ_{max} 和该曲线的最大超高横坡度 i_{cmax}。

1. 横向力系数 μ

横向力的存在对行车产生种种不利影响，μ 越大越不利，表现在以下几个方面。

(1) 危及行车安全

汽车能在弯道上行驶的基本前提是轮胎不在路面上滑移，这就要求横向力系数 μ 低于轮胎与路面之间所能提供的横向摩阻系数 f，即

$$\mu \leqslant f \tag{3.2}$$

式中：f——与车速、路面种类及状态、轮胎状态等有关。一般在干燥路面上为 0.4～0.8；在潮湿的黑色路面上汽车高速行驶时，降低到 0.25～0.40；路面结冰和积雪时，降到 0.2 以下；在光滑的冰面上可降到 0.06(不加防滑链)。

(2) 增加驾驶操纵的困难

弯道上行驶的汽车，在横向力作用下弹性的轮胎会产生横向变形，使轮胎的中间平面与轮迹前进方向形成一个横向偏移角 δ(图 3.8)，其存在增加了汽车在方向操纵上的困难，特别是车速较高时。如果横向偏移角超过了 5°，一般驾驶员就不易保持驾驶方向的稳定。

(3) 增加燃料消耗和轮胎磨损

横向力系数 μ 的存在使车辆的燃油消耗和轮胎磨损增加，表 3.1 是实测的燃料消耗和轮胎磨损增加值。

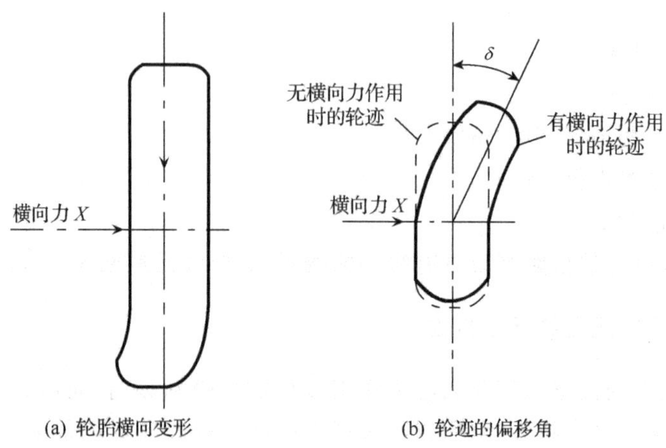

图 3.8 汽车轮胎的横向偏移角

表 3.1 燃料消耗和轮胎磨损增加值

横向力系数 μ	燃料消耗/%	轮胎磨损增加值/%
0.00	100	100
0.05	105	160
0.10	110	220
0.15	115	300
0.20	120	390

(4) 行旅不舒适

横向力系数 μ 过大,汽车不仅不能连续稳定行驶,有时还需要减速。在曲线半径小的弯道上驾驶员要尽量大回转,这容易使车离开行车道发生事故。当 μ 超过一定数值时,驾驶员就要注意采用增加汽车稳定性的措施,这一切都增加了驾驶员在弯道行驶中的紧张程度。对于乘客来说,μ 的增大,同样感到不舒适,据试验,随 μ 的变化,乘客的心理反应如下:

当 $\mu<0.10$ 时,不感到有曲线存在,很平稳;

当 $\mu=0.15$ 时,稍感到有曲线存在,尚平稳;

当 $\mu=0.20$ 时,已感到有曲线存在,稍感不稳定;

当 $\mu=0.35$ 时,感到有曲线存在,不稳定;

当 $\mu\geqslant0.40$ 时,非常不稳定,有倾车的危险感。

综上所述,μ 的采用关系到行车的安全、经济与舒适。为计算最小平曲线半径,应考虑各方面因素而采用一个舒适的 μ 值。μ 的舒适界限由 0.11～0.16 随行车速度而变化,设计中对高、低速路可取不同的数值。

2. 最大超高横坡度 i_{cmax}

在车速较高的情况下为了平衡离心力要用较大的超高,但道路上行驶车辆的速度并不一致，特别是在混合交通的道路上，不仅要照顾快车的安全，也要考虑到慢车的安全。对于慢车，乃至因故暂停在弯道上的车辆，其离心力接近于 0 或等于 0。如超高率过大，超出轮胎与路面间的横向摩阻系数，车辆有沿着路面最大合成坡度下滑的危险，因此必须

$$i_{cmax} \leqslant f_w \tag{3.3}$$

式中：f_w——年中气候恶劣季节路面的横向摩阻系数。

制定最大超高横坡度 i_{cmax}，除根据道路所在地区的气候条件外，还必须给予驾驶员和乘客以心理上的安全感。对重山区、城市附近、交叉口及有相当数量非机动车行驶的道路，最大超高还要比一般道路小些。

我国各级公路圆曲线最大超高横坡度的规定见表 3.2，《城市道路工程设计规范(2016 年版)》(CJJ 37—2012)对城市道路最大超高横坡度的规定见表 3.3。

表 3.2　各级公路圆曲线最大超高横坡度

公路等级	最大超高横坡度%		
	一般地区*	积雪冰冻地区	城镇区域
高速公路、一级公路	8 或 10	6	4
二级公路、三级公路、四级公路	8		

* 一般地区公路，圆曲线最大超高横坡度应采用 8%；以通行中、小型客车为主的高速公路和一级公路，最大超高横坡度可采用 10%。

表 3.3　城市道路最大超高横坡度

设计速度/(km/h)	100,80	60,50	40,30,20
最大超高横坡度/%	6	4	2

3.3.3　圆曲线的半径和长度

(1) 极限最小半径的计算

根据以上所述，横向力系数 μ 视设计车速采用 0.10～0.16，最大超高视道路的不同环境，公路用 0.10、0.08、0.06，城市道路用 0.06、0.04、0.02，按式(3.1)计算得“极限最小半径”。我国《公路工程技术标准》(JTG B01—2014)和《城市道路工程设计规范(2016 年版)》(CJJ 37—2012)中所制定的极限最小半径是考虑了我国的具体情况，并参照国外资料，根据表列最大横向力系数 μ_{max} 和最大超高横坡度 i_{cmax}，得出极限最小半径值。其结果整理归纳见表 3.4。

表 3.4　极限最小半径

设计速度/(km/h)	极限最小半径/m			
	最大超高横坡度 10%	最大超高横坡度 8%	最大超高横坡度 6%	最大超高横坡度 4%
120	570	650	710	810
100	360	400	440	500
80	220	250	270	300
60	115	125	135	150
40	—	60	60	65
30	—	30	35	40
20	—	15	15	20

注：“—”为不考虑采用最大超高横坡度的情况。

极限最小半径是路线设计中的极限值,一般不轻易采用,在特殊困难的条件下不得已才使用。

(2) 一般最小半径

圆曲线的最小半径一方面要考虑汽车在这种半径的曲线上以设计速度或以接近设计速度行驶时,乘客有充分的舒适感,另一方面也要注意到在地形比较复杂的情况下不会过多地增加工程量。为此,《公路工程技术标准》(JTG B01—2014)和《公路路线设计规范》(JTG D20—2017)规定了一般最小半径,取值见表3.5。

表3.5 一般最小半径

设计速度/(km/h)	120	100	80	60	40	30	20
μ	0.05	0.05	0.06	0.06	0.06	0.05	0.05
i	0.06	0.06	0.07	0.08	0.07	0.06	0.06
一般最小半径/m	1000	700	400	200	100	65	30

(3) 不设超高横坡度的最小半径

路面上不设超高,对于行驶在曲线外侧车道上的车辆来说是"反超高",其 i 应为负,大小与路拱坡度相同。从舒适和安全的角度考虑,μ 也应取尽可能小的值,以使乘客行驶在曲线上有与在直线上大致相同的感觉。我国《公路工程技术标准》(JTG B01—2014)所制定的"不设超高的最小半径"是取 $\mu=0.035$,$i_c=-0.015$(或 $\mu=0.040$,$i_c=-0.020$),按式(3.1)计算取整得来的。同时还应考虑到现实的路拱横坡在高速、一级、二级、三级公路上还有 $i_c>2.0\%$ 的情况,如仅采用原来的一组不设超高最小半径值,会得出按公式推算的值 μ 过大。因此,建议当路拱横坡为2.5%时 μ 值采用0.040;当路拱横坡为3.0%时 μ 值采用0.045。

依据我国《公路工程技术标准》(JTG B01—2014)和《城市道路工程设计规范(2016年版)》(CJJ 37—2012)的规定,不设超高的最小半径和城市道路圆曲线最小半径,如表3.6和表3.7所示。

表3.6 不设超高的最小半径

公路等级		高速公路			一级			二级		三级		四级
设计速度 V/(km/h)		120	100	80	100	80	60	80	60	40	30	20
不设超高最小半径/m	$i_c\leqslant 2\%$	5500	4000	2500	4000	2500	1500	2500	1500	600	350	150
	$i_c>2\%$	7500	5250	3350	5250	3350	1900	3350	1900	800	450	200

表3.7 城市道路圆曲线最小半径

设计速度/(km/h)		100	80	60	50	40	30	20
不设超高最小半径/m		1600	1000	600	400	300	150	70
设超高最小半径/m	一般值	650	400	300	200	150	85	40
	极限值	400	250	150	100	70	40	20

注:"一般值"为正常情况下的采用值;"极限值"为条件受限时可采用的值。

(4) 最小半径的选用

各级公路设计，应根据沿线地形等情况，尽量选用较大半径，极限最小半径一般尽可能不用；当不得已采用极限最小半径时，应注意前后线形的协调。从目前国内已建公路的调研情况看，山岭区公路采用比极限最小半径稍大的半径的路段，尽管也做到了线形指标的逐渐过渡，但很难引起驾驶员的足够注意，行车速度一般不会有大的改变，极限最小半径的曲线不仅表现出行车不舒适，而且往往因超高与速度不匹配导致驾驶操作不当引发事故。

圆曲线半径较小时，车辆行驶速度一般会有所降低。但对于陡的下坡路段，往往由于汽车的动量关系，容易导致车辆加速行驶，造成圆曲线上车速增高，影响行车安全。因此，当公路平面必须设置小于一般最小半径的小半径曲线时，应根据纵坡设置情况适当加大曲线半径。

(5) 圆曲线最大半径

如前所述，选用圆曲线半径时，在与地形等条件相适应的前提下应尽量采用大半径，但半径大到一定程度时，容易给驾驶员造成判断上的错误反而带来不良后果。设置大半径平曲线，可能会产生两种不利情况，一是为控制曲线长度易形成小偏角，二是为加大偏角而设置长大曲线。

车辆行驶在长大曲线上，尽管曲线本身较直线柔和，但驾驶员在同曲率半径曲线上行驶时方向盘几乎与直线上一样无须做大的调整，如果半径大于 9000m，视线集中的 300～600m 范围内视觉效果近乎直线，同样易使驾驶员疲劳或为追求新的环境加快行车速度而导致车祸；而且其几何性质和行车条件与直线无太大区别，却无谓地增加计算和测量上的麻烦。因此设计中应结合地形等条件，合理设置曲线转角与半径。《公路路线设计规范》(JTG D20—2017)规定圆曲线的最大半径不宜超过 10 000m。

3.4 缓和曲线

缓和曲线是道路平面线形要素之一，它是设置在直线与圆曲线之间或半径相差较大的两个转向相同的圆曲线之间的一种曲率连续变化的曲线。《公路工程技术标准》(JTG B01—2014)规定，除四级路直线与小于不设超高最小半径的圆曲线相衔接处可不设缓和曲线，用超高、加宽缓和段径相连接外，其余各级公路都应设置缓和曲线。在现代高速公路上，有时缓和曲线所占的比例超过了直线和圆曲线，成为平面线形的主要组成部分。在城市道路上，缓和曲线也被广泛地使用。下面就缓和曲线的性质、参数、长度、设计方法等加以讨论。

3.4.1 缓和曲线的线形作用与特征

1. 缓和曲线的作用

(1) 曲率连续变化，便于车辆遵循

汽车在转弯行驶的过程中，存在一条曲率连续变化的轨迹线，无论车速高低这条轨迹线都是客观存在的，它的形式和长度则随行驶速度、曲率半径和驾驶员转动方向盘的快慢而定。在低速行驶时,驾驶员尚可利用路面的富余宽度在一定程度上把汽车保持在车道范围之内,缓和曲线似乎没有必要。但在高速行驶或曲率急变时,汽车则有可能超越自己的车道驶出一条很长的过渡性的轨迹线。从安全的角度出发,有必要设置一条驾驶员易于遵循的路线,使车辆在进入或离开圆曲线时不致侵入邻近的车道。

(2) 离心加速度逐渐变化,乘客感觉舒适

汽车行驶在曲线上产生离心力,离心力的大小与曲线的曲率成正比。汽车由直线驶入圆曲线或由圆曲线驶入直线,曲率的突变乘客会有不舒适的感觉,应在曲率不同的两曲线之间设置一条过渡性的曲线以缓和离心加速度的变化。

(3) 超高横坡度逐渐变化,行车更加平稳

行车道从直线上的双坡断面过渡到圆曲线上的单坡断面和由直线上的正常宽度过渡到圆曲线上的加宽宽度,一般情况下是在缓和曲线长度内完成的。为避免车辆在这一过渡行驶中急剧地左右摇摆,并保证路容的美观,设置一定长度的缓和曲线是必要的。

(4) 与圆曲线配合得当,增加线形美观

圆曲线与直线径相连接,在连接处曲率突变,在视觉上有不平顺的感觉。设置缓和曲线以后,线形连续圆滑,增加了线形的美观。同时,从外观上圆曲线也使人感到安全,图 3.9为直线与曲线连接效果图。

(a) 不设缓和曲线感觉路线扭曲

(b) 设置缓和曲线后变得平顺美观

图 3.9 直线与曲线连接效果图

2. 缓和曲线的线形特征

根据上述对缓和曲线作用的要求,回旋线是公路路线设计中最常用的一种缓和曲线。我国《公路工程技术标准》(JTG B01—2014)规定缓和曲线采用回旋线。

(1) 回旋线的数学表达式

回旋线的基本公式为

$$rl = A^2 \tag{3.4}$$

式中:r——回旋线上某点的曲率半径(m);

l——回旋线上某点到原点的曲线长(m);

A——回旋线的参数,表征回旋线曲率变化的缓急程度。

在回旋线的任意点上,r 是随 l 的变化而变化的,但在缓和曲线的终点处,$l=L_s$,$r=$

R,式(3.4)可写作

$$RL_s = A^2 \tag{3.5}$$

因此

$$A = \sqrt{RL_s} \tag{3.6}$$

式中:R——回旋线所连接的圆曲线半径;

L_s——回旋线形的缓和曲线长度。

设计上可以由已知 R 和 L_s 计算 A,也可以按各种条件选择 R 和 A,再计算 L_s。图 3.10 为回旋线及其应用范围,图 3.11 为回旋线的曲率变化。

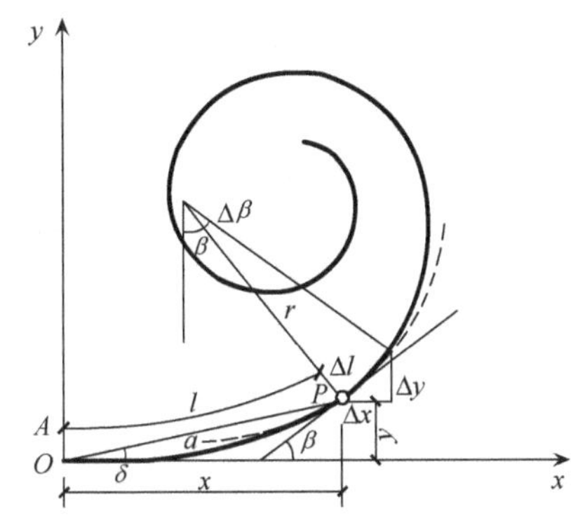

图 3.10 回旋线及其应用范围

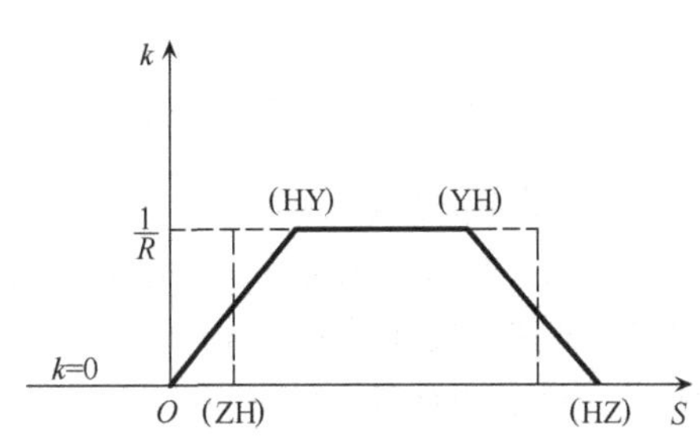

图 3.11 回旋线的曲率变化

如图 3.10 所示,在回旋线上任意点 P 取微分单元,则有

$$\mathrm{d}l = r\mathrm{d}\beta$$

$$\mathrm{d}x = \mathrm{d}l\cos\beta \tag{3.7}$$

$$\mathrm{d}y = \mathrm{d}l\sin\beta \tag{3.8}$$

以 $rl=A^2$ 代入得

$$\mathrm{d}l = \frac{A^2}{l}\mathrm{d}\beta$$

当 $\mathrm{d}l=A^2\mathrm{d}\beta$,积分得

$$l^2 = 2A^2\beta, \quad \beta = \frac{l^2}{2A^2}$$

将 $rl=A^2$ 代入得

$$r = \frac{A}{\sqrt{2\beta}}$$

再代入式(3.7)和式(3.8)得

$$\mathrm{d}x = \frac{A}{\sqrt{2\beta}}\cos\beta\mathrm{d}\beta \tag{3.9}$$

$$\mathrm{d}y = \frac{A}{\sqrt{2\beta}}\sin\beta\mathrm{d}\beta \tag{3.10}$$

将式(3.9)和式(3.10)积分,并将 $\sin\beta$、$\cos\beta$ 用级数展开整理即得用参数 r 和 l 表示的回旋线直角坐标方程为

$$x = l - \frac{l^3}{40r^2} + \frac{l^5}{3456r^4} - \cdots \tag{3.11}$$

$$y = \frac{l^2}{6r} - \frac{l^4}{336r^3} + \frac{l^6}{42240r^5} - \cdots \tag{3.12}$$

在回旋线终点处 $l=L_s, r=R$，于是

$$X = L_s - \frac{L_s^3}{40R^2} + \frac{L_s^5}{3456R^4} - \cdots \tag{3.13}$$

$$Y = \frac{L_s^2}{6R} - \frac{L_s^4}{336R^3} + \frac{L_s^6}{42\,240R^5} - \cdots \tag{3.14}$$

用切线支距法敷设回旋线，用近似公式

$$x \approx l - \frac{l^5}{40C^2} \tag{3.15}$$

$$y \approx \frac{l^3}{6C} - \frac{l^7}{336C^3} \tag{3.16}$$

式中：l——任意点的弧长；

$C=RL_s$，R 是圆曲线半径，L_s是缓和曲线长度。

应用上，上述长度单位均以 m 计。

(2) 回旋线的相似性

回旋线的曲率是连续变化的，而且其曲率的变化与曲线长度的变化呈线性关系。为此，可以认为回旋线的形状只有一种，只需改变参数 A 就能得到不同大小的回旋曲线，A 相当于回旋线的放大系数。回旋线的这种相似性对于简化其几何要素的计算和编制曲线表很有用处。

$A=1$ 时的回旋曲线称为单位回旋曲线。根据相似性，可由单位回旋曲线要素计算任意回旋曲线的要素。在各要素中，又分长度要素(如切线长、曲线长、内移值、直角坐标等)和非长度要素(如缓和曲线角、弦偏角等)两类，它们的计算方法为

回旋线长度要素＝单位回旋线长度要素×A

回旋线非长度要素＝单位回旋线非长度要素×A

3.4.2 汽车在缓和曲线上的行驶特性分析

考察汽车由直线进入圆曲线的行驶轨迹，先假定汽车是等速行驶的，驾驶员匀速转动方向盘。当方向盘转动角度为 φ_c 时，前轮相应转动角度为 ϕ_c，它们之间的关系为

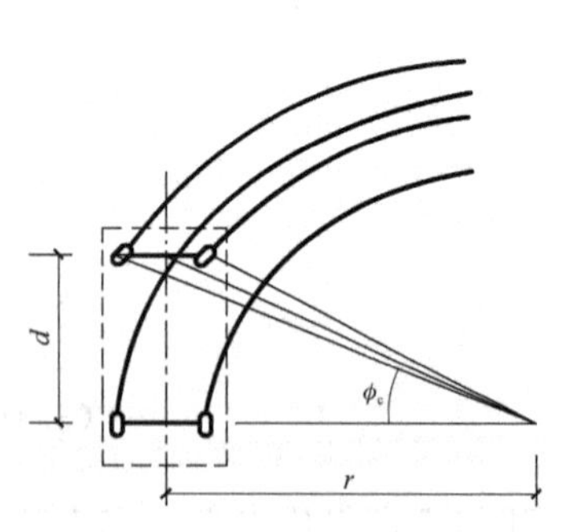

图 3.12 汽车的转弯行驶

$$\phi_c = k\varphi_c \tag{3.17}$$

式中：k 为小于 1 的系数，而

$$\varphi_c = \omega t \tag{3.18}$$

式中：ω——方向盘转动角速度(rad/s)；

t——行驶时间(s)。

此时汽车前轮的转动角为

$$\phi_c = k\omega t \tag{3.19}$$

设汽车前后轮轴距为 d，前轮转动 ϕ_c 后，汽车的行驶轨迹曲线半径为 r，由图 3.12 可知

$$r = \frac{d}{\tan\phi_c}$$

由于 ϕ_c 很小，可以近似地

$$r \approx \frac{d}{\phi_c} = \frac{d}{k\omega t} \tag{3.20}$$

汽车以 v(m/s)等速行驶，经时间 t(s)以后，其行驶距离（弧长）l 为

$$l = vt \tag{3.21}$$

由式(3.20)得 $t=\frac{d}{k\omega r}$，代入式(3.21)得

$$l = v\frac{d}{k\omega r} \tag{3.22}$$

式中：v、d、k、ω——常数。

令

$$\frac{vd}{k\omega} = C$$

则

$$l = \frac{C}{r}$$

或

$$rl = C \tag{3.23}$$

式中：l——汽车自直线终点开始转弯，经 t 后行驶的距离(m)；

r——汽车行驶 t 后在 l 处的曲率半径(m)；

C——常数。

推证说明，汽车匀速从直线进入圆曲线(或相反)其行驶轨迹的弧长与曲线的曲率半径的乘积为一常数。这一性质与数学上的回旋线正好相符。

3.4.3　缓和曲线的长度及参数的设计标准

1. 缓和曲线的最小长度

由于车辆要在缓和曲线上完成不同曲率的过渡行驶，要求缓和曲线有足够的长度，以使驾驶员能从容地打方向盘，乘客感觉舒适，线形美观流畅，圆曲线上的超高和加宽的过渡也能在缓和曲线内完成，所以应规定缓和曲线的最小长度。可从以下几方面考虑。

(1) 乘客感觉舒适

汽车行驶在缓和曲线上，其离心加速度将随着缓和曲线曲率的变化而变化，若变化过快，将会使乘客有不舒适的感觉。

离心加速度的变化率为

$$\alpha_s = \frac{a}{t} = \frac{v^2}{Rt}$$

式中：v——汽车行驶速度（m/s）；

R——圆曲线半径(m)；

a——离心加速度(m/s^2)；

t——汽车在缓和曲线上的行驶时间(s)。

在等速行驶的情况下，有

$$t=\frac{L_s}{v}$$

于是

$$\alpha_s=\frac{v^3}{RL_s}=0.0214\frac{V^3}{RL_s} \tag{3.24}$$

式中：V——汽车行驶速度(km/h)。

按式(3.24)所表示的关系，可以推出缓和曲线最小长度为

$$L_{s(\min)}=0.0214\frac{V^3}{\alpha_s R} \tag{3.25}$$

选定能保证舒适的最大的α_s，则可得出在一定车速和一定圆曲线半径下的最短缓和曲线长度。我们称α_s为“缓和系数”，采用值各国不一致。缓和曲线的设置铁路比公路早。铁路上采用$\alpha_s \leqslant 0.3$(单位为 m/s^3，约为 1ft/s^3)，公路上参考这一规定建议$\alpha_s \leqslant 0.6$。于是缓和曲线的最小长度为

$$L_{s(\min)}=0.036\frac{V^3}{R} \tag{3.26}$$

设计中可根据实际情况选用不同的α_s值。高速路要小些，低速路大些；平原区要小些，山岭区大些；直通路要小些，交叉口大些。

(2) 超高渐变率适中

由于在缓和曲线上设置有超高缓和段，如果缓和段太短则会因路面急剧地由双坡变为单坡而形成一种扭曲的面，对行车和路容均不利。在超高过渡段上，路面外侧逐渐抬高，从而形成一个“附加坡度”，当圆曲线上的超高值一定时，这个附加坡度就取决于缓和段长。附加坡度，或称超高渐变率，太大和太小都不好，太大对行车不利，太小对排水不利。《公路路线设计规范》(JTG D20—2017)规定了适中的超高渐变率，由此可导出计算缓和段最小长度的公式，即

$$L_{s(\min)}=\frac{B\Delta i}{p} \tag{3.27}$$

式中：B——旋转轴至行车道(设路缘带时为路缘带)外侧边缘的宽度(m)；

Δi——超高坡度与路拱坡度代数差(%)；

p——超高渐变率，即旋转轴线与行车道外侧边缘线之间的相对坡度。

式(3.27)的推导和关于p的规定将在第五章详细介绍。

(3) 行驶时间不过短

缓和曲线不管其参数如何，都不可使车辆在缓和曲线上的行驶时间过短而使驾驶员驾驶操纵过于匆忙。一般认为汽车在缓和曲线上的行驶时间至少应有 3s，于是

$$L_{s(\min)}=\frac{V}{1.2} \tag{3.28}$$

考虑了上述影响缓和曲线长度的各项因素,《公路工程技术标准》(JTG B01—2014)和《城市道路工程设计规范(2016 年版)》(CJJ 37—2012)分别规定了各级公路和城市道路的缓和曲线最小长度。各级公路和城市道路的缓和曲线最小长度如表 3.8 和表 3.9 所示。

表 3.8 各级公路缓和曲线最小长度

设计速度/(km/h)	120	100	80	60	40	30	20
缓和曲线最小长度/m	100	85	70	60	40	30	20

表 3.9 城市道路缓和曲线最小长度

设计速度/(km/h)	100	80	60	50	40	30	20
缓和曲线最小长度/m	85	70	50	45	35	25	20

2. 回旋曲线参数的确定

以上讨论的缓和曲线长度是在条件受限制时的最小长度。在一般情况下,特别是当圆曲线半径较大、车速较高时,应该使用更长的缓和曲线。现代道路的缓和曲线广泛使用的是回旋线,回旋线的基本公式是以参数形式表达的($RL_s=A^2$),对其参数的最小允许值应作出规定。

若按离心加速度的变化率来确定回旋线的最小参数,由式(3.24)得

$$\alpha_s = 0.0214 \times \frac{V^3}{RL_s} = 0.0214 \times \frac{V^3}{A^2} \tag{3.29}$$

因此

$$A = \sqrt{\frac{0.0214}{\alpha_s}}\ \sqrt{V^3} \tag{3.30}$$

限定离心加速度的变化率 α_s,则可按式(3.30)求出最小参数 A_{min}。

若按车辆在缓和曲线上的行驶时间不过短、超高变化率适中等条件,同样可以得出回旋线的最小参数。

具体到一个弯道的 A 值应该根据线形顺适与美观的要求,按圆曲线半径 R 来确定。考察驾驶员的视觉,当回旋曲线很短,其回旋线切线角(或称缓和曲线角)$\beta<3°$时,曲线极不明显,在视觉上容易被忽略。但回旋线过长 $\beta>29°$时,圆曲线与回旋线不能很好地协调。因此,从适宜的缓和曲线角 $\beta=3°\sim29°$这一区间可以推导出合适的 A 值。

因为

$$\beta_0 = \frac{90}{\pi}\frac{L_s}{R}$$

所以

$$L_s = \frac{R\beta_0}{28.6479}$$

而

$$A = \sqrt{L_s R} = R\sqrt{\frac{\beta_0}{28.6479}}$$

在回旋线终点，$\beta=\beta_0$，将 $\beta_0=3°$和 $\beta_0=29°$分别代入上式，则

$$\frac{R}{3}\leqslant A\leqslant R \tag{3.31}$$

不过上述关系只适用 R 在某种范围之间。经验证明，当 R 在 100m 左右时，通常取 $R=A$；如果 R 小于 100m，则选择 A 等于 R 或大于 R。反之，在圆曲线较大时，可选择 A 在$\frac{R}{3}$左右，如 R 超过了 3000m，即使 A 小于$\frac{R}{3}$，从视觉上考虑也是没有问题的。A 和 R 的关系如图 3.13 所示。当然，缓和曲线长度和回旋线参数的确定还必须考虑到地形、排水和中间所夹圆曲线长度等因素。当限制较严时，方可选用极限值。

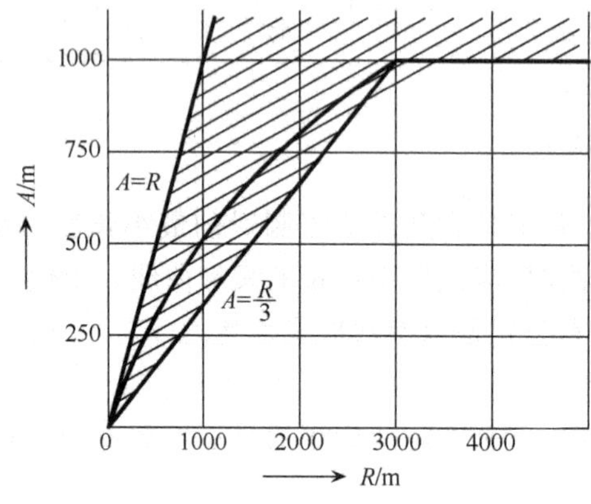

图 3.13 A 和 R 的关系

3. 缓和曲线的省略

在直线和圆曲线之间设置缓和曲线后，圆曲线产生了内移值 p，在 L_s一定的情况下，p 与圆曲线半径成反比，当 R 大到一定程度时，p 值甚微，即使直线与圆曲线径相连接，汽车也能完成缓和曲线的行驶，因为在路面的富余宽度中已经包含了这个内移值。《公路路线设计规范》(JTG D20—2017)规定，在下列情况中可不设回旋线。

1) 在直线与圆曲线间，当圆曲线半径大于或等于表 3.6 所列“不设超高的最小半径”时。

2) 半径不同的同向圆曲线间，当小圆半径大于或等于“不设超高的最小半径”时。

3) 小圆半径大于表 3.10 中所列半径，且符合下列条件之一时：

① 小圆曲线按规定设置相当于最小回旋线长的回旋线时，其大圆与小圆的内移值之差不超过 0.10m；

② 设计速度≥80km/h 时，大圆半径(R_1)与小圆半径(R_2)之比小于 1.5；

③ 设计速度＜80km/h 时，大圆半径(R_1)与小圆半径(R_2)之比小于 2。

表 3.10 复曲线中的小圆临界曲线半径

设计速度/(km/h)	120	100	80	60	40	30
临界曲线半径/m	2100	1500	900	500	250	130

《城市道路工程设计规范(2016 年版)》(CJJ 37—2012)规定的不设缓和曲线的最小圆曲线半径见表 3.11。

表 3.11　城市道路不设缓和曲线的最小圆曲线半径

设计速度/(km/h)	100	80	60	50	40
不设缓和曲线的最小圆曲线半径/m	3000	2000	1000	700	500

4. 有缓和曲线的道路平曲线几何元素

如图 3.14 所示,道路平面线形三要素的基本组成:直线—回旋线—圆曲线—回旋线—直线。

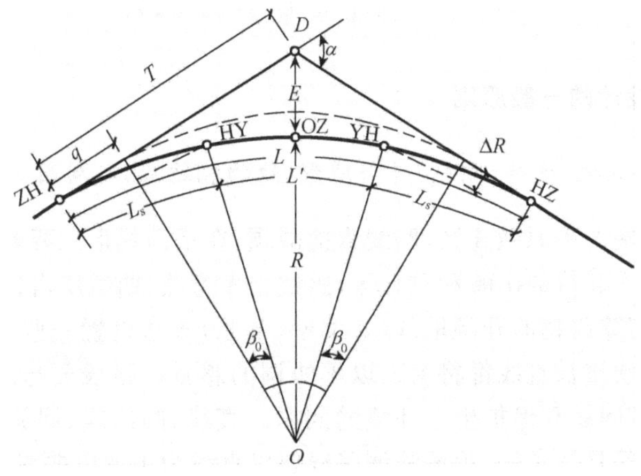

图 3.14　平曲线几何元素

其几何元素的计算公式为

$$T = (R + \Delta R)\tan\frac{\alpha}{2} + q$$

$$L = R\,\frac{\pi}{180}(\alpha - 2\beta_0) + 2L_s$$

$$E = (R + \Delta R)\sec\frac{\alpha}{2} - R = (R + \Delta R)\frac{1}{\cos\dfrac{\alpha}{2}} - R$$

$$L' = L - 2L_s = R\,\frac{\pi}{180}(\alpha - 2\beta_0)$$

$$D = 2T - L$$

$$\beta_0 = \frac{90}{\pi R}L_s = 28.6479\,\frac{L_s}{R}$$

$$q = \frac{L_s}{2} - \frac{L_s^3}{240R^2}$$

$$\Delta R = \frac{L_s^2}{24R} - \frac{L_s^4}{2688R^3}$$

用切线支距法敷设回旋线的公式见式(3.15)和式(3.16)。用切线支距法敷设带有回旋线的圆曲线公式为

$$x = q + R\sin\varphi_{\mathrm{m}} \tag{3.32}$$

$$y = \Delta R + R(1 - \cos\varphi_{\mathrm{m}}) \tag{3.33}$$

其中

$$\varphi_{\mathrm{m}} = \alpha_{\mathrm{m}} + \beta_0 = 28.6479\left(\frac{2l_{\mathrm{m}} + L_{\mathrm{S}}}{R}\right) \tag{3.34}$$

式中：l_{m}——圆曲线上任意点 m 至缓和曲线终点的弧长(m)；

α_{m}——l_{m}所对应的圆心角(rad)。

3.5 平面线形组合设计

3.5.1 平面线形设计的一般原则

1. 平面线形应直捷、连续、顺适，并与地形、地物相适应，与周围环境相协调

在地势平坦开阔的平原微丘区，路线直捷舒顺，在平面线形三要素中直线所占比例较大。而在地势有很大起伏的山岭和重丘区，路线则多弯曲，曲线所占比例则较大。可以设想，如果在没有任何障碍物的开阔地区(如戈壁、草原)故意设置一些不必要的弯道，或者在高低起伏的山地硬拉长直线都将给人以不协调的感觉。路线要与地形相适应，这既是美学问题，也是经济问题和保护生态环境的问题。直线、圆曲线、回旋线的选用与合理组合取决于地形地物等具体条件，片面强调路线要以直线为主或以曲线为主，或人为规定三者的比例都是错误的。

2. 行驶力学上的要求是基本的，视觉和心理上的要求对高速路应尽量满足

高速公路、一级公路以及设计速度大于等于 60km/h 的公路，应注重立体线形设计，尽量做到线形连续、指标均衡、视觉良好、景观协调、安全舒适。设计速度越高，线形设计所考虑的因素越应周全。

设计速度小于等于 40km/h 的公路，首先应在保证行车安全的前提下，正确地运用平面线形要素最小值，在条件允许不过多增加工程量的情况下力求做到各种线形要素的合理组合，并尽量避免和减轻不利的组合，以期充分发挥投资效益。

3. 保持平面线形的均衡与连贯

为使一条公路上的车辆尽量以均匀的速度行驶，应注意各线形要素保持连续性而不出现技术指标的突变。以下几点在设计时应充分注意。

1) 长直线尽头不能接以小半径曲线。长的直线和长的大半径曲线会导致较高的车速，若突然出现小半径曲线，会因减速不及而造成事故。特别是在下坡方向的尽头更要注意。若由于地形所限小半径曲线难免时，中间应插入中等曲率的过渡性曲线，并使纵坡不要过大。

2) 高、低标准之间要有过渡。同一等级的公路由于地形的变化在指标的采用上也会

有变化，或同一条公路按不同设计速度的各设计路段之间也会形成技术标准的变化。遇有这种高、低标准变化的路段，除满足有关设计路段在长度和梯度上的要求外，还应结合地形的变化，使路线的平面线形指标逐渐过渡，避免出现突变。不同标准路段相互衔接的地点，应选在交通量发生变化处，或者驾驶者能够明显判断前方需要改变行车速度的地方。

4. 应避免连续急弯的线形

这种线形给驾驶者造成不便，给乘客的舒适也带来不良影响；设计时可在曲线间插入足够长的直线或回旋线。

5. 平曲线应有足够的长度

平曲线太短，汽车在曲线上行驶时间过短会使驾驶员操纵来不及调整，所以《公路路线设计规范》(JTG D20—2017)规定了平曲线（包括圆曲线及其两端的缓和曲线）最小长度（表 3.12），当地形条件及其他特殊情况限制时，可采用表中的“最小值”。

表 3.12 各级公路平曲线最小长度

设计速度/(km/h)	120	100	80	60	40	30	20
一般值/m	1000	850	700	500	350	250	200
最小值/m	200	170	140	100	70	50	40

公路弯道在一般情况下是由两段缓和曲线（或超高、加宽缓和段）和一段圆曲线组成。缓和曲线（一般采用回旋线）的长度不能小于该级公路对其最小长度的规定；中间圆曲线的长度也宜有大于 3s 的行程，当条件受限时，可将缓和曲线在曲率相等处直接连接，此时的圆曲线长度等于 0。

路线转角的大小反映了路线的舒顺程度，小一些好。但转角过小，即使设置了较大的半径也容易把曲线长看成比实际的要短，造成急转弯的错觉。这种倾向转角越小越显著，以致造成驾驶员枉作减速转弯的操作。

一般认为，$\theta \leqslant 7°$应属小转角弯道。对于小转角弯道应设置较长的平曲线，其长度应大于表 3.13 中规定的“一般值”。但受地形及其他特殊情况限制时，可减短至表中的“低限值”。当受条件限制采用长直线时，应结合具体情况采用相应的技术措施。

表 3.13 公路转角等于或小于 7°时的平曲线长度

设计速度/(km/h)	120	100	80	60	40	30	20
一般值/m	$1400/\theta$	$1200/\theta$	$1000/\theta$	$700/\theta$	$500/\theta$	$350/\theta$	$280/\theta$
低限值/m	200	170	140	100	70	50	40

注：表中 θ 为路线转角值(°)，当 $\theta<2°$时，按 $\theta=2°$计算。

3.5.2 平面线形的组合设计

平面线形由直线、圆曲线、缓和曲线三个几何要素组成,三个线形要素可以组合成不同的组合线形。

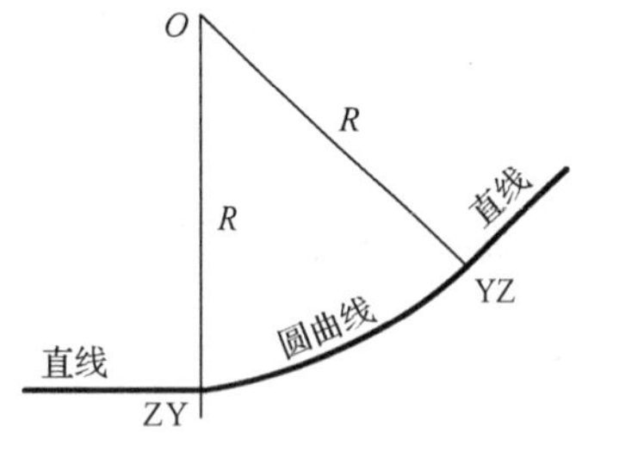

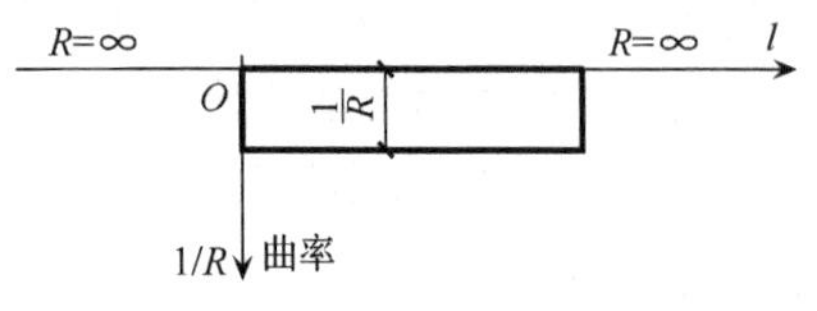

图 3.15 简单型曲线

1. 简单型曲线

(1) 定义

当一个弯道由直线与圆曲线组合时称为简单型曲线,即按直线—圆曲线—直线的顺序组合,如图 3.15 所示。

(2) 特征及运用

简单型组合曲线在 ZY 和 YZ 点处有曲率突变点,对行车不利。当半径较小时该处线形也不顺适,一般限于四级公路采用。其他等级公路当平曲线半径大于不设超高半径时,缓和曲线也可以省略。

2. 基本型曲线

(1) 定义

按直线—回旋线—圆曲线—回旋线—直线的顺序组合的曲线称为基本型曲线,如图 3.16 所示。

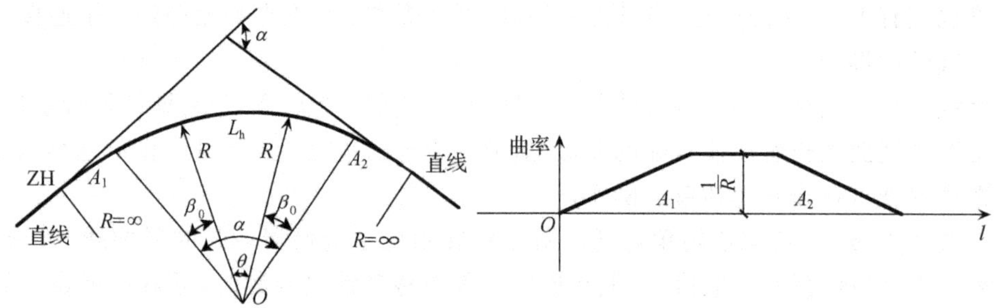

图 3.16 基本型曲线

(2) 特征及运用

基本型曲线可以设计成对称基本型和非对称基本型两种,当 $A_1=A_2$ 时为对称基本型,这是经常采用的。非对称型是根据线形、地形变化的需要在圆曲线两侧采用 $A_1\neq A_2$ 的回旋线。基本型两端的回旋线参数除应满足式(3.35) 的要求外,为使线形连续协调,回旋线—圆曲线—回旋线的长度之比宜为 1∶1∶1,并注意满足如下设置基本型的几何条件为

$$2\beta_0<\alpha \tag{3.35}$$

式中:α——路线转角;

β_0——缓和曲线角，$\beta_0=\dfrac{90}{\pi}\dfrac{L_h}{R}$。

3. 凸形曲线

(1) 定义

两同向回旋曲线间不插入圆曲线而径相连接的组合形式称为凸形曲线，如图 3.17 所示。

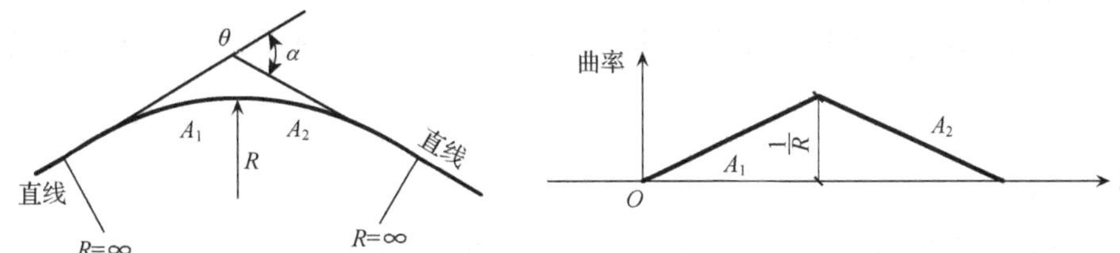

图 3.17　凸形曲线

(2) 特征及运用

设置凸形曲线的几何条件是

$$2\beta_0=\alpha \tag{3.36}$$

凸形曲线之回旋曲线最小参数及其连接点的半径值，应分别符合容许最小回旋线参数和圆曲线一般最小半径的规定。

凸形曲线在两回旋曲线衔接处曲率发生突变，不仅行车操作不便，而且由于超高，路面边缘线纵断面也在该处形成转折，所以凸形曲线作为平面线形是不理想的。一般情况下不宜采用，只有在地形、地物受限制的路段方可考虑。

4. S 形曲线

(1) 定义

两个反向圆曲线间用两个反向回旋线连接的组合形式，称为 S 形曲线，如图 3.18 所示。

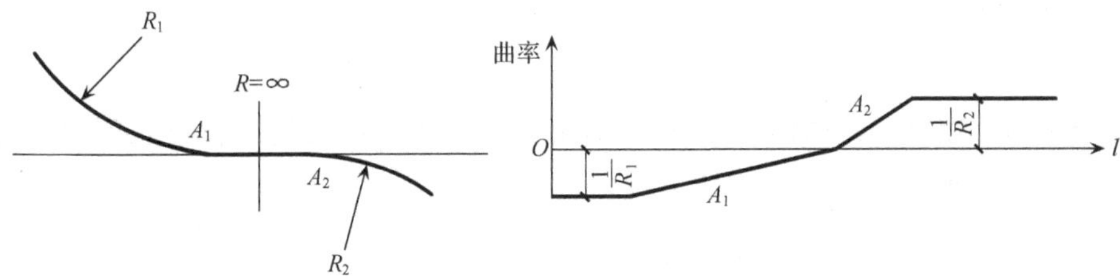

图 3.18　S形曲线

(2) 特征及运用

从行驶力学和线型协调、超高缓和上考虑，S 形曲线相邻两个回旋线参数 A_1 和 A_2 之比应小于 2.0，有条件时以小于 1.5 为宜。

S 形的两个反向回旋线以径相衔接为宜。当由于地形条件限制必须插入短直线或当

两个圆曲线的回旋线相互重合时，短直线或重合段的长度都应符合

$$l \leqslant \frac{A_1 + A_2}{40} \tag{3.37}$$

式中：l——反向回旋线间短直线或重合段的长度(m)；

A_1、A_2——回旋线参数。

两圆曲线半径之比不宜过大，$\frac{R_2}{R_1}=1\sim\frac{1}{3}$为宜，其中 R_1 为大圆的曲线半径(m)；R_2 为小圆的曲线半径(m)。

如果中间直线超过上述长度很多，则认为是两个基本型的曲线而不是S形曲线了。

5. C 形曲线

(1) 定义

同向曲线的两回旋线在曲率为零处径相衔接的形式称为C形曲线，如图 3.19 所示。

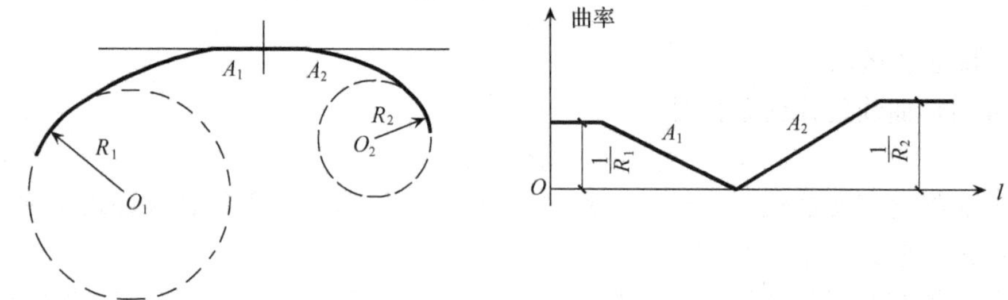

图 3.19　C形曲线

(2) 特征及运用

C形曲线连接处的曲率为 0，即 $R=\infty$，相当于两个基本型的同向曲线中间直线长度为 0，对行车不利。C形曲线只有在特殊地形条件下方可采用。两个回旋线参数可相等，也可不相等。

6. 复合型曲线

(1) 定义

两个及两个以上的同向回旋曲线，在曲率相等处径相衔接的组合形式称为复合型曲线，如图 3.20 所示。

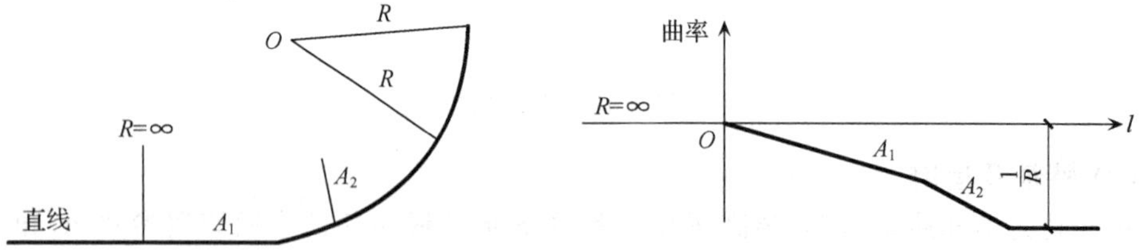

图 3.20　复合型曲线

(2) 特征及运用

复合型曲线的两个回旋线参数之比一般以小于 1∶1.5 为宜。这种形式很少采用，仅在受地形或其他特殊原因限制时采用(互通式立交除外)。

7. 复曲线

(1) 定义

复曲线是指两个或两个以上曲线半径不同、转向相同的圆曲线径相连接或插入缓和曲线的组合曲线，后者又称卵形曲线。根据复曲线是否插入缓和曲线可有以下几种形式。

1) 圆曲线直接相连的组合形式。如图 3.21 所示，圆曲线直接相连的组合形式按直线—圆曲线(R_1)—圆曲线(R_2)—直线的顺序组合构成。

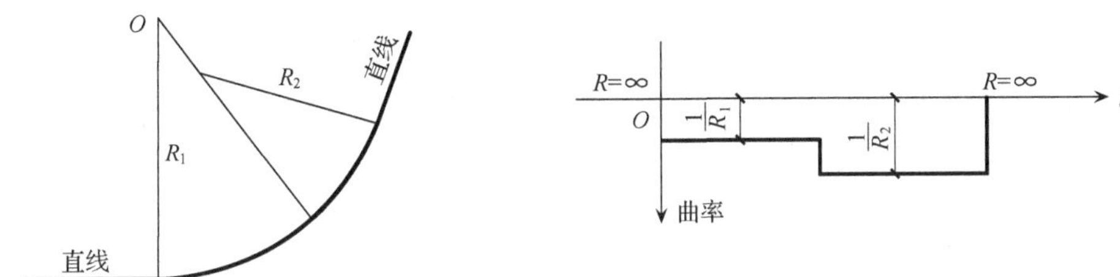

图 3.21 圆曲线直接相连接的复曲线

2) 两端带缓和曲线的组合形式。如图 3.22 所示，两端带缓和曲线的组合形式按直线—缓和曲线(A_1)—圆曲线(R_1)—圆曲线(R_2)—缓和曲线(A_2)—直线顺序组合构成。

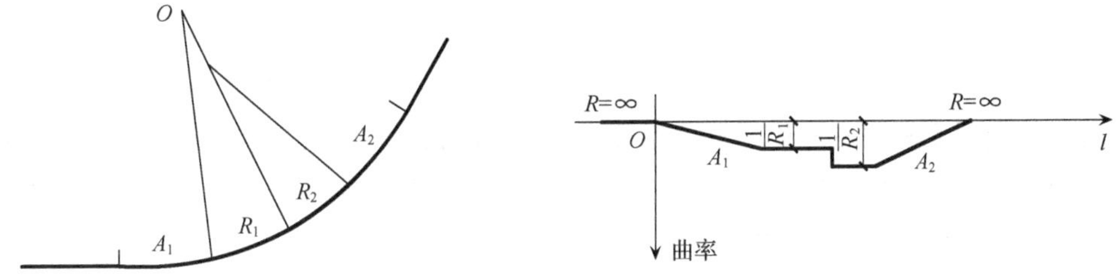

图 3.22 两端带缓和曲线的复曲线

3) 卵形曲线。如图 3.23 所示，卵形曲线是指按直线—缓和曲线(A_1)—圆曲线(R_1)—缓和曲线(A)—圆曲线(R_2)—缓和曲线(A_2)—直线顺序组合而成的线形。

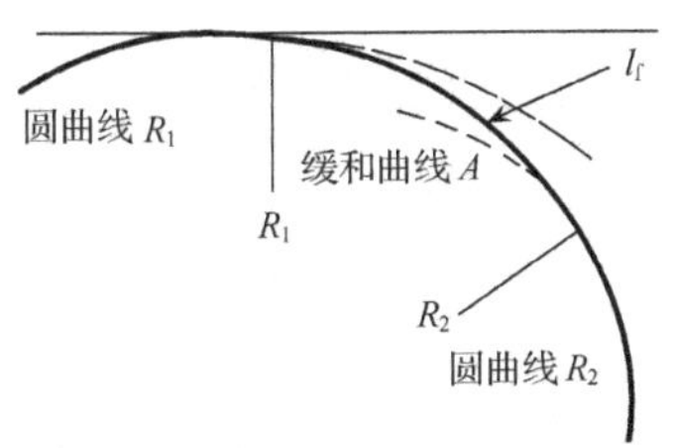

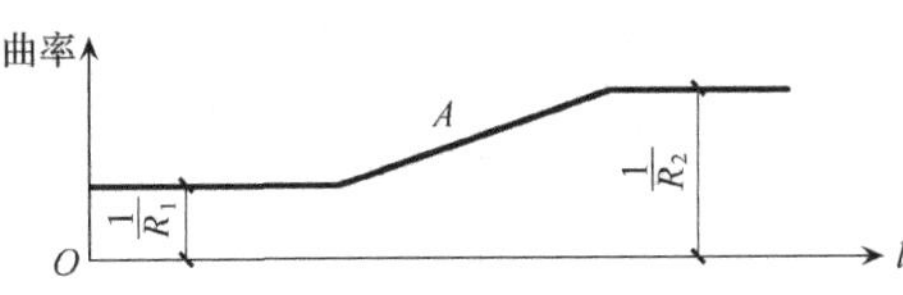

图 3.23 卵形曲线

(2) 特征及运用

卵形曲线要求大圆能完全包住小圆,如果大圆半径为无穷大,那么它就是直线,而回到基本型。所以,卵形曲线可以认为是具有基本型的一般线形。不过卵形的回旋曲线不是从原点开始,而是使用曲率从$\frac{1}{R_1}$到$\frac{1}{R_2}$这一段。

卵形回旋曲线的参数最好在下列范围之内,即

$$\frac{R_2}{2} \leqslant A \leqslant R_2 \tag{3.38}$$

两圆曲线半径之比以$0.2 \leqslant \frac{R_2}{R_1} \leqslant 0.8$为宜。

两圆曲线的间距以$0.003 \leqslant \frac{S}{R_2} \leqslant 0.03$为宜($S$为两曲线间的最小间距)。

卵形曲线要求大圆能完全包络小圆,如果两圆曲线相交、相切或相离时,只用一条回旋线就不能将两个圆曲线连接起来,需要用适当的辅助圆把两个回旋曲线连接成两个卵形,或用C形曲线。

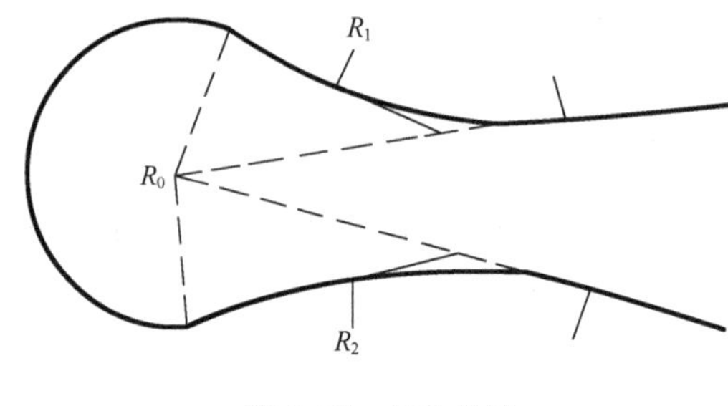

图 3.24 回头曲线

8. 回头曲线

(1) 定义

回头曲线指在山区公路为克服高差在同一坡面上展线时所采用的、其圆心角一般接近或大于180°的曲线,如图3.24所示。

(2) 特征及运用

越岭线应尽量利用有利地形自然展线,避免设置回头曲线。三级、四级公路在自然展线无法争取需要的距离以克服高差,或因地形、地质条件所限不能采取自然展线而必须在同一山坡采取回头展线时,方可采用回头曲线。

回头曲线的前后线形应有连续性,两头宜布设过渡性曲线,此外还应设置限速标志,并采取保证通视良好的技术措施。回头曲线的主要技术指标见表3.14。

表 3.14 回头曲线极限指标

主线设计速度/(km/h)	回头曲线设计速度/(km/h)	圆曲线最小半径/m	回旋线最小长度/m	超高横坡度/%	双车道路面加宽值/m	最大纵坡/%
40	35	40	35	6	2.5	3.5
	30	30	30	6	2.5	3.5
30	25	20	25	6	2.5	4.0
20	20	15	20	6	3.0	4.5

两相邻回头曲线之间,应争取有较长的距离。由一个回头曲线的终点至下一个回头

曲线起点的距离，在设计速度为 40km/h、30km/h 和 20km/h 时，分别应不小于 200m、150m 和 100m。

3.6 行车视距

3.6.1 视距的定义和种类

1. 定义

视距是指从车道中心线上 1.2m 的高度，能看到该车道中心线上高为 0.1m 的物体顶点的距离，是指该车道中心线量得的长度，如图 3.25 所示。

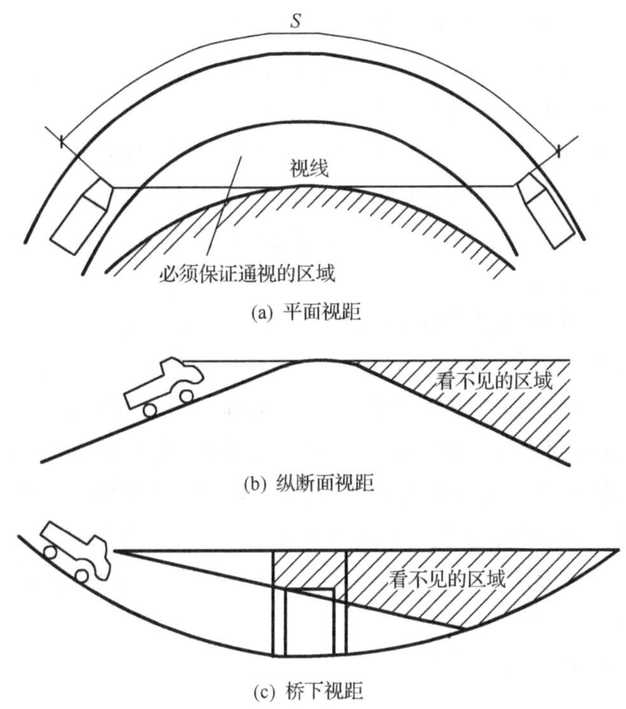

图 3.25 影响行车视距的地点

规定视距标准时，为了保证行车安全，使驾驶员能随时看到汽车前方一定距离的公路，以便发现前方障碍物或来车时，能及时采取措施。在平面上，当弯道内侧有挖方边坡、障碍物以及纵断面上凸形竖曲线处、路线交叉口附近、下穿式立体交叉的凹型竖曲线上，均有可能存在视距不良的问题。

在道路设计中保证足够的行车视距，是确保行车安全、快速、增加行车安全感、提高行车舒适性的重要任务。

2. 种类

为了行车安全,驾驶员应能随时看到汽车前面相当远的一段路程,一旦发现前方路面上有障碍物或迎面来车,能及时采取措施,避免相撞,这一必需的最短距离称为行车视距。行车视距是否充分,直接关系到行车的安全与迅速,它是道路使用质量的重要指标之一。

驾驶员发现障碍物或迎面来车,根据其采取措施的不同,行车视距可分为以下几种类型:

1) 停车视距。汽车行驶时,自驾驶员看到前方障碍物时起,至到达障碍物前安全停止,所需的最短距离。

2) 会车视距。在同一车道上两对向汽车相遇,从相互发现时起,至同时采取制动措施使两车安全停止,所需的最短距离。

3) 错车视距。在没有明确划分车道线的双车道道路上,两对向行驶之汽车相遇,发现后即采取减速避让措施安全错车所需的最短距离。

4) 超车视距。在双车道公路上,后车超越前车时,从开始驶离原车道之处起,至可见逆行车并能超车后安全驶回原车道所需的最短距离。

上述四种视距中,前三种属于对向行驶,第四种属于同向行驶。第四种需要距离最长,须单独研究。而前三种中,以会车视距最长,只要道路能保证会车视距,停车视距和错车视距也就可以得到保证了。根据计算分析得知,会车视距约等于停车视距的 2 倍,故只需计算出停车视距就可以了。

计算视距首先得明确"目高"和"物高"。"目高"是指驾驶员眼睛距地面的高度,规定以车体较低的小客车为标准,据实测采用 1.2m。"物高"过去曾有几种采用方法,如果偏于安全方面的考虑,物高应为"零",即驾驶员应看到前方一定距离的路面(称作"路面视距"),这样势必在纵断面设计中要加大凸形竖曲线半径,可能是不经济的。如果从经济方面考虑,取汽车顶部的高度,则又会因看不见比汽车低的障碍物而导致车祸。考察道路上可能出现的各种障碍物,除前面所说的迎面来车外,还有横穿道路的行人,前面车辆上掉下的货物以及因挖方边坡塌方滚下的石头等,再考察汽车底盘离地的最小高度(0.1~0.2m),故规定物高为 0.1m。

下面就各种视距分别进行讨论。

3.6.2 视距的确定与视距的应用

1. 停车视距

停车视距是指驾驶员发现前方有障碍物到汽车在障碍物前停住所需要的最短距离。停车视距可分解为反应距离和制动距离两部分来研究,如图 3.26 所示。

反应距离是当驾驶员发现前方的阻碍物,经过判断决定采取制动措施的那一瞬间到制动器真正开始起作用的那一瞬间汽车所行驶的距离。在这段时间过程中,也可分为"感觉时间"和"反应时间"来分析并可用实验测定。感觉时间在很大程度上取决于物体的外形、颜色、驾驶员的视力和机敏度以及大气的可见度等。在高速行车时的感觉时间要比低速时短一些,这是由于高速行驶时驾驶员警惕性会更高。根据测定的资料,设计上采用感

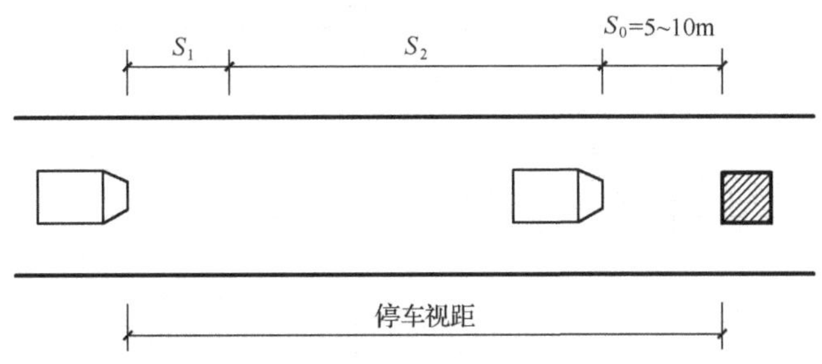

图 3.26 停车视距

觉时间为 1.5s，制动反应时间取 1.0s 是较适当的。感觉和制动反应的总时间 t=2.5s，在这个时间内汽车行驶的距离为

$$S_T = S_1 + S_2 = \frac{V_1}{3.6}t + \frac{(V_1/3.6)^2}{2g\varphi_{纵}} = \frac{V_1}{3.6}t + \frac{V_1^2}{254\varphi_{纵}} \tag{3.39}$$

式中：$\varphi_{纵}$——纵向附着系数，依车速及路面状况而定，计算停车视距一般按路面潮湿状态考虑。不同设计车速下的纵向附着系数 $\varphi_{纵}$ 见表 3.15。

t——驾驶员反应时间，可取 2.5s(判断时间 1.5s、运用时间 1.0s)。

V_1——行驶速度，设计速度为 120～80km/h，采用设计速度的 85%；当设计车速为 60～40km/h，采用设计速度的 90%；当设计车速为 30～20km/h，采用原设计速度。

我国《公路工程技术标准》(JTG B01—2014)中对停车视距的规定见表 3.16。

表 3.15 不同设计车速下的纵向附着系数 $\varphi_{纵}$

设计速度/(km/h)	120	100	80	60	50	40	30	20
$\varphi_{纵}$	0.29	0.31	0.31	0.33	0.35	0.38	0.44	0.44

表 3.16 停车视距

设计速度/(km/h)	120	100	80	60	40	30	20
停车视距/m	210	160	110	75	40	30	20

注：积雪冰冻路段的停车视距宜适当增长。

货车存在空车制动性能差、轴间荷载难以保证均匀分布、一条轴侧滑会引发其他车轴失稳、半挂车铰接刹车不灵等现象。尽管货车驾驶员因眼睛位置高，能比小客车驾驶员看得更远，但仍需要比小客车更长的停车视距。以大型车为主的公路，应按货车停车视距进行检验。平坡段货车停车视距规定见表 3.17，下坡段的货车停车视距经坡度修正后其规定见表 3.18。货车停车视距计算中的眼高和物高规定为：眼高 2.0m，物高 0.1m。

表 3.17 平坡段货车停车视距

设计速度/(km/h)	120	100	80	60	40	30	20
货车停车视距/m	245	180	125	85	50	35	20

表 3.18 下坡段各纵坡坡度货车停车视距

设计速度/(km/h)	货车停车视距/m							
	0%	3%	4%	5%	6%	7%	8%	9%
120	245	265	273	—	—	—	—	—
110	210	225	230	236	—	—	—	—
100	180	190	195	200	—	—	—	—
90	150	160	161	165	169	—	—	—
80	125	130	132	136	139	—	—	—
70	100	105	106	108	110	—	—	—
60	85	89	91	93	95	—	—	—
50	65	66	67	68	69	70	—	—
40	50	50	50	50	50	50	—	—
30	35	35	35	35	35	35	35	—
20	20	20	20	20	20	20	20	20

对下列路段应按货车停车视距进行检查:

1) 减速车道及出口端部。

2) 主线下坡段纵面竖曲线半径采用小于一般值的路段。

3) 主线分、汇流处,车道数减少且该处纵面竖曲线半径采用小于一般值的路段。

4) 在要求保证视距的圆曲线内侧,圆曲线半径小于一般最小半径 2 倍或路堑边坡陡于 1∶1.5 的路段。

5) 公路与公路、公路与铁路平面交叉口附近。

2. 会车视距

两辆对向行驶的汽车能在同一车道上相遇及时制动并停车所必需的安全视距称为会车视距,如图 3.27 所示。

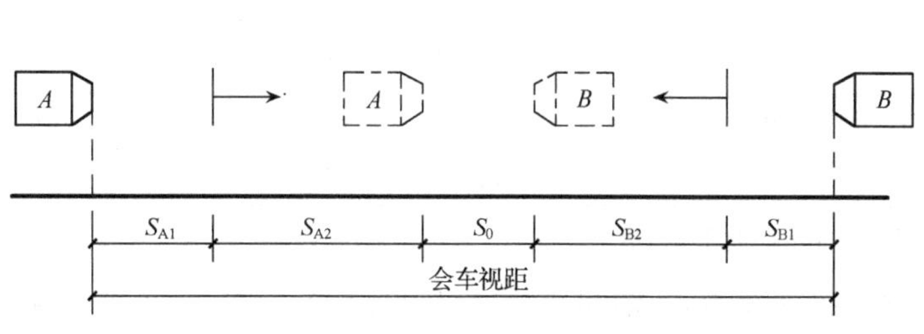

图 3.27 会车视距

会车视距由三个部分组成。

1) 双方驾驶员反应时间所行驶的距离。

2) 双方汽车的制动距离。

3) 安全距离。

会车视距的规定值是其长度不应小于停车视距的 2 倍。

3. 超车视距

在一般双车道公路上行驶着各种不同速度的车辆,当快速车追上慢速车以后,需要占用供对向汽车行驶的车道进行超车。为了超车时的安全，驾驶员必须能看到前面足够长度的车流空隙，以便在相邻车道上没有出现对向驶来的汽车之前完成超车而不阻碍被超汽车的行驶。这种快车超越前面慢车后再回到原来车道所需要的最短距离称为超车视距，如图 3.28 所示。

$$S_{cq}=S_1+S_2+S_3+S_4$$

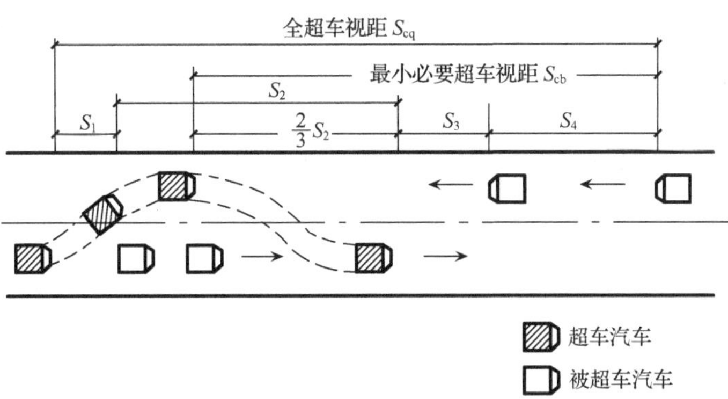

图 3.28 超车视距

超车视距的全程可分为以下四个阶段。

(1) 加速行驶距离 S_1

当超车汽车驾驶员经判断认为有超车的可能，于是加速行驶移向对向车道，在进入该车道之前超车汽车的行驶距离 S_1 为

$$S_1=\frac{V_0}{3.6}\cdot t_1+\frac{1}{2}a\cdot t_1^2 \tag{3.40}$$

式中：V_0——被超汽车的速度(km/h)，比这一路段的设计车速降低 5～20km/h；

t_1——加速时间(s)，根据实测取 2.7～4.2s；

a——平均加速度(m/s^2)。

(2) 超车汽车在对向车道上行驶的距离 S_2

本距离为

$$S_2=\frac{V_{超}}{3.6}\cdot t_2 \tag{3.41}$$

式中:$V_{超}$——超车汽车的速度，采用这一路段的设计车速(km/h)；

t_2——在对向车道上的行驶时间(s)，根据实测取 7.6～10.4s。

(3) 超车完了时超车汽车与对向汽车之间的安全距离 S_3

这个距离视超车汽车和对向汽车的行驶速度不同采用不同的数值，一般取

$$30\text{m}\leqslant S_3\leqslant 100\text{m} \tag{3.42}$$

(4) 超车汽车从开始加速到超车完了时对向汽车的行驶距离 S_4

本距离为

$$S_4=\frac{V_{对}}{3.6}(t_1+t_2) \tag{3.43}$$

式中：$V_{对}$——对向汽车的速度，采用这一路段的设计车速(km/h)。

以上四个距离之和是比较理想的全超车过程,但距离较长,在地形比较复杂的地点很难实现。实际上在计算所需的时间时,只考虑超车汽车从完全进入对向车道到超车完毕所行驶的时间即可保证安全。这是因为尾随在慢车后面的快车驾驶员往往在未看到前面的安全区段就开始了超车作业,如果进入对向车道之后发现迎面有汽车开来而超车距离不足时还来得及返回自己的车道。因此,对向汽车行驶时间大致为 t_2 的 2/3 就足够了,即

$$S'_4 = \frac{2}{3}S_2 = \frac{2}{3}\frac{V_{对}}{3.6}t_2$$

最小超车视距为

$$S_{cq} = S_1 + S_2 + S_3 + S'_4 \tag{3.44}$$

在地形困难或不得已时,可采用最小必要超车视距为

$$S_{cb} = \frac{2}{3}S_2 + S_3 + S'_4 \tag{3.45}$$

根据推导公式进行计算得超车视距并经整理,其结果见表 3.19。

表 3.19 超车视距

超车汽车及对向汽车速度/(km/h)	被超汽车速度/(km/h)	S_1			S_2		S_3	S_4	全超车视距 $(S_1+S_2+S_3+S_4)$/m	最小超车视距 $(2S_2/3+S_1+S_2+S_3)$/m
		平均加速度 $a/(m/s^2)$	加速时间 t_1/s	加速行驶距离 S_1/m	在对向车道行驶时间 t_2/s	在对向车道上行驶距离 S_2/m	对向车道的间距 S_3/m	对向汽车行驶的距离 $S_4=2S_2/3$/m		
80	60	0.65	4.2	76	10.4	231	60	154	550	350
60	45	0.63	3.7	50	9.5	159	40	106	350	250
40	30	0.61	3.1	28	8.5	95	25	63	200	150
30	20	0.60	2.9	19	8.0	67	20	45	150	110
20	15	0.60	2.7	14	7.6	42	15	28	100	70

4. 出口路段识别视距

各级公路的互通式立体交叉、服务区、停车区、客运汽车停靠站等各类出口路段应满足识别视距要求,见表 3.20。

表 3.20 出口路段识别视距

设计速度/(km/h)	120	100	80	60
识别视距/m	350(460)	290(380)	230(300)	170(240)

注:括号内为行车环境复杂、路侧出口提示信息较多时应采取的视距值。

受地形、地质等条件限制,识别视距可采用 1.25 倍的停车视距,但应进行必要的限速控制和管理措施。

5. 各级公路对视距的要求

在一条公路的车流中,经常会出现停车、错车、会车和超车,特别是我国以混合交通为主的双车道公路上更是如此。在各种视距中,以超车视距为最长,如果所有暗弯和凸形变坡处都能保证超车视距的要求于安全当然最好,但事实上是很难做到的,也是不经济的,

故对于不同的公路按其实际需要作了不同的规定。

1) 高速公路和一级公路应满足停车视距的要求。高速公路和一级公路的车道数均在4个车道以上,并有中央分隔带,快慢车用划线分隔行驶,各行其道,不存在错车和会车问题。

2) 二级、三级、四级公路的视距应满足会车视距要求,其长度应不小于停车视距的2倍。工程特殊困难或受其他条件限制采取分道行驶措施的地段,可采用停车视距。

3) 对向行驶的双车道公路要求,应根据需要并结合地形设置一定比例的路段保证超车视距。

路线设计应对采用较低几何指标、线形组合复杂、中间带设置护栏或防眩设施、路侧设有高边坡或构造物、公路两侧各类出入口、平面交叉、隧道等各种可能存在视距不良的路段和区域,进行视距检验。不符合对应的视距要求时,应采取相应的技术和工程措施予以改善。

为保证必要的视距有时需做大量的开挖和拆迁工作,在交通量不大的低等级公路上,对于不能保证会车视距的路段,也可以采取其他的措施以防止碰车事故的发生。例如,在路中心划线或设置高出路面的明显标志带,强调“各行其道”“靠右边走”“转弯鸣号”。

3.7 道路平面设计成果

完成路线平面设计以后应即时清绘各种图纸和表格。其中主要的图纸有:路线平面设计图、路线交叉设计图、道路平面布置图、纸上移线图等。主要的表格有:直线、曲线及转角表、路线交点坐标表(或含在“直线、曲线及转角表”中),逐桩坐标表、路线固定表、总里程及断链桩号表等。各种图纸和表格的样式在原交通部所颁布的《公路工程基本建设项目设计文件图表示例》中有介绍,这里仅就主要的表格“直线、曲线及转角表”“逐桩坐标表”和主要的图纸“路线平面设计图”予以说明。

1. 直线、曲线及转角表

直线、曲线及转角表全面地反映了路线的平面位置和路线平面线形的各项指标,是道路设计的主要成果之一。只有在完成“直线、曲线及转角表”以后,才能据此计算“逐桩坐标表”和绘制“路线平面设计图”,同时在作路线的纵断面设计、横断面设计和其他构造物设计时都要使用直线、曲线及转角表的数据。直线、曲线及转角表的格式参见表3.21。直线、曲线及转角表对公路和城市道路都适用,其中“交点坐标”一栏视道路等级和勘测设计情况取舍。

2. 逐桩坐标表

高等级公路的线形指标高,表现在平面上是圆曲线半径较大,缓和曲线较长,在勘测设计和放样时须采用坐标法,方能保证其测量精度。计算一份“逐桩坐标表”是十分必要的。

(1) 坐标系统的采用

根据测区内原坐标系统,一般可作下列几种选择。

1) 采用统一的高斯正投影3°带平面直角坐标系统。

表 3.21 直线、曲线及转角表

某公路×××段

交点号	交点坐标		交点桩号	转角值	曲线要素					
	X	Y			半径/m	缓和曲线长度/m	切线长度/m	曲线长度/m	外距/m	校正值
起点	41 808.204	90 033.595	K0+000.000							
2	41 317.589	90 464.099	K0+652.716	右 35°35′25.0″	800.000	0.000	256.777	496.934	40.199	16.620
3	40 796.308	90 515.912	K1+159.946	左 57°32′52.0″	250.000	50.000	162.511	301.100	35.692	23.922
4	40 441.519	91 219.007	K1+923.562	左 34°32′06.0″	150.000	40.000	66.753	130.412	7.545	3.094
5	40 520.204	91 796.474	K2+503.273	右 78°53′21.0″	200.000	45.000	187.380	320.375	59.533	54.385
6	40 221.113	91 898.700	K2+764.966	左 51°40′28.0″	224.130	40.000	128.667	242.140	25.224	15.194
7	40 047.399	92 390.466	K3+271.318	左 34°55′51.0″	150.000	40.000	67.323	131.449	7.715	3.197
8	40 190.108	92 905.941	K3+802.980	右 22°25′25.0″	600.000	0.000	118.932	234.820	11.674	3.044
终点	40 120.034	93 480.920	K4+379.175	—	—	—	—	—	—	—

交点号	曲线位置					直线长度及方向			测量断链		备注
	第一缓和曲线起点	第一缓和曲线终点或圆曲线起点	曲线中点	第二缓和曲线或圆曲线终点	第二缓和曲线起点	直线长度/m	交点间距/m	计算方位角或计算方向角	桩号	增减长度/m	
起点	—	—	—	—	—	—	—	138°44′00.0″	—	—	—
2	—	K0+395.939	K0+644.406	K0+892.873	—	395.939	652.716	174°19′25.0″	—	—	—
3	K0+997.435	K1+047.435	K1+147.985	K1+248.535	K1+298.535	104.562	523.850	116°46′33.0″	—	—	—
4	K1+856.809	K1+806.809	K1+922.015	K1+947.221	K1+987.221	558.274	787.538	82°14′27.0″	—	—	—
5	K2+315.893	K2+360.893	K2+476.081	K2+591.268	K2+636.268	328.672	582.805	161°07′48.0″	—	—	—
6	K2+636.299	K2+676.299	K2+757.369	K2+838.439	K2+878.439	0.031	316.078	109°27′20.0″	—	—	—
7	K3+203.995	K3+243.995	K3+269.720	K3+295.444	K3+335.444	325.56	521.546	74°31′29.0″	—	—	—
8	—	K3+684.048	K3+801.458	K3+918.868	—	348.604	534.859	96°56′54.0″	—	—	—
终点	—	—	—	—	460.307	579.239	—	—	—	—	—

2）采用高斯正投影3°带或任意带平面直角坐标系统，投影面可采用1985年国家高程基准、测区抵偿高程面或测区平均高程面。

3）三级和三级以下公路、独立桥梁、隧道及其他构造物等小测区，可不经投影，采用平面直角坐标系统在平面上直接进行计算。

4）在已有平面控制网的地区，应尽量沿用原有的坐标系统，如精度不合要求，也应充分利用其点位，选用其中一点的坐标及含此点的方位角，作为平面控制的起算依据。

（2）中桩坐标的计算

“逐桩坐标”即各个中桩的坐标，其计算和测量的方法是按“从整体到局部”的原则进行的。其步骤如下。

1）计算导线点坐标。采用两阶段勘测设计的公路或一阶段设计但遇地形困难的路段，一般都要先作平面控制测量，而路线的平面控制测量多采用导线测量的方法，在有条件时可优先采用全球定位系统（global positioning system，GPS）测量的方法。导线测量的方法，又有经纬仪导线法、光电测距仪法和全站型电子速测仪法。其中全站仪可以直接读取导线点的坐标，其他方法可以在测得各边边长及其夹角后，用坐标增量法逐点推算其坐标。通过GPS定位技术观测可在测站之间不通视的情况下，高精度、高效率地获得测点的三维坐标，这是今后公路勘测中作控制测量的发展方向。

2）计算交点坐标。当导线点的精度满足要求并经平差后可展绘在图纸上测绘地形图（纸上定线），或以导线点为依据在现场直接测得路线各交点的坐标（直接定线）。纸上定线的交点坐标可以在图纸上量取，而直接定线的交点坐标若是用全站仪测量也可以很方便地获得。

3）计算各中桩坐标。可先计算直线和曲线主要点坐标，然后计算缓和曲线、圆曲线上每一个中桩的坐标。计算公式将在6.4.2节介绍。逐桩坐标列表见表3.22。这是某公路×××段施工图中的一部分。

表3.22 逐桩坐标

某公路×××段

桩号	坐标/m		方向角	桩号	坐标/m		方向角
	X	Y			X	Y	
K1+500.00	40632.336	90840.861	116°46′33.0″	K1+870.00	40465.708	91171.216	115°56′42.1″
K1+540.00	40614.316	90876.572	116°46′33.0″	HY+896.81	40455.191	91195.860	109°08′09.7″
K1+570.00	40600.801	90903.355	116°46′33.0″	K1+900.00	40454.177	91198.885	107°55′03.1″
K1+600.00	40587.286	90930.139	116°46′33.0″	QZ+922.01	40448.963	91220.253	99°30′303.0″
K1+630.33	40573.623	90957.216	116°46′33.0″	K1+940.00	40447.061	91238.126	92°38′191.0″
K1+669.00	40556.202	90991.740	116°46′33.0″	YH+947.00	40446.902	91245.344	89°52′509″
K1+680.00	40551.246	91001.561	116°46′33.0″	K1+960.00	40447.413	91258.112	85°46′436.0″
K1+700.00	40542.236	91019.416	116°46′33.0″	K2+260.00	40487.359	91555.430	82°14′270.0″
K1+720.00	40533.226	91037.272	116°46′33.0″	HZ+987.22	40450.531	91285.148	82°14′270.0″
K1+750.00	40519.711	91064.055	116°46′33.0″	K2+000.00	40452.257	91297.811	2°14′270.0″
K1+780.00	40506.196	91090.838	116°46′33.0″	K2+010.00	40453.607	91307.719	82°14′270.0″
K1+800.00	40497.186	91108.694	116°46′33.0″	K2+030.00	40456.307	91327.536	82°14′270.0″
K1+820.00	40488.176	91126.549	116°46′33.0″	K2+050.00	40459.007	91347.353	82°14′270.0″
K1+840.00	40479.166	91144.405	116°46′33.0″	K2+070.00	40461.707	91367.170	82°14′270.0″
ZH+856.31	40471.593	91159.412	116°46′33.0″	K2+100.00	40465.757	91396.895	82°14′270.0″

续表

桩号	坐标/m		方向角	桩号	坐标/m		方向角
	X	Y			X	Y	
K2+120.00	40468.458	91416.712	82°14′270″	K2+440.00	40485.631	91732.965	111°20′56.7″
K2+140.00	40471.158	91436.529	82°14′27.0″	K2+460.00	40477.431	91751.198	117°04′43.2″
K2+160.00	40473.858	91456.346	82°14′27.0″	QZ+476.08	40469.544	91765.206	121°41′06.9″
K2+180.00	40476.558	91476.163	82°14′27.0″	K2+500.00	40455.794	91784.761	128°32′16.2″
K2+200.00	40479.258	91495.980	82°14′270″	K2+520.00	40442.573	91799.757	134°16′02.6″
K2+220.00	40481.959	91515.797	82°14′270″	K2 +540.00	40427.920	91813.357	139°59′49.1″
K2+240.00	40484.659	91535.613	82°14′270″	K2+560.00	40411.983	91825.427	145°43′35.6″
K2+260.00	40487.359	91555.430	82°14′270″	K2+580.00	40394.921	91835.845	151°27′22.1″
K2+280.00	40490.095	91575.247	82°14′270″	YH+591.27	40384.875	91840.947	154°41′05.3″
K2+300.00	40492.759	91595.064	82°14′270″	K2 +600.00	40376.910	91844.518	156°56′35.0″
ZH+315.89	40494.905	91610.809	82°14′270″	K2 +620.00	40358.262	91851.740	160°17′15.4″
K2+340.00	40497.902	91634.730	84°05′265″	GQ+636.27	40342.893	91857.077	161°07′48.0″
HY+360.89	40499.302	91655.568	88°41′087″	K2+650.00	40329.916	91861.563	160°31′48.6″
K2+380.00	40498.828	91674.665	94°09′373″	K2+670.00	40311.219	91868.655	157°30′02.7″
K2+400.00	40496.383	91694.506	99°53′238″	K2+700.00	40284.324	91881.898	149°57′30.4″
K2+420.00	40491.969	91714.005	105°37′103″	—	—	—	—

3. 路线平面设计图

路线平面设计图是道路设计文件的重要组成部分。该图全面、清晰地反映了道路平面位置和经过地区的地形、地物等,是设计人员设计意图的重要体现。平面设计图对提供有关部门审批、专家评议、日后指导施工、恢复定线等方面都有重要作用。

3.7.1 公路路线平面设计图

1. 平面图的比例尺和测绘范围

公路路线平面图是指包括道路中线在内的有一定宽度的带状地形图。若为供工程可行性研究、初步设计阶段的方案研究与比选,可采用 1∶500 00 或 1∶100 00 的比例尺测绘(或向国家测绘部门和其他工程单位搜集),但作为初步设计、施工图设计的设计文件组成部分应采用更大的比例尺。一般常用的是 1∶2000,在平原微丘区可用 1∶5000。在地形特别复杂地段的路线初步设计、施工图设计可用 1∶500 或 1∶1000。若为纸上移线,则比例尺将更大。

路线带状地形图的测绘宽度,一般为中线两侧各 100～200m。对 1∶5000 的地形图,测绘宽度每侧应不小于 250m。若有比较线,应将比较线包括进去。

2. 路线平面图的内容及绘制方法

(1) 导线及道路中线的展绘

在展绘导线或中线以前,需按图幅的合理布局,绘出坐标方格网,坐标网格尺寸采用 5cm 或 10cm,要求图廓网格的对角线长度和导线点间长度误差均不大于 0.5mm。然后按导线点(或交点,下同)坐标 X、Y 精确地点绘在相应位置上。每张导线图展绘完毕后,用三棱尺逐点复核各点间距,再用半圆仪校核每个角度是否与计算相符。复核无误后,再按“逐桩坐标表”所提供的数据,展绘曲线,并注明各曲线主要点及公里桩、百米桩、断链桩位置。对导线点、交点逐个编号，注明路线在本张图中的起点和终点里程等。

路线一律按前进方向从左至右画，在每张图的拼接处画出接图线。在图的右上角注明共几张、第几张。在图纸的空白处注明曲线元素及主要点里程。

(2) 控制点的展绘

各种比例尺的地形图均应展绘和测出各等级三角点、导线点、图根点、水准点等，并按规定的符号表示。

(3) 各种构造物的测绘

各类建筑物、构筑物及其主要附属设施应按《工程测量规范》(GB 50026—2007)的规定测绘和表示。各种线状地物，如管线、高、低压电线等应实测其支架或电杆的位置。对穿越路线的高压线应实测其悬垂线距地面的高度并注明伏安。地下管线应详细测定其位置。道路及其附属物应按实际形状测绘。公路交叉口应注明每条公路的走向。铁路应注明轨面高程，公路应注记路面类型，涵洞应注明洞底标高。

(4) 水系及其附属物的测绘

海洋的海岸线位置；水渠顶边及底边高程；堤坝顶部及坡脚的高程；水井井台高程；水塘塘顶边及塘底的高程。河流、水沟等应注明水流流向。

(5) 其他测绘

地形、地貌、植被、不良地质地带等均应详细测绘，并用等高线和地形图图式符号及数字注明。

3. 公路路线平面设计图示例

公路路线平面设计图示例如图 3.29 所示。

3.7.2 城市道路平面设计图

1. 绘图比例尺和测绘范围

城市道路相对于公路，长度较短而宽度较宽，在绘图比例尺的选用上一般比公路大。在作技术设计时，可采用(1∶500)～(1∶1000)的比例尺绘制。绘图的范围视道路等级而定，等级高的范围应大些，等级低的范围可小些。通常在道路两侧红线以外各 20～50m，或中线两侧各 50～150m，特殊例外。

2. 城市道路平面设计图的内容及绘制方法

城市道路的导线、中线及路线两侧的地形、地物、水系、植被等的绘制方法与公路相同，不再重复。下面就城市道路中各种设施的绘制方法进行介绍。

1) 规划红线。道路红线是道路用地与城市其他用地的分界线，红线之间的宽度也就是城市道路的总宽度，所以当道路的中心线画出以后，应按城市道路的规划宽度画出道路红线。如果有远期规划和近期规划，都应画出并注明。

2) 坡口、坡脚线。新建道路由于原地面高低起伏必然有填有挖。填方路段在平面图中应画出路基的坡脚线，挖方路段画出路基的坡口线。

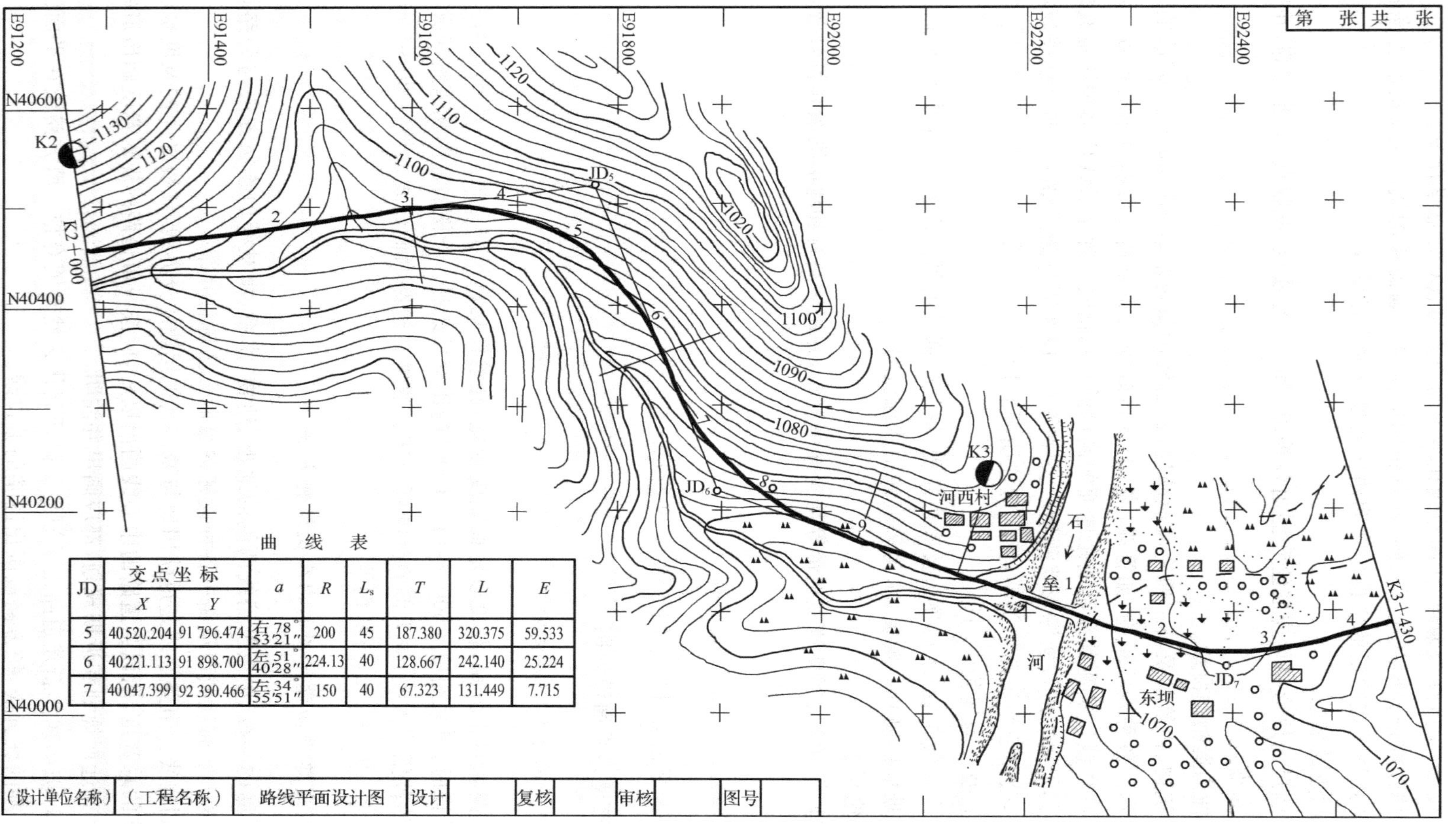

曲 线 表

JD	交点坐标 X	交点坐标 Y	a	R	L_s	T	L	E
5	40 520.204	91 796.474	右78°53′21″	200	45	187.380	320.375	59.533
6	40 221.113	91 898.700	左51°40′28″	224.13	40	128.667	242.140	25.224
7	40 047.399	92 390.466	左34°55′51″	150	40	67.323	131.449	7.715

图 3.29 路线平面设计图(单位:m)

在路基横断面图上，量出坡口或坡脚至中线的距离，点绘在平面图中相应桩号的横断面线上（左侧和右侧），然后用平滑的曲线分别将坡口点、坡脚点顺序连接，最后画上示坡线（图3.30）。

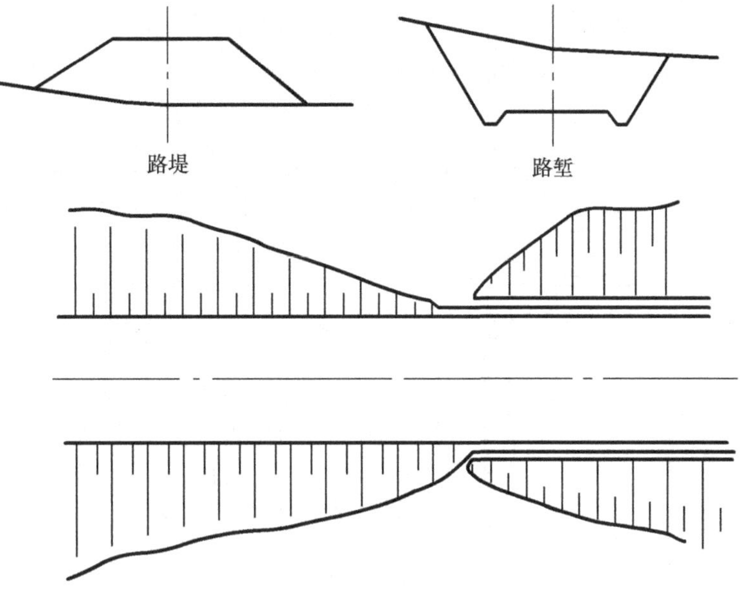

图3.30　路堤、路堑在平面图中的表示方法

路基的坡口与坡脚线在一般公路的平面图中由于比例尺较小不易表达，但在高速公路和一级公路中有时也要求绘制。

3）车道线。城市道路的车道线是城市道路平面设计图的重要内容。在路幅宽度内有机动车道、非机动车道，机动车道还分快车道、慢车道等。各种车道线的位置、宽度可在横断面布置图中查得，一一画在平面图中。车道的曲线部分应按设计的圆曲线半径、缓和曲线长度绘制。各车道之间的分隔带、路缘带等也应绘出。

4）人行道、人行横道线、交通岛按设计绘制。

5）地上、地下管线和排水设施的走向和位置、雨水进水口、窨井、排水沟等都应在图中标出。必要时，需分别另绘排水管线平面图纸。

6）交叉口。平面交叉口、立体交叉口虽然有专门的交叉口设计图，但在平面设计图中也应该按平面图的比例尺画出并详细注明交叉口的各路去向、交叉角度、曲线元素以及路缘石转弯半径。

一张完整的平面设计图除了清楚而正确地表达上述设计内容外，还可对某些细部设施或构件画出大样图。最后在图中的空白处做一些简要的工程说明，如工程范围、采用坐标系、引用的水准点位置等。

城市道路设计文件中提供的平面设计图应包括两种图式：一种是直接在地形图上所作的平面布置图，红线以内和红线以外的地形地物一律保留；另一种是只绘红线以外的地形地物，红线以内只绘车道线和道路上的各种设施而不绘地形地物。两种图各有优缺点：前者可以看出设计人员是如何处理道路与地形地物之间的关系的（包括拆迁情况），后者则可更清晰地表现道路上各种设施的位置和尺寸。前一种图一般用在方案研究和初步设计中，后一种图用在技术设计中。图3.31为技术设计阶段的城市道路平面设计图。

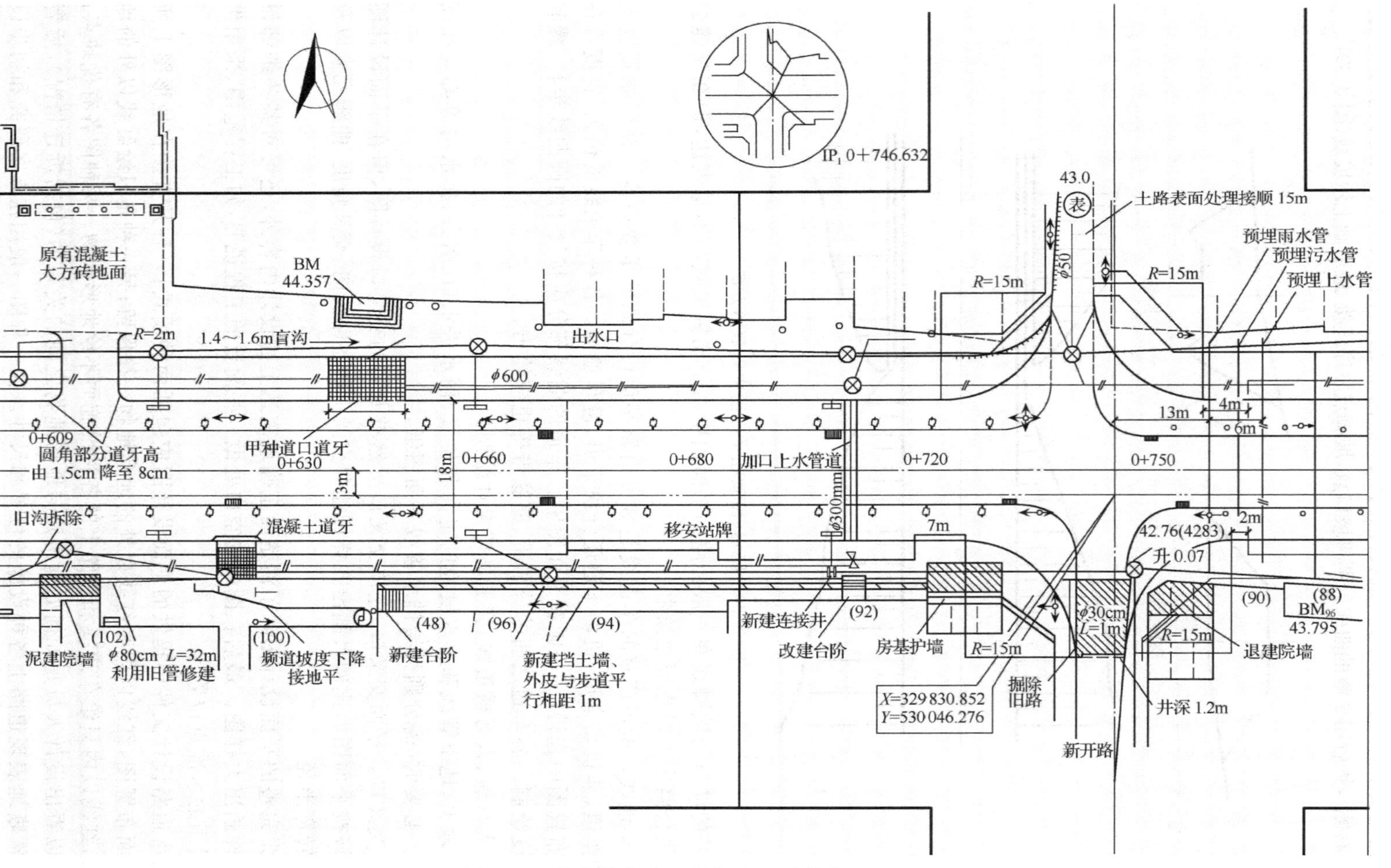

图 3.31 城市道路平面设计图(尺寸单位:mm)

思考与习题

3.1 简述道路的平面、纵断面、横断面的定义。

3.2 综述直线、圆曲线、缓和曲线的线形特征，并简述这三种线形在道路平面线形中应用的条件和注意问题。

3.3 为什么说过长的直线不是好的线形？

3.4 《公路工程技术标准》(JTG B01—2014)对公路平曲线半径规定了哪些技术指标？这些技术指标对路线平面设计有何意义？

3.5 为什么道路缓和曲线要采用回旋线？缓和曲线在公路平面线形中有何作用？

3.6 试从控制离心加速度的变化率出发，推导出缓和曲线最小长度计算公式。

3.7 在什么条件下可以省略缓和曲线？省略缓和曲线在路线平面设计中有何意义？

3.8 为什么小偏角要设置大半径曲线？

3.9 在怎样的情况下需要验算停车视距、会车视距、超车视距？如何计算？凡满足停车视距要求，就一定能满足会车视距和超车视距的要求，这种说法对不对？为什么？

3.10 名词解释：

不设超高最小半径 缓和曲线 停车视距 超车视距 最大横净距 卵形曲线 凸型曲线 S形曲线 C形曲线

3.11 某山岭区二级公路，已知JD_1、JD_2、JD_3的坐标分别为(40 961.914,91 066.103)、(40 433.528,91 250.097)、(40 547.416,91 810.392)，并设JD_2的里程桩号为K2+350.00，R=150m，l_h=40m，求JD_2的曲线元素及主要点里程。

3.12 请你求出表3.4～表3.6中各级公路的最小平曲线半径(极限最小半径、一般R_{min}、不设超高R_{min})的计算值，并将计算结果填入表中与标准值进行对照。

第四章　纵断面设计

4.1　概　　述

4.1.1　路线纵断面的基本线形

沿着道路中线竖直剖切然后展开即为路线纵断面。由于自然因素的影响以及经济性要求，路线纵断面总是一条有起伏的空间线。纵断面设计的主要任务就是根据汽车的动力特性、道路等级、当地的自然地理条件及工程经济性等，研究起伏空间线型几何构成的大小及长度，以便达到行车安全迅速、运输经济合理及乘客感觉舒适的目的。

图 4.1 为路线纵断面示意图。纵断面图是道路纵断面设计的主要成果，也是道路设计的重要技术文件之一。把道路的纵断面图与平面图结合起来，就能准确地定出道路的空间位置。

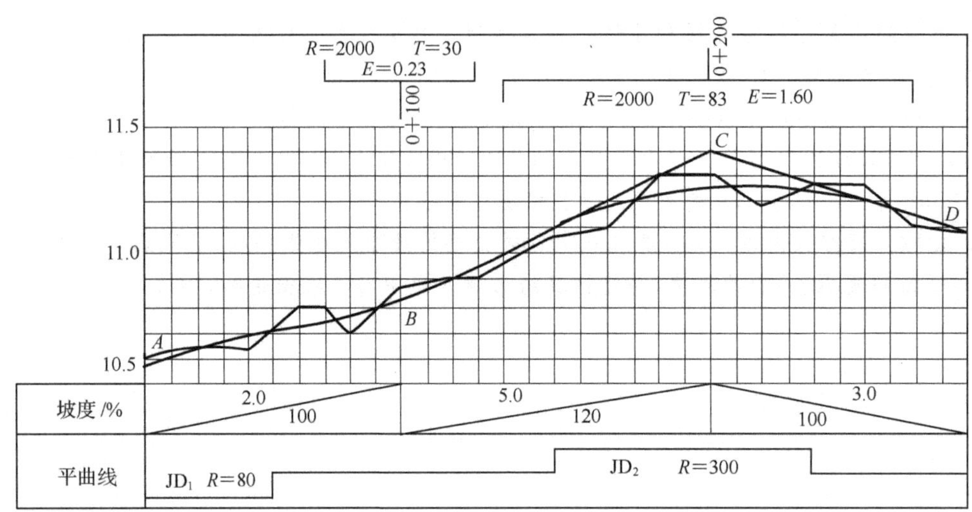

图 4.1　路线纵断面示意图(尺寸单位:m)

在纵断面图上有两条主要的线:一条是地面线，它是根据中线上各桩点的高程而点绘的一条不规则的折线，反映了沿着中线地面的起伏变化情况，其标高称为地面标高;另一条是设计线，它是经过技术上、经济上以及美学上等多方面比较后定出的一条具有规则形状的几何线，反映了道路路线的起伏变化情况，其标高称为设计标高。

纵断面上的设计标高，即路基设计标高规定如下。

1) 新建公路的路基设计标高。高速公路和一级公路采用中央分隔带的外侧边缘标高;二级、三级、四级公路宜采用路基边缘标高，在设置超高、加宽地段为设超高、加宽前该处边缘标高。

2）改建公路的路基设计标高。一般按新建公路的规定执行，也可视具体情况采用中央分隔带中线或行车道中线标高。

对于城市道路，设计标高是指建成后的行车道中线路面标高或中央分隔带中线标高。

纵断面设计线是由直线和竖曲线组成的。直线（即均匀坡度线）有上坡和下坡，是用高差和水平长度表示的。直线的坡度和长度影响着汽车的行驶速度和运输的经济以及行车的安全，它们的一些临界值的确定和必要的限制，是以通行的汽车类型及行驶性能来决定的。在直线的坡度转折处为平顺过渡要设置竖曲线，按坡度转折形式的不同，竖曲线有凹有凸，其大小用半径和水平长度表示。

4.1.2　路线纵断面线形设计的基本要求

路线纵断面线形设计主要是解决公路线形在纵断面上的位置、形状和尺寸问题。

纵断面线形设计要与道路上行驶的汽车的技术性能相适应，满足汽车行驶力学的要求、驾驶员视觉、心理要求及乘客的舒适性要求。

纵断面线形设计应根据公路的性质、任务、等级和地形、地质、水文等因素，考虑路基稳定、排水及工程量等要求，对纵坡的大小、长短、前后纵坡情况、竖曲线半径及与平面线形的组合关系等进行组合设计，从而设计出纵坡合理、线形平顺圆滑的理想线形，以达到行车安全、快速、舒适、工程费较省、运营费用较少的目的。

本章从汽车行驶特性出发，主要讨论纵断面设计线的设计要点和计算。

4.2　纵坡及坡长设计

4.2.1　坡度设计

为使纵坡设计经济合理，必须在全面掌握勘测资料基础上，结合选（定）线的纵坡安排意图，经过综合分析、反复比较定出设计纵坡。纵坡设计的一般要求如下。

1）纵坡设计必须满足《公路工程技术标准》（JTG B01—2014）的各项规定。

2）为保证车辆能以一定速度安全顺适地行驶，纵坡应具有一定的平顺性，起伏不宜过大和过于频繁。尽量避免采用极限纵坡值，合理安排缓和坡段，不宜连续采用极限长度的陡坡夹最短长度的缓坡。连续上坡或下坡路段，应避免设置反坡段。越岭线垭口附近的纵坡应尽量缓和。

3）纵坡设计应对沿线地形、地下管线、地质、水文、气候和排水等综合考虑，视具体情况加以确定。

4）一般情况下纵坡设计应考虑填挖平衡，尽量使挖方运作就近路段填方，以减少借方和废方用地。

5）平原微丘区地下水埋深较浅，或池塘、湖泊分布较广，纵坡除应满足最小纵坡要求外，还应满足最小填土高度要求，保证路基稳定。

6）对连接段纵坡，如大、中桥引道及隧道两端接线等的纵坡应和缓，避免产生突变。交叉处前后的纵坡应平缓一些。

7) 在实地调查基础上,充分考虑通道、农田水利等方面的要求。

1. 最大纵坡

最大纵坡是指在纵坡设计时各级道路允许采用的最大坡度值。它是道路纵断面设计的重要控制指标。在地形起伏较大地区,直接影响路线的长短、使用质量、运输成本及造价。

各级道路允许的最大纵坡是根据汽车的动力特性、道路等级、自然条件以及工程、运营经济等因素,通过综合分析,全面考虑,合理确定的。

道路上行驶的车型较多,各种汽车的爬坡性能和车速不尽相同。小客车的爬坡性能和行驶速度受纵坡的影响较小,而载重汽车随纵坡的增大车速显著下降,这对正常行驶的车流会造成交通混乱,使快车受阻,直接影响道路的通行能力和行车安全。在确定最大纵坡时以选用东风 EQ-140 载重汽车为例,讨论不同车速时的最大爬坡能力,作为确定最大纵坡的参考因素之一。

对于东风 EQ-140 载重汽车,取负荷率 $U=90\%$,机械效率 $k=0.85$。在海平面高程上汽车满载时,动力因素 D 的海拔修正系数 $\lambda=1$,若滚动阻力系数 $f=0.01\sim0.02$,可根据东风 EQ-140 的原始数据,计算出该型汽车最大爬坡能力(表 4.1),同时列出对应的临界速度、最高速度以及最大动力因数。

表 4.1 东风 EQ-140 最大爬坡能力

挡位	临界速度/(km/h)	最高速度/(km/h)	最大动力因数/%	最大爬坡坡度/%
Ⅰ	5.06	11.7	28.6	27.7～28.8
Ⅱ	8.67	20.3	16.5	14.5～15.5
Ⅲ	14.31	35.7	9.3	7.3～8.3
Ⅳ	18.52	56.9	5.8	3.8～4.8
Ⅴ	17.20	87.5	3.7	1.7～2.7

应当指出,确定最大纵坡不能只考虑汽车的爬坡性能,还要看汽车在纵坡上行驶时能否快速、安全及经济等。我国《公路工程技术标准》(JTG B01—2014)在规定最大纵坡时,对汽车在坡道上行驶情况进行了大量调查、试验,并广泛征求了各有关方面特别是驾驶员的意见,同时考虑了汽车带拖挂车及畜力车通行的状况,结合交通组成、汽车性能、工程费用和营运经济等,经综合分析研究后确定了最大纵坡。各级公路最大纵坡的规定见表 4.2。

表 4.2 各级公路最大纵坡

设计速度/(km/h)	120	100	80	60	40	30	20
最大纵坡/%	3	4	5	6	7	8	9

注:1) 设计速度为 120km/h、100km/h、80km/h 的高速公路受地形条件或其他特殊情况限制时,经技术经济论证,最大纵坡可增加 1%。

2) 公路改建中,利用原有公路的设计速度为 40km/h、30km/h 和 20km/h 的路段,经技术经济论证,最大纵坡可增加 1%。

位于市镇附近非汽车交通比例较大的路段，纵坡可根据具体情况适当放缓：平原、微丘区宜不大于2%～3%；山岭、重丘区宜不大于4%～5%。

城市道路最大纵坡约相当于公路按设计速度计的最大纵坡减小1%，见表4.3。

表4.3　城市道路最大纵坡

设计速度/(km/h)		100	80	60	50	40	30	20
最大纵坡/%	一般值	3.0	4.0	5.0	5.5	6.0	7.0	8.0
	极限值	4.0	5.0	6.0		7.0	8.0	

2. 最小纵坡

为使道路上行车快速、安全和通畅，希望道路纵坡设计得小一些为好。但是，在长路堑、低填以及其他横向排水不通畅地段，为保证排水要求，防止积水渗入路基而影响其稳定性，均应设置不小于0.3%的最小纵坡，一般情况下以不小于0.5%为宜。

当必须设计平坡或纵坡小于0.3%时，边沟应作纵向排水设计。在弯道超高横坡渐变段上，为使行车道外侧边缘不出现反坡，设计最小纵坡不宜小于超高允许渐变率。

干旱少雨地区最小纵坡可不受上述限制。

3. 高原纵坡折减

在高海拔地区，因空气密度下降而使汽车发动机的功率、汽车的驱动力以及空气阻力降低，导致汽车的爬坡能力下降。另外，汽车水箱中的水易于沸腾而破坏冷却系统。在汽车满载情况下，不同海拔高度H对应的海拔荷载修正系数λ见表4.4。

表4.4　满载时H与λ的关系

海拔高度H/m	0	1000	2000	3000	4000	5000
海拔荷载修正系数λ	1.00	0.89	0.78	0.69	0.61	0.53

可见海拔高度对λ的影响是相当大的，也就是对纵坡的影响很大。为此，在高原地区除了汽车本身要采用一些措施使得汽油充分燃烧，避免随海拔增高而使功率降低过甚外，在道路纵坡设计中应适当采用较小的坡度。

《公路路线设计规范》(JTG D20—2017)规定：位于海拔3000m以上的高原地区，各级公路的最大纵坡值应按表4.5的规定予以折减，折减后若小于4%，则仍采用4%。

表4.5　高原纵坡折减值

海拔高度/m	3000～4000	4000～5000	5000以上
纵坡折减/%	1	2	3

4. 合成坡度

合成坡度是指由路线纵坡与弯道超高横坡或路拱横坡组合而成的坡度，其方向即流

水线方向。合成坡度的计算公式为

$$i_h = \sqrt{i_c^2 + i^2} \tag{4.1}$$

式中：i_h——合成坡度(%)；

i_c——超高横坡度或路拱横坡度(%)；

i——路线设计纵坡坡度(%)。

在有平曲线的坡道上，最大坡度既不是纵坡方向，也不是横坡方向，而是两者组合成的流水线方向。将合成坡度控制在一定范围之内的目的是尽可能地避免急弯和陡坡的不利组合，防止因合成坡度过大而引起的横向滑移和行车危险，保证车辆在弯道上安全而顺适地运行。

对于最大合成坡度《公路工程技术标准》(JTG B01—2014)是按第二章式(2.39)对纵坡进行折减，并考虑实际使用经验后规定的。表4.6为各级公路最大合成坡度规定值。

表4.6 各级公路最大合成坡度规定值

公路等级	设计速度/(km/h)	最大合成坡度/%
高速公路	120	10.0
	100	10.0
	80	10.5
一级公路	100	10.0
	80	10.5
	60	10.5
二级公路	80	9.0
	60	9.5
三级公路	40	10.0
	30	10.0
四级公路	20	10.0

当陡坡与小半径平曲线重合时，在条件许可的情况下，以采用较小的合成坡度为宜。特别是在冬季路面有积雪结冰的地区、自然横坡较陡峻的傍山路段，以及非汽车交通比率高的路段，其合成坡度必须小于8%。在积雪地区各级道路合成坡度应小于或等于6%。城市道路最大合成坡度见表4.7。

表4.7 城市道路最大合成坡度

设计速度/(km/h)	最大合成坡度/%
100,80	7.0
60,50	7.0
40,30	7.0
20	8.0

注：积雪或冰冻地区道路的合成坡度应小于或等于6.0%。

在设计中平曲线上允许的最大纵坡度为

$$i_{max} = \sqrt{i_{hmax}^2 - i_c^2} \tag{4.2}$$

式中：i_{max}——平曲线上的允许最大纵坡度(%)；

i_{hmax}——最大合成坡度(%)；

当路线的平面和纵坡设计基本完成后，可用式(4.1)或图4.2检查合成坡度i_h。如果超过最大合成坡度时，可减小纵坡或加大平曲线半径以减小横坡，或者两个方面同时减小。

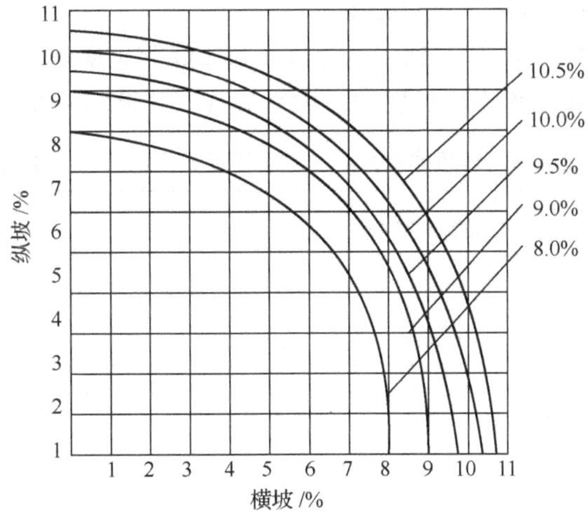

图4.2　合成坡度临界线图

在应用最大合成坡度时，用规定值如10%来控制合成坡度，并不意味着横坡为10%的弯道上就完全不允许有纵坡。无论是纵坡或是横坡中任何一方采用最大值时，允许另一方采用缓一些的坡度，一般不大于2%为宜。

以上为最大合成坡度的规定。相反，合成坡度过小也不好，这会导致路面排水不畅，影响行车安全。各级道路最小合成坡度不宜小于0.5%。当合成坡度小于0.5%时，应采取综合排水措施，以保证路面排水畅通。

4.2.2　坡长设计

1. 理想的最大纵坡和不限长度的最大纵坡

理想的最大纵坡i_1是指设计车型即载重车在油门全开的情况下，持续以V_1等速行驶所能克服的坡度。对于低速路V_1取设计速度，对于高速路V_1取上述载重车的最高速度。根据V_1计算或直接从动力特性图上查出动力因素D_1，由式(2.20)得

$$i_1 = \lambda D_1 - f \tag{4.3}$$

式中：i_1——理想的最大纵坡。

因为在具有不大于i_1的坡道上载重车能以最高速度行驶，这样载重车与小客车、重车与轻车之间的速度差最小，相互干扰也最小，道路通行能力最大。

理想的最大纵坡固然好，但受地形等条件的制约，这种坡度不是总能争取到。为此，有必要允许车速由V_1降到V_2，以获得较大坡度i_2，在i_2的坡道上，汽车将以V_2的速度等速行驶。V_2称为容许速度，不同等级的道路容许速度应不同，其值一般应不小于设计速度的1/2～2/3(高速路取低限，低速路取高限)。

与容许速度V_2对应的纵坡i_2称为不限长度的最大纵坡，根据V_2可得D_2，则

$$i_2 = \lambda D_2 - f \tag{4.4}$$

当汽车在坡度小于或等于不限长度最大纵坡的坡道上行驶时，只要初速度大于容许速度 V_2，汽车至多减速到容许速度；当坡度大于不限长度的最大纵坡时，为防止汽车行驶速度低于容许速度，应对其坡长加以限制。

【例 4.1】 根据式(4.3)和式(4.4)，计算东风 EQ-140 载重汽车装载 75%时，各设计速度下理想的最大纵坡 i_1 和不限长度的最大纵坡 i_2。计算结果见表 4.8。

表 4.8 理想的最大纵坡 i_1 和不限长度的最大纵坡 i_2

设计速度 V/(km/h)	滚动阻力系数 f/%	减速范围		动力因数/%		H=0，λ=1.19		H=1000，λ=1.05		H=2000，λ=0.93		H=3000，λ=0.82	
		V_1	V_2	D_1	D_2	i_1/%	i_2/%	i_1/%	i_2/%	i_1/%	i_2/%	i_1/%	i_2/%
120	1.0	80	60	2.3	3.0	1.7	2.6	1.4	2.2	1.1	1.8	0.9	1.5
100	1.0	80	55	2.3	3.2	1.7	2.8	1.4	2.4	1.1	2.0	0.9	1.6
80	1.0	80	50	2.3	3.3	1.7	2.9	1.4	2.5	1.1	2.1	0.9	1.7
60	1.5	60	40	3.0	3.5	2.1	2.7	1.7	2.2	1.3	1.8	1.0	1.4
40	2.0	40	25	5.4	5.8	4.4	4.9	3.7	4.1	3.0	3.4	2.4	2.8
30	2.0	30	20	5.7	5.8	4.8	4.9	4.0	4.1	3.3	3.4	2.7	2.8
20	2.0	20	15	5.8	5.8	4.9	4.9	4.1	4.1	3.4	3.4	2.8	2.8

2. 坡长限制

根据前述的 V_1 和 V_2，得出对应于 V_1 的理想的最大纵坡 i_1 和对应于 V_2 的不限长度的最大纵坡 i_2。凡大于 i_1 的纵坡称为陡坡。汽车在陡坡上将减速行驶，设初速为 V_1，则终速不得低于 V_2，因此凡大于 i_2 的纵坡都应限制其长度。凡小于 i_1 的纵坡均属缓坡，汽车在缓坡上将加速行驶。

(1) 最短坡长限制

最短坡长限制主要是从汽车行驶平顺性的要求考虑的。如果坡长过短，使变坡点增多，汽车行驶在连续起伏地段产生的超重与失重的频繁变化，导致乘客感觉不舒适，车速越大乘客的不舒适感越明显。另外，路容美观、相邻两竖曲线的设置和纵面视距等也要求坡长应有一定最短长度。

《公路工程技术标准》(JTG B01—2014)和《城市道路工程设计规范(2016 年版)》(CJJ 37—2012)均规定了各级道路最短坡长。公路最短坡长和城市道路最短坡长分别见表4.9和表 4.10。在平面交叉口、立体交叉的匝道以及过水路面地段，最短坡长不受此限。

表 4.9 公路最短坡长

设计速度/(km/h)	120	100	80	60	40	30	20
最短坡长/m	300	250	200	150	120	100	60

表 4.10 城市道路最短坡长

设计速度/(km/h)	100	80	60	50	40	30	20
最短坡长/m	250	200	150	130	110	85	60

(2) 最大坡长限制

道路纵坡的坡度和坡长对汽车正常行驶影响很大。纵坡越陡，坡长越长，对行车影响也越大。其主要表现在：行车速度显著下降，甚至要换较低排档克服坡度阻力；水箱易“开锅”，导致汽车爬坡无力，甚至熄火；汽车下坡行驶制动次数频繁，制动器易发热而失效，甚至造成车祸。

最大坡长限制是指控制汽车在坡道上行驶，当车速下降到最低容许速度时所行驶的距离，可通过相关公式进行计算。

事实上，影响最大坡长的因素很多，如海拔、装载、油门开启程度、滚动阻力系数及挡位等。要从理论上确切计算由希望速度到允许速度的最大坡长是困难的，必须结合试验调查资料综合研究后确定。《公路路线设计规范》(JTG D20—2017)、《城市道路工程设计规范(2016 年版)》(CJJ 37—2012)规定的最大坡长见表 4.11 和表 4.12。

表 4.11　不同设计速度、不同纵坡时公路的最大坡长

纵坡坡度/%	最大坡长/m						
	120km/h	100km/h	80km/h	60km/h	40km/h	30km/h	20km/h
3	900	1000	1100	1200	—	—	—
4	700	800	900	1000	1100	1100	1200
5	—	600	700	800	900	900	1000
6	—	—	500	600	700	700	800
7	—	—	—	—	500	500	600
8	—	—	—	—	300	300	400
9	—	—	—	—	—	200	300
10	—	—	—	—	—	—	200

表 4.12　机动车最大坡长

设计速度/(km/h)	100	80	60			50			40		
纵坡坡度/%	4.0	5.0	6.0	6.5	7.0	6.0	6.5	7.0	6.5	7.0	8.0
最大坡长/m	700	600	400	350	300	350	300	250	300	250	200

当高速公路、一级公路连续陡坡由几个不同坡度值的坡段组合而成时，应对纵坡长度受限制的路段采用平均坡度法进行验算。平均坡度与连续坡长不宜超过表 4.13 的规定；超过时，应进行交通安全性评价，提出路段速度控制和通行管理方案，完善交通工程和安全设施，并论证增设货车强制停车区。

表 4.13　连续长、陡下坡的平均坡度与连续坡长

平均坡度/%	<2.5	2.5	3.0	3.5	4.0	4.5	5.0	5.5	6.0
连续坡长/km	不限	20.0	14.8	9.3	6.8	5.4	4.4	3.8	3.3
相对高差/m	不限	500	450	330	270	240	220	210	200

对设计速度小于或等于 80km/h 的道路，当连续纵坡大于坡长限制值时，应在不大于表 4.11 和表 4.12 所规定长度处设缓和坡段。

当公路上有大量畜力车通行时，在可能的情况下宜在不超过 500m 处设置一段不大于 2%～3%的缓坡，以利于畜力车行驶。城市道路的非机动车车行道纵坡宜小于 2.5%，否则应按表 4.14 限制坡长。

表 4.14 城市道路非机动车坡长限制

纵坡坡度/%	坡长/m	
	自行车	三轮车、板车
2.5	300	150
3.0	200	100
3.5	150	—

4.2.3 缓和坡段

如前所述凡小于理想的最大纵坡 i_1 的坡度均属缓坡。在纵断面设计中，当陡坡的长度达到限制坡长时，应安排一段缓坡，用以恢复在陡坡上降低的速度。同时，从下坡安全考虑，缓坡也是需要的。在缓坡上汽车将以加速行驶，理论上缓坡的长度应适应这个加速过程的需要，但实际设计中很难满足这个要求。

各级公路的连续上坡路段，应根据载重汽车上坡时的速度折减变化，在不大于表 4.9 中规定的纵坡长度之间设置缓和坡段。其设置应符合下列规定：设计速度小于或等于 80km/h 时，缓和坡段纵坡应不大于 3%；设计速度大于80km/h时，缓和坡段的纵坡应不大于 2.5%。缓和坡段的长度应大于表 4.11 中的规定。

缓和坡段的具体位置应结合纵向地形起伏情况，尽量减少填挖方工程数量，同时应考虑路线的平面线形要素。在一般情况下，缓和坡段宜设置在平面的直线或较大半径的平曲线上，以便充分发挥缓和坡段的作用，提高整条道路的使用质量。在必须设置缓和坡段而地形又困难地段，可以将缓和坡段设于半径比较小的平曲线上，但应适当增加缓和坡段的长度，以使缓和坡段端部的竖曲线位于该小半径平曲线之外。这种要求对提高行驶质量、保证行车安全是完全必要的。

4.2.4 其他纵坡标准

1. 平均纵坡

平均纵坡是指一定长度的路段纵向所克服的高差与路线长度之比，是为了合理运用最大纵坡、坡长及缓和坡长的规定，以保证车辆安全顺利地行驶的限制性指标。

通过对山区道路行车的实际调查发现，有时虽然道路纵坡设计完全符合最大纵坡、坡长限制及缓和坡长规定，但也不一定能保证行车顺利安全。如对地形困难、高差较大地段，设计者可能交替使用极限长度的最大纵坡及缓和坡长，形成“台阶式”纵断面线形，这是一种合法但不合理的做法。在这种坡道上汽车会较长时间频繁地使用低挡行驶，对机件和安全都不利。

《公路工程技术标准》(JTG B01—2014)规定：二、三、四级公路越岭路线的平均纵坡，一般以接近5.5%(相对高差为200～500m)和5%(相对高差大于500m)为宜，并注意任何相连3km路段的平均纵坡不宜大于5.5%。城市道路的平均纵坡按上述规定减少1.0%。对于海拔3000m以上的高原地区，平均纵坡应较规定值减少0.5%～1.0%。

2. 桥上及桥头路线的纵坡

1）小桥与涵洞处的纵坡应按路线规定进行设计。

2）桥梁及其引道的平、纵、横技术指标应与路线总体布设相协调。大、中桥上的纵坡不宜大于4%，桥头引道纵坡不宜大于5%，引道紧接桥头部分的线形应与桥上线形相配合，其长度不宜小于3s行程长度。

3）位于市镇附近非汽车交通较多的地段，桥上及桥头引道纵坡均不得大于3%。

4）易结冰、积雪的桥梁，桥上纵坡宜适当减小。

3. 隧道部分路线的纵坡

1）隧道内的纵坡应大于0.3%并小于3%，但短于100m的隧道不受此限。

2）当条件受限制时，高速公路、一级公路的中、短隧道经技术经济论证后最大纵坡可适当加大，但不宜大于4%。

3）隧道内的纵坡可设置成单向坡；地下水发育的隧道及特长、长隧道可采用人字坡。

4）隧道洞口内侧不小于3s行程长度与洞口外侧不小于3s行程长度范围内的平、纵线形应一致。洞口外与之相连接的路段应设置距洞口不小于3s行程长度，且不小于50m的过渡段，以保持横断面过渡的顺适。

4. 交叉口纵坡

在交叉口处交通繁忙，转弯车辆较多，交叉口处的纵坡设计应为车辆安全快速通过交叉口创造较好的通视条件，保证必要视距。为此，平面交叉范围内纵坡以设置成平缓坡段为宜，当受地形限制坡段较短时，其长度应符合最小坡长的规定，并对称地布置于交叉点的两侧，紧接该段的纵坡应小于3%，特殊情况下也不应大于5%。

5. 回头曲线纵坡

《公路路线设计规范》(JTG D20—2017)规定的各级公路回头曲线路段的最大纵坡见表4.15。

表4.15　各级公路回头曲线的最大纵坡

设计速度/(km/h)	30	25	20
最大纵坡/%	3.5	4.0	4.5

4.3 竖 曲 线

4.3.1 竖曲线的作用和性质

汽车行驶在纵坡变坡点时,为了缓和因车辆动能变化而产生的冲击和保证视距,必须插入竖曲线。竖曲线一般采用圆曲线和二次抛物线两种。由于竖曲线的前后坡差很小,抛物线呈非常平缓的线形,曲率变化较小,所以实际上同圆曲线几乎相同。在实际设计中,可根据计算的方便,采用抛物线或圆曲线。

对于抛物线竖曲线半径是指曲率最大处(抛物线顶点)的曲率半径,对于圆曲线竖曲线半径是指圆弧半径。

在纵断面上只计水平距离和竖直高度,斜线不计角度而计坡度。因此,竖曲线的切线长与曲线长是其在水平面上的投影,切线支距是竖直的高程差,相邻两坡度线的交角用坡度差表示。

竖曲线的作用有以下几种。

1）缓和纵向变坡处行车动量变化而产生的冲击作用。

2）确保道路纵向行车视距。

3）将竖曲线与平曲线恰当组合有利于路面排水和改善行车的视线诱导和舒适感。

《公路工程技术标准》(JTG B01—2014)和《公路路线设计规范》(JTG D20—2017)均规定在变坡点处应设置竖曲线。

4.3.2 竖曲线的最小半径

1. 竖曲线设计限制因素

在纵断面设计中,竖曲线的设计受众多因素的限制,其中有三个限制因素决定着竖曲线的最小半径或最小长度。

(1) 缓和冲击

汽车行驶在竖曲线上时,产生径向离心力。这个力在凹形竖曲线上是超重,在凸形竖曲线上是失重。这种超重与失重达到某种程度时,乘客会有不舒适的感觉,同时对汽车的悬挂系统也有不利影响,所以确定竖曲线半径时,对离心加速度要加以控制。汽车在竖曲线上行驶时其离心加速度为

$$a = \frac{v^2}{R}(\mathrm{m/s^2})$$

将 v(m/s)化成 V(km/h)并整理,得

$$R = \frac{V^2}{13a}$$

根据试验,离心加速度 a 限制在 0.5～0.7m/s² 比较合适。但考虑到不因冲击而造成的不舒适感,以及视觉平顺等的要求,我国《公路工程技术标准》(JTG B01—2014)规定的竖曲线最小半径与式(4.5)计算结果极相近,相当于 $a=0.278\mathrm{m/s^2}$,即

$$R_{\min}=\frac{V^2}{3.6} \quad 或 \quad L_{\min}=\frac{V^2\omega}{3.6} \tag{4.5}$$

(2) 时间行程不过短

汽车从直坡道行驶到竖曲线上，尽管竖曲线半径较大，如其长度过短，汽车倏忽而过乘客会感到不舒适。因此，应限制汽车在竖曲线上的行程时间不过短，最短应满足3s行程，即

$$L_{\min}=\frac{V}{3.6}t=\frac{V}{1.2} \tag{4.6}$$

(3) 满足视距的要求

汽车行驶在凸形竖曲线上，如果半径太小，会阻挡驾驶员的视线。为了行车安全，对凸形竖曲线的最小半径或最小长度应加以限制。

当汽车行驶在凹形竖曲线上时，也同样存在视距问题。对地形起伏较大地区的道路，在夜间行车时，若竖曲线半径过小，前灯照射距离近，影响行车速度和安全；在高速公路及城市道路上有许多跨线桥、门式交通标志及广告宣传牌等，如果它们正好处在凹形竖曲线上方，也会影响驾驶员的视线。

总之，无论是凸形竖曲线还是凹形竖曲线都要受到上述三种因素的控制。需要明确的是，哪一种限制因素为最不利的情况，它才是有效控制因素。

2. 凸形竖曲线最小半径和最小长度

凸形竖曲线最小长度应以满足视距要求为主，按竖曲线长度 L 和停车视距 S_T 的关系可分为两种情况。

1) 当 $L<S_T$（图4.3）。

$h_1=\frac{d_1^2}{2R}-\frac{t_1^2}{2R}$ 则 $d_1=\sqrt{2Rh_1+t_1^2}$

$h_2=\frac{d_2^2}{2R}-\frac{t_2^2}{2R}$ 则 $d_2=\sqrt{2Rh_2+t_2^2}$

式中：R——竖曲线半径(m)；

h_1——驾驶员视线高，即目高 $h_1=1.2$m；

h_2——障碍物高，即物高 $h_2=0.1$m。

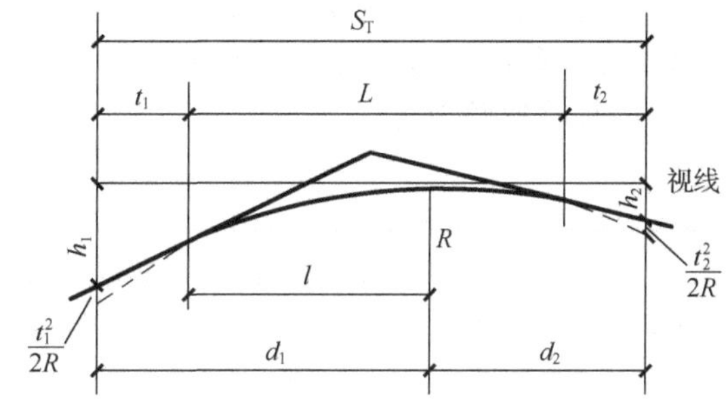

图4.3 凸形竖曲线计算图示($L<S_T$)

由 $t_1=d_1-l=\sqrt{2Rh_1+t_1^2}-l$，得

$$t_1=\frac{Rh_1}{l}-\frac{l}{2}$$

由 $t_2=d_2-(L-l)=\sqrt{2Rh_2+t_2^2}-(L-l)$，得

$$t_2=\frac{Rh_2}{L-l}-\frac{L-l}{2}$$

视距长度

$$S_T=t_1+L+t_2=\frac{Rh_1}{l}+\frac{L}{2}+\frac{Rh_2}{L-l} \tag{4.7a}$$

令 $\frac{dS_T}{dl}=0$，解此得 $l=\frac{\sqrt{h_1}}{\sqrt{h_1}+\sqrt{h_2}}=L$，代入式(4.7a)得

$$S_{\mathrm{T}}=\frac{R}{L}\left(\sqrt{h_1}+\sqrt{h_2}\right)^2+\frac{L}{2}=\frac{\left(\sqrt{h_1}+\sqrt{h_2}\right)^2}{\omega}+\frac{L}{2}$$

$$L_{\min}=2S_{\mathrm{T}}-\frac{2\left(\sqrt{h_1}+\sqrt{h_2}\right)^2}{\omega}=2S_{\mathrm{T}}-\frac{4}{\omega} \tag{4.7b}$$

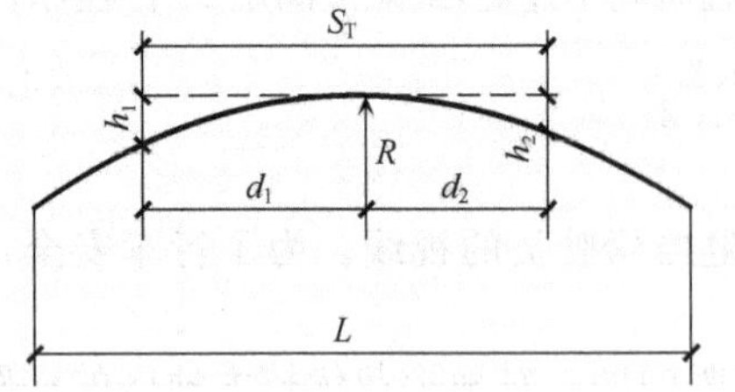

图 4.4 凸形竖曲线计算图示($L \geqslant S_{\mathrm{T}}$)

2) 当 $L \geqslant S_{\mathrm{T}}$(图 4.4)。

$$h_1=\frac{d_1^2}{2R} \quad 则\ d_1=\sqrt{2Rh_1}$$

$$h_2=\frac{d_2^2}{2R} \quad 则\ d_2=\sqrt{2Rh_2}$$

$$S_{\mathrm{T}}=d_1+d_2=\sqrt{2R}\left(\sqrt{h_1}+\sqrt{h_2}\right)$$

或

$$S_{\mathrm{T}}=\sqrt{\frac{2L}{\omega}}\left(\sqrt{h_1}+\sqrt{h_2}\right)$$

凸形竖曲线一般最小半径是极限最小半径的 1.5～2.0 倍。

$$L_{\min}=\frac{S_{\mathrm{T}}^2\omega}{2\left(\sqrt{h_1}+\sqrt{h_2}\right)^2}=\frac{S_{\mathrm{T}}^2\omega}{4} \tag{4.8}$$

比较以上两种情况,式(4.8)计算结果大于式(4.7b),应将式(4.8)作为有效控制。

根据缓和冲击、时间行程及视距要求三个限制因素,可计算出各设计速度时的凸形竖曲线最小半径和最小长度,见表 4.16。表 4.16 中《公路工程技术标准》(JTG B01—2014)规定的竖曲线"最小半径值"是竖曲线极限的 1.5～2.0 倍,在条件许可时应尽量采用大于一般最小半径的竖曲线为宜。竖曲线最小长度相当于各级道路设计速度的 3s 行程,即用式(4.6)计算取整而得。

表 4.16 凸形竖曲线最小半径和最小长度

设计速度/(km/h)	停车视距 S_{T}/m	缓和冲击所要求的曲线长度 $L_{\min}=\frac{V^2\omega}{3.6}$	视距所要求的曲线长度 $L_{\min}=\frac{S_{\mathrm{T}}^2\omega}{4}$	采用值 L_{t}	《公路工程技术标准》(JTG B01—2014)规定值/m		
					极限最小半径 $R_{\min}=\frac{L_{\mathrm{t}}}{\omega}$	一般最小半径	竖曲线最小长度
120	210	4 000ω	11 025ω	11 000ω	11 000	17 000	100
100	160	2 778ω	6 400ω	6 500ω	6 500	10 000	85
80	110	1 778ω	3 025ω	3 000ω	3 000	4 500	70
60	75	1 000ω	1 406ω	1 400ω	1 400	2 000	50
40	40	444ω	400ω	450ω	450	700	35
30	30	250ω	225ω	250ω	250	400	25
20	20	111ω	100ω	100ω	100	100	20

3. 凹形竖曲线最小半径和最小长度

凹形竖曲线的最小长度,应满足两种视距的要求:一是保证夜间行车安全,前灯照明应有足够的距离;二是保证跨线桥下行车有足够的视距。

(1) 夜间行车前灯照射距离要求

1) 当 $L<S_T$(图 4.5)。

因 $S_T=L+l$,则 $l=S_T-L$,有

$$h+S_T\tan\delta=\frac{(L+l)^2}{2R}-\frac{l^2}{2R}=\frac{\omega(2S_T-L)}{2}$$

解得

$$L_{\min}=2\left(S_T-\frac{h+S_T\tan\delta}{\omega}\right)$$

式中：S_T——停车视距(m)；

h——车前灯高度,$h=0.75$m；

δ——车前灯光束扩散角,$\delta=1.5°$。

将已知数据代入,得

$$L_{\min}=2\left(S_T-\frac{0.75+0.026S_T}{\omega}\right) \tag{4.9}$$

2) 当 $L\geqslant S_T$(图 4.6)。

$$h+S_T\tan\delta=\frac{S_T^2}{2R}=\frac{S_T^2\omega}{2L}$$

$$L_{\min}=\frac{S_T^2\omega}{2(h+S_T\tan\delta)}$$

将已知数据代入,可得

$$L_{\min}=\frac{S_T^2\omega}{1.5+0.0524S_T} \tag{4.10}$$

显然,式(4.10)计算结果大于式(4.9),应以式(4.10)作为有效控制。

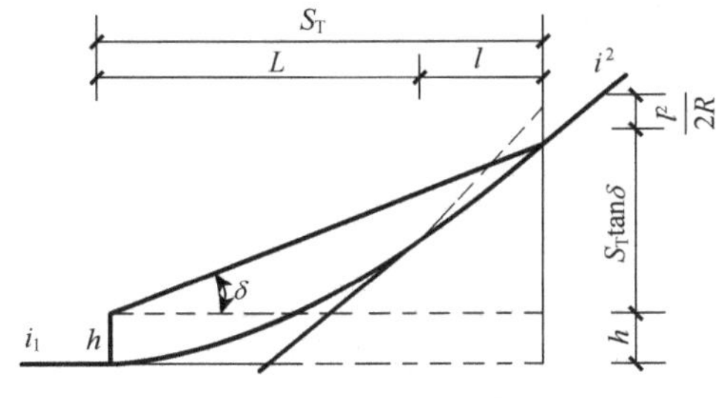

图 4.5　车前灯照射距离($L<S_T$)

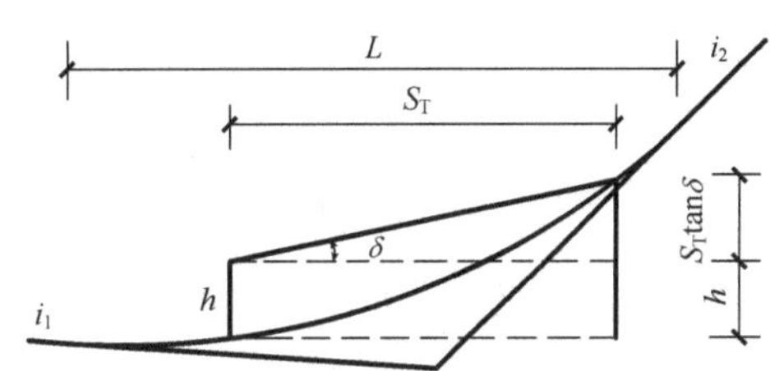

图 4.6　车前灯照射距离($L\geqslant S_T$)

(2) 跨线桥下行车视距要求

1) 当 $L<S_T$(图 4.7)。

$$h_0=\frac{(L+t_2)^2}{2R}-\frac{t_2^2}{2R}$$

$$AB=h_1+\frac{h_2-h_1}{S_T}(t_1+l)$$

$$BD = h_0 \frac{t_1 + l}{S_T} = \left[\frac{(L+t_2)^2}{2R} - \frac{t_2^2}{2R}\right]\frac{t_1 + l}{S_T}$$

$$CD = \frac{l^2}{2R}$$

因 $S_T = t_1 + L + t_2$，则 $t_2 = S_T - t_1 - L$，有

$$\begin{aligned} h &= AB + BD - CD \\ &= h_1 + \frac{h_2 - h_1}{S_T}(t_1 + l) + \frac{L(t_1 + l)}{2RS_T}(2S_T - 2t_1 - L) - \frac{l^2}{2R} \end{aligned}$$

由 $\mathrm{d}h/\mathrm{d}l = 0$ 可解出 l，代入上式并整理，得

$$\begin{aligned} h_{max} = h_1 + \frac{1}{2RS_T^2}&\left[2S_T t_1 + R(h_2 - h_1) + \frac{L}{2}(2S_T - 2t_1 - L)\right] \\ &\cdot \left[R(h_2 - h_1) + \frac{L}{2}(2S_T - 2t_1 - L)\right] \end{aligned}$$

由 $\mathrm{d}h_{max}/\mathrm{d}t_1 = 0$ 可解出 t_1，代入上式，得

$$h_{max} = h_1 + \frac{[2R(h_2 - h_1) + (2S_T + L)]^2}{8RL(2S_T - L)}$$

解得

$$L_{min} = 2S_T - \frac{4h_{max}}{\omega}\left[1 - \frac{h_1 + h_2}{2h_{max}} + \sqrt{\left(1 - \frac{h_1}{h_{max}}\right)\left(1 - \frac{h_2}{h_{max}}\right)}\right]$$

式中：h_{max}——桥下设计净空，$h_{max} = 4.5\mathrm{m}$；

h_1——驾驶员视线高度，$h_1 = 1.5\mathrm{m}$；

h_2——障碍物高度，$h_2 = 0.75\mathrm{m}$。

将已知数据代入，则

$$L_{min} = 2S_T - \frac{26.92}{\omega} \tag{4.11}$$

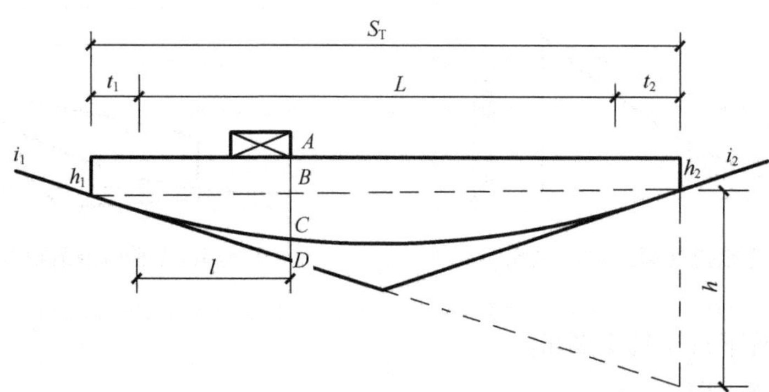

图 4.7 跨线桥下行车视距($L < S_T$)

2) 当 $L \geqslant S_T$(图 4.8)。

$$h_0 = \frac{S_T^2}{2R}$$

$$AB = h_1 + \frac{h_2 - h_1}{S_T} l$$

$$BD = h_0 \frac{l}{S_T} = \frac{S_T}{2R} l$$

$$CD = \frac{l^2}{2R}$$

同理可得

$$h = h_1 + \frac{h_2 - h_1}{S_T} l + \frac{S_T}{2R} l - \frac{l^2}{2R}$$

由 $\mathrm{d}h/\mathrm{d}l=0$ 可解出 l，代入上式并整理，得

$$h_{\max} = h_1 + \frac{1}{2R}\left[\frac{R(h_2 - h_1)}{S_T} + \frac{S_T}{2}\right]^2$$

$$L_{\min} = \frac{S_T^2 \omega}{\left[\sqrt{2(h_{\max} - h_1)} + \sqrt{2(h_{\max} - h_2)}\right]^2}$$

将已知数据代入，得

$$L_{\min} = \frac{S_T^2 \omega}{26.92} \tag{4.12}$$

比较式(4.11)和式(4.12)，应以式(4.12)作为有效控制。

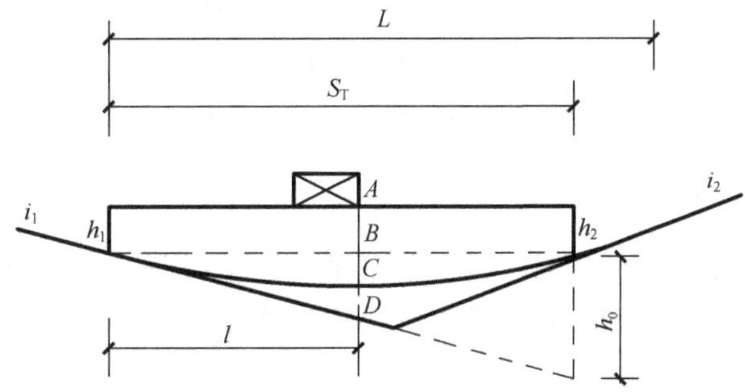

图 4.8　跨线桥下行车视距($L \geqslant S_T$)

根据影响竖曲线最小半径的三个限制因素，可计算出凹形竖曲线最小半径见表 4.17。

表 4.17　凹形竖曲线最小半径

设计速度/(km/h)	停车视距 S_T/m	缓和冲击 $\frac{V^2\omega}{3.6}$	夜间行车照明 $\frac{S_T^2\omega}{1.5+0.0524S_T}$	桥下视距 $\frac{S_T^2\omega}{26.92}$	采用值 $L_{\min}$	《公路工程技术标准》(JTG B01—2014)规定值/m	
						极限最小半径 $R_{\min}$	一般最小半径
120	210	4000ω	3527ω	1638ω	4000ω	4000	6000
100	160	2778ω	2590ω	951ω	3000ω	3000	4500
80	110	1778ω	1666ω	449ω	2000ω	2000	3000
60	75	1000ω	1036ω	209ω	1000ω	1000	1500

续表

设计速度/(km/h)	停车视距 S_T/m	缓和冲击 $\frac{V^2\omega}{3.6}$	夜间行车照明 $\frac{S_T^2\omega}{1.5+0.0524S_T}$	桥下视距 $\frac{S_T^2\omega}{26.92}$	采用值 L_{min}	《公路工程技术标准》(JTG B01—2014)规定值/m	
						极限最小半径 R_{min}	一般最小半径
40	40	444ω	445ω	59ω	450ω	450	700
30	30	250ω	293ω	33ω	250ω	250	400
20	20	111ω	157ω	15ω	100ω	100	200

表 4.7 中显示凹形竖曲线最不利的情况是径向离心力的冲击,故应以式(4.5)作为有效控制。《公路工程技术标准》(JTG B01—2014)规定凹形竖曲线一般最小半径是极限最小半径的 1.5～2.0 倍。竖曲线最小长度同凸形竖曲线。

4.3.3 竖曲线设计

1. 坡度角

在纵断面图上变坡点处,由于坡度改变形成了坡度角 ω,设变坡点相邻两纵坡坡度分别为 i_1 和 i_2,则坡度角可近似的用它们的代数差表示,即

$$\omega = i_2 - i_1 \tag{4.13}$$

式中:当 ω 为"+"时,表示凹形竖曲线;ω 为"−"时,表示凸形竖曲线。

2. 竖曲线诸要素计算公式

表 4.16 和表 4.17 中的竖曲线半径,对于抛物线是指曲率最大处(抛物线顶点)的曲率半径,对于圆曲线是指圆弧半径。其曲线要素计算如下(图 4.9)。

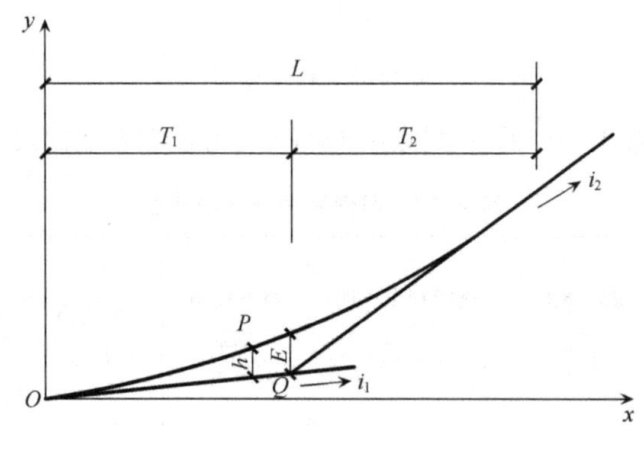

图 4.9 竖曲线要素示意图

抛物线:

竖曲线长度为

$$L = R\omega \tag{4.14}$$

竖曲线切线长 T：

因为 $T=T_1\approx T_2$，有

$$T=\frac{L}{2}=\frac{R\omega}{2} \tag{4.15}$$

竖曲线上任一点竖距 h 为

$$h=\frac{x^2}{2R} \tag{4.16}$$

式中：x——计算点桩号与竖曲线起(终)点桩号差。

竖曲线外距 E 为

$$E=\frac{T^2}{2R}\quad 或\quad E=\frac{R\omega^2}{8}=\frac{L\omega}{8}=\frac{T\omega}{4} \tag{4.17}$$

圆曲线为

$$L=R\omega$$

$$T=R\tan\frac{\omega}{2}$$

$$E=R\left(\frac{1}{\cos\frac{\omega}{2}}-1\right)$$

$$D=2T-L$$

式中：L——竖曲线长度；

R——圆弧半径；

ω——坡度角；

T——竖曲线切线长度；

E——竖曲线外距；

D——修正值。

3. 竖曲线起终点高程

$$\begin{cases}竖曲线起点桩号=变坡点桩号-T\\ 竖曲线起点高程\ H_{起}=H_0\pm Ti_1\end{cases} \tag{4.18}$$

$$\begin{cases}竖曲线终点高程\ H_{终}=H_0\pm Ti_2\\ 竖曲线终点桩号=变坡点桩号+T\end{cases} \tag{4.19}$$

式(4.18)和式(4.19)中“＋”“－”视竖曲线具体情形需画草图而定。

4. 竖曲线任意点高程

(1) 计算切线高程

$$H_{切}=H_0\pm(T-x)i_1 \tag{4.20}$$

式中：凸形竖曲线用“－”，凹形竖曲线用“＋”。

(2) 计算设计高程

$$H=H_{切}\pm h \tag{4.21}$$

式中：凸形竖曲线用“－”，凹形竖曲线用“＋”。

【例 4.2】 某山岭区一般二级公路,变坡点桩号为 K5＋030.00,高程为 427.68m,$i_1=+5\%$,$i_2=-4\%$,竖曲线半径 $R=2000$m。试计算竖曲线诸要素以及桩号为 K5＋000.00 和 K5＋100.00 处的设计高程。

解 计算竖曲线要素:

$\omega=i_2-i_1=-0.04-0.05=-0.09$,为凸形。

曲线长 $L=R\omega=2000\times0.09=180(\text{m})$

切线长 $T=\frac{L}{2}=\frac{180}{2}=90(\text{m})$

外距 $E=\frac{T^2}{2R}=\frac{90^2}{2\times2000}\approx2.03(\text{m})$

计算设计高程:

竖曲线起点桩号＝(K5＋030.00)－90＝K4＋940.00

竖曲线起点高程＝427.68－90×0.05＝423.18(m)

竖曲线终点桩号＝(K5＋030.00)＋90＝K5＋120.00

竖曲线终点高程＝427.68－90×0.04＝424.08(m)

桩号K5＋000.00 处:

横距 $x_1=(\text{K}5+000.00)-(\text{K}4+940.00)=60(\text{m})$

竖距 $h_1=\frac{x_1^2}{2R}=\frac{60^2}{2\times2000}=0.9(\text{m})$

切线高程＝427.68－(90－60)×0.05＝426.18(m)

设计高程＝426.18－0.90＝425.28(m)

桩号K5＋100.00 处:

横距 $x_2=(\text{K}5+120.00)-(\text{K}5+100.00)=20(\text{m})$

竖距 $h_2=\frac{x_2^2}{2R}=\frac{20^2}{2\times2000}=0.1(\text{m})$

切线高程＝427.68－(90－20)×0.04＝424.88(m)

设计高程＝424.88－0.10＝424.78(m)

4.4 道路平、纵面线形组合设计

4.4.1 线形组合设计要点

公路立体线形是由公路平面、纵断面及横断面组合而成。如果平面线形要素与纵断面线形要素的配合不恰当,即使平、纵面线形指标都很高,也不会得到良好的线形。

公路线形设计最基本的要求是保证汽车行驶的安全性和舒适性,同时使公路与地形、地物等自然环境相协调。公路线形是公路的骨架,若线形要素组合不当,不能适应驾驶员的运动视觉和心理效应的要求,将会降低公路的安全性与舒适性、降低公路通行能力,严重时将增加交通事故。公路线形设计若不灵活地利用地形,不注意与自然环境相协调,将使工程投资增加,甚至导致自然景观、自然生态环境的破坏。

汽车行驶的速度越高,驾驶员视野的范围就越窄,其视觉中路面所占的比例就越大。

同时，驾驶员注意力的集中和心理紧张的程度，也随着汽车行驶速度的增大而增大。设计速度不同，对公路线形设计的要求也不同。

公路立体线形影响对驾驶员而言就是汽车的安全性、快速性及舒适性。安全和舒适的感觉主要是通过视觉获得的线形所提供的透视信息而得到的。公路路线透视图、动态连续透视图或公路路线动态模拟系统提供的信息对检验与评价公路立体线形是很有效的。

因此在线形设计时应注意以下几点。

1）公路线形设计是按照先进行平面线形设计，后进行纵面线形设计的程序进行的。公路线形设计提供给驾驶者的是一条立体的线形。线形设计中平纵面线形配合的问题就显得很重要了。

① 高指标的平面线形配以短促多变的纵面线形，或高指标的平面与纵面线形未能很好地组合的立体线形，在视觉上都不是连续流畅的，不是好的线形。

② 平面线形设计时一定要考虑到纵面线形问题；纵面线形设计时也一定要与平面线形协调配合。设计中应结合平面线形来优化纵面线形，结合纵面线形来优化平面线形，相互作用，共同提高。

2）理想的平纵组合是平竖曲线的位置相互对应，且平曲线稍长于竖曲线。因为此时得到的立体线形具有同一个三维曲率，线形在空间是连续的，不是扭曲的。如果在平纵面线形设计时没有很好地考虑相互配合问题，未能把路线作为立体线形来对待，要实现平纵面曲线一一对应是很困难的。当然，有时平纵面线形不遵循“一一对应”的原则，也不会损坏立体线形的质量。透视图检验和实践证明，当纵坡坡差较小，或竖曲线半径很大时，平竖曲线的组合对立体线形则显得不敏感。高速公路路线调查发现，坡差为 1.0%时，“一平包多竖”，仍未发现对立体线形构成视觉上的损害。

3）平曲线与竖曲线半径的均衡是保证立体线形协调、平顺、连续的基本要求。在纵面线形反复起伏且坡长不是很大，竖曲线半径也不可能设置的很大的情况下，仅在平面设计时使用大半径的平曲线不能获得协调连续平顺的线形，同时可能会导致工程费用的增加。

4）平纵组合应考虑驾驶员的视觉感受。调查发现，驾驶员在行驶视野内能看到两个或两个以上的平、纵面线形时，会使得驾驶紧张。汽车行驶速度越高，驾驶员的注视点就越远。驾驶员到注视点的距离称为行驶视野。行驶视野和汽车行驶速度的关系见表 4.18。由此可见，对于快速道路来说，驾驶员的主要集中力是观察视点较远路幅的线形状况，必须使驾驶员明白无误地了解线形，尽量避免由于判断错误而导致驾驶失误。

表 4.18　汽车行驶速度和行驶视野的关系

行驶速度/(km/h)	行驶视野/m
120	675
110	625
100	575
90	475
80	450
70	375
60	325
50	250
40	200

4.4.2 线形组合设计方法

道路线形设计首先是从路线规划开始的,然后按选线、平面线形设计、纵面线形设计和平、纵线形组合设计的过程进行,最终是以平、纵组合的立体线形展现在驾驶员眼前的。行驶过程中驾驶员所选择的实际行驶速度,是由他对立体线形的判断做出的,而立体线形组合的优劣最后集中反映在汽车的车速快慢。如果只按平面、纵面线形标准设计,而不将两者结合考虑,最终不一定是良好的设计。

当设计速度大于或等于 60km/h 时,必须注重平、纵的合理组合;而当设计速度小于或等于 40km/h 时,首先应在保证行驶安全的前提下,正确地运用线形要素规定值(最大值和最小值),在条件允许情况下力求做到各种线形要素的合理组合,并尽量避免和减轻不利组合。

平、纵线形组合设计是指在满足汽车运动学和力学要求前提下,研究满足视觉和心理方面的连续、舒适与周围环境的协调和良好的排水条件。

1. 平、纵组合的设计原则

1) 应在视觉上能自然地引导驾驶员的视线,并保持视觉的连续性。任何使驾驶员感到茫然、迷惑或判断失误的线形,必须尽力避免。在视觉上能否自然地诱导视线,是衡量平、纵线形组合的最基本问题。

2) 平、纵线形的技术指标应均衡。它不仅影响线形的平顺性,而且与工程费用相关。对纵面线形反复起伏,在平面上却采用高标准的线形是无意义的;反之亦然。

3) 选择组合得当的合成坡度,以利于路面排水和行车安全。

4) 注意与道路周围环境的配合。它可以减轻驾驶员的疲劳和紧张程度,并可起到引导视线的作用。

5) 应根据路段设计速度、沿线地形、地质、环境和交通需求等因素,合理确定路线平纵面、视距、超高、加宽等主要控制指标。

2. 平曲线与竖曲线的组合

(1) 平曲线与竖曲线应相互重合,且平曲线应稍长于竖曲线

这种组合是使平曲线和竖曲线对应,最好使竖曲线的起终点分别放在平曲线的两个缓和曲线内,即"平包竖"。图 4.10 为平曲线与竖曲线相互重合的透视形状。这种立体线形不仅能起诱导视线的作用,而且可取得平顺而流畅的效果。对于等级较高的道路应尽量做到这种组合,并使平、竖曲线半径都大一些才显得协调,特别是凹形竖曲线处车速较高,两者半径更应该大一些。

(2) 平曲线与竖曲线应保持均衡

平曲线和竖曲线其中一方大而平缓,那么另一方就不要形成多而小。一个长的平曲线内两个以上竖曲线,或一个大的竖曲线含有两个以上平曲线,看上去非常别扭,图 4.11 为平曲线与竖曲线大小不均衡。

根据德国计算统计,若平曲线半径小于 1000m,竖曲线半径大约为平曲线半径的 10～20倍时,便可达到均衡的目的。

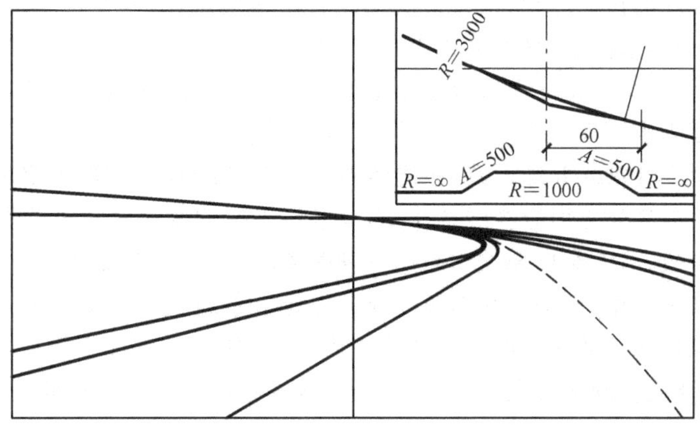

图 4.10　平曲线与竖曲线相互重合的透视形状(单位:m)

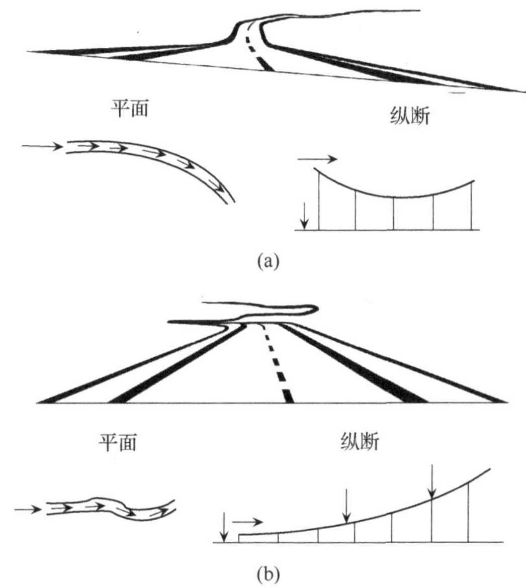

图 4.11　平曲线与竖曲线大小不均衡

(3) 暗、明弯与凸、凹竖曲线

暗弯与凸形竖曲线及明弯与凹形竖曲线的组合是合理、悦目的。

对暗与凹、明与凸的组合,当坡差较大时,会给人留下舍坦坡、近路不走,而故意爬坡、绕弯的感觉。此种组合在山区难以避免,只要坡差不大,矛盾也不是很突出。

(4) 平、竖曲线应避免的组合

平、竖曲线重合是一种理想的组合,但由于地形等条件限制,这种组合往往不是总能争取到的。如果平曲线的中点与竖曲线的顶(底)点位置错开不超过平曲线长度的四分之一时,仍然可以获得比较满意的外观。但是,如果错位过大或不均衡就会出现视觉效果很差的线形。

1) 要避免使凸形竖曲线的顶部或凹形竖曲线的底部与反向平曲线的拐点重合。两者都存在不同程度的扭曲外观;前者会使驾驶员操作失误,引起交通事故;后者虽无视线诱导问题,但路面排水困难,易产生积水。

2)小半径竖曲线不宜与缓和曲线相重叠。对凸形竖曲线诱导性差,事故率较高;对凹形竖曲线路面排水不良。

3)设计速度≥40km/h的道路,应避免在凸形竖曲线顶部或凹形竖曲线底部插入小半径的平曲线。前者失去引导视线的作用,驾驶员须接近坡顶才发现平曲线,导致不必要的减速或交通事故;后者会出现汽车高速行驶时急转弯,行车不安全。

为了便于实际应用,把平曲线与竖曲线的组合形象地表示为图4.12。竖曲线的起点与终点最好分别放在平曲线的两个缓和曲线内,其中任意一点都不要放在缓和曲线以外的直线上,也不要放在圆弧段之内。若平、竖曲线半径都很大,则平、竖位置可不受上述限制;若做不到平、竖曲线较好的组合,宁可把两者拉开相当距离,使平曲线位于直坡段或竖曲线位于直线上。

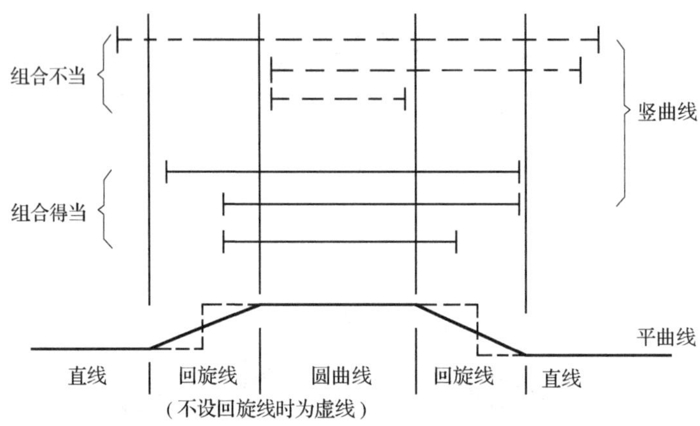

图4.12 平曲线与竖曲线的组合

3. 直线与纵断面的组合

平面的长直线与纵面的直坡线配合,对双车道道路超车方便,在平坦地区易与地形相适应,但行车单调乏味,易疲劳。直线上一次变坡是很好的平、纵组合,从美学观点讲以包括一个凸形竖曲线为好,而包括一个凹形竖曲线次之;直线中短距离内二次以上变坡会形成反复凸凹的"驼峰"和"凹陷",看上去线形既不美观也不连贯,使驾驶员的视线中断。因此,只要路线有起有伏,就不要采用长直线,最好使平面路线随纵坡的变化略加转折,并把平、竖曲线合理地组合。但要避免驾驶员一眼能看到路线方向转折两次以上或纵坡起伏三次以上。

4. 平、纵线形组合与景观的协调配合

道路作为一种人工构造物,应将其视为景观的对象来研究。修建道路会对自然景观产生影响,有时产生一定破坏作用。道路两侧的自然景观反过来又会影响道路上汽车的行驶,特别是对驾驶员的视觉、心理以及驾驶操作等都有很大影响。

平、纵线形组合必须是在充分与道路所经地区的景观相配合的基础上进行。否则,即使线形组合满足有关规定也不一定是良好设计。对于驾驶员来说，只有看上去具有滑顺优美的线形和景观，才能称为舒适和安全的道路。对设计速度高的道路，平、纵线形组合设计与周围景观配合尤为重要。

道路景观工程包括内部协调和外部协调两个方面。内部协调主要指平、纵线形视觉的连续性和立体协调性；而外部协调是指道路与其两侧坡面、路肩、中间带、沿线设施等的协调以及道路的宏观位置。实践证明，线形与景观的配合应遵循以下原则。

1）应在道路的规划、选线、设计、施工全过程中重视景观要求。尤其在规划和选线阶段，如对风景旅游区、自然保护区、名胜古迹区、文物保护区等景点和其他特殊地区，一般以绕避为主。

2）尽量少破坏沿线自然景观，避免深挖高填，如沿线周围的地貌、地形、天然树林、池塘湖泊等。纵面尽量减少填挖；横面设计要使边坡造型和绿化与现有景观相适应，弥补必要填挖对自然景观的破坏。

3）应能提供视野的多样性，力求与周围的风景自然地融为一体。充分利用自然风景（如孤山、湖泊、大树）、人工建筑物（如水坝、桥梁、高烟囱、农舍），或在路旁设置一些设施，以消除单调感，并使道路与自然密切结合。

4）不得已时，可采用修整、植草皮、种树等措施加以补救。

5）条件允许时，以适当放缓边坡或将其变坡点修整圆滑，以使边坡接近于自然地面形状，增进路容美观。

6）应进行综合绿化处理，避免形式和内容上的单一化，将绿化视作引导视线、点缀风景以及改造环境的一种技术措施进行专门设计。

4.5　爬坡车道

爬坡车道是陡坡路段正线行车道外侧增设的供载重车行驶的专用车道。

在道路纵坡较大的路段上，载重车爬坡时需克服较大的坡度阻力，使输出功率与车重之比值降低，车速下降，大型车与小汽车的速差变大，超车频率增加，对行车安全不利。速差较大的车辆混合行驶，必将减小快车的行驶自由度，导致通行能力降低。为了消除上述种种不利影响，宜在陡坡路段增设爬坡车道，把载重车从正线车流中分离出去，可提高小汽车行驶的自由度，确保行车安全，增加路段的通行能力。

一般来讲，最理想的是路线纵断面本身就应按不需设置爬坡车道来设计纵坡，但这样会造成路线迂回或路基高填深挖增大工程费用。在多数情况下采用稍大的坡度值而增设爬坡车道，产生既经济又安全的效果。不过设置爬坡车道也并非最好的措施，解决问题的根本途径还在于精选路线，定出纵坡值较小而又经济实用的路线。

4.5.1　设置爬坡车道的条件

我国《公路路线设计规范》(JTG D20—2017)规定：四车道高速公路、四车道一级公路以级二级公路连续上坡路段，符合下列情况之一时，宜在上坡方向行车道右侧设置爬坡车道：

1）沿连续上坡方向载重汽车的行驶速度降低到表 4.19 的容许最低速度以下。

表 4.19 上坡方向容许最低速度

设计速度/(km/h)	120	100	80	60	40
容许最低速度/(km/h)	60	55	50	40	25

2) 单一纵坡坡长超过表 4.19 的规定或上坡路段的设计通行能力小于设计小时交通量。

3) 经设置爬坡车道与改善主线纵坡不设爬坡车道技术经济比较论证,设置爬坡车道的效益费用比、行车安全性较优。

爬坡车道设计通行能力的计算方法与正线的通行能力计算方法相同。

对需设置爬坡车道的路段,应与改善正线纵坡不设爬坡车道的方案进行技术经济比较;对隧道、大桥、高架构造物及深挖路段,当因设置爬坡车道使工程费用增加很大时,经论证爬坡车道可以缩短或不设;对双向六车道高速公路可不另设爬坡车道,将外侧车道作为爬坡车道使用。

对于山岭地区的高速公路,由于地形复杂,纵坡设计控制因素较多,在这种路段上,设计速度一般在 80km/h 以下,是否设置爬坡车道,必须在上述基本条件下从公路建设的目的、服务水平、工程建设投资规模等综合分析比较后确定。

4.5.2 爬坡车道的设计

1. 横断面组成

爬坡车道设于上坡方向正线行车道右侧,如图 4.13 所示。爬坡车道的宽度一般为 3.5m,包括设于其左侧路缘带的宽度 0.5m。

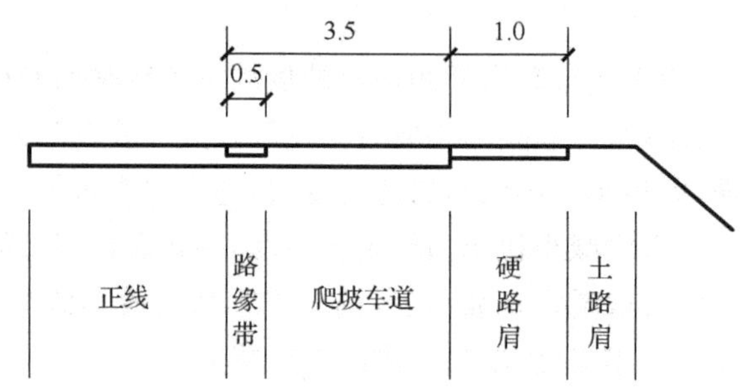

图 4.13 爬坡车道横断面图组成(尺寸单位:m)

爬坡车道的路肩和正线一样仍然由硬路肩和土路肩组成。由于爬坡车道上行驶速度较低,其硬路肩宽度可以不按正线的安全标准要求设计,一般为 1.0m,而土路肩宽度以按正线要求设计为宜。

窄路肩不能提供停车使用,在长而连续的爬坡车道路段上,其右侧应按规定设置紧急停车带。

2. 横坡度

因为爬坡车道的行车速度比正线小,为了行车安全起见,高速公路正线的超高坡度与爬坡车道的超高坡度之间的对应关系见表 4.20。

表 4.20　高速公路正线的超高坡度与爬坡车道的超高坡度

<table>
<tr><td>正线的超高坡度/%</td><td>10</td><td>9</td><td>8</td><td>7</td><td>6</td><td>5</td><td>4</td><td>3</td><td>2</td></tr>
<tr><td>爬坡车道的超高坡度/%</td><td colspan="2">5</td><td colspan="5">4</td><td>3</td><td>2</td></tr>
</table>

超高坡度的旋转轴为爬坡车道内侧边缘线。

若爬坡车道位于直线路段时，其横坡度等同正线路拱坡度，采用直线式横坡，坡向向外。另外，爬坡车道右侧路肩的横坡度和坡向参照正线与右侧路肩之间关系的有关规定确定。

3. 平面布置与长度

爬坡车道的平面布置如图 4.14 所示。其总长度由起点处渐变段长度 L_1、爬坡车道的长度 L 和终点附加长度 L_2 组成。

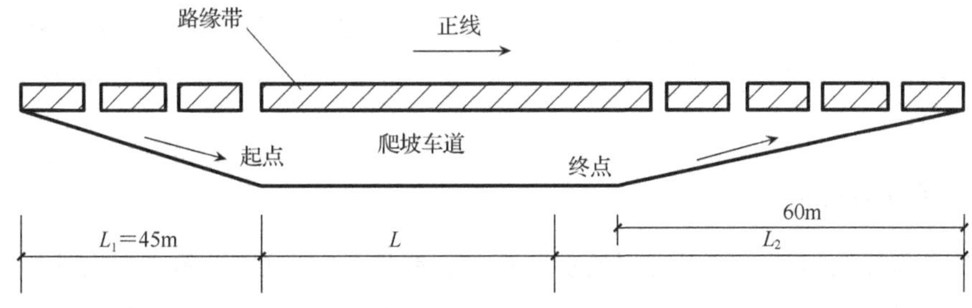

图 4.14　爬坡车道的平面布置

起点处渐变段长度 L_1 用来使正线车辆驶离正线而进入爬坡车道。其长度一般取 45m。

爬坡车道的长度 L 一般应根据所设计的纵断面线形，通过加、减速行程图绘制出载重车行驶速度曲线，找出小于允许最低速度的路段，从而得到需设爬坡车道的路段。

爬坡车道终点附加长度 L_2 用来供车辆驶入正线前加速至允许最低车速所需长度。其值与附加段的纵坡坡度有关(见表 4.21)，该附加长度包括终点渐变段长度 60m 在内。

表 4.21　爬坡车道终点附加长度

<table>
<tr><td>附加段的纵坡</td><td>坡度/%</td><td>附加长度/m</td></tr>
<tr><td>下坡</td><td></td><td>150</td></tr>
<tr><td>平坡</td><td></td><td>200</td></tr>
<tr><td rowspan="4">上坡</td><td>0.5</td><td>250</td></tr>
<tr><td>1.0</td><td>300</td></tr>
<tr><td>1.5</td><td>350</td></tr>
<tr><td>2.0</td><td>400</td></tr>
</table>

爬坡车道起、终点的具体位置除按上述方法确定外，还应考虑与线形的关系，通常应设在通视条件良好，容易辨认并与正线连接顺适的地点。

4.6 纵断面设计要点与方法

4.6.1 纵断面设计要点

纵断面设计的主要内容是根据道路等级、沿线自然条件和构造物控制标高等，确定路线合适的标高、各坡段的纵坡度和坡长，并设计竖曲线。基本要求是纵坡均匀平顺、起伏和缓、坡长和竖曲线长短适当、平面与纵面组合设计协调及填挖经济、平衡。这些要求虽在选、定线阶段有所考虑，但要在纵面设计中具体加以实现。

1. 关于纵坡极限值的运用

根据汽车动力特性和考虑经济等因素制定的极限值，设计时不可轻易采用，应留有余地。在受限制较严，如越岭线为争取高度、缩短路线长度或避开艰巨工程等，才有条件地采用。好的设计应尽量考虑人的视觉、心理上的要求，使驾驶员有足够的安全感，舒适感和视觉上的美感。一般讲，纵坡缓些为好，但为了路面和边沟排水，最小纵坡不应低于0.3％～0.5％。

2. 关于最短坡长

坡长是指纵断面两变坡点之间的水平距离。坡长不宜过短，以不小于设计速度9s的行程为宜。对连续起伏的路段，坡度应尽量小，坡长和竖曲线应争取到极限值的1倍或2倍以上，避免锯齿形的纵断面，以使增重与减重变化不致太频繁，从路容美观方面也应以此设计为宜。

3. 各种地形条件下的纵坡设计

1）平原、微丘地形的纵坡应均匀平缓，注意保证最小填土高度和最小纵坡的要求。丘陵地形应避免过分迁就地形而起伏过大，注意纵坡应顺势不产生突变。

2）山岭、重丘地形的沿河线应尽量采用平缓纵坡，坡长不应超过限制长度，纵坡不宜大于6％，注意路基控制标高的要求。

3）越岭线的纵坡应力求均匀，尽量不采用极限或接近极限的坡度，更不宜在连续采用极限长度的陡坡之间夹短的缓和坡段。越岭路线一般不应设置反坡。

4）山脊线和山腰线除结合地形不得已时采用较大纵坡外，在可能条件下纵坡应缓些。

4. 关于竖曲线半径的选用

竖曲线应选用较大半径为宜。当受限制时可采用一般最小值，特殊困难方可用极限最小值。坡差小时应尽量采用大的竖曲线半径。当有条件时，宜按表4.22的规定进行设计。

表 4.22 视觉要求的最小竖曲线半径

设计速度/(km/h)	竖曲线半径/m	
	凸形	凹形
120	20 000	12 000
100	16 000	10 000
80	12 000	8 000
60	9 000	6 000
40	3 000	2 000

5. 关于相邻竖曲线的衔接

相邻两个同向凹形或凸形竖曲线，特别是同向凹形竖曲线之间，如直坡段不长应合并为单曲线或复曲线，避免出现断背曲线，这样要求对行车是有利的，如图 4.15(a)所示。

相邻反向竖曲线之间，为使增重与减重间和缓过渡，中间最好插入一段直坡段。若两竖曲线半径接近极限值时，这段直坡段至少应为设计速度的 3s 行程。当半径比较大时，也可直接连接，如图 4.15(b)所示。

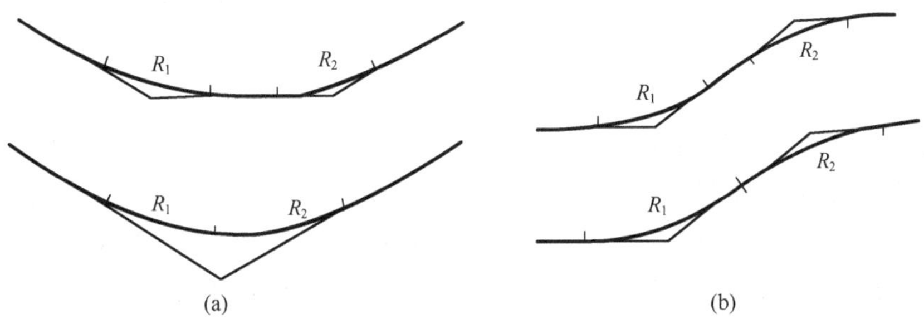

图 4.15 相邻竖曲线的衔接

4.6.2 纵断面设计方法与应注意的问题

1. 纵断面设计方法

1) 准备工作：纵坡设计(俗称拉坡)之前在厘米绘图纸上，按比例标注里程桩号和标高，点绘地面线，填写有关内容。同时应收集和熟悉有关资料，并领会设计意图和要求。

2) 标注控制点：控制点是指影响纵坡设计的标高控制点，如路线起、终点，越岭垭口，重要桥涵，地质不良地段的最小填土高度，最大挖深，沿溪线的洪水位，隧道进出口，平面交叉和立体交叉点，铁路道口，城镇规划控制标高，以及受其他因素限制，路线必须通过的标高控制点等。山区道路还有根据路基填挖平衡关系控制路中心填挖值的标高点(称为经济点)，是用路基断面透明模板在横断面图上得到的。如图 4.16 所示，该模板可用透明描图纸或透明胶片制成，其上按横断面测图比例绘出路基宽度(挖方段应包括边沟)和各

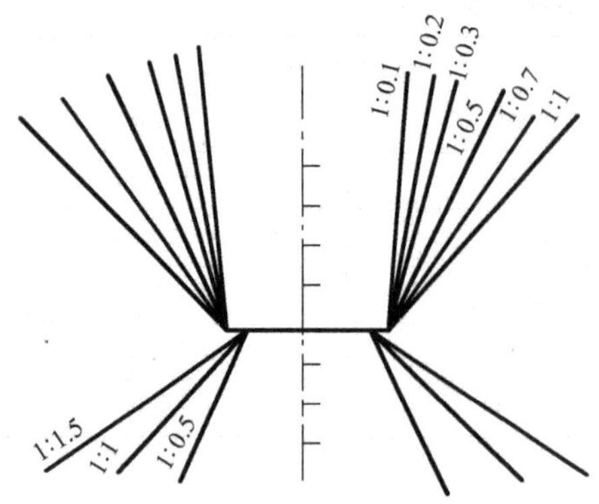

图 4.16 路基断面透明模板

种不同边坡坡度线。使用时将路基断面透明模板扣在断面图上使中线重合,上下移动,使填、挖面积大致相等,此时模板上路基顶面到中桩地面线的高差为经济填、挖值,将此值按比例点绘到纵断面相应桩号上即为经济点。

平原区道路一般无经济点问题。

3) 试坡:在已标出控制点、经济点的纵断面图上,根据技术指标、选线意图,结合地面起伏变化,本着以控制点为依据,照顾多数经济点的原则,在这些点位间进行穿插与取直,试定出若干直坡线。对各种可能坡度线方案反复比较,最后定出既符合技术标准又满足控制点要求,且土石方较省的设计线作为初定坡度线,将前后坡度线延长交会出变坡点的初步位置。

4) 调整:将所定坡度与选线时坡度的安排比较,两者应基本相符,若有较大差异时应全面分析,权衡利弊,决定取舍。然后对照技术标准检查设计的最大纵坡、最小纵坡、坡长限制等是否满足规定,平、纵组合是否适当,以及路线交叉、桥隧和接线等处的纵坡是否合理,若有问题应进行调整。调整方法是对初定坡度线平抬、平降、延伸、缩短或改变坡度值。

5) 核对:选择有控制意义的重点横断面,如高填深挖、地面横坡较陡路基、挡土墙、重要桥涵及其他重要控制点等,在纵断面图上直接读出对应桩号的填、挖高度,用路基断面透明模板在横断面图上“戴帽子”,检查是否填挖过大、坡脚落空或过远、挡土墙工程过大、桥梁过高或过低、涵洞过长等情况,若有问题应及时调整纵坡。在横坡陡峻地段核对更显重要。

6) 定坡:经调整核对无误后,逐段把直坡线的坡度值、变坡点桩号和标高确定下来。坡度值可用三角板推平行线法确定,要求取值到千分之一,即 0.1%。变坡点一般要调整到 10m 的整桩号上,相邻变坡点桩号之差为坡长。变坡点标高是由纵坡度和坡长依次推算而得。

7) 设置竖曲线:拉坡时已考虑了平、纵组合问题,此步根据技术标准、平纵组合均衡等确定竖曲线半径,计算竖曲线要素。

2. 纵坡设计应注意的问题

1) 设置回头曲线地段,拉坡时应按回头曲线技术标准先定出该地段的纵坡,然后从两端接坡,应注意在回头曲线地段不宜设竖曲线。

2) 大、中桥上不宜设置竖曲线,桥头两端竖曲线的起、终点应设在桥头 10m 以外[图 4.17(a)]。

3) 小桥涵允许设在斜坡地段或竖曲线上,但为保证行车平顺,应尽量避免在小桥涵处出现驼峰式纵坡[图 4.17(b)]。

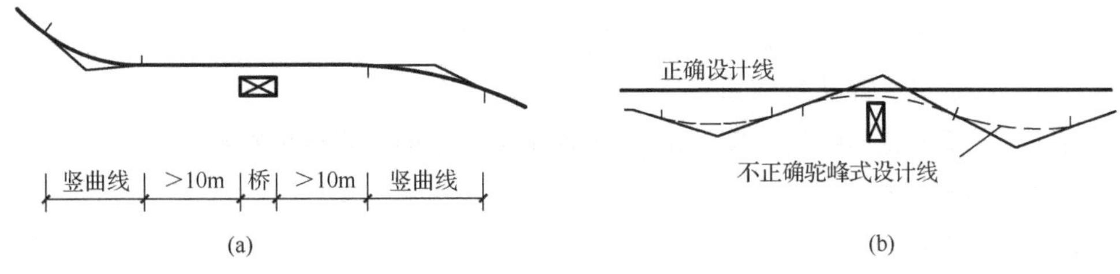

图 4.17　桥涵纵坡处理

4）注意平面交叉口纵坡及两端接线要求。道路与道路交叉时，一般宜设在水平坡段，其长度应不小于最短坡长规定。两端接线纵坡应不大于 3%，山区工程艰巨地段不大于 5%。

5）拉坡时如受控制点或经济点制约，导致纵坡起伏过大，或土石方工程量太大，经调整仍难以解决时，可用纸上移线的方法修改原定纵坡线。具体方法：按理想要求定出新的纵坡设计线，然后找出对应新设计线的填、挖高度；用路基断面透明模板在横断面上以新填、挖高度左右移动，定出适宜的中线位置；该点距原路中线的横距就是按新纵坡设计要求希望平面线形调整移动的距离，据此可作出纸上平面移线，若为实地定线时还应到现场改线。这种移线修正纵面线形的方法，在山区和丘陵区道路的纵坡设计中是常遇到的。

4.7　城市道路纵断面设计要求及锯齿形街沟设计

城市道路纵断面设计内容及绘制方法与公路基本相同。只是由于城市道路所经地区的地形、地物及地上地下各种管线的影响，使得制约纵断面设计线标高的控制点较多，如城市桥梁、铁路跨线桥、铁路道口、平面交叉点、滨河路的最高水位以及沿街建筑物的地坪标高等。当设计纵坡小于最小纵坡时，应在道路两侧做锯齿形街沟设计。

4.7.1　城市道路纵断面设计要求

城市道路纵断面设计的要求，除了前面讲述的最大和最小纵坡、坡长限制、合成坡度、平均纵坡、竖曲线最小半径和最短长度、平纵组合的要求以外，还应满足由城市道路的特点所决定的具体要求。

1）纵断面设计应参照城市规划控制标高、适应临街建筑立面布置以及沿路范围内地面水的排除。

确定道路中线设计标高时，必须满足下列各控制点标高的要求：

① 城市桥梁桥面标高 $H_{桥}$ 为

$$H_{桥} = h_{水} + h_{浪} + h_{净} + h_{桥} + h_{面} \tag{4.22}$$

式中：$h_{水}$——河道设计水位标高(m)；

$h_{浪}$——浪高(m)，一般取为0.50m；

$h_{净}$——河道通航净空高度(m)，视通航等级而定；

$h_{桥}$——桥梁上部建筑结构高度(m)；

$h_{面}$——桥上路面结构厚度(m)，应包括预留的路面补强厚度在内。

② 立交桥桥面标高 $H_{桥}$。

a. 桥下为铁路时：

$$H_{桥} = h_{轨} + h_{净} + h_{桥} + h_{面} + h_{沉} \tag{4.23}$$

式中：$h_{轨}$——铁路轨顶标高(m)；

$h_{净}$——铁路净空高度(m)，一般蒸汽机车、内燃机车为6.00m，电气机车为6.55m；

$h_{沉}$——桥梁预估沉降量(m)。

b. 桥下为道路时：

$$H_{桥} = h_{路} + h_{净} + h_{面} + h_{桥} \tag{4.24}$$

式中：$h_{路}$——路面标高(m)，应包括预留的路面补强厚度在内；

$h_{净}$——道路最小净空高度(m)，见表4.23。

表4.23　道路最小净空高度

车行道种类	行驶车辆种类	最小净空高度/m
机动车道	各种汽车	4.5
	无轨电车	5.0
	有轨电车	5.5
非机动车道	自行车、行人	2.5
	其他非机动车	3.5

c. 铁路道口应以铁路轨顶标高为准。

d. 相交道路交叉点应以交叉中心规划标高为准。

e. 满足沿街两侧建筑物前地坪标高(图4.18)。

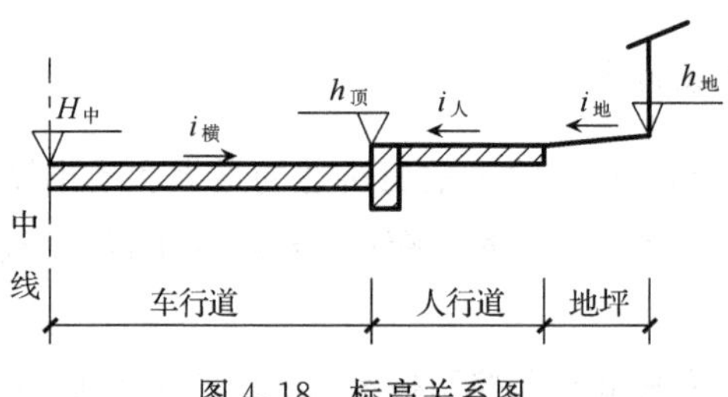

图4.18　标高关系图

确定道路中线设计标高 $H_{中}$ 时，为保证道路及两侧街坊地面水的排除，一般应使侧石顶面标高 $h_{顶}$ 低于两侧街坊或建筑物前的地坪标高 $h_{地}$。车行道横坡度 $i_{横}$ 和人行道横坡度 $i_{人}$ 视面层类型在1%～2%选用，建筑物前地坪横坡度 $i_{地}$ 为0.5%～1.0%。根据横断面各组成部分宽度和横坡度可确定包括预留路面补强厚度在内的道路中线设计标高。

2）应与相交道路、街坊、广场和沿街建筑物的出入有平顺的衔接。

3）山城道路及新建道路的纵断面设计应尽量使土石方平衡。

在保证路基稳定的条件下，力求设计线与地面线接近，以减少土石方工程数量，保持原有天然稳定状态。

4）旧路改建宜尽量利用原有路面，若加铺结构层时，不得影响沿路范围的排水。

5）机动车与非机动车混合行驶的车行道，最大纵坡宜不大于3%，以满足非机动车爬坡能力的要求。

6）道路最小纵坡应不小于0.5%，困难时不小于0.3%，特别困难情况下小于0.3%时，应设置锯齿形街沟或采取其他综合排水措施。

7）道路纵断面设计必须满足城市各种地下管线最小覆土深度的要求，见表4.24。

表4.24　常用管线的最小覆土深度

管道名称		最小覆土深度/m	备注
电讯管道		0.7～0.8	
电讯铠装电缆		0.8	埋在人行道下可减少0.3m
电车电缆		0.7	
电力电缆	1.0kV以下	0.7	
	20～35kV	1.0	
热管道	直接埋在土中	1.0	
	在地道中敷设	0.8	

管道名称		最小覆土深度/m	备注
煤气管	干煤气	0.9	
	湿煤气	1.0	
给水管	≥500mm的管径	1.0	
	<500mm的管径	0.7	
雨水管		0.7	
污水管		0.7	

4.7.2　锯齿形街沟设计

1. 设置锯齿形街沟的目的

位于地形平坦地区的城市，在道路设计中为减少填、挖方工程量，保证道路中线标高与两侧建筑物前地坪标高的衔接关系，有时不得不采用很小的甚至是水平的纵坡度。这种纵坡对行车是有利的，但对排水却不利。尽管设置了路拱横坡，因纵坡很小使纵向排水不通畅，路面会产生局部积水，尤其在暴雨或多雨季节，积水面积更大，不仅妨碍交通，而且影响路基稳定性。因此，对设计纵坡很小路段，要设法保证路面排水通畅，其中设置锯齿形街沟（或称偏沟）就是一种有效方法。

2. 设置锯齿形街沟的条件

根据上海市的经验总结，当道路中线纵坡小于0.3%时，就要采取措施保证路面排水通畅。《城市道路工程设计规范（2016年版）》（CJJ 37—2012）规定：道路最小纵坡不应小于0.3%；当遇特殊困难纵坡小于0.3%时，应设置锯齿形街边沟或采取其他排水设施。

3. 锯齿形街沟的设计

(1) 设计方法

街沟是指城市道路上利用高出路面的缘石与路面边缘(或平石)地带作为排除地面水的沟道。在纵断面图上,正常设计时道路中线纵坡设计线、缘石顶面线和街沟设计线是三条相互平行的线。锯齿形街沟的设计方法就是保持缘石顶面线与道路中线纵坡设计线平行的条件下,交替地改变缘石顶面线与路面边缘(或平石)之间的高度,在最低处设置雨水进水口,使雨水口处锯齿形街沟范围的路面横坡度增大,两雨水口之间分水点处的路面横坡减小,从而使路面边缘(或平石)的纵坡度增大到0.3%以上,达到纵向排水要求。街沟纵坡呈上下连续交替状,故称为锯齿形街沟。

(2) 缘石外露高度

缘石外露高度不宜过低,否则将不能容纳应排泄的最大地面水流量,以致水溢过缘石流到人行道上影响行人交通;但也不宜过高,以免影响行人跨越。一般地,雨水口处缘石外露高度 h_g在0.18~0.20m,分水点处缘石外露高度 h_w 在0.10~0.12m,雨水口处与分水点处的缘石外露高差 h_g-h_w宜控制在0.06~0.10m。

(3) 分水点和雨水口位置

锯齿形街沟的设计主要是确定分水点和雨水口的位置,即街沟纵坡变坡点之间的距离,以便布置雨水口。如图4.19所示,设相邻雨水口间距为 l,分水点至雨水口的距离分别为 l_1和 $l-l_1$;雨水口处缘石外露高度为 h_g,分水点处缘石外露高度为 h_w;缘石顶线纵坡(一般等于路中线纵坡)为 i,左、右街沟底纵坡分别为 i_1 和 i_2。

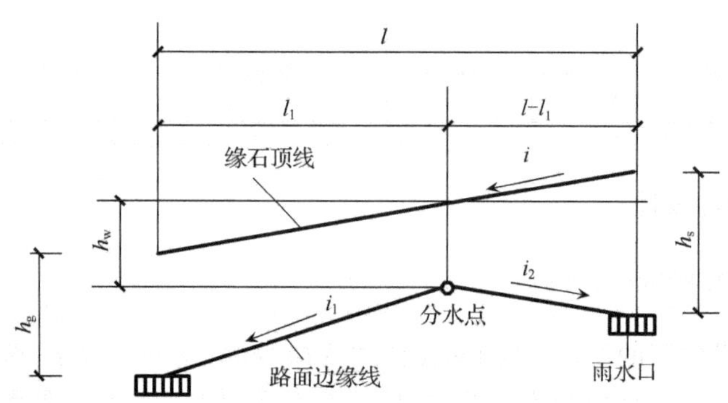

图4.19 锯齿形街沟计算图

由左侧高度关系 $h_w+i_1l_1-il_1=h_g$,得

$$l_1=\frac{h_g-h_w}{i_1-i}$$

由右侧高度关系 $h_w+i(l-l_1)+i_2(l-l_1)=h_g$,得

$$l-l_1=\frac{h_g-h_w}{i_2+i} \tag{4.25}$$

设置锯齿形街沟,虽然能保证纵向排水要求,但施工比较麻烦,雨水干管埋设深度随长度而增加,路面拓宽改建困难,且在街沟宽度范围对行车有一定影响。因此,设计时尽

量少采用锯齿形街沟，设法调整道路中线设计线纵坡使之达到最小纵坡的要求。

4.8　道路纵断面设计成果

4.8.1　公路路线纵断面设计图

纵断面设计图是道路设计重要技术文件之一，也是纵断面设计的最后成果。纵断面采用直角坐标，以横坐标表示里程桩号，纵坐标表示高程。为了明显反映沿着中线地面的起伏形状，通常横坐标比例尺采用 1∶2000，纵坐标采用 1∶200。

图 4.20 为公路路线纵断面图。

纵断面图是由上、下两部分内容组成的。上部主要用来绘制地面线和纵坡设计线，也可用于标注：竖曲线及其要素；坡度及坡长（有时标在下部）；沿线桥涵及人工构造物的位置、结构类型、孔数和孔径；与道路、铁路交叉的桩号及路名；沿线跨越的河流名称、桩号、常水位和最高洪水位；水准点位置、编号和标高；断链桩位置、桩号及长短链关系等。

下部主要用来填写有关内容，自下而上分别填写：直线及平曲线；里程桩号；地面标高；设计标高；填、挖高度；土壤地质说明；设计排水沟沟底线及其坡度、距离、标高，流水方向（视需要而标注）。

纵断面设计图应按规定采用标准图纸和统一格式，以便装订成册。

4.8.2　城市道路纵断面设计图

城市道路的纵断面图一般包括以下内容：道路中线的地面线、纵坡设计线、施工高度（填挖值）、土壤地质剖面图、沿线桥涵位置、街沟类型和孔径、沿线交叉口位置和标高、沿线水准点位置、桩号和标高等，以及在图的下方附以简要的说明表格。在市区主干道的纵断面图上，尚应标注出相交道路的路名与交叉口的交点标高以及街坊与主要建筑物的出入口标高等。

图 4.21 为城市道路纵断面设计图。当设计纵坡小于 0.3% 时，道路两侧街沟应作锯齿形街沟设计，以满足排水要求，并分别算出雨水进水口和分水点的设计标高，注在相应的图栏里。

城市道路纵断面图的比例尺一般采用水平方向(1∶500)～(1∶1000)，垂直方向(1∶50)～(1∶100)。

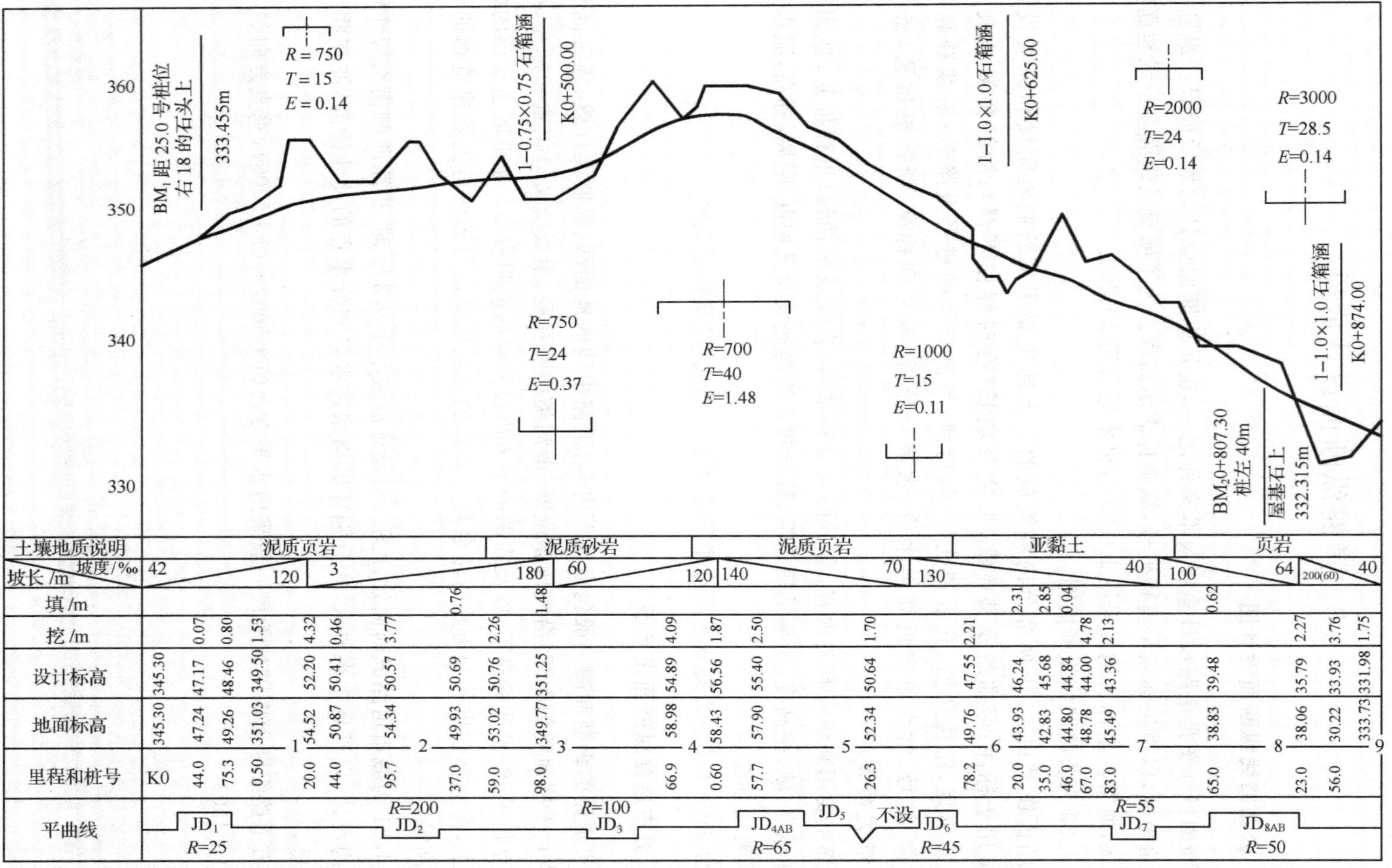

图 4.20 公路路线纵断面图(尺寸单位:m)

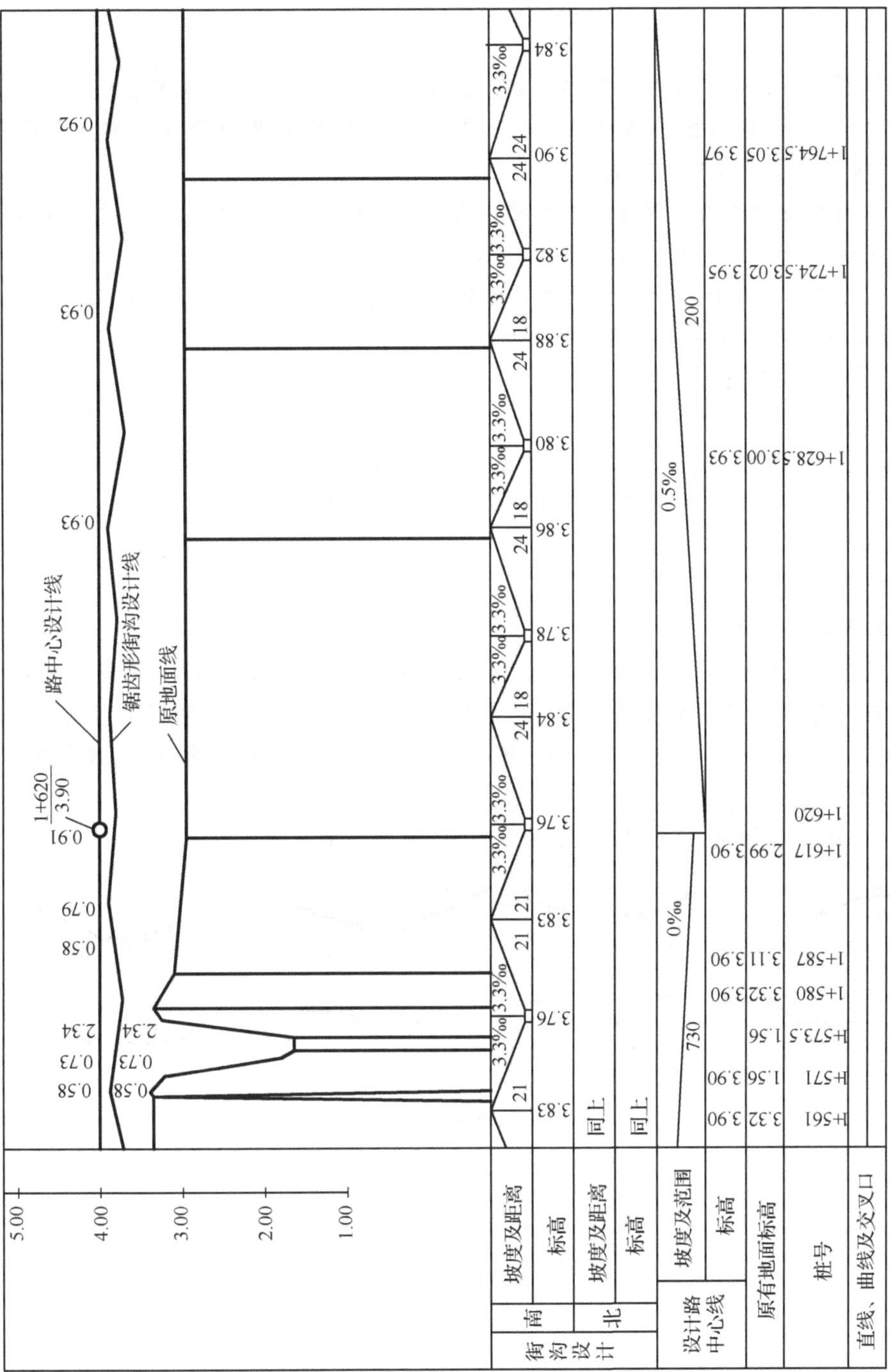

图 4.21　城市道路纵断面设计图(尺寸单位:m)

思考与习题

4.1　纵断面设计应综合考虑哪些因素？在设计时应怎样满足这些要求？

4.2　为什么《公路工程技术标准》(JTG B01—2014)要对路线最大纵坡加以限制？规定最大纵坡值主要考虑哪些因素？

4.3　纵断面设计应满足哪些技术指标要求？运用这些技术指标时要注意哪些问题？

4.4　简述纵断面设计的一般步骤和方法。

4.5　在纵断面变坡处为什么要设置竖曲线？《公路工程技术标准》(JTG B01—2014)在制定竖曲线最小半径时主要考虑了哪些因素？

4.6　平纵面组合设计有哪些原则？

4.7　名词解释：

合成纵坡　坡度角　施工高度　平均纵坡　设计标高

4.8　某条道路变坡点桩号为 K25+460.00，高程为 780.72m，$i_1=0.8\%$，$i_2=5\%$，竖曲线半径 5000m。

1）判断凸、凹性。

2）计算竖曲线要素。

3）计算竖曲线起点、K25+400.00、K25+460.00、K25+500.00、终点的设计标高。

4.9　某平原微丘区一般二级公路，设计速度为 80km/h，有一处弯道半径为 250m，该段纵坡初定为 5%，超高横坡度为 8%。请检查合成坡度，若不满足要求时，该弯道上允许最大纵坡度为多少？

4.10　请用所学知识，评价图 4.22 中几组平、纵组合的优劣。

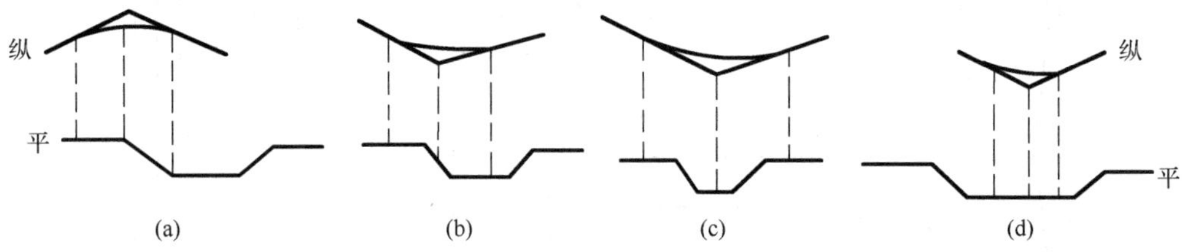

图 4.22　平、纵组合

第五章　横断面设计

5.1　概　　述

道路的横断面是指中线上各点的法向切面，由横断面设计线和地面线构成。公路横断面设计线包括行车道、路肩、分隔带、边沟、边坡、截水沟、护坡道、取土坑、弃土堆、环境保护等设施；城市道路还包括机动车道、非机动车道、人行道、绿化带、分车带等；高速公路和一级公路上还有变速车道、爬坡车道等。横断面中的地面线是表征地面起伏变化的那条线，它是通过现场实测或由大比例尺地形图、航测相片、数字地面模型等途径获得的。路线设计中所讨论的横断面设计只限于与行车直接有关的那一部分的宽度、横向坡度等问题，所以有时也将路线横断面设计称作路幅设计。

5.2　道路横断面组成

5.2.1　公路横断面组成

公路横断面的组成和各部分的尺寸要根据设计交通量、交通组成、设计车速、地形条件等因素确定。在保证必要的通行能力和交通安全与畅通的前提下，尽量做到用地省、投资少，使道路发挥其最大的经济效益与社会效益。

1. 路幅的构成

路幅是指公路路基顶面两路肩外侧边缘之间的部分。等级高、交通量大的公路(如高速公路、一级公路)通常是将上、下行车辆分开。分隔的方式有两种：一种是用分隔带分隔；另一种是将上、下行车道放在不同的平面上加以分隔。前者称作整体式断面，后者称作分离式断面。双向十车道及以上车道数的高速公路可采用复合式断面形式。整体式断面包括行车道、中间带、路肩以及紧急停车带、爬坡车道、加(减)速车道等组成部分。不设分隔带的整体式断面(二级、三级、四级公路)包括行车道、路肩以及爬坡车道、错车道等组成部分。城郊混合交通量大，实行快、慢车道分开的路段，其横断面组成可能还有人行道、自行车道等，应根据实际情况选用。

公路横断面的构成如图 5.1 所示。

公路的直线段和小半径曲线段其宽度有所不同，在小半径曲线上，路幅宽度还包括行车道加宽的宽度。

《公路工程技术标准》(JTG B01—2014)取消了对路基总宽度的指标规定，只规定公路路基横断面中各部分宽度，包括发挥各部分基本功能和行车安全性密切关联的“最小值”指标，鼓励根据公路项目综合建设条件，因地制宜选用横断面布置形式和宽度。

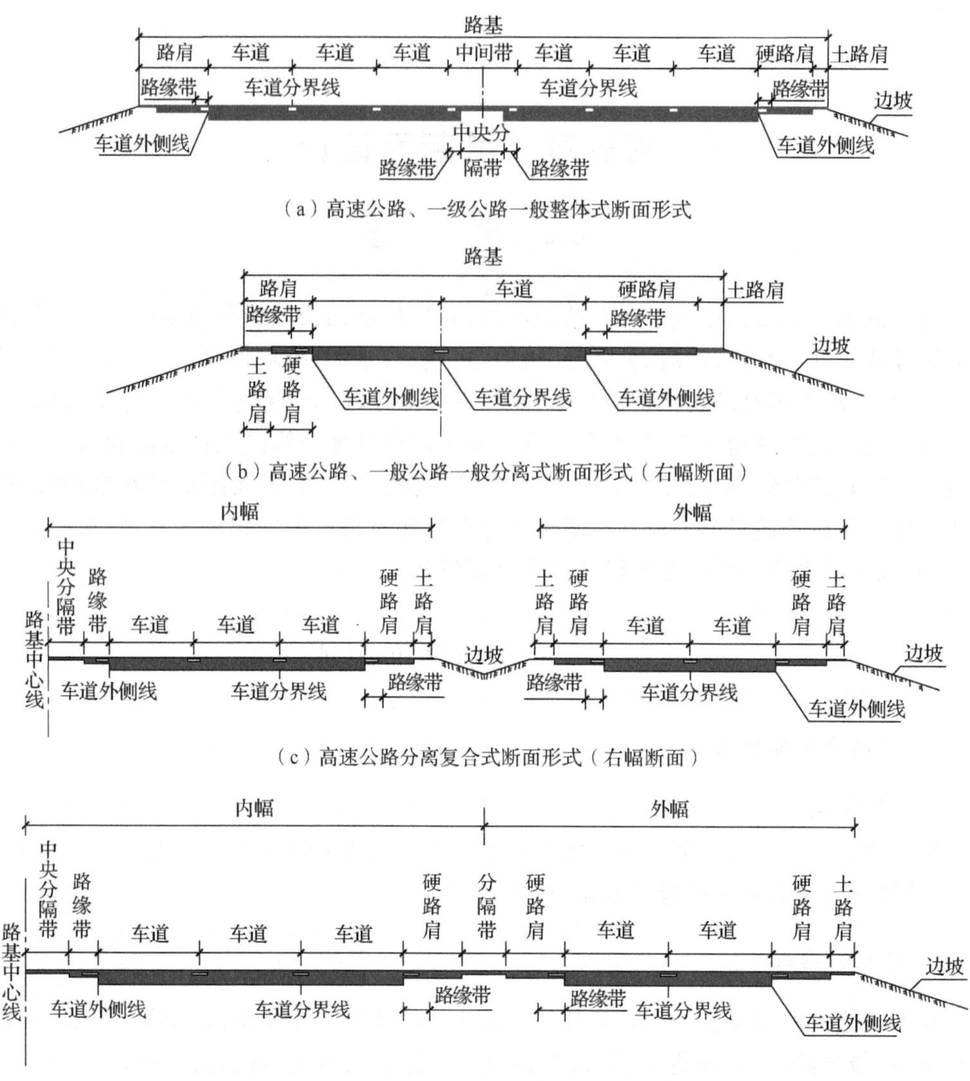

(a)高速公路、一级公路一般整体式断面形式

(b)高速公路、一般公路一般分离式断面形式(右幅断面)

(c)高速公路分离复合式断面形式(右幅断面)

(d)高速公路整体复合式断面形式(右幅断面)

图 5.1 公路横断面的构成

同时强调,公路路基横断面中各组成部分宽度应以满足行车安全要求为前提,根据项目交通功能、各组成部分所具备功能、设计交通量以及沿线地形等建设和通行条件综合确定。在具体项目横断面形式选择时,尤其是在各类构造物与路基宽度变化路段,应首先保持与驾驶员安全行车密切相关的行车道、路缘带,包括侧向余宽的连续性。

公路路基宽度为车道宽度与路肩宽度之和。当设有中间带、加(减)速车道、爬坡车道、紧急停车带、错车道、超车道、侧分隔带、非机动车道(或慢车道)和人行道等时,应包括上述部分的宽度。

2. 路幅布置类型

(1) 单幅双车道

单幅双车道公路指整体式的供双向行车的双车道公路。这类公路在我国公路总里程中占的比重最大。二级路、三级路和一部分四级路均属这一类。这类公路适应的交通量范围大,最高达 7000 辆/昼夜。行车速度可从 20km/h 到 80km/h。在这种公路上行车,只要各行其道、视距良好,车速一般都不会受影响。但当交通量很大,非机动车混入率高、视距条件又差时,其车速和通行能力则大大降低。对混合行驶相互干扰较大的路段,可专设非机动车道和人行道,将汽车和其他车辆分开。

(2) 双幅多车道

四车道、六车道和更多车道的公路,中间一般都设分隔带或做成分离式路基而构成“双幅”路。有些分离式路基为了利用地形或处于风景区等原因甚至作成两条独立的单向行车的道路(图 5.2)。

图 5.2　两条独立的单向行车的道路

这种类型公路的设计车速高、通行能力大,每条车道能担负的交通量比一条双车道公路的还多,而且行车顺适、事故率低。我国《公路工程技术标准》(JTG B01—2014)中的高速公路和一级公路即属此种类型。高速公路和一级公路的主要差别在于是否全立交和全封闭及各种服务设施、安全设施、环境美化等方面的完备程度。这类公路占地多、造价高,只有在公路网中具有非常重要的政治、经济意义,远景交通量很大时才修建。高速公路路面不应分期修建,位于软土、高填方等工后沉降较大的局部路段,面层可一次设计、分期实施。

此外,沙漠、戈壁、草原等地区小交通量高速公路,其右侧硬路肩部分的面层可分期修建,但在分期修建实施前,应采取技术措施对右侧硬路肩面层进行处理,保证交通安全。

(3) 单车道

对交通量小、地形复杂、工程艰巨的山区公路或地方性道路,可采用单车道,我国《公路工程技术标准》(JTG B01—2014)中的山区四级公路路基宽度为4.50m,路面宽度为3.50m的就属于此类;此类公路虽然交通量很小,但仍然会出现错车和超车。为此,应在不大于300m的距离内选择有利地点设置错车道,使驾驶员能够看到相邻两错车道驶来的车辆。错车道处的路基宽度大于等于6.5m,有效长度大于等于20m。错车道的尺寸规定如图5.3所示。

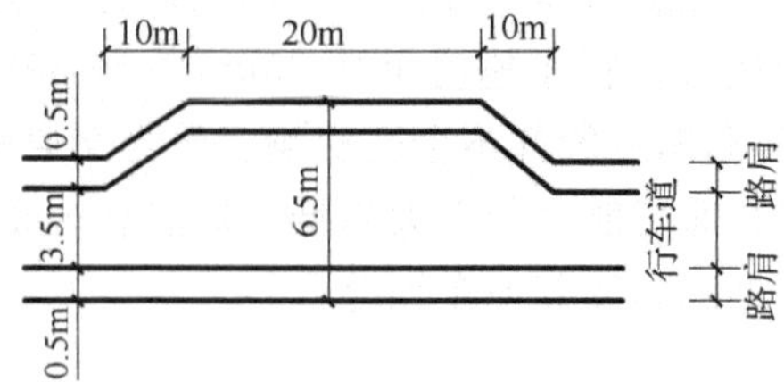

图5.3 错车道的尺寸规定

3. 路拱

为了利于路面横向排水,将路面做成由中央向两侧倾斜的拱形称为路拱。其倾斜以百分率表示。

路拱对排水有利但对行车不利。路拱坡度所产生的水平分力增加了行车的不平稳。同时也给乘客以不舒适的感觉。当车辆在有水或潮湿的路面上制动时还会增加侧向滑移的危险。为此,对路拱的采用及形状的设计应兼顾两个方面的影响。对于不同类型的路面由于其表面的平整度和透水性不同,再考虑当地的自然条件选用不同的路拱横坡度,见表5.1。

表5.1 路拱横坡度

路面类型	路拱横坡度/%
水泥混凝土路面、沥青混凝土路面	1.0~2.0
其他黑色路面、整齐石块	1.5~2.5
半整齐石块、不整齐石块	2.0~3.0
碎、砾石等粒料路面	2.5~3.5
低级路面	3.0~4.0

高速公路和一级公路由于其路面较宽,迅速排除路面降水尤为重要,所以当此种公路处于降雨强度较大的地区时应采用高值,在严重强度降雨地区时,路拱横坡度可适当增大;干旱、积雪、浮冰的地方取低值;纵坡大、路面宽、车速高、交通量大、拖挂车多时可用低值。

分离式路基,每侧行车道可设置双向路拱,这样对排除路面积水有利。在降水量不大的地区也可采用单向横坡,并向路基外侧倾斜。在积雪冻融地区,应设置双向路拱。

路拱的基本形式有抛物线、人字形和折线形三种。

1)抛物线路拱。路拱形式比较圆顺,没有路中央转折尖峰,行车道中间部分坡度较小,越到路的两边坡度越大,对排除路面水越有利,从形式看也较美观。缺点是行车道中间部分横坡度过于平缓,使行车容易集中于中央,从而使中央部分的路面损坏也较快;另外。由于行车道横断面上各部分的坡度不同，增加了施工的难度。

2）人字形路拱。路拱两侧是向下倾斜的直线，在行车道中心线附近加设竖曲线或缓和曲线。它的优点是汽车轮胎和路面接触较为平顺，路面磨耗也较小；缺点是路面排水不及抛物线形。

3）折线形路拱。路拱两侧是用多段直线连接起来，各段直线的坡度不同，由小到大向外递增倾斜形成折线路拱。这种路拱适用于多车道（双向六、八车道）公路较宽的黑色路面上。优点是折线形的直线段要比人字形的直线段短，施工容易碾压平顺；也可以在行车最多的着力处作为转折点，即使行车后路面稍有变形，路面水仍可排除。其缺点是有多处凸出的转折，但可在施工时用压路机碾压平顺。

4. 路肩

(1) 路肩的作用

各级公路都要设置路肩。路肩的作用有以下几种。

1）保护车道等主要结构的稳定。

2）供发生故障的车辆临时停车。

3）提供侧向余宽，有利于安全，增加舒适感。

4）可供行人、自行车通行。

5）为设置路上设施提供位置。

6）作为养护操作的工作场地。

7）在不损坏公路构造的前提下，也可作为埋设地下设施的位置。

8）挖方路段，可增加弯道视距。

9）精心养护的路肩可增加公路的美观。

10）较宽的硬路肩，有的国家作为警察的临时专用道。

根据上述路肩之功能，从构造上又可分为硬路肩、土路肩。硬路肩是指进行了铺装的路肩，它可以承受汽车荷载的作用力，在混合交通的公路上便于非机动车、行人通行。在填方路段，为使路肩能汇集路面积水，在路肩边缘应设置缘石。土路肩是指不加铺装的土质路肩，它起保护路面和路基的作用，并提供侧向余宽。

高速公路、一级公路的平原微丘区，有条件时路肩宽度宜采用≥2.50m 的硬路肩。各级公路路肩宽度应符合表 5.2 的规定。

表 5.2　各级公路路肩宽度

公路等级（功能）		高速公路			一级公路（干线功能）	
设计速度/(km/h)		120	100	80	100	80
右侧硬路肩宽度/m	一般值	3.00 (2.50)	3.00 (2.50)	3.00 (2.50)	3.00 (2.50)	3.00 (2.50)
	最小值	1.50	1.50	1.50	1.50	1.50
土路肩宽度/m	一般值	0.75	0.75	0.75	0.75	0.75
	最小值	0.75	0.75	0.75	0.75	0.75

续表

公路等级(功能)		一级公路(集散功能)和二级公路		三级公路、四级公路		
设计速度/(km/h)		80	60	40	30	20
右侧硬路肩宽度/m	一般值	1.50	0.75	—	—	—
	最小值	0.75	0.25			
土路肩宽度/m	一般值	0.75	0.75	0.75	0.50	0.25(双车道) 0.50(单车道)
	最小值	0.50	0.50			

注:1) 正常情况下,应采用“一般值”;在设爬坡车道、变速车道及超车道路段,受地形、地物等条件限制路段及多车道公路特大桥,可论证采用“最小值”。
2) 高速公路和作为干线的一级公路以通行小客车为主时,右侧硬路肩宽度可采用括号内数值。
3) 高速公路局部采用 60km/h 的路段,右侧硬路肩宽度不应小于 1.5m。

高速公路、一级公路应在右侧硬路肩宽度内设右侧路缘带,其宽度为 0.50m。

二级公路的硬路肩可供非汽车交通使用。非汽车交通量较大的路段,也可采用全铺的方式,以充分利用。

二级公路、三级公路和四级公路在路肩上设置的标志、防护设施等不得侵入公路建筑界,必要时加宽路肩。

高速公路、一级公路为分离式断面时,应设置左侧硬路肩,其左侧路肩宽度规定见表 5.3。

表 5.3 高速公路、一级公路分离式断面左侧路肩宽度

设计速度/(km/h)	120	100	80	60
左侧硬路肩宽度/m	1.25	1.00	0.75	0.75
左侧土路肩宽度/m	0.75	0.75	0.75	0.50

高速公路、一级公路为分离式断面设置左、右侧硬路肩时,应在左、右侧硬路肩宽度内,分别在靠车道边设路缘带,即左侧硬路肩宽度包含左侧路缘带宽度。

高速公路整体式路基双向八车道及以上路段,宜设置左侧硬路肩,其宽度应不小于 2.50m。高速公路分离式路基单幅同向四车道及以上的路段,左侧硬路肩宽度不宜小于 2.50m。

其他各级公路的路肩宽度根据条件可采用 2.25m、2.00m、1.75m、1.50m、1.00m 和 0.75m,最窄不能小于 0.50m。

(2) 路肩的横坡

硬路肩及土路肩横坡有以下种类。

1) 直线路段的硬路肩横坡。直线路段的硬路肩一般应设置向外倾斜的横坡度,其坡度值可与车道横坡度相同;路线纵坡平缓,且设置拦水带时,其坡度宜采用 3%~4%。

2) 曲线路段的硬路肩横坡。对全铺式硬路肩,曲线内、外侧硬路肩横坡度的方向及其横坡度:当曲线超高小于等于 5%时,应与相邻的车道相同;当曲线超高大于 5%时,横坡度不大于5%。处于加减速车道地段的硬路肩，当加、减速车道的走向需设置与车道超高方向相反的横坡度时，应控制超高过渡段的转移拱顶线两侧的反向横坡度的差值不大于8%。

3）平坡区段或直线向曲线过渡段的硬路肩横坡。对平坡区段或直线向曲线过渡段的硬路肩，采用与邻近车道相同的横坡度进行过渡，并控制硬路肩横坡度过渡的纵向渐变率小于1/150、大于1/330。

4）土路肩横坡。直线或位于曲线较低一侧的土路肩横坡度，当行车道或硬路肩横坡度≥3%时，应与行车道或硬路肩横坡度相同，否则应比行车道或硬路肩横坡度大1%或2%。曲线或过渡段位于较高一侧的土路肩横坡度，应采用3%或4%的反向横坡度。

5）大中桥梁、隧道区段硬路肩的横坡度值，应与行车道相同。

土路肩的排水性远低于路面，其横坡度较路面宜增大1.05%～2.00%。硬路肩视具体情况（材料、宽度）可与路面同一横坡，也可稍大于路面。

5. 分隔带

（1）中间带

四条和四条以上车道的公路应设置中间带。中间带由两条左侧路缘带和中央分隔带组成，其作用如下。

1）将上、下行车流分开，既可防止因快车驶入对向行车带造成车祸，又能减少公路中心线附近的交通阻力，从而提高通行能力。

2）可作为设置公路标志牌及其他交通管理设施的场地，也可作为行人的安全岛使用。

3）设置一定宽度的中间带并种植花草灌木或设置防眩网，可防止对向车辆灯光炫目，还可起到美化路容和环境的作用。

4）设于分隔带两侧的路缘带，由于有一定宽度且颜色醒目，既引导驾驶员视线，又增加行车所必需的侧向余宽，从而提高行车的安全性和舒适性。

中间带的宽度是根据行车带以外的侧向余宽，防止驶入对向行车带的护栏、种植、防眩网、交叉公路的桥墩等所需的设置带宽度而定的。中间带宽度越宽作用越明显，同时也便于养护作业的开展。但对土地资源十分宝贵的地区要采用宽的中间带是有困难的，所以在我国基本上是采用窄的中间带。

《公路工程技术标准》(JTG B01—2014)不再指定中央分隔带宽度推荐值，但是强调中央分隔带宽度应从对向隔离、安全防护的主要功能出发，综合考虑中央分隔带护栏的防护行驶和防护能力确定。

1）在高速公路、作为干线的一级公路整体式断面的中央分隔带护栏形式选择和宽度确定时，应着重考虑护栏的防护功能需要，选择可有效防止车辆失控冲过中央分隔带的护栏形式及对应的中央分隔带宽度。

2）对于承担集散功能的一级公路，中央分隔带宽度应根据中间物理隔离措施的宽度确定。这里的中间物理隔离措施是指可不具备安全防护功能、仅具有物理隔离功能的护栏等措施。

3) 多车道公路如通过管理措施,内侧车道仅限于小型车辆通行时,左侧路缘带经论证可采用0.50m。

高速公路、一级公路的一般路基路段和中、小型桥梁构造物路段,通常应尽量避免因采用不同的中央分隔带宽度引起公路线形和车辆行驶轨迹的频繁变化。对于路基与整体式结构的桥梁路段,在采用不同的中央分隔带宽度前后,均应设置必要的过渡段,以保持行车轨迹的连续性。

中间带的宽度一般情况下应保持等宽,若需要变宽时,在宽度变化的地点,应设置过渡段。过渡段以设在回旋线范围内为宜,其长度应与回旋线长度相等。宽度>4.50m的中间带过渡段以设在半径较大的平曲线路段为宜。图5.4为中间带变宽过渡。

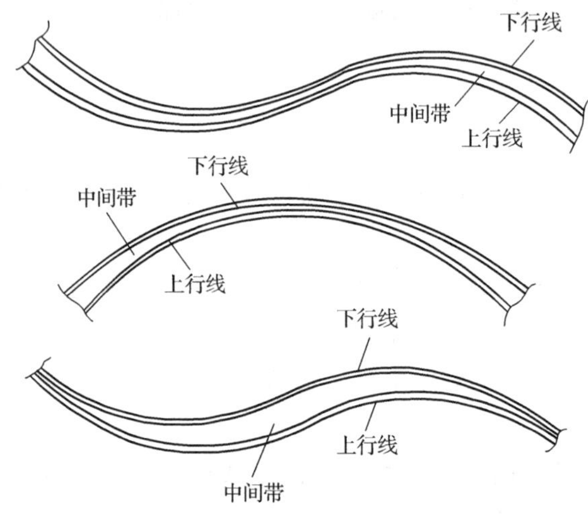

图5.4 中间带变宽过渡

为了便于养护作业和某些车辆在必要时驶向反向车道,中央分隔带应按一定距离设置开口部。开口部一般情况下以每2km的间距设置为宜,太密会造成交通的紊乱。

中央分隔带开口要求如下。

1) 中央分隔带开口,以每2km设一处为宜。

2) 中央分隔带开口应设置在通视良好的路段,若开口位于曲线路段,其圆曲线半径宜大于600m。

3) 在互通式立体交叉、隧道、特大桥、服务区等设施的前后,必须设置中央分隔带开口。短隧道的前后宜设置中央分隔带开口。

4) 中央分隔带开口端部形状,视中央分隔带宽度而定。当其宽度<3.0m时可采用半圆形;当宽度≥3.0m时宜采用弹头形,弹头形如图5.5所示。

5) 中央分隔带开口不得用作车辆掉头转弯。

中央分隔带形式有以下几类。

中央分隔带的形式根据缘石形状、分隔带表面形式及其处理方式而定。

中央分隔带根据缘石形状分为平齐式、斜式两种,前者用于宽度≥4.5m的中间带,

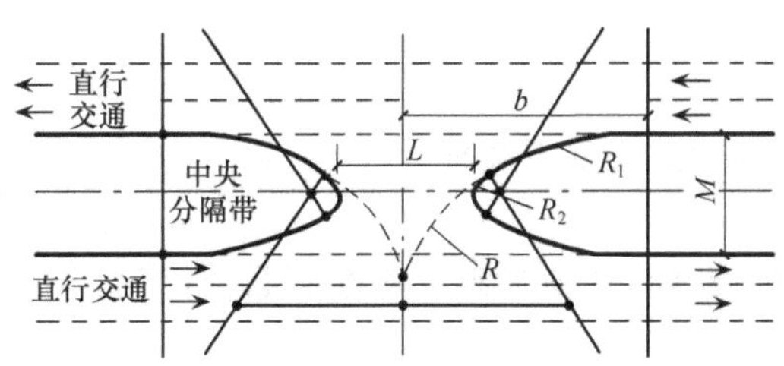

图 5.5　中间带开口

后者用于宽度<4.5m 的中间带。中央分隔带不应设凸起的缘石，由于排水或其他原因而需设置时，应采用具有低而圆滑外形不会引起车辆弹起的斜式缘石。斜式缘石高度宜采用 0.10～0.15m。不得在高速公路、一级公路中央分隔带上采用栏式缘石。

中央分隔带按分隔带表面形式分为凹形和凸形两种，前者用于宽度≥4.5m 的中间带，后者用于<4.5m 的中间带。

中央分隔带按表面处理方式可采用植草皮或铺面封闭等方式。一般情况下，宽度大于等于 4.5m 的中间带宜采用植草皮、栽灌木，宽度小于 4.5m 的中间带宜采用栽灌木或铺面封闭。

（2）两侧带

布置在横断面两侧的分车带称为两侧带，其作用与中间带相同，只是设置的位置不同而已。两侧带常用于城市道路的横断面设计，它可以分隔快车道与慢车道、机动车道与非机动车道、车行道与人行道等。

两侧带的最小宽度规定为 2.00～2.25m。在北方寒冷积雪地区，在满足最小宽度的前提下，还应考虑满足临时堆放积雪的要求。降雪初期容许将路面积雪临时堆放在分隔带上，所以分隔带的宽度应大于或等于堆雪宽度。两侧分隔带的宽度可按临时堆放机动车道路面宽度之半的积雪量计算，其余允许堆放到路侧带上。

5.2.2　城市道路横断面组成

城市道路的交通性质和组成比较复杂，尤其表现在行人和各种非机动车较多，各种交通工具和行人的交通问题都需要在横断面设计中综合考虑予以解决，所以城市道路路线设计中的横断面设计是矛盾的主要方面，一般都放在平面和纵断面设计之前进行的。

城市道路上供各种车辆行驶的部分统称为行车道。在行车道断面上，供汽车、无轨电车、摩托车等机动车行驶的部分称为机动车道，供自行车、三轮车、板车等非机动车行驶的部分称作非机动车道。此外，城市道路还有供行人步行使用的人行道和分隔各种车道（或人行道）的分隔带及绿化带。

城市道路各组成部分相互联系和影响，其位置的安排和宽度的确定必须首先保证车辆和行人的安全畅通，同时要与道路两侧的各种建筑物及自然景观相协调，并能满足地面、地下排水和各种管线埋设的要求。横断面设计应注意近期与远期相结合，使近期工程成为远期工程的组成部分，并预留管线位置。路面宽度及高度等均应有发展余地。

1. 布置类型

城市道路常见的断面形式有如下几种。

(1) 单幅路

单幅路俗称“一块板”断面,各种车辆在车道上混合行驶。在交通组织上单幅路有以下两种方式。

1) 划出快、慢车行驶分车线,快车和机动车辆在中间行驶,慢车和非机动车靠两侧行驶。

2) 不划分车线,车道的使用可以在不影响安全的条件下予以调整。例如,只允许机动车辆沿同一方向行驶的“单行道”;限制载重汽车和非机动车行驶,只允许小客车和公共汽车通行的街道;限制各种机动车辆、只允许行人通行的“步行道”等。上述措施可以是相对不变的,也可以是按规定的周期变换的。

(2) 双幅路

双幅路俗称“两块板”断面。在车道中心用分隔带或分隔墩将车行道分为两半,上、下行车辆分向行驶。各自再根据需要决定是否划分快、慢车道。

(3) 三幅路

三幅路俗称“三块板”断面。中间为双向行驶的机动车车道,两侧为靠右侧行驶的非机动车车道。

(4) 四幅路

四幅路俗称“四块板”断面。在三幅路的基础上,再将中间机动车车道分隔为二,分向行驶。

上述四种横断面布置形式如图 5.6 所示。

在图 5.6 中:

w_r——红线宽度(m);

w_e——机动车车行道宽度或机动车与非机动车混合行驶的车行道宽度(m);

w_b——非机动车车道宽度(m);

w_{pe}——机动车道路面宽度或机动车与非机动车混合行驶的路面宽度(m);

w_{pb}——非机动车道路面宽度(m);

w_{mc}——机动车道路缘带宽度(m);

w_{mb}——非机动车道路缘带宽度(m);

w_l——侧向净宽(m);

w_{dm}——中间分隔带宽度(m);

w_{sm}——中间分车带宽度(m);

w_{db}——两侧分隔带宽度(m);

w_{sb}——两侧分车带宽度(m);

w_a——路侧带宽度(m);

w_p——人行道宽度(m);

w_g——绿化带宽度(m);

w_r——设施带宽度(m)；

w_s——路肩宽度(m)；

w_{sh}——硬路肩宽度(m)；

w_{sp}——保护性路肩宽度(m)。

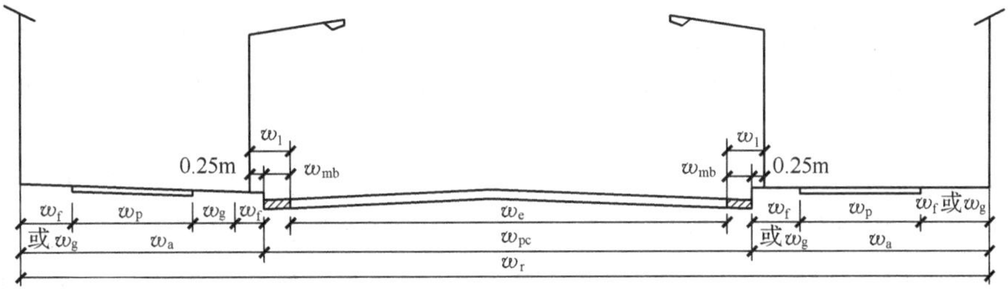

(a) 单幅路

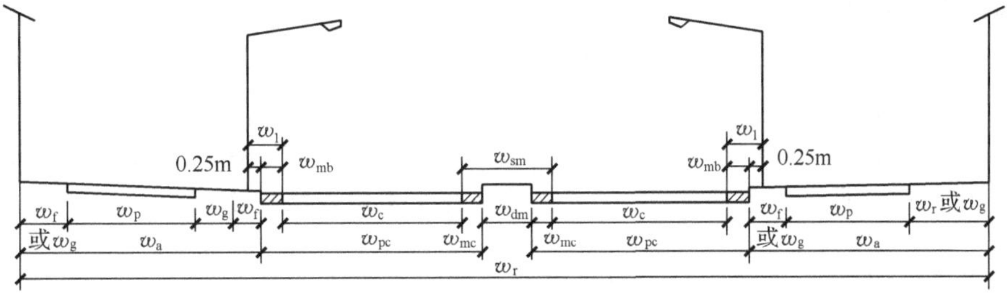

(b) 双幅路

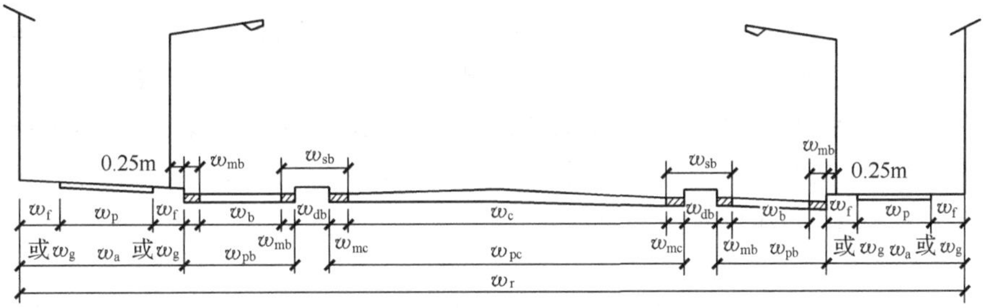

(c) 三幅路

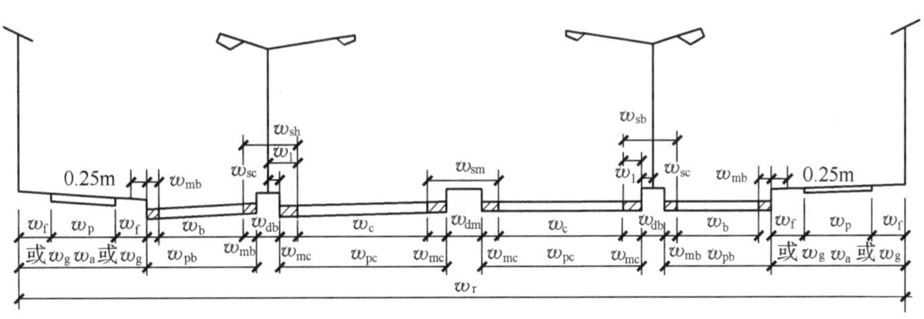

(d) 四幅路

图 5.6　城市道路横断面的基本形式

2. 断面形式的选用

单幅路占地少,投资省,但各种车辆混合行驶,对交通安全不利,仅适用于机动车交通量不大非机动车较少的次干路、支路以及用地不足拆迁困难的旧城改建的城市道路上。

双幅路断面将对向行驶的车辆分开,减少了行车干扰,提高了车速,分隔带上还可以用作绿化、布置照明和敷设管线等。它主要用于各向两条机动车道以上,非机动车较少的道路。有平行道路可供非机动车通行的快速路和郊区道路以及横向高差大或地形特殊的路段亦可采用双幅路。

三幅路将机动车与非机动车分开,对交通安全有利;在分隔带上布置绿化带,有利于夏天遮阴防晒,减少噪声和布置照明等。对于机动车交通量大、非机动车多的城市道路上宜优先考虑采用三幅路。但三幅式断面占地较多,只有当红线宽度等于或大于 40m 时才能满足车道布置的要求。

四幅路不但将机动车和非机动车分开,还将对向行驶的机动车分开,从安全和车速方面比三幅路更为有利。四幅路适用于机动车车速较高,各向两条机动车道以上,非机动车多的快速路与主干路。

一条道路宜采用相同形式的横断面。当道路横断面形式或横断面各组成部分的宽度变化时,应设过渡段。过渡段的起、止点宜选择在交叉口或结构物处。

3. 城市道路路肩、路缘石及人行道路的组成及其宽度

(1) 路肩

城市道路一般设阴井排水,两侧设人行道,当采取边沟排水时应在路面外侧设置路肩,与公路一样,分硬路肩和保护性路肩。城市道路的设计速度大于或等于 40km/h 时,应设置硬路肩。保护性路肩一般为土质或简易铺装,其作用是为城市道路的某些交通设施,如护栏、栏杆、交通标志牌等的设置提供场地。最小宽度为 0.5m。双幅路或四幅路中间具有排水沟的断面,应设置左侧路肩。

(2) 路缘石

路缘石(也称缘石)是设置在路面与其他构造物之间的标石。在分隔带与路面之间,人行道与路面之间一般都需要设置路缘石。

路缘石的形状有立式、斜式和曲线式(图 5.7)。

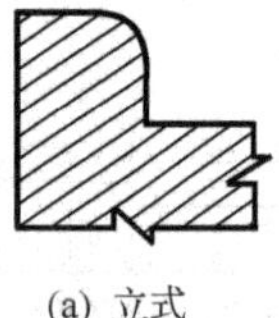

(a) 立式

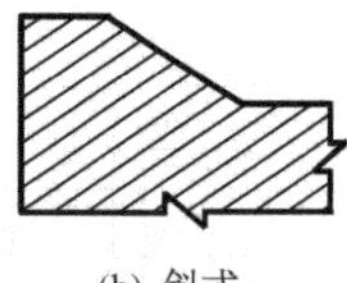

(b) 斜式

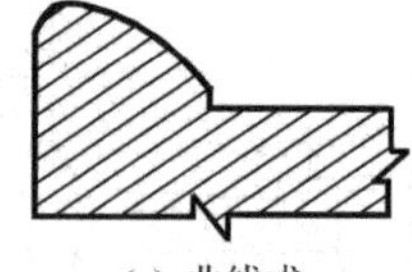

(c) 曲线式

图 5.7 路缘石

城市道路的人行道及人行横道宽度范围内缘石宜做成为低矮的,而且坡面是较为平缓的斜支,便于儿童车、轮椅及残疾人通行。在分隔带端头或交叉口的小半径处,缘石宜

做成曲线式。

缘石宜高出路面 10～20cm，隧道内线形弯曲线段或陡峻路段等处，可高出 25～40cm，并应有足够的埋置深度，以保证稳定。缘石宽度宜为 10～15cm。

(3) 人行道

人行道主要是供行人步行，同时也是植物、立杆的场地。人行道的地下空间还可埋设管线等。位于城市道路行车道两侧的人行道、绿化带、公用设施带等统称为路侧带。路侧带的宽度应根据道路类别、功能、行人流量、绿化、沿街建筑性质及布设公用设施要求等确定。

1) 人行道宽度。人行道宽度必须满足行人通行的安全和顺畅，可计算为

$$w_P = \frac{N_w}{N_{w1}} \tag{5.1}$$

式中：ω_P——人行道宽度(m)；

N_w——人行道高峰小时行人流量(P/h)；

N_{w1}——1m 宽人行道的设计行人通行能力[P/(h·m)]。

一个步行的人所占用人行道宽度与其手中携带物品的大小和携带方式有关，变化在 0.60～0.90m。车站、码头的人行天桥、人行地道的一条人行道宽度取 0.90m，其余情况取 0.75m。一条人行道的通行能力，可计算为

$$N_P = \frac{1000V_{行}}{L_{行}} \tag{5.2}$$

式中：N_P——一条人行道的通行能力(P/h)；

$V_{行}$——行人步行速度(km/h)；

$L_{行}$——行人间距(m)。

也可用下式计算

$$N_p = 3600\omega_P v_{行}\ \rho \tag{5.3}$$

式中：ω_P——人行道宽度(m)；

$v_{行}$——步行速度(m/s)；

ρ——人群密度(P/m^2)。

根据观察，行人步行的速度在一般城市道路上为 3～4km/h，供散步与休息的地段为 1～2km/h，在行人急速行走的地点可达 6km/h。行人间距一般为 2～4m。用式(5.2)计算的一条人行道通行能力变化在 300～1800P/h，特殊地段达 2000P/h 以上。换算为 1m 宽度的可能通行能力，可得表 5.4 的数值。

表 5.4 人行道的可能通行能力

类别	可能通行能力/[P/(h·m)]
人行道	2400
人行横道	2700
人行天桥、人行地道	2400
车站、码头的人行天桥、人行地道	1850

设计所采用的通行能力是在可能通行能力的基础上再行折减以后的数值。折减系

数:全市性的车站、码头、商场、公园、剧场及市中心行人集中的人行道、人行横道、人行天桥、人行地道等采用 0.75;大商场、商店、公共文化中心及区中心行人较多的人行道、人行横道等采用 0.80;区域性地带采用 0.85;支路、住宅区采用 0.90。折减以后得到人行道、人行横道、人行天桥、人行地道的设计通行能力,见表 5.5。

表 5.5 人行道的设计通行能力

折减系数	人行道/[P/(h·m)]	人行横道/[P/(h·m)]	人行天桥、人行地道/[P/(h·m)]	车站、码头的人行天桥、人行地道/[P/(h·m)]
0.75	1800	2000	1800	1400
0.80	1900	2100	1900	—
0.85	2000	2300	2000	—
0.90	2100	2400	—	—

2) 种植带。人行道上靠行车道一侧种植行道树。行道树的株距一般为 4～6m,树池采用 1.5m 的正方形或 1.2m×1.8m 的矩形,也可种植草皮与花丛。

3) 设施带。设施带宽度包括设置行人护栏、照明灯柱、标志牌、信号灯等的宽度。红线宽度较窄及条件困难时,设施带可与种植带合并,但应避免各种设施与树木间的干扰。常用宽度为:护栏 0.25～0.50m,杆柱 1.0～1.5m。

按上述所求得的步行带宽、绿化带宽与设施带宽之和即为人行道宽度。此外,还要考虑人行道下面埋设管线所需要的宽度。为了使街道各部分宽度相互协调,符合视觉上的正常比例,再将计算的人行道宽度与整个街道宽度相比较。一般认为街道宽度与单侧人行道宽度之比在(5∶1)～(7∶1)的范围内是比较合理的。

5.3 行车道宽度

行车道是道路上供各种车辆行驶部分的总称,包括快车道和慢车道,在一般公路和城市道路上还有非机动车道。行车道宽度要根据车辆宽度、设计交通量、交通组成和汽车行驶速度来分别确定。

5.3.1 公路行车道宽度的确定

公路的一条行车带内一般包括两条以上的车道。高速公路和一级公路有四条以上的车道,以中央分隔带将上、下行车辆分开或作成分离式路基,每侧再划分快车道和慢车道。下面取两者有代表性的交通状况加以分析,探讨行车道宽度的确定方法。

(1) 一般双车道公路行车道宽度的确定

双车道公路有两条车道,行车道宽度包括汽车宽度和富余宽度。汽车宽度取载重汽车车厢的总宽度 2.5m。富余宽度是指对向行驶时两车厢之间的安全间隙、汽车轮胎至路面边缘的安全距离,如图 5.8 所示。双车道公路每一条单向行驶的车道宽度可计算为

$$B_{单} = \frac{a+c}{2} + x + y$$

两条车道

$$B_{双} = a + c + 2x + 2y \tag{5.4}$$

式中：a——车厢宽度(m)；

c——汽车轮距(m)；

$2x$——两车厢安全间隙(m)；

y——轮胎与路面边缘之间的安全距离(m)。

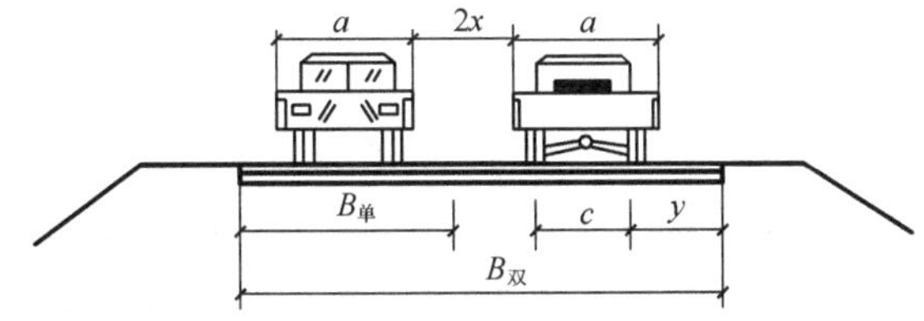

图 5.8　双车道公路的行车道宽度

根据大量试验观测，得出计算 x、y 的经验公式为

$$x = y = 0.50 + 0.005V \tag{5.5}$$

式中：V——设计速度(km/h)。

从式(5.5)可知行车道的富余宽度与车速有关，此外还与路侧环境、驾驶员心理、车辆状况等有关。当设计速度为 120km/h 时，取一条车道的宽度为 3.75m 是合适的。对车速较低、交通量不大的公路可取较小的宽度，双车道公路行车道宽度视等级一般取 7.5m、7.0m、6.5m 和 6.0m，见表 5.6。

表 5.6　各级公路行车道宽度

设计速度/(km/h)	120	100	80	60	40	30	20
车道宽度/m	3.75	3.75	3.75	3.50	3.50	3.25	3.00 (单车道时为 3.50)

(2) 有中央分隔带的行车道宽度

高速公路、一级公路有四条以上的车道，一般设置中央分隔带。分隔带两侧的行车道只有同向行驶的汽车，如图 5.9 所示。

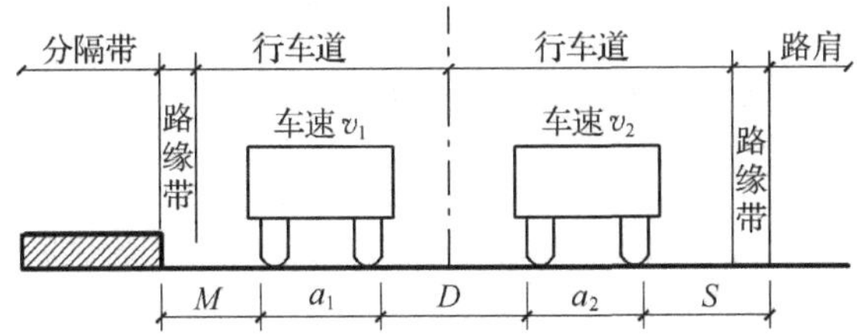

图 5.9　有中央分隔带的行车道宽度

车速、交通组成和大型车的混入率对行车道宽度的确定有较大的影响。根据实地观测得出

$$S = 0.0103V_1 + 0.56 \tag{5.6}$$

$$D = 0.000\,066(V_2^2 - V_1^2) + 1.49 \tag{5.7}$$

$$M = 0.0103V_2 + 0.46 \tag{5.8}$$

式中:S——后轮外缘与车道外侧之间的安全间隙(m);

D——两汽车后轮外缘之间的安全间隙(m);

M——后轮外缘与车道内侧之间的安全间隙(m):

V_1、V_2——被超车与超车的车速。

单侧行车带宽度为

$$B = S + D + M + a_1 + a_2 \tag{5.9}$$

式中:a_1、a_2——汽车后轮外缘间距,对于普通车 $a=1.60$m,大型车 $a=2.30$m。

根据式(5.9)计算结果得出下列结论:设计速度 $V=120$km/h 时,每条车道的宽度均采用 3.75m;当 $V=100$km/h,且交通量大和大型车混入率高时,内侧车道应为 3.75m,外侧车道可采用 3.75m 或 3.50m。

当高速公路的交通量超过四个车道的容量时,其车道数可按双数增加。

各级公路的车道宽度规定见表 5.6。

八车道及以上公路在内侧车道(内侧第 1、2 车道)仅限小客车通行时,其车道宽度可采用 3.50m。以通行中、小型客运车辆为主且设计速度为 80km/h 及以上的公路,经论证车道宽度可采用 3.50m。四级公路采用单车道时,车道宽度应采用 3.50m。设置慢车道的二级公路,慢车道宽度应采用 3.50m。需要设置非机动车道和人行道的公路,非机动车道和人行道等的宽度,宜视实际情况确定。

5.3.2 城市道路的行车道宽度

城市道路的横断面布置与公路有较大区别,如城市道路行车道两侧有高出路面的路缘石,而公路两侧则是有与路面齐平的且有一定宽度的路肩。城市道路在路幅布置上比公路更富于变化,行车规律、交通组织管理与公路也有所不同。

(1) 靠路边的车道宽

1) 一侧靠边,另一侧为反向行驶的车道(图 5.10),其车道宽度

$$B_1 = \frac{x}{2} + a_1 + c \tag{5.10}$$

2) 一侧靠边,另一侧为同向行驶的车道,即

$$B_1' = \frac{d}{2} + a_1 + c \tag{5.11}$$

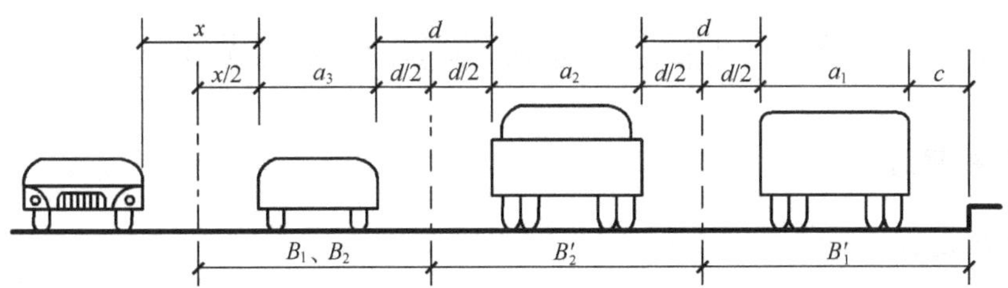

图 5.10　城市道路的行车道宽度示意图

(2) 靠路中心线的车道宽度

$$B_2 = \frac{x}{2} + a_3 + \frac{d}{2} \tag{5.12}$$

(3) 同向行驶的中间车道宽度

$$B'_2 = \frac{d}{2} + a_2 + \frac{d}{2} \tag{5.13}$$

式中：a_1、a_2、a_3——车厢全宽(m)；

x——反向行驶汽车间的安全间隙(m)；

d——同向行驶汽车间的安全间隙(m)；

c——车身边缘与侧石边缘间的横向安全距离(m)。

根据实验观测得出 x、d、c 与行车速度之间的关系为

$$c = 0.4 + 0.02V^{\frac{3}{4}} \tag{5.14}$$

$$d = 0.7 + 0.02V^{\frac{3}{4}} \tag{5.15}$$

$$x = 0.7 + 0.02(V_1 + V_2)^{\frac{3}{4}} \tag{5.16}$$

式中：V——以 km/h 为单位的设计速度。

车道宽度 B 是设计速度 V 的函数，依车速的变化一般变化在 3.40～3.80m。考虑到城市道路上行驶的车辆各异，且车道还需调剂使用，故一条车道的平均宽度取 3.50m 即可，当设计速度 $V>40$km/h 时，可取 3.75m。

城市道路行车道的车道宽度规定见表 5.7。

表 5.7　城市道路机动车车道宽度

车型及行驶状态	设计速度/(km/h)	车道宽度/m	车型及行驶状态	设计速度/(km/h)	车道宽度/m
大型汽车或大、小汽车混行	>60	3.75	小型汽车专用线	>60	3.50
	≤60	3.50	公共汽车停靠站	≤60	3.00

5.4　曲线的超高、加宽与视距保证

5.4.1　曲线超高

1. 超高及其作用

为抵消车辆在曲线路段上行驶时所产生的离心力,将路面做成外侧高于内侧的单向横坡的形式,这就是曲线上的超高。合理地设置超高,可以全部或部分抵消离心力,提高汽车行驶在曲线上的稳定性与舒适性。当汽车等速行驶时,圆曲线上所产生的离心力是常数,而在回旋线上行驶则因回旋线曲率是变化的,其离心力也是变化的。因此,超高横坡度在圆曲线上应是与圆曲线半径相适应的全超高,在缓和曲线上应是逐渐变化的超高。这段从直线上的双向横坡渐变到圆曲线上的单向横坡的路段,称作超高缓和段或超高过渡段。四级公路不设回旋线,但曲线上若设置有超高,从构造的角度也应有超高缓和段。

2. 超高率的计算

(1) 最大超高和最小超高

当圆曲线半径很小时,为了保持行车的稳定,其超高率将是很大的。但是,过大的超高率会使慢行的车辆产生向曲线内侧滑移的可能性,这在第三章中已经叙述过了。对最大超高的规定见表 3.2 和表 3.3。

各级公路和城市道路圆曲线部分的最小超高值是该道路直线部分的路拱坡度值。此外,当圆曲线半径很大时,则可不设超高,这时的曲线路段与直线路段一样,做成双向倾斜的路拱。

(2) 计算公式

由汽车行驶在曲线上的力的平衡方程式,可得

$$i+\mu=\frac{V^2}{127R} \tag{5.17}$$

式中:$\frac{V^2}{127R}$——汽车行驶在弯道上所产生的离心加速度,只要代入相应的行车速度 V 和圆曲线半径 R 即可求得。

$i+\mu$——抵抗该加速度的路面超高 i 和横向力系数 μ,该 μ 是由路面与轮胎之间的摩阻力提供的并与乘客感受到的横向力抗衡;要计算 i 的值,必须首先明确 i 和 μ 各分配多少才是合适的。

横向力系数 μ 的存在对于驾驶操纵的稳定、行旅的舒适及燃料、轮胎的消耗都有不利影响。因此,把大多车辆的 μ 减到最低程度,应是 i 和 μ 分配的主要原则。根据调查研究,车辆实际行驶速度是驾驶员根据路况和环境情况的判断而采用的。在现代道路上,85%～90%的车辆低于设计车速,15%～10%的车辆超出设计车速。在设计速度较低的

道路上，实际车速超出的更多些（表5.8）。所以照顾大多数车辆，使它们有较好的行驶条件是十分必要的。

表5.8　实际车速与设计车速的比较

设计车速/(km/h)	120	100	80	60	50	40	30	20
实际车速/(km/h)	81	74	64	52	45	37	28	19

一种方法是与曲线曲率(1/R)成比例增加的超高值，在曲率的最大值(最小平曲线半径)处的超高为最大(图5.11①)。另一种方法是车辆按设计车速行驶时，为使乘客感受不到横向力的作用，将离心力全部由横向力来平衡。超高达到最大后，所增加的离心力则由摩阻力承担(图5.11②)。

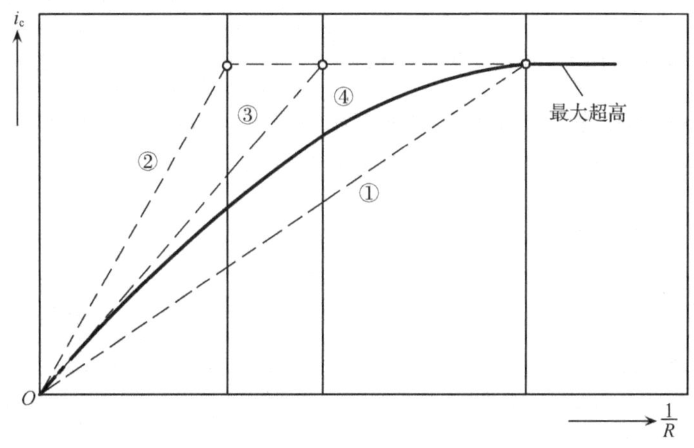

图5.11　平曲线半径与超高的关系

方法①是确定超高的一般方法，但在曲线上行驶的汽车其速度会因曲线半径不同而不同。在小半径曲线上实际车速一般较设计车速低，而在大半径曲线上将接近设计车速，于是造成小半径曲线嫌超高过大而大半径曲线嫌超高偏小、横向力系数过大的缺点。

方法②是未达到最大超高 i_{max} 之前，离心力完全由超高所抵消，克服了方法①的缺点。当曲率再大时，i_{max} 保持不变，其增加的离心力部分由横向摩阻力来抵消。

方法③即是在方法②的基础加以改进得到的。所不同的是②为设计车速，③为行驶车速。对于大半径曲线，其超高比较符合实际，而对于小半径曲线，其超高就显得偏大。

方法④是在方法①与方法②之间连以曲线，当平曲线的曲率较小时，可按接近③的方法，由适当的超高抵消横向力。随着曲率的增加，则以接近最大超高的方式设置超高，这样就兼顾了大半径和小半径曲线，一定程度上避免了上述几种方法的缺点。

按上述原则可以计算出不同设计速度下，不同半径所对应的超高。在实际应用时，可直接查《公路路线设计规范》(JTG D20－2017)。

3. 超高的过渡

(1) 无中间带道路的超高过渡

无中间带的道路行车道，无论是双车道还是单车道，在直线路段的横断面均为以中线为脊向两侧倾斜的路拱。路面要由双向倾斜的路拱形式过渡到具有超高的单向倾斜的超高形式,外侧须逐渐抬高,在抬高过程中,行车道外侧是绕中线旋转的,若超高横坡度等于路拱坡度,则直至与内侧横坡相等为止,如图 5.12所示。

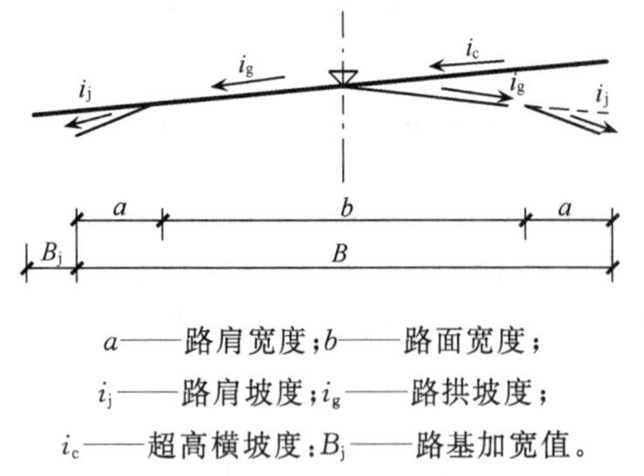

a——路肩宽度;b——路面宽度;
i_j——路肩坡度;i_g——路拱坡度;
i_c——超高横坡度;B_j——路基加宽值。

图 5.12 超高横坡度等于路拱坡度时的旋转图

当超高坡度大于路拱坡度时,可分别采用以下三种过渡方式。

1) 绕内边缘旋转。先将外侧车道绕路中线旋转,待达到与内侧车道构成单向横坡后,整个断面再绕未加宽前的内侧车道边缘旋转,直至超高横坡度[图 5.13(a)]。

2) 绕中线旋转。先将外侧车道绕路中线旋转,待达到与内侧车道构成单向横坡后,整个断面绕中线旋转,直至超高横坡度[图 5.13(b)]。

3) 绕外边缘旋转。先将外侧车道绕外边缘旋转,与此同时,内侧车道随中线的降低而相应降低,待达到单向横坡后,整个断面仍绕外侧车道边缘旋转,直至超高横坡度[图 5.13(c)]。

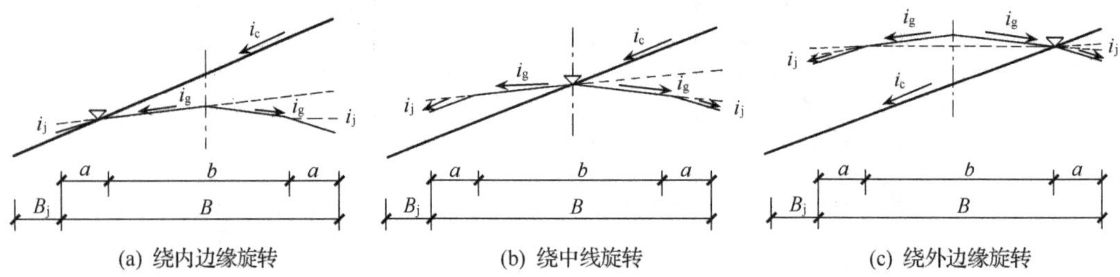

图 5.13 无中间带道路超高的过渡方式

上述各种方法中:由于绕内边线旋转行车道内侧不降低,有利于路基纵向排水,一般新建工程多用此法;绕中线旋转可保持中线标高不变,且在超高坡度一定的情况下,外侧边缘的抬高值较小,多用于旧路改建工程;绕外侧边线旋转是一种比较特殊的设计,仅用于某些为改善路容的地点。

(2) 有中间带公路的超高过渡

1) 绕中间带的中心线旋转。先将外侧行车道绕中间带的中心旋转,待达到与内侧行车道构成单向横坡后,整个断面一同绕中心线旋转,直至超高横坡度值。此时中央分隔带呈倾斜状[图 5.14(a)]。

2) 绕中央分隔带边缘旋转。将两侧行车道分别绕中央分隔带边缘旋转,使之各自成为独立的单向超高断面,此时中央分隔带维持原水平状态[图 5.14(b)]。

3) 绕各自行车道中线旋转。将两侧行车道分别绕各自的中心线旋转,使之各自成为独立的单向超高断面,此时中央分隔带两边缘分别升高与降低而成为倾斜断面[图 5.14(c)]。

三种方式的优缺点与无中间带的公路相似。中间带宽度较窄的(≤4.5m)可采用 1)法;各种中间带宽度的都可以用 2)法,对于车道数大于 4 条的公路可采用 3)法。城市道路的超高过渡方式与公路相同。分离式断面的道路由于上、下行车道是各自独立的，其超高的设置及其过渡可按两条无分隔带的道路分别予以处理。

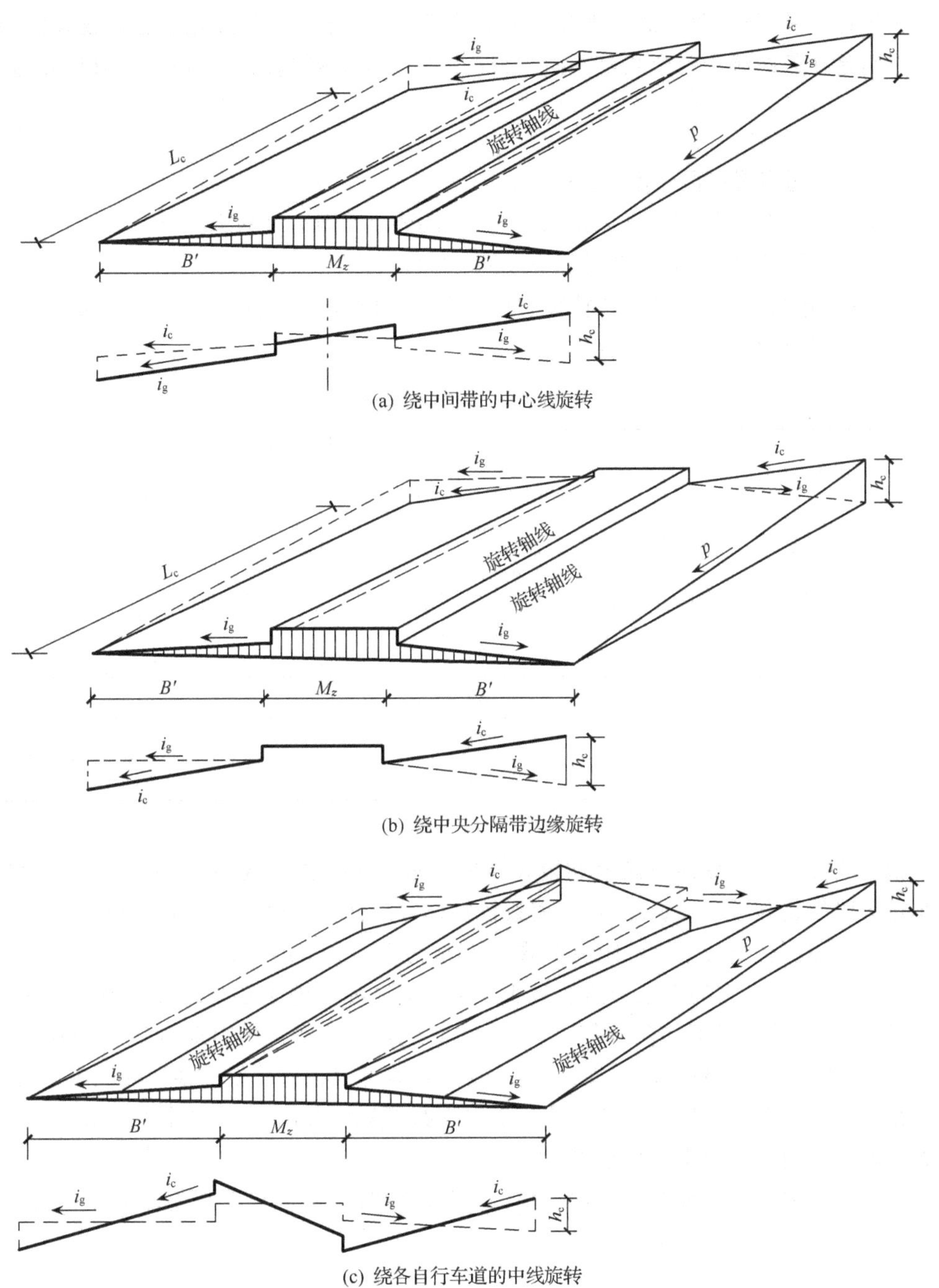

L_c——超高缓和段长度(或缓和曲线长度)；h_c——路肩外缘最大抬高值；

B'——车道宽度；M_z——中间带宽度；p——超高渐变率。

图 5.14　有中间带道路超高的过渡方式

4. 超高缓和段长度

为了行车的舒适、路容的美观和排水的通畅,必须设置一定长度的超高缓和段,超高的过渡则是在超高缓和段全长范围内进行的。双车道公路超高缓和段长度可计算为

$$L_c = \frac{B\Delta_i}{p} \tag{5.18}$$

式中:L_c——超高缓和段长度(m);

B——旋转轴至行车道(设路缘带时为路缘带)外侧边缘的宽度(m);

Δ_i——超高坡度与路拱坡度的代数差(%);

p——超高渐变率,即旋转轴线与行车道(设路缘带时为路缘带)外侧边缘线之间的相对坡度,其值见表 5.9。

表 5.9 超高渐变率

设计速度/(km/h)	超高渐变率	
	超高旋转轴位置(中线)	超高旋转轴位置(边线)
120	1/250	1/200
100	1/225	1/175
80	1/200	1/150
60	1/175	1/125
40	1/150	1/100
30	1/125	1/75
20	1/100	1/50

根据式(5.18)计算的超高缓和段长度应凑成 5m 的整倍数,并不小于 10m 的长度。多车道公路的超高缓和段长度,视车道数按式(5.18)计算之值乘以下列系数。

从旋转轴到行车带边缘的距离系数:2 车道为 1.5,3 车道为 2.0。

如第三章所述,在确定缓和曲线最小长度时,已经考虑了超高缓和段所需的最短长度,所以在一般的情况下,超高缓和段与缓和曲线长度相等。但有时因照顾线形的协调性,在平曲线中配置了较长的回旋线,则超高的过渡可仅在回旋线的某一区段内进行。因为过小的渐变率对路面排水不利。从利于排除路面降水考虑,横坡度由 2%(或 1.5%)过渡到 0 路段的超高渐变率不得小于 1/330。

四级公路因不设缓和曲线,但圆曲线上若设有超高,则应设置超高缓和段,超高的过渡在超高缓和段的全长上进行。

5. 横断面上超高值的计算

平曲线上设置超高以后,道路中线和内、外侧边线与原中线上的设计标高高差 h,应予以计算并列于"路基设计表"中,以便于施工。这些超高值的计算公式列于表 5.10 和表 5.11,可参看图 5.15 和图 5.16。

表 5.10 绕边线旋转超高值计算公式

<table>
<tr><th colspan="2" rowspan="2">超高位置</th><th colspan="2">计算公式</th><th rowspan="2">注</th></tr>
<tr><th>$x\leqslant x_0$</th><th>$x>x_0$</th></tr>
<tr><td rowspan="3">圆曲线上</td><td>外缘 h_c</td><td colspan="2">$ai_j+(a+b)i_c$</td><td rowspan="6">1. 计算结果均为与设计标高之高差；
2. 临界断面距缓和段起点：
$x_0=\frac{i_g}{i_c}L_c$
3. x 距离处的加宽值
$B_{jx}=\frac{x}{L_c}B_j$</td></tr>
<tr><td>中线 h'_c</td><td colspan="2">$ai_j+\frac{b}{2}i_c$</td></tr>
<tr><td>内缘 h''_c</td><td colspan="2">$ai_j-(a+B_j)i_c$</td></tr>
<tr><td rowspan="3">过渡段上</td><td>外缘 h_{cx}</td><td colspan="2">$a(i_j-i_g)+[ai_j+(a+b)i_c]\frac{x}{L_c}\left(或\approx\frac{x}{L_c}h_c\right)$</td></tr>
<tr><td>中线 h'_{cx}</td><td>$ai_j+\frac{b}{2}i_g$</td><td>$ai_j+\frac{b}{2}\frac{x}{L_c}i_c$</td></tr>
<tr><td>内缘 h''_{cx}</td><td>$ai_j-(a+B_{jx})i_g$</td><td>$ai_j-(a+B_{jx})\frac{x}{L_c}i_c$</td></tr>
</table>

表 5.11 绕中轴旋转超高值计算公式

<table>
<tr><th colspan="2" rowspan="2">超高位置</th><th colspan="2">计算公式</th><th rowspan="2">注</th></tr>
<tr><th>$x\leqslant x_0$</th><th>$x>x_0$</th></tr>
<tr><td rowspan="3">圆曲线上</td><td>外缘 h_c</td><td colspan="2">$a(i_j-i_g)+\left(a+\frac{b}{2}\right)(i_g+i_c)$</td><td rowspan="6">1. 计算结果均为与设计标高之高差；
2. 临界断面距缓和段起点：
$x_0=\frac{2i_g}{i_g+i_c}L_c$
3. x 距离处的加宽值：
$B_{jx}=\frac{x}{L_c}B_j$</td></tr>
<tr><td>中线 h'_c</td><td colspan="2">$ai_j+\frac{b}{2}i_g$</td></tr>
<tr><td>内缘 h''_c</td><td colspan="2">$ai_j+\frac{b}{2}i_g-\left(a+\frac{b}{2}+B_j\right)i_c$</td></tr>
<tr><td rowspan="3">过渡段上</td><td>外缘 h_{cx}</td><td colspan="2">$a(i_j-i_g)+\left(a+\frac{b}{2}\right)(i_g+i_c)\frac{x}{L_c}$</td></tr>
<tr><td>中线 h'_{cx}</td><td colspan="2">$ai_j+\frac{b}{2}i_g$</td></tr>
<tr><td>内缘 h''_{cx}</td><td>$ai_j-(a+B_{jx})i_g$</td><td>$ai_j+\frac{b}{2}i_g-\left(a+\frac{b}{2}+B_{jx}\right)\left[\frac{x}{L_c}(i_c+i_g)-i_g\right]$</td></tr>
</table>

在表 5.10 和表 5.11 中：

l_0——路基坡度由 i_j 变为 i_g 所需的距离，一般可取 1.0m；

x_0——与路拱同坡度的单向超高点至超高缓和段起点的距离；

x——超高缓和段中任一点至起点的距离；

h'_c——路中线最大抬高值；

h''_c——路基内缘最大降低值；

h_{cx}——x 距离处路基外缘抬高值；

h'_{cx}——x 距离处路中线抬高值；

h''_{cx}——x 距离处路基内缘降低值;

B_{jx}——x 距离处路基加宽值。

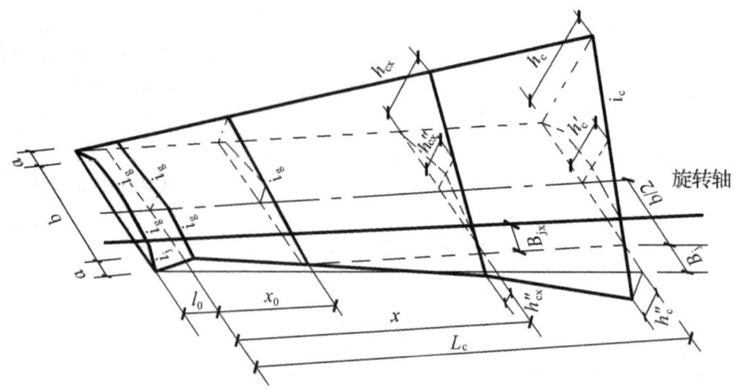

图 5.15 绕边线旋转的超高过渡方式

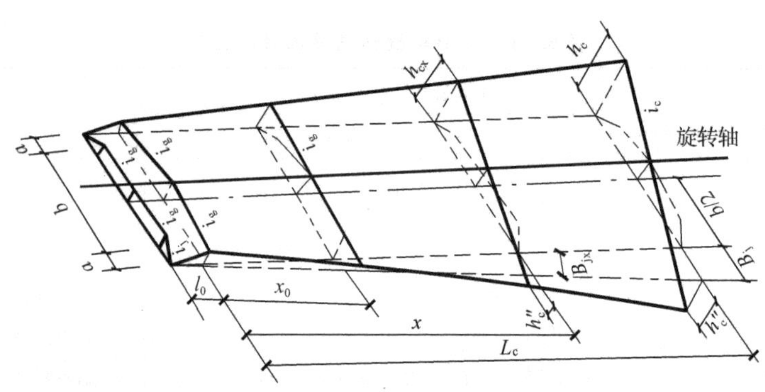

图 5.16 绕中线旋转的超高过渡方式

前述的弯道超高设计都是对一个弯道而言的。两个或两个以上弯道,其间距离又不太长,除考虑单一弯道的超高设计外,还需研究两个弯道间的超高过渡问题。解决这个问题,需要用“超高设计图”,如图 5.17 所示。这是简化了的超高过渡段的纵断面图,旋转轴为横坐标轴,相对高程为纵坐标。为使超高更加清晰,纵坐标是放大了的。

超高设计一般遵循的曲线超高渐变过程如图 5.18 所示。

5.4.2 曲线加宽

1. 加宽及其作用

汽车在曲线路段上行驶时,靠近曲线内侧后轮行驶的曲线半径最小,靠近曲线外侧的前轮行驶的曲线半径最大。为适应汽车在平曲线上行驶时后轮轨迹偏向曲线内侧的需要,平曲线内侧相应增加的路面、路基宽度称为曲线加宽。

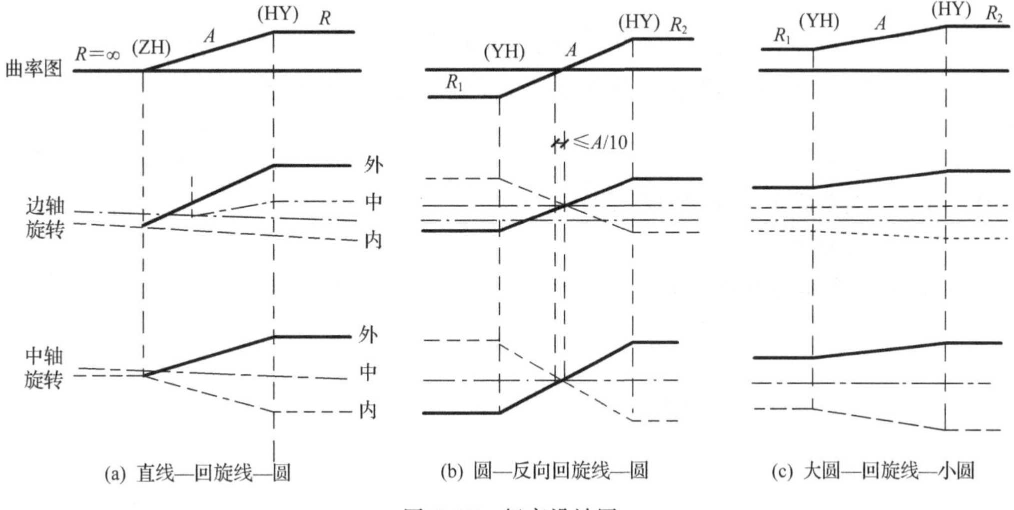

图 5.17　超高设计图

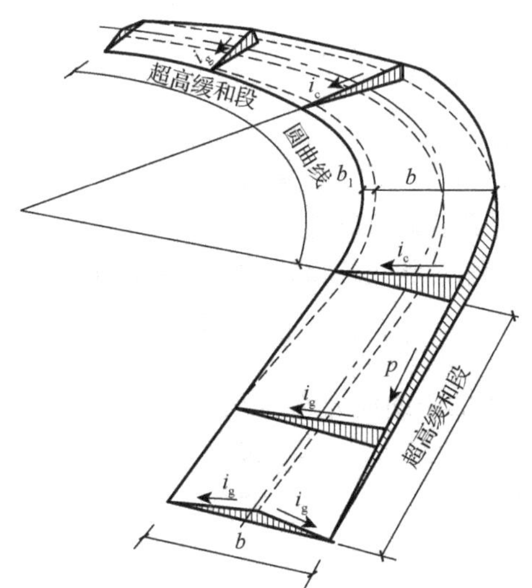

图 5.18　曲线超高渐变示意图

2. 加宽值的计算

汽车行驶在曲线上，各轮迹半径不同，其中以后内轮轨迹半径最小，且偏向曲线内侧，故曲线内侧应增加路面宽度，以确保曲线上行车的顺适与安全。

普通汽车的加宽值可由如图 5.19 所示的几何关系求得

$$b = R - (R_1 + B)$$

而

$$R_1 + B = \sqrt{R^2 - A^2} = R - \frac{A^2}{2R} - \frac{A^4}{8R^3} - \cdots$$

故

$$b=\frac{A^2}{2R}+\frac{A^4}{8R^3}+\cdots$$

上式第二项以后的数值极小,可省略不计,故一条车道的加宽为

$$b_{单}=\frac{A^2}{2R} \tag{5.19}$$

式中:A——汽车后轴至前保险杠的距离(m);

R——圆曲线半径(m)。

对于有 N 个车道的行车道为

$$b_n=\frac{NA^2}{2R} \tag{5.20}$$

半挂车的加宽值由图 5.20 的几何关系求得

$$b_1=\frac{A_1^2}{2R}$$

$$b_2=\frac{A_2^2}{2R'}$$

式中:b_1——牵引车的加宽值(m);

b_2——拖车的加宽值(m);

A_1——牵引车保险杠至第二轴的距离(m);

A_2——第二轴至拖车最后轴的距离(m)。

由于 $R'=R-b_1$,而 b_1 与 R 相比甚微,可取 $R'=R$,于是半挂车的加宽值

$$b=b_1+b_2=\frac{A_1^2+A_2^2}{2R} \tag{5.21}$$

令 $A_1^2+A_2^2=A^2$,式(5.21)仍旧归纳成为式(5.22)

$$b=\frac{NA^2}{2R} \tag{5.22}$$

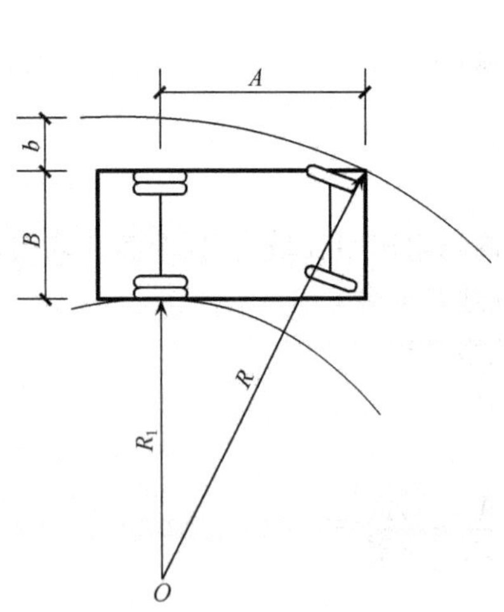

图 5.19 普通汽车的加宽

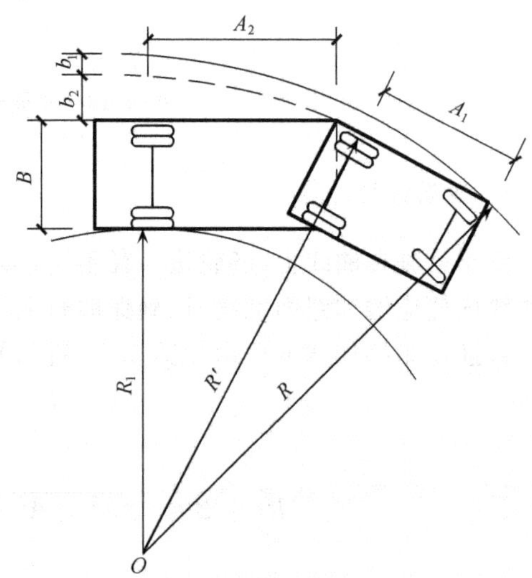

图 5.20 半挂车的加宽

不同圆曲线半径时公路和城市道路曲线加宽值见表 5.12 和表 5.13。

表 5.12　不同圆曲线半径时双车道路面加宽值

加宽类别	设计车辆	路面加宽值/m								
		200m<R≤250m	150m<R≤200m	100m<R≤150m	70m<R≤100m	50m<R≤70m	30m<R≤50m	25m<R≤30m	20m<R≤25m	15m<R≤20m
第 1 类	小客车	0.4	0.5	0.6	0.7	0.9	1.3	1.5	1.8	2.2
第 2 类	载重汽车	0.6	0.7	0.9	1.2	1.5	2.0	—	—	—
第 3 类	铰接列车	0.8	1.0	1.5	2.0	2.7	—	—	—	—

注：单车道公路路面加宽值应为表列规定值的一半。

表 5.13　城市道路圆曲线每条车道加宽值

车型	车道加宽值/m								
	200m<R≤250m	150m<R≤200m	100m<R≤150m	60m<R≤100m	50m<R≤60m	40m<R≤50m	30m<R≤40m	20m<R≤30m	15m<R≤20m
小型汽车	0.28	0.30	0.32	0.35	0.39	0.40	0.45	0.60	0.70
普通汽车	0.40	0.45	0.60	0.70	0.90	1.00	1.30	1.80	2.40
铰接车	0.45	0.55	0.75	0.95	1.25	1.50	1.90	2.80	3.50

作为干线的二级公路应采用第 3 类加宽值。作为集散的二级公路和三级公路，在考虑铰接列车通行时，应采用第 3 类加宽值；不考虑铰接列车通行时，可采用第 2 类加宽值。作为支线的三级、四级公路可采用第 1 类加宽值。有特殊车辆通行的专用公路应根据特殊车辆验算确定其加宽值。

对于 $R>250\text{m}$ 的圆曲线，由于其加宽值甚小，可以不加宽。由三条以上车道构成的行车道，其加宽值应另行计算。各级公路的路面加宽后，路基也应相应加宽。四级公路路基采用 6.5m 以上宽度时，当路面加宽后剩余的路肩宽度不小于 0.5m 时，则路基可不予加宽；小于 0.5m 时，则应加宽路基以保证路肩宽度不小于 0.5m。

分道行驶公路，当圆曲线半径较小时，其内侧车道的加宽值应大于外侧车道的加宽值。设计时应通过计算确定其差值。

3. 加宽的过渡

为了使路面由直线上的正常宽度过渡到曲线上设置了加宽的宽度，需设置加宽缓和段。在加宽缓和段上，路面具有逐渐变化的宽度。加宽过渡的设置根据道路性质和等级可采用不同的方法。

（1）比例过渡

在加宽缓和段全长范围内按其长度成比例逐渐加宽，如图 5.21 所示。加宽缓和段内任意点的加宽值为

$$b_x = \frac{L_x}{L} b \tag{5.23}$$

式中：L_x——任意点距缓和段起点的距离(m)；

L——加宽缓和段长(m)；

b——圆曲线上的全加宽(m)。

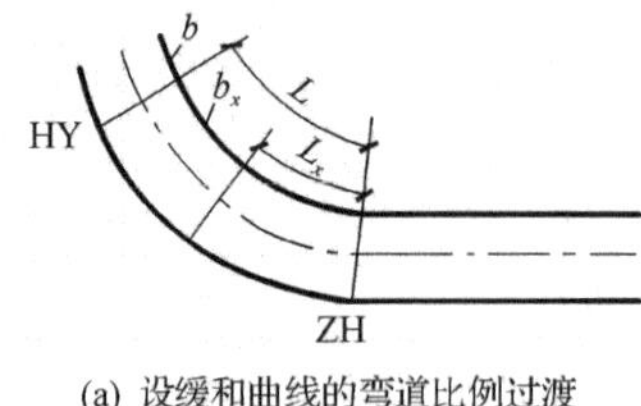

(a) 设缓和曲线的弯道比例过渡

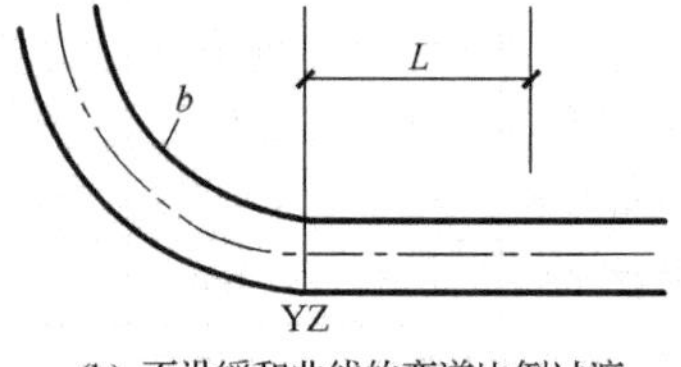

(b) 不设缓和曲线的弯道比例过渡

图 5.21 弯道比例过渡

比例过渡简单易做，但经加宽以后的路面内侧与行车轨迹不符，缓和段的起点、终点出现波折，路容不美观。这种方法可用于一般二、三、四级公路。

(2) 高次抛物线过渡

在加宽缓和段上插入一条高次抛物线，抛物线上任意点的加宽值为

$$b_x = (4k^3 - 3k^4)b \tag{5.24}$$

式中

$$k=\frac{L_x}{L}$$

用这种方法处理后的路面内侧边缘圆滑、美观，适用于高速和一级公路。

(3) 回旋线过渡

在缓和段上插入回旋线，这样不但中线上有回旋线，而且加宽以后的路面边线也是回旋线，与行车轨迹相符，保证了行车的顺适与线形的美观。它可用于汽车专用公路的下列路段：

1) 位于大城市近郊的路段。

2) 桥梁、高架桥、挡土墙、隧道等构造物处。

3) 设置各种安全防护设施的地段。

上面介绍的诸多方法中，有的有利于线形顺滑美观，但计算和测量、设计比较烦琐，而另外一些则相反。我们强调高等级公路和人工构造物的地段应尽量采用对线形有利的方法，是因为这些地方即使增加计算的工作量也是值得的。现在计算机和光电类测量仪器的广泛应用使测量、设计和计算变得容易，不但在高等级公路上，即使在一般公路上都宜优先考虑采用有利于线形的加宽过渡方法。

4. 加宽缓和段的长度

对于设置有缓和曲线的平曲线，加宽缓和段应采用与缓和曲线相同的长度。对于不设缓和曲线，但设置有超高缓和段的平曲线，可采用与超高缓和段相同的长度，既不设缓和曲

线，又不设超高的平曲线，加宽缓和段应按渐变率为 1∶15 且长度不小于 10m 的要求设置。对于复曲线的大圆和小圆之间设有缓和曲线的加宽缓和段，均可以按上述方法处理。

5.4.3 视距保证

在道路的弯道设计中，除了要考虑如曲线半径 R、参数 A、超高、加宽等因素外，还必须注意路线内侧是否有树林、房屋、边坡等阻碍驾驶员的视线，这种处于隐蔽地段的弯道我们称之为“暗弯”。凡属“暗弯”都应该进行视距检查，若不能保证该级公路或城市道路的最短视距，则应该将阻碍视线的障碍物清除。如果是因曲线内侧及中间带设置护栏及其他人工构造物等而不能保证视距时，可采取加宽中间带、加宽路肩或将构造物后移等措施予以处理；如果是因挖方边坡妨碍了视线，则应按所需净距绘制包络线（或称视距曲线）开挖视距台，如图 5.22 所示。

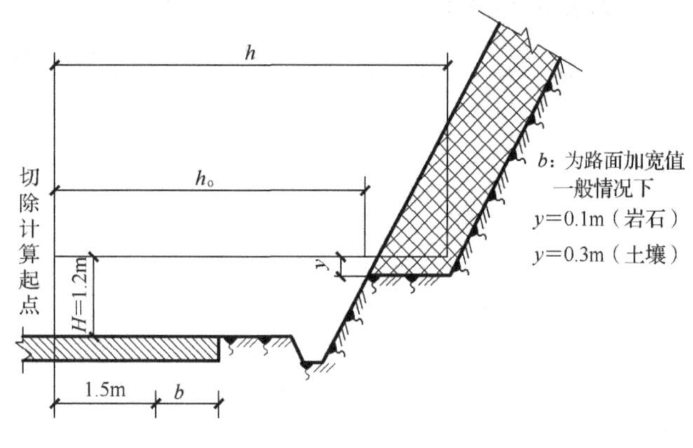

图 5.22 开挖视距台断面

1. 视距曲线

如图 5.23 所示，$\overset{\frown}{AB}$是行车轨迹线，从汽车行驶在轨迹线上的不同位置（图中的 1、2、

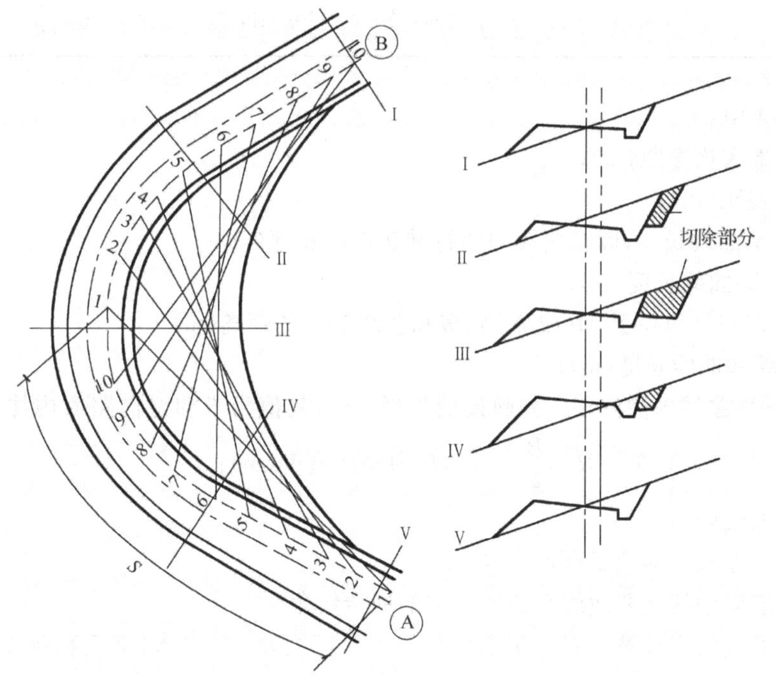

图 5.23 图解法确定视距切除范围

3、…)引出一系列弧长等于需要的最短视距 S 的视线(图中的 1-1、2-2、3-3、…),与这些视线相切的曲线(包络线)称为视距曲线。在视距曲线与轨迹线之间的空间范围,是应保证通视的区域,在这个区域内如有障碍物则要予以清除。

2. 横净距及其计算

在弯道各点的横断面上,汽车轨迹线与视距曲线之间的距离称为横净距,用 h 表示。h 可根据视距 S 和弯道的曲线长 L、行车轨迹曲线半径 R_s 算出。平曲线路段的最大横净距计算如表 5.14 和图 5.24~图 2.57 所示。

表 5.14 平曲线路段最大横净距

<table>
<tr><td rowspan="2">不设缓和曲线</td><td>$L>S$
$h=R_s\left(1-\cos\frac{\gamma}{2}\right)$ $\gamma=\frac{180S}{\pi R_s}$</td></tr>
<tr><td>$L<S$
$h=R_s\left(1-\cos\frac{\alpha}{2}\right)+\frac{1}{2}(S-L_0)\sin\frac{\alpha}{2}$ $L_0=\frac{\pi}{180}\alpha R_s$</td></tr>
<tr><td rowspan="3">设缓和曲线</td><td>$L'>S$
$h=R_s\left(1-\cos\frac{\gamma}{2}\right)$ $\gamma=\frac{180S}{\pi R_s}$</td></tr>
<tr><td>$L>S>L'$ $\delta=\arctan\left\{\frac{l}{6R_s}\left[1+\frac{l'}{l}+\left(\frac{l'}{l}\right)^2\right]\right\}$
$h=R_s\left(1-\cos\frac{\alpha-2\beta}{2}\right)+(l-l')\sin\left(\frac{\alpha}{2}-\delta\right)$ $l'=\frac{1}{2}(L-S)$</td></tr>
<tr><td>$L<S$
$h=R_s\left(1-\cos\frac{\alpha-2\beta}{2}\right)+l\sin\left(\frac{\alpha}{2}-\delta\right)+\frac{S-L}{2}\sin\frac{\alpha}{2}$ $\delta=\arctan\frac{1}{6R_s}$</td></tr>
</table>

表 5.14 中:

h——最大横净距(m);

S——视距(m);

L——平曲线长度,即指曲线内侧行驶轨迹的长度(m);

L'——圆曲线长度(m);

l'——汽车计算位置 M(或 N)到缓和曲线起点的距离(m);

l——缓和曲线长度(m);

R_s——平曲线内侧汽车行驶轨迹的半径(m),其值为未加宽前路面内缘的半径加上 1.5m,即 $R_s=R-\frac{B}{2}+1.5$,B 为路面宽度(m);

α——曲线转角(°);

γ——视距线所对应的圆心角(°);

β——道路中线缓和曲线全长所对应的回旋线角(°);

δ——通过汽车计算位置与平曲线切线的平行线和 M(或 N)至缓和曲线终点间弦线的夹角或平曲线切线与缓和曲线的弦线的夹角(°)。

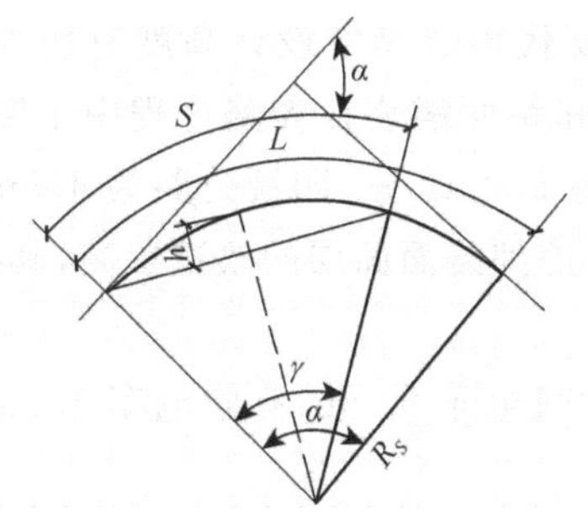

图 5.24 不设缓和曲线时横净距计算图($L>S$)

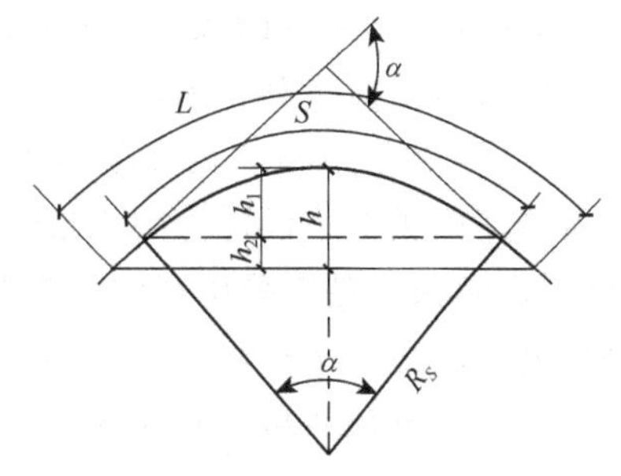

图 5.25 不设缓和曲线时横净距计算图($L<S$)

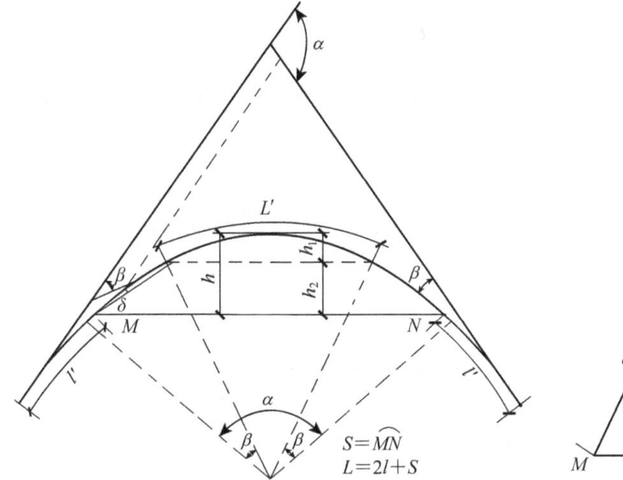

图 5.26 设缓和曲线时横净距计算图($L>S>L'$)

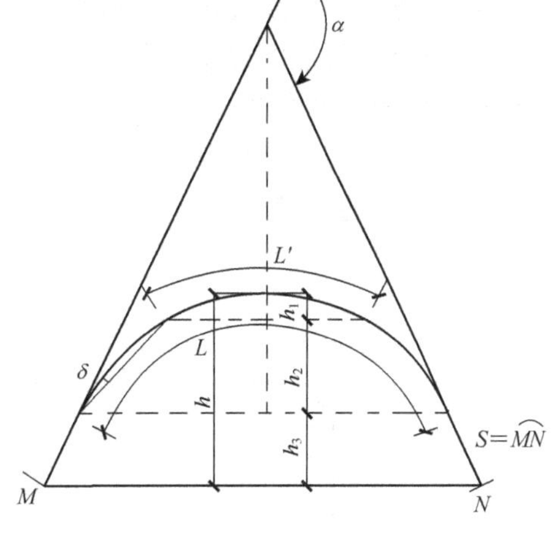

图 5.27 设缓和曲线时横净距计算图($L<S$)

将按表 5.14 中公式计算的 h 与弯道内侧的障碍物与行车线之间的距离加以比较,可知该弯道是否能保证视距并进而确定清除范围。但 h 是曲线上须清除的最大横净距。对于需要清除的是贵重建筑物或岩石边坡,则可用图解法或解析法求出弯道上不同断面的清除界线,并要增绘一些横断面以作为计算土石方和施工时的根据。

5.5 道路建筑限界与道路用地

5.5.1 道路建筑限界

道路建筑限界,又称净空,是为保证道路上各种车辆、人群的正常通行与安全,在一定的高度和宽度范围内不允许有任何障碍物侵入的空间界线。在进行道路的横断面设计时,应充分研究组成路幅要素的相互关系及道路的各种设施的设置规划,在有限空间内作出合理的安排。绝对不允许桥台、桥墩、照明、护栏、信号机、道路标志牌、行道树、电杆等设施侵入建筑限界以内。

道路建筑限界由净高和净宽两个部分组成。一般载重汽车的装载高度规定不得超过

4.0m,外加0.5m的安全高度,净空高度为4.5m。现代集装箱的设计高度有所加高,加之各种大型设备运输时有发生。再考虑到路面积雪和路面铺装在养路过程中不断加厚,所以对高速、一级公路和二级公路的净空高度规定为5.0m,三、四级公路为4.5m。三、四级公路的路面类型若设计为中级或低级路面时,考虑到路面面层的改造提高,其净高可预留20cm。一条公路应采用相同的净高。

城市道路的最小净高规定为:各种汽车4.5m,无轨电车5.0m,有轨电车5.5m,自行车和行人2.5m,其他非机动车3.5m。

净宽是指在上述规定的净高范围内应保证的宽度,包括行车带宽度和路肩宽度。

规定的路肩宽度是在净空范围以内的,所以道路上的各种设施(护栏、标志牌等),应该设置在右路肩以外的保护性路肩上,而且必须保证其伸入部分在净高以上。

桥梁、隧道和高架公路为了降低造价须压缩净空,其压缩部分主要体现在侧向宽度上。但在桥梁、隧道中需设置人行道,且当人行道的宽度大于侧向宽度时,则其建筑限界应包括在所增加的宽度内。

人行道、自行车道与行车道分开设置时,其净高一般为2.5m。

各级公路的建筑限界如图5.28和图5.29所示,城市道路的建筑限界如图5.30所示。

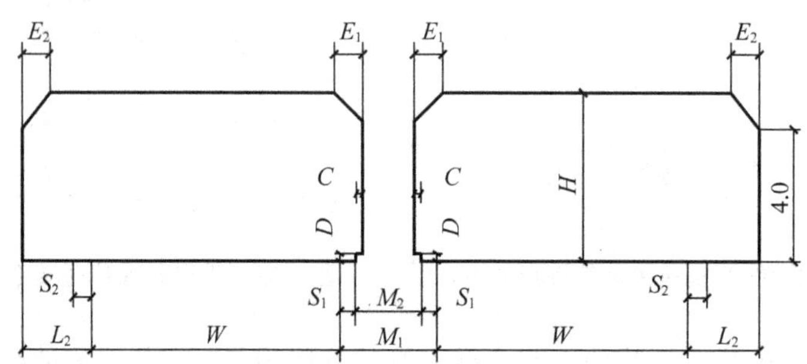

(a) 高速公路、一级公路(整体式)

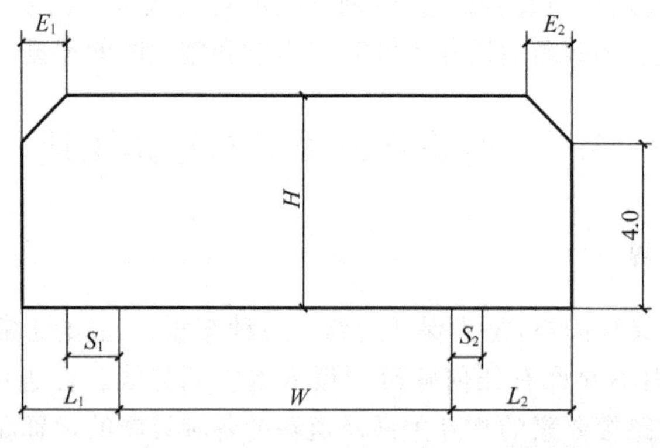

(b) 高速公路、一级公路(分离式)

图5.28 各级公路的建筑限界(尺寸单位:m)

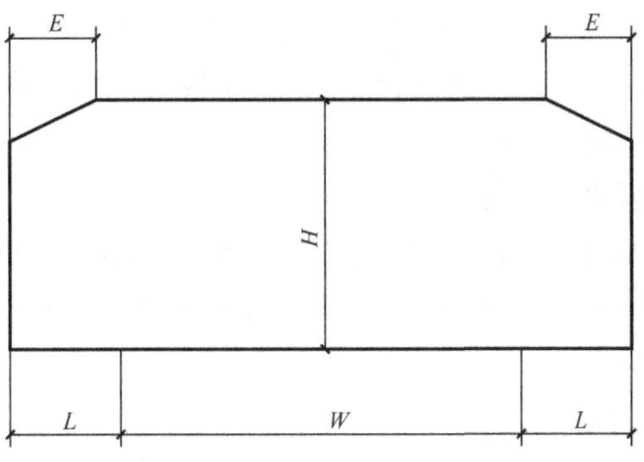

(c) 二、三、四级公路

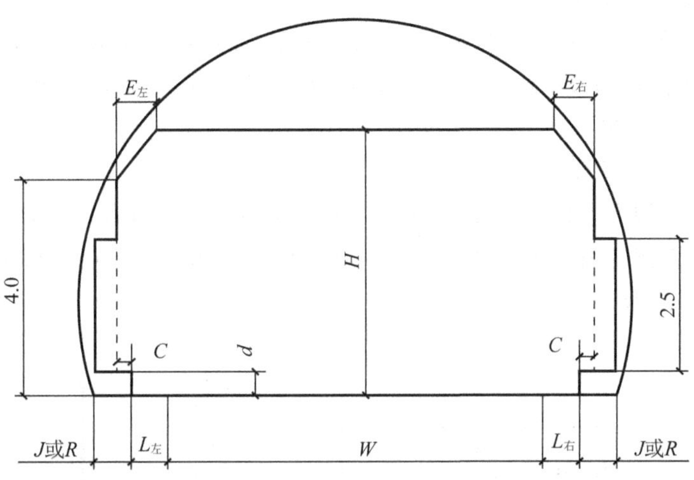

(d) 高速隧道

图 5.28(续)

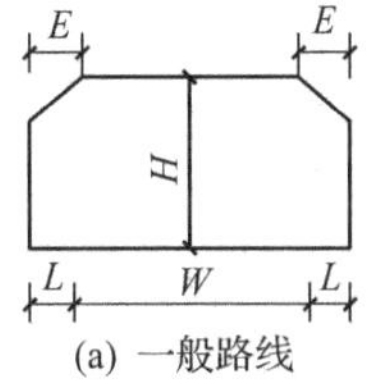

(a) 一般路线

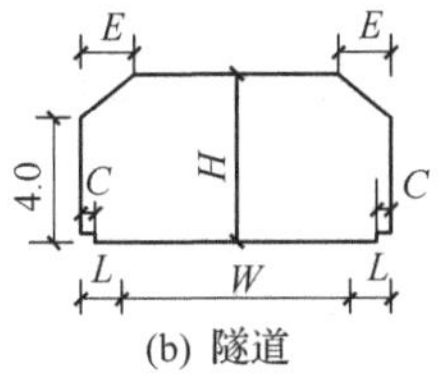

(b) 隧道

图 5.29　一般公路建筑界限(尺寸单位:m)

在图 5.28 和图 5.29 中：

W——行车道宽度。

L_1——左侧硬路肩宽度。

L_2——右侧硬路肩宽度。

S_1——左侧路缘带宽度。

S_2——右侧路缘带宽度。

L——侧向宽度。二级公路的侧向宽度为硬路肩宽度。三、四级公路的侧向宽度为路肩宽度减去 0.25m,当设置护栏时,应根据护栏需要的宽度加宽路基。

$L_{左}$——隧道内左侧侧向宽度。

$L_{右}$——隧道内右侧侧向宽度。

C——当设计速度大于 100km/h 时为 0.5m,小于或等于 100km/h 时为 0.25m。

D——路缘石宽度,小于或等于 0.25m。一般情况下,高速公路可不设路缘石。

M_1——中间带宽度。

M_2——中央分隔带宽度。

J——检修道宽度。

R——人行道宽度。

d——检修道或人行道高度。

E——建筑限界顶角宽度,当 $L \leqslant 1m$ 时,$E=L$;当 $L>1m$ 时,$E=1m$。

E_1——建筑限界顶角宽度,当 $L_1<1m$,$E_1=L_1$,或 $S_1+C<1m$,$E_1=S_1+C$;当 $L_1 \leqslant 1m$ 或 $S_1+C \geqslant 1m$ 时,$E_1=1m$。

E_2——建筑限界顶角宽度,$E_2=1m$。

$E_{左}$——建筑限界左顶角宽度,当 $L_{左} \leqslant 1m$ 时,$E_{左}=L_{左}$;当 $L_{左}>1m$ 时,$E_{左}=1m$。

$E_{右}$——建筑限界右顶角宽度,当 $L_{右} \leqslant 1m$ 时,$E_{右}=L_{右}$;当 $L_{右}>1m$ 时,$E_{右}=1m$。

H——净空高度。

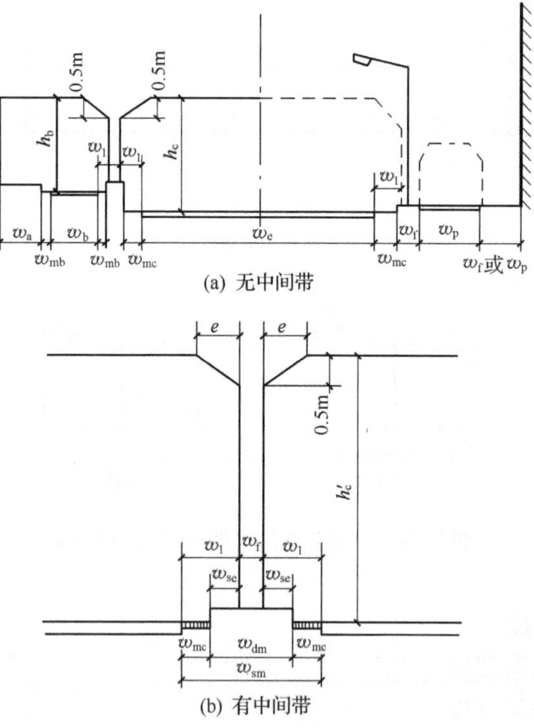

图 5.30 城市道路建筑限界

在图 5.30 中：

w_{sm}——中间分车带宽度(m)；

w_{dm}——中间分隔带宽度(m)；

w_e——机动车行车道宽度或机动车与非机动车混合行驶的行车道宽度(m)；

w_l——侧向净宽(m)；

w_{mc}——机动车道路缘带宽度(m)；

w_{mb}——非机动车道路缘带宽度(m)；

w_{se}——机动车行车道安全带宽度(m)；

w_b——非机动车行车道宽度(m)；

w_a——路侧带宽度(m)；

w_f——设施带宽度(m)；

w_p——人行道宽度(m)；

h_b——自行车道、人行道及其他非机动车行车道的最小净高(m)；

h'_c——机动车行车道最小净高(m)；

e——顶角抹角宽度(m)。

道路建筑限界的边界线依下列原则确定：

1）上缘边界线，对于一般路拱路段，为一条水平线；对于设置超高的路段，是与超高横坡相平行的斜线(图 5.31)。

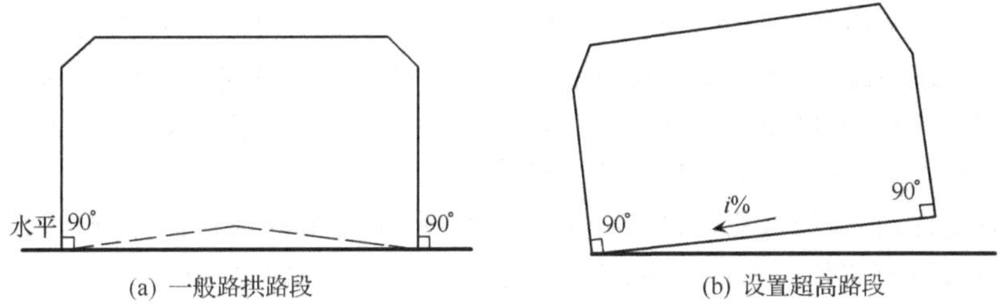

图 5.31 建筑界限的边界划定

2）两侧边界线，对于一般路拱路段，两侧边界线与水平线垂直，设置超高的路段，与超高横坡线垂直。

5.5.2 道路用地

修建道路和养护道路以及布置道路的各种设施都需要占用土地。这些土地的征用必须要遵照国家的有关政策办理，既要满足确实因建设需要必须使用的地幅，又要精打细算，充分考虑我国珍贵的土地资源，尽可能从设计和施工等方面节省每一寸土地。在道路用地范围内，不得修建非路用房屋，开挖渠道及其他设施。

公路用地范围如下。

1）新建公路路堤两侧排水沟外边缘(无排水沟时为路堤或护坡道坡脚)以外，或路堑坡顶截水沟外边缘(无截水沟为坡顶)以外不少于 1m 的土地为公路用地范围。在有条件的地段，高速公路、一级公路不少于 3m，二级公路不少于 2m 的土地为公路用地范围。

2）高填深挖路段，可能会因取土、弃土以及在路基的开挖填筑和养护过程中占用更多的土地，加之路基可能产生的沉陷、变形等原因，所以在这种地段应根据计算确定用地范围。

3）在风沙，雪害及特殊地质地带，应根据需要确定设置防护林，种植固沙植物，安装防沙或防雪栅栏以及设置反压护道等设施所需的用地范围。

4）行道树应种植在排水沟或截水沟外侧的公路用地范围内。有条件或根据环保要求种植多行林带的路段，应根据具体情况确定公路用地范围。

5）公路沿线设施及路用房屋、料场、苗圃等，应在节约用地的原则下，尽量利用荒山或荒坡地，并根据实际需要确定用地范围。

6）改建公路可参考新建公路用地范围规定执行。

城市道路的用地范围是指建筑红线以内的范围，建筑红线的划定由城市规划部门依据城市道路网形式和各条道路的功能、性质、走向和位置等因素确定。

5.6 横断面设计方法

5.6.1 公路横断面

1. 公路横断面的组成

除上述与行车有关的路幅宽度外，还有与路基工程、排水工程、环保工程有关的各种措施。这些设施的位置和尺寸均应在横断面设计中有所体现。路基横断面形式和尺寸实际上在确定路线平面位置时就已经有了考虑，在纵断面设计中又根据路线标准和地形条件对路基的合理高度，特别是工程艰巨路段已仔细做了分析研究，拟定了横断面方案。因此，施工图设计阶段的横断面设计是在总结上述工作的基础上把它具体化，绘制横断面设计图纸，作为计算土石方数量和日后施工的依据。

横断面设计，必须结合地形、地质、水文等条件，本着节约用地的原则，选用合理的断面形式，以满足行车顺适、工程经济、路基稳定且便于施工和养护的要求。

2. 路基标准横断面

在具体设计每个横断面之前，先确定路基的标准横断面(或称典型横断面)。根据公路技术等级、设计交通量、沿线环境和横断面各组成部分的功能，综合确定公路路基横断面组成及宽度。在标准横断面图中，一般要包括路堤、路堑、半填半挖路基、护肩路基、挡土墙路基、砌石路基等，断面中的边坡坡率、边沟尺寸、挡墙断面等必须按现行《公路路基设计规范》(JTG D30—2015)的规定办理。对于高填、深挖、特殊地质、浸水路堤等应单独设计。

3. 横断面设计方法

1）在计算纸上绘制横断面的地面线。地面线是在现场测绘的，若是纸上定线，可从大比例尺的地形图上内插获得。在计算机辅助设计中，可通过数字化仪或键盘向计算机输入横断面各变化点相对于中桩的坐标，由绘图机自动绘制。横断面图的比例尺一般是 1∶200。

2）从“路基设计表”中抄入路基中心填挖高度，对于有超高和加宽的曲线路段，还应抄入“左高”“右高”“左宽”“右宽”等数据。

3）根据现场调查所得来的“土壤、地质、水文资料”，参照标准横断面图，画出路幅宽度，填或挖的边坡坡线，在需要设置各种支挡工程和防护工程的地方画出该工程结构的断面示意图。

4）根据综合排水设计，画出路基边沟、截水沟、排灌渠等的位置和断面形式。必要时须注明各部分尺寸。此外，对于取土坑、弃土堆、绿化带等也尽可能画出。经检查无误后，修饰描绘(图 5.32)。

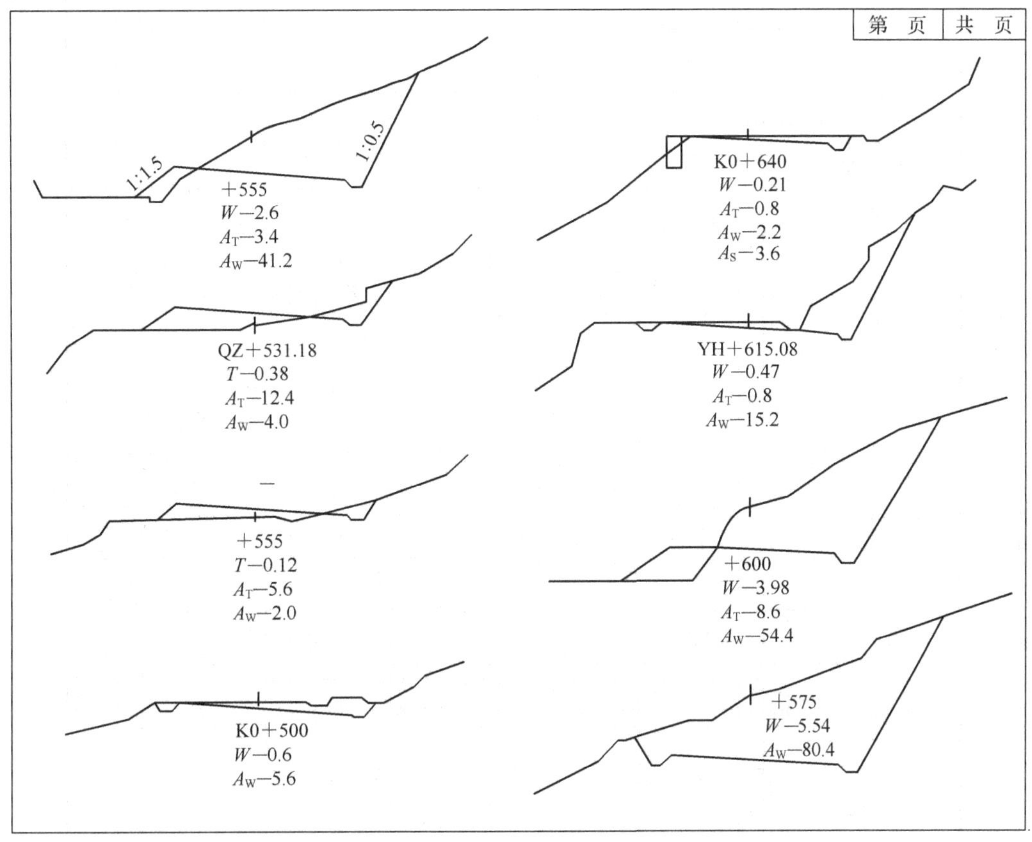

图 5.32　公路路基横断面设计图(单位:m)

对于分离式断面的公路和具有变速车道、爬坡车道、紧急停车车道的断面，可参照上述步骤绘制。

一条道路的横断面图数量极大，为提高手工绘制的工作效率，可事先制作若干透明模板；但根本的解决办法是“路线 CAD”，它不但能准确自动绘制横断面图，而且能自动解算横断面面积(关于路线 CAD 的介绍，将在本书第十章进行介绍)。

对于一般的横断面设计，可利用路基透明模板进行“戴帽子”。对特殊情况下的横断面，则必须按照路基课程中所讲述的原理和方法进行特殊设计，绘图比例尺也应按需要采用。

4. 路基设计表

路基设计表是路线设计和路基设计成果的体现，在道路设计文件中占有重要地位，其样式见表 5.15。

表 5.15 路基设计

××公路××段

桩号	平曲线	变坡点高程桩号及坡度、坡长	竖曲线	地面标高	设计高	填挖高度/m		路基宽/m		路边及中桩与设计高之高差/m			施工时中桩/m		边坡1∶m		护坡道				边沟						坡脚坡口至中桩距离		备注
																	护坡道宽		坡度1∶m		坡度/%		形状	底宽/m	沟深/m	内坡			
						填	挖	左	右	左	中桩	右	填	挖	左	右	左	右	左	右	左	右					左	右	
K2+100.00		K2+100 i=−0.65% L=400		160.76	159.92		0.84	7.50	7.50	0.00	0.15	0.00		0.69															
+120.00				161.56	159.75		1.81	7.50	7.50	0.00	0.15	0.00		1.66															
+140.00				164.03	159.59		4.44	7.50	7.50	0.00	0.15	0.00		4.29															
+160.00				164.23	159.43		4.80	7.50	7.50	0.00	0.15	0.00		4.65															
+180.00				162.15	159.28		2.87	7.50	7.50	0.00	0.15	0.00		2.72															
+200.00				163.17	159.14		4.03	7.50	7.50	0.00	0.15	0.00		3.88															
+220.00				163.20	159.00		4.20	7.50	7.50	0.00	0.15	0.00		4.05															
+240.00				163.87	158.87		5.00	7.50	7.50	0.00	0.15	0.00		4.85															
+260.00			+243.5	165.69	158.74		6.95	7.50	7.50	0.00	0.15	0.00		6.80															
+280.00				166.31	158.61		7.70	7.50	7.50	0.00	0.15	0.00		7.55															
+300.00				166.36	158.48		7.88	7.50	7.50	0.00	0.15	0.00		7.73															
ZH+315.89				166.30	158.37		7.93	7.50	7.50	0.00	0.15	0.00		7.78															
+340.00				166.06	158.22		7.84	7.50	7.71	0.59	0.29	−0.04		7.55															
HY+360.89				166.06	158.08		7.98	7.50	7.90	1.11	0.51	−0.12		7.47															
+380.00				166.20	157.96		8.24	7.50	7.90	1.11	0.51	−0.12		7.73															
+400.00	JD5 78°53′21″R=200 Lh1=45 Lh2=45 T1=187.38 T2=187.38 L=320.375 E=59.533		+404.6	166.01	157.83		8.18	7.50	7.90	1.11	0.51	−0.12		7.67															
+420.00			凹 R=18000 T=95.4 E=25	165.95	157.70		8.25	7.50	7.90	1.11	0.51	−0.12		7.74															
+440.00				165.61	157.60		8.01	7.50	7.90	1.11	0.51	−0.12		7.50															
+460.00				165.63	157.52		8.11	7.50	7.90	1.11	0.51	−0.12		7.60															
QZ+476.08		157.175		166.02	157.47		8.55	7.50	7.90	1.11	0.51	−0.12		8.04															
+500.00		K2+500 i=0.41% L=400		166.05	157.43		8.62	7.50	7.90	1.11	0.51	−0.12		8.11															
+520.00				166.02	157.41		8.61	7.50	7.90	1.11	0.51	−0.12		8.10															
+540.00				165.43	157.42		8.01	7.50	7.90	1.11	0.51	−0.12		7.50															
+560.00				165.89	157.46		8.43	7.50	7.90	1.11	0.51	−0.12		7.92															
+580.00				163.21	157.51		5.70	7.50	7.90	1.11	0.51	−0.12		5.19															
YH+591.27				164.13	157.55		6.58	7.50	7.90	1.11	0.51	−0.12		6.07															
+600.00				163.60	157.59		6.01	7.50	7.82	0.89	0.42	−0.09		5.59															
+620.00				162.86	157.67		5.19	7.50	7.64	0.40	0.20	−0.02		4.99															
GQ+636.27				161.35	157.73		3.62	7.50	7.50	0.00	0.15	0.00		3.47															

5.6.2　城市道路横断面设计

1. 横断面设计图

当按照城市道路的交通性质、地形条件以及近期与远期相结合的原则确定了横断面组成和宽度以后，即可绘制横断面设计图。城市道路的横断面设计图与公路横断面图的作用是相同的，即为指导施工和计算土石方数量。

城市道路横断面设计图一般要用的比例尺为1∶100或1∶200，在图上应绘出红线宽度、行车道、人行道、绿化带、照明、新建或改建的地下管道等各组成部分的位置和宽度，以及排水方向、路面横坡等，如图 5.33 所示。

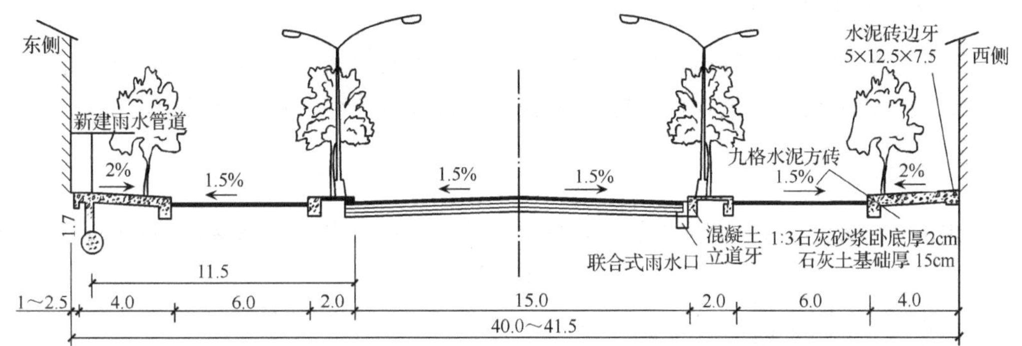

图 5.33　城市道路横断面设计图(单位:m)

2. 横断面现状图

沿道路中线每隔一定距离绘制横断面地面线。若属旧街道的改建，实际上就是横断面现状图。图中包括地形、地物、原街道的各组成部分、边沟、路侧建筑等。比例尺为1∶100或1∶200。有时为了更加明显地表现地形和地物高度的变化，也可采用纵、横不同的比例尺绘制。

3. 横断面施工图

在完成道路纵断面设计之后，各中线上的填挖高度则为已知。将这一高度点绘在相应的横断面现状图上，然后将横断面设计图以相同的比例尺画于其上，如图 5.34 所示。横断面施工图反映了各断面上的填、挖和拆迁界线，是施工时的主要根据。

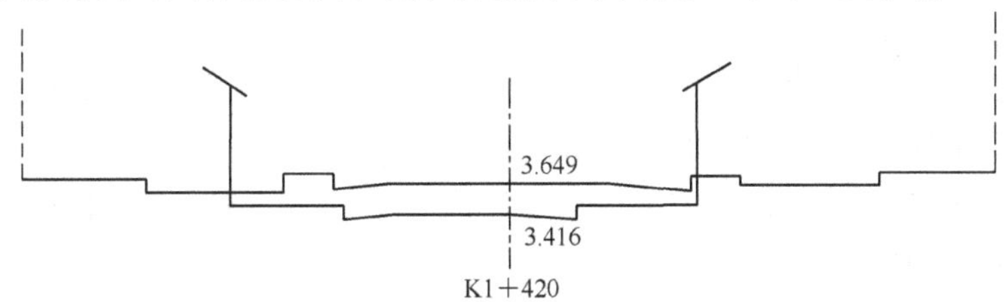

图 5.34　施工横断面施工图(单位:m)

5.7 路基土石方数量计算及调配

路基土石方是公路工程的一项主要工程量,在公路设计和路线方案比较中,路基土石方数量的多少是评价公路勘测设计质量的主要技术经济指标之一。在编制公路施工组织计划和工程概预算时,还需要确定分段和全线的路基土石方数量。

地面形状是很复杂的,填挖方不是简单的几何体,所以其计算只能是近似的,计算的精确度取决于中桩间距、测绘横断面时采点的密度和计算公式与实际情况的接近程度等。计算时一般应按工程的要求,在保证使用的前提下力求简化。

5.7.1 横断面面积计算

路基填挖的断面积是指断面图中原地面线与路基设计线所包围的面积,高于地面线者为填,低于地面线者为挖,两者应分别计算。下面介绍几种常用的面积计算方法。

1. 积距法

如图 5.35 所示,将断面按单位横宽划分为若干个梯形与三角形条块,每个小条块的近似面积为

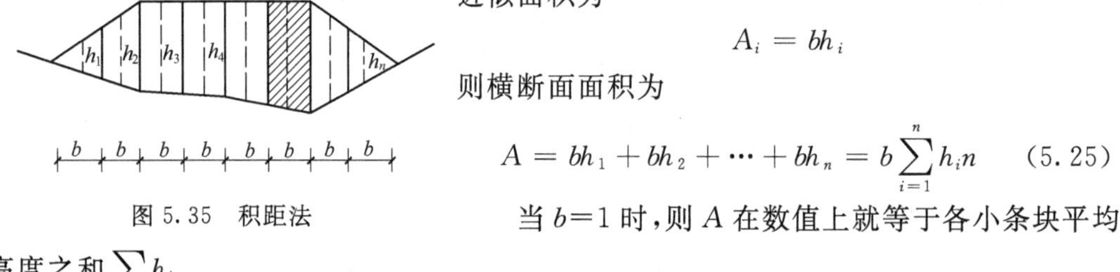

图 5.35 积距法

$$A_i = bh_i$$

则横断面面积为

$$A = bh_1 + bh_2 + \cdots + bh_n = b\sum_{i=1}^{n} h_i n \qquad (5.25)$$

当 $b=1$ 时,则 A 在数值上就等于各小条块平均高度之和 $\sum h_i$。

要求得 $\sum h_i$ 的值,可以用卡规逐一量取各条块高度的累积值。当面积较大卡规张度不够用时,也可用厘米方格纸折成窄条代替卡规量取积距。用积距法计算面积简单、迅速。若地面线较顺直,也可以增大 b 的数值;若要进一步提高精度,可增加测量次数最后取其平均值。

2. 坐标法

如图 5.36 所示,已知断面图上各转折点坐标(x_i, y_i),则断面面积为

$$A = \frac{1}{2}\sum_{i=1}^{n}(x_i y_{i+1} - x_{i+1} y_i) \qquad (5.26)$$

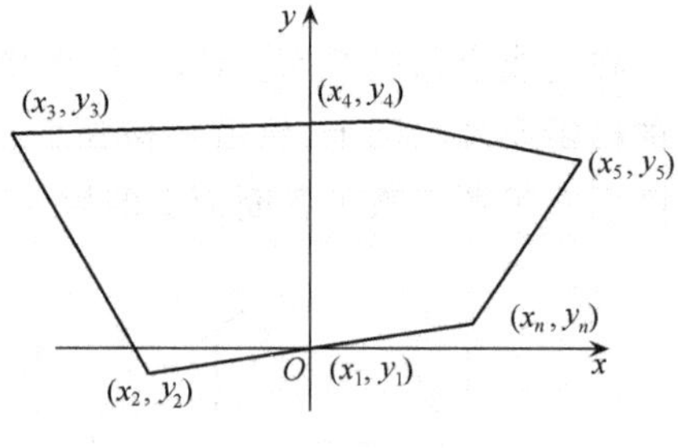

图 5.36 坐标法

坐标法的精度较高,宜用计算机计算。计算横断面面积还有几何图形法、数方格法、求积仪法等,在此不一一介绍。

5.7.2　土石方数量计算

若相邻两断面均为填方或均为挖方且面积大小相近，可假定两断面之间为一棱柱体（图 5.37），其体积的计算公式为

$$V=\frac{1}{2}(F_1+F_2)L \tag{5.27}$$

式中：V——体积，即土石方数量（m^3）；

F_1、F_2——相邻两断面的面积（m^2）；

L——相邻断面之间的距离（m）。

此法计算简易，较为常用，一般称为平均断面法。

若 F_1 和 F_2 相差甚大，则与棱台更为接近。其计算公式为

$$V=\frac{1}{3}(F_1+F_2)L\left(1+\frac{\sqrt{m}}{1+m}\right) \tag{5.28}$$

式中：$m=\frac{F_1}{F_2}$，其中 $F_2>F_1$。

第二种方法的精度较高，应尽量采用，特别是用计算机计算时。

用上述方法计算的土石方体积是包含路面体积的。若所设计的纵断面有填有挖且基本平衡，则填方断面中多计的路面面积与挖方断面中少计的路面面积相互抵消，其总体积与实施体积相差不大。但若路基是以填方为主或以挖方为主，则最好是在计算断面面积时将路面部分计入，也就是填方要扣除、挖方要增加路面所占的那一部分面积，特别是路面厚度较大时更不能忽略。

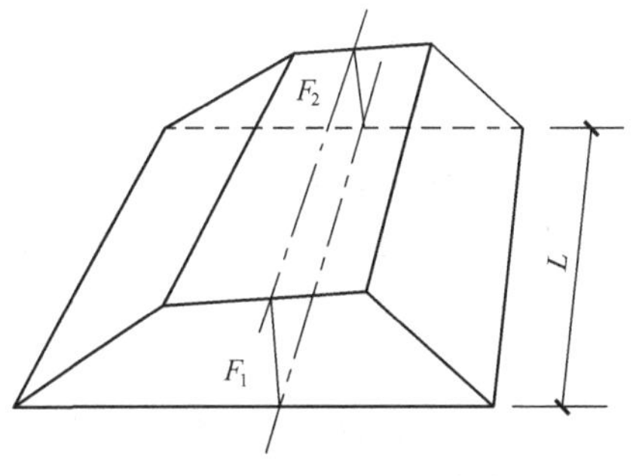

图 5.37　体积计算

5.7.3　路基土石方调配

路基土石方调配的目的是确定填方用土的来源、挖方弃土的去向，以及计价土石方的数量和运量等。通过合理地调配解决各路段土石方平衡与利用问题，使从路堑挖出的土石方，在经济合理的调运条件下移挖作填，达到填方有所“取”，挖方有所“用”，避免不必要的路外借土和弃土，以减少占用耕地和降低公路造价。

1. *土石方调配原则*

1）在半填半挖断面中，应首先考虑在本路段内移挖作填进行横向平衡，然后再作纵向调配，以减少总的运输量。

2）土石方调配应考虑桥涵位置对施工运输的影响，一般大沟不做跨越调运，同时应注意施工的可能与方便，尽可能避免和减少上坡运土。

3）为使调配合理，必须根据地形情况和施工条件，选用适当的运输方式，确定合理的

经济运距，用以分析工程用土是调运还是外借。

4）土方调配“移挖作填”固然要考虑经济运距问题，但这不是唯一的指标，还要综合考虑弃方或借方占地，赔偿青苗损失及对农业生产的影响等。有时移挖作填虽然运距超出一些，运输费用可能稍高一些，但如能少占地，少影响农业生产，这样，对整体来说也未必是不经济的。

5）不同的土方和石方应根据工程需要分别进行调配，以保证路基稳定和人工构造物的材料供应。

6）位于山坡上的回头曲线路段，要优先考虑上下线的土方竖向调运。

7）土方调配对于借土和弃土应事先同地方商量，妥善处理。借土应结合地形、农田规划等选择借土地点，并综合考虑借土还田，整地造田等措施。弃土应不占或少占耕地，在可能条件下宜将弃土平整为可耕地，防止乱弃乱堆，或堵塞河流，损坏农田。

2. 土石方调配方法

土石方调配方法有多种，如累积曲线法、调配图法及土石方计算表调配法等，目前生产上多采用土石方计算表调配法，该法不需绘制累积曲线图与调配图，直接可在土石方表上进行调配，其优点是方法简捷，调配清晰，精度符合要求。该表也可由计算机自动完成。具体调配步骤如下。

1）土石方调配是在土石方数量计算与复核完毕的基础上进行的，调配前应将可能影响运输调配的桥涵位置、陡坡、大沟等注在表旁，供调配时参考。

2）弄清各桩号间路基填挖方情况并作横向平衡，明确利用、填缺与挖余数量。

3）在作纵向调配前，应根据施工方法及可能采取的运输方式定出合理的经济运距，供土石方调配时参考。

4）根据填缺挖余分布情况，结合路线纵坡和自然条件，本着技术经济和支农的原则，具体拟定调配方案。方法是逐桩逐段地将毗邻路段的挖余就近纵向调运到填缺内加以利用，并把具体调运方向和数量用箭头标明在纵向利用调配栏中。

5）经过纵向调配，如果仍有填缺或挖余，则应会同当地政府协商确定借土或弃土地点，然后将借土或弃土的数量和运距分别填注到借方或废方栏内。

6）土石方调配后，应按下式进行复核检查：

$$横向调运+纵向调运+借方=填方$$

$$横向调运+纵向调运+弃方=挖方$$

$$挖方+借方=填方+弃方$$

以上检查一般是逐页进行复核的，如有跨页调配，须将其数量考虑在内，通过复核可以发现调配与计算过程有无错误。经核证无误后，即可分别计算计价土石方数量、运量和运距等，为编制施工预算提供土石方工程数量。

3. 关于调配计算的几个问题

(1) 经济运距

填方用土来源，一是路上纵向调运，二是就近路外借土。一般情况下，调运路堑挖方来填筑距离较近的路堤还是比较经济的。但如调运的距离过长，以致运价超过了在填方附近借土所需的费用时，移挖作填就不如在路堤附近就地借土经济。因此，采取"调"还是"借"，有个限度距离问题，这个限度距离即"经济运距"，其值为

$$L_j = \frac{B}{T} + L_m \tag{5.29}$$

式中：B——借土单价(元/m^3)；

T——远运运费单价[元/(m^3·km)]；

L_m——免费运距(km)。

根据定额规定，土方作业包括：挖、装、运、卸四项工序，在规定距离内(一般人工运输为20m，轻轨运输为50m，汽车运输为1000m)只按方量计价，不另计运费，这一规定不单独计价的基本运距称为免费运距。在纵向调运计算运距时应扣除免费运距 L_m。

由上可知，经济运距是确定借土或调运的限界，当调运距离小于经济运距时，采取纵向调运是经济的，反之，可考虑就近借土。

(2) 平均运距

土方调配的运距是指从挖方体积的重心到填方体积的重心之间的距离。在路线工程中为简化计算起见，这个距离可简单地按挖方断面间距中心至填方断面间距中心的距离计算，称平均运距。

在纵向调配时，当其平均运距超过定额规定的免费运距，应按其超运运距计算土石方运量。

(3) 运量

土石方运量为平均运距与土石方调配数量的乘积。

在生产中，工程定额是将平均运距每10m划为一个运输单位，称为"级"，20m为两个运输单位，称为二级，余类推。在土方计算表内可用符号①、②表示，不足10m时，仍按一级计算或四舍五入，于是

$$总运量 = 调配(土石方)方数 \times n$$

式中：n——平均运距单位(级)，其值为

$$n = \frac{L - L_m}{10} \tag{5.30}$$

其中：L——平均运距；

L_m——免费运距。

在土石方调配中，所有挖方无论是"弃"或"调"，都应予以计价。但对于填方则不然，要根据用土来源决定是否计价。如果是路外借土，那当然要计价，倘若是移挖作填调配利用，则不应再计价，否则形成双重计价。因此，计价土石方必须通过土石方调配表来确定其数量为

$$计价土石方数量 = 挖土数量 + 借方数量$$

一般工程上所说的土石方总量，实际上是指计价土石方数量。一条公路的土石方总量，一般包括路基工程、排水工程、临时工程、小桥涵工程等项目的土石方数量。对于独立大、中桥梁、长隧道的土石方工程数量应另外计算。

思考与习题

5.1 划分公路用地和城市道路红线的意义是什么?怎样划定公路的建筑界限?

5.2 公路路肩和城市道路人行道的组成及作用是什么?

5.3 路拱的作用是什么?有哪些基本形式?

5.4 公路的超高设置有哪些方式?试述城市道路与公路的超高方式有何不同?

5.5 道路设置加宽的作用是什么?怎样设置?制定加宽值标准的原理是什么?

5.6 简述道路土石方计算的基本原理和方法。怎样对土石方计算进行校核?

5.7 城市道路横断面布置有哪些基本形式?综述各基本形式的特点及适用情况。

5.8 什么是路缘带?其作用是什么?在什么情况下公路需设置路缘带?

5.9 名词解释:

建筑限界 加宽 计价土石方 经济运距 道路红线 中间带 右侧路缘带 分离式断面 积距法

5.10 某三级公路,设计速度 $V=30\text{km/h}$,路面 $B=7\text{m}$,路拱 $i_g=2\%$。路肩 $a=0.75\text{m}$,$i_j=3\%$。一弯道 $\alpha=34°50'08''$,$R=150\text{m}$,$l_h=40\text{m}$,交点桩号为 K7+086.42。试求下列桩号的路基路面宽度和横断面上 5 个特征点的高程与设计高之高差:

1) K7+030;

2) K7+080;

3) K7+140;

4) K7+160[圆曲线上的全加宽与超高值按《公路路线设计规范》(JTG D20—2017)取值]。

5.11 某双车道公路,设计速度 $V=60\text{km/h}$,路基宽度 8.5m,路面宽度 7.0m。弯道 $R=125\text{m}$,$L_S=50\text{m}$,$\alpha=51°32'48''$。弯道内侧中心附近的障碍物距路基边缘 3m。试检查该弯道能否保证停车视距和超车视距?若不能保证,清除的最大宽度是多少?

第六章　道路选线与定线

6.1　概　　述

道路选线与定线就是根据道路的使用任务、性质、公路的等级和技术标准，在规划的起点、终点之间结合地形、地质、水文及其他沿线条件，综合考虑平、纵、横三方面因素，在实地或纸上选定道路中心线的确切位置，然后进行有关测量和设计工作。它包括从路线总体设计、路线方案比较、路线布局到具体设计出道路的平面、纵断面和横断面的全过程。

选线与定线是道路路线设计的重要环节，选定出的路线是否合理将直接影响到道路的质量、工程造价以及道路使用条件、安全性和使用年限。由于在路线起、终点间，地形、地质、水文、气候等自然条件以及社会、经济条件复杂多变，可能的路线方案较多，路线平、纵、横三方面又相互影响和制约，以及路线位置对公路的构造物和其他沿线设施影响很大，使选、定线工作变得十分复杂。因此，选线与定线是一项涉及面广、影响因素多、政策性和技术性都很强的工作。为了保证选、定线和勘测设计的质量，提高汽车行驶的舒适性、安全性，降低工程造价，必须各方面综合考虑，由粗到细，由轮廓到具体，逐步深入，分阶段分步骤地加以分析和比较，进行多方案比选后，才能定出最合理的路线。

6.1.1　选线的原则

路线是道路的骨架，它的优劣关系到道路功能的发挥和在路网中能否起到应有的作用。路线设计除受地形、地质、水文、气候等自然条件影响外，还受诸多社会、经济等因素的制约。因此，选线要综合考虑多方面因素，妥善处理好各方面的关系。选线的原则包括以下几个方面。

1）在道路设计的各个阶段，应运用各种先进手段对路线方案做深入、细致的研究，在多方案论证、比选的基础上，选定最优路线方案。

2）路线设计应在保证行车安全、舒适、迅速的前提下，做到工程量小、造价低、营运费用省、效益好，并有利于施工和养护。在工程量增加不大时，应尽量采用较高的技术指标，不要轻易采用最小指标或极限指标，也不应片面追求高指标。

3）选线应注意同农田基本建设相配合，做到少占田地，并应尽量不占高产田、经济作物田或穿过经济林园(如橡胶林、茶林、果园)等。

4）通过名胜、风景、古迹地区的道路，应与周围环境、景观相协调，并适当照顾美观。注意保护原有自然状态和重要历史文物遗址。

5）选线时应对工程地质和水文地质进行深入勘测调查，查清其对道路工程的影响。对于滑坡、崩坍、岩堆、泥石流、岩溶、软土、泥沼等严重不良地质地段和沙漠、多年冻土等特殊地区，应慎重对待，一般情况下路线应设法绕避。当必须穿过时，应选择合适位置，缩小穿越范围,并采取必要的工程措施。

6) 确定路线走廊带应考虑走廊带内各种运输体系及不同层次路网间的分工与配合,按照其功能统筹规划,近远期结合,合理布局。

7) 应考虑同农田与水利建设、矿产资源开发和城市发展等规划的配合。

8) 应尽可能避让不可移动文物、水源地和自然保护区。

9) 应保持与易燃、易爆等危险源及污染源间的安全距离。

10) 公路改扩建工程应注重节约资源,坚持利用与改扩建相结合的原则,合理、充分利用原有工程。

11) 选线应重视环境保护,注意由于修建道路及汽车运行所产生的影响和污染等问题。具体应注意以下几个方面:①路线对自然景观与资源可能产生的影响;②占地、拆迁房屋所带来的影响;③路线对城镇布局、行政区划、农业耕作区、水利排灌体系等现有设施造成分割而产生的影响;④噪声对居民的影响;⑤汽车尾气对大气、水源、农田所造成的污染及影响;⑥对自然环境、资源的影响和污染的防治措施及其对策实施的可能性。

上述选线原则,适用于各级道路。但在掌握这些原则上,不同等级的道路,会有不同的侧重。如高速公路主要是为起终点及中间重要控制点间快速直达交通服务的,该功能决定了它的路线走向不应偏离总方向太远,需要与沿线城镇连接时,宜用支线连接。对于等级低的地方道路主要是为地方交通服务,在合理的范围内,多联系一些城镇也是必要的。

6.1.2 公路选线要求

1) 对路线所经区域、走廊带及其沿线的工程地质和水文地质应进行深入调查、勘察,查清其对公路工程的影响程度。遇有不良工程地质的地段应视其对路线的影响程度,分别对绕、避、穿等方案进行比选论证。

2) 调查沿线各类敏感点及矿产资源,并研究其对路线方案的影响,合理选择线位。

3) 高速公路和一级公路与沿线主要交通源衔接,应利用区域路网或新建连接道路。

4) 二级公路、三级公路在遵循项目总体功能和走向的基础上,应尽量避免穿越城镇。

5) 应协调桥梁、隧道、互通式立体交叉、服务区等构造物的位置和高程等关系。

6) 山岭区选线应充分利用地形条件,合理确定垭口位置,应尽量避免高填深挖等现象。

7) 应综合考虑与相关公路、铁路、输电线路、油气管道等的平行或交叉关系,合理利用走廊带资源,节约占地。

8) 平原区选线宜采用较高的技术指标,尽量避免采用长直线或小偏角平曲线。

9) 沿河(溪)线选线时,应根据设计洪水位,结合地形、地质合理确定线位高程,必要时应对桥梁与路基方案进行比选论证。

6.1.3 选线的步骤和方法

在规划道路的起点、终点和中间控制点之间,可能有多种路线方案。选线的任务就是在这多个方案中选出一条符合设计要求、既经济又合理的最优方案。因为影响选线的因素很多,这些因素有的互相矛盾,有的又相互制约,各因素在不同场合的重要程度也不相同,不可能一次就找出理想方案来。最有效的做法是通过分阶段,由粗到细,反复比选来得到最佳方案。一般按以下三个步骤进行。

(1) 全面布局

全面布局就是确定起、终点间路线的基本走向,即在路线总方向(路线的起点、终点和任务书规定必须经过的中间主要控制点)间,寻找出最合理的"通过点"作为大控制点,这些大控制点连线即路线基本走向。此项工作通常是先在小比例尺[(1∶10 000)~(1∶100 000)]地形图上从较大面积范围内找出各种可能的路线方案,收集各方案的有关资料,进行初步评选,确定几条有进一步比较价值的方案。然后进行现场勘察,通过多方案的比选得出一个最佳方案。当没有地形图时,可采用调查或踏勘方法现场收集资料,进行方案比选。当地形复杂或地区范围很大时,可以通过航空视察,或使用遥感与航摄资料进行选线。

(2) 逐段安排

逐段安排就是在路线基本走向选定的基础上,以相邻主要控制点间划分段落,根据道路标准,按地形、地质、水文、气候等自然条件选定出一些细部控制点,连接这些控制点,即构成路线带。这样就构成了路线的雏形。这些细部控制点的取舍,仍是通过比选的办法来确定的。加密控制点一般应该在比例尺为(1∶1000)~(1∶5000)的地形图上进行,只有在地形简单、方案明确的路段,才可以现场直接选定。这一步工作如果做得仔细,研究得周到,就可以减少以后不必要的改线与返工。

(3) 具体定线

具体定线就是在逐段安排后确定的小控制点间,结合技术标准、自然条件及其他有关条件,在有利的路线带内进行平、纵、横三方面综合设计,具体定出道路中线的确切位置。

6.1.4 路线方案的比选

路线方案是根据指定的路线总方向和道路的使用任务、性质及其在道路网中的作用,综合考虑了社会、经济、生活等各方面因素和复杂的自然条件等拟定的路线走向。路线方案的选择是路线设计中最根本的问题。方案是否合理,不但直接关系到道路本身的工程投资和运输效率,更重要的是影响到路线在道路网中是否起到应有的作用,即是否满足国家的政治、经济、国防上的要求和长远利益。路线方案的比选就是在路线的起、终点及中间必须经过的城镇或地点间的各种可能的路线方案中,在深入调查的基础上,综合考虑各方面因素,通过比选,最终提出最合理的路线方案。

1. 影响路线方案选择的主要因素

由上述路线方案拟定的过程可以看出,影响路线方案选择的因素很多,应综合考虑以下主要因素。

1) 路线在政治、经济、国防上的意义,国家或地方建设对路线使用任务、性质的要求,改革开放、综合利用、战备等重要方针的体现程度。

2）路线在铁路、公路、水运、航空等综合交通运输系统中的作用，与沿线工矿、城镇等规划的关系，以及与沿线农田水利等建设的配合及用地情况。

3）沿线地形、地质、水文、气象等自然条件的影响。对于严重不良地质的地区、缺水地区、高烈度地震区以及高大山岭、困难峡谷等自然障碍，选线时宜考虑绕避。

4）道路要求的路线技术等级与实际可能达到的技术标准及其对路线使用任务、性质的影响。

5）路线长度、筑路材料来源、施工条件以及工程量、“三材”（钢筋、木材、水泥）用量、造价、工期、劳动力等情况及其对运营、施工、养护等方面的影响。

6）其他如与沿线旅游景点、历史文物、风景名胜的联系等。

影响路线方案选择的因素是多方面的，各种因素又多是互相联系和互相影响的。路线应在满足使用任务和性质要求的前提下，综合考虑自然条件、技术标准和技术指标、工程投资、施工期限和施工设备等因素，通过多方案的比较，精心选择，提出合理的推荐方案。

2. 路线方案比选的方法与步骤

最优路线方案是通过许多方案的比选确定的。指定的两个“据点”之间的自然情况越复杂、距离越长，可能的比较方案就越多，需要淘汰的方案也就越多。受目前设计手段以及自然条件的限制，不可能对每条路线都进行实地勘察，因而要尽可能收集已有资料，先在室内进行研究筛选，然后就较好的且优劣难辨的有限方案进行调查或踏勘。路线方案比选的方法与步骤如下。

(1) 收集资料

为了做好公路选线工作，必须尽可能收集现有资料，以减少勘测调查的工作。要收集的主要资料有以下几类。

1）各种比例尺的地形图、地质图、卫星照片、航摄照片和以往的勘测设计、规划、计划等有关的资料。

2）交通量及交通组成等交通调查资料。

3）相邻道路的主要技术标准、平面与纵断面图、交通量以及设计、施工和运营资料。

4）路线行经地区的地质、水文、气候等自然条件方面的有关资料。

5）路线行经地区的城镇、工矿、铁路、航空、水利建设和规划资料。

6）与路线方案有关的统计资料。

(2) 初拟路线方案

根据确定了的路线总方向和公路等级，先在小比例尺（1∶50 000 或 1∶100 000）的地形图上结合收集的资料，初步研究各种可能的路线走向。研究重点应放在地形、地质、地物复杂、外界干扰多和牵涉面大的段落，如可能沿哪些溪沟，越哪些垭口，路线经城镇或工矿区时，是穿过、靠近还是避开而以支线连接等。设计人员要进行多种方案的比选，提出哪些方案应进行实地踏勘。

(3) 确定可比方案

对初拟的各种可能方案，在室内进行详细研究对比，并征求用路单位及与路线有干扰的部门意见，将劣势明显的方案予以淘汰，并提出应进行视察或踏勘的路线方案。对于某些重要的或地形极为复杂、牵涉面较大的路线，有条件时还可利用航测照片进行室内研究和初步比选，最终确定可比方案。

(4) 野外踏查

按室内初步研究提出的可比方案进行实地踏查，连同野外踏查中发现的新方案，都必须坚持跑到、看到、调查到，不遗漏一个可能的方案。野外踏查要求完成以下几个方面内容。

1) 初步落实各“据点”的具体位置，路网规划所指定的控制点如确因干扰或技术上有很大困难或发现不合理必须变动，应及时反映，并经过分析论证提出变动的理由，报有关部门审定。

2) 对路线、大桥、隧道均应提出推荐方案。对于确因限于调查条件不能肯定取舍的比较方案，应提出进一步勘测比较的范围和方法。

3) 分段提出采用技术标准和主要技术指标的意见。

4) 在深入踏查的基础上，通过比较，选定路线必经的控制点，如越岭的垭口、跨较大河流的桥位、与铁路或其他公路交叉地点以及应绕避的城镇及大型的不良地质地段等。对于地形、地质、地物情况复杂的地区，应提出路线具体布局的意见。

5) 分段估算各种工程量，如路基土石方数量，路面工程量，桥梁、涵洞、隧道、挡土墙等的长度、类型、式样和工程数量等。

6) 筑路材料调查。调查当地生产材料(如砂石材料、石灰等)和外购材料(如钢筋、水泥、木材等)的规格、价格、运距、运输方式、供应数量等情况。

7) 其他如沿线民族习惯、居住、生活供应、水源、运输条件、气候特征、沿线林木覆盖、地形险阻等情况也应进行调查，为下一步勘测提供情况。

(5) 确定推荐方案

对室内比选及野外踏查后确定的少数几个较优的、优劣难辨的方案，进行指标计算，最后经过指标对比及综合评价确定推荐方案。

3. 路线方案比选的评价指标

路线方案比选的评价指标较多，主要有技术、经济、政策及国防上的意义、交通网系中的作用及联系城镇的多少等指标，现只介绍技术及经济两类评价指标。

(1) 技术指标

1) 路线长度及其增长系数。路线的增长系数为

$$\gamma = \frac{L}{P} \times 100\% \tag{6.1}$$

式中：γ——路线增长系数；

L——路线实际长度；

P——路线起点、终点间的直线距离。

初步比选时,有时可只计算路线方案各主要控制点间直线距离之和。而不计算路线实际长度,这时计算出的系数称为路线技术延长系数,其值一般在1.05~1.20,视地形条件而异。

2) 转角数。可分为全线的转角数和每公里的转角数。转向角是反映路线曲折变化的一项指标。

3) 转角总和与转角平均度数。转角值是体现路线顺直程度的一种技术指标。转角平均度数为

$$\bar{\alpha} = \sum_{i=1}^{n} \alpha_i / n \tag{6.2}$$

式中:$\bar{\alpha}$——转角平均度数(°);

α_i——任一个转角的度数(°);

n——转角个数。

4) 最小平曲线半径及个数。

5) 回头曲线个数。

6) 与原有公路及铁路的交叉数目(包括平面交叉和立体交叉)。

7) 限制设计速度的路段长度(指居住区、小半径转弯处、交叉点及陡坡路段)。

(2) 经济指标

1) 土石方工程数量。

2) 桥涵工程数量(分为大桥、中桥、小桥涵的座数、类型及长度)。

3) 路面工程数量。

4) 特殊工程构造物数量(包括挡土墙、隧道、护坡、地质不良地段的加固工程等)。

5) 主要材料用量。

6) 工程总造价。

7) 投资回收期。

8) 效益费用比。

9) 净现值。

10) 内部收益率。

以上这些指标在进行方案比选时,并不是每项都用到,而是根据工程项目的具体情况,抓住可以比较的控制方案的重点指标,针对关键加以对比分析,选定一个切实可行的最优方案。

4. 路线方案比选示例

下面举例说明路线方案选择的过程。

【例 6.1】 图6.1为某干线公路,根据公路网规划要求按三级公路标准进行视察,一共视察了四个方案,各方案的主要技术经济指标汇总见表6.1。

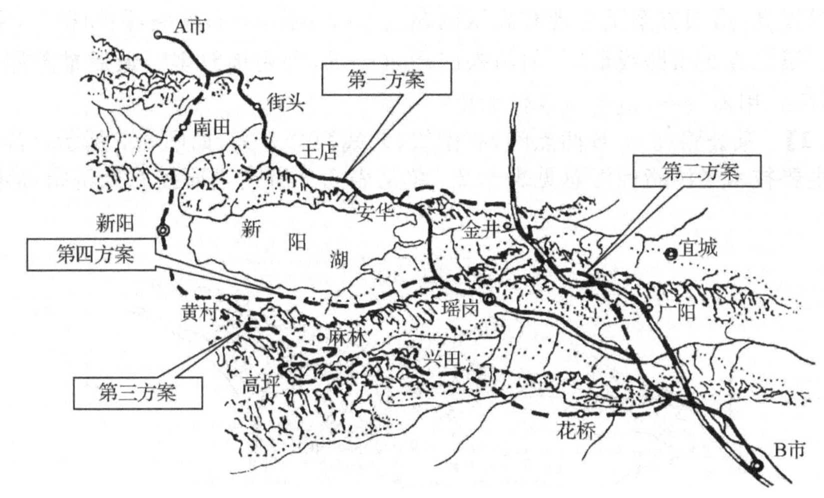

图 6.1　路线方案比选示意图一

表 6.1　某公路各方案主要指标比较

指标		单位	第一方案	第二方案	第三方案	第四方案
通过县(市)		个	29	29	32	31
路线总长度*		km	1 360	1 347	1 510	1 476
新建路线长度		km	133	200	187	193
改建路线长度		km	1 227	1 147	1 323	1 283
地形:平原、微丘		km	567	677	512	615
山岭、重丘		km	793	670	998	861
用地		km^2	1 525	1 913	2 092	1 928
工程数量	土方	$10^4 m^3$	382	492	528	547
	石方	$10^4 m^3$	123	75	82	121
	次高级路面	km^2	5 303	5 582	4 449	5 645
	大、中桥	m/座	1 542/16	1 802/20	1 057/13	1 207/15
	小桥	m/座	1 084/57	846/54	980/52	1 566/82
	涵洞	道	977	959	1 091	1 278
	挡墙	m^3	73 530	53 330	99 770	111 960
	隧道	m/处	300/1	—	290/1	—
材料	钢材	t	1 539	1963	1 341	1 469
	木材	m^3	18 237	19 052	18 226	19 710
	水泥	t	30 609	39 159	31 288	33 638
劳动力		万工日	1 617	1 773	1 750	1 920
总造价		万元	5 401	5 674	5 189	5 966
比较结果			推荐			

* 路线总长度＝新建路线长度＋改建路线长度。

比选结果，第三、第四方案路线过于偏离总方向，较第一、二方案长 100～150km，虽能多联系两三个县、市，但对发展地区经济所起的作用不大。第三方案线形指标较低，将来改建难以提高;第四方案又与现有高压电缆线连续干扰,不易解决,因而第三、第四方案不宜采用。第二方案虽路线最短,但与铁路严重干扰,且用地较多。最后推荐路线较短、线形标准较高、用地最省、造价也较低的第一方案。

【例 6.2】 某公路在 A、B 两点间,有南线、北线两个方案,如图 6.2 所示。经视察,两个方案的主要技术经济指标汇总见表 6.2。单从表 6.2 所列主要技术经济指标难以看出优劣。

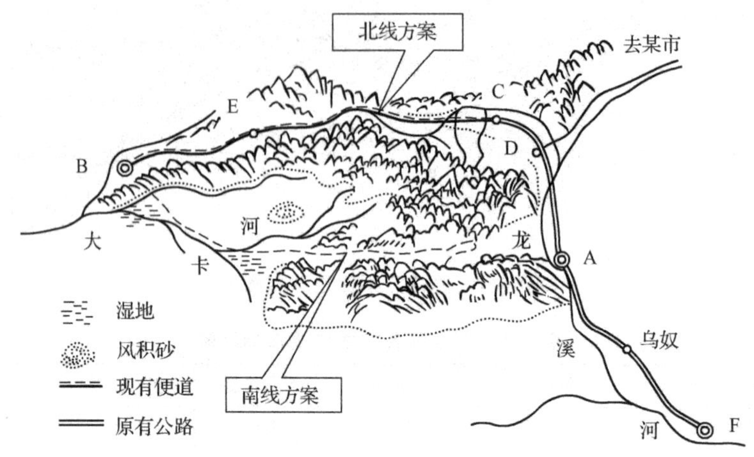

图 6.2 路线方案比选示意图二

如路线仅系连接 F、B 两地,则南线要近 23km,显然直捷得多。但从公路网规划需要考虑从安渡通往某市,则经南线通往某市反而绕远 11km,远不如北线直捷。两个方案都有积雪问题。南线垭口海拔为 3000m,北线垭口海拔为 3300m。南线积雪虽较北线薄,且距离短,但越岭地形较陡,需要展线 6.5km,积雪难以处理;同时,南线越岭段东侧有一段线形指标低,工程集中,且有岩堆、崩塌、风积沙等病害需要处理。北线沿线地形平坦,越岭不需展线,线形指标较高。北线另一有利因素是全线均有旧路或便道可以利用,其中 A 至 F 的旧路,略加改善即可达到新建标准,比南线(几乎都是新建)工程要省些,施工也较方便。

表 6.2 某公路南、北线方案主要指标比较

指标		单位	南线方案	北线方案
路线总长度		km	118	141
新建长度		km	112	—
改建长度		km	6	141
工程数量	土方	10^4m^3	83	103
	石方	10^4m^3	15	10
	路面	km^2	708	594
	桥梁	m/座	110/8	84/15
	涵洞	道	236	292
	防护	m^3	6300	1300
比较结果				推荐方案

综合上述分析,推荐北线方案。

6.2　不同地形条件下路线走向的选择

6.2.1　平原区选线

1. 平原区路线特点

平原区地势平坦，地面自然坡度平缓，一般在3°以内。除泥沼、盐渍土、河谷漫滩、草原、戈壁、沙漠等外，一般人烟稠密，农业发达。村镇、农田、河流、湖泊、水塘、沼泽、盐渍土等为平原地区较常遇到的自然障碍。平原地区选线的主要特征是克服平面障碍。

虽然平原区地势平坦，路线纵坡及曲线半径等几何要素比较容易达到较高的技术标准，但往往由于受当地自然条件和地物的影响以及支农的需要，选线时应综合考虑多方面的因素。

平原区地形对路线的限制不大。路线的基本线形应是短捷、顺直。两控制点之间，如无地物、地质等障碍和应照顾的风景、文物及居民点等，则与两点直接连线相吻合的路线是最理想的。但这只有在戈壁滩里和大草原上，才有此可能。而在一般地区，农田密布，灌溉渠道网纵横交错，城镇、工业区较多，居民点也较稠密。由于这些原因，按照公路的使用任务和性质，有的需要靠近它，有的需要绕避，从而产生了路线的转折，虽增长了距离，但这是必要的。因此，平原区选线，先是把路线总方向内所规定经过的地点如城市、工厂、农场和乡镇以及文物风景地点作为大控制点；然后在大控制点之间进行实地勘察，了解农田优劣及地物分布情况，确定哪些可穿，哪些该绕行，以及怎样绕避，从而建立起一系列中间控制点。路线一般应由一个控制点直达另一个控制点，不做任意的扭曲。为了增进路容的美观，需要把路线的平、纵面配合好，在坡度转折处设置适当的竖曲线也是必要的。

平原区路线要充分考虑近期和远期相结合，在平、纵面线形上要尽量采用较高标准，以便将来提高公路等级时能充分利用原路基、桥涵等工程。

2. 平原区选线要点

(1) 合理运用技术标准

平原区路线，因地形平坦开阔，起伏不大，选线时没有高程障碍，路线走向可自由选择，平、纵、横三方面的几何线易达到较高的技术标准，因此，平面线形应采用较高的技术指标，尽量避免采用长直线或小偏角，但不应为避免长直线而随意转弯。在避让局部障碍物时要注意线形的连续、舒顺。

纵面线形应结合桥涵、通道、交叉等构造物的布局，合理确定路基设计高度，纵坡不应频繁起伏，也不宜过于平缓。由于平原地区城镇较多，居民集中，经济、文化较为发达，人文环境丰富，选线时不论通过或绕避，都要注意与当地处理好关系，注意技术上的合理性。在平原河网地区，除应注意尽量避开软土地基外，还应注意根据干、支河流及通航情况，选择适当地点用较高的技术指标通过，并使跨干、支流交角适当，平、纵线形组合良好，跨河构造物最少。

(2) 正确处理道路与农业的关系

平原区新建公路要占用一些农田，这是不可避免的，但要尽量做到少占和不占高产田。布线要从路线对国民经济的作用、对支农运输的效果、地形条件、工程数量、交通运输费用等方面全面分析比较,既不能片面求直占用大片良田,也不能片面强调不占某块田,使路线弯弯曲曲,造成行车条件恶化。如图 6.3 所示,公路通过某河附近时,如按虚线方案走田中间穿过,路线短,线形好,但多占好田,填筑路基取土困难;如将路线移向坡脚(实线),里程虽略有增长,但避开了大片高产田,而且沿坡脚布线,路基可为半填半挖,既节省了土方,又避免了填方借土的远运。

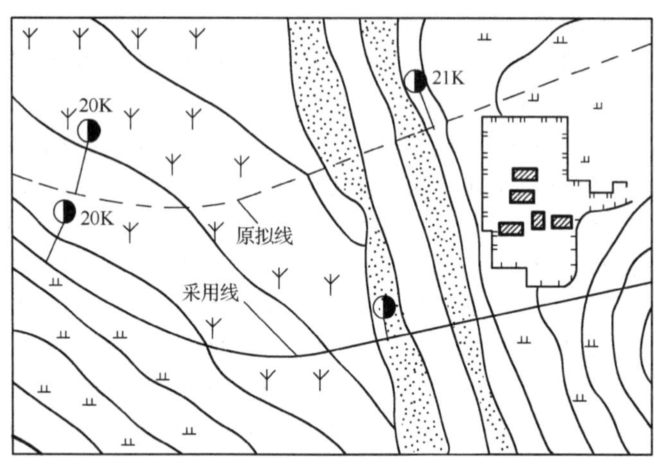

图 6.3 跨河路线方案比较示意图

路线应与农田水利建设相配合,有利于农田灌溉,尽可能少和灌溉渠道相交,把路线布置在渠道上方非灌溉的一侧或渠道尾部。当路线走向与渠道方向基本一致时,可沿渠(河)堤布线,堤路结合,桥闸结合,以减少占田和便利灌溉。路线必须跨水塘时,可考虑设在水塘的一侧,并拓宽水塘取土填筑路堤,使水塘面积不致缩小。

当路线靠近河边低洼的村庄或田地通过时,应争取靠近河岸布线,利用公路的防护措施,兼作保村、保田之用。

(3) 正确处理路线与城镇的关系

平原区有较多的城镇村庄、工业及其他设施,选线应以绕避为主,尽量不破坏或少破坏,并采用较高的技术指标通过。在避让局部障碍时,要注意线形的连续舒顺。

国防公路和高等级公路,应尽量避免穿越城镇、工矿区及较密集的居民点。但又要考虑到便利支农运输,便利群众,便利与工矿的联系,路线不宜离开太远,必要时还可修建支线联系,做到"靠村不进村,利民不扰民",既方便运输又保证安全。

一般沟通县、乡、村直接为农业运输服务的公路,经地方同意也可穿越城镇,但应有足够的路基宽度和行车视距,以保证行人、行车的安全。

路线应尽量避开重要的电力、电信设施,必须靠近或穿越时,应保持足够的距离和净空,尽量不拆或少拆各种电力、电信设施。

(4) 正确处理路线与桥位的关系

平原区河流湖泊较多,桥涵工程大,路线在跨越水道时,无论在平面还是纵断面上,都应尽可能保证路线的平顺性。

特大桥是路线基本走向的控制点，大桥原则上应服从路线总方向并满足桥头接线的要求，桥路综合考虑。一般情况下，桥位中线应尽可能与洪水的主流流向正交，桥梁和引道最好都在直线上。位于直线上的桥梁，如两端引道必须设置曲线时，首先应考虑桥梁及其引道的位置对线形设计的影响，要使桥梁与线形的配合视野开阔，视线诱导良好。当条件受限制时，也可设置斜桥或曲线桥。要注意防止两种偏向：一种是单纯强调桥位，造成路线过多地迂绕，或过分强调正交桥位，出现桥头急弯影响行车安全；另一种只顾线形顺直，不顾桥位，造成桥位不合适或斜交过大，增加建桥困难。如图 6.4 所示，路线跨河有三个方案：就桥梁而言，乙线较好，但路线较长；就路线而言，甲线里程最短，但桥梁多，且都为斜交；丙线则各桥都近于正交，线形也较舒顺美观。三个方案都有可取之处，又因这条路交通量甚大，且有超车需要，故采用甲线。

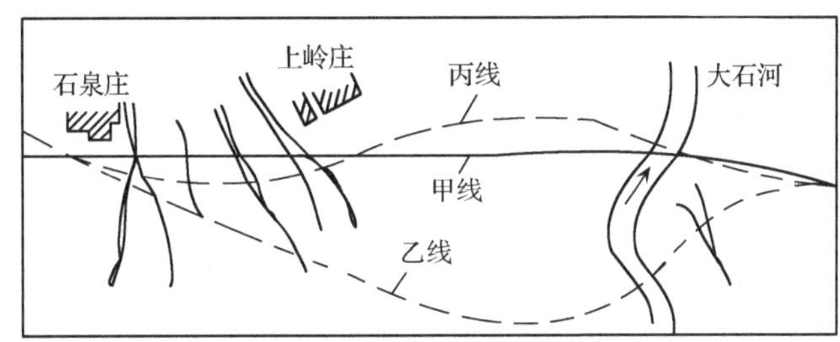

图 6.4　路线与桥位的关系示意图

中、小桥和涵洞位置应服从路线走向，但遇到斜交过大(一般在桥轴线与洪水流向的夹角小于 45°时)或河沟过于弯曲的情况，可采取改河的措施或改移路线，调整桥轴线与流向的夹角，以免过分增加施工困难和加大工程投资，选线时应全面比较确定。

路线跨河修建渡口时，应在路线走向基本确定后选择渡口位置。渡口要避开浅滩、暗礁等不良地段，两岸地形应适宜修建码头。

(5) 正确处理新路与旧路的关系

平原地区通常有较宽的人行大路或等级不高的公路，当设计交通量很大，需要新建公路时，应视具体情况处理好新、旧路的关系。当旧路的技术标准较高，且新建道路主要为集散道路，解决地方交通时，宜利用、改造原有旧路，这样还可少占用耕地，节约公路用地。如新建道路为汽车专用的干线公路，主要解决长距离的客货运输，则将原有的旧路留作辅道供地方交通和农用机车使用。

(6) 注意土壤水文条件

平原地区的土壤水文条件较差，特别是河网湖区，地势低平，地下水位高，使路基稳定性差，因此应尽可能沿接近分水岭的地势较高处布线。当路线遇到面积较大的湖塘、泥沼和洼地时，一般应绕避；如需要穿越时，应选择最窄最浅和基底坡面较平缓的地方通过，并采取有效措施，保证路基的稳定。

(7) 注意路基用土与就地取材

路基取土不能乱挖乱取，破坏农田，造成路基两边积水。取土时应根据取土数量，用地范围及运距长短，进行全面规划，可采用大面积集中取土的方法，使梯田取土变平田，平田取土不废田。取土时还可结合农田水利需要，采用在附近修渠道取土填筑路堤的办法，如需设置取土坑，则应设置在路基一边或路基两侧断续设置。

平原地区一般缺乏砂石建筑材料，路线应尽可能靠近建筑材料产地，以减少施工、养护材料运输费用。

6.2.2 山岭区选线

山岭区选线应与山岭区地形相适应。山岭区山高、坡陡、沟深、谷窄、流急，地面自然坡度大部分在20°以上，地形十分复杂，路线平、纵、横大部分受到地形的限制。但山脉水系清晰，这就给山区选线指明了方向：一是路线基本走向与分水岭及溪流方向一致，即顺山沿水；二是路线基本走向与分水岭及溪谷方向横交，即横越山岭。前者按行经地带的部位不同又可分为沿河(溪)线、山腰线和山脊线，后者为越岭线。在一条路线中，上述几种形式的路线往往形成几个不同的比较方案或被交替使用。由于各种路线所处的位置、地形特征、地质条件不同，决定了选、定线时要解决的主要问题也不同。

1. 沿河(溪)线

沿河(溪)线是沿着河(溪)岸布置的路线。如图6.5所示，沿河(溪)线一般经河谷方向为指导方向，基本走向明确。和山岭区其他线形相比较，沿河(溪)线平、纵线形矛盾较少，展线不多，容易达到较高的技术标准，而且便于为两岸的居民点及工农业生产服务，有丰富的砂石材料以及充足的水源，为施工、养护提供了就地取材的方便条件。沿河(溪)布线，只要能善于利用有利地形，克服不良的地质、水文等不利因素，在路线标准、工程造价等方面都有可能胜于其他线形。因此，山区选、定线往往优先考虑沿河(溪)线方案。

图6.5 沿河(溪)线示意图

但是，山区河流、谷底一般不宽，两岸台地较窄，谷坡时缓时陡，间或为浅滩和悬崖峭壁。河流多具有弯曲的特点，凹岸较陡而凸岸较缓，如沿一侧而行，常常是陡岸缓岸交替出现。两岸均为陡崖处为峡谷，开阔处常有较宽台地，多是山区仅有的良好耕地。河谷地质情况比较复杂，常有滑坍、岩堆、泥石流等病害存在。寒冷地区的山谷因日照少，常有积雪、雪崩和涎流冰等不良地质现象。山区河流平时流量不大，但一遇暴雨，山洪暴发，洪流常夹带泥沙、砾石、树木等急速下泄，冲刷河岸，毁坏桥涵，淹没田园，为害甚大。这些自然条件会给选线工作造成一定的困难。

(1) 路线的合理布局

沿河(溪)线的合理布局，主要解决三个方面的问题，即河岸选择、跨河换岸地点选择和线位选择。这三个方面是互相联系和互相影响的，选线时要抓主要矛盾，根据路线等级和使用性质，结合自然条件，因地制宜地去解决和处理好三者的关系。

1) 河岸选择。由于河谷两岸情况各有利弊，选、定线时应比较两岸的地形、地质、水文等重要条件，充分考虑村镇的分布情况和农田水利的规划等因素，充分利用有利的一岸，在适当情况、适当地点跨河，绕避因地形、地质和水文条件造成的复杂艰巨的工程。当建桥工程不复杂时，为了避开不利地形和不良地质地带，或为了争取缩短里程，提高线形标准，可考虑跨河换岸设线；但河流越宽，建桥工程也越大，跨河换岸就越要慎重考虑。河岸的选择一般应结合以下几个主要方面，经过技术经济比较决定。

① 根据地形、地质和水文条件选岸。这是影响河岸选择的主要因素。由于河谷两岸的情况各有利弊，选线时应充分地调查和了解，尽量选择有利的一岸。

路线应选在地形宽坦，有阶地可利用，支沟较少、沟长较短，水文及地质条件良好的一岸。需要展线时，应选在支沟较大、利于展线的一岸。这些有利的条件常交错出现在河流的两岸，选线时应深入调查，综合比较，决定取舍。如图6.6所示，沿响水河的一段路线。乙方案为避让河左岸的两处断续陡崖，跨河利用右岸的较好地形，但过夏村后，右岸出现更陡更长的悬崖，路线又须跨回左岸，在3km内两次跨河，须建中桥两座。甲方案一直走左岸，虽要集中开挖一段石方，但比修建两座中桥经济得多，因此不宜跨河换岸。

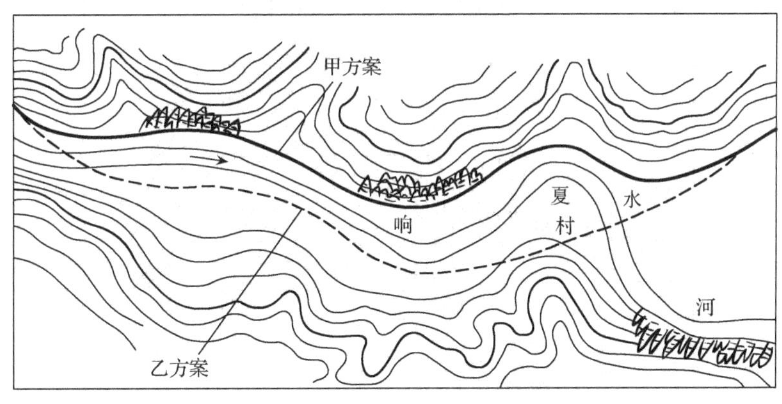

图6.6　跨河换岸路线比较示意图

对区域性地质构造、滑坡、岩堆、崩塌、泥石流、岩溶、雪崩和涎流冰等严重不良地质地段,应认真调查其特征、范围及对路线的影响,如不易处理时,应跨河绕避。

② 积雪和冰冻地区的选岸。积雪和冰冻地区的阳坡和阴坡、迎风面和背风面的气候差异很大,在不影响路线整体布局的前提下,尽可能选择阳坡和迎风的一岸,以减少积雪、涎流冰等病害。

③ 考虑村镇、居民点分布选岸。除国防公路、高速公路、一级公路外,路线一般应尽可能选择在村镇较多、人口较密的一岸,以方便群众。但应避免路线穿过居民点,并尽量与农田、水利规划相结合。

2) 跨河换岸地点选择。对于跨河桥位的选择应慎重,尽量处理好桥位与桥头路线的关系。按路线与河流的关系,有跨支流和跨主流两类桥位。跨支流的桥位选择,一般属于局部方案问题,而跨主河的桥位选择多属于路线布局的问题。跨主河的桥位往往是确定路线走向的控制点,它与河岸选择相互依存,互相影响,进行河岸选择的同时要认真研究好跨河桥位的选择。当路线由于地形、地质原因需要换岸布线时,如果桥位选择不好,勉强跨河,不是造成桥头线形差,就是增大桥梁工程。因此在选择河岸的同时,要研究处理好桥位及桥头路线的布设问题。

桥位选择在满足《公路路线设计规范》(JTG D20—2017)要求的前提下,尚应考虑以下几点。

① 桥位应选在河道顺直,河床稳定,上游附近无支流流入,河床较窄的河段上。

② 桥位处两岸地质良好,最好有裸露的未风化岩石处。

③ 桥位选择应考虑便于与支岔线衔接。

④ 桥位选择应照顾到当地的近期和远期规划。

在正确处理跨越河流时的路桥配合时,山区河流弯曲较多,选择桥位时应慎重处理路线与桥位的关系。常见的有以下几种情况。

① 当路线要在S形河段跨河时,应在其腰部通过,以争取桥轴线与河流成较大交角。如图6.7所示,本例是座中小桥,采用斜桥方案,更有利于路桥配合。

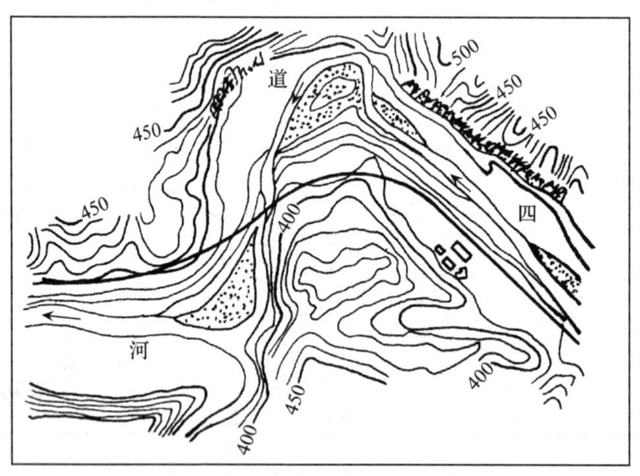

图6.7 在S形河的腰部跨河(单位:m)

② 在河湾附近选择有利位置跨越，如图 6.8 所示。但应注意河湾的水流对桥的影响，采取防护措施。

图 6.8 在河湾部跨河

③ 在与路线接近平行的顺直河段上跨河，桥头引道难以舒顺。如图 6.9(a)所示，桥位应尽量避免。当必须在这种河段跨越时，中、小桥可考虑设置斜桥以改善桥头线形；如为大桥，当不宜设斜桥时，宜把桥头路线做成勺形或布置一段弯引桥，如图 6.9(b)所示，或两者兼用。总之，桥头曲线要争取较大半径，以利行车。

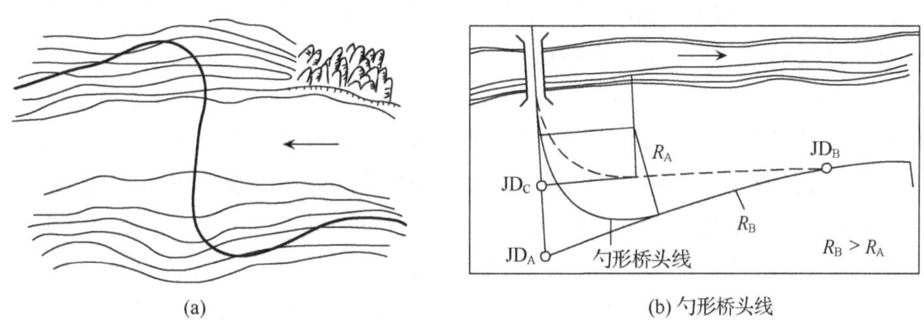

(a) (b) 勺形桥头线

图 6.9 路线与河段平行时过河方法

路线跨支流的桥位，有从支河(沟)口直跨和绕进支沟上游跨越两种方案，如图 6.10 所示。采用何者为宜，要根据路线等级和桥位处的地质、地形条件，经过技术经济比较确定，不可不加比较而轻率决定。

3) 线位选择。沿河(溪)线的线位选择是根据河流两岸的地形、地质、水流情况对河岸的影响等，结合技术标准和工程经济等选定的。其中最主要的是考虑洪水对路基的威胁，所以选线时要做好洪水调查工作，把路线布设在规定的设计洪水位影响线以上，保证路基稳定。

路线布设通常有低线和高线两种情况。沿河(溪)线按路线高度与设计洪水位的关系，有低线位和高线位两种。

低线位是指高出设计水位(包括浪高加上安全高度)不多，路基临水一侧经常受到洪水威胁的路线。低线位的优点是平、纵面线形比较顺直、平缓，易争取到较高标准，路基土

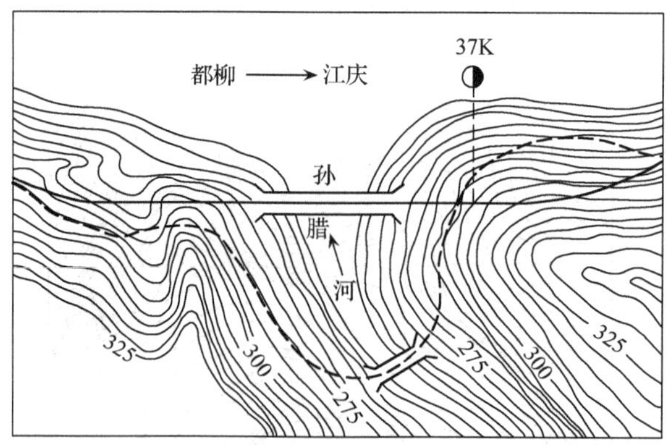

图 6.10　跨支流桥位(单位:m)

石方工程也较省,边坡低,易稳定;路线活动范围较大,便于利用有利地形和避让不良的地形、地质;便于在沟口直跨支流,必须跨越主流时也较易处理。最大缺点是易受洪水威胁,防护工程较多。

高线位是指高出设计水位较多,基本不受洪水威胁的路线,一般多用在利用大段较高台地,或傍山临河低线位易被积雪掩埋以及为避让艰巨工程而提高线位等情况。它的优点是不受洪水侵袭,废方比较容易处理。但由于高线位通常位于山坡上,路线必然随山势曲折弯曲,线形差,工程大;遇缺口时,常需设置较高的挡土墙或其他构造物;此外,如避让不良地质和路线跨河,都比低线位困难。

两种线位各有利弊,但通常低线位的优点更多一些。一般情况下,在满足规定频率的设计水位的前提下,线位越低工程越经济,线形标准也越高。各地有不少采用低线位的成功经验,但也有不少水毁的教训。因此,在采用低线位方案时,要做好洪水调查工作,收集到可靠的水文资料,把路线放在安全高度上,同时要采取切实的防洪措施,以保证路基的稳定和安全。

如图 6.11 所示,原线为避让沿河 1.7km 的断续陡崖,采用了高线方案。由低线过渡到高线的升坡段很长,并且弯急坡陡,行车不安全,经局部改线,坡度虽有所改善,但增加了小半径曲线,线形更加弯曲,最后改走低线直穿陡崖,路线平、纵面线形标准显著改善,还缩短 760m,行车顺畅,说明不应当采用高线。

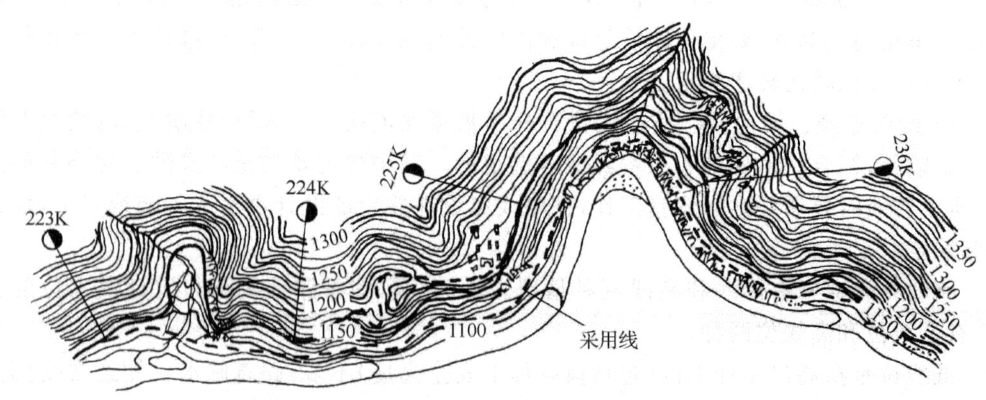

图 6.11　峡谷路线的低线位与高线位(单位:m)

(2) 几种河谷地形条件下的选线

1) 开阔河谷(图 6.12)。这种河谷谷底地形简单、平缓,河岸与山坡之间有较宽的台地,且多为农田,这类地形的路线有三种走法。

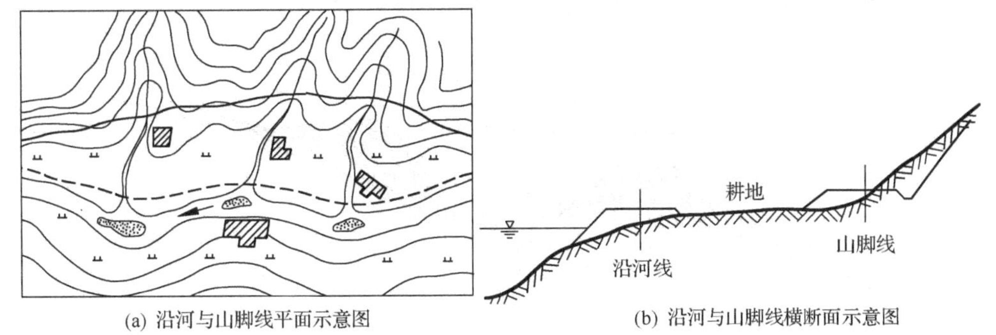

(a) 沿河与山脚线平面示意图　(b) 沿河与山脚线横断面示意图

图 6.12　开阔河谷路线方案

① 沿河岸。如图 6.12(a)中虚线所示,坡度均匀、平缓,线形质量高,但临河一侧受洪水威胁,防护工程较多。

② 靠山脚。如图 6.12(a)中实线所示,路线略有增长,纵面有起伏,但可不占或少占良田,是常采用的一种布线方案。

③ 直穿田间。线形标准高,但占田最多,在稻田地区,为使路基稳定,有时还需换土,除高速公路和一级公路外,一般不宜采用。

2) 河道弯曲、较狭窄的山谷。选线时应做沿河绕行路线和取直路线的比选。路线遇到山嘴时,有以下两种布线方式,如图 6.13 所示。

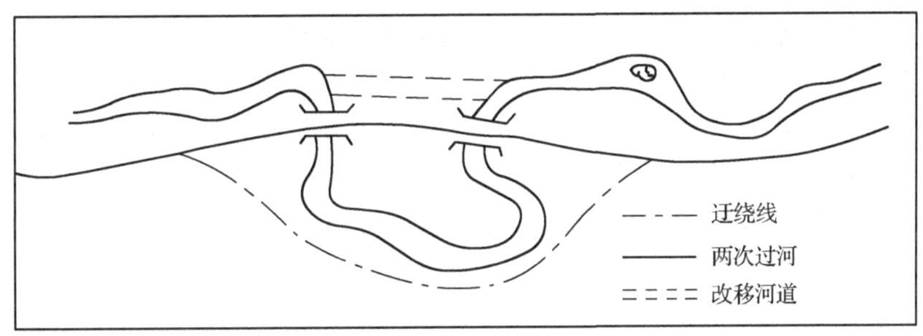

图 6.13　河湾路线示意图

① 沿河布线。路线沿着河岸的自然地形,绕山嘴、河湾布线。

② 取直路线。遇河湾,则两次跨河或改移河道,使路线顺直通过河湾地段。

一般情况下,沿河绕行方案,路线迂回,岸坡陡峭,水流冲刷严重,路基防护工程大,路线安全条件差;建桥跨河和改河方案,裁弯取直,路线短,安全条件好。无论改河或建桥跨河方案,均应根据地形、地质、水文条件细致研究,结合农田水利建设一并考虑。另外,遇山嘴或河湾地形是采用绕行还是取直方案,应与道路等级结合考虑。等级较高的道路宜取直以争取较好的线形指标,等级较低的道路采用哪种方案应根据技术和经济条件比较确定。

对于个别有宽浅河滩的大河湾,为了提高路线标准,可在河滩布线。只要处理得当,还可起护田、造田的作用,但要注意路基防护和加固,防止水流对路基的冲刷破坏。

对于个别突出的山嘴,可用切山嘴填河湾的办法处理。但布线时应注意纵向填挖平衡,不要使大量的废方弃置河中,堵塞河道,如图 6.14 所示。

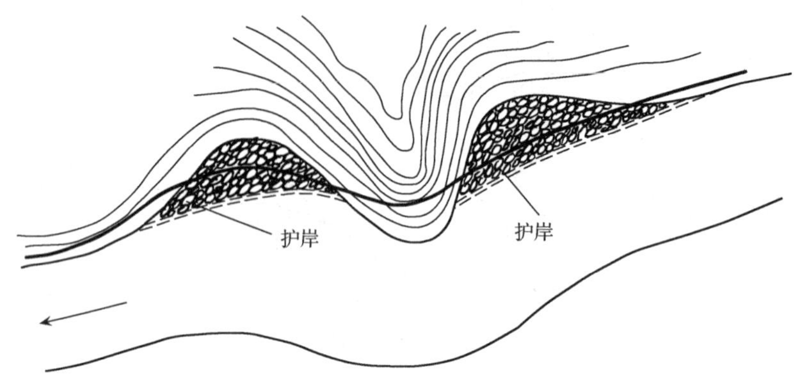

图 6.14 切山嘴填河湾的路线布置

3) 陡崖峭壁河段。山区河谷常有陡崖峭壁错综地交替出现,两岸都是陡崖峭壁的河段,称为峡谷。峡谷一般河床狭窄,水流湍急。路线通过这种地段不外绕避和穿过两种方案,应根据峡谷的水文、地质条件和路线性质任务、路线标准、工程规模、施工条件等因素通过比较确定。

绕避的方法有两种:一是路线及早提坡,翻上峡谷陡崖顶部选择有利地带通过;二是另找越岭路线。前者需要崖顶有可供布线的合适地形,后者需要附近有基本符合路线走向的低垭口。两种绕避方法的共同点是纵断面上而复下,都需要适合布设过渡段的地形。过渡段的纵坡应缓于该路等级所允许的最大纵坡,这就往往需要一个相当长的过渡段,上下线位高差越大,就越长,而且过渡段的工程一般又多比较集中。因此,崖顶过高,就不宜翻崖顶绕避。峡谷不长,只要不是无法通过,两种绕避方法(翻越崖顶和越岭绕避)均不宜采用。

图 6.11 所示的高线就是绕避不当的例子。但是当峡谷较长,且地形困难,工程艰巨,有条件绕避时,则应予以考虑。如图 6.15 所示,河谷曲折迂回,且有近 5km 长的陡崖,布线困难,而越岭线的瓦窑垭口,方向很顺,且两侧地形、地质条件较好,越岭绕避则是一可取的方案。对于高等级公路,因线形指标较高,路线的位置可考虑与向山体内移建隧道或向外移设桥的方案进行比选。

直穿陡崖峭壁河段和峡谷的路线,其平、纵面受岸壁形状和洪水位限制,活动余地不大。路线的线位主要决定于根据河床宣泄洪水情况而拟定的合理的横断面而定。路线一般以低线为宜,如洪水位过高或有严重积雪的情况,则不宜采用这种方案。

直穿峡谷的路线,可根据河床宽窄、水文状况、岸壁陡缓等不同因素采用以下方法通过。

① 与河争路,侵占部分河床。当河床较宽,水流不深,压缩部分河床不致引起洪水位抬高过多时,路线可在崖脚下按低线设计通过。河床宽阔,压缩后洪水位抬高不多,路基可全部或大部分设在紧靠崖脚的水中或滩地上,借石或开小部分石崖填筑,路基临水一侧应做防护工程。当河床狭窄,压缩后,将使洪水位有较大的抬高时,采取筑路与沿河相结

合的办法，路基也可部分占用河床，“开”“砌”结合，以“砌”为主。开的是本岸突出的山嘴，砌的材料主要取自清理河床的漂石及削除对岸突出山嘴的石料。这样就使路基占用河床的泄水面积能从清理河床中得到补偿，如图 6.16 所示。

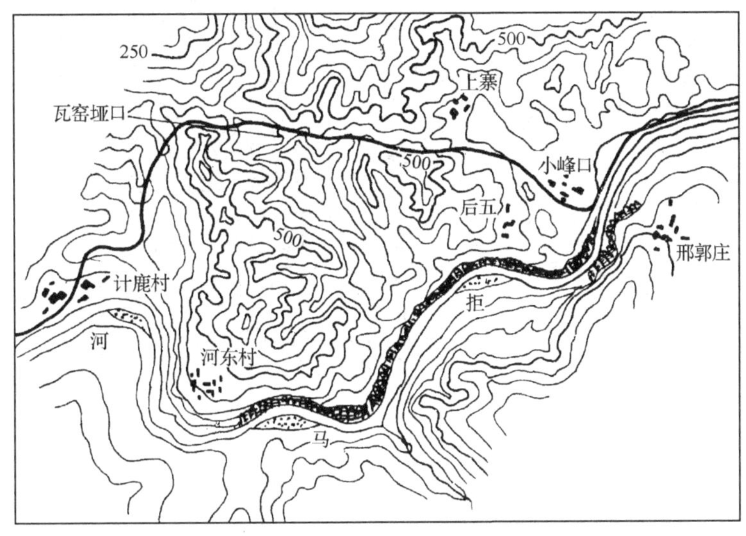

图 6.15　越岭绕避峡谷的路线(单位：m)

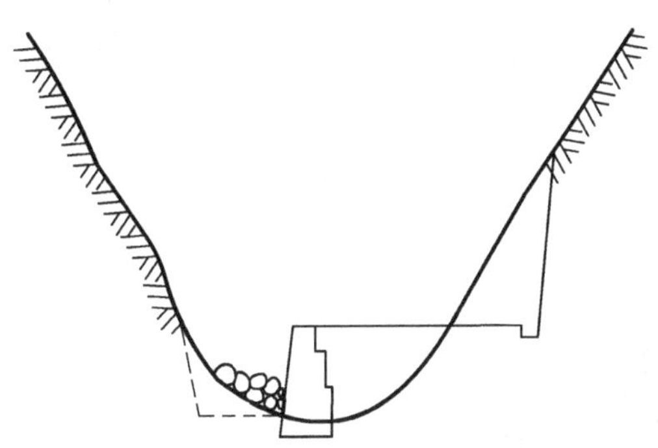

图 6.16　路基部分占用河床

② 硬开石壁。当两岸峭壁逼近，河床很窄，不能容纳并行的河与路时，可硬开石壁通过，如图 6.17 所示。措施如下：在石壁上硬开路基，如图 6.17(b)所示，造成的大量废方，必须妥善处理，尽可能将大部分废弃土方利用到附近路段，同时要考虑散失在河中的废弃土方对水位的影响，适当提高线位；如果岸壁石质良好，可开凿半隧道，以减少石方和废方，如图 6.17(c)所示；硬开石壁的路基，对个别缺口或短段不够宽的路段，可用半边桥或悬出路台处理；当两岸石壁十分逼近(有时仅几米宽)，不宜硬开路基时，可建顺水桥通过。

4) 河床纵坡陡峻的河段。河床纵断面在短距离内突然下落几米甚至几十米，形成急流和跌水，称为急流跌水河段。这类河段多出现在山区河流的上游，延伸到其下游时，线位就高出谷底很多，为了尽快降低线位，避免继续走陡峻的山腰线，可利用急流、跌水下游的支沟或平缓的山坡展线下降，如图 6.18 所示。

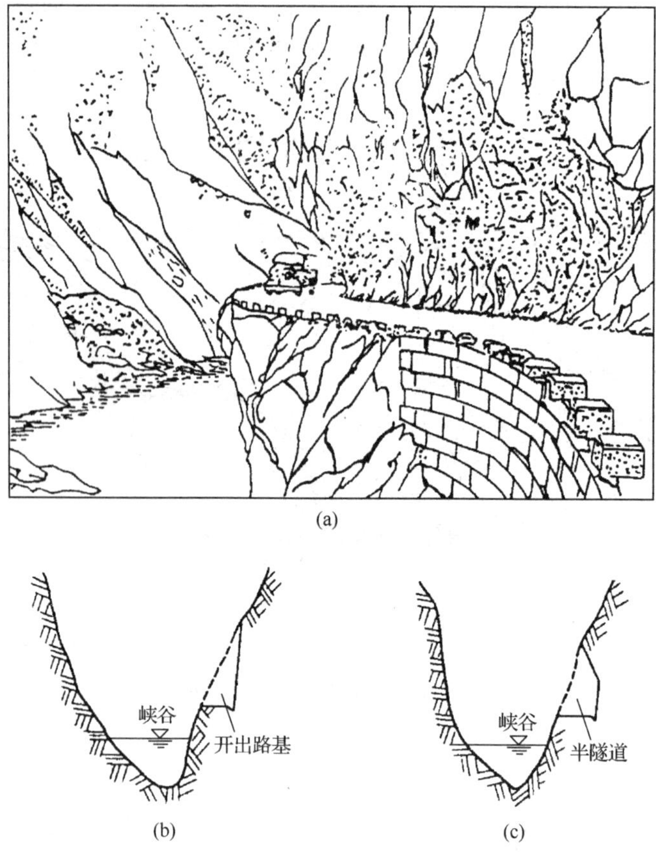

图 6.17 石壁上硬开路基

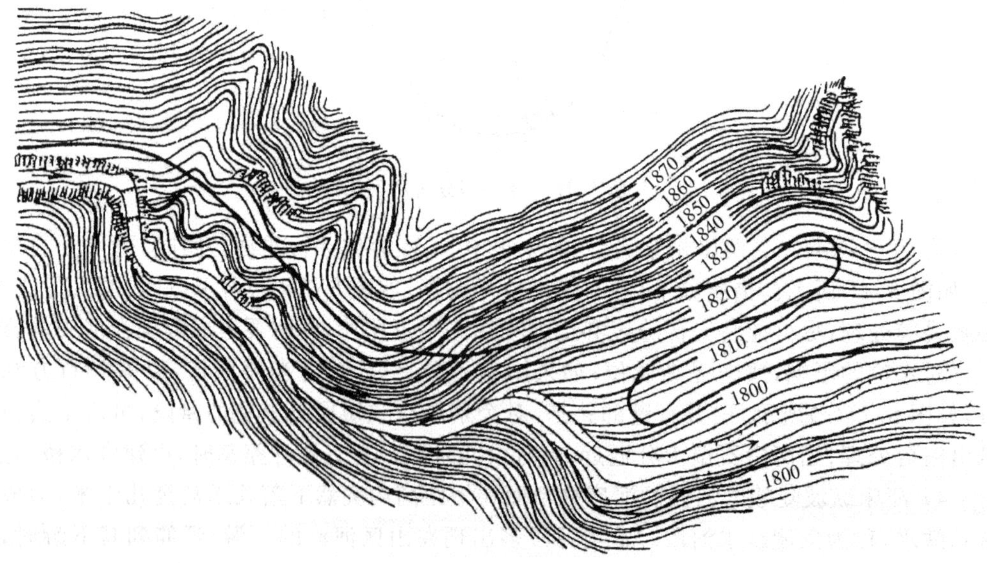

图 6.18 急流河段展线(单位:m)

2. 越岭线

当路线的两个主要控制点间隔山岭时，沿分水岭一侧山坡爬上山脊，在适当地点穿过垭口，再沿另一侧山坡下降的路线，称为越岭线。越岭线需要克服很大的高差，地形、地质条件复杂，工程艰巨、集中，路线的长度和平面位置主要取决于路线纵坡的安排。因此，在越岭线的选线中，应以路线纵断面线形为主导。

在选越岭线时，主要应解决垭口选择、过岭标高确定和垭口两侧路线的展线等三个方面的问题。它们是相互联系、相互影响的，选线时应结合地形、地质和水文重要条件，处理好三者的关系。对于海拔较高、气候恶劣、雾雪严重的越岭路线选线，应结合公路的使用任务及功能区别对待，要求常年保持畅通的主要干线公路，应与在雪线以下或气候较好的地区，以隧道方案通过进行比较。高速公路、一级公路因纵坡控制较严，路线要求短捷，越岭路线必须根据地形、地质情况，以越岭隧道与越岭展线进行详细的技术、经济比较。

（1）垭口选择

垭口是越岭线方案的重要控制点，应在基本符合路线走向的较大范围内选择，应对垭口的位置、标高、展线条件和地质条件等综合考虑，从而选择满足设计要求的垭口。

1）根据位置选择垭口。垭口位置在基本符合路线走向的前提下，与两侧山坡展线方案结合一起考虑。首先考虑高差较小，而且展线降坡后能与山下控制点直接地衔接，不需无效延长路线的垭口。其次再考虑稍微偏离路线方向，但接线较顺，且不致过于增长里程的其他垭口。

2）根据标高选择垭口。垭口的高低及其与山下控制点的高差，对路线长短、工程量大小和运营条件有直接的影响，一般应选择标高较低的垭口。在寒冷地区，特别是积雪、冰冻地区，利用海拔低的垭口的路线对行车和养护非常有利。因此，即使方向有些偏离，距离有些绕远，也应考虑绕行走低垭口。

3）根据展线条件选择垭口。山坡线是越岭线的主要组成部分，而山坡坡面的曲折程度、横坡陡缓、地质好坏等情况，与线形标准和工程大小有直接关系。因此，选择垭口必须结合山坡展线条件一起考虑。如有地质条件较好、地形平缓、利于展线降坡的山坡，即使垭口位置略偏或较高，也应比较，不要轻易放弃。

4）根据地质条件选择垭口。垭口一般地质构造薄弱，常有不良地质存在，应深入调查研究其地层构造（图 6.19），摸清其性质和对公路的影响。对软弱层型、构造型和松软土侵蚀型的垭口，只要注意到岩层产状及水的影响，路线通过一般问题不大。对断层破碎带型及断层陷落型垭口，一般应尽量避开；必须通过时，应查清破碎带的大小及程度，选择有利部位通过，并采取可靠工程措施确保路基稳定。对地质条件恶劣的垭口，局部移动路线或采取工程措施也不解决问题时，应予放弃。

（2）过岭标高的确定

当垭口选择之后，过岭标高就直接关系到路线的长度、工程量、两侧的展线条件等。过岭标高越低，路线就越短，但路堑或隧道就越深、越长，工程量也越大。因此过岭标高应结合路线等级、越岭地段的地形、地质以及两侧展线方案、过岭方式等因素经过技术经济比较来选定，这些因素是互相影响的，必须全面分析研究各种可能的比较方案，做出合理

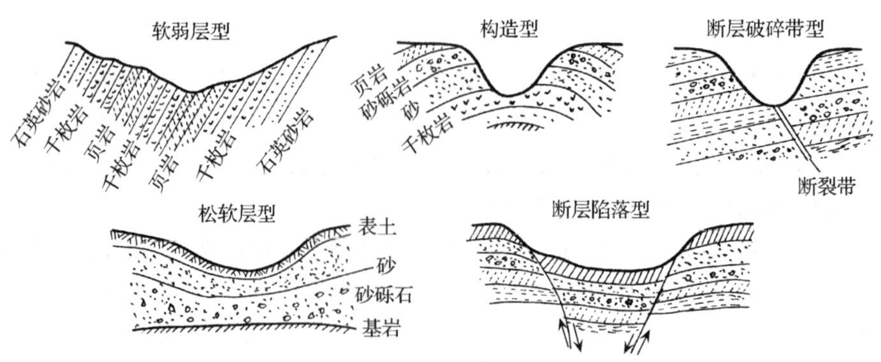

图 6.19 垭口的地层构造

的选择。过岭方式主要有以下几种方式。

1) 浅挖低填。当垭口处于两侧山坡平缓、垭口宽而厚的地形,有的达到一二公里,有时还有沼泽出现,展线比较容易,宜采用浅挖低填的方式过岭,过岭标高基本上就是垭口标高。

2) 深挖垭口。当垭口比较瘦削时,常用深挖的方式过岭。深挖垭口,虽土石方工程较集中,但由于降低了过岭标高,相应缩短了展线长度,总工程量并不一定增加。即使有所增加,也可从改善行车条件、节约运营费中得到补偿。至于深挖程度,应视地形、地质、气候条件以及展线对垭口标高的要求等因素而定。一般挖深在 30m 以内,地质情况良好时还可深些。垭口越瘦,越宜深挖。但垭口通常地质条件较差,挖深应以不致危及路基稳定为度,否则应采取有效措施,以防止遗留病害。有条件时,过岭方式可采用隧道通过。深挖垭口工程量集中,往往要处理大量废方,施工条件差,影响施工期限,这些都应在选定过岭标高时充分考虑。

过岭标高是越岭线布局的重要控制因素,不同的过岭标高就有不同的展线方案。如图 6.20 所示,路线通过垭口,由于选用不同的挖深出现了三个可能方案。甲方案挖深 9m,需要设两个回头曲线;乙方案挖深 13m,需一个回头曲线;丙方案挖深 20m,即可顺山势布线,不需回头曲线。丙方案线形好,路线最短,有利于行车和节约运营费用,在地质条件满足设计要求时是较好的方案。

3) 隧道穿越。当垭口挖深在 20m 以上时,应与隧道方案进行比较。特别是垭口瘦薄时,采用不长的隧道能大大降低路线高度,缩短里程,提高路线线形标准,在经济上是非常合算的。另外,为了避让严重不良地质地段以及减轻或消除积雪、结冰对公路的不良影响时,也应考虑采用隧道方案。是否采用隧道通过的方案,也应结合施工条件及施工期限一并考虑。

一般情况下,隧道标高越低,路线越短,技术标准也越容易提高,对汽车运营也越有利。但标高越低,隧道越长,造价就越高,工期也越长。因此,隧道标高的选定通常根据越岭地段的地质条件,并以临界标高作为研究的基础。临界标高就是隧道造价和路线造价总和最小的过岭标高。设计标高如高于临界标高,则路线展长时的费用将多于隧道缩短的费用,设计标高如低于临界标高,则隧道加长费用将多于路线缩短费用。如设计标高降低,可节约运营费用,这对交通量大的路线意义尤大,也应作为比选的因素。

隧道标高的选定除考虑经济因素外,还应考虑以下因素。

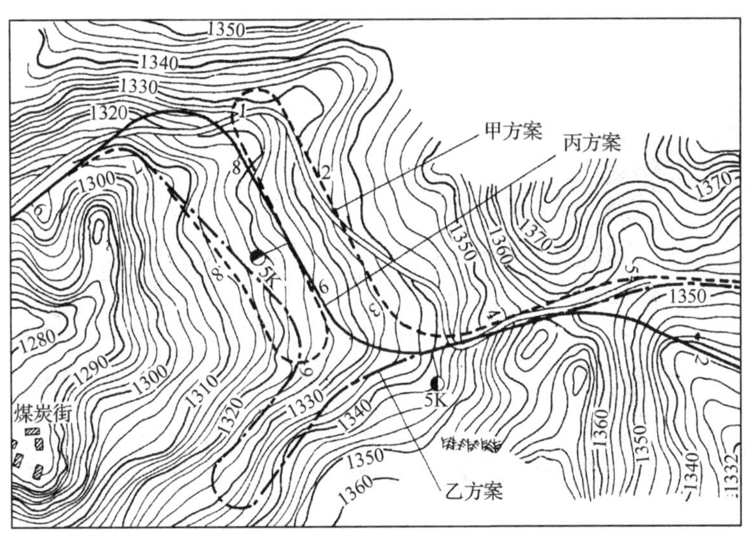

图 6.20　垭口采用不同挖深的展线方案(单位:m)

① 综合考虑地质和水文地质条件,尽可能把隧道放在较好的地层中。

② 隧道标高应设在常年冰冻线和常年积雪线以下,以保证施工和行车安全。

③ 考虑施工期限和施工技术条件确定隧道长度。

④ 在不过多增加工程造价的情况下,适当考虑远景的发展,尽可能把隧道标高降低一些。

(3) 垭口两侧路线的展线

1) 展线方式。越岭线的展线方式根据中间各控制点间的地形、地质等情况,主要有自然展线、回头展线和螺旋展线三种。

① 自然展线。自然展线是以适当的坡度,顺着自然地形,绕山嘴、侧沟来延展距离,克服高差。自然展线的优点是走向符合路线基本方向,行程与升降统一,路线最短。与回头展线相比,线形简单,技术指标一般也较高,特别是路线不重叠,对行车、施工、养护均有利。如路线所经地带地质稳定,无割裂地形阻碍,布线应尽可能采用这种方案。缺点是避让艰巨工程或不良地质的自由度不大,只有调整坡度这一途径。如遇到高崖、深谷或大面积地质病害很难避开,而不得不采取其他展线方式。

② 回头展线。当控制点间的高差大,靠自然展线无法取得需要的距离以克服高差,或因地形、地质条件限制,不宜采用自然展线时,路线可利用有利地形设置回头曲线进行展线,如图 6.21 所示。

回头展线的缺点是在同一坡面上,上、下线重叠,尤其是靠近回头曲线前后的上、下线相距很近,对于行车、施工、养护都不利,因此不得已时方可采用这种展线方式。回头展线的优点是便于利用有利地形,避让不良地形、地质和难点工程。

回头地点对于回头曲线工程大小和使用质量关系很大,应慎重选择。回头曲线的形状取决于回头地点的地形:直径较大、横坡较缓、相邻有较低鞍部的山包或平坦的山脊,如图 6.22(a)、(b)所示设置;地质、水文地质良好的平缓山坡,如图 6.22(c)所示设置;地形开阔,横坡较缓的山沟或山坳,如图 6.22(d)、(e)所示设置。

图 6.21 利用狭窄山坡回头展线的不良示例

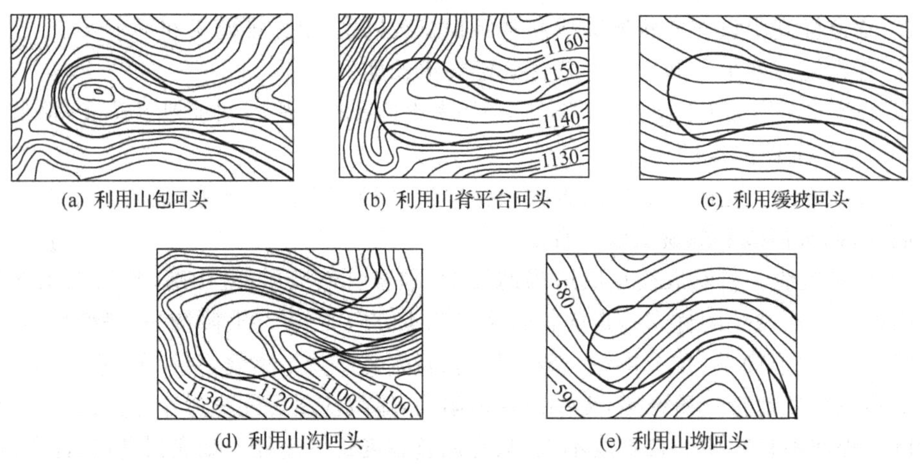

(a) 利用山包回头　(b) 利用山脊平台回头　(c) 利用缓坡回头

(d) 利用山沟回头　(e) 利用山坳回头

图 6.22 适宜设回头曲线的有利地形(单位:m)

为了尽可能消除或减轻回头展线对于行车、施工、养护不利的影响,要尽量把回头曲线间的距离拉长,以分散回头曲线、减少回头个数。回头展线对不良地形、地质的避让有较大的自由度,但不要遇见难点工程,不分困难大小和能否克服就轻易回头,致使路线在小范围内重叠盘绕。对障碍要进行具体分析,当突破一点而有利于全局时,就要做些工程突破它。

③ 螺旋展线。当路线受到限制,需要在某处集中地提高或降低某一高度才能充分利用前后有利地形时,可考虑采用螺旋展线。螺旋展线一般多在山脊利用山包盘旋,以旱桥或隧道跨线,如图 6.23 粗实线所示;也有的在峡谷内,路线就地迂回,利用建桥跨沟跨线,如图 6.24 粗实线所示。

螺旋展线是回头展线的一种变革,在某种地形条件下用以代替一组回头线(图 6.23、

图 6.24 中虚线)。它虽比回头线具有线形较好,避免路线重叠的优点,但因需建隧道或高桥、长桥,造价很高,因而较少采用。必须采用时,应根据路线性质和任务,与回头展线的方案作详细比较。

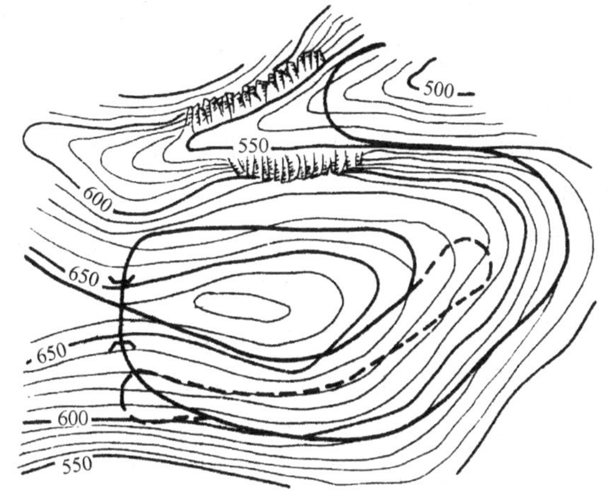

图 6.23　山脊螺旋线(单位:m)

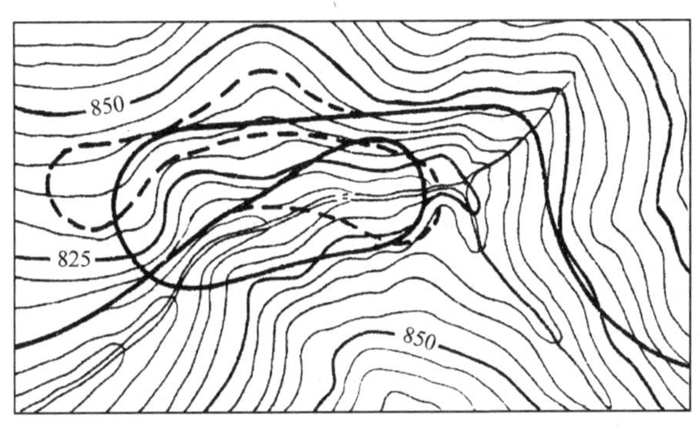

图 6.24　山谷螺旋线(单位:m)

2) 展线布局。越岭线的高程主要是通过垭口两侧山坡上的展线来克服的。虽然山坡地形千差万别,线形多种多样,但路线的布局首先要以纵坡为指导,平、纵、横三面综合考虑。越岭线利用有利地形、地质,避让不良地形、地质,是通过合理调整坡度和设置必要的回头线来实现的,而回头线的布置,也要根据纵坡来选定。只有符合纵坡标准的路线方案,才能成立。因此,展线布局必须从纵坡的安排开始,其工作步骤如下。

① 拟定路线大致走法。在调查或踏勘阶段确定的主要控制点间,进行广泛勘察,调查周围地形及地质情况,以带角的手水准粗略勘定坡度作为指引,注意利用有利地形、地质,拟定路线可能的大致走法。

② 试坡布线。试坡的目的是进一步落实初步拟定的路线走法的可能性,发现和加密中间控制点,发现局部比较方案,拟定路线布局。

试坡由已定的控制点开始。越岭线通常先固定垭口,由上而下,视野开阔,便于争取有利地形。因此,一般多由垭口向下试坡。试坡选用的平均坡度,应根据标准的规定,地形曲折、小半径曲线多的地段,可略低于规定值。在试坡过程中,遇到必须避让的地物、工程艰巨及地质不良地段,以及拟用作回头的地点,要把路线最适宜通过的位置,暂时作为一个中间控制点。如果它和试坡线接近,并与前面一个暂定控制点之间的坡度不致超过最大坡度或过于平缓,就把这个点大致的里程、高程以及可活动的范围记录下来,供以后调整落实时参考。如果这个点和试坡线的高差较大,则应返回重新试坡,或修改前面的暂定控制点,认为合适后再向前试坡。如经过修改后的路线纵断面或路线行经地带不够理想,应另寻比较线。这就是通过试坡发现控制点和局部比较线的大致过程,当一系列中间控制点暂定下来后,路线布局大体就有个轮廓了。

主要控制点间,可能有几个方案,要经过比选,剩下一两个较好的方案,进行下一步工作。

③ 分析、落实控制点,决定布局方案。控制点有固定和活动之分:第一种是位置和高程都不能改变,如工程特别艰巨地点的路线和某些受限制很严的回头地点,必须利用的桥梁,必须通过的街道等;第二种是位置固定,高程可以活动,如垭口、重要桥位等;第三种是位置、高程都有活动余地的,如侧沟展线的跨沟地点,宽阔平缓山坡的回头地点等。

第一种情况较少,第二、三种情况居多。也就是说控制点大多是有活动余地的,但活动范围有大有小。对活动范围小的控制点,可视为固定控制点,把位置、高程确定下来,然后再去研究固定控制点之间的、活动范围较大的那些控制点,以便通过适当调整,达到既不增大工程而又能使线形更加合理的目的。

活动性较大的回头地点,可从前后两个固定控制点以适当的坡度分头放坡交会得出;两个固定控制点间的非回头的活控制点,应在其可活动的范围内调整,以使固定控制点间的坡度尽量均匀些。

3) 展线示例。越岭线展线布局的基本形式有利用山谷、利用山脊和利用山坡三种。

① 利用山谷展线。图6.25所示为反复跨主沟的山谷展线,图中③、⑤、⑦处是通过试坡定下来的较合适的回头地点,可视为固定控制点;②、④、⑥是由①、③、⑤、⑦分别交出来的跨沟地点。因反复跨越主沟,需要设置较多的桥涵,但由于主沟分隔,使上下线重叠减少,对于行车和施工是有利的。

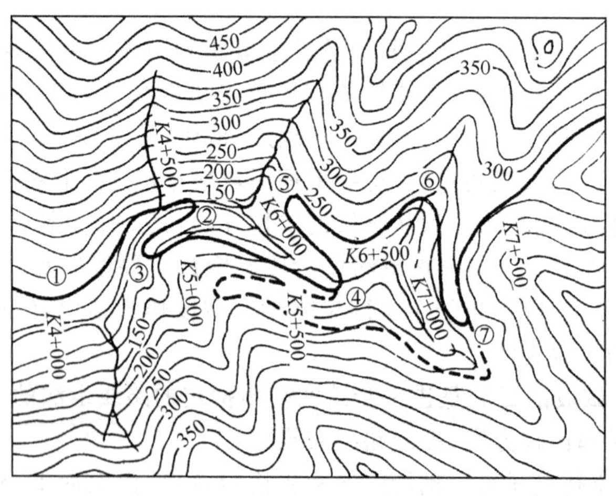

图 6.25 反复跨主沟的山谷展线(单位:m)

图 6.26 是利用侧沟的山谷展线，图中③、⑤、⑦为山嘴，受限制较严，可视为固定控制点；②、⑥及侧坡上④点，有较大活动范围，布线时可分别由两端放坡交会而定。

② 利用山脊展线。图 6.27 所示为利用支脉的山脊展线。经试坡分析，①受标高控制较严，③、⑤点下方横坡陡峻，路线不宜再低，视为固定控制点，②、④能稍许活动，布线时分别由①、③、⑤交会出来。采用这种方式布线，要求选择宽肥的山脊或山嘴，否则路线重叠次数很多。有条件时，应选择适当地点突破右侧山沟，将路线引向其他坡面去布设。

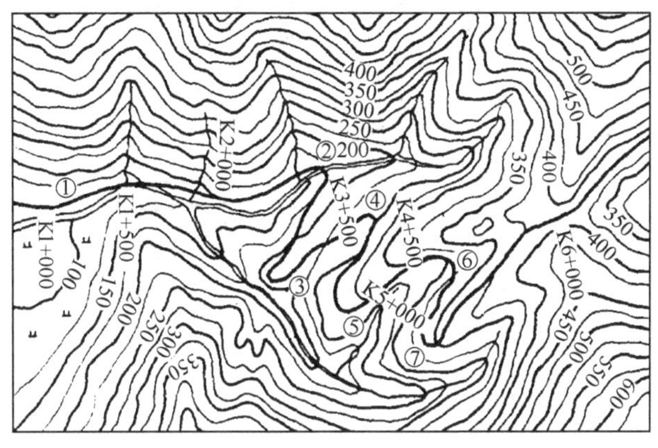

图 6.26　利用侧沟的山谷展线(单位:m)

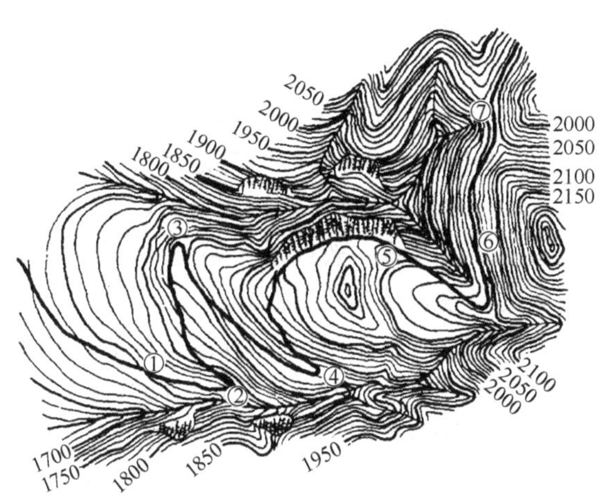

图 6.27　利用支脉的山脊展线(单位:m)

③ 利用山坡展线(图 6.28)。当地形条件受限制，不能利用山谷、山脊展线时，如有地质稳定、横坡平缓、布线范围较大的山坡，也可以利用山坡进行展线。利用山坡展线，往往叠线过多，一般应尽量避免。布线时注意尽可能突破难点，扩大布线范围和避免上、下两个回头曲线并头。图 6.28 是一个路线布局不好的例子，路线未充分利用地形尽量拉长回头曲线间的距离，致使叠线多达 5～6 次，并多次出现上、下线并头的现象。

一条较长的越岭线，由于地形的变化，常常是各种展线方式的综合运用，布线时要抓住地形特点因地制宜选用展线方式，充分发挥其优点，把路线布局工作做好。

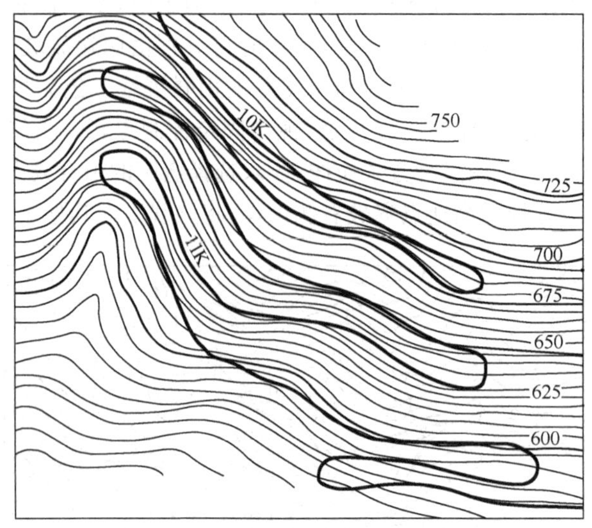

图 6.28 利用山坡展线(单位:m)

3. 山脊线

大体上沿分水岭布设的路线,称为山脊线。连续而又平直的山脊通常是很少见的,较长的山脊线也很少,一般是作为越岭线的中间连接段或沿河(溪)线的比较线而考虑。

(1) 山脊线的特点及选择条件

分水线顺直平缓,起伏不大,岭脊肥厚的分水岭是布设山脊线的理想地形,路线可大部或全部设在分水岭上。但高山地区的分水岭常常是峰峦、垭口相间排列,有时相对高差很大,这种地形的山脊线,则为一些较低垭口所控制,路线须沿分水岭的侧坡在垭口之间穿行,线位大部分设在山腰上。山脊线一般线形大多起伏、曲折,其起伏和曲折程度则视分水岭的形状、控制垭口间的高差和具体地形而异。

山脊线一般具有土石方工程小,水文和地质情况好,桥涵构造物较少等优点。但一般决定山脊线方案取舍的条件是:分水岭的方向不能偏离路线总方向过远;分水岭平面不能过于迂回曲折,纵面上各垭口间的高差不过于悬殊;控制垭口间山坡的地质情况较好,地形不过于陡峻凌乱;上下山脊的引线要有合适的地形可以利用。

山脊线线位较高,一般远离居民点,不便于为沿线工农业生产服务;有时筑路材料及水源缺乏,增加施工困难;另外地势较高,空气稀薄,有云雾、积雪、结冰等对行车和养护不利等缺点。这些都应在与其他路线方案做比较时予以充分考虑。

当决定采用山脊线方案以后,剩下要解决的是山脊线的布设问题。由于山脊线基本沿分水岭而行,大的走向已经明确,布线主要解决三个问题:选定控制垭口;在控制垭口间,决定路线走分水岭的哪一侧;决定路线的具体布设(包括选择中间控制点)。三者是互相依存,互为条件,紧密联系的。

(2) 控制垭口的选择

每一组控制垭口代表着一个山脊线的方案。选择控制垭口是山脊线选线的关键。当分水岭方向顺直、起伏不大时，每个垭口均可暂定为控制点；地形复杂，起伏较大且较频繁，各垭口高低悬殊时，宜以低垭口作为控制点，突出的高垭口可舍去；在有支脉横隔时，相距不远的、并排的几个垭口，应选择其中一个与前后联系条件较好的垭口作为控制垭口。

控制垭口的选择还必须联系分水岭两侧山坡的布线条件综合考虑，而在侧坡选择和试坡布线的过程中，对初步选定的控制点加以取舍、修正，最后落实。

(3) 侧坡的选择

当分水岭宽阔、起伏不大时，路线以设在分水岭顶部为宜。如需将路线设在两侧山坡时，应选择坡面整齐、横坡平缓，地质、水文情况良好，积雪、冰冻和支脉分布较少的一侧。以取得平、纵线形好、工程量小和路基稳定的效果。除两个侧坡优劣十分明显的情况外，两侧都要做比较以定取舍。同一侧坡也还可能有不同的路线方案，可通过试坡布线决定。多数初选的控制垭口，在侧坡选择过程中即可决定取舍，少数则需在试坡布线中落实。

如图 6.29 所示，A、D 两垭口是由前后路线所决定的固定控制点，其间 B、C、E 等垭口，哪个被选为中间控制点，首先取决于路线布设在分水岭的哪一侧。显然，位于左侧的甲线应舍 C、E 而取 B，位于右侧的乙线应舍 B 而取 C 或 E。至于 C、E 的取舍以及甲、乙方案的比选问题，则有待在试坡布线时解决。

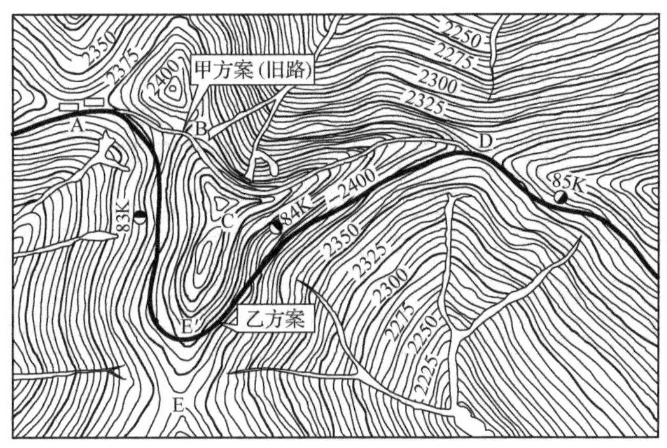

图 6.29　山脊线布局比较示意图(单位:m)

(4) 试坡布线

在两个控制点间布线，应力求距离短捷，坡度和缓。山脊线有时因控制点间高差很大，需要展线，也有时为避免路线过于迂绕，要采用起伏坡，以缩短距离。从总体看，山脊线难免有曲折、起伏，但不可使其过于急促、频繁，平、竖曲线和视距等指标也要掌握得高些，以利行车。山脊布线常见有三种情况。

1) 控制垭口间平均坡度不超过规定。如两个控制垭口中间，地形、地质方面没有太大障碍，应以均匀坡度沿侧坡布线。如控制垭口间平均坡度较缓，而其间遇有障碍或难点工程时，可加设中间控制点，调整坡度来避让，中间控制点和各垭口之间仍应以均匀坡度布线。如图 6.29 所示的甲线，AB、BD 两段，地面自然坡度一上一下已经很陡，适当挖深垭口 B 后，才分别获得＋5.5%和－5%较合理的坡度。BD 段两次跨冲沟，需要防治，工程稍大;如欲减小防治工程,要在冲沟头上方加设中间控制点,这将使 B 到 D 的一段纵坡过陡,不宜采用。

2) 控制垭口间有支脉横隔。路线穿过支脉,要在支脉上选择合适垭口作为中间控制点。该垭口应不致使路线过于迂绕,合理深挖后两翼路线坡度都不超过规定,并使路线能在较好的地形、地质地带通过。有时在支脉上选择的控制垭口虽能满足纵坡要求,但线形过于迂绕,为了缩短距离,控制点就不一定恰好设在垭口上。

图 6.29 中的乙线是穿支脉的路线,支脉上有 C、E 两个垭口,选择中间控制点时,首先考虑 C,因其位置过高,合理深挖后两翼路线坡度仍超过规定,只好放弃而选择垭口 E。E 的两翼自然纵坡均低于规定值,为了既保证坡度符合要求,又能尽量缩短距离,从低垭口 D 以 5.0%～5.5%的坡度沿山坡向垭口 E 试坡,定出控制点具体位置 E',使乙线得到合理的最短长度。A、E'之间按均匀坡度(约 3%)布线。乙线虽较甲线长 740m,但工程小,施工较易,当交通量小时,宜予采用。

3) 控制垭口间平均坡度超过规定。根据具体地形、地质条件,采用填挖、旱桥、隧道等工程措施来提高低垭口,降低高垭口,也可利用侧坡、山脊有利地形设置回头展线或螺旋展线,如图 6.30 所示。选线方法详见本节越岭线。

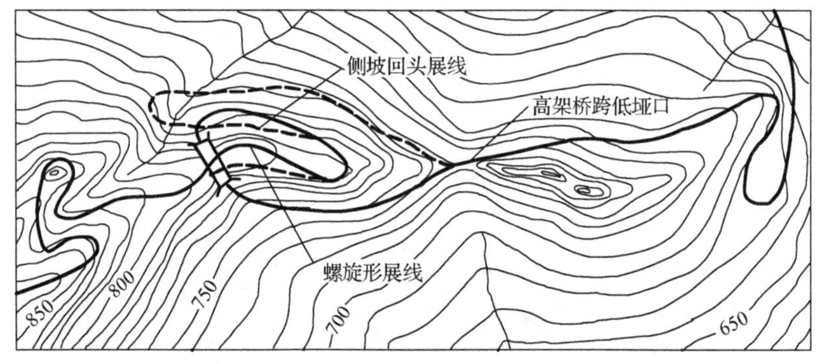

图 6.30 山脊展线示意图(单位:m)

6.2.3 丘陵区选线

丘陵区地形包括微丘和重丘。丘陵区的地貌特点是:山丘连绵,岗坳交错,此起彼伏,山形迂回曲折,岭低脊宽,山坡较缓,丘陵与山谷相对高差不大。重丘区与山区不易划出明确界线,微丘区与平原区也同样难以区别,可见丘陵区包括了缓、峻颇为悬殊的地形。对于丘陵区选线,平原区和山岭区选线方法都具有一定的指导意义。

丘陵区的地形决定了通过丘陵区的路线特点是:局部方案多,并且为了充分适应地形,路线纵断面将会有起伏,路线平面也必将是以曲线为主体,如图 6.31 所示。

1. 丘陵区路线布设要点

丘陵地区选线要根据丘陵地区地形起伏、丘岗连绵、相对高差不大的特点,摸清地形、地质和水文条件,选出方向顺直、工程量少的路线方案。

图 6.31 丘陵区路线

1) 微丘区选线应充分利用地形,处理好平、纵线形的组合。不应迁就微小地形,造成线形迂回曲折,也不宜采用长直线,造成纵面线形起伏。

2) 重丘区选线活动余地较大,应综合考虑平、纵、横三者的关系,恰当地掌握标准,提高线形质量。设计中应注意以下几点。

① 利用有利条件减少工程量。路线应随地形变化布设,在确定路线平、纵面线位的同时,应注意横向填挖的平衡。横坡较缓的地段,可采用半填半挖或填多于挖的路基;横坡较陡的地段,可采用全挖或挖多于填的路基。同时还应注意纵向土、石方平衡,以减少废方与借方。

② 平、纵、横三方面应综合设计。平、纵、横三个方面的设计不应只顾纵坡平缓,而使路线弯曲,平面标准过低;或者只顾平面直捷,纵面平缓,而造成高填深挖,工程过大;或者只顾经济,过分迁就地形,而使平、纵面过多地采用极限或接近极限的指标。

③ 注意冲沟的影响。遇到冲沟比较发育的地段时,高速公路、一、二级公路可采用高路堤或高架桥的直穿方案;三、四级公路则宜采用绕越方案。

2. 路线布设方式

丘陵区选线主要是解决平、纵、横三个方面与错综复杂的地形之间的矛盾,结合地形合理选择技术标准。由于丘陵区地形比较复杂,路线布设应随路线行经地带的具体地形而采用不同的布线方式。根据选线实践经验,路线布设可分为三类地形地带和相应的三种布线方式。

(1) 平坦地带——走直线

在平坦地带,地势平坦,应按平原区以方向为主导的原则布设。如其间无地物、地质障碍或应屈的风景、文物以及居民点,路线应走直线;如有障碍或应屈的地点,则加设中间控制点,相邻控制点间仍以直线相连,路线转折处设长而缓的曲线。没有充足的理由,不应无故拐弯。

(2) 具有较陡横坡的地带——沿“匀坡线”布线

匀坡线是两点之间,顺自然地形,以均匀坡度定的地面点的连线,如图 6.32 所示。这种坡线常须多次试放才能求得。在具有较陡横坡的地带,两个控制点间,如无地物、地形、地质上的障碍,路线应沿匀坡线布线;如有障碍,则在障碍处加设控制点,相邻控制点间仍沿匀坡线布线。

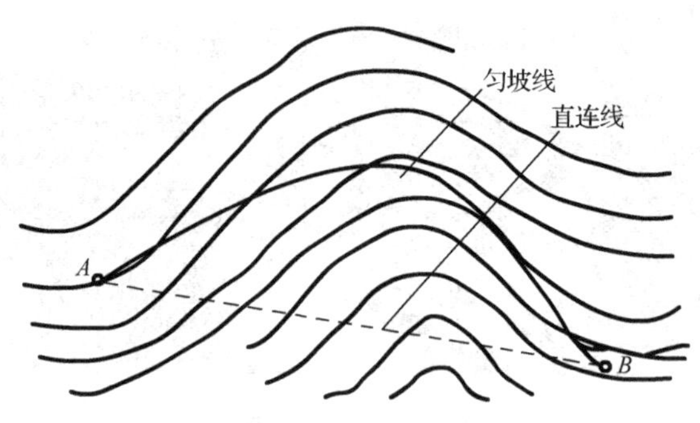

图 6.32　匀坡线示意图

(3) 起伏地带——走直连线和匀坡线之间

起伏地带也属于具有横坡的地带,特点是地面横坡较缓,匀坡线很迂回。其布线原则和方法如下。

1) 两个控制点间包括一组起伏。路线要交替跨越丘梁和坳谷,在两个相邻的梁顶(或谷底)之间,即出现一组起伏。在这种地形上布设路线,如沿直连线走,路线最短,但起伏很大,为了减缓起伏,将出现高填深挖,增大工程;如沿匀坡线走,坡度最好,但路线绕长太多,工程一般也不会省。这种“硬拉直线”和“弯曲求匀”的做法,都是不合理的。

如果路线走在直连线和匀坡线之间,比直连线的起伏小,比匀坡线的距离短,而工程成本一般比较节省。总体上,使用质量有所提高,工程造价有所降低,故在起伏地带应在直连线与匀坡线之间寻找最合理的路线方案。至于路线在平面上的具体位置,应根据路线等级结合地形做具体分析,做到路线平、纵、横三面的恰当结合。

对于较小的起伏,首先要坡度和缓,在这个前提下,再考虑平面与横断面之间的关系。总体上,低等级道路工程宜小,平面上可适当迂回,即路线可离直连线远些;高等级道路则宁可多做些工程,尽可能缩短距离,把路线定得离直连线近些。

2) 两个控制点间有多组起伏。两个控制点间有多组起伏时,需要在每个梁顶(或每个谷底)都定出控制点,然后按上述方法处理各组起伏。如何选定这些控制点要考虑许多因素,上述“起伏地带路线走直连线和匀坡线之间”的原则,可以为寻找这些控制点提供一个线索。控制点间包括的起伏组数越多,直连线和匀坡线所包范围越大,路线的方案也越多。布线可分头从两个已定控制点向中间进行,逐步减少包括的起伏组数,因而也缩小了直连线和匀坡线所包范围,直到最后合拢。

两个已定控制点间,有时因地形、地质、地物上的障碍,路线会突破直连线与匀坡线的范围。这种为避让障碍所定的中间控制点,应视为又增加一个已定控制点,即这一控制点定下来后,实际上是把原来两控制点间的路线分割成两段,上述“走直连线和匀坡线中间”的原则分别适用于两段内。

3. 选线步骤和示例分析

选线工作必须由浅入深，由轮廓到具体，按照勘测设计程序分程序分步骤进行，比较分析后，选定最合理的路线。如6.1节所述，选线分为全面布局、逐段安排与具体定线三大步骤。选线的关键是如何确定控制点与加密控制点，使路线既满足相应的设计标准，同时又尽量降低工程造价。

选线，先要充分利用现有的有关资料弄清较大范围内的地形、地质和地物的分布情况，掌握地形变化规律，然后选出几条路线方案进行实地踏勘。踏勘时，一定要多跑、多看、多问，注意发现更好的路线方案。路线比选要广泛征求有关部门的意见，使路线更好地和其他设施相配合，更多地为当地人民服务。

选线的具体内容，主要是选择决定路线走向的控制点和加密中间控制点。选择这些控制点的原则分别在平原区选线、山岭区选线及丘陵区选线的路线布设中已经论述，现以丘陵区选线为示例讨论如下。

如图6.33所示，所选路线为某丘陵区路线的一段。A、G为固定控制点，A点前为沿溪线，G点后为山脊线，都是在总体布局中定下的。现仅讨论A、G间布线问题。A、G间的路线有两个基本方案。第一方案(点划线)由A继续沿溪至K处跨河后，升坡至G。此方案平、纵指标都较高，但因占用良好耕地多，且行经地带低湿，如路基太低则水文状况差，如提高路基，不但工程大，而且因借土更要多占用耕地。第二方案(实线)提高线位，路线走起伏地带通过，本方案由于采用不同的技术指标，又产生了一些局部比较方案(虚线)。综合以上情况对选线步骤分述如下。

(1) 控制点的选定

这里讲的控制点是指体现路线轮廓，决定路线走向的那些点，如示例中的A和G，第一方案和第二方案的B都是这类控制点。确定这些点是选线工作中关键性的一步，它们是经过在图上研究和实地踏勘，根据路线总方向，结合地形、地质条件选定的，它们代表一个方案，体现路线的轮廓。对各种可能的轮廓方案进行比选，最后剩下一两个最好方案，进行下一步加密控制点的工作。

(2) 加密控制点

有了体现路线轮廓的控制点后，还须根据其间细部地形加设一些小控制点，路线方案才具体定下来。前已论及加密控制点的原则和方法，现就示例(实线)加以说明。

B、G之间要跨越C、E两个梁，D、F两个谷，包括两组半起伏。其中BC、FC两段高差大是关键段，应先解决。根据前述“起伏地带，走直连线与匀坡线之间”的原则，可以初步判断出C点的大致位置应在B的下游，F点应在G的上游。C、F点具体位置则是通过试坡布线的方法定出的(参见越岭线试坡布线)。

C、F点定下后，路线就剩下C、F间一组半起伏了。定E点，E的大体位置仍用走直连线与匀坡线之间的原则估定，示例中E的具体位置则是考虑避让村庄这一因素而设定的。

C、E之间还包括一组起伏，直连线和匀坡线分别如图6.33中的虚线和点线所示。路线如沿直连线布线，填方太大；如沿匀坡线走，工程虽小，但曲折过大，与相邻路段很不协调，故还是走中间合理。

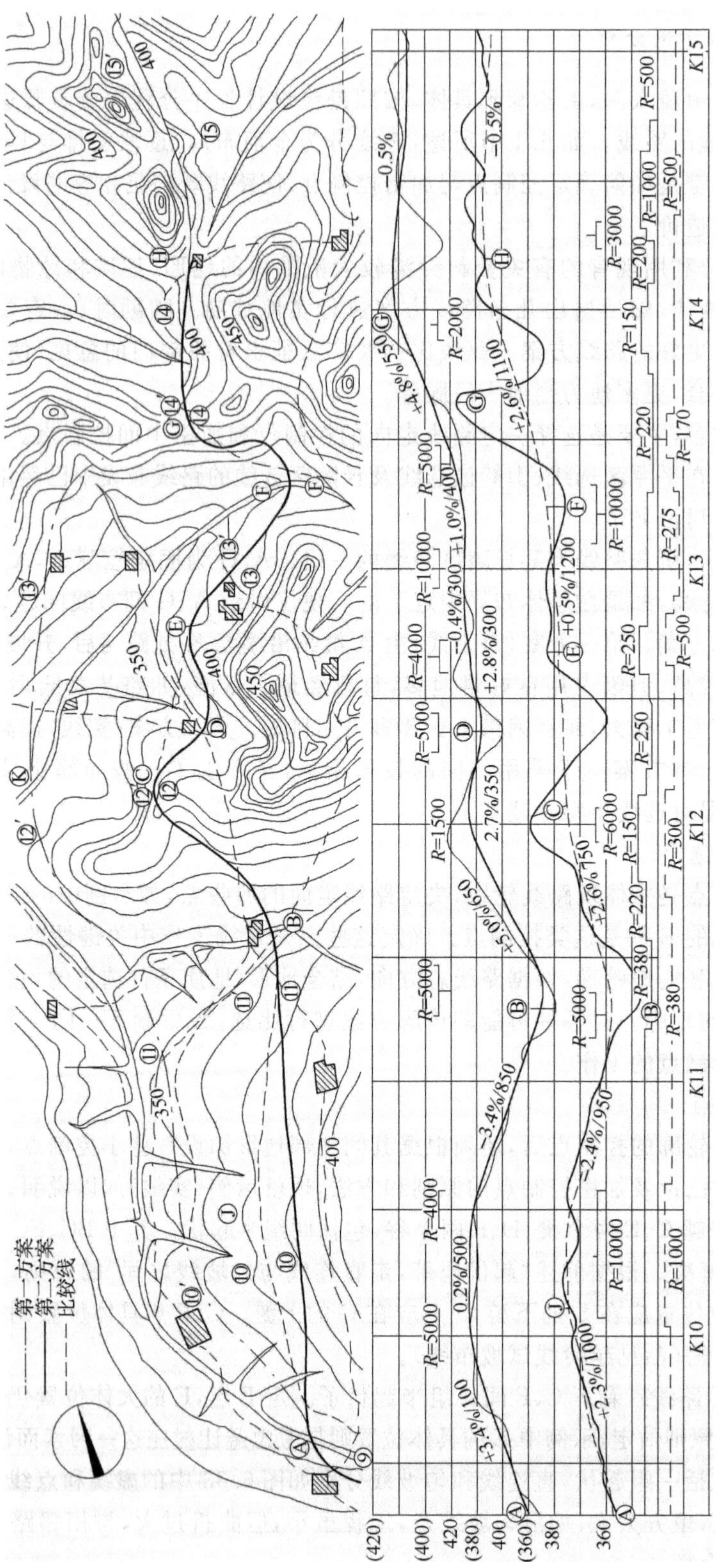

图 6.33 丘陵区路线平、纵面图（单位：m）

A、B 段地形整齐，稍有起伏，从使用质量上看，应走 AJB 线，因为它和直连线相比，两公里只增长了 40m，却少爬升 10m 高度，但因占的是较好耕地，故取了直线方案。至于技术指标较高的比较方案 AKG 线也是可能的，经过分析比较，因工程过大而放弃。

4. 平、纵线形及其配合

(1) 平面

平面上不强拉长直线，而要尽量利用与地形协调的长而缓的平曲线，路线转折不要过于零碎频繁，相距不远的同向曲线尽可能并为一个单曲线或复曲线，反向曲线间应有一定长度的直线段，否则，可设计成 S 形。

(2) 纵断面

起伏地区路线采用起伏坡形是缩短里程或节省工程的有效方法。但起伏切忌太频繁，太急剧，坡长要放长些，坡度要用得缓些，避免形成锯齿坡形和短距离的“驼峰”和“陷洼”；陡而长的坡道中间要利用地形设缓坡段。竖曲线也应像平曲线那样，要长而缓，相离不远的同向曲线尽量连接起来，反向曲线间最好有一段匀坡。

(3) 平、纵面的配合

长、陡下坡尽头避免设小半径平曲线。平、竖曲线的位置，在两者半径很大的情况下，各设在什么地方对行车并无太大影响，但在起伏地形如梁顶、沟底等处，使暗弯与凸竖曲线、明弯与凹竖曲线结合起来，则能增进行车安全感和路容的美观。但要注意两者的半径都应尽可能大些，特别是明弯与凹曲线重合处，因为这种地点，车速一般都比较高，半径太小增加驾驶困难。最不好的情况是凸竖曲线与一个小半径平曲线相隔很近，因为凸竖曲线阻碍视线，驾驶者不能预先看到前方的平曲线，以早做转弯准备，可能措手不及，发生事故。为避免这种情况，要把平、竖曲线重合起来，即使多费些工程也是应该的，如图 6.33 中 C、E、G 处。

总之，丘陵区选线时可比方案较多，方案之间差异不大，这就要求选线人员分段布线，逐段渐进的办法，详细分析比较，最后选定出一条合理的路线。

6.3　特殊地区和不良地质地区路线走向的选择

公路路线经过一些特殊地区和不良地质地区时，会影响并控制线路的走向。在公路选线时应深入调查，查明不良地区的类型、分布范围、规模和严重程度及其发生、发展的原因和规律。根据具体情况，提出各种可行的绕避和通过方案，保证公路建成后畅通无阻，不留后患。下面对特殊地区和不良地质地区的选线分别进行简单介绍。

6.3.1　特殊地区道路选线

1. 水库地区选线

(1) 水库对公路工程的影响

沿河修建水库工程，改变了河流天然状况，使库区范围内的工程地质与水文地质条件产生一系列变化,影响公路建设。其中三个主要方面是水库坍岸、地下水壅升和水库淤积。

1) 水库坍岸。水库蓄水后,由于水位的变化,波浪对库岸的冲击和淘刷,加之库岸受水浸泡和不良地质现象随着地下水壅升而加速发展等原因,使库岸产生变形,造成坍岸,威胁公路安全。

2) 地下水壅升。水库水位升高后,原地下水相应地壅升,将使黄土和黄土类地层产生湿陷,导致已趋稳定的古滑坡复活。当地下水位上升至接近地表时,可使泉水出露,土地沼泽化。

3) 水库淤积。水库建成后,水库上游回水区内流速降低,产生淤积现象,随之逐渐上升,水流的回水曲线也相应抬高,影响桥梁净空。

(2) 水库地区的选线原则

公路选线应与水库密切配合,充分调查水库的现状和远期规划,测绘和查明水库的影响范围,确定通过或绕避库区的合理方案,并遵循以下原则。

1) 路线位置一般选在最终坍岸线以外,并留有一定安全距离;个别地段如有防护和跨越条件,能够确保路基稳定,节省投资时,方可考虑将线位定在坍岸范围以内。

2) 路线应避开水库淹没范围,以减少水下工程;如必须通过淹没区时,要保证水库最高水位不致淹没路基,并须保证路基的稳定。

3) 路线应尽量绕避由于地下水壅升容易造成湿陷、翻浆、沼泽化、滑坡、崩塌等不良地质现象的地区。

4) 路线跨过支沟时,应尽量离开沟口,选择在水浅、风浪小、地质条件好的地段通过。跨越支沟的大中桥,应注意支沟坍岸的影响,桥台基础应在坍岸范围以外。

5) 路线跨越水库,一般选择在水库上游,回水曲线以上或水库下游,集中冲刷范围以下河段通过。如必须在水库淹没区内跨越时,桥位应选择在较窄地段,桥梁高度应适当留有余地。

6) 线路由坝顶通过时,坝身质量必须符合公路路基要求。泄水构造物能达到公路桥涵需要的强度,基底无渗漏现象,并要事先与水利部门充分协商。

7) 遇有隧道时,应按坍岸断面及地下水壅升曲线检查路线位置。在湿陷性黄土地区还应调查和推断沉陷影响,以确定隧道的平面位置及设计高程。

2. 人为坑洞地区选线

(1) 人为坑洞对公路工程的影响

人为坑洞是指由于人的活动所挖掘的地下洞穴,如矿区的采空区、采煤洞、掏砂洞、淘金洞、窑洞、坎儿井、地下渠道和墓穴等。选线时如对此类地区重视不够,工程措施考虑不周,通车后将导致线路病害的发生,严重影响行车安全。

(2) 人为坑洞地区选线原则

1) 路线应尽量绕避人为坑洞地区,尤其是人为坑洞密集地区和处理工程复杂的大型人为坑洞以及需修建桥梁、隧道、立交等重要建筑物地段,当绕避有困难时,路线应尽量选择在矿层薄、埋藏深、倾角缓和垂直于矿层走向等有利条件处通过,并采取措施确保公路安全。

2) 路线通过小型坑洞时,应采取适当的工程措施。对于埋藏浅的坑洞应挖开回填;

对于不易开挖的坑洞,应使用必要的勘探方法,查明坑洞情况,加以处理。

3) 对于正在开采或计划开采的矿区,为了避免压矿,路线应尽量绕避。如必须通过时,须与有关单位协商,选择穿过矿体长度最短的部位通过,并采取措施,保证安全。

3. 风沙地区选线

(1) 风沙对公路工程的影响

风沙对公路的危害也称沙害,沙害主要表现为风蚀、沙埋和堵塞桥涵,其危害程度与沙源、风力及地貌有关。

1) 风蚀。路基边坡或路肩由于风蚀而遭破坏,甚至局部被掏空,危及行车安全。

2) 沙埋。在路基的零填方、低路堤、浅路堑路段最易遭沙埋而造成路基积沙和排水不良等病害。

3) 堵塞桥涵。当桥涵被流沙堵塞时,一旦出现暴雨,因排水不畅,就会冲毁路基。

(2) 风沙地区选线原则

1) 应深入调查研究,弄清各种沙丘的成因、性质、活动情况以及风力、风向、沙源、地形、地貌等主要特征,尽可能绕避严重流沙地带。

2) 在大面积沙丘地区,如流沙不能绕避,应尽可能选择在沙丘边缘地带、沙丘中的河流两岸及大山或高地的前缘背风地带通过。

3) 在风沙覆盖的山地、丘陵地区,路线宜选在沙带间的丘陵地通过。如受条件限制必须穿越沙带时,选线宜选择在沙带最窄部位,以路堤正交跨过。

4) 在半固定和固定沙丘为主的局部流沙地区,路线应尽量通过半固定、固定沙丘地区,并尽可能不通过沙丘的下风侧,避免沙体移动掩埋公路。

5) 路线走向应尽量与当地风向平行,因路线若与主风向垂直,路堤的上风侧常形成大量积沙,使路肩和边坡遭受风蚀,路堑也易积沙。

6) 路线应尽量少设曲线,必须设置时,宜采用大半径曲线,曲线段只宜设路堤,并将弯道外侧面对主导风向。

7) 路线纵断面设计应尽量采用适当高度的路堤,不填不挖及路堑都容易被沙埋。

8) 路线应尽量靠近筑路材料产地和水源地带,以降低工程造价,并减少施工、养护困难。

4. 高烈度地震区选线

(1) 地震对公路工程的影响

地震对公路工程的破坏程度与地震烈度、当地地形、地质条件和建筑物的抗震能力有关。

(2) 地震区选线原则

1) 干线公路应尽量绕避高烈度地震区,难以避开时,路线应选择在最窄处通过,并宜采用低路堤。

2) 路线必须通过高烈度地震区时,应尽量利用有利地形,避开悬崖陡壁、地形复杂和不良地质地区,以减少地震可能造成的破坏。

3) 地震区桥梁位置应尽量选择在良好的地基和稳定的河岸地段,如必须在易液化砂土、黏砂土及软土或稳定性较差的河岸地段通过时,路线应尽量与河流正交。

6.3.2 不良地质地区道路选线

1. 多年冻土地区选线

(1) 多年冻土对公路工程的影响

1) 路基冻害主要表现为下沉和冻胀。路堑冻害往往导致边坡滑动,侧沟挤坏,若遇埋藏冰层就成了泥槽。石质路堑有裂隙水时,冬季冻结形成冰锥,危及行车安全。

2) 桥涵构造物的冻害,主要为基础上凸起和下沉现象。桥涵附近的冰锥、冰丘还可能产生冰塞现象,挤压桥涵。

(2) 多年冻土地区选线原则

1) 路线通过山坡时,应尽量选在平缓、干燥、向阳的地带。阳坡地带多年冻土埋藏较深,水分蒸发量大,地表及地下水含量相应减少,一般不会产生冻害和其他病害。

2) 路线通过山岳丘陵地区时,宜选择在融冻坡积层缓坡的上部。沿着河谷定线时,线路宜选在高台地上,以较短的距离通过多年冻土边缘地带,避免沿着融区附近的多年冻土边缘地带布线。

3) 路线宜选择在岩石、卵石及砾石土,粗、中、细砂和含水量小的黏土、砂黏土、砂粒土等少冰冻土地带。在多冰冻土的地层通过时,应避免在腐殖土、粉砂地段,尤其避免在饱冰、富冰冻土的含冰土层中通过。对厚层地下冰、热融滑坍、热融湖(塘)、冰锥冰丘、沼泽等不良地质地段应尽量绕避。

4) 路线应尽量采用填方,尽可能避免挖方、零填方或低填浅挖断面。特别是在饱冰冻土和厚层地下冰地段,应避免以挖方通过。

5) 大、中桥宜选在河流的融区地段或基底为少冰冻土的河段。避免将一座桥设在融区和冻土两种不同的地基上。

6) 隧道应尽量避免穿过地下水发育的地层。洞口位置应尽量避开热融滑坍、冰锥、冰丘以及厚层地下冰等不良地质地段。

2. 黄土地区选线

(1) 黄土对公路工程的影响

黄土对公路工程的影响表现在以下几个方面。

1) 黄土湿陷对公路工程的影响。黄土遇水使联结土粒的胶膜胀大,联结力减弱,并使土内起胶结作用的易溶盐溶解,在自重及外力作用下即产生沉陷。黄土的湿陷使公路工程轻则开裂,重则倒塌破坏。

2) 黄土崩塌、滑坍及滑坡。黄土沟谷两岸一般工程地质条件比较恶劣,坡脚不稳,容易发生崩塌或滑坍。此外,黄土与其下的红土层接触面多向沟床倾斜,有的红土层不透水,地下水则沿此接触面移动或渗流,易产生滑坡。

3) 黄土陷穴。地面水渗入松散的黄土体内,破坏了黄土的胶结性,同时在动水压力作用下，黄土中的胶体黏土微粒被水带走，形成地面坍陷，继而冲成洞穴，称为陷穴。

4）黄土路堑边坡的崩塌与冲刷。黄土路堑的主要问题是边坡的稳定性，它与路堑的深度、边坡坡度、排水和防护等有关，还受地貌、气候条件及黄土性质的影响。

（2）黄土地区选线原则

1）路线应尽量走在黄土塬、宽谷阶地、平缓斜坡以及比较稳定的沟谷地带，尽量绕避陷穴与冲沟发育的塬边和斜坡地带。

2）路线通过湿陷性黄土地区时，应尽量选择湿陷性轻微、地表排水条件较好的地区通过。

3）路线跨越黄土深沟时，应结合地形，降低填土高度。当沟谷宽敞，谷坡稳定平缓时，可沿沟坡绕向沟谷上游以降低填高；当沟谷深窄，谷坡陡峻且不稳定，绕线困难，同时沟谷不长，沟底纵坡较陡时，可将线位移向沟谷附近以降低填高。

4）选线时应对高填与高桥方案进行综合比较。高填具有下沉量大、多占耕地等缺点，在工程造价出入不大时，应尽量采用高桥方案，降低线位高度，但需考虑基底不均匀下沉的影响。

5）选线时还应对深挖与隧道进行综合比较。工程造价出入不大时，应采用隧道方案。黄土隧道应绕避不良地质地段，尽量在土质较好的老黄土土层中，并注意避免偏压。

3. 软土和泥沼地区选线

（1）软土和泥沼对公路工程的影响

软土和泥沼都具有压缩性高和强度低的特点，对工程构造物会造成滑坍和沉陷等危害。公路建成后往往路基不断下沉，造成路面过早破坏，给行车、养护带来很大困难，因此，选线时对严重的软土和沼泽地区要进行避绕，必须通过时，对路基基底要进行处理。

（2）软土和泥沼地区选线原则

1）线路应尽量绕避软土和泥沼地区，特别是河谷或古盆地中央软土层较厚、土颗粒较细、含水量较大、基底松软的部位，而选择软土和泥沼地区的边缘通过。

2）当路线必须通过软土和泥沼地区时，路线位置应尽量选择在软土和泥沼最窄，泥炭和淤泥较浅，沼底横坡不大，地势较高及取土条件较好的地段通过；在淤泥和泥炭较厚，沼底横坡较陡，路基处理困难的地段，应考虑建桥的比较方案。

3）软土和泥沼地区以修建路堤为宜，由于沼泽地区需利用路堤自重将泥炭压缩达到稳定，路堤填土高度不宜超过极限高度。

4）在宽广的软土地区，路线应尽量避免，并沿排水管道边缘或湖塘边缘定线。因为这些地方为水流浸润，地基较软弱，基底两侧的变形也不均衡，对路基的稳定不利。

4. 盐渍土地区选线

（1）盐渍土对公路工程的影响

地表 1m 以内土层中易溶盐含量大于 0.5%时的土称盐渍土。它对公路工程的影响主要表现在以下几个方面。

1）由于盐渍土中盐分的存在，在夯实过程中，其最佳密度随含盐量的增加而逐渐减小。当含盐量超过一定限度时,就达不到路基的标准密度,使路基发生下沉、变形。

2) 盐渍土中水分和温度随着自然气候条件的变化而不断变化,使土体中的盐分时而溶解,时而结晶,土体也随之膨胀收缩循环进行,膨胀使路面拱起,膨胀和收缩使路基强度降低,破坏了土体的稳定性,这种现象在日温差大的干旱内陆地尤为突出。

(2) 盐渍土地区的选线原则

1) 盐渍土地区选线应尽量选在排水条件良好,地下水位低,含盐量小,通过地段短和地势较高等有利地段。内陆盐渍土地区路线宜在砾石带、沙土灌丛带通过。冲积平原盐渍土地区路线,宜远离河岸边的湿盐渍土地区,而在地下水位较深的干燥地带通过。

2) 湿盐渍土地区,地下水位高,排水困难,路基基底一般需填渗水土或采取抬高路堤等措施,造价增高,故应尽量绕避;如必须通过时,应将路线设置在地势较高和工程地质条件较好的地段;对一般盐渍土或干盐渍土地区,含盐量一般较轻,可考虑以路堤通过。

3) 当降低地下水位有困难,且不易取得渗水土做填料时,宜采用抬高路堤的方法通过。此时路肩高程应考虑冻前地下水位、毛细水强烈上升高度、临界冻结深度和一定的安全距离。

5. 膨胀土地区选线

(1) 膨胀土对公路工程的影响

膨胀土是一种裂隙发育、工程地质性质不良的黏土,干缩湿胀,将使土体结构遭受破坏,造成土坡的不稳定,影响正常行车。其危害有以下几种。

1) 冲刷。冲刷现象存在于所有膨胀土边坡上。其破坏过程是雨季地表水使土层湿化,崩解而后冲刷,其结果使坡面呈无数V形小沟,由上而下逐渐加宽加深,边坡越高冲刷越严重。

2) 剥落。坡面龟裂松胀的土层,逐步散裂成颗粒状碎屑,在重力及地表水作用下顺坡剥落,堆于坡底淤塞侧沟。

3) 溜坍是路堑顶或坡面表土的滑动现象,呈马蹄形,坡度陡而不规则。其产生原因主要为雨季地表水于风化裂隙中迅速集中,使松散土层顺坡滑动,当降雨大而持久时,可能发展成为泥流。

4) 滑坡有塑流型滑坡及剪切型滑坡两类。前者具有一般滑坡的弧形外貌,滑体呈塑流状态;后者含水较多,裂缝密布,滑带呈软塑和可塑状。

(2) 膨胀土地区选线原则

1) 膨胀土地区路线应根据宜填不宜挖、尽量减少深长路堑的原则,选定合理方案,否则应与绕避方案进行比较。

2) 岗沟相间是膨胀土地区的一种地貌。路线遇到垄岗时,应垂直于垄岗方向,并选择垭口较低、较薄地段通过,以缩短路堑的长度和深度。

3) 路线应尽量离开建有重要建筑物的垄岗,避免路堑开挖后,路堑发生变形时,影响附近建筑物的安全。

4) 路线跨越沟谷处,一般宜建桥并增加桥梁高度,如在垄岗处修建隧道,应避免浅埋,否则应采用加固措施。

6. 滑坡地段选线

(1) 滑坡对公路工程的影响

滑坡出现时，大量土体下滑、埋没路基或其他建筑物，修复困难，造成行车中断，对公路有极大危害。

(2) 滑坡地段选线原则

1) 对技术复杂、工程量大、采用整治措施也不易确保稳定的大型滑坡，路线应尽量绕避。若在沿河谷地段，可移到滑坡的对岸通过，或在滑动面底下适当位置以隧道通过。

2) 对中小型滑坡，如经整治能确保稳定，工程投资又有显著节省时，可考虑在其下部以低填方或其上部以浅挖方通过。

3) 当路线位置受到控制，无法绕避滑坡地段(包括有可能产生滑坡的地段)时，必须采取有效工程措施，以确保施工和运营的安全。

7. 崩塌、岩堆地段选线

(1) 崩塌、岩堆对公路工程的影响

崩塌一般出现在峡谷陡坡地段，它能直接威胁公路安全，尤其是大型崩塌来势凶猛，破坏力更大。岩堆往往由崩塌、错落形成，也可由缓慢地堆积而成，在河谷中较为常见。在岩堆地段修筑公路，容易发生顺层牵引坍滑，影响线路稳定。

(2) 崩塌、岩堆地段选线原则

1) 在山体极不稳定、岩层非常破碎的陡峻山坡，工程处理困难的地段，应尽量绕避。若采用修建明洞或在稳定岩层内修建隧道等措施通过，需经比较后选定。

2) 当崩塌范围不大且性质不严重，有可能采取清理山坡危石以及其他有效工程措施加以解决时，可考虑在崩塌影响范围内通过。

3) 对处在发展阶段或较大范围的松散的稳定性差的岩堆，路线宜向山体内移以隧道在堆积体范围处的基岩中通过，或外移设桥通过，或考虑跨河到对岸的绕避方案。

4) 对稳定的岩堆，线路也可以低路基或浅路堑通过，但应避免深挖高填，以免破坏岩堆的稳定性，造成病害。

8. 泥石流地段选线

(1) 泥石流对公路工程的影响

泥石流来势凶猛，破坏力巨大，冲毁路基、桥涵，堵塞河道，给公路交通造成严重危害。

(2) 泥石流地段选线原则

1) 对严重的泥石流集中地段，应考虑避绕，或选择较轻微的一岸通过，必要时可多次跨河避绕。

2) 路线跨越泥石流沟时，首先应考虑从流通区或沟床比较稳定、冲淤变化不大的洪积扇顶部以桥跨越。

3) 路线如必须通过泥石流时，应尽量避免穿过沉积区。

4) 只有泥石流不严重，技术上可以处理，并经过比选，方能采用在沉积区通过的方案。一般在山前区泥石流的路线位置，宜在沉积区下方通过，山区泥石流的路线位置，宜在沉积区上方通过。

6.4 定线方法

定线就是在选线布局之后,具体定出道路中心线的工作。定线是依据设计任务书、选线阶段确定的路线走向和主要控制点、所采用的技术标准进行的。定线的任务是在选线布局阶段选定的"路线带"(或称为定线走廊)的范围内,按已定的技术标准,结合细部地形、地质等自然条件,综合考虑平、纵、横三方面的合理安排,定出道路中线的确切位置。

定线是道路设计过程中关键的一步,它不仅要解决工程问题和经济问题,而且要充分考虑道路与周围环境的配合、道路与生态平衡的关系、道路自身线形的美观和协调,以及驾驶员的视觉和心理反应等问题。

定线质量在很大程度上还取决于采用的定线方法。常用的定线方法有纸上定线和直接定线两种。纸上定线适用于技术标准高或地形、地物复杂的路线,定线过程是先在大比例尺地形图上室内定线,然后把纸上路线敷设到地面上。直接定线适用于标准低或地形、地物简单的路线,是在现场直接定出路线中线的位置。

公路选线采用纸上定线或现场定线的方法,应符合下列规定:

1) 高速公路、一级公路采用纸上定线时,必须现场核定。

2) 二级公路、三级公路、四级公路可采用现场定线;有条件或地形条件受限时,可采用纸上定线或纸上移线并现场核定的方法。

6.4.1 纸上定线

1. 纸上定线的步骤

纸上定线是在大比例尺[(1∶500)~(1∶2000)]地形图上确定道路中线的具体位置。

当有大比例地形图时,采用纸上定线的方法,可以提高定线的精度,尤其是等级较高的道路或复杂的山区道路,先采用纸上定线的方法定出道路中心线,再到实地放线,可以大大节省时间,提高设计质量。当没有大比例尺地形图时,需要到野外实测地形图,工程量较大,随着航空摄影测量的发展,精度高、范围较大的地形图被很快测出,纸上定线显示其优越性。

(1) 平原微丘区纸上定线步骤

1) 定导向点,确定路线走向。在选线布局确定的控制点之间,根据平原微丘区路线布设要点,通过分析比较,确定可穿越、应屈就和该绕避的点和活动范围,建立一些中间导向点,确定路线走向。

2) 定导向线。按规定的技术标准,结合导向点,试穿出一系列直线,延长直线交会出交点,作为初定的路线导向线。

3) 初定平曲线。读取交点坐标计算或直接量测得到交点处路线转角和交点间距离,初定圆曲线半径和缓和曲线长度,计算曲线要素及曲线里程桩号。

4) 定线。检查各技术指标是否满足《公路工程技术标准》(JTG B01—2014)要求,以及平曲线位置是否合适,不满足时应调整交点位置或圆曲线半径或缓和曲线长度,直至满足为止。排出整个路线的里程桩号，点绘出纵、横断面图，绘出地面线，拉出设计线。纵、横断面设计完成后，需进行平、纵、横线形是否协调的检查，内容包括：平曲线与平曲线的组合，平曲线与竖曲线的组合，路基高度、边坡、排水、桥涵等工程结构物的安排是否合理。发现问题应及时修改，直到满意为止。

(2) 山岭、重丘区纸上定线步骤

1) 定导向线。

① 路线布局。在地形图上仔细研究路线布局阶段选定的主要控制点间的地形、地质情况，选择有利地形如平缓顺直的山坡、开阔的侧沟、利于回头的地点等，拟定路线各种可能的走法。如图 6.34 所示，图中左侧地形较陡，图右侧地形较缓，A、D 为两控制点，B 为可利用的山脊平台，C 为应避让的陡崖，则 $A-B-C-D$ 为路线的一种可能走法，需由放坡试定。

② 定坡度线。设 A、D 两点为越岭线山上和山下两控制点。先确定纸上放坡的定线坡度，通常选用平均纵坡 $i_{均}$(5.0%～5.5%，视地形曲折程度和高差而定)，再计算出平距。平距是以一定坡度(定线坡度)升高一个等高线间距所需要的距离。一般用 Δl 表示为

$$\Delta l = \frac{\Delta h}{i} \times D \tag{6.3}$$

式中：Δh——等高线间距(m)；

D——地形图比例尺；

i——定线坡度(%)。

例如，$D=1:50\ 000$，$\Delta h=10\text{m}$，$i=4\%$，则

$$\Delta l = \frac{\Delta h}{i} \times D = \frac{10}{0.04} \times \frac{1}{50\ 000} = 0.005(\text{m}) = 5(\text{mm})$$

即表明在 1∶50 000 的地形图上，当两等高线平距是 5mm 时的路线纵坡为 4%，大于此长度，路线纵坡小于 4%，坡度不受限制的自由地段；小于等于此长度，说明此地段为大于或等于 4%的坡度受限地段，应按此平距在图上放坡，如图 6.34 所示。

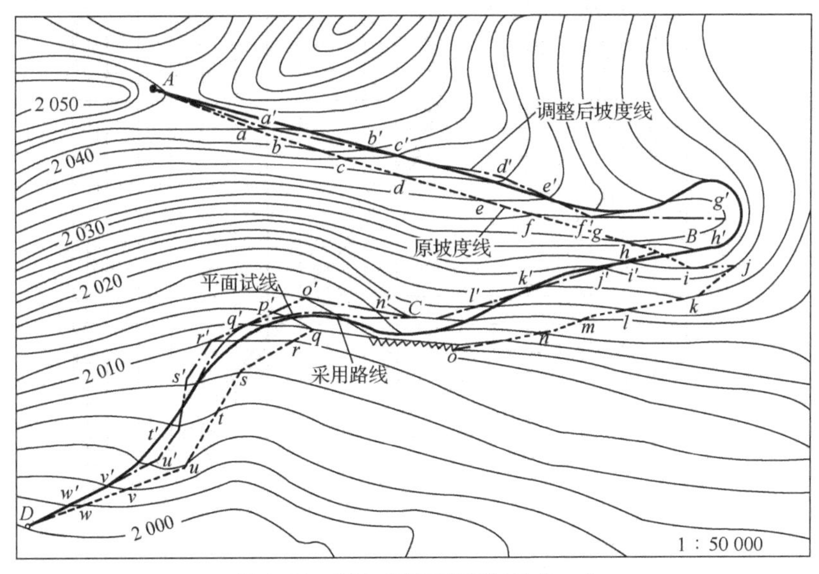

图 6.34　纸上定线平面图(单位：m)

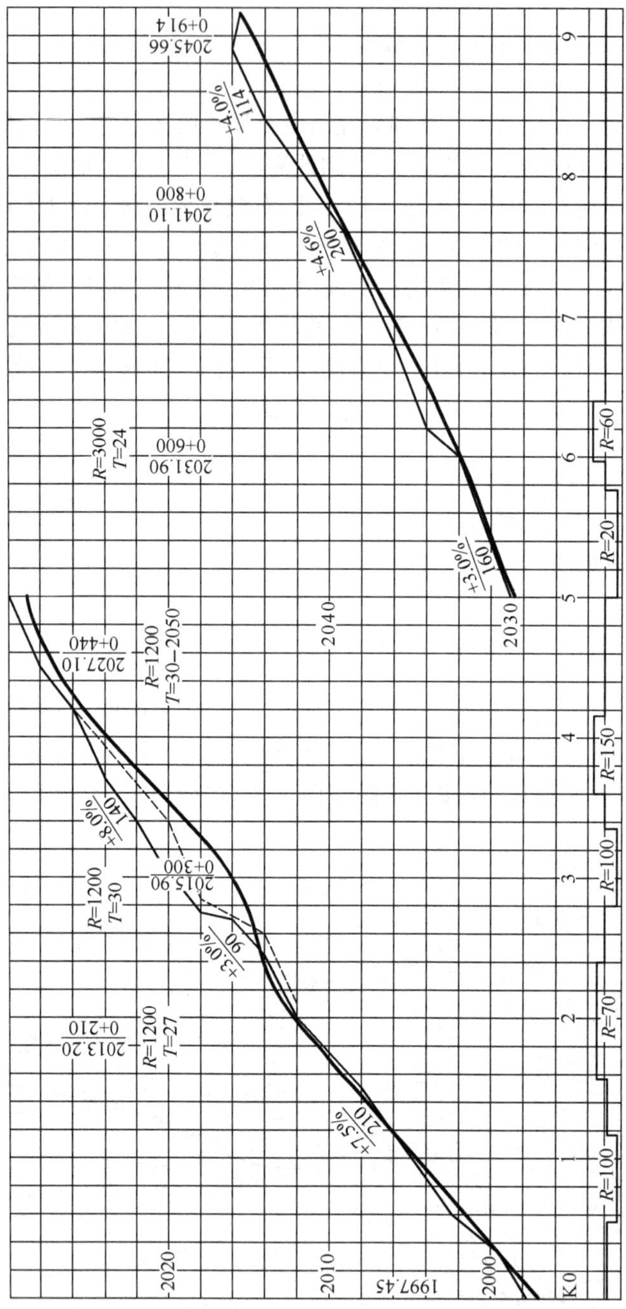

图 6.35 纸上定线纵断面图(单位:m)

将两脚规开度到5mm，从固定点 A 开始，沿拟定走法依次截取每根等高线得 a 点、b 点、c 点、…，在 B 附近回头(图中 j 点)后再向 D 点截取。当最后一点的位置和标高都与 D 点接近时，说明该方案成立，否则应修改走法(如改变回头位置)或调整定线坡度(在5.0%～5.5%内)，重新试坡至方案成立为止。连线 $Aab\cdots D$ 为具有平均纵坡的折线，即坡度线。

③ 定导向线。从图中分析坡度线利用地形、避让地物或不良地质情况可知，在 B 处利于回头的地点未能利用，在 C 处的陡崖未能避让，若调整 B、C 前后的纵坡(可在最大和最小纵坡间选用，但不轻易采用极限值且不出现反坡)，就能避开陡崖和利用有利回头地点，因此将 B、C 定为中间控制点。然后再仿照上述方法，分段调整纵坡，试定匀坡线，各段匀坡线的连线 $Aa'b'\cdots D$ 为具有分段安排纵坡的折线，即为导向线，它利用了有利地形，避开了不利障碍，示出了路线将经过的部位。

2) 修正导向线。参照导向线定出直线和平曲线即平面试线，按地形变化特征点量出或读取桩号及地面标高，点绘纵断面图的地面线，参考地面线和前面分段安排的纵坡设计理想纵坡如图6.35所示，量出或读取各桩的概略设计标高。

在平面试线各桩的横断方向上点出与概略设计标高相应的点子，这些点的连线是具有理想纵坡、中线上不填不挖的折线，即为修正导向线。当纵断面上填挖过大时，应进行修改。如图6.35中(K0＋200)～(K0＋400)之间，实线地面线(对应平面试线)挖方较大，该段纵坡已近极限值无法调整，如将路线移到崖顶通过(平面采用路线)，平面线形并无多大变化，但挖方工程减少很多，如图6.35中虚线地面线(平面图中修正导向线未示出)。

对修正导向线各点绘制横断面图，用路基模板逐点找出最经济或起控制作用的最佳中线位置及其可移动范围，如图6.36中的②、③。根据最佳位置的性质分别用不同符号点绘到平面图上，这些点的连线是具有理想纵坡、横向位置最佳的折线，即为二次修正导向线(小比例尺地形图上显示不出最佳位置时可不做)。

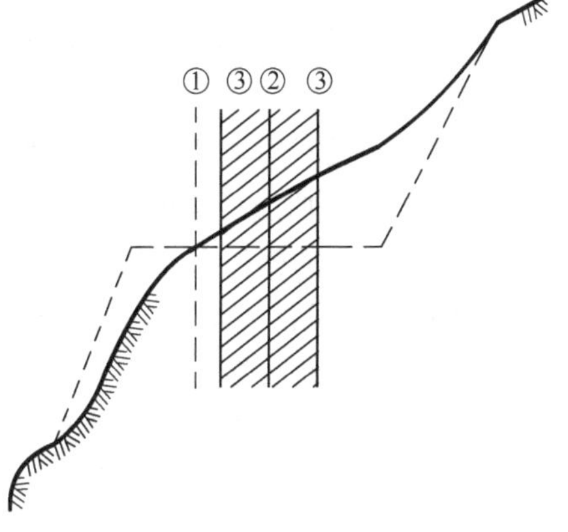

图6.36　横断面最佳位置

3) 定线。定线是在二次修正导向线的基础上进行。二次修正导向线是一条平面折线，显然不满足技术标准的要求，为此必须适当取直，并用平曲线连接，定出中线的确切位置。然后与平原微丘区定线方法一样，进行路线的平、纵、横三面的具体设计，进行路线设计检查，直到满足设计要求为止。

2. 纸上定线方法

(1) 直线型定线方法

直线型定线方法是根据路线布局和相应的技术指标，试穿出一系列与地形相适应的直线作为基本线形单元，然后在两直线转折处用曲线予以连接的定线方法。也就是传统的以直线为主的穿线交点定线法。

道路中线确定后，为标定路线需根据选定的圆曲线半径及缓和曲线计算平曲线要素、曲线主点桩和加桩里程等。若不需要逐桩坐标时，可按传统方法计算要求的设计成果。若需要计算逐桩坐标时，则应采集各交点的坐标。通常交点坐标的采集方法有两种：

1）直接采集法。在绘有格网的地形图上读取各交点的坐标，一般只能估读到米，适用于交点前后直线方向和位置限制不严的情况。

2）定前后直线间接推算法。在交点前后直线方向和位置限制较严时，在绘有格网地形图上先固定交点前后的直线(即在直线上读取两个点的坐标)，再用相邻直线相交的解析法计算交点坐标。当已知交点前直线上两点的坐标(x_1，y_1)和(x_2，y_2)，后直线上两点的坐标(x_3，y_3)和(x_4，y_4)，则交点坐标(x，y)为

$$\begin{cases} k_1 = \dfrac{y_2 - y_1}{x_2 - x_1}, \quad k_2 = \dfrac{y_4 - y_3}{x_4 - x_3} \\ x = \dfrac{k_1 x_1 - k_2 x_3 - y_1 + y_3}{k_1 - k_2} \\ y = k_1(x - x_1) + y_1 \end{cases} \tag{6.4}$$

通过确定交点，可以先得到一系列转折的直线线形，在两条直线转折处设置适当的平曲线，然后进行坐标的计算。具体的方法可采用直接定线的方法进行设计，在此不赘述。

(2) 曲线型定线方法

曲线型定线方法是根据路线布局和相应技术指标，先试定出合适的圆曲线单元，然后将这些圆曲线用适当的直线和缓和曲线连接的定线方法。这是一种与传统的先定直线后定曲线相反的以曲线为主的定线法。

1）定线步骤。

① 在地形图上，根据路线布局和重要控制点，徒手画出线形顺适、平缓并与地形相适应的概略线位。

② 用直尺或不同半径的圆曲线弯尺拟合徒手线位，形成一条由圆弧和直线组成的具有错位(即设缓和曲线后圆曲线的内移值)的间断线形。

③ 在被分解的圆弧和直线上各采集两点坐标固定位置，通过试定或试算，用合适的缓和曲线将它们顺滑连接，形成连续的平面线形。

2）确定回旋线参数。确定回旋线参数 A 值是采用曲线型定线法的关键。目前常用的确定 A 值的计算方法有近似计算法和解析计算法。

① 近似计算法。回旋线参数 A 的近似计算公式为

$$A = \sqrt[4]{24DR^3} \tag{6.5}$$

式中：D——基本型曲线时的内移值 p，S 形和卵形曲线(图 6.37)时为圆弧之间距离；

R——基本型为单圆曲线半径，S 形和卵形为换算半径，分别按下式计算：

S 形曲线换算半径为

$$R = \frac{R_1 R_2}{R_1 + R_2} \tag{6.6}$$

卵形曲线换算半径

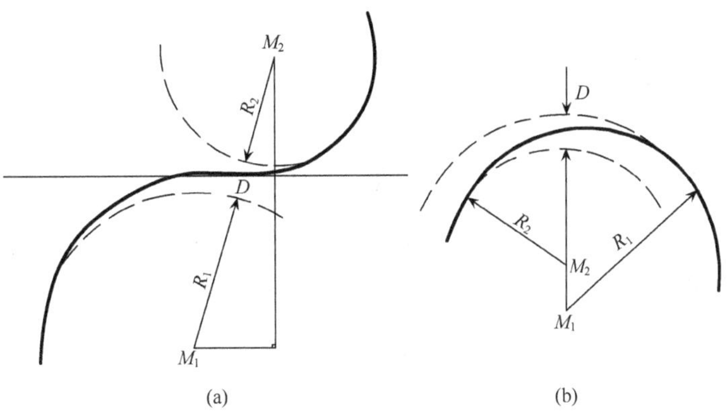

图 6.37 S形和卵形曲线计算图

$$R=\frac{R_1R_2}{R_1-R_2} \tag{6.7}$$

式中：R_1——大圆半径；

R_2——小圆半径。

计算出 A 值后，应检查其值是否满足 $A \geqslant A_{\min}$ 或 $R/3 \leqslant A \leqslant R$ 的要求。不满足时可调整圆弧位置，使 D 值变化后重新计算 A 值，直到满意为止。S形曲线是由两条回旋线构成的，为了计算简便宜采用等参数 A 的回旋线。

② 解析计算法。解析计算法是根据几何关系，建立含有参数 A 的方程式，通过精确计算确定 A 值的过程。

a. 当直线与圆曲线连接时，如图 6.38 所示，已知直线上两点 $D_1(X_{D_1}, Y_{D_1})$、$D_2(X_{D_2}, Y_{D_2})$ 和圆上两点 $C_1(X_{C_1}, Y_{C_1})$、$C_2(X_{C_2}, Y_{C_2})$ 以及圆曲线半径 R。

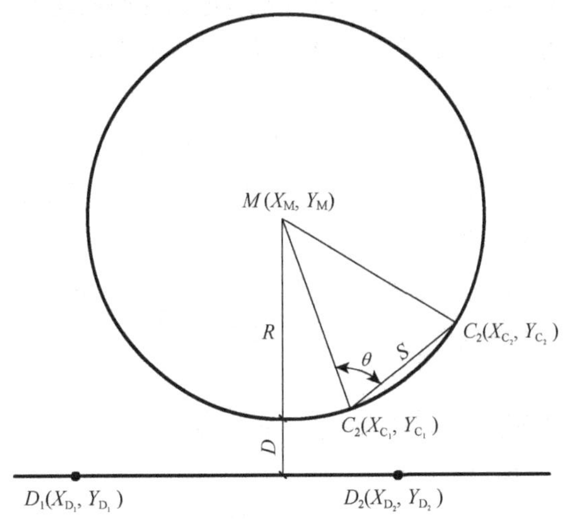

图 6.38 直线与圆曲线连接计算图

由图 6.38 得

$$\theta=\cos^{-1}\frac{S}{2R}$$

C_1M 方位角 $\alpha_M=\alpha_{C_{1,2}}+\xi\theta$

式中：$\alpha_{C_{1,2}}$——C_1C_2 的方位角；

ξ——$\xi=\mathrm{sgn}(R)$，R 的符号，曲线右转取正，左转取负号。

圆心坐标

$$\begin{cases} X_M = X_{C_1} + R\cos\alpha_M \\ Y_M = Y_{C_1} + R\sin\alpha_M \end{cases} \tag{6.8}$$

式中：$R=|R|$，下同。

令 $k=\dfrac{Y_{D_2}-Y_{D_1}}{X_{D_2}-X_{D_1}}$，则直线与圆曲线间距 D 为

$$D=\frac{|k(X_M-X_{D_1})-(Y_M-Y_{D_1})|}{\sqrt{1+k^2}}-R \tag{6.9}$$

回旋线参数 A 及长度 L_S：

由回旋线的几何关系得

$$p=y+R\cos\tau-R \tag{6.10}$$

式中

$$y=\frac{L_S^2}{6R}\left(1-\frac{L_S^2}{56R^2}+\frac{L_S^4}{7040R^4}-\cdots\right)$$

$$\tau=\frac{L_S}{6R}$$

因 $p=D$，故式(6.10)只含未知数 L_S，可采用牛顿求根法解出 L_S，一般精确到 10^{-4}，则参数 A 值计算公式为

$$A=\sqrt{L_SR} \tag{6.11}$$

b. 当两反向曲线连接时，如图 6.37(a)所示，已知两圆曲线上各两点坐标及相应半径 R_1 和 R_2，用上述方法可算出圆心坐标为 $M_1(X_{M_1},Y_{M_1})$ 和 $M_2(X_{M_2},Y_{M_2})$。

计算两圆间距 D，即

$$M_1M_2=R_1+R_2+D=\sqrt{(X_{M_2}-X_{M_1})^2+(Y_{M_2}-Y_{M_1})^2}$$

$$D=|M_1M_2-R_1-R_2|=\sqrt{(X_{M_2}-X_{M_1})^2+(Y_{M_2}-Y_{M_1})^2}-R_1-R_2 \tag{6.12}$$

式中：$R_1=|R_1|$，$R_2=|R_2|$，下同。

计算回旋线参数 A：S 形两个回旋线参数 A_1 与 A_2 宜相等，当采用不同参数时，A_1 与 A_2 之比宜小于 2.0，有条件时以小于 1.5 为宜。用 $K=A_1/A_2$ 表示回旋线参数的比值，则由几何关系知

$$M_1M_2=\sqrt{(R_1+R_2+p_1+p_2)^2+(q_1+q_2)^2} \tag{6.13}$$

式中：$p_i=y_i+R_i\cos\tau_i-R_i\,(i=1,2)$

$$q_i=x_i-R\sin\tau_i$$

$$x_i=2R_i\tau_i\left(1-\frac{\tau_i^2}{10}+\frac{\tau_i^4}{216}-\frac{\tau_i^6}{9360}+\cdots\right)$$

$$y_i=\frac{2}{3}R_i\tau_i^2\left(1-\frac{\tau_i^2}{14}+\frac{\tau_i^4}{440}-\frac{\tau_i^6}{25200}+\cdots\right)$$

$$\tau_2 = \frac{1}{k^2}\left(\frac{R_1}{R_2}\right)^2 \tau_1$$

由式(6.12)和式(6.13)可建立含 τ_1 的方程 $F(\tau_1)=0$,有

$$F(\tau_1) = (R_1 + R_2 + p_1 + p_2)^2 + (q_1 + q_2)^2 - (R_1 + R_2 + D)^2 = 0$$

则

$$2(R_1 + R_2)(p_1 + p_2 - D) + (p_1 + p_2)^2 + (q_1 + q_2)^2 - D^2 = 0$$

用牛顿求根法解算出 τ_1,并求得 τ_2后按下式计算参数:

$$\begin{cases} A_1 = R_1\sqrt{2\tau_1} \\ A_2 = R_2\sqrt{2\tau_2} \end{cases} \tag{6.14}$$

c. 当两同向曲线连接时,如图 6.37(b)所示,求得圆心 M_1 和 M_2 的坐标为

$$D = | R_1 - R_2 - M_1M_2 |$$

$$M_1M_2 = \sqrt{(R_1 + p_1 - R_2 - p_2)^2 + (q_2 - q_1)^2}$$

同样可建立含 τ_1的方程,解出 τ_1后计算 τ_2和 A 为

$$\begin{cases} \tau_2 = \left(\frac{R_1}{R_2}\right)\tau_1 \\ A = R_1\sqrt{2\tau_1} \end{cases} \tag{6.15}$$

定线操作是一个由粗到细的工作过程。因近似法计算中只保留了级数展开式中的第一项,所以计算简单但精度不高,适用于初定线位或精度要求不高的定线。解析法精度较高但计算复杂,需在计算机上计算,适用于精细定线。

6.4.2 实地放线

实地放线是将纸上定好的路线敷设到地面上,经过实地对照检查和修改后,供详细测量和施工使用的作业过程。

实地放线的方法主要有坐标法、穿线交点法、拨角法和直接定交点法。应根据路线复杂程度、精度要求高低、勘测设计仪具设备及地形难易等具体条件选用。

1. 坐标法放线

坐标法放线就是先建立一个贯穿全线统一的坐标系统(一般采用国家坐标系统),然后根据路线的地理位置和几何关系计算出道路中线上各桩点的统一坐标,编制逐桩坐标表,然后根据逐桩坐标实地放线。随着计算机技术的发展和测量仪器的现代化,坐标法放线应用的越来越广泛。

(1) 直线型定线法坐标的计算

1) 路线转角、交点间距、曲线要素及主点桩计算。设起点坐标 $JD_0(XJ_0, YJ_0)$,第 i 个交点坐标为 $JD_i(XJ_i, YJ_i)(i=1,2,\cdots,n)$,则

坐标增量

$$DX = XJ_i - XJ_{i-1}$$

$$DY = YJ_i - YJ_{i-1}$$

交点间距

$$S = \sqrt{(\mathrm{DX})^2 + (\mathrm{DY})^2}$$

象限角

$$\theta = \arctan\left|\frac{\mathrm{DY}}{\mathrm{DX}}\right|$$

式中:θ——与北轴的夹角。

计算方位角 A:$\mathrm{DX}>0,\mathrm{DY}>0$ 时,$A=\theta$;$\mathrm{DX}<0,\mathrm{DY}>0$ 时,$A=180-\theta$;$\mathrm{DX}<0,\mathrm{DY}<0$ 时,$A=180+\theta$;$\mathrm{DX}>0,\mathrm{DY}<0$ 时,$A=360-\theta$。

转角 $$\alpha_i = A_i - A_{i-1}$$

式中:α_i为"+",路线右转;α_i为"-",路线左转。

曲线要素及主点桩号计算公式与传统方法相同。对于高速公路和一级公路,由于精度要求较高,在应用传统公式时,必须注意取舍误差,否则会影响计算精度。如 p、q、x、y 等均为级数展开式,应增大项数。

2) 直线上中桩坐标计算。如图 6.39 所示,设交点坐标为 JD(XJ,YJ),交点相邻直线的方位角分别为 A_1 和 A_2,则

ZH(或 ZY)点坐标

$$\begin{cases} X_{\mathrm{ZH}} = \mathrm{XJ} + T\cos(A_1 + 180) \\ Y_{\mathrm{ZH}} = \mathrm{XJ} + T\sin(A_1 + 180) \end{cases} \tag{6.16}$$

HZ(或 YZ)点坐标

$$\begin{cases} X_{\mathrm{HZ}} = \mathrm{XJ} + T\cos A_2 \\ Y_{\mathrm{HZ}} = \mathrm{YJ} + T\sin A_2 \end{cases} \tag{6.17}$$

设直线上加桩里程为 L,ZH、HZ 表示曲线起、终点里程,则

前直线上任意点坐标($L\leqslant \mathrm{ZH}$)

$$\begin{cases} X = \mathrm{XJ} + (T + \mathrm{ZH} - L)\cos(A_1 + 180) \\ Y = \mathrm{YJ} + (T + \mathrm{ZH} - L)\sin(A_1 + 180) \end{cases} \tag{6.18}$$

后直线上任意点坐标($L>\mathrm{HZ}$)

$$\begin{cases} X = \mathrm{XJ} + (T + L - \mathrm{ZH})\cos A_2 \\ Y = \mathrm{YJ} + (T + L - \mathrm{ZH})\sin A_2 \end{cases} \tag{6.19}$$

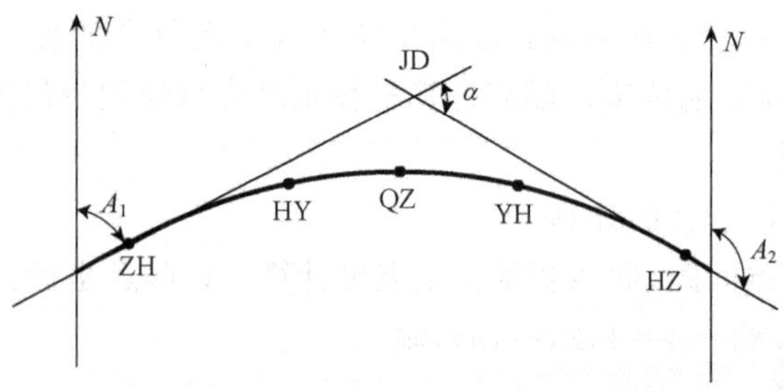

图 6.39 中桩坐标计算示意图

3）单曲线内中桩坐标计算。

① 不设缓和曲线的单曲线。曲线起点与终点坐标按式(6.15)和式(6.16)计算，设其坐标分别为 ZY(X_{ZY}，Y_{ZY})、YZ(X_{YZ}，Y_{YZ})，则圆曲线上坐标为

$$\begin{cases} X = X_{ZY} + 2R\sin\left(\dfrac{90l}{\pi R}\right)\cos\left(A_1 + \xi\dfrac{90l}{\pi R}\right) \\ Y = Y_{ZY} + 2R\sin\left(\dfrac{90l}{\pi R}\right)\sin\left(A_1 + \xi\dfrac{90l}{\pi R}\right) \end{cases} \tag{6.20}$$

式中：l——圆曲线内任意点至 ZY 点的曲线长；

R——圆曲线半径；

ξ——转角符号，右转为“+”，左转为“−”，下同。

② 设缓和曲线的单曲线。缓和曲线上任意点的切线横距

$$x = l - \frac{l^5}{40R^2L_S^2} + \frac{l^9}{3456R^4L_S^4} - \frac{l^{13}}{599040R^6L_S^6} + \cdots \tag{6.21}$$

式中：l——缓和曲线上任意点至 ZH(或 HZ)点的曲线长；

L_S——缓和曲线长度。

a. 第一缓和曲线(ZH～HY)任意点坐标为

$$\begin{cases} X = X_{ZH} + x/\cos\left(\dfrac{30l^2}{\pi RL_S}\right)\cdot\cos\left(A_1 + \xi\dfrac{30l^2}{\pi RL_S}\right) \\ Y = Y_{ZH} + x/\cos\left(\dfrac{30l^2}{\pi RL_S}\right)\cdot\sin\left(A_1 + \xi\dfrac{30l^2}{\pi RL_S}\right) \end{cases} \tag{6.22}$$

b. 圆曲线内任意点坐标为

由 HY～YH 时

$$\begin{cases} X = X_{HY} + 2R\sin\left(\dfrac{90l}{\pi R}\right)\cdot\cos\left[A_1 + \xi\dfrac{90(l+L_S)}{\pi R}\right] \\ Y = Y_{HY} + 2R\sin\left(\dfrac{90l}{\pi R}\right)\cdot\sin\left[A_1 + \xi\dfrac{90(l+L_S)}{\pi R}\right] \end{cases} \tag{6.23}$$

式中：l——圆曲线内任意点至 HY 点的曲线长；

X_{HY}、Y_{HY}——HY 点的坐标，由式(6.21)计算而来。

由 YH～HY 时

$$\begin{cases} X = X_{YH} + 2R\sin\left(\dfrac{90l}{\pi R}\right)\cdot\cos\left[A_2 + 180 - \xi\dfrac{90(l+L_S)}{\pi R}\right] \\ Y = Y_{YH} + 2R\sin\left(\dfrac{90l}{\pi R}\right)\cdot\sin\left[A_2 + 180 - \xi\dfrac{90(l+L_S)}{\pi R}\right] \end{cases} \tag{6.24}$$

式中：l——圆曲线内任意点至 YH 点的曲线长。

c. 第二缓和曲线(HZ～YH)内任意点坐标为

$$\begin{cases} X = X_{HZ} + x/\cos\left(\dfrac{30l^2}{\pi RL_S}\right)\cdot\cos\left(A_2 + 180 - \xi\dfrac{30l^2}{\pi RL_S}\right) \\ Y = Y_{HZ} + x/\cos\left(\dfrac{30l^2}{\pi RL_S}\right)\cdot\sin\left(A_2 + 180 - \xi\dfrac{30l^2}{\pi RL_S}\right) \end{cases} \tag{6.25}$$

式中：l——第二缓和曲线内任意点至 HZ 点的曲线长。

4）复曲线坐标计算。

① 复曲线中间缓和曲线 L_F 与任意点坐标。复曲线中间有设缓和曲线和不设缓和曲线两种情况，设缓和曲线时即构成卵形曲线。该缓和曲线仍然采用回旋线，但它曲率不是从零开始，而是截取曲率 $\frac{1}{R_1}\sim\frac{1}{R_2}$ 这一段作为缓和曲线。

如图 6.40 所示，缓和曲线 AB 的长度为 L_F，A、B 点的曲率半径分别为 R_1、R_2，M 为缓和曲线 AB 上曲率为零的点，AB 段内任意点的坐标从 M 点推算。

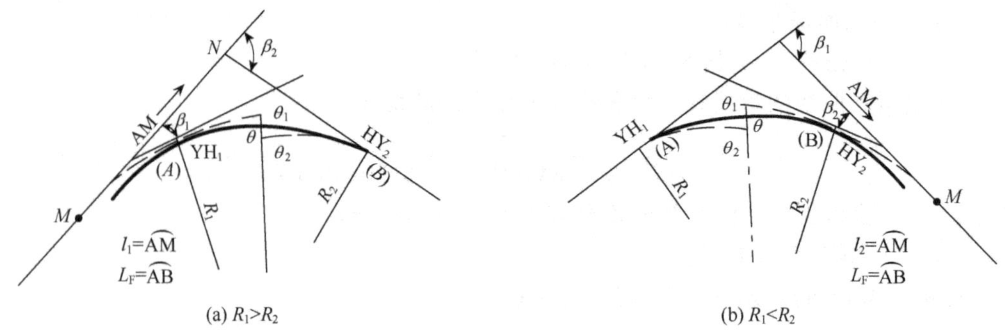

图 6.40　复曲线坐标计算示意图

根据回旋线几何关系，因

$$L_F=\sqrt{\frac{24R_1R_2P_F}{R_1-R_2}}$$

而

$$P_F=p_2-p_1=\frac{L_{S_2}^2}{24R_2}-\frac{L_{S_1}^2}{24R_1}$$

故

$$L_F=\sqrt{\frac{|R_2L_{S_1}^2-R_1L_{S_2}^2|}{|R_1-R_2|}} \tag{6.26}$$

式中：L_{S_1}、L_{S_2}——第一、第二缓和曲线长度；

R_1、R_2——大圆、小圆曲线半径。

当 $R_1>R_2$ 时，如图 6.37(a)，设 A 点（YH_l）的坐标为（X_A，Y_A），由式(6.22)计算得到，切线方位角 A_A 为

$$A_A=A_1+\xi\left[\frac{90(L_{Si}+2l)}{\pi R_1}\right] \tag{6.27}$$

式中：l——半径为 R_1 的平曲线 HY_1 至 YH_1 的曲线长。

M 点的坐标（X_M，Y_M）为

$$\begin{cases} X_M=X_A+\left(l_1-\dfrac{l_1^3}{40R_1^2}\right)/\cos\left(\dfrac{30l_1}{\pi R_1}\right)\cdot\cos\left(A_i+180-\xi\dfrac{2}{3}\beta_1\right) \\ Y_M=Y_A+\left(l_1-\dfrac{l_1^3}{40R_1^2}\right)/\cos\left(\dfrac{30l_1}{\pi R_1}\right)\cdot\sin\left(A_i+180-\xi\dfrac{2}{3}\beta_1\right) \end{cases} \tag{6.28}$$

式中：$l_2=\dfrac{R_2L_F}{R_1-R_2}$，$\beta_1=\dfrac{90l_1}{\pi R_1}$。

M 点的切线方位角为

$$A_M=A_A-\xi\beta_1$$

当 $R_1<R_2$ 时，如图 6.37(b)，M 点的坐标

$$\begin{cases} X_M=X_A+\left(l_2-\dfrac{l_2^3}{40R_1^2}\right)/\cos\left(\dfrac{30l_2}{\pi R_1}\right)\cdot\cos\left(A_A+\xi\dfrac{2}{3}\beta_1\right) \\ Y_M=Y_A+\left(l_2-\dfrac{l_2^3}{40R_1^2}\right)/\cos\left(\dfrac{30l_2}{\pi R_1}\right)\cdot\sin\left(A_A+\xi\dfrac{2}{3}\beta_1\right) \end{cases} \tag{6.29}$$

式中：$l_2=\dfrac{R_2L_F}{R_2-R_1}$，$\beta_1=\dfrac{90l_2}{\pi R_1}$。

M 点的切线方位角为

$$A_M=A_A+\xi\beta_1$$

L_F内任意点坐标的计算。在计算出 M 点的坐标及切线方位角后，当 $R_1>R_2$ 时，用式(6.22)计算 L_F上任意点坐标；凡 $R_1<R_2$ 时，用式(6.25)计算。应注意的是，式中的 l 应为中间缓和曲线上计算点至 M 点的曲线长，A_1、A_2 相应换成 A_M。

② 复曲线内 L_F段以外的任意点坐标。复曲线内除 L_F段外其他部位上任意点坐标计算公式同式(6.21)～式(6.25)。

(2) 曲线型定线法坐标计算

应用曲线型定线法定出的路线平面线形仍然是由直线、圆曲线和缓和曲线三种线形元素所组成的。当各线形元衔接点的坐标一经确定，路线平面线形的形状和位置便完全确定了。下面就各种组合线形元衔接点的坐标和线形元上任意点坐标计算分别进行介绍。

1) 各线形元衔接点坐标计算。

① 直线与圆曲线的连接。如图 6.41 所示，ZH、HZ 点到圆心 M 的方位角为

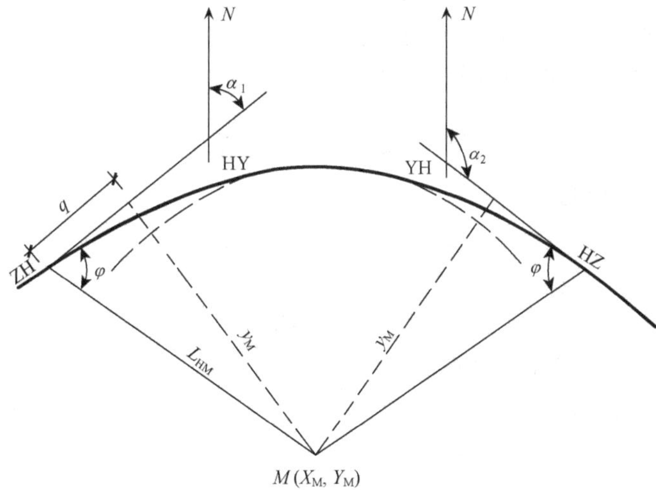

图 6.41　直线与圆连接

$$\alpha_{ZM} = \alpha_1 + \xi\varphi$$

$$\alpha_{HM} = \alpha_2 + 180 - \xi\varphi$$

式中

$$\varphi = \arctan\left(\frac{y_M}{q}\right), y_M = |R| + p, q = x - |R| \sin\tau, \tau = \frac{90L_S}{\pi R}$$

各衔接点坐标计算公式为

$$\begin{cases} X_{ZH(HZ)} = X_M + L_{HM}\cos(\alpha_{ZM(HM)} + 180) \\ Y_{ZH(HZ)} = Y_M + L_{HM}\sin(\alpha_{ZM(HM)} + 180) \\ X_{HY} = X_{ZH} + x\cos\alpha_1 - \xi y\sin\alpha_1 \\ Y_{HY} = Y_{ZH} + x\sin\alpha_1 + \xi y\cos\alpha_1 \\ X_{YH} = X_{HZ} - x\cos\alpha_2 - \xi y\sin\alpha_2 \\ Y_{YH} = Y_{HZ} - x\sin\alpha_2 + \xi y\cos\alpha_2 \end{cases} \tag{6.30}$$

式中

$$\begin{cases} L_{HM} = \sqrt{q^2 + y_M^2} \\ x = L_S\left(1 - \frac{L_S^2}{40R^2} + \frac{L_S^4}{3456R^4} - \frac{L_S^6}{599040R^6} + \cdots\right) \\ y = \frac{L_S^2}{6|R|}\left(1 - \frac{L_S^2}{56R^2} + \frac{L_S^4}{7040R^4} - \cdots\right) \\ \xi = \mathrm{sgn}(R)\text{(右转角为正,左转角为负)} \end{cases} \tag{6.31}$$

各衔接点的桩号为

$$S_{ZH} = S_0 + \text{起点至 } ZH \text{ 点的距离}$$

$$S_{HY} = S_{ZH} + L_S$$

$$S_{YH} = S_{HY} + L_C$$

$$S_{HZ} = S_{YH} + L_S$$

式中:L_C——HY 点至 YH 点的圆弧长度。

② 两反向曲线的连接。由图 6.42 的几何关系得

$$\tan\varepsilon = \frac{q_1 + q_2}{R_1 + R_2 + p_1 + p_2}$$

则公切线 Q_1Q_2 的方位角为

$$\alpha_Q = \alpha_M + \xi(90 - \varepsilon)$$

式中

$$\xi = \mathrm{sgn}(R_1)$$

衔接点 D_1、D_2、D_3 的坐标计算:

D_2 到 M_1 的方位角

$$\alpha_{D_2M_1} = \alpha_Q + 180 - \xi\theta$$

式中

$$\xi = \mathrm{sgn}(R_1), \theta = \arctan\left(\frac{y_{M_1}}{q_1}\right), y_{M_1} = |R_1| + p_1$$

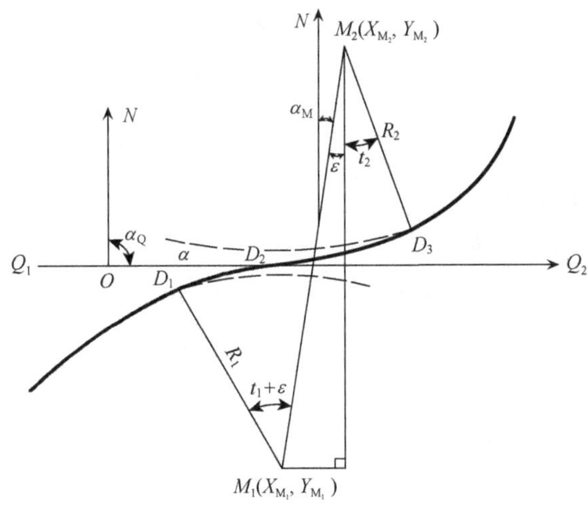

图 6.42 两反向曲线的连接

D_2 点的坐标

$$\begin{cases} X_{D_2} = X_{M_1} + L_D \cos(\alpha_{D_2 M_1} + 180) \\ Y_{D_2} = Y_{M_1} + L_D \sin(\alpha_{D_2 M_1} + 180) \end{cases} \tag{6.32}$$

式中

$$L_D = \sqrt{q_1^2 + y_{M_1}^2}$$

D_1 点的坐标

$$\begin{cases} X_{D_1} = X_{D_2} - x\cos\alpha_Q - \xi y\sin\alpha_Q \\ Y_{D_1} = Y_{D_2} - x\sin\alpha_Q + \xi y\cos\alpha_Q \end{cases} \tag{6.33}$$

式中

$$\xi = \mathrm{sgn}(R_1)$$

D_3 点的坐标

$$\begin{cases} X_{D_3} = X_{D_2} + x\cos\alpha_Q - \xi y\sin\alpha_Q \\ Y_{D_3} = Y_{D_2} + x\sin\alpha_Q + \xi y\cos\alpha_Q \end{cases} \tag{6.34}$$

式中

$$\xi = \mathrm{sgn}(R_2)$$

x、y 由式(6.31)计算。

③ 同向圆曲线的连接。由图 6.43 可知($R_1 > R_2$):

$$\tan\alpha_0 = \tan(\varepsilon_1 + \tau_1) = \frac{q_1 - q_2}{R_1 + p_1 - R_2 - p_2}$$

$$\varepsilon_1 = \alpha_0 - \tau_1, \quad \varepsilon_2 = \alpha_0 - \tau_2$$

若从大圆过渡到小圆时方位角为

$$\alpha_{M_1 D_1} = \alpha - \xi_1 \varepsilon_1$$
$$\alpha_{M_2 D_2} = \alpha + \xi_2 \varepsilon_2$$

若从小圆过渡到大圆时方位角为

$$\alpha_{M_1D_1}=\alpha+180-\xi_1\varepsilon_1$$
$$\alpha_{M_2D_2}=\alpha+180+\xi_2\varepsilon_2$$

式中：$\xi_1=\mathrm{sgn}(R_1)$；

$\xi_2=\mathrm{sgn}(R_2)$；

α——M_1M_2 的方位角。

则衔接点 D_1 和 D_2 的坐标计算公式为

$$\begin{cases} X_{D_i}=X_{M_i}+|R_i|\cos\alpha_{M_iD_i} \\ Y_{D_i}=Y_{M_i}+|R_i|\sin\alpha_{M_iD_i} \end{cases} \tag{6.35}$$

式中：$i=1,2$。

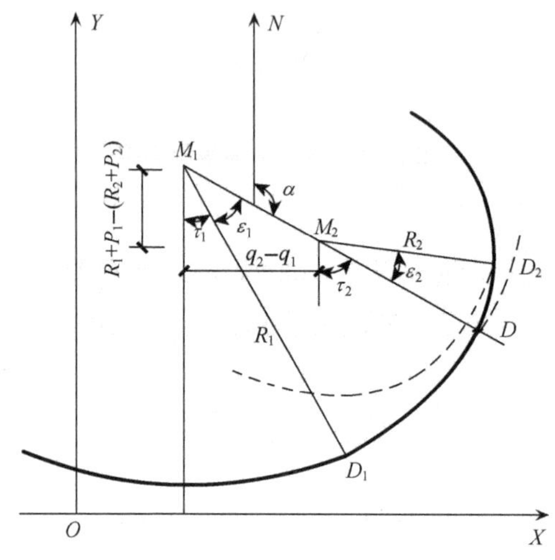

图 6.43 同向圆曲线的连接

2) 各线形元上加桩坐标计算。

① 直线上加桩坐标计算。如图 6.44 所示，设 $S_0(X_0,Y_0)$ 为直线上已知点，S 为任意点桩号，α 为该直线的方位角，则

$$\begin{cases} X=X_0+(S-S_0)\cos\alpha \\ Y=Y_0+(S-S_0)\sin\alpha \end{cases} \tag{6.36}$$

② 圆曲线上加桩坐标计算。如图 6.45 所示，α_0 为 S_0 点的切线方位角，α 为 S 点的切线方位角，则

$$\begin{cases} X=X_0+R\left[\sin\left(\alpha_0+\dfrac{S-S_0}{R}\cdot\dfrac{180}{\pi}\right)-\sin\alpha_0\right] \\ Y=Y_0+R\left[\cos\left(\alpha_0+\dfrac{S-S_0}{R}\cdot\dfrac{180}{\pi}\right)-\cos\alpha_0\right] \end{cases} \tag{6.37}$$

式中：R——圆曲线半径，右转为正，左转为负。

圆曲线上任意点坐标也可以参照式(6.20)、式(6.24)计算。

③ 缓和曲线上加桩坐标计算。

a. 直线与圆曲线连接时，由图 6.38 和式(6.30)可得

以 ZH 为局部坐标原点时

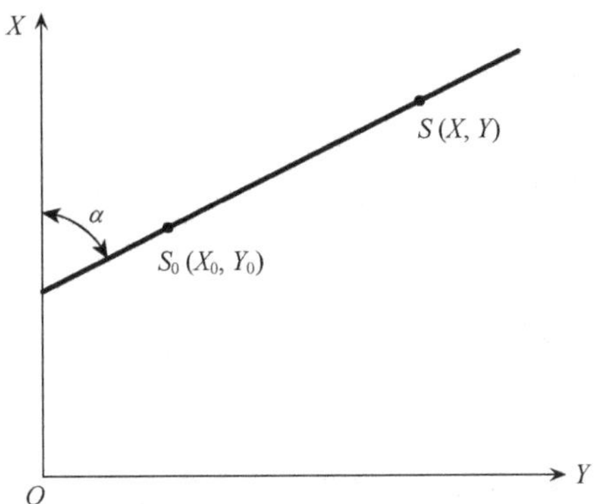

图 6.44　直线上加桩坐标计算

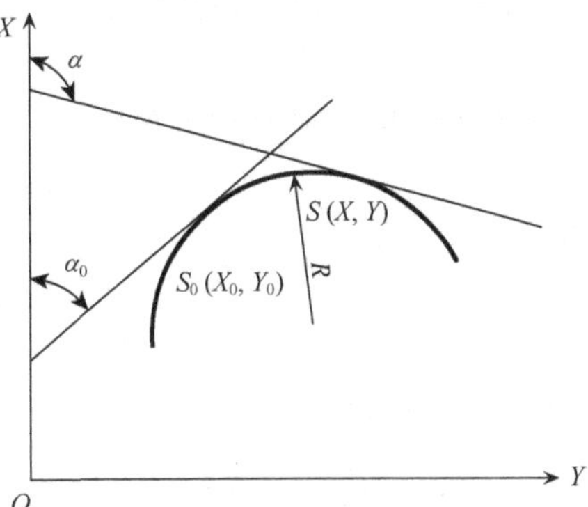

图 6.45　圆曲线上加桩坐标计算

$$\begin{cases} X = X_{ZH} + x\cos\alpha_1 - \xi y\sin\alpha_1 \\ Y = Y_{ZH} + x\sin\alpha_1 + \xi y\cos\alpha_1 \end{cases} \tag{6.38}$$

以 HZ 为局部坐标原点时

$$\begin{cases} X = X_{HZ} - x\cos\alpha_2 - \xi y\sin\alpha_2 \\ Y = Y_{HZ} - x\sin\alpha_2 + \xi y\cos\alpha_2 \end{cases} \tag{6.39}$$

其中

$$\begin{cases} x = l\left(1 - \dfrac{l^4}{40R^2L_S^2} + \dfrac{l^8}{3456R^4L_S^4} - \cdots\right) \\ y = \dfrac{l^3}{6\mid R\mid L_S}\left(1 - \dfrac{l^4}{56R^2L_S^2} + \dfrac{l^8}{7040R^4L_S^4} - \cdots\right) \\ \xi = \operatorname{sgn}(R_1) \end{cases} \tag{6.40}$$

式中：l——缓和曲线上任意至 ZH 点或 HZ 点的曲线长。

同样，直线与圆曲线之间的缓和曲线上任意点坐标也可以用式(6.21)和式(6.24)计算。

b. 反向曲线连接时，对于反向圆曲线之间的缓和曲线如图 6.42 所示，当公切线方位角 α_Q 以及拐点 $D_2(X_{D_2},Y_{D_2})$ 确定以后，缓和曲线上任意点的坐标可参照直线定线法有关公式计算，下面介绍另一种计算方法。由式(6.32)和式(6.33)得

由 D_2 过渡到 D_1

$$\begin{cases} X = X_{D_2} - x\cos\alpha_Q - \xi_1 y\sin\alpha_Q \\ Y = Y_{D_2} - x\sin\alpha_Q + \xi_1 y\cos\alpha_Q \end{cases} \tag{6.41}$$

由 D_2 过渡到 D_1

$$\begin{cases} X = X_{D_2} + x\cos\alpha_Q - \xi_2 y\sin\alpha_Q \\ Y = Y_{D_2} + x\sin\alpha_Q + \xi_2 y\cos\alpha_Q \end{cases} \tag{6.42}$$

式中：$\xi_1 = \operatorname{sgn}(R_1)$；$\xi_2 = \operatorname{sgn}(R_2)$；$x$、$y$ 按式(6.39)计算。

c. 同向曲线连接时，由几何关系得知同向曲线间缓和曲线长度

$$L_F = \sqrt{\left|\frac{24R_1R_2}{R_1 - R_2}\right|}$$

当 $R_1 > R_2$ 时，如图 6.46 所示，M_1、M_2 以及 D_1、D_2 的坐标已知，M_1D_1 的方位角

$\alpha_{M_1D_1}$,若 D_1 点的切线方位角用 α_{D_1} 表示,则

$$\alpha_{D_1} = \alpha_{M_1D_1} + \xi \cdot 90$$

缓和曲线起点 M 切线方位角

$$\alpha_M = \alpha_{D_1} - \xi \cdot \beta_{D_1}$$

式中

$$\beta_{D_1} = \frac{90 l_{D_1}}{\pi R_1}, l_{D_1} = \frac{L_F R_2}{R_1 - R_2}$$

M 点的坐标为

$$\begin{cases} X_M = X_{D_1} + \left(l_{D_1} - \dfrac{l_{D_1}^3}{40R_1^2}\right)/\cos\left(\dfrac{30 l_{D_1}}{\pi R_1}\right) \cdot \cos\left(\alpha_{D_1} + 180 - \xi\dfrac{2}{3}\beta_{D_1}\right) \\ Y_M = Y_{D_1} + \left(l_{D_1} - \dfrac{l_{D_1}^3}{40R_1^2}\right)/\cos\left(\dfrac{30 l_{D_1}}{\pi R_1}\right) \cdot \sin\left(\alpha_{D_1} + 180 - \xi\dfrac{2}{3}\beta_{D_1}\right) \end{cases} \tag{6.43}$$

当 $R_1 < R_2$ 时,参见图 6.40(b),M 点的切线方位角

$$\alpha_M = \alpha_{D_1} + \xi \beta_{D_1}$$

式中

$$\beta_{D_1} = \frac{90 l_{D_2}}{\pi R_1}, \quad l_{D_2} = \frac{L_F R_2}{R_1 - R_2}$$

M 点的坐标为

$$\begin{cases} X_M = X_{D_2} + \left(l_{D_2} - \dfrac{l_{D_2}^3}{40R_1^2}\right)/\cos\left(\dfrac{30 l_{D_2}}{\pi R_1}\right) \cdot \cos\left(\alpha_{D_1} + \xi\dfrac{2}{3}\beta_{D_1}\right) \\ Y_M = Y_{D_2} + \left(l_{D_2} - \dfrac{l_{D_2}^3}{40R_1^2}\right)/\cos\left(\dfrac{30 l_{D_2}}{\pi R_1}\right) \cdot \sin\left(\alpha_{D_1} + \xi\dfrac{2}{3}\beta_{D_1}\right) \end{cases} \tag{6.44}$$

计算出 M 点的坐标和切线方位角后,当 $R_1 > R_2$ 时,用式(6.37)计算缓和曲线上点的坐标,当 $R_1 < R_2$ 时,用式(6.38)计算。

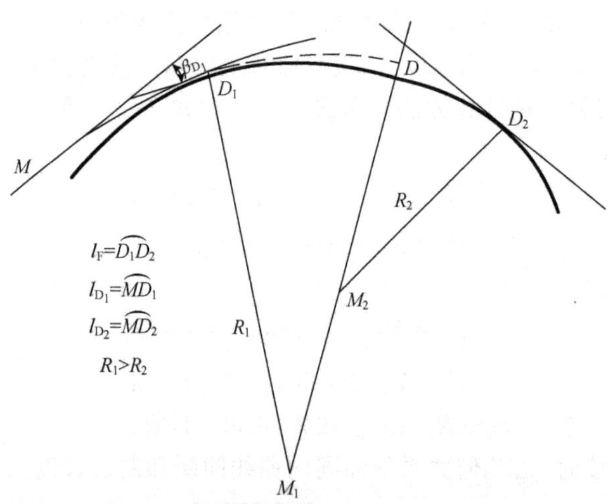

图 6.46 同向圆曲线之间的回旋线上点坐标计算

(3) 坐标放线

坐标放线是利用现代自动化的测量仪器的坐标计算功能，只需输入有关点的坐标值即可，现场不需做任何手工计算，而是由仪器内计算机自动完成有关数据计算。坐标放线的具体操作步骤如下：

1) 在置仪点 T_i 安置仪器，后视 T_{i-1} 点。

2) 键入置仪点和后视点坐标 $T_i(X_i, Y_i)$、$T_{i-1}(X_{i-1}, Y_{i-1})$，完成定向工作。

3) 键入待放点坐标 $P(X, Y)$。

4) 转动照准头使水平角为 0°00′00″，完成待放点 P 定向。

5) 置反射镜于 P 点方向上，并使面板上显示 0.000m 时，即为 P 点的精确点位。

重复 3)～5)步，可放出其他中桩位。当改变置仪点的位置后，要重复 1)～5)步。

2. 穿线交点法放线

穿线交点法是根据平面图上路线与施测地形时敷设的控制导线之间所建立的关系，把纸上路线的每条边逐一而独立地放到实地上去，延伸这些直线交出交点，构成路线。由于放线的方法不同，又分为支距法和解析法两种。

1) 支距法。公路上放线多用此法，适用于地形不太复杂，纸上路线离开测图导线不远的地段。其工作步骤如下。

① 图上量支距。在图上量得纸上路线与控制导线的支距，如图 6.47 中导 1—A、导 2—B 等。要求纸上路线交点间的每条线至少应取三个点，这些点之间在实地最好能相互通视。

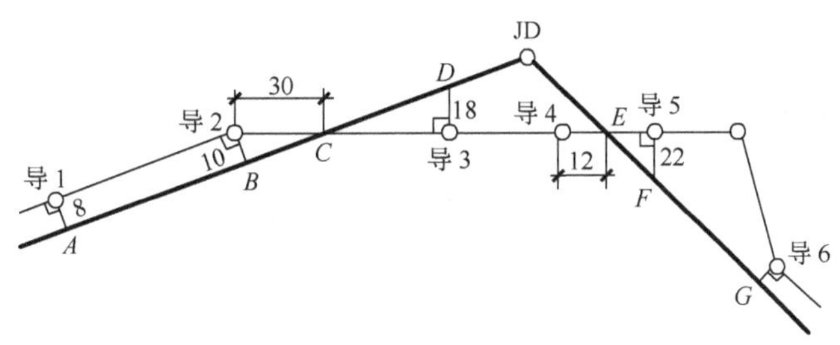

图 6.47　支距示意图

② 实地放支距。在现场找出各相应的控制导线点，根据量得的支距用皮尺和方向架定出各点，如图中 A、B、C 等，插上标志旗。

③ 穿线交点。放出的各点理应在一条直线上，但由于量距和放线工作的误差，不可能恰好在一条直线上，此时可用花杆进行穿直，长直线或地形起伏很大时可用经纬仪，穿出直线后要根据实际地形、地质条件检查路线位置是否合理，根据现场的实际情况，路线的位置可进行必要的修改。两相邻直线的交点即为路线交点，交点应按要求钉上交点桩和标志桩。如交点距路线很远或交在不能架设仪器的地方，可设成虚交形式。交点桩敷出以后，应按新线测量要求进行路线定测。

2) 解析法。解析法是用坐标计算纸上路线与测图导线的关系，计算路线点的坐标，

以确定路线的精确位置。此法较为准确,在地形复杂和直线较长、路线位置需要准确控制时常用此法,其工作步骤如下:

① 计算夹角。以图 6.48 所示为例,从平面图上量得纸上路线的交点 JD_A、JD_B 的坐标(X_A,Y_A),(X_B,Y_B),则 JD_A—JD_B 的象限角为 $\tan\alpha=\dfrac{Y_B-Y_A}{X_B-X_A}$。

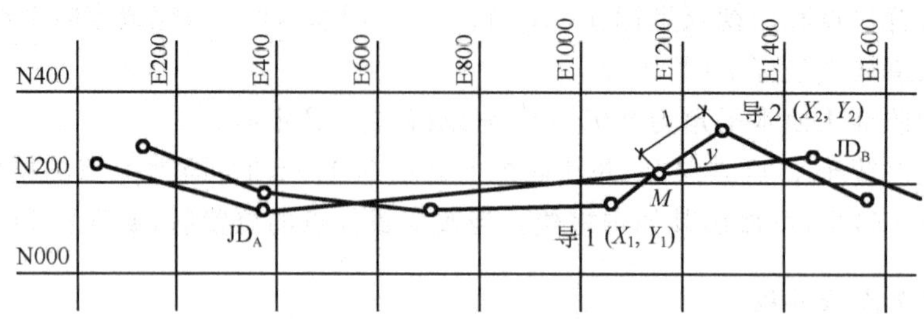

图 6.48 坐标计算示意图

导 1—导 2 的象限角 β 为已知,JD_A—JD_B 与导 1—导 2 的夹角为 $\gamma=\alpha-\beta$。

为了判明象限角的名称,需注意坐标的正负号,即横坐标东正西负,纵坐标北正南负。

② 计算距离。设 JD_A 的坐标为(X_A,Y_A)、JD_B 的坐标为(X_B,Y_B)、导 1 的坐标为(X_1,Y_1),导 2 的坐标为(X_2,Y_2),交点与导线点的坐标可以从图上量得,则 JD_A—JD_B 与导 1—导 2 的交点 M 的坐标(X_M,Y_M)可解下列联立方程式求得

$$\begin{cases}\dfrac{Y_2-Y_M}{X_2-X_M}=\dfrac{Y_2-Y_1}{X_2-X_1}\\[2ex]\dfrac{Y_B-Y_M}{X_B-X_M}=\dfrac{Y_B-Y_A}{X_B-X_A}\end{cases}\tag{6.45}$$

导 2—M 的距离

$$l=\frac{X_2-X_M}{\cos\beta}=\frac{Y_2-Y_M}{\sin\beta}\tag{6.46}$$

或

$$l=\sqrt{(X_2-X_M)^2+(Y_2-Y_M)^2}$$

③ 放线。算出 l 值后,置经纬仪于导 1,后视导 2,丈量距离 l 得 M 点。移经纬仪于 M,后视导 2,转 γ 角定 JD_A—JD_B 方向。延长直线,用骑马桩交点法求出 JD_A,钉上小钉。

此法计算比较麻烦,但精度较高,实际工作中亦可用比例尺从平面图上直接量取距离 l。

3. 拨角法放线

拨角法放线是根据纸上路线在平面图上的位置与导线的关系,用坐标计算每一条线的距离、方向、转向角和各控制桩的里程,放线时按照这些资料直接拨角量距。此法外业工作较为迅速,但所依据的资料要可靠准确。

(1) 内业计算

拨角法放线的内业计算工作较多,其线段长度和象限角等关系的计算,均与解析法相同。现举例如图 6.49 说明其计算步骤和计算方法。

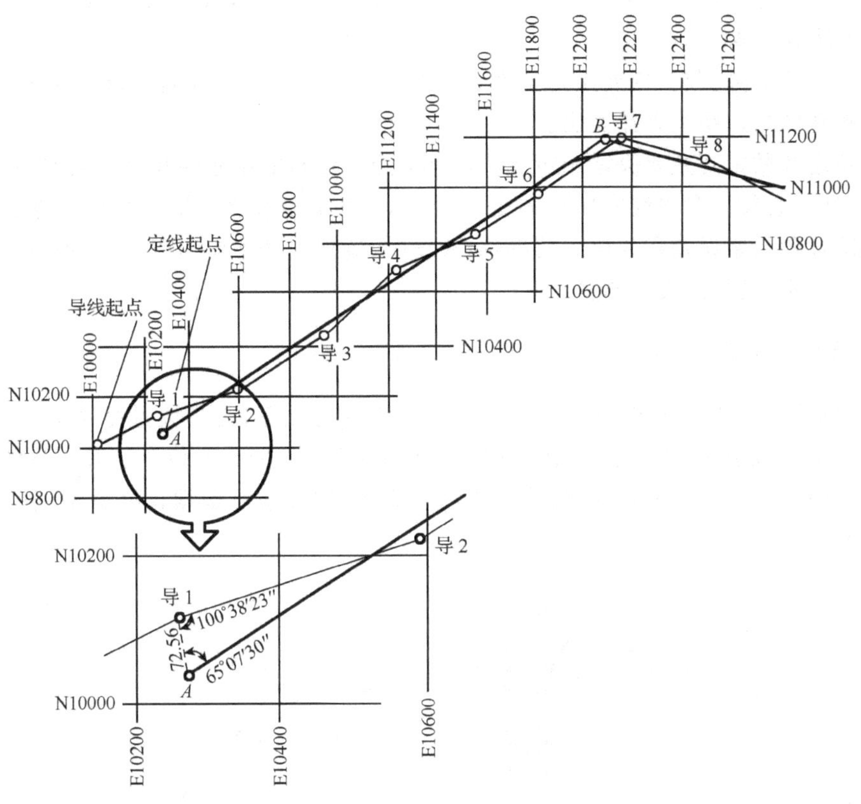

图 6.49　拨角法放线示意图

① 计算路线起点与导线的关系。导 1 的坐标为 $Y_1=10\ 259$，$X_1=10\ 117$ 已知。导 1—导 2 的象限角 N72°14′07″E，由导线计算资料转抄而来。路线交点 A、B 的坐标（$Y_A=10\ 268$，$X_A=10\ 445$），（$Y_B=12\ 094$，$X_B=11\ 186$），从平面图上直接量得。

导 1—A 的象限角为

$$\tan\alpha_A=\frac{Y_A-Y_1}{X_A-X_1}$$

$$\alpha_A=\arctan\frac{10\ 268-10\ 259}{10\ 045-10\ 117}=\arctan 0.125\ 00=\text{S}7°07'30''\text{E}$$

A—B 的象限角为

$$\alpha_B=\arctan\frac{12\ 094-10\ 268}{11\ 186-10\ 045}=\arctan 1.600\ 35=\text{N}58°00'00''\text{E}$$

于是路线起点与导线的关系为

$$\angle 导2-导1-A=180°-(7°07'30''+72°14'07'')=100°38'23''$$

$$\angle 导1-A-B=58°00'00''+7°07'30''=65°07'30''$$

导 1—A 的距离：$l=\dfrac{X_A-X_1}{\cos\alpha_A}=(10\ 045-10\ 117)/\cos 7°07'30''\approx 72.56(\text{m})$

② 计算路线各边的转向角和距离。继续从平面图上量出路线各交点的坐标后，按上

述方法计算出路线每一条边的象限角,转向角及距离。编列成表用于放线。

(2) 外业放线

根据内业计算资料,依夹角 α_A 和距离 l,先从导 1 上放出路线起点 A 和第一边 AB,以后各边按转向角及距离直接写出。

拨角定线的精度主要决定于定线所依据的原始资料的可靠性和放线误差积累。因此现场放线时,必须注意路线实际位置是否合适,高度是否恰当,必要时要现场变动改善。为了消除拨角量距误差积累增大的影响,放线时,应视现场的具体情况,每隔一定距离,与导线闭合一次,进行必要的调整。

4. 直接定交点法放线

在地形平坦,视线开阔,路线受限不十分严格的情况下,路线位置可直接根据地物明显目标确定。如图 6.50 所示,从图上得知交点 JD 离河岸 200m,位于已有公路曲线内侧,一端直线距公路桥头 50m,另一端直线距房屋 25m,这样便可根据这些关系,直接于现场定出 JD。

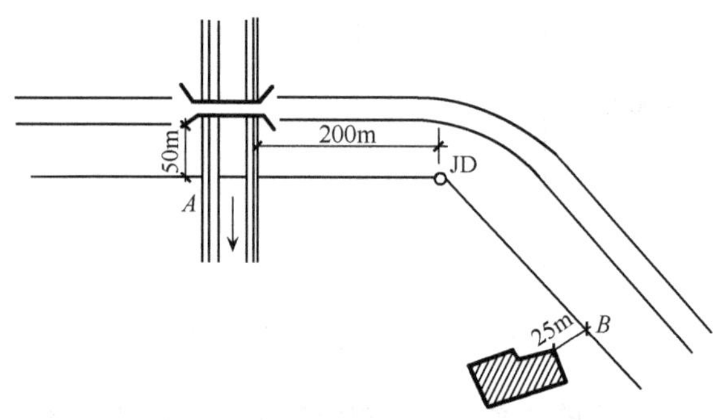

图 6.50 直接定交点示意图

6.4.3 直接定线

1. 直接定线的工作步骤

直接定线是根据路线的设计标准,结合沿线地形、地质等条件,在实地直接选定道路中线的方法。直接定线的基本原则与其纸上定线相同。但山岭重丘区直接定线的条件与纸上定线有些不同,工作步骤有所改变。

山岭重丘区直接定线是采用带角手水准进行的。带角手水准如图 6.51 所示,使用时用手水准瞄准前方目标,旋转游标使气泡居中,此时游标所指的度数即为视线倾角,该倾角可换算为纵坡度,1°≈1.75%。利用手水准可以根据已知一点和坡度,寻找该坡度上的另一点目标,即放坡测量。下面以越岭线为例说明直接定线的工作步骤。

(1) 分段安排路线

在选线布局阶段定下的主要控制点之间,沿拟定方向用试坡的方法,逐段粗略定出沿线应穿或应避的一系列中间控制点,拟定路线布局。

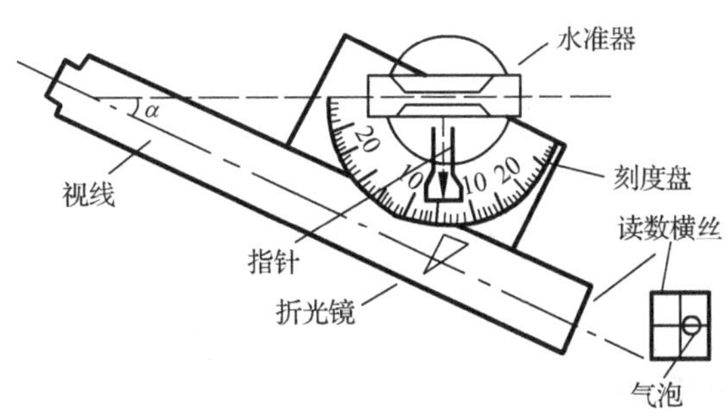

图 6.51　手水准示意图

(2) 放坡，定导向线

按照要求的设计纵坡(或平均纵坡)，在实地找出地面坡度线的工作称为放坡。放坡就是利用手水准在现场定出坡度点的作业过程，其目的是要解决控制点间纵坡的合理安排问题。

1) 合理确定放坡时的定线坡度。一般可用放坡段路线的平均坡度，但根据地形、地物等不同情况，也可以采用不同的坡度，在山坡整齐、平面线形无小半径曲线情况下，可采用大于平均坡度之值；在山坡凸凹频繁、平面线形有连续小半径曲线时，要采用小于平均坡度值坡度放坡；当定线坡度较大，坡长接近限制坡长时，要放一段缓坡；遇回头曲线时，在其前后均应放缓坡；为了争取有利地形或避开不利地形，定线坡度可视地形情况灵活掌握。

2) 具体放坡方法。放坡由受限较严的控制点开始，一人持手水准对好选用纵坡相当的角度，立于控制点处指挥另一持花杆的人在山嘴或山坳等地形变化处、计划变坡处以及顺直山坡每隔一定距离处上下横向移动，找到二人距地面同高点后定点，插上坡度旗，旗上最好注明选用的坡度，以该点为固定点继续向前放坡。如果一边放坡一边进行后续工作，应先放完一定长度(一般不应小于 4～5 条导线边长)的坡度点后，利用返程进行下一步操作。通过放坡定出的这些坡度点的连线如图 6.52 中的 A_0、A_1、A_2、…，相当于纸上定线的修正导向线，起到指引路线方向的作用，称其为导向线。

放坡时前找点人应能估计平曲线的大概位置和半径，对因标准限制路线不可能自然绕过的窄沟或山嘴应“跳”过去，能够绕行时坡度要放缓，以便坡度折减。

(3) 修正导向线

坡度点就是概略的路基设计标高，由于各点的坡度陡缓不一，线位横向移动对路基的稳定和填挖工程量影响很大，故应根据路基设计要求，在各坡度点的横断方向上选定最佳中线位置，插上标记。如图 6.52 所示的 B_0、B_1、B_2、…，这些点的连线称为修正导向线。

(4) 穿线交点

修正导向线是具有合理纵坡、横断面上位置最佳的一条折线。穿线工作就是根据修正导向线确定平面线形直线的位置和长度，定出路线并考虑平纵组合问题。所穿直线应尽可能多地靠近或穿过修正导向线上的坡度点，特别要满足控制较严的点，适当裁弯取直，使平、纵、横三面合理组合，试穿出与地形相适应的若干直线，延长这些直线交会出交

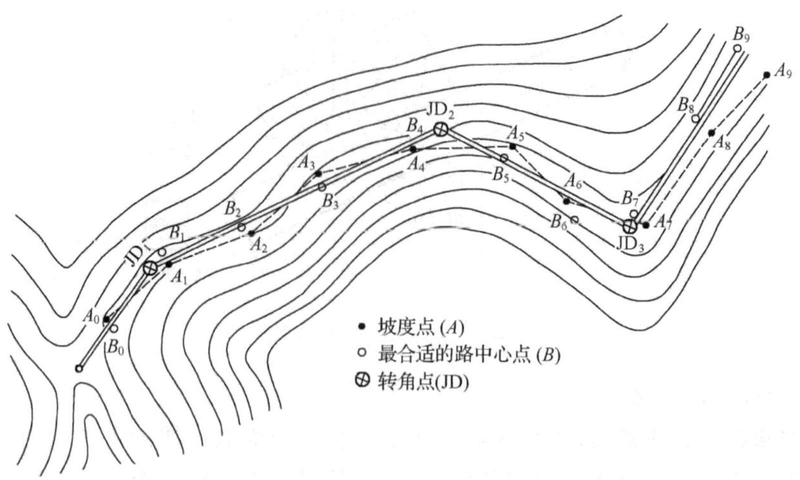

图 6.52 放坡定线示意图

点,定出路线。如图 6.52 中 JD_1、JD_2、JD_3、…,穿线工作需要定线人员反复试穿和修改才能定出合理的路线。

(5) 插设曲线

1) 订单交点曲线。

① 已知切线长 T 反算半径 R。测算出路线导线转角 α 和控制切线长 T,根据缓和曲线的要求试定 L_S,取 $p\approx L_S^2/24$、$q\approx L_S/2$,用式(6.46)解算半径 R。

$$\tan\frac{\alpha}{2}R^2+\left(\frac{L_S}{2}-T\right)R+\frac{L_S^2}{24}\tan\frac{\alpha}{2}=0 \tag{6.47}$$

对反算出的半径 R 应根据控制切线长 T 取整,当 T 为最大控制时 R 向小取整,T 为最小控制时 R 向大取整,取整后计算曲线要素。

② 已知外距 E 反算半径 R。根据转角 α、控制外距 E 和试定的 L_S,取 $p\approx L_S^2/24$,用式(6.48)解算半径 R。同理,仿照由 T 反算 R 的思路,对由 E 反算出的 R 取整或精确计算,即

$$\left(\sec\frac{\alpha}{2}-1\right)R^2-ER+\frac{L_S^2}{24}\sec\frac{\alpha}{2}=0 \tag{6.48}$$

2) 定双交点曲线。双交点曲线实际上是虚交点曲线的特例。双交点适用于转角较大、交点过远或交点处难以安置仪器的情况,直接定线常采用这种曲线。如图 6.53 所示,已知基线长 L_{AB}、转角 α_A 和 α_B,试定 L_S,则由式(6.49)解算半径 R。解算出的半径 R,若为双交点曲线不取整,若为虚交点曲线则可取整。检查各曲线要素和平曲线指标是否满足规定,否则应进行调整,即

$$R^2-\frac{L_{AB}}{\tan\frac{\alpha_A}{2}+\tan\frac{\alpha_B}{2}}R+\frac{L_S^2}{24}=0 \tag{6.49}$$

3) 定复曲线。复曲线有两圆曲线间直接衔接和用缓和曲线段衔接两种情况,其中后者计算复杂,道路路线中使用不多。下面以直接衔接为例介绍曲线设置方法。

图 6.54 曲线两端分别设有缓和曲线 L_{S1} 和 L_{S2}，为使两圆曲线 R_1 和 R_2 在公切点(GQ)直接衔接，两缓和曲线的内移值必须相等，即 $p_1=p_2=p$，则有式(6.50)成立

$$\frac{L_{S1}^2}{R_1}=\frac{L_{S2}^2}{R_2} \tag{6.50}$$

若 $R_2>R_1$，一般应先选定 L_{S2} 和 R_2，则

$$R_1=\frac{L_{AB}-T_B}{\tan\frac{\alpha_1}{2}}-p_1=\frac{L_{AB}-\left(R_2+\frac{L_{S2}^2}{24R_2}\right)\tan\frac{\alpha_2}{2}}{\tan\frac{\alpha_1}{2}}-\frac{L_{S2}^2}{24R_2}$$

$$L_{S1}=L_{S2}\sqrt{\frac{R_1}{R_2}} \tag{6.51}$$

按此推算出的 R_1 和 L_{S1} 不能取整，检查 R_1、R_2、L_{S1} 和 L_{S2} 的规定及其他曲线要素，若不满足时应重新选定并试算，必要时应调整路线导线。

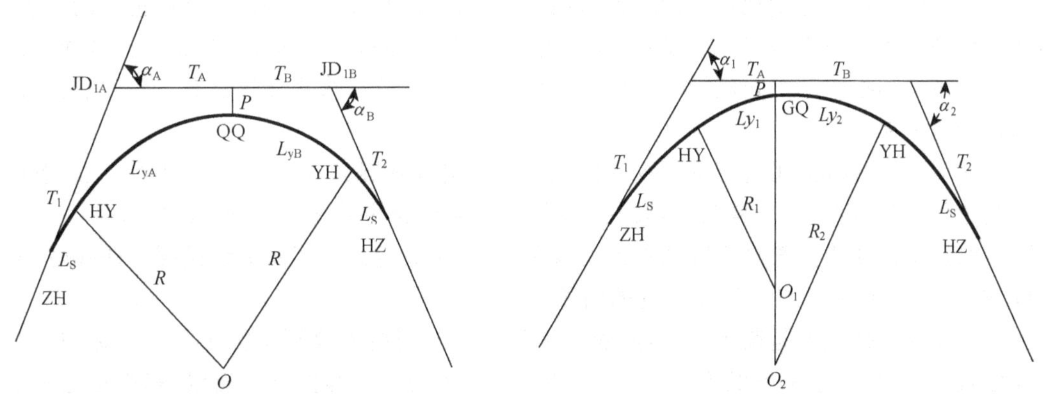

图 6.53　双交点曲线　　　图 6.54　复曲线(直接衔接)

4) 定回头曲线。凡是设回头曲线的地方，地形对路线都带有强制性。如图 6.55 所示，主曲线和前后的辅助曲线的纵面、平面相互约束很严，稍有不慎，不是线形受影响，就是造成大量的填挖方，插线必须反复试插试算，才能得到满意的结果。

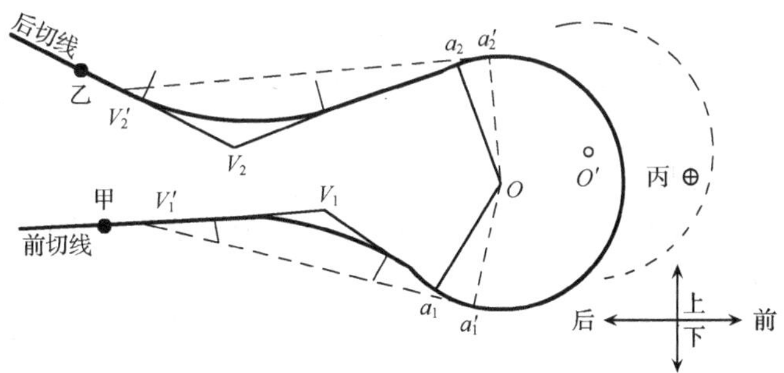

图 6.55　回头曲线插法示意图

不同的地形条件，主曲线平面位置可以活动的范围大小有所不同，如利用山包或山脊

平台回头时,可活动的范围就比较小,插线应先根据坡度点把主曲线位置定下来,然后定前后切线线位及辅助曲线,插法视具体地形选用虚交、双交点或多交点形式均可。当利用山坳、山坡回头时,主曲线位置一般有较大活动余地,其大体位置参照导向线选定,确切线位要根据纵坡估算填挖工程量来确定,具体做法如下。

① 根据导向线插出前后切线的方向线,选定主曲线的大概位置。

② 根据地形判定是否需要设辅助曲线及其大概位置和可能采用的半径。有了主、辅曲线的大概位置及半径,就能现场看出整个回头弯的大致形状,可以估定出纵坡折减的起讫点位置(如图中甲、乙点)及长度。当甲点设计标高已知,乙点的标高就可以估算出来。用此标高先检查一下后切线是否定得合适,否则修改后切线线位。然后从甲、乙两点用折减后的坡度放坡交会出丙点。

③ 确定主曲线圆心位置。甲—丙—乙这条坡度线(折线,图 6.55 中未示出),显然比由甲沿路线至乙的距离要短,因此主曲线线位向前不应超过丙点(主曲线受地形限制的情况例外),向后不应退到比甲—丙—乙折线还短的位置,从而大致确定了圆心前后的位置。地面标高低于甲—丙坡度线的是填,高于丙—乙坡度线的是挖,据此可以估算出全曲线的填挖数量。如挖多于填,线位应下移,反之应上移,经过这样多次试插试算,最后把圆心用木桩固定下来。

④ 以 O 为圆心,用选定的半径在曲线起终点附近画圆弧,在弧上选若干个 a 点,置简单测角仪器于这些点,后视圆心,转 90°角与前后切线交得若干个 V 点,最后选择一组既满足路线平面要求又符合实际地形的 a 及 V,用木桩标定。若回头曲线设缓和曲线时,应以 $R+p$ 为半径画起点与终点附近的圆弧。

由于插线使用的是简单仪器,路线精确位置尚待用精密仪器来标定。为了控制主曲线位置不因测角、量距等误差而发生较大的移动,无论采用哪种形式插线,都应指定一个固定点,固定点选在受地形限制最严处,可以是圆心,也可以是主曲线的起(终)点。

⑤ 检查上下线间的最小横距。回头曲线上下线间必需的最小横距,如图 6.56 所示,分别为

$$Z_1 = B + C + m_1 h_2 + m_2 h_1$$

及

$$Z_2 = B + C + mh + b$$

检查时,在上下线最窄处取能包括上下两个路基宽的横断图,计算需要的最小横距 Z_1 或 Z_2,并量实际距离 Z。

若 $Z \geqslant Z_1$,横距够用。

若 $Z_1 > Z > Z_2$,须考虑按图 6.56(b)的形式,上下路基之间采用挡土墙分隔。

若 $Z \leqslant Z_2$,表示路基将部分重叠,需要修改。

⑥ 路线完全插定后,定线人应沿线查对一遍,记录特征地点适宜的填挖高度和对人工构造物的处理意见,供内业设计时参考。

(6) 纵断面设计

直接定线的纵坡设计,一般都是在对平面线形做了某种程度的肯定之后进行的。要求设计纵坡不仅满足工程经济和技术标准的规定,还应考虑平、纵面线形配合的问题。因

此必须反复试验修改，才能做出满意的结果。在设计过程中，只需调整纵坡即能满足要求时，按需要调整纵坡线形。靠调整纵坡的方法无法满足需要时，应综合考虑决定调整方案，平面线形可采用纸上移线办法解决。工程经济与平、纵配合矛盾很大时，应结合路线等级、工程量等因素具体分析，确定调整方案。

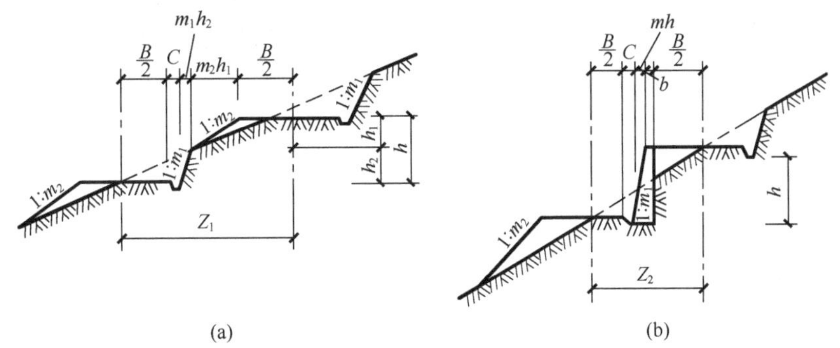

图 6.56　回头曲线颈口横断面检查示意图

2. 直接定线的纸上移线

直接定线过程中，往往由于地形条件限制，定线人员视野受到限制或考虑不周及其他原因，难免出现个别路段线位不当。此时，利用地形图进行路线的局部移线，称为纸上移线。

(1) 移线条件

1) 路线平面线形上存在问题，如线形标准前后不协调或不符合设计要求，需要调整交点位置和改变半径，或室内纵断面定坡后发现局部地段工程量过大。

2) 路线位置过于靠山使挖方过大，或过于靠外使挡土墙较高，或经过对路基稳定有害的不良地质地段。移线后可大大减少工程数量或避让艰巨工程，降低工程造价。

3) 增加工程量不大，但能显著提高平、纵线形标准。

(2) 纸上移线的步骤

1) 绘制移线地段的大比例尺[一般用(1∶200)～(1∶500)]平面导线图，标出原桩位置，如图 6.57 中实线所示。

2) 依据移线目的，在纵断面图上试定出合理纵坡，读取各桩填挖值。

3) 根据各桩的填挖值，用路基模板在横断面图上找出最经济或控制性的路基中线位置，量出偏离原中线的距离，即移距，分别用不同符号点在路线图上。参照这些标记，在保证重点照顾多数的原则下，经多次反复试定修改，直到定出满足移线要求、线形合理的改移导线，如图 6.57 中虚线所示。

4) 用正切法量算各交点转角，移线与原线角度要闭合，否则应进行调整，先应调整短边和角度值小的转角。拟定半径，计算曲线元素并绘出平曲线。从移线起点找出与原线里程的对照关系，量出各桩移距，计算出断链长度，注于移线终点，最后计算出原线上各桩相应于移线上的新桩号。原线上桩号及其移线上的新桩号以及移距，一并注在移距表中。

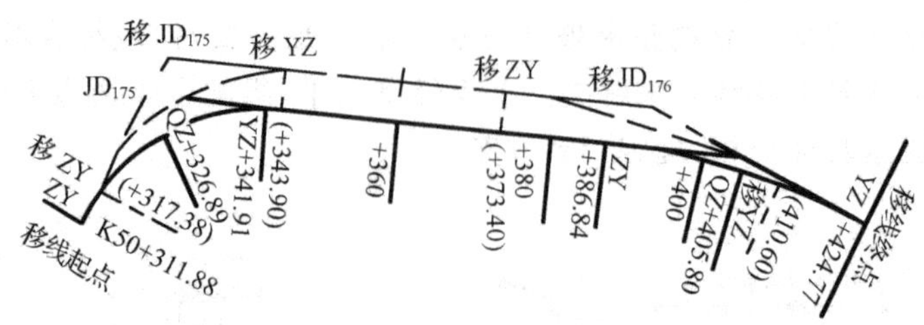

原曲线表

JD	α_z	α_y	R	T	L	E
175		68°49′	25	17.12	30.03	5.30
176		21°44′	100	19.20	37.93	1.83

移线曲线表

JD	α_z	α_y	R	T	L	E
175		68°49′	25	17.12	30.03	5.30
176		21°44′	100	19.20	37.93	1.83

移距表

桩号	移距/m	
	左	右
+311.88	0	0
+326.89	2.7	
+341.91	4.9	
+360	5.0	
+380	4.8	
+386.84	4.2	
+400	2.4	
+405.80	1.8	
+424.77	0	0

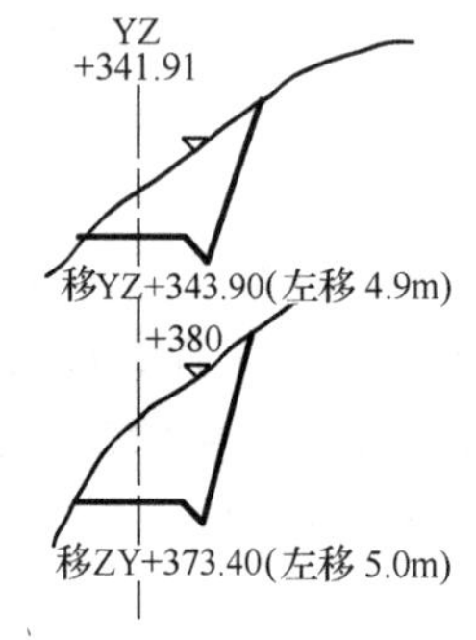

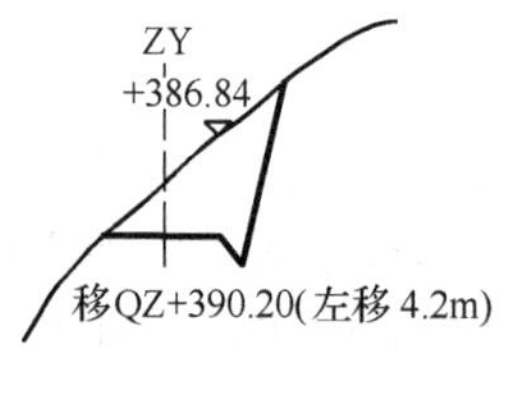

图 6.57 纸上移线示意图

5）按移距在原横断面图上绘出移线后的中线位置,并注明新桩号。

6）根据横断面上移线前后中线处的地面相对高差,在原纵断面图上绘出移线后的地面线并设计纵坡和竖曲线。

7）按移线后的桩号、平曲线、纵坡、竖曲线等资料编制“路基设计表”,表中地面标高仍为原桩标高,移线后的平曲线起点与终点桩号填在“备注”栏里。

8）进行路基设计和土石方数量计算。

纸上移线后如果随即进行现场改线,可只做1)～4)步工作。纸上移线的主要数据资料是从原线横断面图上获得,而一般横断面施测范围有限,且离中线越远精度越低,故移距不能过大,一般以小于5m为宜。当移距很大时,应在定出改移导线后实地放线重测。纸上移线具有一定的作用,但移线后对外业勘测、内业设计以及施工等都带来不便,因此,纸上移线只是一种不得已时的补救措施,不应该依赖纸上移线解决问题,而应在直接定线中深入调查研究，全面分析比较，把问题在现场解决，尽量避免纸上移线。

3. 直接定线与纸上定线的比较

面对现场地形、地物、地质及水文等实际条件，只要定线人员具有一定的选线经验，肯多跑、多看，不怕麻烦，经过反复试线，多次改进，直接定线也能在现场定出比较合适的路线。经过多次试验修改后的路线，应该说已具有较高质量。但是直接定线存在以下两个根本弱点。

1）研究利用地形的不彻底性。直接定线时，定线人员对地形、地质、水文等情况的了解，全靠自己去跑、去调查，而现场的工作条件不允许对每一处的自然状况都深入研究，再由于视野受到限制，定线时难免顾此失彼，虽经过多次试验，但毕竟还是有限的。

2）平、纵面线形配合问题难以彻底解决。直接定线的平面设计是在现场进行的，而纵断面的精细设计则在室内，尽管设计路线平面时，已充分考虑了纵断面，但那毕竟是粗略的。从分析纵坡中常可以发现，如果平面上略加调整，就有可能使路线更加适应地形，或者平、纵面配合得更好。但是因为修改平面要重新钉桩，纵断面也要重做，定线者往往不愿承担“返工”的压力而勉强接受原方案。所以直接定线就其本质来讲，基本上是要求“一次成功”的定线，它与选线者的实际工作经验有直接关系，这显然是不能确保质量的。采用局部纸上移线的办法，对此会有所补救。

纸上定线是在定线过程中采用的一种重要的中间步骤，代替直接定线。定线者或定线组先要取得“定线走廊”范围内的大比例尺地形图。从图上，可以俯视较大范围内的地形，可以较容易地找出所有控制地形的特征点，从而定出平面试线和试线的纵坡设计线。经过平、纵面反复试验修改，直至自己认为再修改也得不到显著效果时为止。

由于纸上定线不受野外因素的限制，定线者在室内想做多少就做多少修改工作，能使节省工程和平、纵面线形的配合做得尽善尽美。纸上定线有利于发挥定线组的集体作用，其他专业人员的有益观点都能反映到方案中来，不像直接定线，大量的工作都依靠个别定线者现场的简单判断与技术能力。自从计算机引进道路勘测设计以来，过去一向被认为烦琐而耗时的工作（如土石方计算、透视图绘制等）已能轻而易举地完成，这为利用地形图进行定线和方案优选开辟了更加美好的前景。

直接定线虽有其不足之处，但在一定的条件下，如地形障碍不多的平坦地区或路线等级不高时，只要定线人员肯下功夫，用比较的办法也能定出比较满意的线来。直接定线现在是我国常用的一种方法，在今后一个相当长的时期内，也仍将是地方道路一个重要的定线方法。

6.4.4 航测定线

1. 航测定线的发展与应用

现场定线由于受到视野的限制，容易遗漏方案，而纸上定线必须要测绘大比例尺地形图，这两种方法都需要大量人力、物力，劳动强度大，选线周期长。利用航测照片选线，或者通过航测成图在图纸上定线，这样可以把大量的野外工作搬到室内来做，选线人员可以在照片和图纸上找出许多比较方案，从而提高选线质量。

我国公路航测选线的研究工作是从利用国家已有的航测资料入手的。我国领土的绝大部分地区，已有不同比例尺的航空摄影照片，容易收集。将照片拼接成地貌略图，通过立体观察，可以了解选线地区的山脉水系以及工程地质等情况。对于在特别困难的山岭、森林、沙漠、草原地带选择路线的各种方案，航测资料具有特别重要的实用价值。

国内现研究试验以下几种照片定线方法：利用立体镜和视差杆定线；多倍仪定线；在用精密立体测图仪绘制的大比例尺地形图或用正射投影仪制作的影像地图上定线。此外，近年来在将航测与电算相结合进行路线的优化设计研究方面也取得了成果。

利用立体镜和视差杆的定线方法所使用的设备简单，容易推广。但是，航摄照片是中心投影，加之摄影时的倾斜误差，航高误差都未消除，所得的距离和高程精度很低，仅能作为初选路线方案的一种手段。

不论用何种成图方法，绘制大比例尺地形图，在图纸上定线，这都属于“纸上定线”的范畴。不过用航测图进行纸上定线时可以辅以立体镜观察，既可定性，又可定量，这样更能保证定线的质量。

多倍仪是全能法成图所使用的基本仪器，尽管它放大倍数小，但用多倍仪可以建立与实地完全相似的立体光学模型，可以在模型上直接选线，对于公路航测选线的初期阶段，仍然是一种经济实用的手段。

2. 航测照片选线的程序

(1) 研究路线方案

在 1∶10 000 或 1∶50 000 的地形图上初选规划方案，从若干比较线中选出 1～2 个方案作为收集资料的范围。

(2) 收集资料

凡路线所经地区的地形、地质、水文、气候等各种图纸、调查报告、文献、航测资料都尽可能收集。

1) 地形图。路线经过地区的各种比例尺的地形图在不同设计阶段都各有其用途，小比例尺地形图可以初选路线方案作初步设计之用，大比例尺地形图则可以直接作纸上定线。

2) 航测资料，包括航摄照片、镶嵌复照图、照片平面图等。在收集航摄照片的同时，还应收集测区的控制测量资料，这些资料对照片选线或成图都有重要的作用。

3) 其他资料，包括铁路、水利等部门勘测过的各种图纸、控制点、高程资料等。

(3) 制作航片镶嵌复照图

将路线所经地区的航片顺序拼接起来，生产照相复制成图，这就是镶嵌复照图。在镶嵌复照图上，进行简单地貌调绘和工程地质调绘。

调绘的主要内容：用彩色笔绘出河流及水流方向；画出分水岭的山脊线，注明对选线有实际意义的垭口位置和标高。用不同的颜色和符号标出各种地物，如铁路、公路、大车道、城镇、村庄、湖、塘等，画上轮廓线并写上名称。对于所收集到的高程资料都要一一记注上去。不良地质地段更应详细标明其位置和特征，因为它是决定路线方案的重要因素。

(4) 初选路线方案

在镶嵌复照图上初选路线方案，相当于传统勘测设计中的路线调查，不过是把野外地形搬到室内做而已。它不但减轻了劳动强度，而且在一定程度上避免了由于视野不良而容易遗漏方案的缺点，这对于在人们难以到达的困难地点选线尤为重要。

具体做法如下。

1) 根据总体规划，在图上将路线起讫点、主要控制点连接起来，这条线就是路线的大致走向。由于控制点的选取有所不同，可能会有几条比较线出现。

2) 按作业草图所注航片排列编号，用立体镜逐片观察沿线细部地貌，结合地质判释、桥位选择、路线标准等修改局部方案。

3) 在镶嵌复照放大图上，量取路线长度、主要点的高程，画出路线的准确位置，统编里程，点绘路线的概略纵断面图和有代表性的横断面图，试拉纵坡度，估计土石方数量。

4) 当有几条比较线时，可根据各条线的工程数量和路线标准决定取舍，初步选出最佳路线方案。

(5) 现场调查核对

我国公路航测工作在现阶段由于受各种条件的限制，如航片的摄影年代已久，地物多有变化，或者发灰模糊，判读难免出错。为了使所选路线切合实际，准确可靠，现场调查核对是不可忽视的程序。现场调查的内容是：桥涵水文调查、筑路材料调查、工程地质调查、占用土地调查、拆迁调查及路线附近地物、地形补充调绘等。根据调查的实际情况，核对初选方案是否合适，必要时可做相应的修改。

(6) 纸上定线

用多倍仪一般可以将航摄照片绘制成 1∶5000 的地形图，用精密立体测图仪(或其他精密成图仪器)可以制成 1∶2000 或更大比例尺的地形图。这些图纸经过整饰晒印后即可进行纸上定线。前者可以满足初步设计之用，后者可以满足技术设计之用。纸上定线的方法如前所述。纸上定线经现场核对、修改之后，在室内完成平、纵、横三方面设计和各种构造物设计，计算工程数量，编制设计文件。

3. 多倍仪定线方法

多倍仪有两种功能：立体测图和建立立体光学模型。

多倍仪测图是使用航摄底片制成的透明正片，利用摄影过程的几何反转原理，在室内恢复摄影时的几何光束及摄站的相关位置，建立与地面相似的立体光学模型，再根据少量控制点使模型与地面的位置和高程对应，然后在这个模型上测绘地物、地貌。

(1) 准备工作

1) 收集路线经过地区的航摄片、调绘片、控制成果等。选出要使用的照片并复制若干份。根据控制成果，在这些照片上转绘出平面和高程控制点。

2) 绘制作业草图。作业草图应包含下列内容：

① 像主点相关位置及片号。

② 航带间的关系。

③ 平面及高程控制点的分布。

④ 路线大体经过的部分。

3) 制订作业计划。根据已有的资料,视控制点的分布情况,决定是否需要在多倍仪上进行加密或双模型定线,并确定作业的先后次序及划分网段。

4) 制作缩小片,即按纠正仪投影器的镜头像角将航摄底片缩小复制为玻璃正片。

5) 绘制控制点坐标图。

(2) 在多倍仪上建立立体光学模型

多倍仪的作业步骤:装片归心、相对定向、绝对定向、模型置平,当完成以上步骤后,戴上互补色眼镜即可对立体模型进行观察和选线。

(3) 在立体光学模型上定线

1) 以纵坡为主导的定线方法。

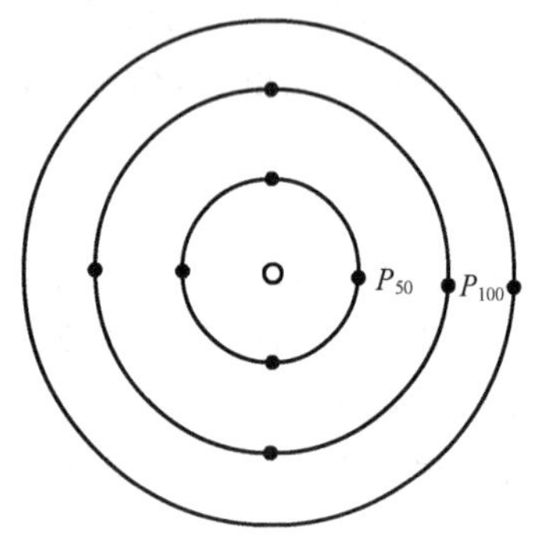

图 6.58 测绘点示意图

① 山岭重丘区的越岭线,当地面的自然坡度大于设计纵坡度时,定线是以纵坡为主导,与实地定线一样,首先得“放坡”。方法是:在多倍仪的测绘台上,按模型比例尺,在距测绘器中心相当于地面 50m 和 100m 的地方点绘若干点(图 6.58)。这些点分别用 P_{50}、P_{100} 表示,这个测绘器就相当于纸上定线时放坡用的卡规。地形舒顺时用 P_{100},地形破碎时用 P_{50}。

将测绘器的中心亮点对准模型上的一个控制点(如垭口),并使测绘器上的高程读数为该点的设计标高(如垭口的过岭标高)。然后将测绘器的成像面降低(若从下往上放坡则应升高)一个读数 h 为

$$h = 50(\text{或 } 100) \times i_{\text{平均}}$$

旋转成像面,使点 P_{50}(或 P_{100})与光学模型地面相切,这一点就是坡度点。将坡度点投影记录和标注在图纸上。移动测绘器,使其中心亮点与刚才记录和标注的坡度点对准,再使成像面降低 h。用同样的方法找出下一个地面切点,如此得出一系列坡度点。

② 在放坡过程中,注意发现中间控制点和适宜回头的地点,避难就易,使路线尽量放在有利的位置上。

由于立体模型比等高线地形图更加详尽和逼真,便于辨认细部地形地物,在这一步骤中,定线人员应该仔细观察,调整纵坡度,反复试放,以求得路线的最佳位置。

③ 连接上述坡度点即得导向线。以下的步骤是:试定平面、试拉纵坡度、量距、钉桩、定半径一直看到做出路线的平、纵、横三面设计都与“纸上定线”相同,这里不再重复。

④ 在光学模型上测绘路线的纵、横断面,也与纸上定线相似。不过纸上定线是以等高线内插求得各点的高程,而在多倍仪上是以测绘器中心的亮点与待测点的地面相切,从高程读数鼓上直接读出该点的高程。

⑤ 在最后选得的路线上通过量测台作立体观察,每一直线上选出三个以上明显地物点作为转点(ZD)绘于底图上,并转刺在 18cm×18cm 照片上,作为日后定测放线的依据。交点(JD)也刺在照片上,找出它与附近明显地物点的关系。各交点的距离和高程都应加以测定,供放线时参考。

2）以方向为主导的定线方法。平原、微丘区，路线纵坡一般不受限制，定线时以方向为主导，方法如下：

① 在立体光学模型上，用测绘器点出各控制点的位置，如跨河桥位，需要避开的地物，与铁路、公路、水渠的交叉点等，一并记注在底图上。

② 用直线依次连接各控制点，沿线检查有无纵坡不顺或出现高填深挖的路段。通过立体观察仔细研究路线所经地区是否有各种地物或不良地质的障碍，如果有则应调整平面位置。调整完毕后设半径，分桩，测绘纵、横断面，方法同前。

4. 影像地图在定线中的运用

立体光学模型虽然有形象逼真的优点，但它毕竟是要有光才能有像，欲将所定路线送交有关部门审批或请专家评议都得重新挂灯在暗室进行。加之在模型上量测高程或用测绘器"卡"导向线操作起来也不十分方便，故多倍仪定线的使用受到一定的限制。影像地图在一定程度上弥补了这些缺点。在影像地图上，既有在摄影时记录下来的全部地物地貌信息，又有用等高线表示的高程，为纸上定线提供了较好的条件。

影像地图的制作常采用以下两种方案。

方案一：先用带有正射投影装置的立体测图仪制作正射投影照片，然后将已定向好的立体像对按常规办法绘制等高线图。将正射照片和等高线图套印，即制成正射影像地图。

方案二：在立体测图仪上对立体像定向后，在其中一张照片上描绘等高线，然后根据绘有等高线的照片利用立体测图仪和正射投影仪一次制成正射投影图。

在利用国家已有的航测资料进行公路定线的若干方法中，正射影像地图是比较理想的一种。但它要求有一定的设备，成本也较高，在条件还不完全具备时，可与测绘部门合作进行。

必须指出，航测定线必须要与计算机相结合才能形成生产力，只有将地形以数字形式输入计算机才谈得上路线的优化设计和辅助设计。今后航测应用于公路选线的研究重点看来是数字地形模型的建立和应用，能通过航测、遥感和全球定位系统（global positioning system，GPS）高速度、高精度地获得地面数据是实现选线自动化的关键。

6.5　改扩建道路选(定)线设计方法实例分析

6.5.1　改扩建道路选(定)线的基本方法

根据旧路各段路况不同而有不同的特点规律和方法，对于大段脱离旧路连续改线的路段，其定线方法和测新线要求完全相同。当旧路平、纵面线形好，而只需加宽路基时，定线者从保证路基稳定、有利于施工、有利于线形改善和尽量减少工程量等出发，确定路基是两侧同时加宽或只加宽一侧，从而定出路线中线。在山区，当山的横坡较陡时，一般是中线向内移以加宽挖方一侧；在弯道部分，不论地形级别如何，为有利于线形改善和保证视距，则中线宜向弯道内侧移动。

对于符合标准要求，决定完全利用的路段，按恢复旧路中线定线。定线仍按以点定线

(即在弯道两端直线段的路基上,用平分路基宽度的办法选择几点连成一直线)、以线交点(相邻的两直线交出交点)的办法定出交点。交点处的平曲线半径可根据实测的偏角,从路基上量取的外距 E 或切线长 T,用反算法求得。

6.5.2 提高原路线形标准选(定)线方法实例分析

(1) 原路平、纵面线形都不能满足要求的路段

一般当原路标准低,而改建任务书规定的标准又高,致使旧路大部分路段平、纵面线形都不能满足要求。这种路段首先是按规定的平面线形标准,采用加大平曲线半径、减少交点、增加曲线间的直线段等措施,把平面改成符合标准要求的线形。再从纵面上通过削反坡、降大坡等措施,使纵坡满足改建标准要求。这样定线主要是在原路的基础上进行修改,可充分利用旧路。其次是有重点地选择标准低、对行车影响大的路段,废弃旧路,重新布线。其他路段则在原基础上做适当调整。如采用以上两种措施后,仍达不到规定标准要求时,则宜选择有利地形重新布线。

(2) 平面线形好而纵面线形差的路段

有不少的旧路,其平面上直线长,弯道半径大,线形很顺适,但纵面上坡度大,纵坡转折多。这种路段可结合实际情况,采取不同措施解决。如图 6.59 所示,原公路为适应地形起伏而减小纵向挖填,致使纵面上出现锯齿形纵坡,改建时,只需在纵向作适当的挖填就可以改成顺适坡度,如图 6.59(a)所示。图 6.59(b)是取消大坡前后的反坡,达到减小纵坡转折、降低大坡度的目的。图 6.59(c)是综合大坡前后的缓坡,取消大坡。纵向挖填,结合取消大坡,如图 6.59(d)所示。

如大坡度路段不但坡度大,同时其坡度又很长,采用以上措施仍无法解决时,则可在适当位置延展一段路线来克服大坡度。

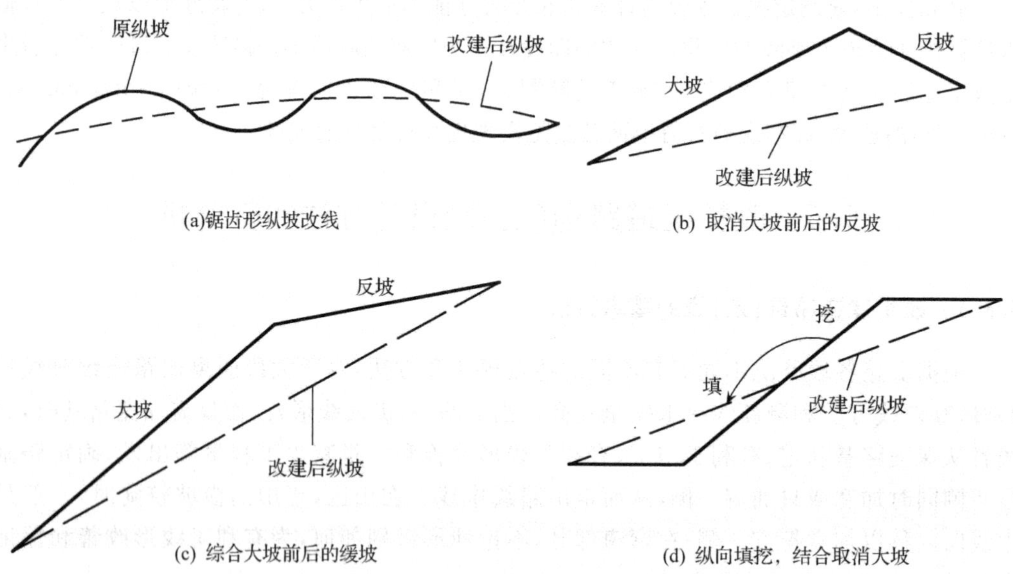

图 6.59 平面线形好而纵面线形差的路段

(3) 纵面线形好、平面不合要求的路段

在平原、微丘地区，许多老路纵面坡度不大，但平面上曲折，小半径弯道多。如图 6.60 所示，首先加大不合标准的平曲线半径，如图 6.60(a)所示。但应注意半径加大后，平面路线要缩短，如该弯道刚好又在坡道上，则纵坡反而增加，故加大半径应该和纵坡改善综合考虑。

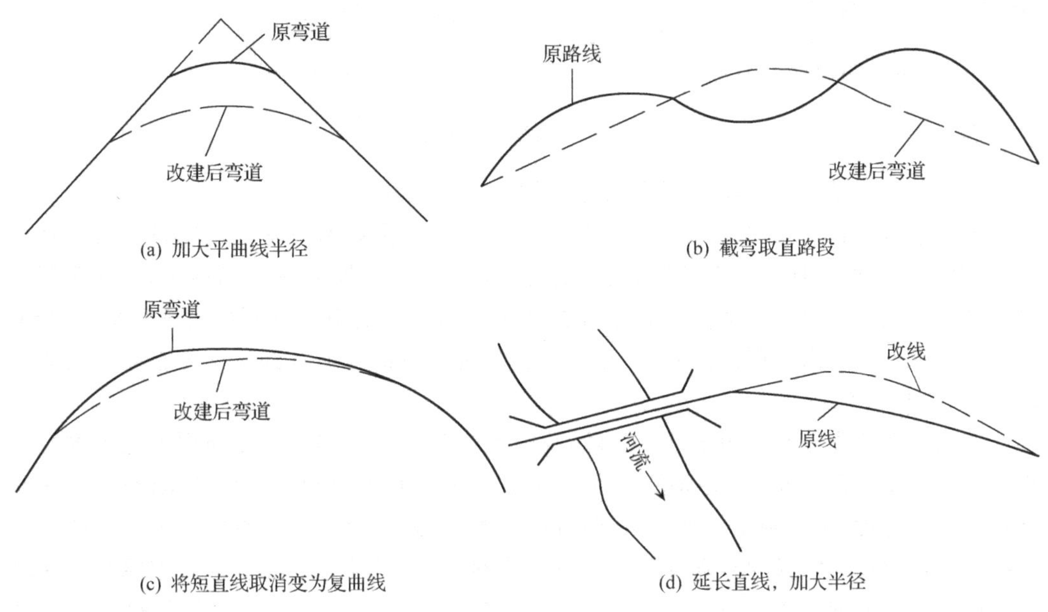

图 6.60　纵面线形好而平面线形差的路段

在山区鸡爪形地带，不少低等级公路，往往随弯就弯，平面很曲折。因此，可采取挖脊填沟(俗称“裁弯取直”)的办法拉直路线，如图 6.60(b)所示，但此时应把线形、工程量、路基稳定等作综合考虑。

图 6.60(c)是将短直线取消变为复曲线，即原路相邻两弯道中间直线段过短，且半径相差较大，可将小半径弯道曲线的半径加大，使两弯道曲线直接连接，构成同向复曲线，或改成一个半径的单曲线。

旧路有些桥头往往设置小半径弯道，并无应有的直线段，这可采取顺桥方向延长路线，加大平曲线半径的方法，如图 6.60(d)所示。

(4) 通过小城镇路段

我国原有的许多公路在通过小城镇时，一般都从街道中心通过，有的是两端转角紧靠街道房屋，驾驶员的视线受到严重阻碍。如城镇左右无法布置路线而仍然只有从街道中心通过时，则必须改善街头出入口的线形，保证应有的直线段，如图 6.61(a)所示。

有的公路通过居民点或城镇，既影响行车速度，又不安全，如要加宽行车道，必须拆除临街一面的大量房屋，此时最好从城镇左侧或右侧绕道通过街区，如图 6.61(b)所示。绕道修建新线后，原路线由城镇部门改为街道和供城镇服务性车辆行驶。

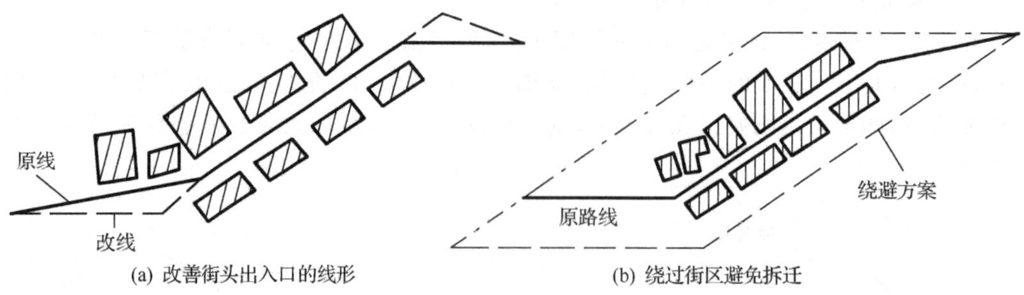

(a) 改善街头出入口的线形

(b) 绕过街区避免拆迁

图 6.61 通过小城镇路段

(5) 平面、纵面线形都符合改线要求,只加宽路基的路段

地处平原、微丘地区的公路以及有些山区公路的沿溪线部分,一般平、纵面线形都很好,完全能满足改线标准要求,问题主要是路基宽度不够。路基是一侧拓宽,还是两侧同时拓宽,除了从工程量、路基稳定等方面去考虑外,还应从有利于线形的改善出发,综合考虑。如弯道上加宽内侧可改善视距;在两条反向曲线间错位加宽路段则可起取直路线的作用,如图 6.62(a)所示。

路基加宽首先涉及占用土地的问题,我国不少公路养护部门在原路用地范围内想方设法拓宽路基。图 6.62(b)是将路基两侧原梯形边沟,用浆砌块石改成了矩形边沟,这既增加了路基宽度,又有利于路基排水,同时也改善了路容。另外,一些旧路上的行道树因枝叶茂盛,使行车净空缩小,驾驶员前方视线受到影响,于是有的养护部门把原种植在路肩上的行道树移向边沟外侧[图 6.62(c)],既增加了行车道的宽度和运行速度,也符合《公路工程技术标准》(JTG B01—2014)中关于植树的要求。

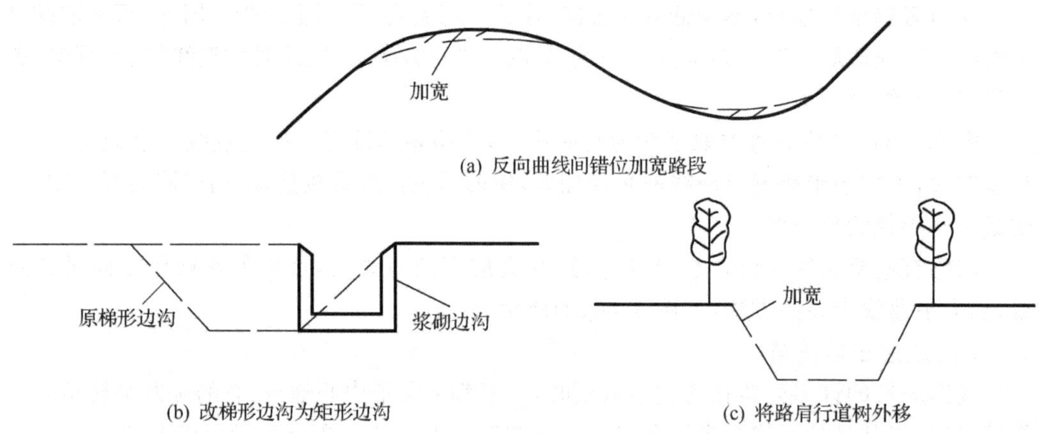

(a) 反向曲线间错位加宽路段

(b) 改梯形边沟为矩形边沟

(c) 将路肩行道树外移

图 6.62 加宽路基的改线路段

(6) 路基加宽定线的方法

公路如需提高技术等级和技术标准时,一般都要加宽路基。如定线时将设计中线和旧路中线重合,路基加宽可在两侧回填边沟或取土坑,培植路堤边坡或开挖路堑边坡,如图 6.63 所示。由图可知,这种加宽方案,新铺的路面可铺在原路肩部分上,基础的强度可

得到保证。但它的不利一面是:路基需要两侧填土,如路基加宽不多,而两侧各只加宽很小的宽度时,不但不利于施工,路基稳定性也不能得到保证。如果是边沟形断面,则需填设部分或全部边沟。

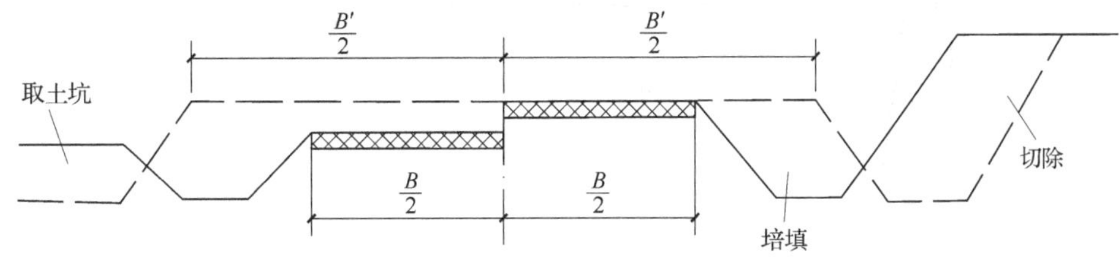

图 6.63　路基两侧加宽

在路基加宽中,大部分是中线偏离旧路中线一边,路基只需一边加宽,对于具有稳定边坡的旧路堤或路堑采用一边加宽最好,如图 6.64 所示。从一侧加宽路基,当中线挖填高度不变时,路基只在一侧填土,对施工和路基稳定来说,比两侧各加宽一半有利。但这种方法有时也有缺点:当路基加宽度大时,路面加宽中的一部分在老路基的路肩上,由于新旧路基基础强度不同,有时会引起路面破裂。

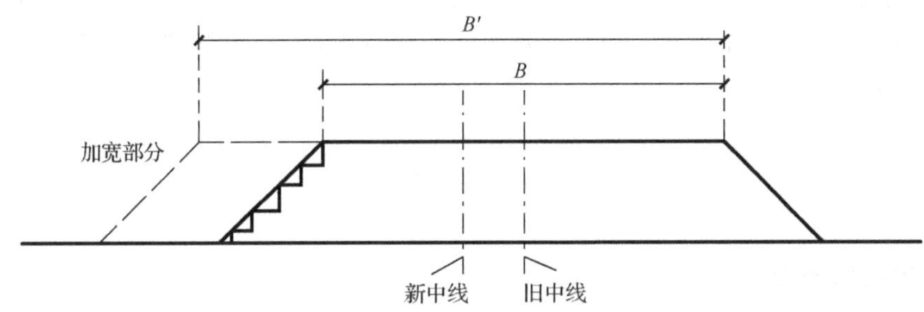

图 6.64　路基一侧加宽

如为山坡路基,当地表横坡不大,为保证路基稳定性,通常将设计中线移向山坡上方,使用挖方地带加宽路基,如图 6.65 所示。

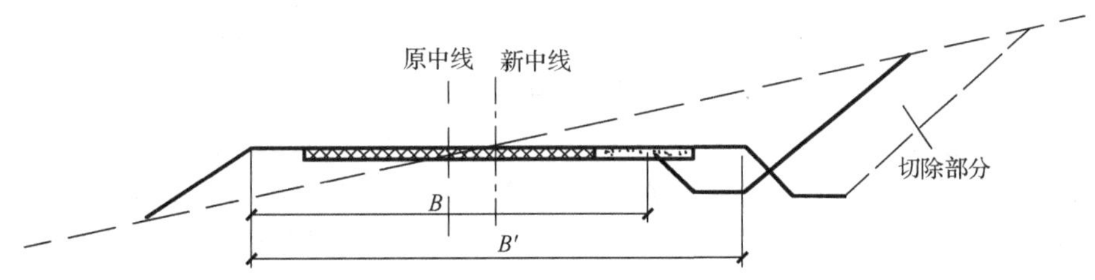

图 6.65　中线向山坡外移加宽路基

当地表横坡较陡,上方加宽土石方工程很大且边坡也很高,此时通过技术、经济比较后,可修挡土墙外侧加宽,如图 6.66 所示。

(7) 利用原有桥涵时的定线

桥涵的改造仍应贯彻充分利用与积极提高的原则,经现场鉴定或荷载试验,如为完好

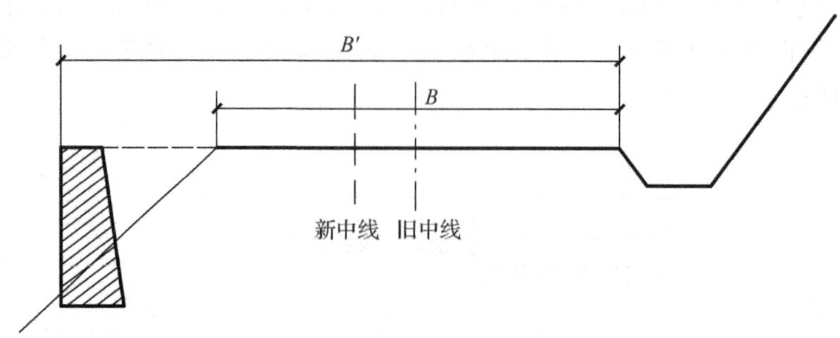

图 6.66 修挡土墙外侧加宽

的桥涵能利用则尽量利用;不能利用的,则加以改建。桥涵利用有加宽与接长,从桥涵本身来看,以加宽一侧或接长一端为宜。但它们作为路基的一个组成部分,有时又随路基的加宽度和加宽方式而变化。如为大中桥,两侧加宽受到技术限制或不经济,要求在一侧加宽时,桥两端路基的加宽可服从桥的需要作适当的修改。

如路基加宽很大,又加宽一侧时,桥涵加宽接长则可按原式样加宽墩台及桥面;如路基在两侧加宽,且加宽度不大,桥梁的墩台可不加宽,而只在上部结构或台帽处作板式或梁式挑悬设计,以加宽桥面;个别桥梁,如两侧或一侧加宽都有困难,且桥不长时,在不影响汽车行驶的情况下,亦可暂不加宽。涵洞接长哪一端,完全随路基加宽而异,一般是一端进行,或两端同时进行。

6.6 3S 技术

6.6.1 3S 技术简介

3S 技术是遥感(remote sensing,RS)、地理信息系统(geographic information system,GIS)和全球定位系统(GPS)的有机结合。因为这三个概念的英文名称中都含有一个以"s"开头的单词,简称 3S 技术。3S 技术以地理信息系统为核心,构成了对空间数据实时采集、更新、处理、分析及为各种实际应用提供科学决策咨询的强大技术体系。

RS 是在远离目标的情况下判定、量测并分析目标性质的一种技术。就是根据电磁波理论,在不与研究对象直接接触的情况下,用现代传感器接收技术,从高空或远距离接收地面物体对电磁波的反向信号,并将这些信号记录下来,进行加工与处理,最后对研究对象的性质、特点和数量进行分析和判读,这些过程统称为遥感技术。根据遥感工具的不同,RS 技术包括航天遥感、航空遥感、雷达以及数字照相机摄制的图像。航天遥感由卫星实现,航空遥感通过飞机完成。

RS 的主要作用是识别地物,在大范围的工程规划、设计中使用遥感数据,可以省时省力。根据卫星照片呈现的图像,得到设计对象总体的基础数据(如植被空间分布图、水系分布图),这样就大大减少了实地调查和数据采集的工作量。有了基础数据以后,就可以根据需要加工得出专业所需的数据。

GIS 是以地理空间数据库为基础,在计算机软件的支持下,对空间相关数据进行采集、管理、操作、分析、模拟和显示，并采用地理模型分析方法，适时提供多种空间和动态的地理信息，为地理研究和地理决策服务而建立起来的计算机技术系统。它是规划、管理与决策的有用工具。GIS 具有以下三个方面的特征：第一，具有采集、管理、分析和输出多种地理空间信息的能力；第二，以地理研究和地理决策为目的，以地理模型方法为手段，具有空间分析、多要素综合分析和动态预测的能力，并能产生高层次的地理信息；第三，由计算机系统支持进行空间地理数据管理，并由计算机程序模拟常规或专门的地理分析方法，作用于空间数据，产生有用信息，完成人类难以完成的任务。

GIS 作为一个空间信息系统，至少具有以下功能：数据采集与编辑功能；地理数据库管理功能；制图功能；空间查询和空间分析功能及地形分析功能等。

GPS 是现代进行导航和定位的一种最科学的方法。地理位置或地理坐标是空间资料中必须具有的重要信息，使用传统的罗盘和地物来确定工程的具体地理坐标往往是困难的，尤其是大面积范围，因此在较大范围内进行定位，往往采用 GPS。它是建立在无线电定位系统，导航系统和定时系统基础上的空间导航系统，以距离为基本观测量，可同时通过多颗卫星进行距离测量来计算目标的位置。

GPS 作为测量学的一种新技术，已被成功应用于道路勘测设计、施工放样等道路工程测量的各方面，显著地提高了工程测量的效益，改变了传统的测量作业模式和质量标准，成了道路工程测量的一种主要方法，在某些困难工程地点成了一种不可替代的方法。

RS 能高效地获取大面积的地面信息；GIS 具有强大的空间查询、分析和综合处理能力；GPS 能快速给出调查目标的准确位置。因此可以将 GIS 看作中枢神经，RS 看作传感器，GPS 看作定位器。3S 技术目前在很多领域广为利用，随着工程勘察设计新技术研究的进一步深入，3S 技术在工程勘察设计中的作用也越来越重要，并将逐渐成为道路勘测设计必不可少的方法和手段。

6.6.2　3S 技术在道路选(定)线中的应用

1. RS 在道路选(定)线中的应用

20 世纪 70 年代末，铁路选线开始应用遥感图像，RS 技术陆续应用到选线工作中。遥感图像具有宏观、逼真、直观、丰富的信息，为进行地形地貌、地持构造和地物的识别分析提供了可靠依据，具有其他方法无可比拟的优势。通过对高分辨率卫星图像的判释，查明路线经过地区的工程地质条件，并进行图像处理，通过计算机制图，绘制出彩色工程地质遥感判释图和水文地质遥感判释图，必要时进行少量有针对性的调查工作，为路线方案研究与比选提供依据；在道路定测、施工过程中，对地质复杂地段、路线重点工程地区开展遥感调查，为工程技术决策提供科学依据，保证施工顺利进行起到了重要作用。此外，在应用遥感技术进行不良地质现象遥感解译预测，建立道路病害动态变化分析和区域预测模型，建立道路病害数据库等方面均进行了大量应用研究并取得了重要成果。在道路勘测设计各阶段、在道路建设中的各类工程和专业工作中，均可应用各种比例尺的航摄照片和卫星遥感图像，通过图像判释和图像处理，提供工程需要的有关资料，弥补其他勘测手段之不足，这已成为道路工程中应用 RS 技术的一大特色。

应用RS技术开展道路选线工作,需要考虑设计阶段的具体要求。由于各阶段工作所依据的基础资料及文件要求深度不同,具体工作方法与详略程度也有所不同。

1)在工程预可行性研究阶段,主要是利用航测遥感技术的优势,在大面积范围内进行方案研究、论证和比选。运用遥感图像进行地貌、地层岩性、地质构造、不良工程地质现象(滑坡、崩塌、泥石流等)判释,对工程地质情况进行初步区分,然后现场踏勘、验证,编制(1∶10 000)~(1∶50 000)工程地质略图。同时,利用遥感图像还可进行控制线路方案的大中桥位置的选择。在该阶段遥感工程地质判释的要求如下:①遥感图像的判释工作应先于工程地质测绘,并贯穿于调查全过程;②卫星图像和航摄照片结合使用;③除基本的常规目视判释外,应充分利用遥感信息多时相、多波段的特点,采用数字图像处理技术,突出有效信息,提高判释水平和效果;④室内判释应进行野外检查、验证;⑤判释内容应包括宏观地貌单元、地貌形态、成因类型、判定地形、地貌与地质构造、地层岩性、工程地质条件的关系等;⑥遥感判释的最终成果应提交与调查比例尺相应的工程地质判释图和文字说明。

2)在工程可行性研究阶段,遥感技术的应用以大比例尺遥感图像为主,加深对工程地质判释、调绘工作,采取综合勘探手段,获取所需的工程地质及水文地质资料。该阶段遥感工程地质判释的要求如下:①遥感图像的判释工作可与该阶段的工程地质测绘提前或同步进行,并贯穿于调查全过程;②尽量使用不同时相、不同种类、多种波段的图像;③在室内详细判释的基础上进行全野外检查论证,将地面地质观测与判释紧密结合,充分利用单张航片进行实地布点,并结合地形图、GPS进行定位;④判释内容较预可研阶段更为齐全、详细;⑤最终成果资料应包括遥感工程地质判释报告、综合遥感工程地质平面图、剖面图、工点工程地质图、不良地质、特殊地质资料汇总表、遥感影像图、其他基础资料。

3)在初测阶段,遥感图像、航摄照片先于大比例尺地形图,为各有关专业提供了沿线地区的自然模型。路线技术人员首先根据批准的路线方案在照片上进行初步选线,其他有关专业技术人员即可进行室内判释、调绘工作,并制定现场验证、测绘方案,指导现场调查、搜集资料。实践表明,采用航测遥感技术,外业不测地形,有效地减少了外业工作量,地质测绘和钻探工作量大大减少,不仅提高了勘测设计质量,而且经济效益也是可观的。

2. GIS在道路选(定)线中的应用

1)利用GIS的数据采集与地理数据库管理功能,对选线所需的基础资料进行统一管理和分类处理。

前已述及,路线方案的确定需要考虑众多的影响因素,除地形、地质、水文、气象等自然条件因素外,还有施工条件、技术条件等,并且还要考虑路线在政治、经济和国防上的意义。各因素之间的关系复杂,相互制约,传统的选线方法,在工作过程中,选线人员需要携带和处理大量的地形图和其他资料文献(交通资料、地区经济资料、发展规划等),工作中有许多不便,选线的工作量巨大,而且很难对全部的影响因素进行综合考虑。如果将与路线方案有关的各种信息,如遥感图像、地形图、地质、水文、土地利用、交通、矿产资源、地区经济发展水平等信息资料输入地理系统中,实现图文资料的数字化管理,GPS系统通过有效的数据组织和信息分析处理,就能大大提高信息的利用率。同时,由于GIS中录入了大量有关的地理空间信息，所有的信息都采用数字地图的方式存放，使得选线人员可以在其上建立研究对象的数学模型，进行预测或分析评价。

2）利用GIS强大的空间查询与空间分析功能和地形分析功能，对信息进行加工处理，将影响路线方案的各种因素形象化地展现在选线人员面前。

采用地理信息系统，很容易进行各种信息的叠加和复合，如将遥感图像与地形信息叠加，形成可供全方位观测的立体影像，有助于设计者对整个地区的地形、地质、水文和地貌等特征有一个完整的概念；将遥感图像与数字高程模型复合，形成立体的卫星图像，将数字高程模型按地表的状况分层设色，GIS系统将生成十分生动、犹如实物模型的地貌景观立体图，从而使选线工作变得很直观、灵活。

在地理信息系统的支持下，设计者可以按自己的设想任意布设或修改路线方案。对每个方案，GIS系统可以很快地计算出路线里程、工程量等，可以实时生成路线断面图。可以通过预先设定的某些目标函数，让系统自动进行路线的平纵断面优化。因此，可以快速、方便地进行路线方案的比选。

3）利用GIS的制图功能，输出设计用图纸。GIS可以方便地用于地图的制作，通过图形编辑清除图形采集的错误，并根据用户的要求和地物的类型对数字地图进行整饰、添加符号（包括颜色和注记），然后通过绘图仪输出，就可以得到一张精美的全要素地形图。还可以根据用户的需要，分层输出各种专题地图，例如行政区划图、土壤利用图、道路交通图、等高线图等。还可以通过空间分析得到一些特殊的地学分析用图，如坡度图、坡向图、剖面图等。

总之，GIS对于传统选线的作业流程皆可协助处理，并提高工作的效率，减少不必要的时间损耗，让传统的图文作业凭借计算机的处理，以可视化的方式进行。

3. GPS在道路选(定)线中的应用

目前GPS定位技术在道路工程中主要用于：布设各等级的路线带状平面控制网；桥梁、隧道平面控制网；航测外业平面高程控制测量等。

在道路选线工作中，由于遥感数据在精度上还不够，需要GPS辅助矫正。GPS的主要作用是对航空照片和卫星照片等遥感图像进行定位和地面矫正。随着载波相位差分GPS技术的发展，高精度实时动态GPS定位技术在道路工程中的应用受到了极大的关注。例如机载GPS在航空摄影测量中的应用、实时动态定位技术在道路施工放样中的应用都在试验之中，并取得了可喜的成果。显然，随着这些技术的日渐成熟，实时动态载波相位差分技术必然会给道路选定线测量带来一次新的、更深刻的变革。

前面分别简要叙述了三者在道路选定线中的应用，必须指出，要更好地发挥3S技术的优势，有赖于RS、GPS与GIS结合而成为一个完整的体系，其中GIS技术扮演着主体的角色。

6.7　城市道路网规划

城市道路网是由城市范围内各类各级道路所组成的一个体系。城市道路网是城市交通的重要组成部分,它担负着各种车辆及行人的通行,同时,通过城市道路网使城市的各组成部分有机地联系在一起。根据城市发展总体规划及城市交通规划对城市各用地分区间的道路交通需求,建立结构合理、主次分明、功能良好、连续通畅的城市道路网络,对促进和加快城市建设与发展具有极其重要的意义。

城市道路网规划应与城市用地规划相结合,以适应城市发展、交通结构变化的要求,应具有一定的超前性。通过对城市的规模、性质、形态、交通特点、城市经济发展和建设财力以及工程技术能力和水平等多方面的深入调查研究和综合分析,充分考虑实施规划的可能性,结合各种规划构思,提出若干备选方案,再经过社会、经济、技术及环境等方面效益的评价比较,分析各方案的优劣,最终决定最优方案。

城市道路网规划应以城市交通规划中对城市客货运输的预测分析为依据,以国家有关规范、编制办法为标准,满足所要求的各项技术指标。

在城市道路网的规划设计中,应确定城市道路网结构形式、干道性质、走向及红线宽度、道路横断面形式、交叉口位置和形式,确定停车场布置以及绘制路网图和编写规划说明书等。

6.7.1 城市道路网规划的基本要求

(1) 满足城市道路交通运输的快速、经济和安全的需要

城市道路网是城市综合交通体系中的一个子系统,道路网中各条道路的功能、性质必须与其所在道路网系统中的地位相适应,力求做到使城市各分区之间有方便、迅速、安全和经济的交通联系,形成全市道路交通干道系统,满足城市中以速度要求为主的长距离出行。在城市各分区内部形成工作、生活性道路,满足以交通容量要求为主的短距离出行,方便城市客货流的集散。

(2) 满足城市用地规划的要求

城市道路网规划应结合城市用地规划,为城市建设发展创造良好的条件。单纯的土地规划难以保证交通运输的合理性,而单纯的城市道路网规划也难以保证城市用地的合理布局与使用要求,导致城市用地与道路系统相互之间的不协调。因此,必须使城市道路网规划与城市用地规划有机地结合起来。同时,城市道路一般是划分城市各分区、单位或各类城市用地的界限,形成城市用地分区布局的“骨架”。道路网分割的城市用地及分区形态应有利于城市总体规划,满足各类用地的基本要求和城市发展的需要。

(3) 满足城市环境保护与城市景观的要求

城市道路网的规划应有利于保护城市环境、减少环境污染和组织城市景观。结合城市建筑、广场、绿地、水体、古迹、自然环境、地貌特征等,在保证城市交通的情况下,形成自然、协调、具有城市特色的城市风貌,给人以浓烈的生活气息、丰富的动感和美好的感受。

城市道路的布局还应考虑城市建筑的通风、日照。城市道路就是城市的风道,因此主要道路的走向既要有利于城市通风(如何使城市主干道走向平行于该城市夏季主导风向),又要考虑有利于抵御冬季寒风或夏季台风等灾害性风的正面袭击,道路的走向还要为两侧建筑布置创造良好的日照条件。

(4) 满足管线布置和地面排水的要求

市政工程管线经常沿城市道路敷设,各种管线的平纵面走向和埋设要求都与道路网布局密切相关,因此在道路网规划时应充分考虑满足工程管线的布置要求,为其提供必需的布置空间。

利用城市道路进行地面水的排除也是城市道路网规划的主要内容之一,一般应使道路中线的纵坡与道路两侧地坪的流水方向相互协调,以利于排水。

6.7.2 城市道路网结构形式

城市道路网结构形式是指城市道路网的平面几何图形。城市道路网结构形式是根据城市发展、规模、形态、用地布局、交通、自然环境及其他要求而形成的。由于城市具体条件的不同,城市道路网也具有不同的结构形式。

目前,城市道路网结构形式可归纳为四种类型:方格网式[图 6.67(a)]、环形放射式[图 6.67(b)]、自由式和混合式。具体规划时,应根据当时、当地的具体条件,结合规划的基本要求,灵活地运用。

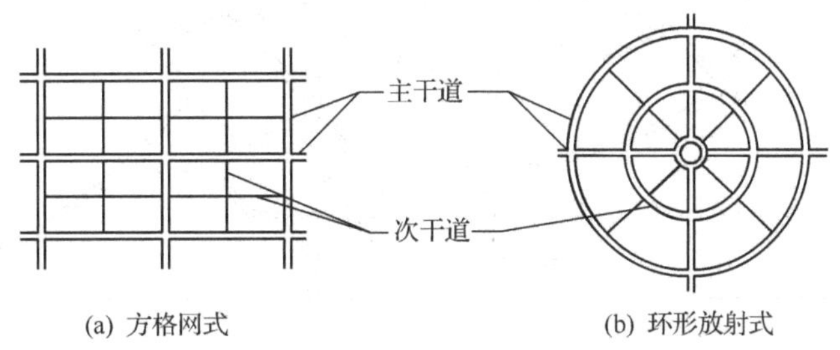

图 6.67 城市干道网类型示意图

(1) 方格网式

方格网式呈方格棋盘形状,是最常见的一种形式。方格网式每隔一定的距离设置接近平行的干道,在干道之间再布置次要道路,将用地分为大小合适的街坊。其优点是街坊形状最简单,便于建筑布置,所有交叉口都是由两条道路相交而成,不会造成市中心交通压力过重,但对角线方向交通不便。为了方便方格网对角线方向交通,可加设对角线方向的干道,形成方格对角线式道路网。由于对角线干道形成三角形街坊与复杂的交叉口,对建筑布置与交通组织不利,因此采用方格网对角线道路网形式的城市不多,我国长春、沈阳等有类似的布置。我国建于平坦地区的古城,如北京、西安、太原、郑州、石家庄、开封等均属于方格网式。一些沿江(河)、沿海的工业城市,由于顺应地形的特点,道路网形成了不规则的棋盘式道路,如洛阳、福州等城市。方格式道路网中的主、次干路必须功能分明,才能适应现代化交通的发展,如果旧城的道路间距较小,则可组织单向交通来提高通行能力。

(2) 环形放射式

环形放射式是由市中心向四周引出若干条放射干道,并在各条放射干道间连以若干条环形干道。环形放射式道路网一般由市中心区逐渐向外发展,由市中心向四周引出放射干道的放射式道路网演变而来。放射式道路网有利于市中心对外联系,加上环道后,克服了各分区之间联系不便的缺点,形成环形放射式道路网。一般认为这种形式对于大城市和特大城市在组织交通上比较适宜。但是,容易将各方向交通引至市中心,造成市中心交通过于集中。图 6.68 为由 8 条放射路和 2 条环道所组成的环形放射式干道网示意图。国外许多大城市(如莫斯科、巴黎、伦敦、柏林、东京)的道路网都采用此种形式。

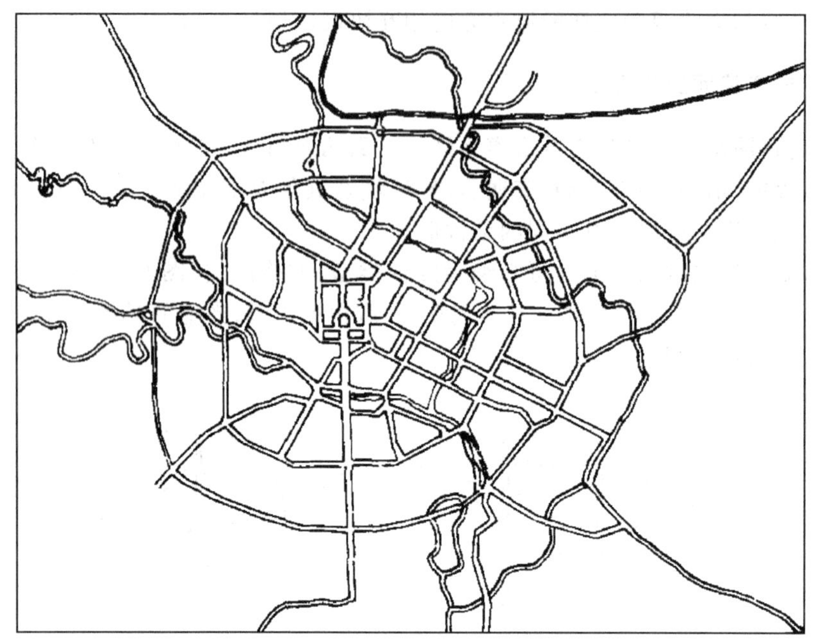

图 6.68 环形放射式干道网示意图

(3) 自由式

自由式一般是由于城市地形起伏,以结合地形为主,路线弯曲无一定几何形状。我国许多山丘城市地形起伏大,道路选线时为减小纵坡,常沿山麓或河岸布线,形成自由式道路网,如重庆、青岛、南宁、九江等城市(图 6.69)。优点是能充分结合自然地形,节省道路工程造价;缺点是绕行距离较大,不规则街坊多,建筑用地较分散。

(4) 混合式

以上三种基本形式常常又组合在一起而成为混合式。混合式如规划得合理,能发挥以上各式的优点,又避免了它们的缺点,能够因地制宜、扬长避短,合理组织和分配交通。目前我国大多数大城市,如北京、上海、南京、西安等,均保留原旧城的方格网式,为减少市中心的交通压力又加设了环路及放射路,形成方格网、环形和放射形相结合的混合式道路网系统,如图 6.70 所示。

6.7.3 城市道路网规划主要技术指标

(1) 非直线系数

非直线系数(或称曲度系数、路线增长系数)是道路起、终点间的实际长度与其空间直线距离之比,是反映城市各分区、各组成部分的客货流集散点之间的交通是否短捷的一项

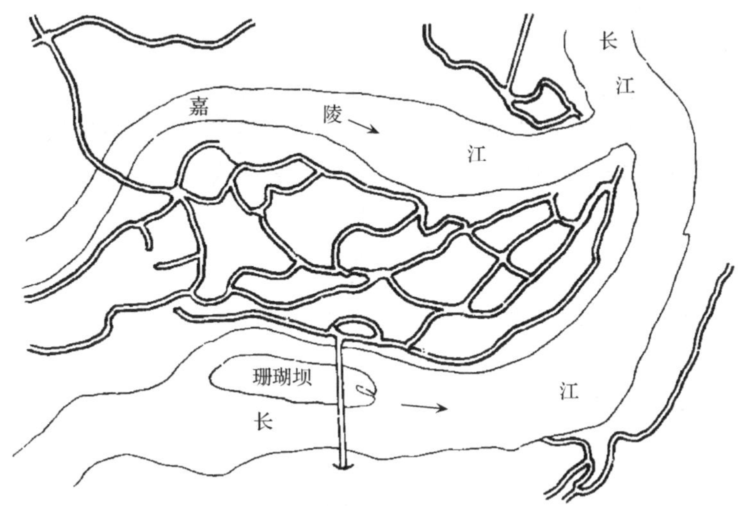

图 6.69　自由式道路网示意图

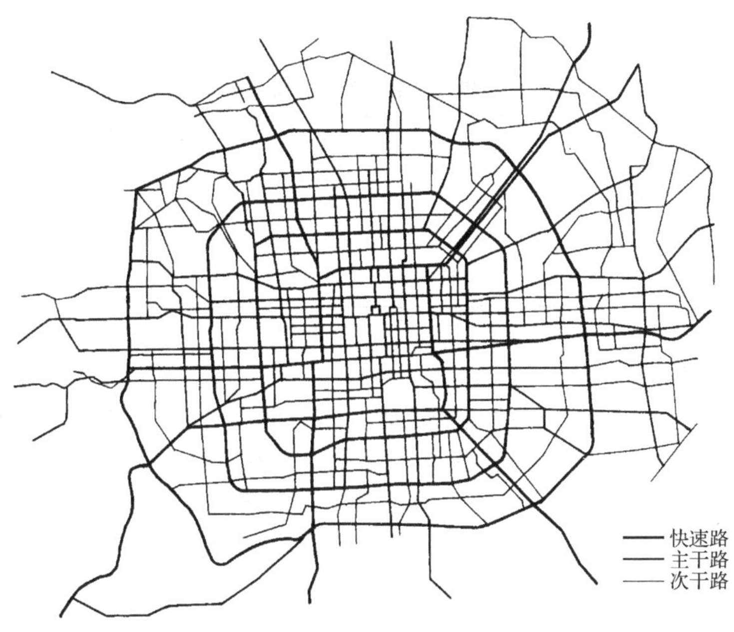

图 6.70　混合式道路网示意图

技术指标，按下式计算：

$$\rho = \frac{L_{实}}{L_{空}} \tag{6.52}$$

式中：ρ——非直线系数；

$L_{实}$——道路起、终点的实际长度；

$L_{空}$——道路起、终点的空间直线距离。

交通干道的非直线系数应尽量控制在 1.4 以内，最好在 1.1～1.2 之间，但山区或地形起伏较大的城市对此项指标可不必强求。

(2) 道路网络密度

道路网络密度是指城市道路中心线总长度与城市用地总面积之比，是衡量城市道路的数量、长度、间距能否与城市交通相适应的一项技术指标。根据我国城市道路的分类标准，道路网络密度指标按各类道路分别表示，其数学表达式为

$$\delta_i = \frac{\sum L_i}{\sum A} \tag{6.53}$$

式中：δ_i——某类道路的道路网络密度，i 分别对应为快速路、主干路、次干路和支路(km/km^2)；

$\sum L_i$ ——某类道路中心线总长度(km)；

$\sum A$ ——城市用地总面积(km^2)。

当然，式(6.53)也可用来计算不分道路类别的总的道路网络密度。

我国《城市综合交通体系规划标准》(GB/T 51328—2018)中对干线道路网络密度作出了具体要求(表6.3)，供规划时参考。城市建设用地内部的干线道路的间距不宜超过1.5km。

表 6.3 不同规模城市的干线道路网络密度

规划人口规模/万人	干线道路网络密度/(km/km^2)
≥200	1.5～1.9
100～200	1.4～1.9
50～100	1.3～1.8
20～50	1.3～1.7
≤20	1.5～2.2

(3) 道路面积密度

道路面积密度是城市各类各级道路占地面积与城市用地总面积之比，是全面衡量城市道路对城市交通的适应性，反映同一类道路中由于不同路线或不同路段当横断面形式(如车行道宽度)不同时的通行能力上的差异的一项技术指标。其表达式为

$$\gamma = \frac{\sum (L_i \times B_i)}{\sum A} \tag{6.54}$$

式中：γ——城市道路面积密度(%)；

L_i——各类道路长度；

B_i——各类道路宽度；

$\sum A$ ——城市用地总面积。

一般情况，城市道路面积密度 γ 应在 8%～15%；对规划人口在 200 万以上的大城市，γ 宜为 15%～20%。

(4) 居民拥有道路面积密度

居民拥有道路面积密度是城市道路用地总面积与城市人口总数之比，是反映人均拥

有道路面积数量和城市交通拥挤程度的一项技术指标。其计算公式为

$$\lambda = \frac{\sum (L_i \times B_i)}{N} \tag{6.55}$$

式中：λ——人均道路用地面积（m^2/人）；

L_i——各类道路长度（m）；

B_i——各类道路宽度（m）；

N——城市总人口（人）。

一般情况，我国城市的人均道路用地面积 λ 为 7～15m^2/人，其中：道路用地面积为 6.0～13.5m^2/人，广场面积为 0.3～0.5m^2/人，公共停车场面积为 0.7～1.0m^2/人。

6.7.4　城市道路网规划设计的一般程序

城市道路网规划工作程序如图 6.71 所示。城市道路网规划首先要分析影响城市道路交通发展的外部环境，从社会政治、经济发展、人口增长、有关政策的制定和执行、建设资金的变化等方面来确定城市道路交通发展的目标和水平，预估未来城市道路网络的客货流量、流向，确定道路网络的布局、规模和位置等，并落实在图纸上。

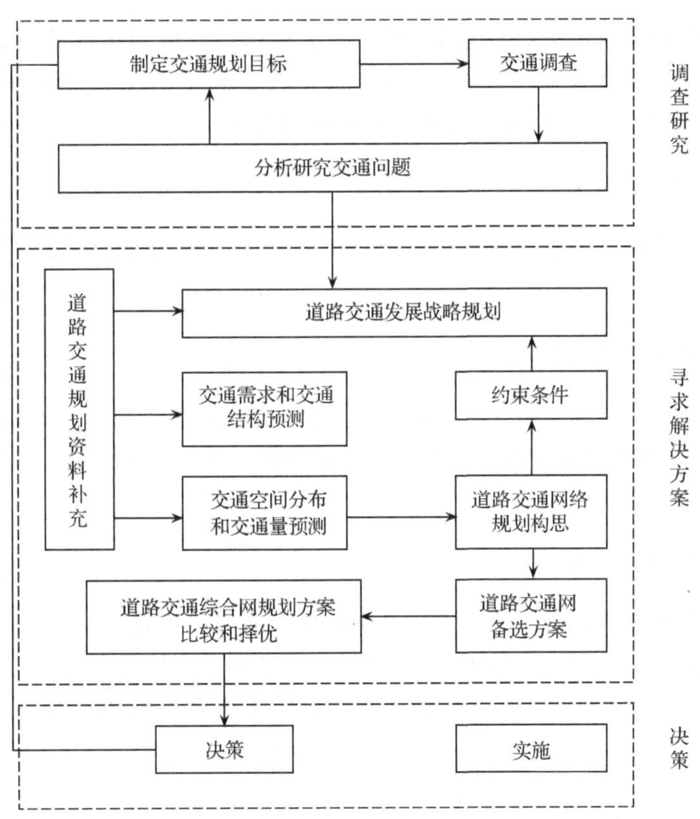

图 6.71　城市道路网规划工作程序

城市道路网规划设计的一般方法如下。

1. 现状调查,资料准备

1) 城市地形图:包括城市市域范围和中心城区范围两种地形图,市域地形图应能够反映区域范围内城市之间的关系,河湖水源、公路、铁路与城市的联系等。地形图的比例尺可为(1∶50 000)～(1∶10 000)。为定线校核,还需有1∶1000(或1∶2000)的地形图。

2) 城市用地布局和交通规划初步方案:在城市总体规划中做出的城市土地使用和交通系统规划初步方案。

3) 城市发展社会经济资料:包括城市性质、规模、人口、经济及交通发展资料,城市发展阶段及期限等。

4) 城市道路交通现状调查资料:包括城市历年机动车、非机动车拥有量资料,城市主要干道及交叉口交通流量、流向分布资料,大比例尺[(1∶500)～(1∶1000)]城市地形图,借以准确反映道路现状平面线形、交叉口形式、横断面布置形式等。

5) 城市道路交通现状存在的问题:路网结构与主要干道、交叉口的形式及线形、通行能力等方面不相适应的程度,以及存在问题的主要原因等。

2. 道路系统初步方案设计

根据交通规划和城市总体规划的要求,考虑城市的发展和用地的调整,从“骨架”和“功能”的角度提出道路系统规划初步方案。此阶段着重解决交通问题,对路网结构形式、路线走向、交叉口形式等有必要做出若干方案进行分析比选。

3. 具体问题方案设计

对干道主要控制点的平面位置和高程、横断面形式、干道纵断面设计等具体问题提出设计方案。

4. 修改道路系统规划方案

对初步方案进行全面分析比较,对社会、经济、交通的影响和效益分析以及包括对道路的横断面形式、交叉口形式及交通组织方式等细致的研究,提出道路系统规划设计及重要交通节点的设计方案。

5. 绘制道路系统规划图

道路系统规划图包括规划平面图以及标准横断面图。规划平面图要标出城市主要用地的功能布局、干道平面位置、线形控制点的位置、坐标和高程及交叉口的平面形式等,比例尺一般为1∶1000或1∶5000。标准横断面图应标出道路红线控制宽度、断面形式及尺寸,比例尺一般为1∶500或1∶200。

6. 编制道路系统规划方案说明

对整个道路系统规划设计工作做必要的方案说明,一般应包括设计的依据、规划的原则、各项指标及参数的确定、道路系统带来的交通及社会经济效益的简要分析结论、道路网分期实施方案以及其他需加以说明的事项等内容。

思考与习题

6.1　什么是选定线？如何进行平原区路线的布设？

6.2　如何进行沿河(溪)线和越岭线的合理布局？二者在选线上有何区别与联系？

6.3　在选线过程中，如何做好平、纵、横的综合设计？

6.4　什么是纸上定线和直接定线？如何进行纸上定线？如何进行直接定线？二者有何区别与联系？

6.5　在什么条件下需要纸上移线？怎样进行纸上移线？

6.6　实地放线有哪几种方法？它们的适用条件是怎样的？

6.7　不同结构形式城市道路网的特点是怎样的？说明其适用条件。

6.8　城市道路网规划主要技术指标有哪些？如何进行城市道路网规划？

6.9　在旧路改扩建中，根据不同实际情况，分析讨论提高原路线形标准的设计方法。

第七章　道路平面交叉设计

7.1　概　　述

道路与道路(或铁路)在同一平面上相交的地方称为平面交叉,又称为交叉口。在道路网中,各种道路纵横交错,必然会形成很多交叉口,交叉口是道路系统的重要组成部分,是道路交通的咽喉。相交道路的各种车辆和行人都要在交叉口汇集、通过和转换方向。道路网畅通与否,很大程度上取决于交叉口交通问题处理的好坏。车辆在一条道路上行驶,在交叉口上产生的延误约占全程行车时间的31%。交叉口交通拥挤严重时会波及路段和整个路网系统,从而引起严重的延误,易发生交通事故,同时引发比路段更严重的噪声、废气污染、能源浪费等问题。因此,如何正确设计交叉口,合理组织交通,对于提高交叉口的通行能力,避免交通阻塞,减少交通事故,都具有重要意义。

道路交叉口设计应符合《城市道路交叉口设计规程》(CJJ 152—2010)的规定。

7.1.1　交叉口的类型及其适用条件

1. 平面交叉及其构成

交叉口一般指相交道路边线延长后相交所包括的范围,但从平面交叉的几何设计和交通组织设计两个方面出发,一个完整的平面交叉应由交叉口及其所连接的部分组成(图7.1)。

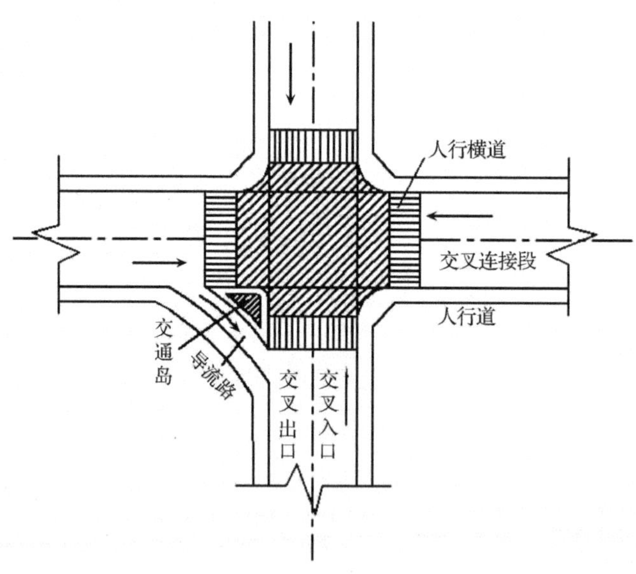

图7.1　平面交叉的基本组成

平面交叉的基本组成包括以下几类。

1）交叉口：相交道路的共同部分，一般为转角缘石(或路面内缘)切点以内部分。

2）交叉连接段：与交叉口紧连的出入口道路。

3）附加车道：为提高交叉口通行能力，改善其使用功能，在交叉入口处增设的车道。

4）交通岛、导流路。

2. 平面交叉口的类型及其适用条件

平面交叉口的形式取决于道路网的规划和周围建筑的情况，以及交通量、交通性质和交通组织。根据相交道路条件和交通管制方式的不同，有多种形式和不同分类。

(1) 按相交道路条数分类

根据道路向交叉口汇集的条数划分为三路交叉、四路交叉和五路交叉等。一般称四条道路以上相交的交叉口为多路交叉，在设计和规划中应力求减少相交道路的条数，尽量避免五条或五条以上道路相交。

(2) 按交叉口几何形状分类

根据交叉口的几何形状，常见的形式有十字形、T 形及其演变而来的 X 形、Y 形、错位交叉和环形交叉等。

(3) 按渠化交通的程度及类型分类

1）加铺转角式交叉口。交叉口用适当半径的圆曲线平顺连接相交道路，如图 7.2 所示。

此类交叉口形式简单，占地少，造价低，设计方便，但行车速度低，通行能力小。加铺转角式交叉口适用于交通量小，车速低，转弯车辆少的三、四级公路或地方道路；若斜交不大时，也可用于转弯交通量较小的主要道路与次要道路交叉。设计时主要解决合适的转角曲线半径 R 和足够视距问题。

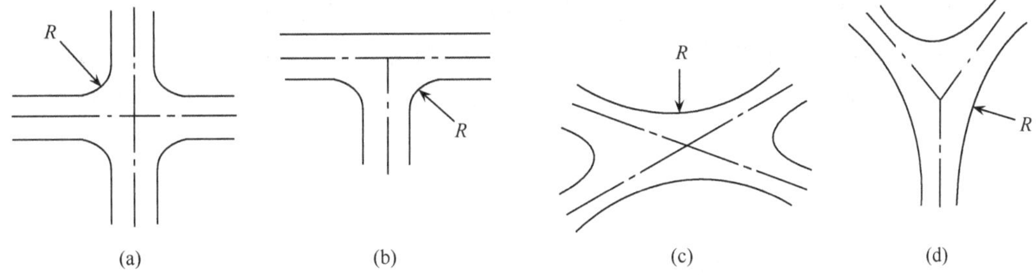

图 7.2　加铺转角式交叉口

2）扩宽路口式交叉口。为使转弯车辆不影响其他车辆的正常行驶，在交叉口连接部增设变速车道和转弯车道的平面交叉。这种交叉可以单增右转或左转车道，也可以同时增设左、右转弯车道，如图 7.3 所示。此类交叉口可减少转弯交通对直行交通的干扰，车速较高，事故率低，通行能力大，但占地多，投资较大，适用于交通量较大、转弯车辆较多的二级公路和城市主干路。设计时主要解决扩宽的车道数，同时也要满足视距和转角曲线半径的要求。

3）分道转弯式交叉口。通过设置分隔岛、导流岛、划分车道等措施，使单向右转或双向左、右转车流以较大半径分道行驶的平面交叉,如图 7.4 所示。此类交叉口转弯车辆,尤其是右转弯车辆行驶速度和通行能力都较高,适用于车速较高,转弯车辆较多的一般道路。设计时主要解决分道转弯半径、保证足够的视距和满足交通岛端部半径的要求。

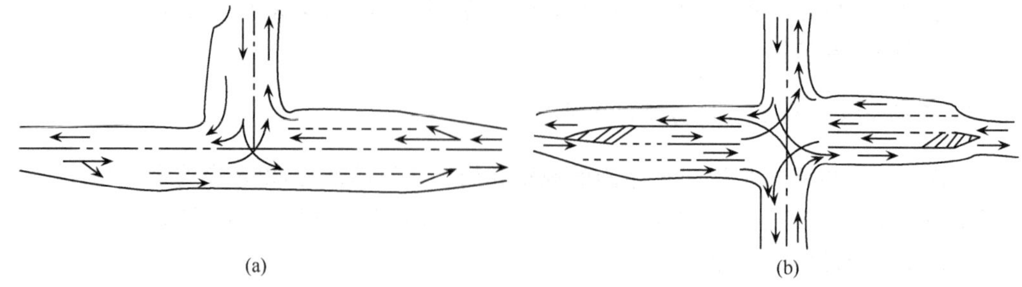

图 7.3 扩宽路口式交叉口

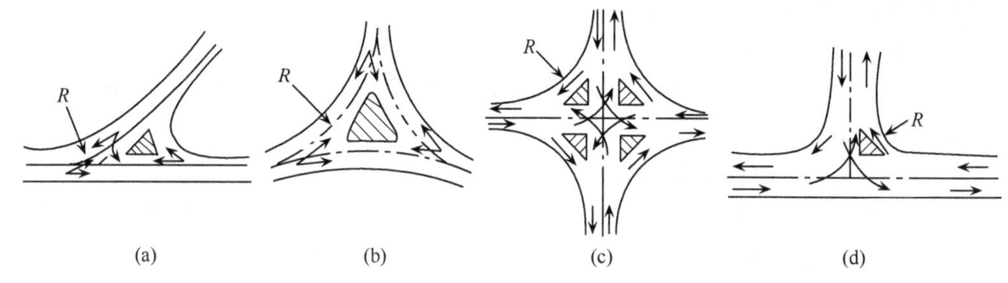

图 7.4 分道转弯式交叉口

4) 环形交叉。环形交叉中央设置中心岛,用环道组织渠化交通,使进入环道的所有车辆一律按逆时针方向绕岛单向行驶,直至所要去的路口离岛驶出的平面交叉,俗称转盘。

环形交叉根据车辆行驶规则分为两类。一类是按交织原理组织交通,经过验算后出、入口间的距离能满足交织长度的要求为普通环形交叉,如图 7.5(a)所示;一类是按"入口让路"规则(非交织原理)组织交通并进行设计的交叉,为入口让路环形交叉,如图 7.5(b)所示。

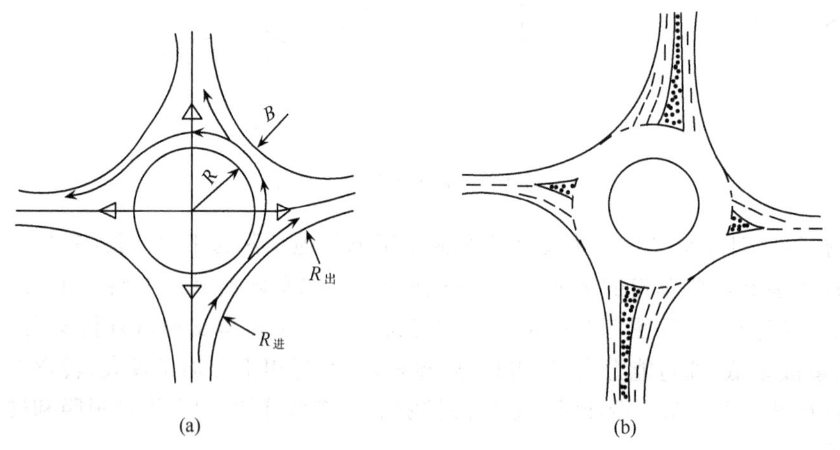

图 7.5 环形交叉

环形交叉适用于交通量适中，转弯车辆较多且地形较平坦时的3～5路交叉。设计时主要解决中心岛的形状和半径、环道的布置和宽度、交织段长度、交织角、进出口曲线半径、入口车道数和视距要求等问题。

(4) 按交通控制方式分类

1) 无信号控制交叉。又分为主路优先和无优先交叉两类。当主次道路相交时，次要道路在交叉口入口处设置“让”或“停”交通标志；当相同等级道路相交时，也可在各路口均设置“让”或“停”交通标志。

2) 有信号控制交叉。一般当交叉口相交道路等级较高或交通量较大时，设置交通信号指挥车辆通过。

7.1.2　交叉口的交通运行特征分析

1. 交叉口的运行特征分析

车辆在交叉口行驶时，每个可能的车流方向用一条带箭头的线来表示称为交通流线。进出交叉口的车辆，由于行驶方向的不同，所产生的交通流线关系和性质也不相同，会产生不同类型的交通特征点(或称交错点)。同一行驶方向的车辆向不同方向分离行驶的地点称为分流点；来自不同行驶方向的车辆以较小的角度，向同一方向汇合行驶的地点称为合流点；来自不同行驶方向的车辆以较大的角度相互交叉的地点称为冲突点。

此三类交错点都存在车辆追尾、挤撞或碰撞的可能性，是影响交叉口行车速度、通行能力和发生交通事故的主要原因。其中，以直行与直行、左转与左转以及直行与左转车辆之间所产生的冲突点，对交通的干扰和行车的安全影响最大，其次是合流点，再次是分流点。因此，在交叉口设计时，应尽量采取措施减少冲突点和合流点，尤其要减少或消灭冲突点。

无交通管制时，三路、四路和五路相交平面交叉口的交错点分布情况如图7.6所示，其数量见表7.1。

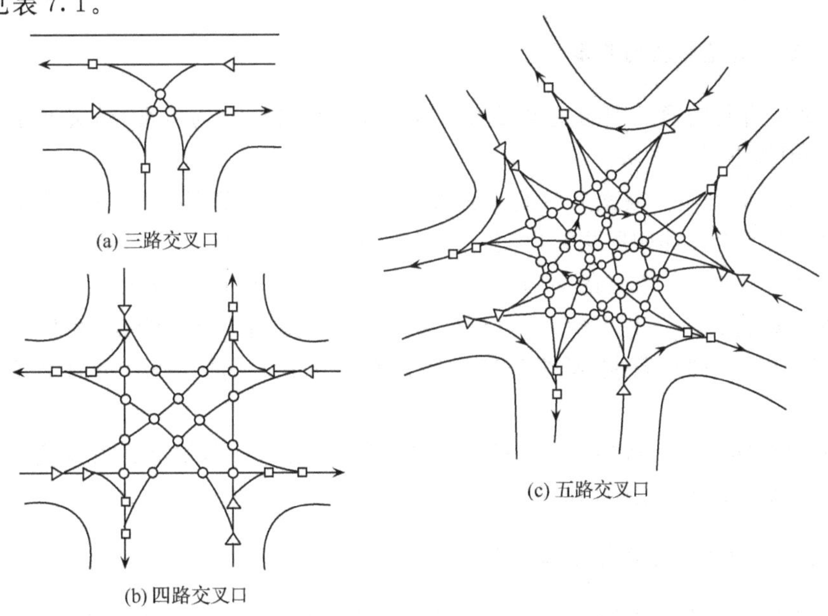

图7.6　平面交叉口的交错点分布情况

表 7.1 平面交叉口交错点数量

交叉口类型	交错点数量/个			
	冲突点	分流点	合流点	总数
三路交叉口	3	3	3	9
四路交叉口	16	8	8	32
五路交叉口	50	15	15	80

分析上述图表可得出以下结论。

1) 在无交通管制的交叉口,存在各种交通特征点。当相交道路均为双车道时,各特征点的数量可为

$$\begin{cases} 分流点 = 合流点 = n(n-2) \\ 冲突点 = \dfrac{n^2(n-1)(n-2)}{6} \end{cases} \tag{7.1}$$

式中: n——交叉口相交道路的条数。

2) 特征点的数量随相交道路条数的增加而显著增加,其中增加最快的是冲突点。因此,在规划和设计交叉口时,应力求减少相交道路的条数,尽量避免五条或五条以上道路相交,使交通简化。

3) 产生冲突点最多的是左转弯车辆。如图 7.6(b)所示四路交叉口若没有左转车流,则冲突点可由 16 个减至 4 个,而五路交叉口则从 50 个减至 5 个。因此,在交叉口设计中如何正确地处理和组织左转弯车辆,是保证交叉口交通畅通和安全的关键所在。

2. 交叉口交通处理的基本方法

对交叉口进行交通处理的主要目的是消除或减少各类交通特征点,尤其是冲突点的数量,可采用如下几种方法。

1) 实行交通管制。在交叉口设置交通信号灯或由交通警察指挥,使发生冲突的车流从通行时间上错开。如四路交叉口实行交通管制后,冲突点可由 16 个减至 2 个,分、合流点可由 8 个减至 4 个。若在此基础上禁止车流左转可完全消灭冲突点。

2) 采用渠化交通。在交叉口内合理布置交通岛、交通标志和标线,或增设车道等,引导各方向车流沿一定路径行驶,减少车辆之间的相互干扰。例如,环形平面交叉可消灭冲突点。

3) 修建立体交叉。将相互冲突的车流从通行空间上分开,使其各行其道,互不干扰。这是解决交叉口交通问题最彻底的办法。

7.1.3 交叉口设计的基本要求和内容

交叉口设计的基本要求:一是保证车辆与行人在交叉口能以最短的时间顺利通过,使交叉口的通行能力能满足各相交道路的行车要求;二是正确设计交叉口立面,保证转弯车

辆的行车稳定,同时符合排水要求。

交叉口设计的主要内容包括以下几个。

1）正确选择交叉口的形式,确定各组成部分的几何尺寸。

2）进行交通组织,合理布置各种交通设施。

3）验算交叉口行车视距,保证安全通视条件。

4）交叉口立面设计,布置雨水口和排水管道。

7.2　交叉口的交通组织设计及参数确定

7.2.1　车辆交通组织方法

平面交叉的安全与畅通,与平面交叉的几何构造有关,同时也与该交叉口处的交通组织方法有关,在一定条件下,平面交叉的规划与设计,是在某种交通组织与管理的条件下进行的,而在大多数情况下,交通组织与管理方法是否实用,也要考虑平面交叉的几何条件。

常用的交通组织方法有:限定车流行驶方向,设置专用车道,组织渠化交通,实行信号管制等。

1. 设置专用车道

组织不同行驶方向的车辆在各自的车道上分道行驶,互不干扰。根据行车道宽度和左、直、右行车辆的交通量大小可作出多种组合的车道划分,如图 7.7 所示。某转向交通实际车道数应根据交通量来确定。

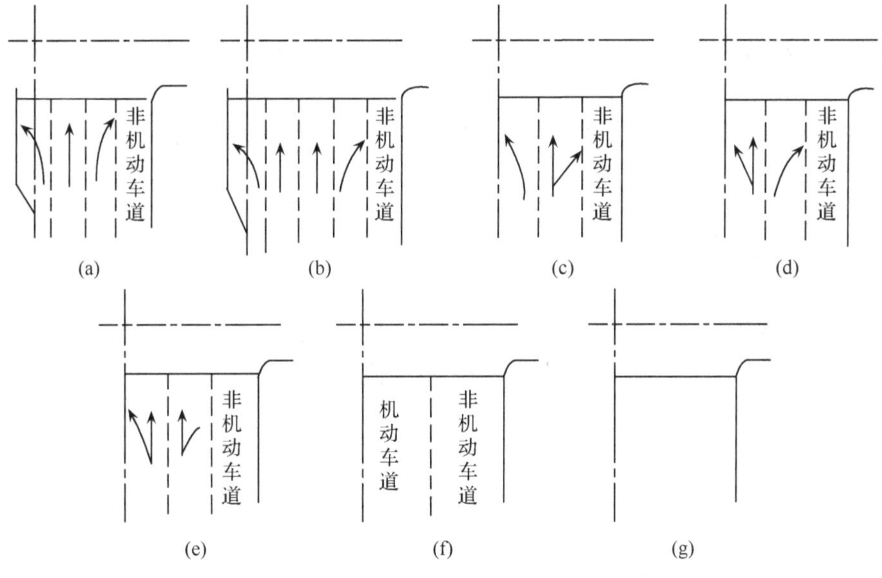

图 7.7　车道划分示意图

1）左、直、右方向车辆组成均匀,各设一专用车道[图 7.7(a)]。

2）直行车辆很多且左、右转也有一定数量时,设二条直行车道和左、右转各一条车道

[图 7.7(b)]。

3) 左转车多而右转车少时,设一条左转车道,直行和右转车共用一条车道[图 7.7(c)]。

4) 左转车少而右转车多时,设一条右转车道,直行和左转共用一条车道[图 7.7(d)]。

5) 左、右转车辆都较少时,分别与直行车合用车道[图 7.7(e)]。

6) 行车道宽度较窄,不设专用车道,只划分快、慢车分道线[图 7.7(f)]。

7) 行车道宽度很窄时,快、慢车也不划分[图 7.7(g)]。

2. 左转弯车辆的交通组织

如前所述,左转弯车辆是引起交叉口车流冲突的主要原因,合理地组织左转弯车辆的交通,是保证交通安全,提高交叉口通行能力的有效方法。左转弯车辆交通组织方法可采用以下几种形式。

(1) 设置左转专用车道

左转车辆在交叉口等候通过时,为了避免影响其后直行和右转车辆的通过,如图 7.7 所示,在行车道内紧靠中线划出一条车道供左转车辆专用[图 7.7 (a)、(b)、(c)],设置专用左转车道后,左转车辆须在左转专用车道上等候和行驶。

(2) 实行交通管制

通过信号灯控制或交通警察手势指挥,在规定时间内不准左转。

(3) 变左转为右转

1) 环形交通。在交叉口中央设置交通岛,利用环道组织逆时针单向交通,变左转为右转,使冲突车流变为分流与合流,如图 7.8(a)所示。

2) 绕街坊变左转为右转。使左转车辆环绕邻近街坊道路右转行驶实现左转,如图 7.8(b)所示。这种方法绕街坊行程增加很多,通常仅用于左转车辆所占比例不大,街坊较规整,旧城道路扩宽困难,或在桥头引道坡度大的十字形交叉口,为防止车辆高速下坡时直角转弯发生事故而采用。

3) 绕远左转。如图 7.8(c)所示,利用中间带开口绕行实现左转。

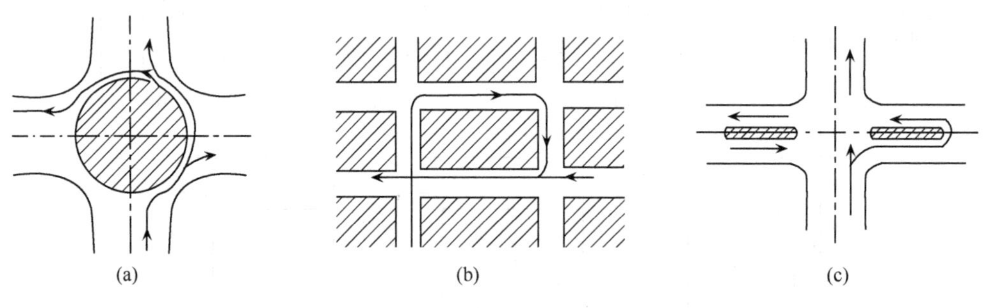

图 7.8 变左转为右转

3. 组织渠化交通

通过在车道上划线,或用绿化带和交通岛来分隔车流以及行人和非机动车,使各种不同类型和不同速度的车辆沿规定的方向互不干扰地行驶,这种交通组织称为渠化交通。

渠化交通在一定条件下可以有效地提高道路的通行能力，减少交通事故。它对解决畸形交叉口的交通问题尤为有效。

在进行渠化交通设计时，应充分考虑交叉口所具备的交通、几何及物理条件，渠化原则有如下几条。

1）交叉口供分流行驶的车道数，应根据路口流量、流向确定。

2）交通岛的位置和形状应充分考虑车流特点进行设置。

3）交叉口用于渠化的分隔带和交通标线应与路段上的相应设施衔接协调。

在具体进行交叉口渠化时应注意以下几个方面。

1）应尽量减少交叉口车辆可能产生冲突的路面面积[图 7.9(a)]。

2）加大交通流的交叉角，越接近直角越有利[图 7.9(b)]。

3）减小车流的分合流角度，一般控制在 10°～15°[图 7.9(c)]。

4）应有利于车流进入交叉时减速、驶出时加速[图 7.9(d)]。

5）当交叉位于曲线时，渠化交通应能促使次要道路进入交叉时减速缓行[图 7.9(e)]。

6）渠化交通用的交通岛的位置及形状应能配合交通组织、指示或强制车辆按正确路径行驶，而不致误入禁行方向[图 7.9(f)]。

7）应有利于车辆及行人横穿对方交通流的安全[图 7.9(g)]。在交通量较大，车速较高的交叉口利用交通岛组织渠化交通时，还需考虑设置变速车道和候驶车道，以利左转弯车辆转向行驶和变速行驶的需要。

8）交通岛的布设，除满足交通需求外，还应为交通设施安放提供空间。

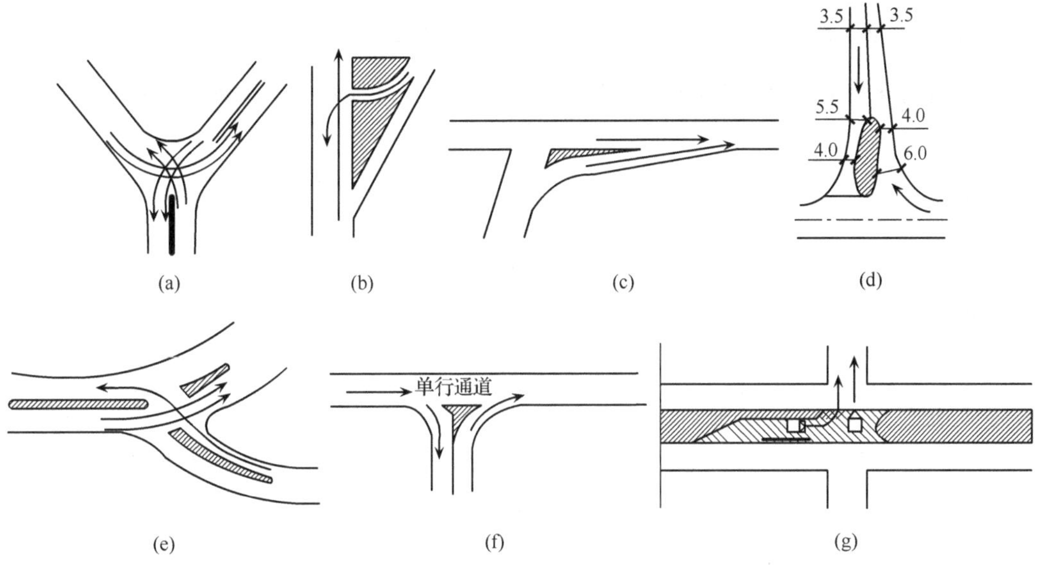

图 7.9　渠化交通图

在渠化交通中，交通岛按其作用不同可分为如下几种类型。

1）方向岛，又称导流岛，用以指引行车方向，它在渠化交通中起着很大作用，许多复杂的交叉口，往往只需用几个简单的方向岛，就能组织好交通，减少或消灭冲突点。方向岛还可用于约束车道，使车辆减速转弯，保证行车安全。

2）分隔岛。用来分隔机动车和非机动车、快速车和慢速车，以及对向行驶的车流，保证行车速度和交通安全的长条形交通岛，有时也可在路面上划线来代替分隔岛。

3）中心岛。设在交叉口中央，用来组织左转弯车辆和分隔对向车流的交通岛。

4）安全岛。供行人过街时避让车辆之用。在宽阔的交通繁忙的街道上，宜在人行横道线中央设置安全岛，以保证行人过街安全。

交通岛按其构造分为三种：以缘石围成的高出周围行车道路面的实体岛、路面上用标线画出的隐形岛和无缘石的浅碟式岛。交通岛的形状为直线与圆曲线的组合图形。

环形交叉中心岛的形状和尺寸详见后述。

分隔岛的宽度按其用途规定见表 7.2。

表 7.2　分隔岛的宽度

用途	宽度/m	用途	宽度/m
设置标志	1.2	左转弯车道及剩余分隔带	4.3～5.5
个别行人避险以及今后可能设信号	1.8	标线式左转弯分隔带	至少为车道宽度
多车道公路的信号交叉中 较多行人的越路避险	2.4	二次等候左转或穿越	7 或设计车辆长度

交通岛边缘线形取决于相邻车道的路缘线形。直行车道边缘的岛缘线应根据缘石构造作不同值的偏移。岛端迎流边应偏移且圆滑化。端部内移距在主要道路一侧按$\frac{1}{20}\sim\frac{1}{10}$过渡，次要道路一侧为$\frac{1}{10}\sim\frac{1}{5}$。各种交通岛的面积在城区不小于 $5m^2$，其他地区不小于 $7m^2$。

以转角导流岛为例，其边缘形状及有关尺寸如图 7.10、表 7.3 和表 7.4 所示。

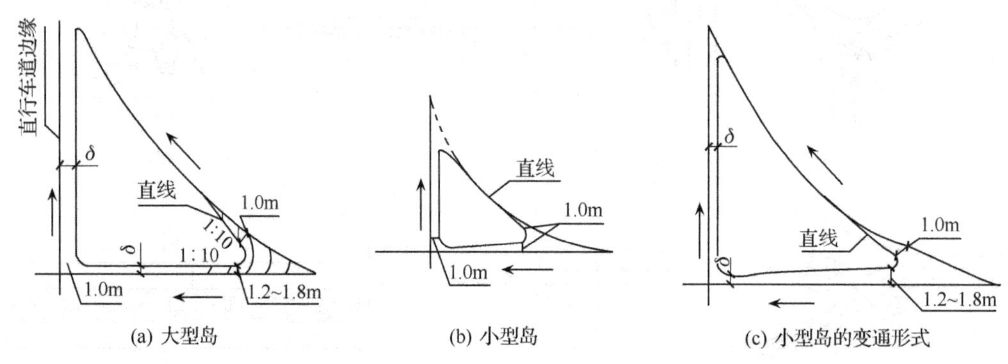

(a) 大型岛　(b) 小型岛　(c) 小型岛的变通形式

图 7.10　转角导流岛

表 7.3　岛端圆弧半径

岛端形状及车流方向				
半径/m	0.30 (0.50)	0.60 (0.75)	0.60 (0.75)	1.00 (1.50)

注：括号中的值用于边长大于 30m 的大型岛。

4. 调整交通组织

当旧城道路改、扩建困难时，从整个城市道路网及交通需求考虑，可采取改变交通路线，限制车辆行驶，控制行驶方向，组织单向交通，以及适当封闭一些主要干道上的支路，简化交叉口交通等措施，提高整个道路网的通行能力。

表 7.4 缘石后退量

缘石类型	δ/m
栏式	0.6
半可越式	0.3
可越式	0

5. 实行信号管制

采用单点控制、线控、面控等自动控制的交通信号指挥系统，在时间上分离不同方向的车流，提高行车速度和通行能力。

7.2.2 行人及非机动车交通组织

公路设计以机动车为主，往往不考虑行人和非机动车交通。城市道路尤其是交叉口处，因大量行人和非机动车的存在，使道路交通变得极为复杂，因此合理组织交叉口处行人和非机动车交通，对提高交叉口通行能力，保障交通安全非常重要。

1. 行人交通组织

行人交通组织的主要任务是组织行人在人行道上行走，在人行横道线内安全过街，使人、车分离，干扰最小。

(1) 人行道

人行道通常对称布置在车行道两侧。交叉口内相邻道路的人行道互相连通，除须保证行人通过外，还应为过街行人提供等待场所，其宽度原则上不小于路段人行道的宽度，一般将转角处人行道加宽。若因设置附加车道不得已压缩人行道时，应根据人流量决定最小宽度。在人行道上除必要的道路标志、交通信号、照明及栏杆等外，不允许布置其他设施，以保证人行道的有效宽度。

当交叉口宽阔、人流量多、车流量大且车速高时，可考虑设置人行天桥或人行地道，这是行人交通组织最彻底、最有效的办法。拟设人行天桥或地道时，人行道还应考虑梯道或坡道出入口宽度。

(2) 人行横道

为使行人安全、有序地横穿车行道，应在交叉路口设置人行横道。人行横道的设置主要考虑距交叉口的距离、设置方向、横道宽度、长度以及与停车线的相对位置。

人行横道一般可布置在交叉口人行道的延续方向后退 4～5m 的地方，如图 7.11(a)所示。当转角半径较大时可将人行横道设在圆弧段内，如图 7.11(b)所示。

人行横道的设置方向原则上应垂直于道路设置，可使行人过街距离最短。但如道路斜交时，考虑行人过街习惯以及不扩大交叉口交通面积，人行横道可与相交道路平行，如图 7.11(c)所示。T 形、Y 形交叉口人行横道可按图 7.11(d)、(e)设置。

人行横道应设置在驾驶员容易看清的位置，标线应醒目，人行横道的宽度主要取决于

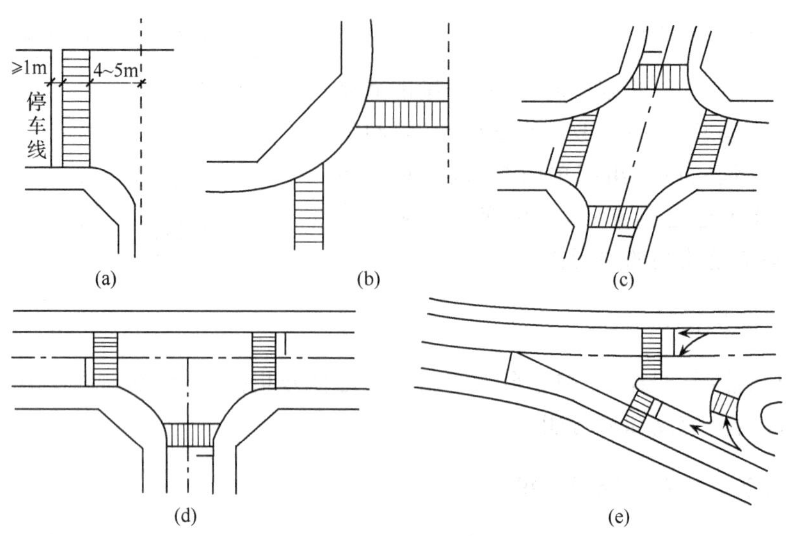

图 7.11 人行横道的布置

过街人流量的大小,其最小宽度为 4m,当过街人流量较大时,可适当加宽。

人行横道的长度与路口信号配时有关。一次横穿过长的距离会使过街行人思想紧张,判断困难,尤其对行走迟缓的人更是如此,不利于安全。当机动车车道数大于或等于6条或人行横道长度大于 30m 时,应在道路中线附近设置宽度不小于 1m 的安全岛,如图 7.11(e)所示;必要时可在转角处用栏杆将人、车隔离,人行横道两端设置信号灯。

在有信号灯控制或设置“停”车标志的交叉口,应在路面上标绘停车线,指明停车位置。当有人行横道时,停车线应布置在人行横道线后至少 1m 处,并应与人行横道平行,如图 7.11(a)所示。无人行横道的交叉口,在不影响相交道路交通的条件下,停车线应尽量靠近交叉口,以减小交叉口的范围,提高通行能力。

2. 非机动车交通组织

在交叉路口,非机动车道通常布置在机动车道和人行道之间。

在交叉口内,一般车流量下非机动车随机动车按交通规则在右侧行驶,不设分离设施。车流量较大时,为减少非机动车对机动车的干扰,常在交叉口设置非机动车左转候车区,使左转通过二次直行过街来实现。

当车流量大,机动车、非机动车之间干扰严重时,可考虑采用立体非机动车交通组织,并与人行天桥或地道一起考虑。上下人行天桥或地道可用梯道、坡道或混合式。一般行人宜用梯道型升降方式;非机动车应采用坡道型;非机动车较多,又因地形或其他理由不能设坡道时,可用梯道带坡道的混合型升降方式。

7.2.3 设计车速、通行能力及车道数的确定

1. 交叉口设计车速

设计车速是决定交叉口几何尺寸、交通组织与管理的基本依据。交叉口的设计速度与路段设计速度密切相关,当两者速度差大时会因减速过大而影响行车安全,速度差小而

路段车速又高时仍有行车危险，对环形交叉又有用地过大和左转绕行过长等问题。

(1) 直行交通

交叉口范围直行交通的设计速度，原则上应与路段设计速度相同。城市道路若受限制必须降低车速时，与路段速度之差不应大于 20km/h。两相交公路等级相同或交通量相近时，设计速度也可适当降低，但不得低于路段的 70%。

(2) 转弯交通

转弯车道的速度应根据道路的设计速度、交通量、交叉类型、交通管理方式和用地情况等因素合理确定。

右转交通一般不受交通信号和标志的限制，但由于交叉口用地紧张往往很难设置较大转弯半径，加上右转受行人和非机动车的影响，设计车速应适当降低，可比路段设计车速低 20km/h，路段设计车速较低的交叉口可为路段设计车速的 0.7 倍。

左转交通根据交通管制的不同，进入和通过交叉口时要减速缓行或停车待行，其设计车速可按路段设计车速的 0.5～0.7 倍计算。

2. 交叉口的通行能力

平面交叉口设计，必须使其设计服务水平下的通行能力满足交叉口的规划交通量要求。不同的交通管制方式，交叉口的通行能力不同，其计算方法也不相同。

(1) 有信号控制交叉口的通行能力

有信号控制交叉口的通行能力可采用“停车线断面法”计算，即已知交叉口处车道使用规定、信号显示周期及配时，以进口道停车线为基准断面，凡通过该断面的车辆即认为已通过交叉口。据此来计算通过停车线断面上不同行驶方向车道上的小时最大通过量，即该车道通过能力。各进口车道通行能力之和即为交叉口的可能通行能力。除“停车线断面法”外，还有如“冲突点法”等其他方法，可参见有关书籍。

交叉口停车线断面上不同车道的通行能力按以下公式计算。

1) 一条直行车道的通行能力 $N_{直}$ 为

$$N_{直} = \frac{3600}{T} \frac{T_g - \frac{v_s}{2a}}{t_s} (辆/h) \tag{7.2}$$

式中：T——信号周期(s)；

T_g——一个周期内的绿灯时间(s)；

v_s——直行车辆通过交叉口的车速(m/s)；

a——平均加速度(m/s^2)，据观测，小型车为 0.6～0.7m/s^2，中型车为 0.5～0.6m/s^2，大型车为 0.4～0.5m/s^2；

t_s——直行车平均车头时距(s)。据观测，车多时为 2.2～2.3s，车少时为 2.7～2.8s，平均 2.5s，大型车为 3.5s。

2) 一条右转车道的通行能力 $N_{右}$ 为

$$N_{右} = \frac{3600}{T_r} (辆/h) \tag{7.3}$$

式中：T_r——右转车平均车头时距(s)。

根据观测,各种机动车在连续通过交叉口的情况下,平均 $T_r=3.0\sim3.5\text{s}$,即在无行人过街干扰时,一条右转车道通行能力最大为 1000～1200 辆/h;一般过街人流量大约为 500～600 辆/h;过街人流量大时可降至 300 辆/h。

3) 一条左转车道的通行能力 $N_{左}$。

① 有左转专用信号时:

$$N_{左}=\frac{3600}{T}\frac{T_1-\frac{v_1}{2a}}{t_1}(\text{辆}/\text{h}) \tag{7.4}$$

式中:T_1——一个周期内的左转显示时间(s);

v_1——左转车通过交叉口的车速(m/s);

t_1——左转车平均车头时距(s),取 $t_1=2.5\text{s}$。

② 无左转专用信号时。左转车可在绿灯亮时利用对向直行车流中出现可穿越空当以及黄灯时间实现左转。

据实测,左转车可穿越时距约为 8s,直行车头时距约为 3.5～4s 时左转车与直行车可间隔通过,这时穿越时距约为直行车头时距的 2 倍。考虑多辆左转车跟随穿越等因素,假设平均两个直行车位的空当可供一辆左转车穿越,则每个周期利用绿灯时间可穿越的左转车辆 n_1 最多等于一条直行车道一个周期的通行能力 $N'_{直}$,减去每个周期实际到达的直行车 $N''_{直}$除以 2,即绿灯亮时通车数为

$$n_1=\frac{N'_{直}-N''_{直}}{2}(\text{辆}/\text{周期}) \tag{7.5}$$

式中:$N'_{直}$——$\dfrac{T_g-\frac{v_s}{2a}}{t_s}$(辆/周期),符号意义同前。

黄灯亮时通过车数 n_2 为

$$n_2=\frac{T_y-\frac{v_1}{2a}}{t_1}(\text{辆}/\text{周期}) \tag{7.6}$$

式中:T_y——每周期黄灯时间(s)。

因此,一条左转车道的通行能力为 $N_{左}$

$$N_{左}=\frac{3600}{T}(n_1+n_2)(\text{辆}/\text{h}) \tag{7.7}$$

4) 一条直左混行车道的通行能力 $N_{直左}$ 为

$$N_{直左}=N_{直}\left(1-\frac{1}{2}\beta_1\right)K(\text{辆}/\text{h}) \tag{7.8}$$

式中:β_1——直左车道中左转车所占比例;

K——折减系数,取 $K=0.7\sim0.9$。

5) 一条直右混行车道的通行能力等于一条直行车道的通行能力。

6) 一条直左右混行车道的通行能力等于一条直左混行车道的通行能力。

(2) 无信号控制交叉口的通行能力

无信号控制交叉口一般是指主要道路与次要道路相交时,因次要道路交通量不大,可

不设交通信号控制，根据主要道路优先通行的交通规则，次要道路上的车辆必须等待主要道路上的车辆之间出现足够长的间隔时间而通过交叉口。

主要道路上的车流可视为无交叉的连续交通流，则车辆间出现的间隔服从负指数分布。但并非所有间隔都可供次要道路上车辆汇入或穿越，只有当出现的间隔大于临界间隔 α(即 50%的驾驶员可以接受)时才有此可能。其次，当出现大的间隔时，次要道路上的第二辆及后继车辆可跟随进入交叉口，其相隔的最小车头时距为 β，则次要道路单向可通过的最大车辆数 $Q_{次}$ 为

$$Q_{次}=\frac{Q_{主}\ \mathrm{e}^{-q\alpha}}{1-\mathrm{e}^{-q\beta}} \tag{7.9}$$

式中：$Q_{主}$——主要道路双向交通量(辆/h)；

q——主要道路交通流率，$q=Q_{主}/3600$(辆/s)；

α——主要道路临界间隔时间(s)，对停车标志控制的交叉口为 6～8s，对让路标志为 5～7s；

β——次要道路最小车头时距(s)，对停车标志为 5s；对让路标志为 3s。

主要道路的双向交通量 $Q_{主}$ 与次要道路最大交通量 $Q_{次}$ 之和即为无信号交叉口的可能的通行能力。

3. 交叉口的车道数

交叉口各进口道的车道数是确保交叉口通行能力的主要因素，应根据交通控制方法、交通量、车道的通行能力及交叉处用地条件等决定。在城市道路上还应考虑大量非机动车交通存在的需要。

交叉口各进口道车道数可按以下方法确定：

在选定交叉口形式的基础上，根据所预测的设计年限的高峰小时交通量和不同行驶方向的交通组成，进行交通组织设计，由此初步定出车道数。按照所确定的交通组织设计方案，对初定的车道数进行通行能力验算，如通行能力总和小于高峰小时交通量的要求，则必须增加车道重新验算，直到满足交通量的要求为止。

由于受信号控制的影响，在相同车道数下交叉口车道的通行能力总是比路段上要小，交叉口的车道数不应少于路段上的车道数。为了充分发挥整条道路的通行能力，交叉口的设计通行能力应与路段通行能力相适应，一般情况下交叉口的车道数宜比路段上多设一条。

7.3 交叉口平面设计

7.3.1 交叉口设计的基本原则

交叉口设计时，应遵循如下原则。

1) 交叉口位置的选择应综合考虑现状和规划路网、地形和地物等因素。道路相交时相交道路不宜多于五条，宜采用正交或接近正交，不宜采用错位交叉，多路交叉和畸形交

叉。相交路段平面宜采用直线,或采用曲线半径大于不设超高的曲线,纵面应尽量平缓。交叉口之间应保证一定的间距。

2) 道路与道路交叉分为平面交叉和立体交叉两种。应根据技术、经济及环境效益的分析,合理确定。拟分期修建的互通式立体交叉,当近期先修建平面交叉时,应对首期平面交叉和最终互通式交叉两者作统筹构思,并对互通式立体交叉有足够深度的设计,以保证分期建设方案在技术处理、占地和投资安排上的合理性。

3) 交叉口的选型和设计,应根据相交道路的功能、性质、等级、设计速度、设计小时交通量、流向、自然条件及工程造价等因素进行,应优先保证主要道路或主要交通流的畅通,尽量减少冲突点,缩小冲突区,并分散和分隔冲突区。

4) 交叉口几何设计应结合交通管理方式及其有关设施一并考虑,应做好交通组织设计,正确组织车流、人流,合理布设各种车道、交通岛、交通标志与标线。

5) 城市道路交叉口转角处的人行道铺装宜适当加宽,并恰当地组织行人过街。快速路的重要交叉口应修建人行天桥或人行地道;主干路上的重要交叉口宜修建人行天桥或人行地道。

6) 平面交叉及其引道上,应保证安全所需的各种视距。

7) 交叉口的竖向设计应符合行车舒适、排水迅速和美观的要求。

8) 为提高通行能力,平面交叉可在进口道范围内采取适当措施以增设车道。

9) 既有平面交叉进行改建设计时,除应收集交通量资料外,还应调查分析包括交通延误以及交通事故的数量、程度和原因等现有交叉的使用情况。

7.3.2 交叉口的几何设计

1. 交叉口的视距

(1) 视距三角形

为了保证交叉口上行车安全,驾驶员在进入交叉口前的一段距离内,应能看到相交道路上车辆的行驶情况,以便能及时采取措施顺利驶过交叉口或安全停车。这段必要的距离应该大于或等于停车视距 S_T。

由相交道路上的停车视距所构成的三角形称为视距三角形。《城市道路工程设计规范(2016 年版)》(CJJ 37—2012)规定,平面交叉口视距三角形范围内不得存在任何妨碍驾驶员视线的障碍物,如图 7.12 所示阴影部分。视距三角形应以最不利的情况来绘制,绘制的方法和步骤如下。

1) 确定停车视距 S_T。可用前述停车视距计算公式计算,城市道路停车视距可按表 7.5确定。

表 7.5 停车视距

设计速度/(km/h)	100	80	60	50	40	30	20
停车视距/m	160	110	70	60	40	30	20

2) 找出行车最危险冲突点。不同形式交叉口的最危险冲突点的找法不尽相同。对常见几种交叉口的最危险冲突点可按下述方法寻找。

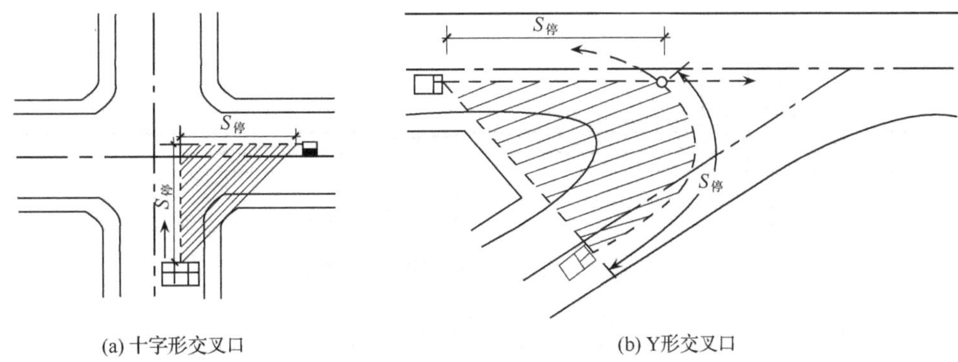

图 7.12　视距三角形

十字形交叉口如图 7.12(a)所示，最靠右侧第一条直行机动车道的轴线与相交道路最靠中心线的第一条直行车道的轴线所构成的交叉点为最危险的冲突点。

T 形(或 Y 形)交叉口如图 7.12(b)所示，直行道路最靠右侧第一条直行车道的轴线与相交道路最靠中心线的一条左转车道的轴线所构成的交叉点为最危险的冲突点。

3) 从最危险的冲突点向后沿行车轨迹线各量取停车视距 S_T。

4) 连接末端构成视距三角形。

(2) 通视三角区

对于公路交叉，每条岔路和转弯车道上都应提供与行驶速度相适应的引道视距。引道视距在数值上等于停车视距，量取标准为：眼高 1.2m，物高为 0m。两相邻岔路间，由各自停车视距所组成的三角区内不得存在任何有碍通视的物体，如图 7.13 所示。管理部门和养路部门应对三角区范围内的植树绿化和高秆农作物种植严加限制，特别是一级公路和二级公路或交通量较大的三级公路的交叉上。

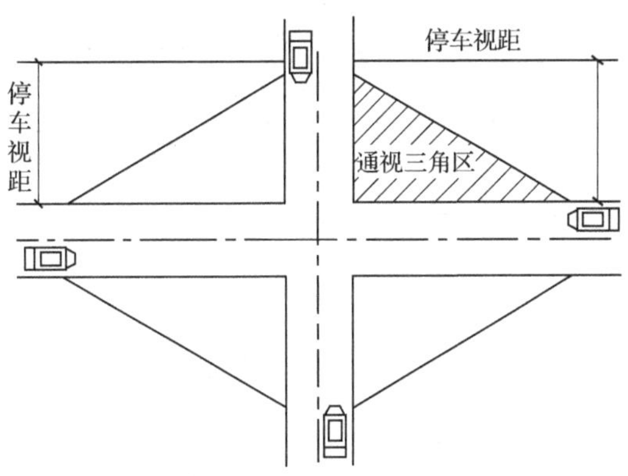

图 7.13　公路通视三角区

受条件限制(如既有公路的改建中)而不能保证两岔路间由停车视距所组成的通视三角区时，应保证如图 7.14 所示的在主要公路上为安全交叉停车视距，次要公路上至主要公路边车道中心线为 5～7m 所组成的三角区内保持通视。安全交叉停车视距见表 7.6。

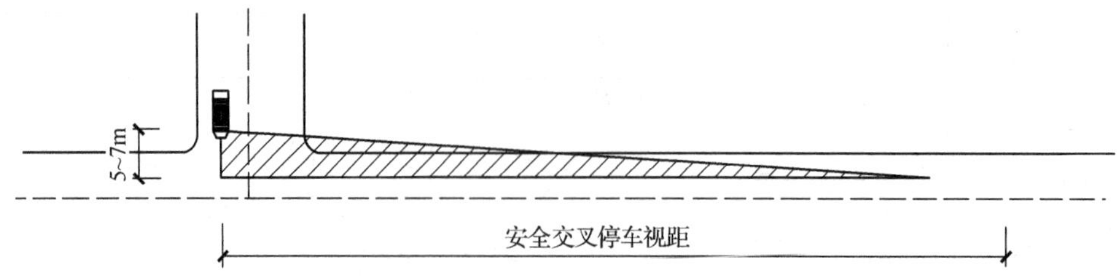

图 7.14 安全交叉停车视距三角区

表 7.6 安全交叉停车视距

设计速度/(km/h)	100	80	60	40	30	20
停车视距/m	160	110	75	40	30	20
安全交叉停车视距/m	250	175	115	70	55	35

2. 交叉口的转弯设计

(1) 缘石转弯半径

为了保证各种右转弯车辆能以一定速度顺利地转弯,城市道路交叉口处的缘石宜作成圆曲线或复曲线,如图 7.15 所示,圆曲线的半径 R_1 称为缘石转弯半径。

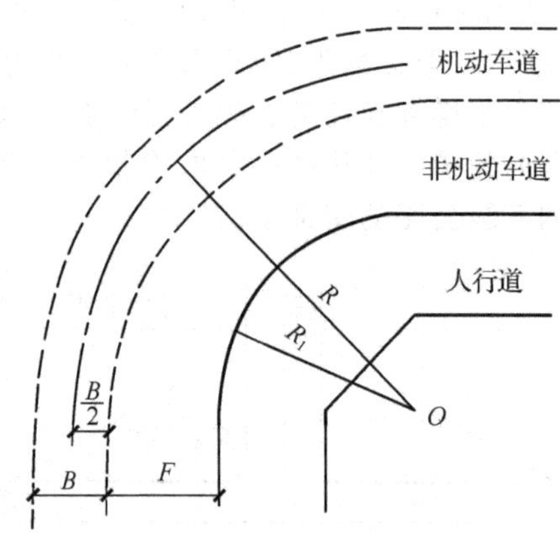

图 7.15 缘石转弯半径计算图示

在未考虑机动车道加宽的情况下,缘石转弯半径 R_1 为

$$R_1 = R - \left(\frac{B}{2} + F\right) \tag{7.10}$$

$$R = \frac{V_1^2}{127(\mu \pm i)} \tag{7.11}$$

式中:B——右转弯机动车道宽度(m),一般采用 3.5m;

F——转弯处的非机动车道宽度(m);

R——右转弯车道中心线半径(m);

V_1——右转弯设计速度(km/h),可取路段设计速度的 0.5~0.7 倍;

μ——横向力系数，在 0.15～0.20 之间取值；

i——交叉路口路面横坡度，一般采用 2%。

最小转弯半径不得小于汽车的最小转弯半径。城市道路单、双幅路交叉口的缘石转角最小半径见表 7.7，城市道路三、四幅路交叉口的缘石转角最小半径应满足非机动车行车要求。我国非机动车转弯最小半径宜大于 3m，一般最小半径为 5m，在条件允许时应尽量采用较大转角半径。

表 7.7　交叉口缘石转弯最小半径

右转弯设计速度/(km/h)	30	25	20	15
交叉口缘石转弯半径/m	33～38	20～25	10～15	5～10

(2) 路面内缘曲线半径及线形

1) 路面内缘曲线。各级公路应根据对应设计车辆的行迹进行转弯设计，必要时应对弯道的路面加宽、转向净空等进行检验。左转弯曲线应采用载重汽车的行迹控制设计，转弯设计速度宜采用 5～15km/h。大型车比例很少或条件受限的公路，可采用 5km/h 速度时载重汽车的行迹控制设计，但左转弯内缘曲线的最小半径不应小于 12.5m。

图 7.16 给出了五种设计车辆以最低行驶速度(5～15km/h)转弯时的轮迹曲线。

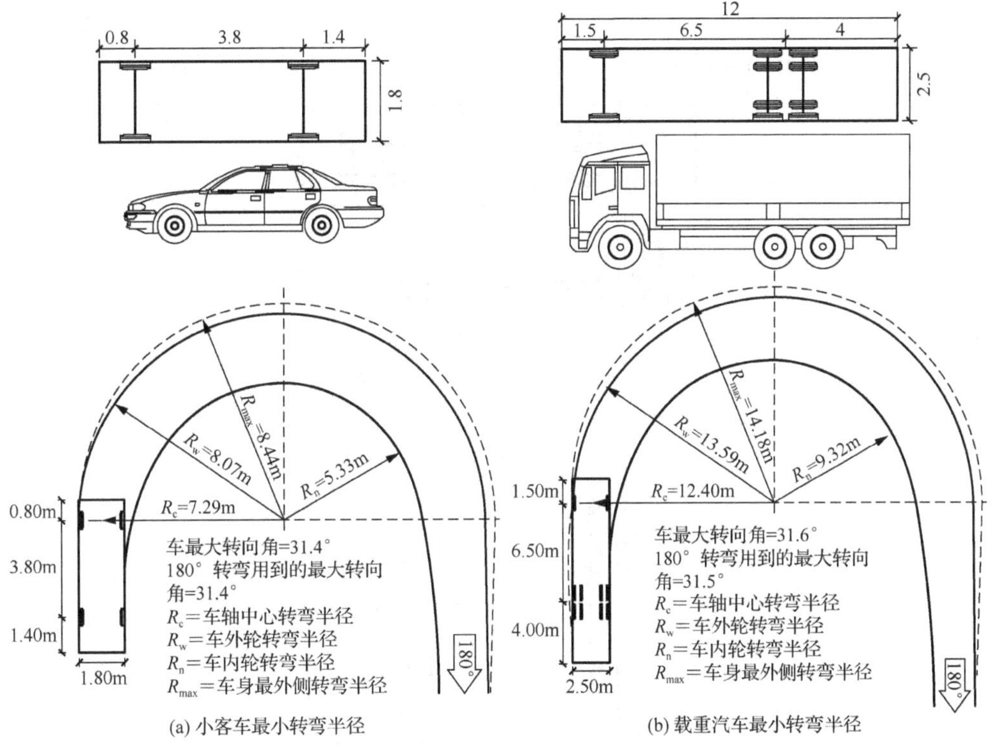

图 7.16　五种设计车辆转弯时的轮迹曲线图(尺寸单位：m)

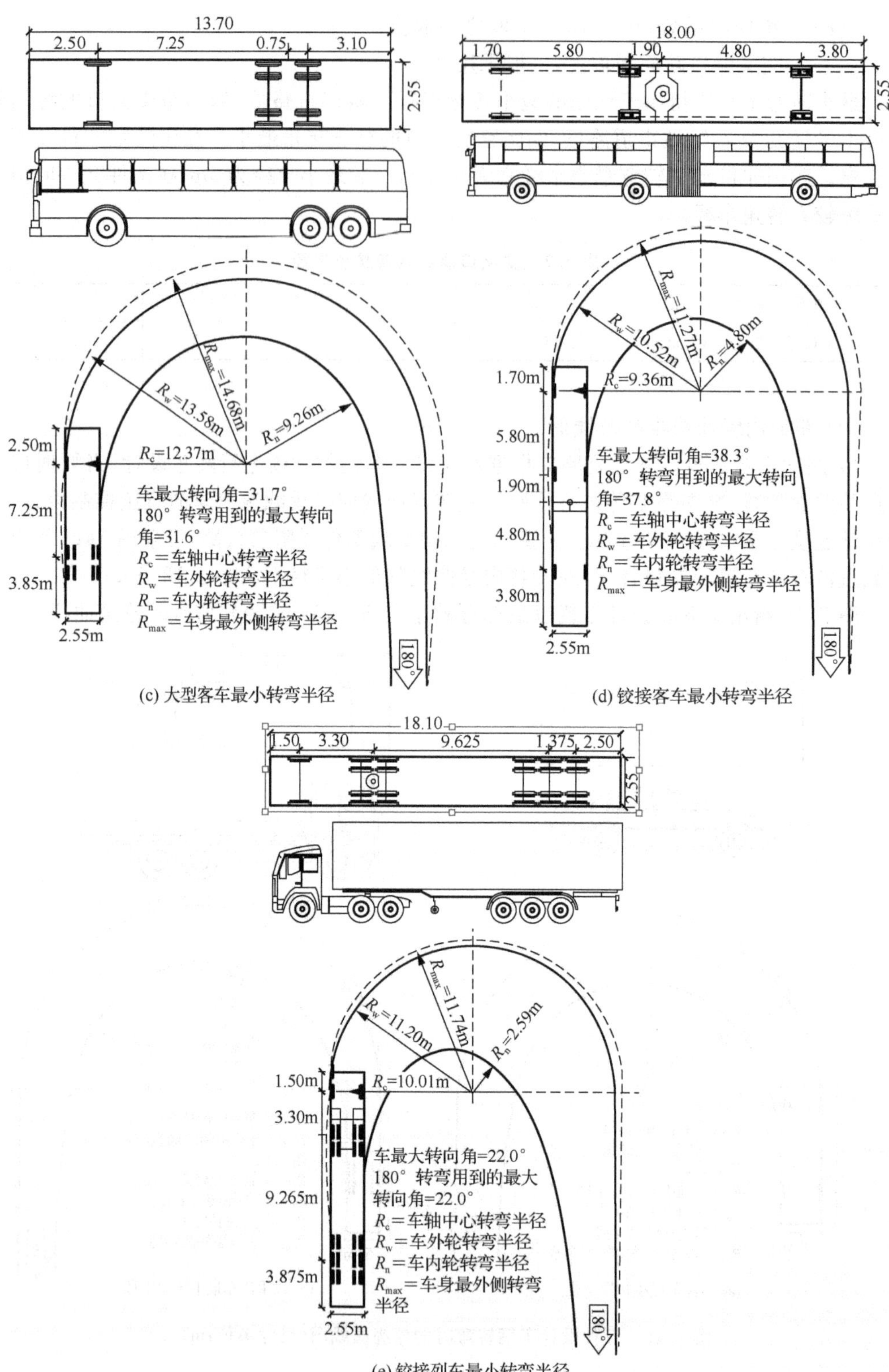

(c) 大型客车最小转弯半径

(d) 铰接客车最小转弯半径

(e) 铰接列车最小转弯半径

图 7.16 (续)

2）路面内缘线形。公路交叉口转角曲线路面内缘的线形应符合车辆转弯时的行迹。简单的非渠化交叉口中，在半挂车比例很小（小于10%）的情况下，可在相交的路面边缘设一半径不小于15m的圆曲线或带有缓和曲线的圆曲线；以鞍式列车控制设计时，相交路面的边缘应采用图7.17所示的复曲线，相应半径R_1、R_2的取值见表7.8。渠化的右转弯车道，其转角曲线路面边缘的线形一般采用三心圆复曲线，渠化左转弯的内缘以一单圆弧来控制分隔岛端的边缘线。

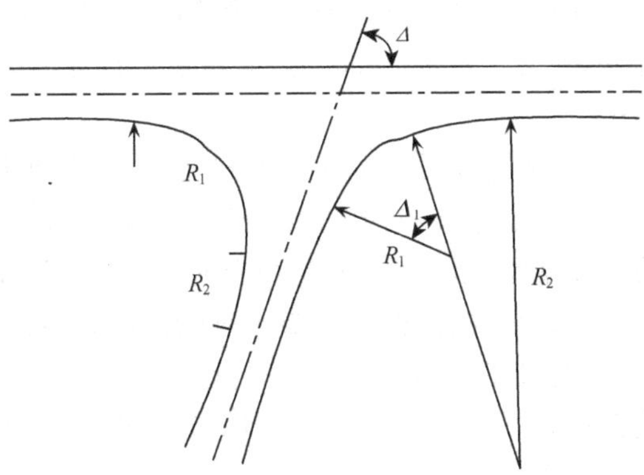

图7.17　以鞍式列车控制设计时简单交叉口的转弯设计

表7.8　R_1、R_2的取值

Δ	R_1/m	R_2/m	Δ_1
70°～74°	18	80	53°30′～58°50′
75°～84°	17	80	58°55′～68°00′
85°～91°	16	80	69°00′～75°00′
92°～99°	15	80	76°00′～83°00′
100°～110°	14	90	84°00′～95°00′

3. 交叉口拓宽设计

当相交道路的交通量较大、转弯车辆较多而车速又高时，若交叉口进口道仍然采用路段上的车道数，会导致转弯车辆和直行车辆受阻，分流与合流困难，且易发生交通事故。此时可向进口道的一侧或两侧拓宽车道，以改善交叉口的通行条件，提高交叉口的通行能力。

拓宽车道包括右转车道和左转车道两种。

交叉口拓宽设计主要解决拓宽车道的设置条件、设置方法、长度计算和车道宽度等四个问题。

（1）设置条件

拓宽的车道数主要取决于进口道的各向交通量、交通组织方式和车道的通行能力等。一般应比路段单向车道数多增加一至二条车道。

1）左转车道设置条件。

① 公路平面交叉口。四车道公路除左转交通量很小的情况外，均应在平面交叉范围内设置左转弯车道。二级公路遇到下列情况时，应设置左转弯车道：

a. 左转弯交通会引起明显的交通拥阻或交通事故；

b. 与高速公路集散路相交的交叉；

c. 非机动车较多且无专门的非机动车道的交叉。

② 城市道路平面交叉口。高峰小时一个信号周期进入交叉口的左转车辆多于3pcu或4pcu(小交叉口为3pcu，大交叉口为4pcu)时，应增设左转专用车道。

2）右转车道设置条件。

① 公路平面交叉口。非渠化或简单渠化处理的交叉中，为使主要公路上的右转弯车辆减速时不过多影响直行车辆的速度，可在主要公路上增辟一条减速分流车道。两条一级公路相交或一级公路与交通量大的二级公路相交时，应对所有右转弯运行设置渠化的右转弯车道。二级公路与一级公路的交叉，凡有下列情况时，应设置右转弯车道：

a. 斜交角接近于70°的交叉的锐角象限；

b. 交通量较大的交叉中，右转弯交通会引起不合理的交通延误；

c. 右转弯车流中有较高比例的重车；

d. 以大于30km/h的速度进行右转弯；

e. 与高速公路集散路相交的交叉中的有关右转弯运行，尤其是交通量较大者。

② 城市道路平面交叉口。高峰小时一个信号周期进入交叉口的右转车多于4pcu时，应增设右转专用车道。

(2) 设置方法

拓宽车道的设置方法是指在交叉口的进口道上如何实现增辟车道的方法。

1）左转车道设置方法。左转车道是向进口道左侧扩宽的，依据相交道路是否设置中间带和中间带的宽窄可按以下方法实现左转车道，如图7.18所示。

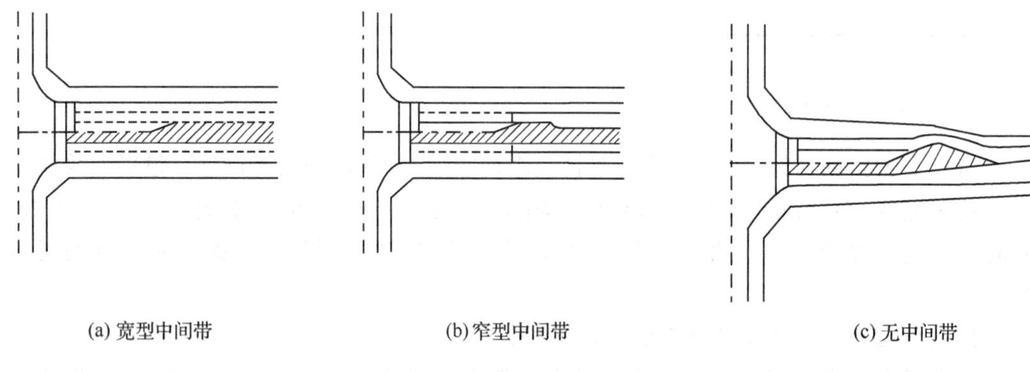

(a) 宽型中间带　(b) 窄型中间带　(c) 无中间带

图7.18　左转专用车道设置方法

① 宽型中间带。当设有较宽中间带(一般不小于4.5m)时，将进口道一定长度的中间带压缩宽度，由此增辟出左转专用车道，如图7.18(a)所示。

② 窄型中间带。当设有较窄中间带(宽度小于4.5m)时，利用中间带后宽度不够，可

将道口单向或双向车道线向外侧偏移，增加不足部分宽度。向外侧偏移车道线后，在路幅总宽度不变的情况下，视具体情况可压缩人行道、两侧带或进口车道宽度，如图 7.18(b)所示。

③ 无中间带。当相交道路不设中间带时，可通过两种途径增辟左转车道：一是向进口道的一侧或两侧拓宽，增加进口道路幅总宽度，在进口道中心线附近辟出左转车道，如图 7.18(c)所示；二是不拓宽进口道，占用靠近中心线的对向车道作为左转车道。

2) 右转车道设置方法。车道等宽的右转车道设置方法比较简便，而且方法固定，就是在进口道的右侧增设右转专用车道，为不影响横向相交道路上的直行车流，同时在出口道的右侧增设加速车道，如图 7.19 所示。车道变宽的右转车道的一般设置方法如图 7.20 所示。

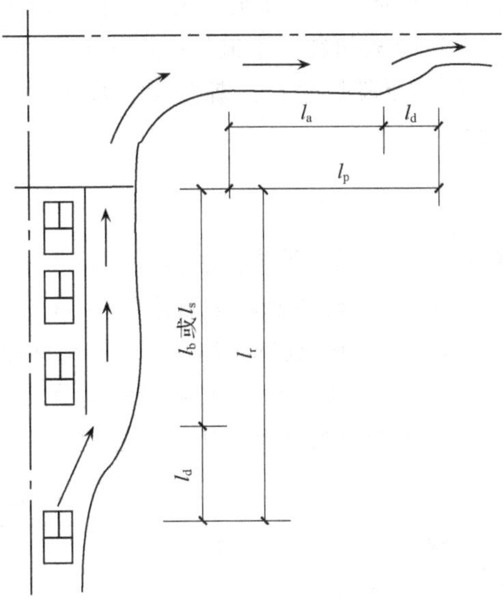

图 7.19　车道等宽的右转专用车道长度

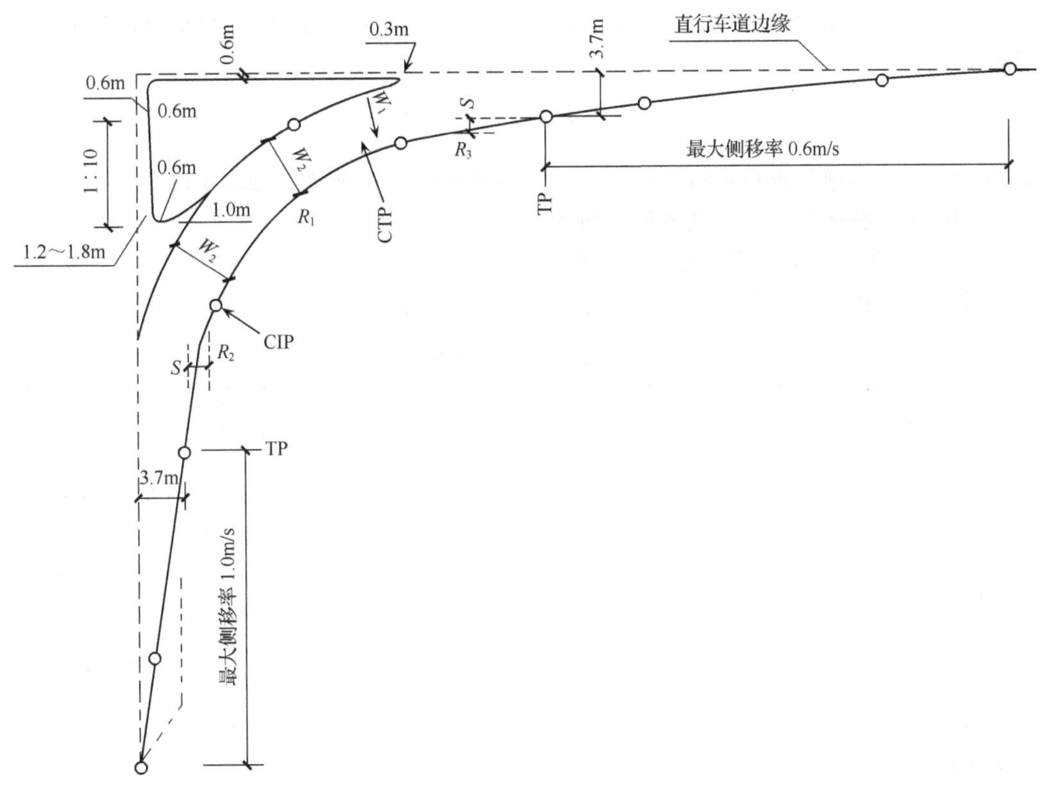

图 7.20　车道变宽的右转车道的正规处理方法

(3) 拓宽车道的长度

1) 右转车道的长度。进口道处右转车道的长度应能满足右转车辆减速所需长度,也应保证右转车不受相邻车道等候车队长度的影响;出口道的加速车道应保证加速所需长度。

车道等宽的右转车道长度组成部分如图 7.19 所示。

① 渐变段长度 l_d。渐变段长度 l_d 可按转弯车辆以路段平均行驶速度 V_A 行驶计算,即

$$l_d = \frac{V_A}{3.6J}B \tag{7.12}$$

式中:V_A——路段平均行驶速度(km/h);

B——右转弯机动车道宽度(m);

J——车辆行驶时变换车道的侧移率(m/s),一般取 1.0m/s。当整个变速车道为一渐变段时,可按减速时为 1.0m/s 和加速时 0.6m/s 计算。

最小渐变段长度可按表 7.9 选用。

表 7.9　最小渐变段长度

设计速度/(km/h)	100	80	60	40
最小渐变段长度/m	60	50	40	30

② 减速所需长度 l_b 和加速所需长度 l_a。进口道减速所需长度 l_b 和出口道加速所需长度 l_a 为

$$l_b(\text{或 } l_a) = \frac{V_A^2 - V_R^2}{26a} \tag{7.13}$$

式中:V_A——减速时进口道或加速时出口道的路段平均行驶速度(km/h);

V_R——减速后的末速度或加速前的初速度(km/h);

a——进口道的减速度或出口道的加速度(m/s²)。

减速所需长度 l_b 和加速所需长度 l_a 可按表 7.10 采用。

表 7.10　变速车道长度

路别	设计速度/(km/h)	减速车道长度 l_b/m(a=2.5m/s²)			加速车道长度 l_a/m(a=1.0m/s²)		
		到 0km/h	到 20km/h	到 40km/h	从 0km/h	从 20km/h	从 40km/h
主要道路	100	100	95	70	250	230	190
	80	60	50	30	140	120	80
	60	40	30	20	100	80	40
	40	20	10	—	40	20	—
次要道路	80	45	40	25	90	80	50
	60	30	20	10	65	55	25
	40	15	10	—	25	15	—
	30	10	—	—	10	—	—

③ 等候车队长度 l_s。右转车道长度应能使右转车辆从直行车道最长的等候车队的尾车后驶入拓宽的车道，其长度为

$$l_s = nl_n \tag{7.14}$$

式中：l_n——直行等候车辆所占长度(m)，一般取 6～12m，小型车取低值，大型车取高值；

n——一次红灯受阻的直行车辆数，可计算为

$$n = \frac{\text{每条直行车道通行能力} \times (1 - \text{右转车比例})}{\text{每小时周期数} / \text{该向红灯占周期长比例}}$$

所以，右转车道长度 l_r 为

$$l_r = l_d + \max(l_b, l_s) \tag{7.15}$$

式中：l_r——右转车道长度(m)；

l_d——渐变段长度(m)；

$\max(l_b, l_s)$——减速所需长度 l_b 和等候车队长度 l_s 中取大值。

出口道加速车道长度 l_p 为

$$l_p = l_d + l_a \tag{7.16}$$

式中：l_p——出口道加速车道长度(m)；

l_d——加速所需长度(m)。

渠化的右转弯附加车道由分隔的右转弯车道及其两端的变速车道所组成，如图 7.20 所示，变速车道为一渐变段，按式(7.13)计算，这时的右转弯车道参数见表 7.11。

表 7.11　车道变宽的右转弯车道参数

R_1/m	W_1/m	W_2/m	S/m	R_2	R_3
12	6.4	7.7	1.5	$1.5R_1$	$3R_1$
14	6.1	7.7	1.5		
16	6.1	7.4	1.5		
18～22	5.5	7.1	1.2		
24～28	5.2	6.8	1.2		
30	5.2	6.4	1.2	$2R_1$	$2R_1$
45	4.9	6.1	0.9		
90～135	4.6	5.8	0.9		
150	4.6	5.8	0.6		

注：W_1 为单车道宽度；W_2 为能绕越停着车辆的单车道宽度。

2) 左转车道的长度。左转车道长度也是由渐变段长度 l_d、减速所需长度 l_b 或等候车队长度 l_s 组成，即采用式(7.14)计算；但是式(7.14)中的 n 应为左转等候车辆数。对有信号控制的交叉口，即

$$n = \frac{\text{一条车道的通行能力} \times \text{车道数} \times \text{左转车比例}}{\text{每小时周期数} / \text{该向红灯占周期长比例}}$$

对无信号控制的交叉口，考虑到车辆到达的随机性，n 可按平均每分钟左转弯车辆数的两倍取用，且不小于 30m，当左转弯交通量很小时，可不考虑等候长度，即

$$l_s = 2nl_n \tag{7.17}$$

(4) 拓宽车道的宽度

右转弯变速车道为等宽车道时,其宽度应尽量与路段车道保持一致,如因占地等限制,需要变窄车道宽度时,最窄不得小于3m,一般在3.0～3.5m。邻接右转弯车道的段落应设置符合转弯行迹所需的加宽过渡段。当为变宽车道时,应按图7.20的宽度和渐变率设置。左转弯车道宽度的规定见表7.12。

表7.12 左转弯车道的宽度

剩余分隔带类型	左转弯车道宽度/m	左路缘带宽度/m
车道分划线	3.5	0
宽度大于0.5m的标线带	3.25	0
实体岛	3.0	0.5
	3.25	0.3

7.3.3 环形交叉口设计方法和步骤

环形交叉是在交叉口中央设置一个中心岛,用环道组织渠化交通,驶入交叉口的车辆,一律绕岛作逆时针单向行驶,至所要去的路口离岛驶出。环形交叉的优点是驶入交叉口的各种车辆可连续不断地单向运行,没有停滞,减少了车辆在交叉口的延误时间;环道上行车只有分流与合流,消灭了冲突点,提高了行车的安全性;交通组织简便,不需信号管制;对多路交叉和畸形交叉,用环道组织渠化交通更为有效;中心岛绿化可美化环境。缺点:占地面积大,城区改建困难;增加了车辆绕行距离,特别是左转弯车辆;一般造价高于其他平面交叉。

1. 环形交叉口的形式及适用条件

环形交叉口分普通环形交叉口和入口让路环形交叉口两类。

(1) 普通环形交叉口

出环和进环的车辆,通过在环道内以交织方式运行变换车道,代替一般交叉口的车流交叉,变冲突点为合流与分流点。一般环岛半径大、占地面积大。普通环形交叉口适用于交叉口交通量适中、由多条道路交汇及转弯交通量较大,经过验算后出、入口间的距离能满足交织长度要求的3～5路交叉,多在城市道路中使用。

(2) 入口让路环形交叉口

按"入口让路"规则(非交织原理)进行交通组织。到达入口的车辆发现左方环道上有车辆,且无插入间隙时,应在入口等候,待机入环。为使在环流有间隙时,等候车辆高效地使用这一间隙,入口应为不同去向的车辆分别提供等候车道。其中心岛半径一般比普通环形交叉口的小,也称"小型环交"。入口让路环形交叉口适用于一条四车道公路和一条双车道公路相交的交叉以及两条高峰小时不明显的四车道公路相交的交叉。

2. 普通环形交叉口

普通环形交叉口的组成如图7.21所示。

(1) 中心岛的形状和半径

1) 中心岛的形状。中心岛的形状应根据交通流特性、相交道路的等级和地形地物等条件确定。原则上应保证车辆能以一定速度顺利完成交织运行,有利于主要道路方向车辆行驶方便，同时满足交叉所在地的地形、地物和用地条件的限制。

中心岛的形状一般多用圆形，有时也用圆角方形和菱形：主次道路相交时宜采用椭圆形；交角不等的畸形交叉可采用复合曲线形。此外，结合地形、地物和交角等，也可采用其他规则或不规则几何形状的中心岛。

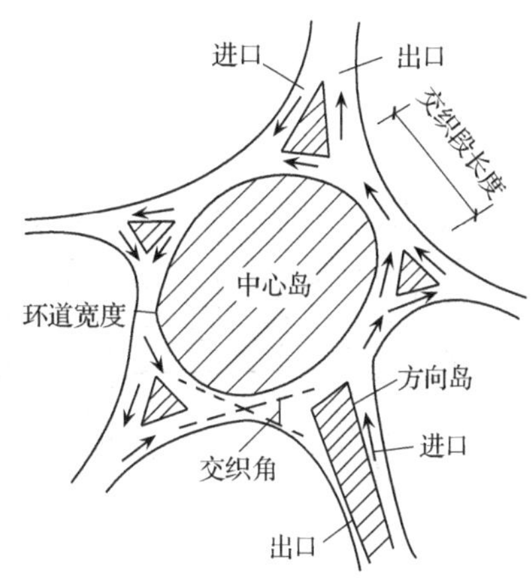

图 7.21 普通环形交叉口的组成

2）中心岛的半径。中心岛的半径首先应满足设计速度的要求，然后按相交道路的条数和宽度，验算相邻道口之间的距离是否符合车辆交织行驶的要求。下面以圆形中心岛为例，介绍中心岛半径的计算方法。

① 按设计速度的要求。按设计速度要求的中心岛半径 R 仍然用平曲线半径公式计算，但因为绕岛车辆是在紧靠中心岛，宽度为 b 的车道中间行驶，距中心岛边缘$b/2$，故实际采用的中心岛半径为

$$R=\frac{V^2}{127(\mu\pm i)}-\frac{b}{2} \tag{7.18}$$

式中：R——中心岛半径(m)；

b——紧靠中心岛的车道宽度(m)；

μ——横向力系数，建议大客车 $\mu=0.10\sim0.15$，小客车 $\mu=0.15\sim0.20$；

i——环道横坡度(%)，一般采用 1.5%，紧靠中心岛行车道横坡向中心岛倾斜时 i 为正号，否则为负号；

V——环道设计速度(km/h)。国外环道设计速度一般采用路段设计速度的 0.7 倍，我国实测资料：公共汽车为 0.5 倍，载重车为 0.6 倍，小客车为 0.65 倍。供参考。

② 按交织段长度的要求。所谓交织就是两条车流汇合后又分离，实现位置交换的过程。进环和出环的两辆车，在环道行驶时相互交织，交换一次车道位置所行驶的距离，称为交织长度。交织长度的大小主要取决于车辆在环道上的行驶速度。当相邻路口之间有足够的距离，使进环和出环的车辆在环道上均可在合适的机会相互交织连续行驶，该段距离称为交织段长度。其位置大致可取相邻道路机动车道外侧边缘延长线与环道中心线交叉点之间的弧长，如图 7.22 所示。

中心岛半径必须满足两个路口之间最小交织段长度的要求，否则，在环道上行驶中需要互相交织的车辆，就要停车等候，不符合环形交叉连续行驶的交通特征。环道上不同车速所需要的最小交织段长度见表 7.13。

表 7.13 最小交织段长度和中心岛最小半径

环道设计速度/(km/h)	35	30	25	20
最小交织段长度/m	40～45	35～40	30	25
中心岛最小半径/m	50	35	25	20

注：中心岛最小半径按路面横坡度 $i=0.015$ 计算。

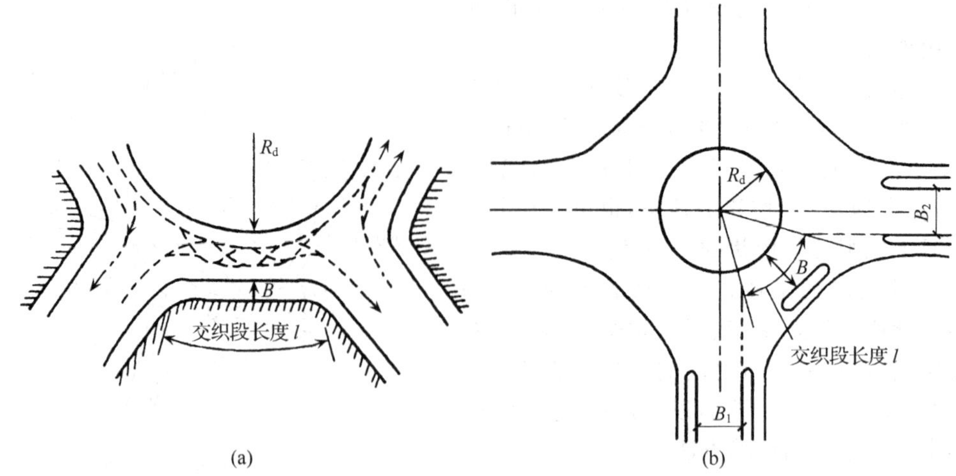

图 7.22 交织段长度

按交织段长度所要求的中心岛半径,近似地按交织段长度所围成的圆周长来推导,计算公式为

$$R_d = \frac{n(l + B_p)}{2\pi} - \frac{B}{2} \tag{7.19}$$

式中:n——相交道路的条数;

l——相邻路口之间的交织段长度(m);

B——环道宽度(m);

B_p——相交道路的平均路宽(m)。中心岛为圆形,交汇道路为十字正交时,$B_p=(B_1+B_2)/2$,其中 B_1 和 B_2 分别为相邻路口车行道宽度。

由式(7.19)可知,交叉口相交道路的条数越多,为保证最小交织段长度的要求,则中心岛的半径就越大,将会大大增加交叉口的用地面积和车辆在环道上的绕行距离,这样既不经济也不合理。因此,普通环形交叉口的相交道路以不多于六条为宜。

对四路相交的环形交叉口,一般用式(7.18)和式(7.19)分别计算中心岛半径,然后选取较大者。对中心线夹角差别较大或多路交叉口,也可以先按式(7.18)确定中心岛的半径,然后再按下式验算其交织段长度是否符合要求:

$$\begin{cases} l = \dfrac{2\pi}{n}\left(R + \dfrac{B}{2}\right) - B_p \\ l = \dfrac{\pi\alpha}{180}\left(R + \dfrac{B}{2}\right) - B_p \end{cases} \tag{7.20}$$

式中:α——相交道路中心线的夹角(°),当夹角不相等时,用最小夹角验算。

当用式(7.20)计算的 l 大于最小交织段长度时,符合要求;否则,增大半径重新验算,直至符合为止。中心岛最小半径可按表 7.13 参考使用。

(2) 环道的宽度

环道即环绕中心岛的单向行车带。其宽度取决于相交道路的交通量和交通组织。

一般是将靠近中心岛的一条车道作绕行之用,最靠外侧的一条车道供右转弯之用,中间的一至两条车道为交织之用，环道上一般设计三至四条车道。实践证明，车道过多不仅难于利用，而且易使行车混乱，导致不安全。据观测，当环道车道数从两条增加到三条时，通行能力提高得最为显著；而当车道数增加到四条以上时，通行能力增加得很少。因为车辆在绕岛行驶时需要交织，在交织段长度小于两倍的最小交织段长度(考虑占地和经济性，一般不可能超过两倍)范围内，车辆只能顺序行驶，不可能同时出现大于两辆车交织。不论车道数设计多少条，在交织断面上只能起到一条车道的作用。

因此，环道的车道数一般采用三条为宜；如交织段长度较长时，环道车道数可布置四条；若相交道路的车行道较窄，也可设两条车道。

如果采用三条机动车道，每条车道宽 3.50～3.75m，并按前述弯道加宽中单车道部分的加宽值，当中心岛半径为 20～40m 时，则环道机动车道的宽度一般为 15～16m。

对非机动车交通可与机动车混行或分行布置，为保证交通安全，减少相互干扰，一般以分行为宜，可用分隔带(或墩)或标线等分隔，分隔带宽度应大于或等于 1.0m。非机动车道宽度应视具体情况而定，一般不小于相交道路中的最大非机动车行车道宽度，也不宜超过 8m。当自行车密度过大时，易产生绕岛行驶的自行车流封锁了机动车道的出口而造成行车混乱，此时宜慎用平面环交。

(3) 交织角

交织角是进环车辆轨迹与出环车辆轨迹的平均相交角度。它以距右转机动车道的外缘 1.5m 和中心岛边缘 1.5m 的两条切线交角来表示，如图 7.23 所示。

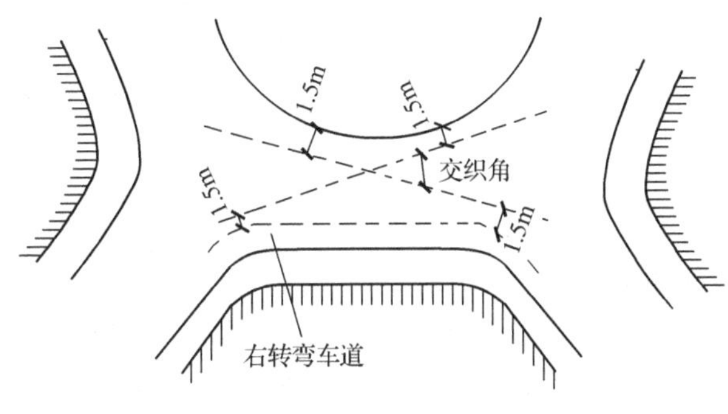

图 7.23 交织角

交织角的大小取决于环道的宽度和交织段长度。环道宽度越窄，交织段长度越大，则交织角越小，行车就越安全。但交织段要长，中心岛半径就要增大，占地也要增加。根据经验，交织角以控制在 20°～30°为宜。通常在交织段长度已有保证的条件下，交织角多能满足要求。

(4) 环道外缘线形及进出口曲线半径

从满足交通需要和工程节约考虑，环道外缘平面线形不宜设计成反向曲线形状，如图 7.24所示，据观测，这种形状在环道的外侧约有 20%的路面(图 7.24 中阴影部分)无车行驶，这既不合理也不经济。实践证明，环道外缘平面线形宜采用直线圆角形或三心复曲线形状，如图 7.24中实线所示。

环道进、出口的曲线半径取决于环道的设计速度。为使进环车辆的车速与环道车速相适应,应对进环车辆的车速加以限制。一般环道进口曲线半径采用接近或小于中心岛的半径,而且各相交道路的进口曲线半径不要相差太大。环道出口的曲线半径可较进口曲线半径大一些,以便车辆加速驶出环道。

(5) 环道的横断面

环道的横断面形状对行车的平稳和路面的排水有很大影响,而横断面的形状又取决于路脊线的选择。通常,环道横断面的路脊线设在交织车道的中间,若机动车与非机动车之间设有分隔带时,其路脊线也可设在分隔带上。环道路脊线通过设于进、出口之间的三角形方向岛或直接与交汇道路的路脊线相连,如图 7.25 所示。中心岛周围应设置雨水口,以保证环道内不产生积水。另外,进、出环道处的横坡度宜缓一些。

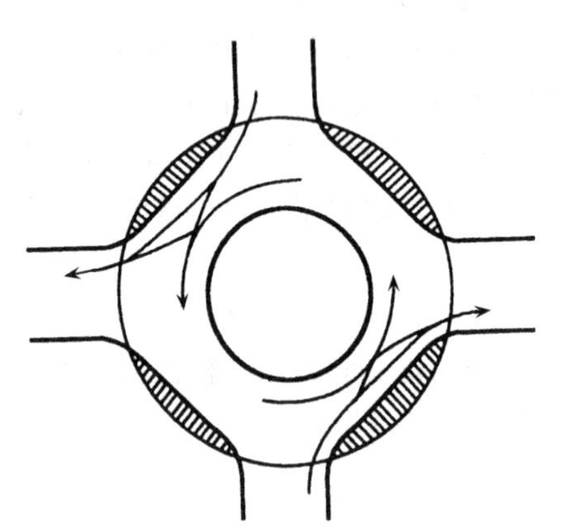

图 7.24 环道外缘线形

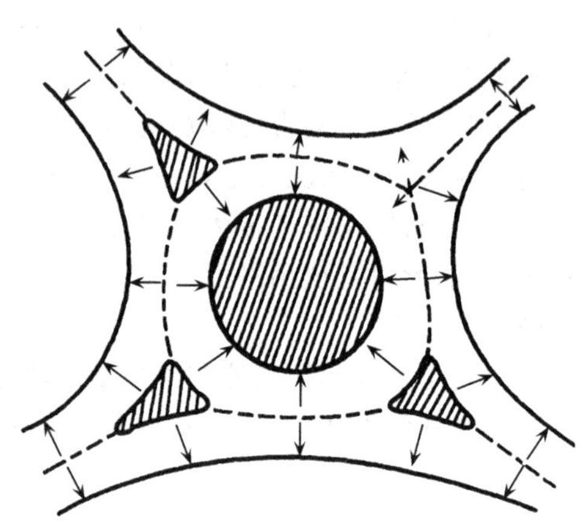

图 7.25 环道的路脊线

3. 入口让路环形交叉口

(1) 中心岛的形状和半径

入口让路环形交叉应根据设计车辆转弯行迹、环道车道数和各岔路中包括中央分隔带在内的路幅宽度确定中心岛直径。一般情况下应不小于 10m。最小可采用 5m。中心岛一般由缘石围成,其形状除特殊需要者外,均应为圆形。当中心岛面积较小时,应为齐平式或微凸形的;当面积较大时,应为蝶式的,环道内侧应设缓边坡,不得沿岛缘(紧靠行车道)设置深的排水沟。

(2) 环道的宽度

环道宽度应为各岔路中最大入口宽度的 1～1.2 倍。一般情况下,环道宜为三车道的宽度。当某一个入口的右转弯交通量占 50%或达 300 辆/h 时,应增辟与环道间有 V 形标线导流岛分隔的右转弯车道,如图 7.26 所示。

(3) 出入口设计

为提高入口让路环形交叉口的通行能力,入口要为不同去向的车辆分别提供等候车道,入口应增辟车道而成喇叭状。增辟的车道数至少为 1,最多为 2,入口车道总数不大于 4。停车线处的车道宽度为 3.0m。增辟车道起点的宽度为 2.5m。拓宽有效长度为 25m,如图 7.27 所示。

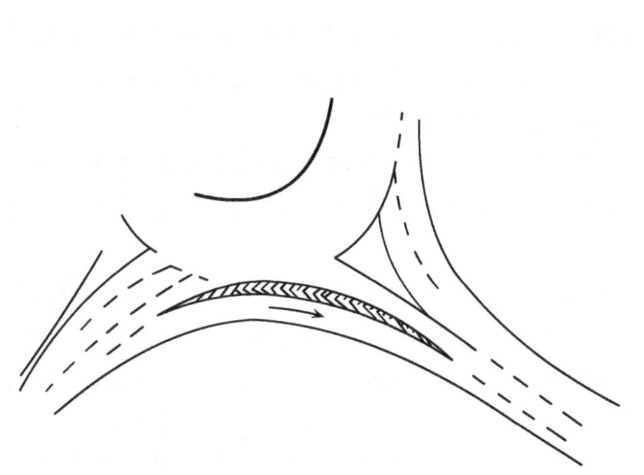

图 7.26　右转弯车道

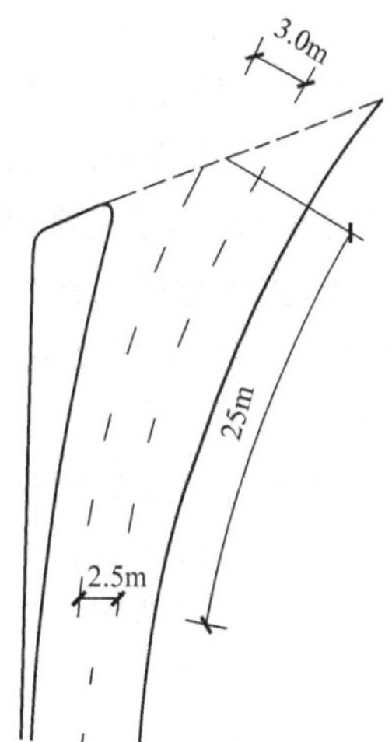

图 7.27　入口让路环形交叉的入口

入口应右偏且呈曲线形，并使入口左路缘的延长线不与中心岛相割。入口曲线半径为 10～100m，并以 20m 为宜。出口不增辟车道，但应拓宽车道，并用(1∶15)～(1∶20)的渐变率收敛到下游正常行车道的宽度。入口与邻接的出口之间应尽量避免采用短的反向曲线，而应以一条直线将入口曲线和出口曲线连接起来。必要时应增大出口曲线的半径。三岔交叉中，相邻的入口和出口间距较长时，允许出现反向曲线。

(4) 环道的横断面

环道的横坡应为 2%。最大不超过 2.5%，最小以不妨碍扫冰为原则。环道不设置超高。出、入口曲线上应设置与行驶速度和曲线半径相应的超高。

环道的横断面为拱形。拱顶应为圆滑曲线，拱顶两侧的横坡代数差不应大于 5%。

(5) 环形交叉的视距

左方视距：到达“让路”停车线的车辆，其驾驶者应能看清楚他左方直至前一个入口或左方 50m(取其中小者)范围内环道的整个宽度。

前方视距：到达“让路”停车线的车辆，其驾驶者应能看清楚他前方直至下一个出口或前方 50m(取其中小者)范围内环道的整个宽度。

环行视距：环上行驶的车辆，其驾驶者应能看清楚他前方直至下一个出口或前方 50m(取其中小者)范围内环道的整个宽度。

7.4　交叉口的竖向设计

交叉口立面设计(也称竖向设计)的目的是通过调整交叉口范围内相交道路共同构筑面及其引道上各点的设计标高，合理确定各相交道路之间及交叉口和周围建筑物之间共同面的关系，以符合行车舒适、排水迅速和建筑艺术三方面要求。

7.4.1　交叉口竖向设计的要求和原则

立面设计主要取决于相交道路的等级、交通量、横断面形状、纵坡的大小和方向以及周围地形等。交叉口立面设计的一般原则有以下几个方面。

1）相同等级道路相交时，一般维持各自的纵坡不变，而改变它们的横坡度。通常是改变纵坡较小道路的横断面形状，将路脊线（路拱顶点的连线）逐渐向纵坡较大道路的车行道边线移动，使其横断面的横坡度与纵坡较大道路的纵坡一致。

2）主要道路与次要道路相交时，主要道路的纵、横断面均维持不变，而将次要道路双坡横断面，逐渐过渡到与主要道路纵坡相一致的单坡横断面，以保证主要道路的交通便利。

3）设计时至少应有一条道路的纵坡方向背离交叉口，以利于排水。如遇特殊地形，所有道路纵坡方向都向着交叉口时，必须在交叉口内设置雨水口和排水管道，以保证排水要求。

4）交叉口范围布置雨水口时，一条道路的雨水不应流过交叉口的人行横道，或流入另一条道路，也不能使交叉口内产生积水。雨水口应设在人行横道之前或低洼处。

5）交叉口范围内横坡要平缓些，一般不大于路段横坡，以利于行车。纵坡度宜不大于2%，困难情况下应不大于3%。

6）交叉口立面设计标高应与周围建筑物的地坪标高协调一致。

7.4.2 交叉口竖向设计的基本类型

交叉口立面设计的形式，主要取决于交叉范围相交道路的纵坡、横坡及地形。以十字形交叉口为例，按其所处地形及相交道路纵坡方向，可划分为六种基本类型，如图7.28所示。

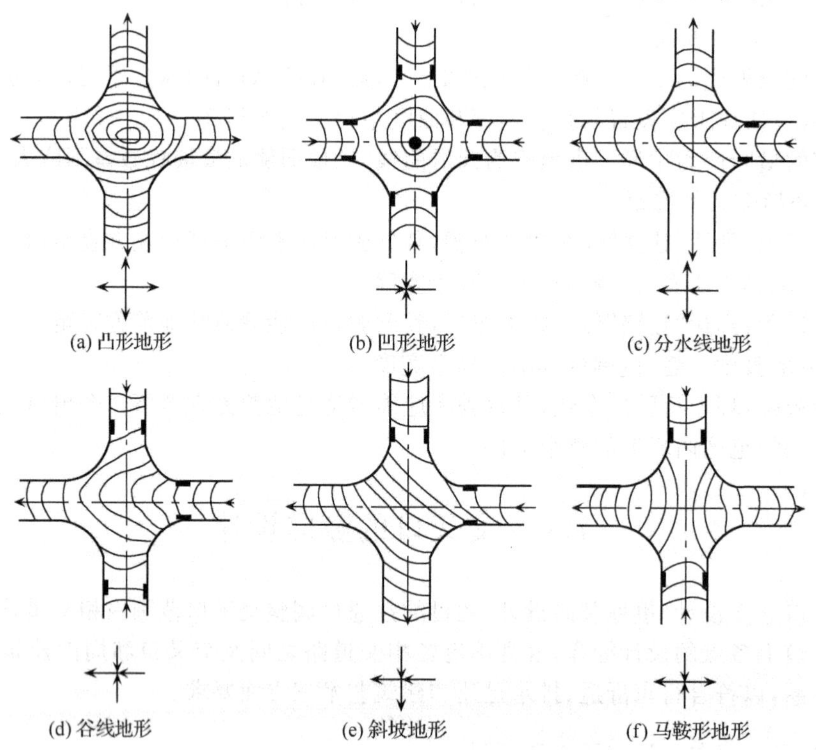

图7.28 十字形交叉口立面设计的基本类型

(1) 处于凸形地形上，相交道路的纵坡方向均背离交叉口[图 7.28(a)]

设计时使交叉口的纵坡与相交道路的纵坡一致，适当调整一下接近交叉口的路段横坡，让雨水流向交叉口四个转角的街沟或路基外排除，交叉口内不需设置雨水口。

(2) 处于凹形地形上，相交道路的纵坡方向都指向交叉口[图 7.28(b)]

这种形式地面水都向交叉口集中，排水比较困难，应尽量避免。若因地形限制，必要时应设置地下排水管道排水。为防止雨水汇集到交叉口中心，应适当改变相交道路的纵坡，以抬高交叉口中心标高，并在转角设置雨水口。最好在相交道路纵坡设计时，应将一条主要道路的变坡点设在远离交叉口的地方，保证有一条道路的纵坡方向能背离交叉口。

(3) 处于分水线地形上，有三条道路纵坡方向背离而一条指向交叉口[图 7.28(c)]

设计时应将纵坡指向交叉口的道路路脊线在交叉口处分为三个方向，相交道路的横断面不变，并在纵坡指向交叉口道路的人行横道线外设雨水口，防止雨水流入交叉口内。

(4) 处于谷线地形上，有三条道路纵坡方向指向交叉口而一条背离[图 7.28(d)]

设计时，与谷线相交的道路进入交叉口之前，在纵断面上产生转折而形成过街横沟，不利于行车，应尽量使纵坡转折点离交叉口远一些，并在该处插入竖曲线。纵坡指向交叉口的人行横道线外应设置雨水口。

(5) 处于斜坡地形上，相邻两条道路纵坡指向交叉口而另两条背离[图 7.28(e)]

设计时，相交道路的纵坡均不变，而将两条道路的横坡在进入交叉口前逐渐向相交道路的纵坡方向变化，使交叉口上形成一个单向倾斜面，并在纵坡指向交叉口道路的人行横道线外设雨水口。

(6) 处于马鞍形地形上，相对两条道路纵坡指向交叉口而另两条背离[图 7.28(f)]

设计时，相交道路纵、横坡都可按自然地形在交叉口内适当调整，并在纵坡指向交叉口的道路两侧设置雨水口。

以上为几种典型十字形交叉口立面设计形式，对于其他不同形式的交叉口，立面设计的要求和原则是一样的。另外，立面设计的使用效果与相交道路纵坡方向的组合有很大关系。因此，如要获得交叉口理想的立面设计，应在道路纵断面设计时，就考虑交叉口立面设计的要求，为其创造良好的条件。

7.4.3 交叉口竖向设计的方法与步骤

交叉口竖向设计的方法有方格网法、设计等高线法和方格网设计等高线法三种。

方格网法是在交叉口范围内以相交道路中心线为坐标基线打方格网，测出方格点上的地面标高，求出其设计标高，并标出相应的施工高度。设计等高线法是在交叉口范围内选定路脊线和标高计算线网，并计算其上各点的设计标高，勾绘交叉口设计等高线，最后标出各点施工高度。比较上述两种方法，其中设计等高线法比方格网法更能清晰地反映交叉口的立面设计形状，但等高线上的标高点在施工放样时不如方格网法方便。为此，通常把以上两种方法结合使用，称为方格网设计等高线法，它既能直观地看出交叉口的立面形状，又能满足施工放样方便的要求。

对于普通交叉口，多采用方格网法或设计等高线法，其中混凝土路面宜采用方格网法，而沥青路面宜采用设计等高线法；对于大型、复杂的交叉口和广场的立面设计，通常采用方格网设计等高线法。下面以方格网设计等高线法为例来介绍交叉口立面设计的方法和步骤。

1. 收集资料

1) 测量资料。交叉口的控制标高和控制坐标;收集或实测 1∶500 或 1∶200 地形图,详细标注附近地坪及建筑物标高。

2) 道路资料。相交道路的等级、宽度、半径、纵坡、横坡等平纵横设计或规划资料。

3) 交通资料。交通量及交通组成。

4) 排水资料。区域排水方式,已建或拟建地下、地上排水管渠的位置和尺寸。

2. 绘制交叉口平面图

按比例绘出道路中心线、车行道、人行道及分隔带的宽度,缘石转弯曲线和交通岛等。以相交道路中心线为坐标基线打方格网,斜交道路的方格网线应选在便于施工放线测量的方向,方格的大小一般采用(5×5)～(10×10)m^2,并量测方格点的地面标高。

3. 确定交叉口的设计范围

交叉口的设计范围一般为缘石转弯圆曲线的切点以外 5～10m(相当于一个方格的距离),主要用于路段与交叉口的纵横坡过渡处理以及标高的衔接等。

4. 确定立面设计图式和等高距

根据相交道路的等级、纵坡方向、地形情况以及排水要求等,确定所采用的立面设计类型(图 7.28)。根据纵坡度的大小和精度要求选定等高线间距 h,一般 $h=0.02$～0.10m,为便于计算取偶数为宜。

5. 勾绘设计等高线

(1) 路段设计等高线的计算和画法

当道路的纵坡、横断面形式及路拱横坡度确定以后,可按照所需要的等高距 h,计算路段上设计等高线的水平距离。

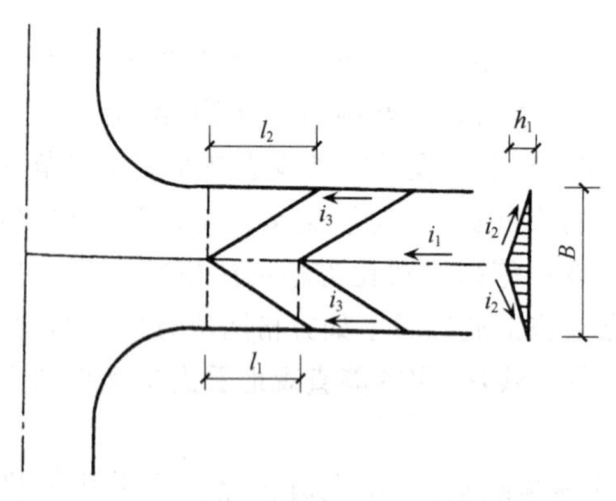

图 7.29 路段上设计等高线的绘制

如图 7.29 所示,图中 i_1 和 i_3 分别为车行道中心线和边线的设计纵坡(通常情况下$i_1=i_3$)(%);i_2 为车行道的路拱横坡度(%);B 为车行道的宽度(m);h_1 为车行道的路拱高度(m)。

中心线上相邻等高线的水平距离 l_1 为

$$l_1=\frac{h}{i_1} \tag{7.21}$$

考虑路拱的设置,等高线在车行道边

线上的位置沿纵向上坡方向偏移的水平距离 l_2 为

$$l_2 = h_1 \cdot \frac{1}{i_3} = \frac{B}{2} \cdot \frac{i_2}{i_3} \tag{7.22}$$

计算出 l_1 和 l_2 后，由 l_1 定出中心线上其余等高线的位置，再由 l_2 定出沿边线上相应等高线的位置，最后连接相应等高点，即得用设计等高线表示的路段立面设计图。实际上，如路拱形式为抛物线形时，等高线应以曲线勾绘，只有直线型路拱可用折线连成等高线，为简化用如图 7.29 的折线表示。

(2) 交叉口上设计等高线的计算和画法

1) 选定路脊线和控制标高。路脊线的选定，直接影响交叉口上的行车、排水和立面美观。路脊线通常是对向行车轨迹的分界线，即车行道的中心线，路脊线的交点即为控制标高点。

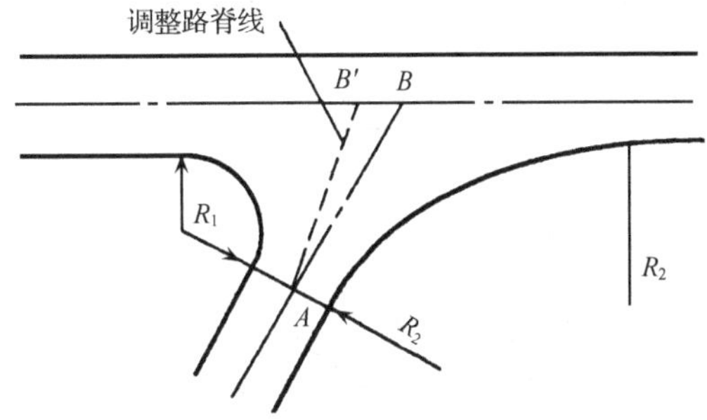

图 7.30 路脊线的确定

对于斜交过大的 T 形交叉口，其路中心线不宜作为路脊线，应加以调整。如图 7.30中 AB'所示，调整路脊线的起点 A 一般为转角曲线切点断面处，而 B'的位置原则上应选在双向车流的中间位置。

交叉口的控制标高应以整个道路系统的立面规划标高为依据，并综合考虑相交道路的纵坡、交叉口周围的地形、路面厚度和建筑物的布置等来确定。在定控制标高时不宜使相交道路的纵坡相差太大，一般要求差值不大于 0.5%，可能时尽量使纵坡大致相等，以利于立面设计处理。

2) 确定标高计算线网。只有路脊线上的设计标高还不足以反映交叉口的立面形状，依靠它来勾绘交叉口的等高线比较困难，必须增加一些辅助线，即标高计算线网。实践证明，交叉口立面设计的关键是正确选择路脊线和标高计算线网，如果妥善解决这两个问题则各点的标高计算也就迎刃而解了。标高计算线网主要有方格网法、圆心法、等分法和平行线法四种。

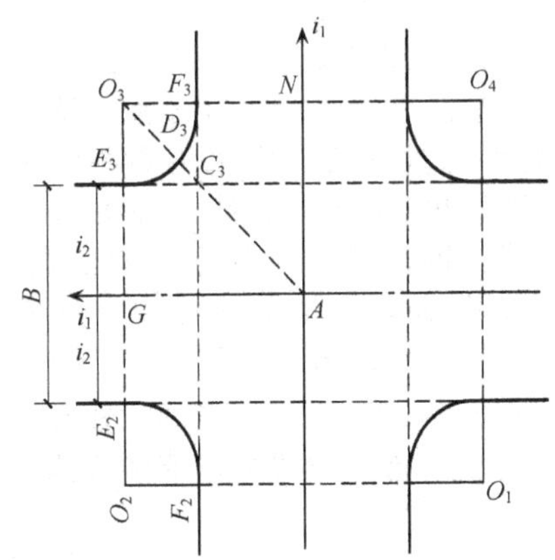

图 7.31 方格网法设计标高计算图示

① 方格网法。如图 7.31 所示，方格网法标高计算线网就是前述已打了方格的交叉口平面图，该法适用于道路正交的交叉口。

根据路脊线交叉点 A 的控制标高 h_A，可逐一推算出某些特征点的设计标高。转角曲线切点横断面上的三点标高为

$$h_G = h_A - AG \cdot i_1 \tag{7.23}$$

$$h_{E_3}（或 h_{E_2}）= h_G - \frac{B}{2} \cdot i_2 \tag{7.24}$$

同理，可求得其余三个切点横断面上的三点标高。

由 E_3 和 F_3 的标高可推算出车行道边线延长

线交叉点 C_3 的标高,即

$$h_{C_3} = \frac{(h_{E_3} + Ri_1) + (h_{F_3} + Ri_1)}{2} \tag{7.25}$$

过 C_3 的 A、Q_3 连线与转角曲线相交于 D_3,则 D_3 点的标高为

$$h_{D_3} = h_A - \frac{h_A - h_{C_3}}{AC_3} AD_3 \tag{7.26}$$

转角曲线 E_3F_3,和路脊线上 AG、AN 上所需其他各点标高,可根据已算出的特征点标高,用补插法求得。同理可推算出其余转角所需各点的设计标高。

② 圆心法。如图 7.32 所示,在路脊线上,按施工要求每隔一定距离或等分定出若干点,并与转角曲线的圆心连成直线(只连到转角曲线上),即得圆心法标高计算线网。

③ 等分法。如图 7.33 所示,将路脊线等分为若干等份,相应地把转角曲线也等分为相同份数,连接对应点,即得等分法标高计算线网。

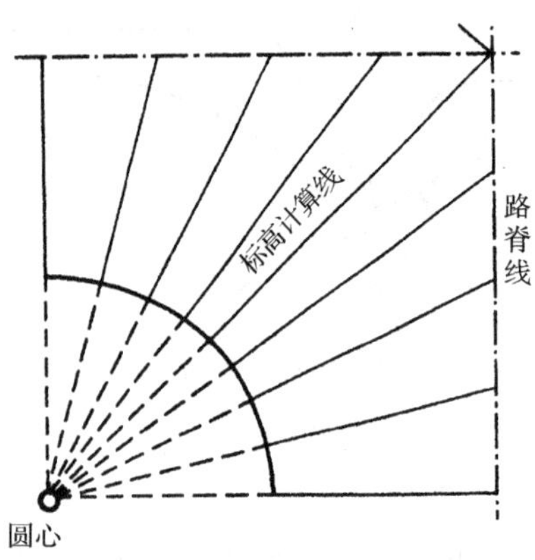

图 7.32 圆心法

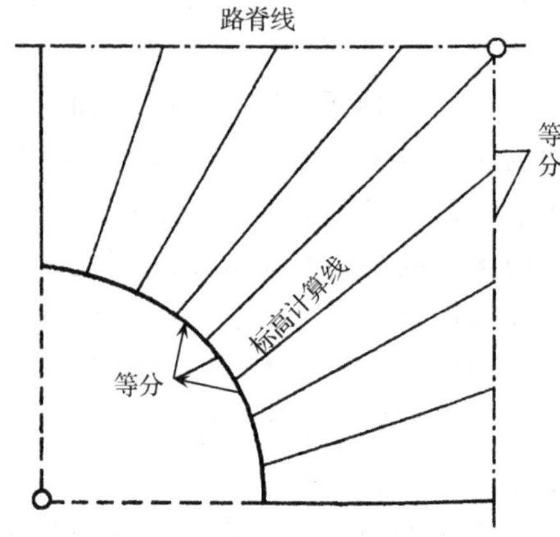

图 7.33 等分法

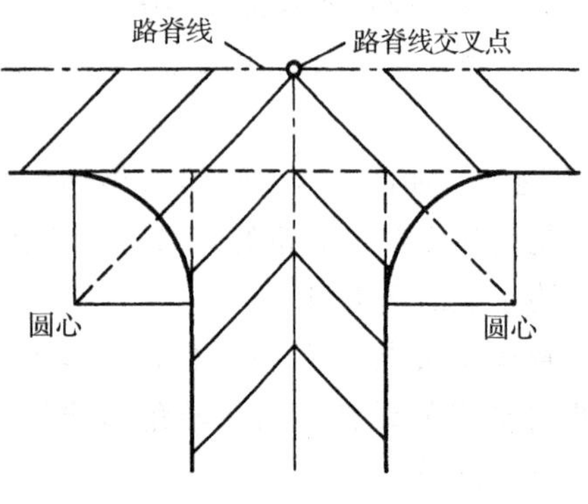

图 7.34 平行线法

④ 平行线法。如图 7.34 所示,先把路脊线的交叉点与各转角曲线的圆心连成直线,然后按施工要求在路脊线上分若干点,过这些点作该直线的平行线交于行车道边线,即得平行线法标高计算线网。

以上四种标高计算线网的方法中,对于正交的十字形或 T 形交叉口,各种方法都可采用;而对斜交的交叉口宜采用圆心法和等分法。应该指出,标高计算线所在的位置就是用于计算该断面路拱设计标高的依据,而标准的路拱横断面是与车辆行驶方向垂直的。如果所定标高计算线位置不与行车方向垂直,那么按路拱方程计算出的标高将不能准确地反映路拱形状。所以,应尽量使标高计算线与路拱横断面的方向一致,同时也要便于计算。为此,推荐采用等分法或圆心法标高计算线网。

当主要道路与次要道路相交而主要道路在交叉口的横坡不变时,应将路脊线的交点 A 移到次要道路路脊线与主要道路行车道边线的交点 A'处,如图 7.35 所示。此时,无论

采用哪一种标高计算线网，都必须以位移后的交点 A'为准。

3）计算标高计算线上的设计标高。每条标高计算线上标高点的数目，可根据路面宽度、施工需要以及等高距来确定。对路宽、坡陡、施工精度要求高的，标高点可多些；反之，则少些（图 7.36和图 7.37）。

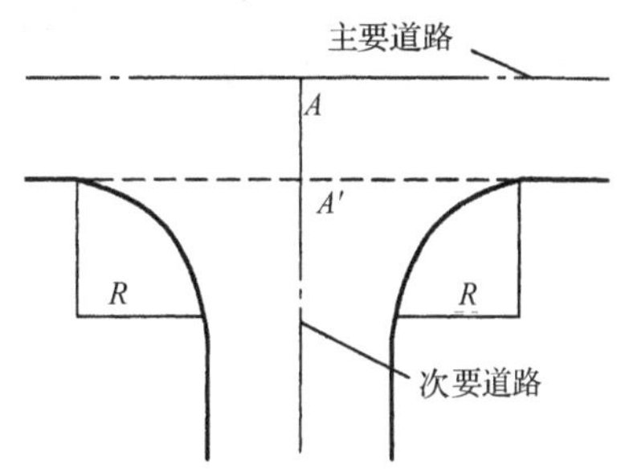

图 7.35　路脊线交点位移

标高计算线上标高点的方程与所选用的路拱形式有关，当采用抛物线形路拱时，一般根据所选路面类型不同，宽 14m 以下的次高级路面和中级路面可用式（7.27）计算，宽 14m 以上的高级路面可采用式（7.28）计算，即

$$y=\frac{h_1}{B}x+\frac{2h_1}{B}x^2 \tag{7.27}$$

$$y=\frac{h_1}{B}x+\frac{4h_1}{B^3}x^3 \tag{7.28}$$

式中：h_1——标高计算线两端（其中一端在路脊线上）的高差或路拱高度（m），$h_1=\frac{B}{2}\cdot i_h$；

B——车行道宽度（m）；

i_h——路拱横坡（%）。

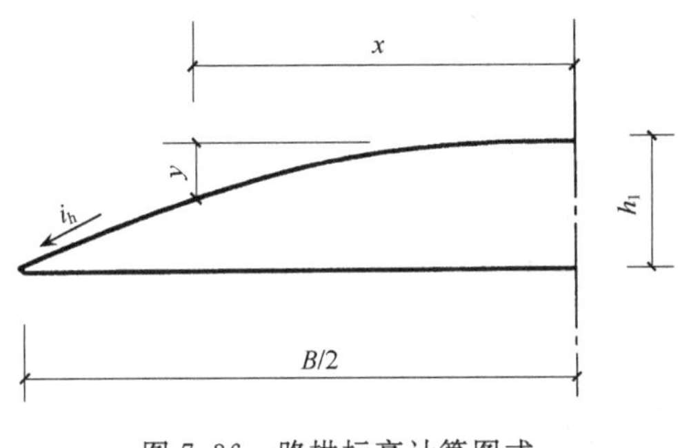

图 7.36　路拱标高计算图式

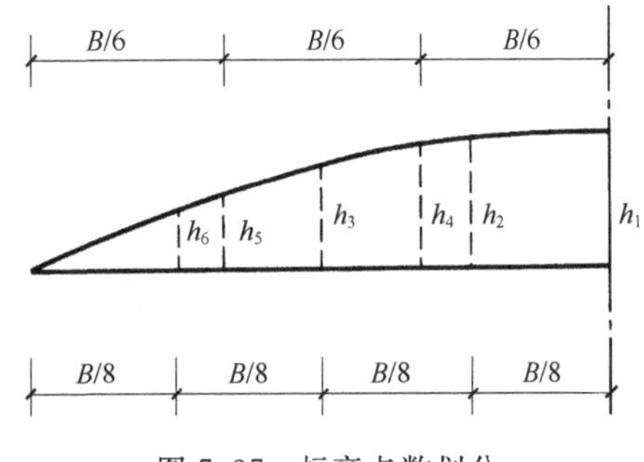

图 7.37　标高点数划分

（3）勾绘和调整等高线

根据所选立面设计图式和等高距，把各等高点连接起来，得到初步的设计等高线图。然后按行车平顺和路面排水迅速、通畅的要求，进行等高线调整。主要包括：调整等高线的疏密（一般中间部分疏一些，而边沟处密一些），使纵、横坡度变化均匀，调整个别不合适的标高，并补设雨水口。

6. 计算施工高度

根据设计等高线图，用内插法求出各方格点上的设计标高，用设计标高减去地面标高则得施工高度。

【例 7.1】 已知某正交的十字形交叉口位于斜坡地形上，路面为沥青混凝土。相交道路车行道的中心线及边线的纵坡 i_1、i_3 均为 3%，路拱横坡 i_2 为 2%，车行道宽度 B 为 15m，转角曲线半径 R 为 10m。交叉口控制标高为 2.05m，若等高距 h 采用 0.10m，试绘制交叉口的立面设计图。

本例采用方格网设计等高线法进行设计,立面设计图式为图 7.28(e)。主要设计图(图 7.38)及计算步骤如下。

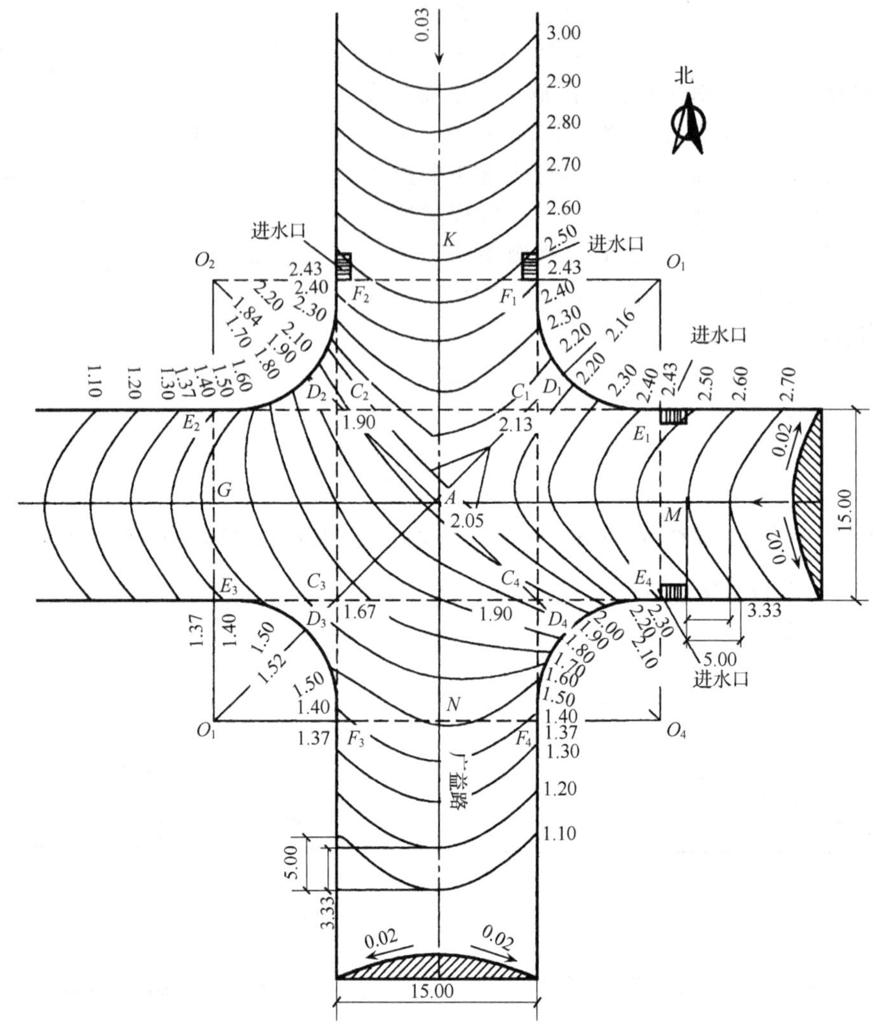

图 7.38 方格网设计等高线法交叉口立面设计图(单位:m)

(1) 路段上设计等高线的绘制

$$l_1 = \frac{h}{i_1} = \frac{0.1}{0.03} = 3.33(\text{m})$$

$$l_2 = h_1 \frac{l}{i_3} = \frac{B}{2} \frac{i_2}{i_3} = \frac{15}{2} \times \frac{0.02}{0.03} = 5.00(\text{m})$$

由 l_1 和 l_2 即可绘制路段上的设计等高线。

(2) 交叉口上设计等高线的绘制

1) 根据交叉口控制标高推算 F_3、N、F_4 三点标高,即

$$h_N = h_A - ANi_1 = 2.05 - 17.5 \times 0.03 \approx 1.52(\text{m})$$

$$h_{F_3} = h_{F_4} = h_N - \frac{B}{2} i_2 = 1.52 - \frac{15}{2} \times 0.02 = 1.37(\text{m})$$

同理,可求得其余道口切点横断面的三点标高分别为

$$h_M = 2.58\text{m} \qquad h_{E_4} = h_{E_1} = 2.43\text{m}$$
$$h_k = 2.58\text{m} \qquad h_{F_1} = h_{F_2} = 2.43\text{m}$$
$$h_G = 1.52\text{m} \qquad h_{E_2} = h_{E_3} = 1.37\text{m}$$

2）根据 A、F_4、E_4 点标高，求 C_4、D_4 等点的设计标高：

$$h_{C_4} = \frac{(h_{F_4} + Ri_1) + (h_{E_4} - Ri_1)}{2} = \frac{(1.37 + 10 \times 0.03) + (2.43 - 10 \times 0.03)}{2}$$
$$= 1.90(\text{m})$$
$$h_{D_4} = h_A - \frac{h_A - h_{C_4}}{AC_4} AD_4$$
$$= 2.05 - \frac{2.05 - 1.90}{\sqrt{7.5^2 + 7.5^2}} \times [\sqrt{(7.5 + 10)^2 + (7.5 + 10)^2} - 10] = 1.84(\text{m})$$

同理，可得

$$h_{C_1} = 2.13\text{m} \qquad h_{C_2} = 1.90\text{m} \qquad h_{C_3} = 1.67\text{m}$$
$$h_{D_1} = 2.16\text{m} \qquad h_{D_2} = 1.84\text{m} \qquad h_{D_3} = 1.52\text{m}$$

3）根据 F_4、D_4、E_4 点标高，求转角曲线上各等高点标高。

采用平均分配法：

F_4D_4 及 D_4E_4 的弧长为

$$L = \frac{1}{8} \times 2\pi R = \frac{1}{8} \times 2 \times \pi \times 10 = 7.85(\text{m})$$

F_4D_4 间应有设计等高线为$\frac{1.84-1.37}{0.10}=4.70(\text{m})$，约为 5 根。

等高线的平均间距为$\frac{7.85}{5}=1.57(\text{m})$。

D_4E_4 间应有设计等高线为$\frac{2.43-1.84}{0.10}=5.90(\text{m})$，约为 6 根。

等高线的平均间距为$\frac{7.85}{6}=1.31(\text{m})$。

同理可得其他弧上等高线根数及等高线间距，见表 7.14。

表 7.14　等高线根数及等高线间距计算表

弧	等高线/根	等高线间距/m
E_1D_1	3	2.62
D_1F_1	3	2.62
F_2D_2	6	1.31
D_2E_2	5	1.57
E_3D_3	2	3.93
D_3F_3	2	3.93
F_4D_4	5	1.57
D_4E_4	6	1.31

4）根据 A、M、K、G、N 各点标高及纵坡 i_1，可分别求出路脊线 AM、AK、AG、AN 上的等高点的位置（计算从略）。

5）按所选定的立面设计图式，将对应等高点连接起来，即得初步立面设计图。

6）根据交叉口等高线中间应疏一些，边缘应密一些，且疏与密过渡应均匀的原则，对初定立面设计图进行调整，即得如图 7.38 所示的交叉口立面设计图。

【例 7.2】　某正交十字形交叉口布置示例（图 7.39）。

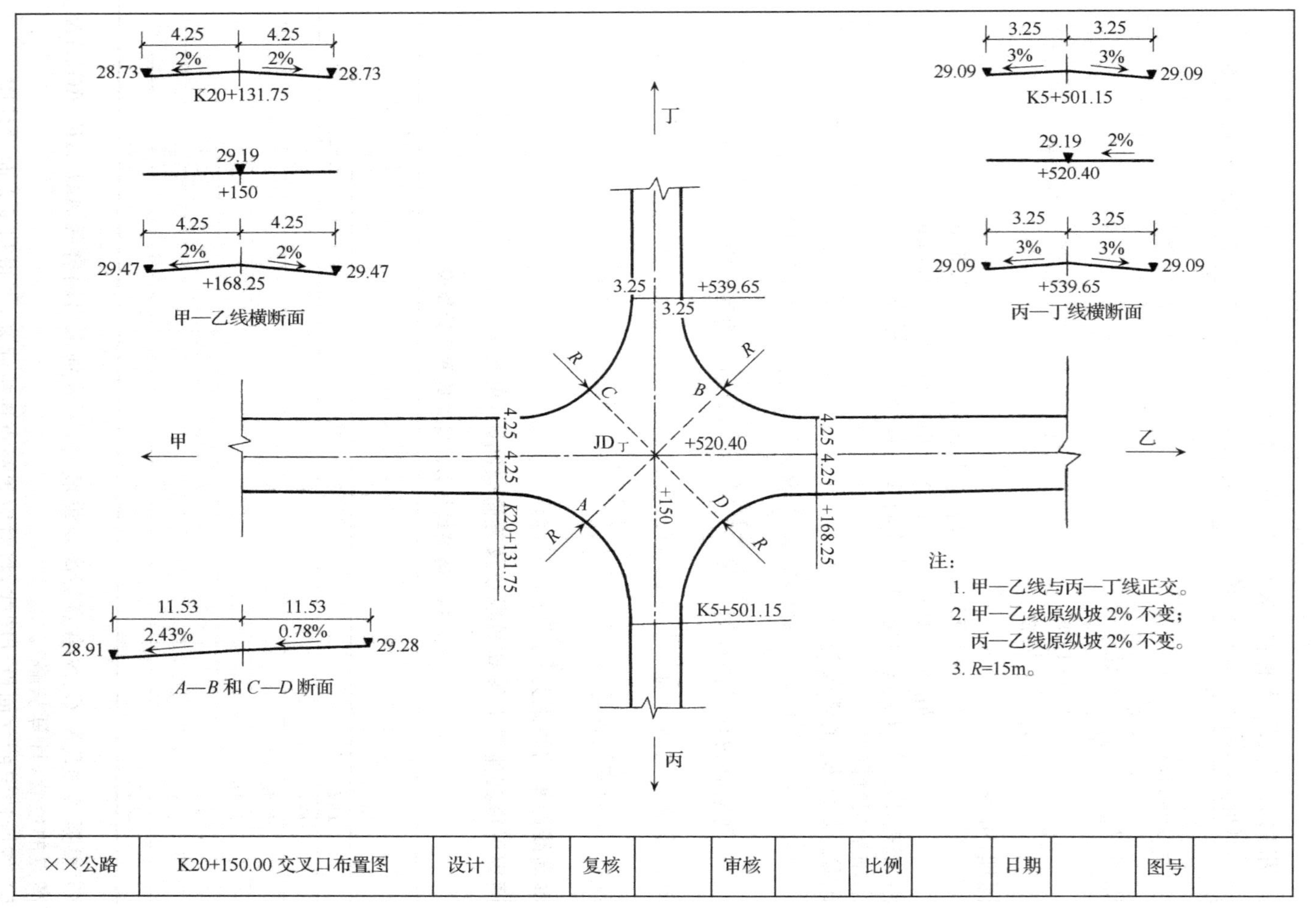

图 7.39 特征断面法交叉口立面设计图示例（单位：m）

对简单交叉口的立面设计也可采用特征断面法，即过路缘石曲线切点做相交道路的横断面，过曲线中点做与交叉点连线断面，或绘制其他便于施工放样的典型断面，然后根据相交道路的纵、横坡度，由交叉口控制标高出发，依次推算出各断面的左、中、右点设计标高，由此构成交叉口系列标高控制点。

本例特征断面如图 7.39 所示。根据交叉点标高及相交道路纵坡度，推算四个切点断面中线上的标高(图中未标注)；由相交道路的横坡度，推算各切点断面两边线的标高；由各转角曲线两端点的标高，内插出曲中点的标高。

【例 7.3】 某正交十字形水泥混凝土路面交叉口布置示例(图 7.40)。

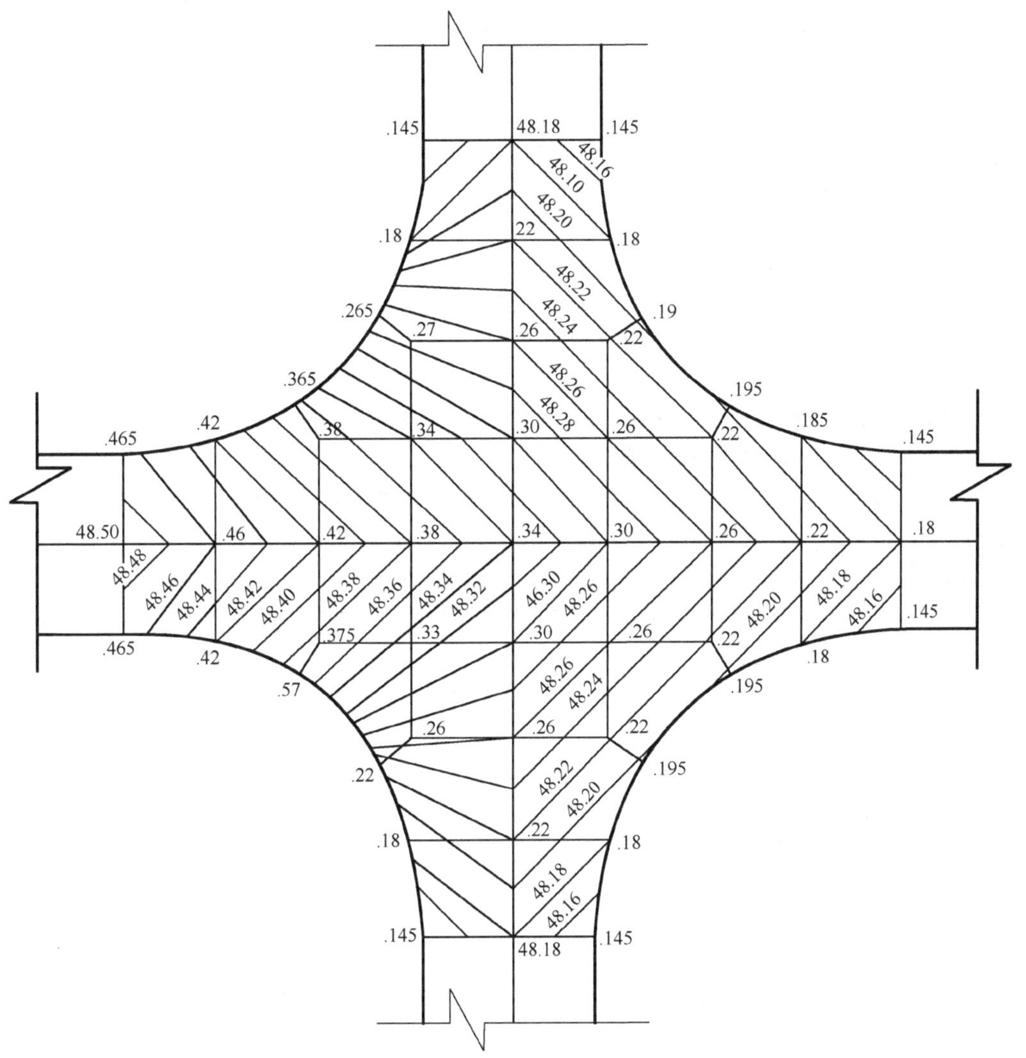

图 7.40　水泥混凝土路面交叉口立面设计图示例(单位：m)

采用方格网设计等高线法进行设计。由于水泥混凝土路面为刚性板体，每块板不能有凹凸折面，板边必须是直线，故等高线是直线或折线，折点均应设在板缝处，设计标高按混凝土板分块式样在板角标注。

思考与习题

7.1　平面交叉口都有哪些分类？拓宽路口式交叉是按什么分类的？适用何种情况使用？

7.2　车辆在交叉口行驶会产生哪些交错点？当无信号控制时，相交道路为3、4、5条时，其各种交错点的数量分别为多少？减少或消除平面交叉口处的冲突点可采取的措施有哪些？

7.3　左转弯交通组织有哪些？各有什么特点？

7.4　试区别导流岛、分隔岛、中心岛、安全岛等交通岛的作用。

7.5　什么是渠化交通，进行渠化交通时应注意的事项有哪些？

7.6　人行横道应如何设置？

7.7　交叉口的设计速度与路段设计速度有何关系？交叉口的车道数如何确定？

7.8　公路和城市道路交叉口视距分别应如何保证？

7.9　左转专用车道的设置条件和设置方法有哪些？

7.10　环形交叉口的分类及各自的特点、适用条件是什么？

7.11　什么是交织、交织长度、交织段长度、交织角？

7.12　交叉口立面设计的原则是什么？

7.13　已知某交叉口的右转车道宽为3.5m，卡车行驶速度为40km/h，右转车速规定为20km/h，一次红灯受阻直行车为4辆。若减速度用2.5m/s^2，加速度用1.0m/s^2，试计算右转车道长度和加速车道长度。

7.14　如图7.41所示正交十字形交叉口，相交道路设计速度均为60km/h，双向6车道，每条车道宽4.0m，人行道宽4.0m，进口道右侧车道供直右行驶，缘石转角曲线半径为15.0m。拟在转弯处设置一高2.0m的售报亭A，是否合适？

7.15　某五路相交点的道口，拟修建普通环形交叉，各道口的相交角度如图7.42所示。已知路段的设计速度是50km/h，行车道宽均为14m。若环道宽度为15m，内侧车道宽为6m，试确定中心岛半径。(取μ=0.15，i_h=2%，不考虑非机动车)

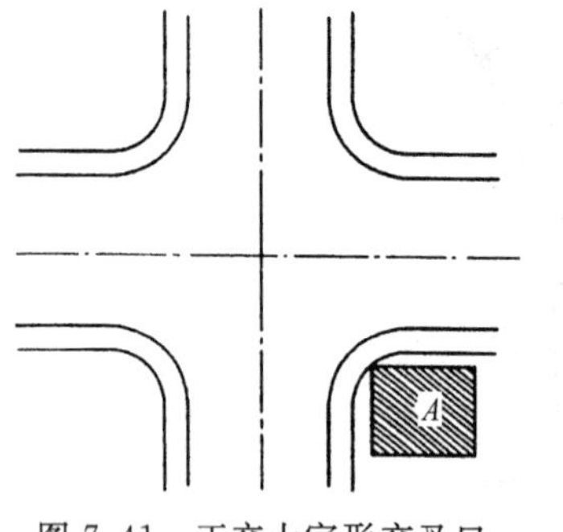

图7.41　正交十字形交叉口

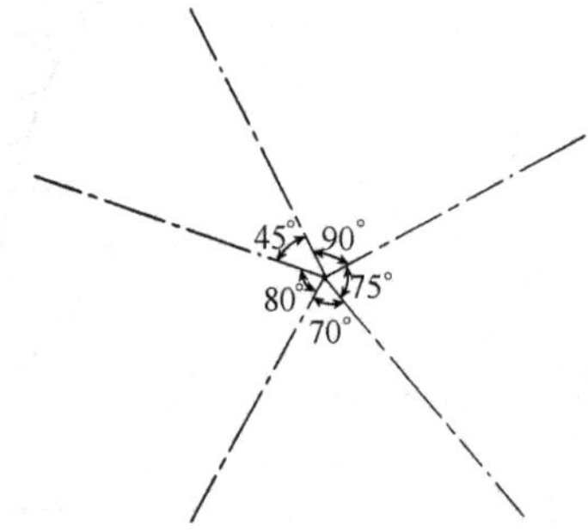

图7.42　各道口相交角度

7.16　如图7.17所示，一公路交叉口，Δ=70°，道路以鞍式列车控制设计，试设计该交叉口路面边缘复曲线。

第八章　道路立体交叉设计

8.1 概　　述

立体交叉(简称立交)是利用跨线构造物使道路与道路(或铁路)在不同标高相互交叉的连接方式。立交是高速道路(高速公路和城市快速路的统称)必不可少的组成部分。

立交在空间上将各方向车流进行分离,消除或减少了冲突点;车流在经过交叉时可以较高的速度连续运行,提高了道路的通行能力;节约了运行时间和燃料消耗;降低了尾气、噪声等对环境的污染;控制了相交道路车辆的出入,减少了对高速道路的干扰,使行车更安全、畅通。

8.1.1 立体交叉的组成、分类及适用条件

由于立交占地面积大、构造物多、施工复杂、造价高、对环境影响大、不易改建,应根据路网规划,经过技术、经济及环境效益的比较和分析后慎重确定。

1. 立体交叉的组成

立体交叉的主要组成如图 8.1 所示。

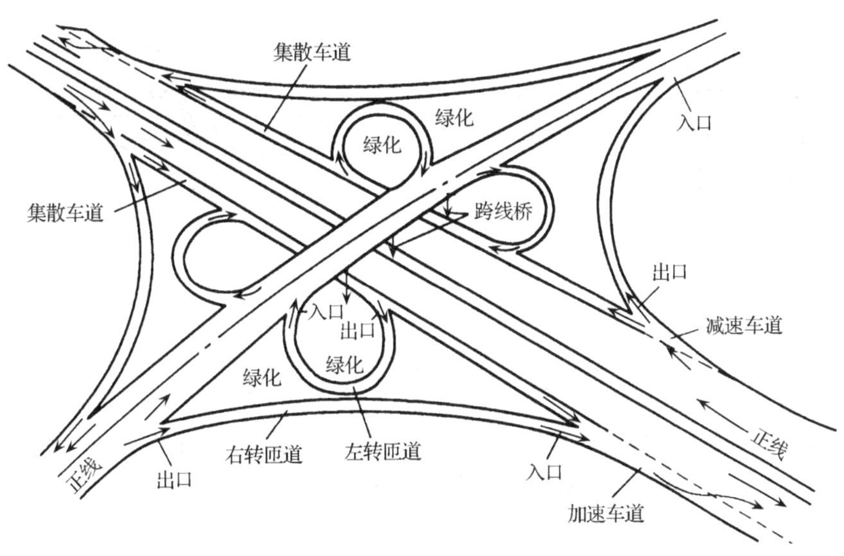

图 8.1　立体交叉的主要组成

(1) 跨线构造物

跨线构造物是立交实现车流空间分离的主体构造物,包括设于地面以上的跨线桥(上

跨式)以及设于地面以下的地道(下穿式)。

(2) 正线

正线是组成立交的主体,指相交道路的直行车行道,主要包括连接跨线构造物两端到地坪标高的引道和交叉范围内引道以外的直行路段。

(3) 匝道

匝道是立交的重要组成部分,是指供上、下相交道路转弯车辆行驶的连接道,有时包括匝道与正线以及匝道与匝道之间的跨线桥或地道。

(4) 出口与入口

由正线驶出进入匝道的道口为出口,由匝道驶入正线的道口为入口。

(5) 变速车道

为适应车辆变速行驶的需要,而在正线右侧的出入口附近设置的附加车道称为变速车道。正线出口端为减速车道,正线入口端为加速车道。

(6) 集散车道

集散车道是与高速干道平行且与之分隔的单向辅助性干道。

立体交叉的设计范围一般指各相交道路出入口变速车道渐变段顶点以内包含的正线、跨线构造物、匝道等的全部区域。

2. 立体交叉的分类及适用条件

(1) 按相交道路跨越方式分类

立体交叉按相交道路跨越方式划分为上跨式和下穿式两类,如图 8.2 所示。

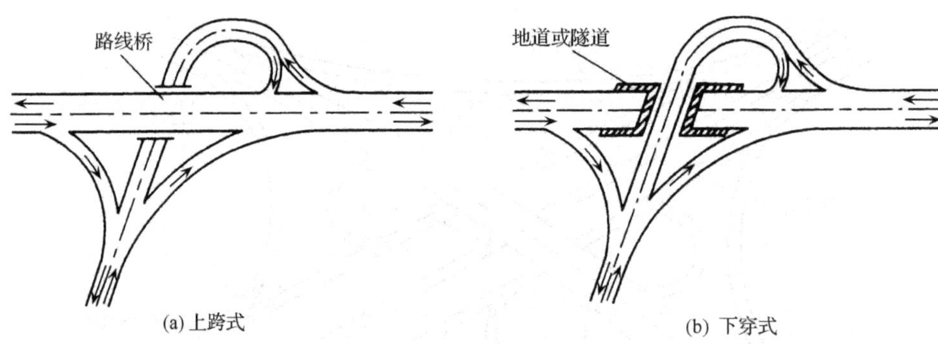

图 8.2 上跨式和下穿式立体交叉

1) 上跨式。用跨线桥从相交道路上方跨过的交叉方式。这种立交施工方便,造价较低,排水易处理,但占地大,引道较长,高架桥影响视线和市容并不利于非机动车辆的行驶。

2) 下穿式。用地道(或隧道)从相交道路下方穿过的交叉方式。这种立体交叉方式占地较少,立面易处理,对视线和市容影响小,但施工期较长,造价较高,排水困难,造价高,养护和管理费用大。

主线采用上跨式或下穿式应根据相交公路的功能、等级、地形和地质条件、跨线桥对主线线形及相关工程的影响程度、工程造价等确定。一般上跨式立体交叉宜用于被交道路地形低洼的乡村或城郊道路，以及对周围建筑物干扰较小的地带。下穿式立体交叉多用于被交道路为高路堤或城区用地紧张、地面建筑物干扰大的凸形地带。

(2) 按交通功能分类

按交通功能可划分为分离式立体交叉和互通式立体交叉两类。

1) 分离式立体交叉。仅设跨线构造物一座，使相交道路空间分离，上、下道路无匝道连接的交叉方式，如图 8.3所示。这种类型立交结构简单，占地少，造价低，但相交道路的车辆不能转弯行驶。分离式立体交叉适用于高速道路与铁路或次要道路之间的交叉。

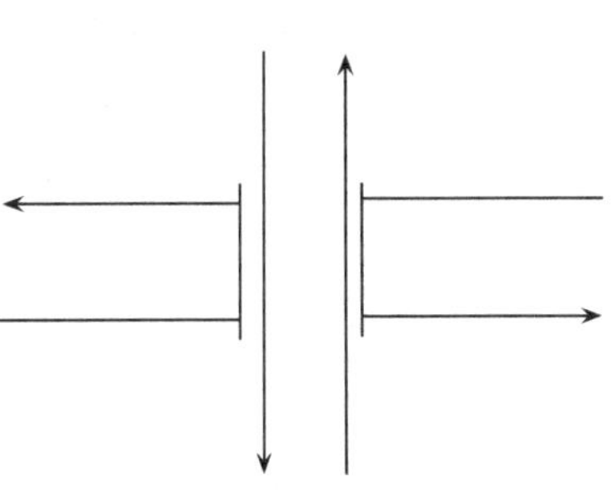

图 8.3　分离式立体交叉

分离式立体交叉的设置应根据公路网规划、相交公路的功能、等级、交通量、地形和地质条件及经济与环境因素等确定。高速公路与其他公路交叉除已设置互通式立体交叉外其余均必须设置分离式立体交叉；一级公路与直行交通量较大的公路相交叉，在不考虑交通转换或地形条件适宜时宜采用分离式立体交叉；二、三、四级公路间的交叉，直行交通量很大，在不考虑交通转换或地形条件适宜时宜采用分离式立体交叉。

2) 互通式立体交叉。不仅设跨线构造物使相交道路空间分离，而且上、下道路有匝道连接，以供转弯车辆行驶的交叉方式。这种立交车辆可转弯行驶，全部或部分消灭了冲突点，各方向行车干扰较小，但立交结构复杂，占地多，造价高。

互通式立体交叉按功能分为枢纽互通式立体交叉和一般互通式立体交叉。

枢纽互通式立体交叉主要指高速公路相互交叉的互通式立体交叉。其上的转弯车流应为自由流，匝道上不得设置收费站，匝道端部不得出现穿越冲突。

一般互通式立体交叉是指高速公路、一级公路与其他公路相交或其他公路之间的互通式立体交叉。这种交叉中允许在匝道上设置收费站，除高速公路上的出入口以外允许有平面交叉。当一级公路为主要公路时，除非在交通量不大(通行能力有富余)或允许其中一个极小左转弯出现穿越冲突的情况下，在一级路上也不应有平面交叉。

互通式立体交叉根据交叉处车流轨迹线的交错方式和几何形状的不同，又可分为部分互通式、完全互通式和环形立交三种类型。

① 部分互通式立体交叉。相交道路的车流轨迹线之间至少有一个平面冲突点的交叉。当个别方向的交通量很小或分期修建时，高速道路与次要道路相交或用地和地形等限制时可采用这种类型的立体交叉。部分互通式的代表形式有菱形立体交叉和部分苜蓿叶式立体交叉。

菱形立体交叉如图 8.4 所示。这种形式的立体交叉能保证主线直行车辆快速通畅；转弯车辆绕行距离较短；主线上具有高标准的单一进出口，交通标志简单；主线下穿时匝道坡度便于驶出车辆减速和驶入车辆加速；形式简单，仅需一座桥，用地和工程费用小。但次线与匝道连接处为平面交叉，影响通行能力和行车安全。菱形立体交叉适用于出入交通量较小，匝道上无收费站的一般互通式立体交叉。

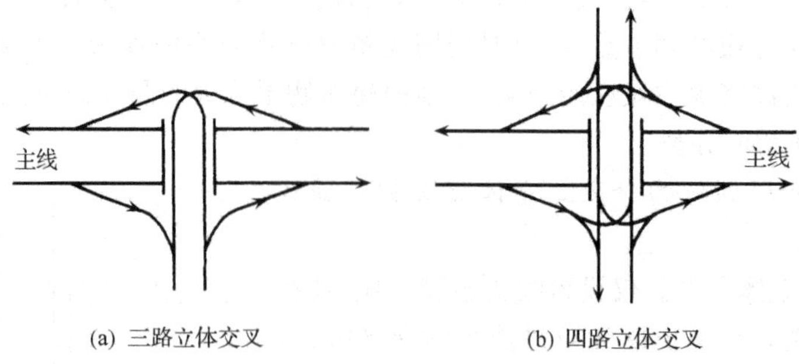

(a) 三路立体交叉 (b) 四路立体交叉

图 8.4 菱形立体交叉

布设时应将平面立体交叉设在次线上,主线上跨或下穿应视地形和排水条件而定,一般以下穿为宜。次线上可通过渠化或设置交通信号等措施组织交通。

部分苜蓿叶式立体交叉如图 8.5 所示。相对标准苜蓿叶式立体交叉而言,部分苜蓿叶式立体交叉缺少部分转向匝道,这部分交通通过在次要道路上以平面交叉方式来实现。按匝道布置方式可分为三类,即主要道路的出口在跨线构造物之前的 A 形[图 8.5(a)]和出口在跨线构造物后的 B 形[图 8.5(b)]以及以主要道路为对称轴布置匝道的 A-B 形[图 8.5(c)]。

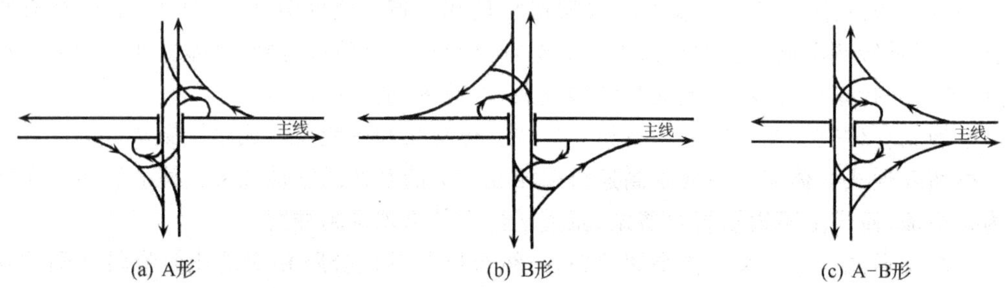

(a) A形 (b) B形 (c) A-B形

图 8.5 部分苜蓿叶式立体交叉

部分苜蓿叶式立体交叉或其变形形式的立体交叉的主线直行车快速通畅;单一驶出方式简化了主线上的标志,即仅需一座桥,用地和工程费用较小;远期可扩建为全苜蓿叶式立体交叉,但次线上存在平面交叉,有停车等待和错路运行可能。

部分苜蓿叶式立体交叉适用于出入交通量较小的一般互通式立体交叉。A、B 两种形式的选择主要取决于转弯交通的特点和用地条件。转弯交通量不平衡时,应以平面交叉中的冲突最少作为匝道布设象限选择的原则。A-B 形只适用于被交路傍依铁路或密集建筑群或滨河的情况。

布设时应使转弯车辆的出入尽可能少妨碍主线的交通,最好使每一转弯运行均为右转弯出入,不得已时应优先考虑右转出口。另外,平面交叉口应布置在次线上。

② 完全互通式立体交叉。相交道路的车流轨迹线全部在空间分离的交叉。它是一种比较完善的高级形式,匝道数与转弯方向数相等,各转向都有专用匝道,适用于高速道路之间及高速道路与其他高等级道路相交。其代表形式有喇叭形、苜蓿叶形、Y 形、X 形等。

a. 喇叭形立体交叉(图 8.6)是三路立体交叉的代表形式，按主要公路的左转弯出口在跨线构造物之前和之后而分为 A 形和 B 形。

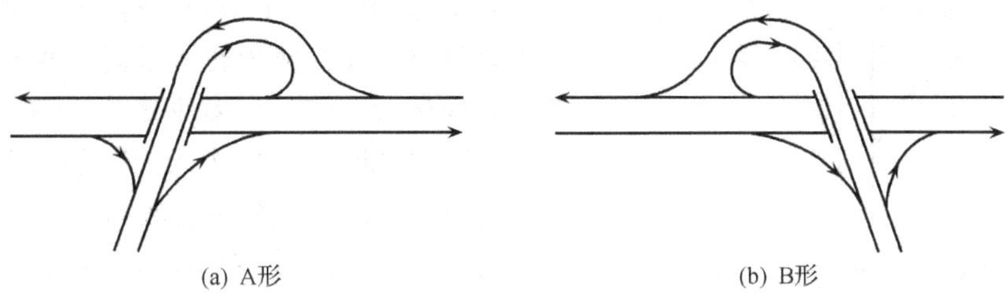

图 8.6　喇叭形立体交叉

这种立体交叉除环圈式匝道适应车速较低外，其他匝道都能为转弯车辆提供较高速度的半定向运行；只需一座构造物，投资较省；无冲突点和交织，通行能力大，行车安全；造型美观，行车方向容易辨别。一般情况下宜采用 A 形。因地形、地物的限制或左转进入主线的交通量远大于左转驶离主线的交通量时，宜采用 B 形。

布设时应将环圈式匝道设在交通量小的方向上，次线上跨时转弯交通视野有利，下穿时宜斜交或弯穿。

b. 苜蓿叶式立体交叉如图 8.7 所示。该立体交叉平面形似苜蓿叶，交通运行连续而自然，无冲突点，可分期修建，仅需一座构造物，但这种立交占地面积大，左转绕行距离较长，环圈式匝道适应车速较低，且桥上、下存在交织，适用于左转交通量较小的一般互通式立体交叉。在苜蓿叶形立体交叉中的直行车道旁增辟集散车道[图 8.7(b)]，可避免转弯车流的交织对直行车流的干扰，但交织依然存在，因而枢纽互通式立体交叉应尽量避免采用这种类型。在城市内因受用地限制很难采用，但因其形式美观，如果在城市外围的环路上采用，加之适当绿化，也是较为合适的。

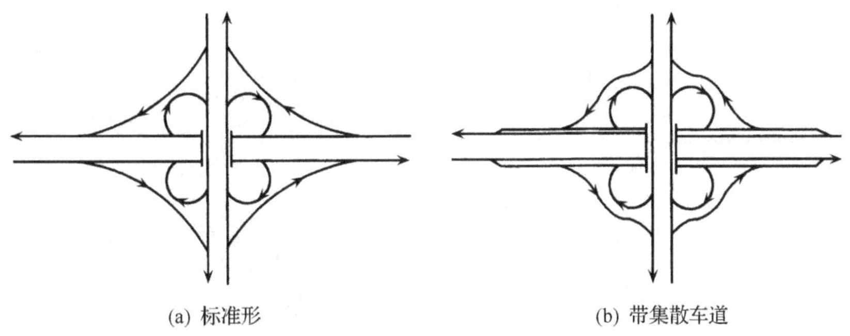

图 8.7　苜蓿叶式立体交叉

布设时为消除主线上的交织，避免双重出口，使标志简化，以及提高立体交叉的通行能力和行车安全，可加设集散车道。

c. 子叶式立体交叉(图 8.8)只需一座构造物，造价较低，造型美观，但交通运行条件不如喇叭式好，正线存在交织，多用于苜蓿叶式立交的前期工程。布设时以使正线下穿

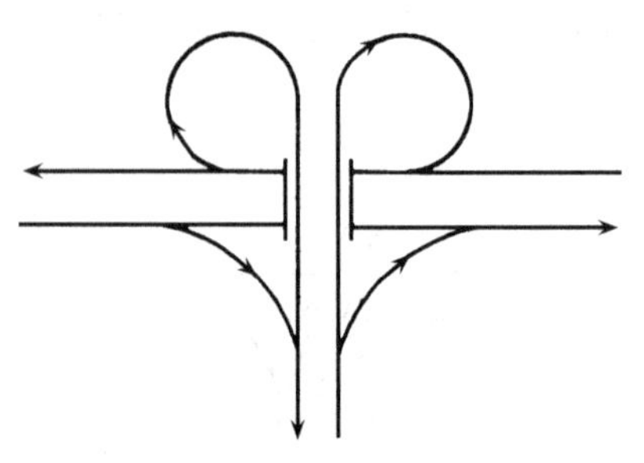
图 8.8 子叶式立体交叉

为宜。

d. Y 形立体交叉，如图 8.9 所示：(a) 为定向 Y 形，(b) 为半定向 T 形，右下图为三层式。

这种立体交叉能为转弯车辆提供高速的定向或半定向运行；无交织，无冲突点，行车安全；方向明确，路径短捷，通行能力大；正线外侧占地宽度较小，但需要构造物多，造价较高。

定向 Y 形立体交叉[图 8.9(a)]适用于右转弯速度高，且交通量大的枢纽互通式立体交叉。从交通运行角度考虑，二层布置比三层布置为优。T 形立体交叉[图 8.9(b)]适用出入交通量相对较少或左转弯速度较低的枢纽互通式立体交叉。

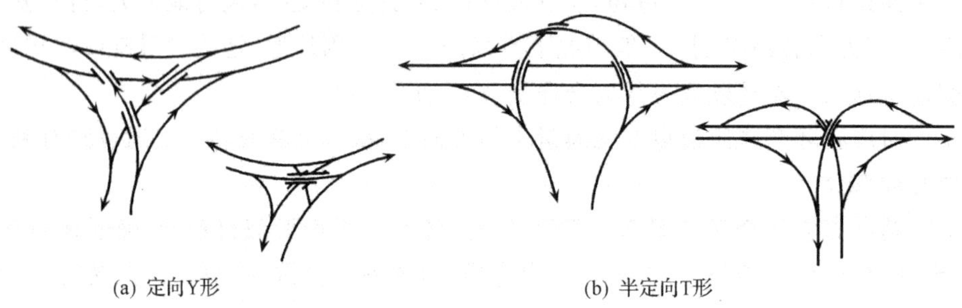
(a) 定向Y形 (b) 半定向T形

图 8.9 Y 形立交和 T 形立体交叉

e. X 形立体交叉，又称半定向式立体交叉。图 8.10(a)为对向左转匝道对角靠拢布置，图 8.10(b)为对角左转匝道拉开布置。

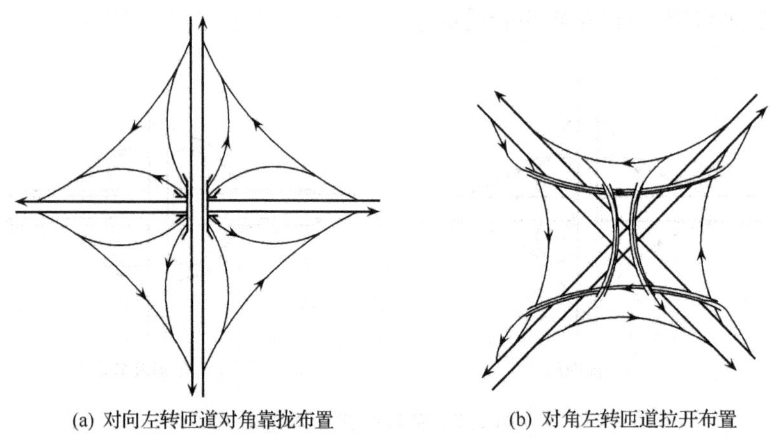
(a) 对向左转匝道对角靠拢布置 (b) 对角左转匝道拉开布置

图 8.10 X 形立体交叉

这种立体交叉各方向运行都有专用匝道，自由流畅，转向明确；无冲突点，无交织，通行能力大；适应车速高。但占地面积大，层多桥长，造价高，在城区很难实现。一般多用于各转弯交通量均较大的互通式立体交叉。

f. 相对于Y形和X形立体交叉而言，涡轮式立体交叉(图8.11)是定向式立体交叉中左转弯匝道平面指标较低的一种，适用于转弯速度较低的枢纽互通式立体交叉。

g. 组合式立体交叉(图8.12)中的左转弯匝道既有环形匝道，又有半定向式匝道。组合式立体交叉是根据交通量并结合地形、地物限制条件，在同一座立体交叉中采用两种或两种以上不同形式的左转匝道组合而成的立体交叉。其中，环形匝道不超过两条，而且应布置在对角象限中。它适用于一个或两个左转弯交通量较小的枢纽互通式立体交叉。

图8.11　涡轮式立体交叉

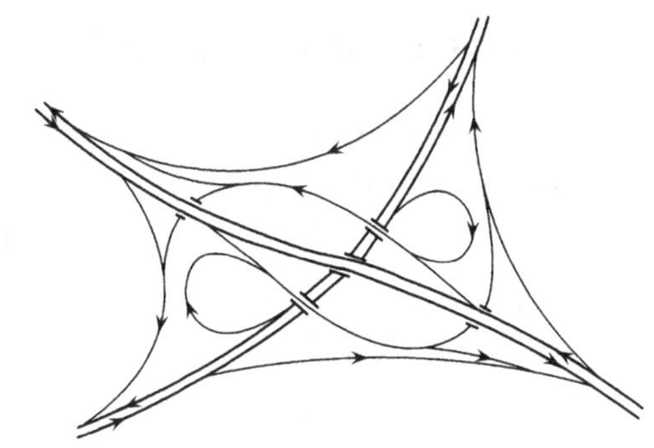

图8.12　组合式立体交叉

③ 环形立体交叉为交织形立体交叉，相交道路的车流轨迹线因匝道数不足而共同使用，具有交织路段，如图8.13所示。其中(a)、(b)分别为四路、多路环形立体交叉。

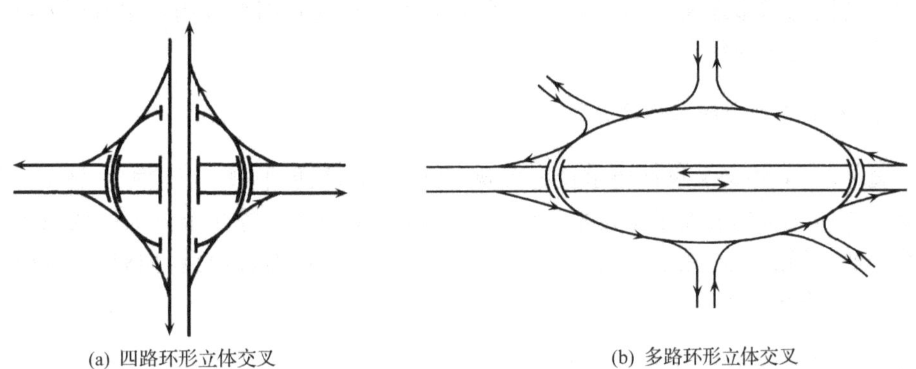

(a) 四路环形立体交叉

(b) 多路环形立体交叉

图8.13　环形立体交叉

环形立体交叉适用于主要道路与一般道路交叉。这种立体交叉能保证主线直通，交通组织方便，无冲突点，占地较少。但环道上存在交织，次要道路的通行能力受到环道交织能力的限制，车速受到中心岛直径的影响，构造物较多，左转车辆绕行距离长。

当采用环形立体交叉时，必须根据相交道路的性质进行比较研究，看环道的最大通行能力和所采用的中心岛尺寸是否满足远期交通量和车速的要求。布设时应让主线直通，中心岛可采用圆形、椭圆形或其他形状。

环形立体交叉承担的转弯交通量有限，因此只适用于转弯交通量较小的交叉，是城市道路用地受限时常采用的一种形式。

(3) 其他方式分类

1) 按几何形状分类,立体交叉分为T形立体交叉、Y形立体交叉和X形立体交叉。

2) 按交汇道路条数分类,立体交叉分为三路立体交叉、四路立体交叉和多路立体交叉。

3) 按层数分类,立体交叉分为双层立体交叉、三层立体交叉和多层立体交叉。

4) 按用途分类,立体交叉分为公路立体交叉、城市道路立体交叉、铁路立体交叉和人行立体交叉。

8.1.2 立体交叉设计的基本要求与主要内容

公路与城市道路存在的诸多差别,也使公路立体交叉和城市道路立体交叉有很多不同,具体地,公路立体交叉与城市立体交叉的主要区别包括以下两点。

1) 公路立体交叉一般附设收费站,两立体交叉间的间距较大,地物障碍少,用地较松,多采用地上明沟排水系统,常用立体交叉形式简单,但因匝道设计速度相对较高,立体交叉占地较大,以二层式为主。

2) 城市立体交叉一般不收费,相邻立体交叉间距较小,需要合理解决庞大的自行车流和行人交通,用地较紧,受地上和地下各种管线及建筑物影响大,拆迁费用高,多采用地下暗管排水并与城市排水系统连接;要考虑施工时便于维持原有交通和快速施工问题,比公路立体交叉更多地重视美观要求,常作为一种城市景观来设计,立体交叉形式复杂、多样,往往做成多层式。

由于公路与城市道路立体交叉存在诸多差别,因此设计指标计内容也有所差异,在设计时应充分考虑这些特点。

1. 立体交叉设计的基本要求

从整体看,立体交叉设计要求造型美观,功能齐全,线形平顺,构造物少,施工方便,造价低廉。立体交叉选型除了受技术指标、功能指标、工程经济等几个方面的约束外,还强调结合自然、贴近社会、注重人类与环境的协调。就构造物而言,材料向轻质、高强,便于拼装,施工快速简便等方向发展。

2. 立体交叉设计的阶段及主要内容

立体交叉的建设与管理必须经过规划、设计、施工和后期的管理养护等工作过程。

立体交叉的规划是集立交设计与全局宏观控制为一体的研究论证过程,是在统筹了立体交叉的各有关因素之后,对所拟定立体交叉规划方案进行分析论证工作。从整体的交通体系中研究探讨立体交叉位置及功能,把着眼点放在较高的位置,从全局出发,论证设计出合理的立体交叉规划方案。

立体交叉的设计分为不同的阶段,不同设计阶段中的地位及设计的主要内容如下。

(1) 预可行性研究阶段

预可行性研究阶段主要讨论立体交叉的设置位置,立足于地区规划、项目所在地的需求、道路的性质和任务等,讨论立交设置的位置及与相邻立体交叉的间距等要素,同时为工程估算提供必要的参考数据,在提供数据时要适当考虑立体交叉的规模及形式,以保证下一阶段工作的顺利实施。

(2) 工程可行性研究阶段

工程可行性研究阶段主要研究论证立体交叉设置的具体位置、功能，是预可行性研究的进一步深化；在工程上，要确定立体交叉的规模，匡算工程数量，要能满足指导初步设计的要求。

(3) 初步设计阶段

初步设计(又称方案设计)阶段需要确定不同立体交叉方案，初步拟订方案中的主要技术指标，确定立体交叉的整体规模。设计包括确定用地、立体交叉形式、交叉方式、附属设施、工程数量、主要技术指标等内容，提出可供比选的推荐方案和比较方案，为决策者提供可靠的参考依据。

(4) 施工图设计阶段

施工图设计阶段立交的设计，是根据已批准的初步设计方案，在已定路线线位的前提下，做出可供施工的具体详细的施工图设计文件，具体包括：

1) 确定主线、匝道以及端部的线形尺寸。

2) 路基路面及桥涵设计。

3) 立体交叉排水设计。

4) 交通工程及沿线附属设施设计。

5) 绿化和美化等景观设计。

8.2　立体交叉的规划与选型

8.2.1　立体交叉的布置规划

1. 立体交叉的设置条件

立体交叉按交通功能分为互通式立体交叉和分离式立体交叉两大类型。互通式立体交叉的位置应根据公路网规划、相交公路状况、地形和地质条件、社会与环境因素等确定。在保证主线畅通的前提下，综合考虑立体交叉对地区交通的分散和吸引作用、立体交叉的设置条件、技术上的合理性、经济上的可行性以及拟选立体交叉的形式等，一般应选择在地势平坦开阔、地质良好、拆迁较少及相交道路具有较高的平纵线形指标处。分离式立体交叉的设置也应结合公路网或以批准的公路网规划进行布设，还要考虑当年各地的经济发展、交通需求等因素，经过技术论证后确定。

通常，应根据下列条件设置立体交叉。

(1) 相交道路的等级

高速公路与其他各级道路相交、快速路与快速路交叉，必须采用立体交叉。一级公路与交通量大的公路交叉应采用立体交叉。二级、三级公路间的交叉，直行交通量大时或有条件的地点宜采用立体交叉。采用互通式或分离式立体交叉应根据道路的等级、功能、道路网密度和节点分布情况、转向交通量、交通管理方式和交叉点处的场地条件等因素综合确定。

(2) 相交道路的性质

高速公路间及其同一级公路相交处、两条一级公路相交处、高速公路同通往重要交通源的公路相交而使该公路成为其支线时、一级公路当平面交叉的通行能力不足或出现频繁的交通事故时应采用互通式立体交叉。

(3) 相交道路的任务

高速公路、一级公路同通往县级以上城市、重要的政治或经济中心、重要工矿区、港口、机场、车站和游览胜地等的主要公路相交处应设置互通式立体交叉。

(4) 相交道路的交通量

城市主干路与主干路交叉口的现有交通量超过4000~6000pcu/h,相交道路为四条车道以上,且对平面交叉口采取改善措施、调整交通组织均难以收效时,可设置立体交叉。高速公路和具有干线功能的一级公路与其他各级公路相交无须交通转换时,应采用分离式立体交叉。二、三、四级公路直行交通量很大或地形条件适宜且不考虑交通转换时,可采用分离式立体交叉。

(5) 交通发生源

交通发生源的大小可以间接用影响区域内人口数、GDP和客货运量等来衡量,其中人口数是一个最主要的指标,一座互通式立体交叉直接影响区域内的人口在4.5万~10万。当社会因素成为设置互通式立体交叉的主要条件时,交通量可能不是控制因素,但也应有一定的数量以保证其具有基本的综合效益。

(6) 地形条件

当交叉所在地形条件适宜修建立交时可采用立交,如高填方路段与其他道路交叉处,较高的桥头引道与滨河路交叉等。两条主干路交叉或主干路与其他道路交叉,当地形适宜修建立体交叉,经技术经济比较确定为合理时,可设置立体交叉。道路跨河或跨铁路的端部可利用桥梁边孔,修建道路与道路的立体交叉。

(7) 经济条件

经过对投资成本、运营费用和安全性分析,设置立体交叉的效益投资比和社会效益等大于设置平面交叉时,可修建互通式立体交叉。

2. 立交的间距

确定互通式立体交叉间距时,主要应考虑以下影响因素。

(1) 能均匀地分散交通

相邻立体交叉之间应保持合适的间距,使其与担负的交通量均衡,解决道路间的转换,并能与当地路网有机联结。间距过大会使交通联系不便;间距过小则影响高速道路功能的发挥,且使建设投资增加。

(2) 能满足交织路段长度的要求

交织运行会影响车流平稳,降低道路通行能力,因此相邻立体交叉之间要有足够的交织路段,以便在相邻立体交叉出入口之间设置足够的加减速车道,保证车辆行驶速度及行车安全。当减速车道长度较短,它所邻接的匝道的平面线形指标又较低时,驾驶者往往在进入减速车道之前就开始降速,影响后随直行车辆的正常行驶。由于加速车道长度不足,车辆汇流存在无序的问题。

（3）满足标志和信号布置需要

相邻立体交叉之间应保证足够的距离，在此路段内设置一系列标志和信号，以便连续不断地告知驾驶员下一立体交叉出口的到来，使驾驶员采取相应措施。

（4）驾驶员操作顺适的要求

相邻立体交叉之间的距离如果过近，特别是在城市道路上，因互通式立交的平面连续变化，纵断面起伏频繁，会对车辆运行、驾驶操作以及景观均不利。

对互通式立体交叉的标准间距，公路与城市道路不尽相同。

城市道路上互通式立体交叉的间距一般比公路小，但最小间距按正线设计速度为80km/h、60km/h、50km/h和40km/h，分别采用1.0km、0.9km、0.8km和0.7km。

公路互通式立体交叉的间距，大城市、主要产业区附近宜为5～10km；其他地区为15～25km。公路互通式立体交叉的间距不应小于4km。当路网结构或其他条件受限制时，经论证相邻互通式立体交叉的间距可适当减小，其上一互通式立体交叉加速车道终点至下一互通式立体交叉减速车道起点之间的距离不得小于1000m，且应进行专项交通工程设计，设置完善、醒目的标志，标线和警示、诱导设施。当间距小于规定的最小值，且经论证必须设置时，应将两者合并为复合式互通式立体交叉，如图8.14所示。互通式立体交叉的最大间距是为满足管理维修和错过出口车辆折返的需要。最大间距不宜大于30km。在人烟稀少地区，此间距可适当增大，但不应超过40km。超过最大间距时，应在合适位置设置与主线立体分离的U形转弯设施。

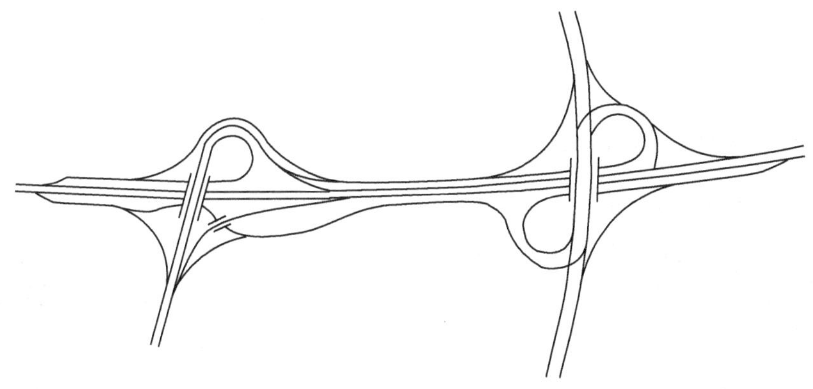

图8.14　复合式互通式立体交叉

8.2.2　立体交叉的形式选择

立体交叉形式选择目的是选择合适的立体交叉形式，使其能为行车提供高效率，安全舒适的交通空间；适应设计交通量和设计速度，满足车辆转弯需要，并能与环境相协调。选形不仅影响立体交叉本身的功能，如通行能力、行车安全和工程经济等，而且对地区规划、地方交通的发挥及市容环境等都有密切关系。

1. 影响立体交叉形式选择的因素

互通式立体交叉的形式应根据相交道路的功能、等级、交通量及其分布、收费制式等并综合考虑用地条件、经济与环境因素等确定,可概括为道路、交通、环境及自然条件等四因素,具体内容如图 8.15 所示。

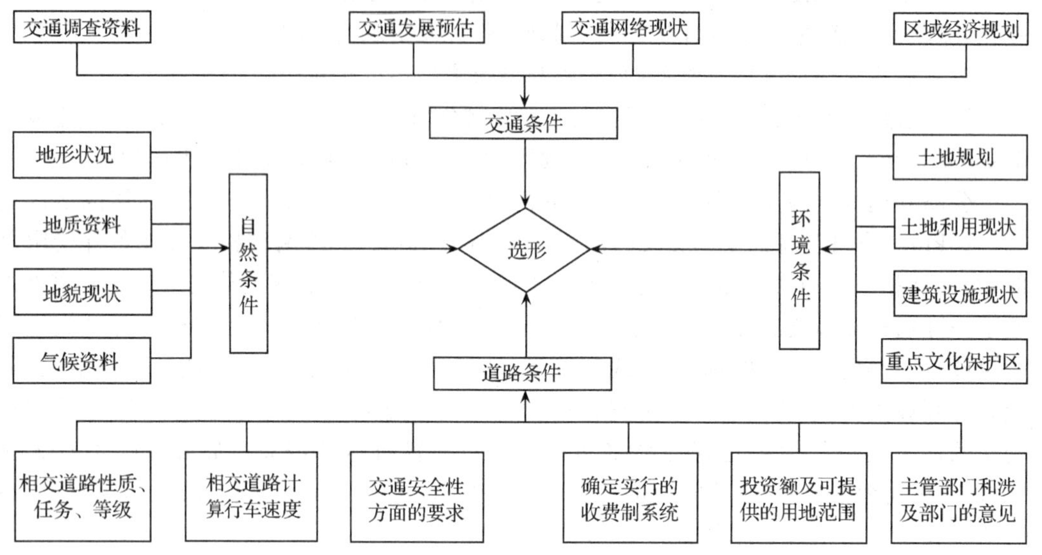

图 8.15 影响立体交叉形式的基本因素

2. 立体交叉形式选择的基本原则

互通式立体交叉形式的选择,应遵循下列基本原则。

1) 立体交叉的选形应根据相交道路的等级、性质、任务和交叉口设计小时交通量、流向、地形、地质和地下管线等具体情况的综合分析,进行技术、经济和环境效益的比较后确定。

2) 立体交叉应保证主要道路、主要方向交通流顺畅,匝道选用定向式。对于交通量小的次要交通方向,匝道可选用速度低的定向式匝道甚至环形匝道,也可根据情况保留部分平面交叉或限制某些方向交通。如果要提供沟通,应使往返匝道成对出现。

3) 立体交叉匝道口处机动车与非机动车的设计小时交通量较大,互相干扰造成交通阻塞影响正常运行时,可采用机动车与非机动车分行的立体交叉。

4) 立体交叉设计应根据对交叉口交通流的分析,结合地形,因地制宜地布置匝道,不应单纯强调对称。立体交叉设计应在满足交通需求的情况下采取简单形式,其体形和色彩应与周围建筑协调,力求简洁大方。

5) 立体交叉形式的选择,应根据路网布局和规划,力争一条道路上立体交叉形式统一性,进、出口匝道的通用性和一致性,使驾驶员容易识别行车方向。

6) 选形应全面考虑近远期结合,既要考虑近期交通要求,减少投资费用,又要考虑远期交通发展需要改建提高的可能。

7）选形应从实际出发，有利施工、养护和排水，尽量采用新技术、新工艺、新结构，以提高质量、缩短工期和降低成本。

8）选形应与定位相结合。立体交叉的形式随所在位置的地形、地物及环境条件而异，通常先定位后选形，并使选形与定位结合考虑。

3. 立体交叉形式选择的步骤和要点

（1）初定立体交叉的基本形式

首先选择立体交叉的总体布局，如上跨式或下穿式，完全互通式或部分互通式，二层式、三层式或四层式，机、非分行或混行，是否考虑行人交通，是否收费等；在上述基础上进一步选择立体交叉的基本形式，如菱形、Y 形等。

（2）立体交叉几何形状及结构的选择

立体交叉的几何形状及结构对行车速度、运行时间、行车视距、视野范围、服务水平及通行能力等影响较大。在基本形式确定的基础上，通过仔细研究，对立交的总体结构进行安排和匝道布置，如跨线构造物的布置，出入口的位置，匝道布置象限，内外匝道采用整体式或分离式，匝道的平、纵、横几何形状及尺寸，变速车道、集散车道的布置等。

（3）立体交叉方案比较

一般同时产生几个立体交叉方案，经过多方案的技术、经济比较，选择合理的立体交叉形式和适当的规模，以做出满足交通功能要求、适合现场条件、工程量小、投资省的立体交叉方案。方案比较的方法较多，下面简要介绍综合评价法和技术经济比较法。

1）综合评价法。方案比选时，有些指标难以量化，或因指标因素太多而难以进行比较。综合评价法是通过建立的综合评价指标体系，借助运筹学的层次分析法，对各影响因素权重进行计算，确定表达每一层次的全部指标的相对重要性次序的数值，并通过排序结果寻求整体最优或较优的立交方案，作为决策的依据。

建立一个合理、实用和科学的综合评价指标体系，对评价结果的全面性、公正性及可靠性至关重要。图 8.16 为一立体交叉方案综合评价指标体系，它是一个梯阶结构，方案评价是由下而上逐级进行，将低一级评判结果作为高一级评判的输入，直到最终得到结果。

权重是各指标之间相对重要程度的反映。为使权重取值科学，常采用系统工程中的特尔斐法、专家调查法。有选择地向专家发放调查表，收回后还应作统计检验分析，以保证调查质量。

为能统一比较，需要把有量纲或无量纲的各指标换算成 0～1 之间的实数，称为评价指标的量化处理。对定量的指标（如匝道长度、通行能力等）通过计算直接或间接得到；对定性的指标（如社会反映、分期修建适应性等）很难计算获得，可用模糊数学的方法得到。

2）技术经济比较法。直接计算各立交方案的技术、使用及经济指标值，逐项进行对比分析，选出最佳方案。各指标的具体内容有以下几种。

① 技术指标，包括：占地面积，以单车道计的匝道总长度，以单车道计的立交范围内主线全部车道长度，匝道路面面积，主线路面面积，以单车道计的跨线桥总长度，路基土石方体积，等等。

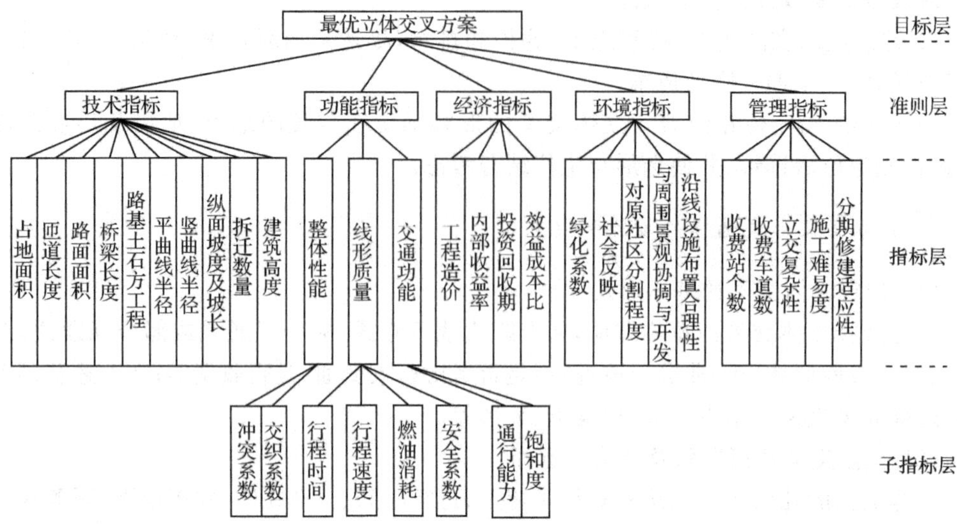

图 8.16 立体交叉方案综合评价指标体系

② 使用指标,包括:汽车在相邻道路上两固定点间以设计速度左转运行时间和右转运行时间,以最佳车速计算的左转运行时间和右转运行时间,等等。

③ 经济指标,包括:立体交叉范围的路基、路面及跨线构造物等的总造价,立体交叉一年的养护费用,一年运输费用,等等。

8.3 立体交叉的主要线形设计

8.3.1 主线线形设计

主线线形指标是对立体交叉范围内的视距、视觉,对前方路况应有预知性,变速车道的平纵线形及其与主线的衔接,以及匝道关键段落的平纵线形等一系列形态要素的宏观控制,以保证车流顺畅平滑,变速从容,使整个立交具有良好的运行性能。

公路互通式立体交叉范围内主线线形主要技术指标见表 8.1。

表 8.1 公路互通式立体交叉范围内主线线形指标

设计速度/(km/h)	最小平曲线半径/m		最小竖曲线半径/m				最大纵坡/%	
			凸形		凹形			
	一般值	最小值	一般值	最小值	一般值	最小值	一般值	最小值
120	2 000	1 500	45 000	23 000	16 000	12 000	2	2
100	1 500	1 000	25 000	15 000	12 000	8 000	2	2
80	1 100	700	12 000	6 000	8 000	4 000	3	4(3.5)
60	500	350	6 000	3 000	4 000	2 000	4.5(4)	5.5(4.5)

注:当主线以较大的下坡进入立体交叉,且所接的减速车道为下坡,同时,后随的匝道线形指标较低时,主线的纵坡不得大于括号内的值。

8.3.2　匝道的线形设计

匝道是互通式立体交叉必不可少的组成部分，主要是供上、下相交道路转弯车辆运行。匝道设计的合理与否，直接关系到立交交叉的功能发挥、营运的效率、行车安全、线形的美观和工程经济等，因此，匝道的合理布置及使用合适的线形是非常重要的。

1. 匝道的基本形式

匝道的形式多种多样，按匝道的功能及其与相交道路的关系，分为右转匝道和左转匝道两大类。

(1) 右转匝道

从右侧驶出后直接右转约 90°，到相交道路的右侧驶入，一般不设跨线构造物，如图 8.17所示。其特点是形式简单，车辆运行方便，直捷顺当，车速和指标较高，行程短，行车安全。

(2) 左转匝道

车辆须转 90°～270°越过对向车道，至少需要一座跨线构造物。按匝道与相交道路的关系，左转匝道又可分为以下几种基本形式。

1) 直接式。又称定向式、直连式或左出左进式，如图 8.18 所示，左转车辆直接从左侧驶出，左转弯，到相交道路的左侧驶入。优点是匝道长度最短，可降低营运费用；没有反向迂回运行，自然顺畅；可适应较高车速。缺点是跨线构造物较多，需单向跨线桥二层式二座或三层式一座；相交道路的双向行车之间需有足够的间距；对中型车和慢速车左侧高速驶出困难，左侧高速驶入困难且不安全。

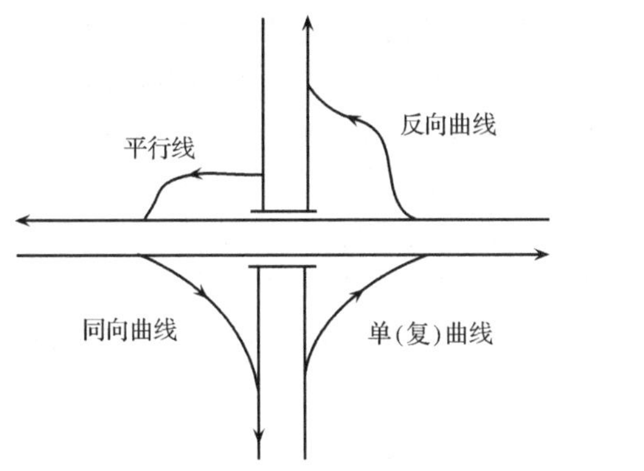

图 8.17　各种线形右转匝道示意图

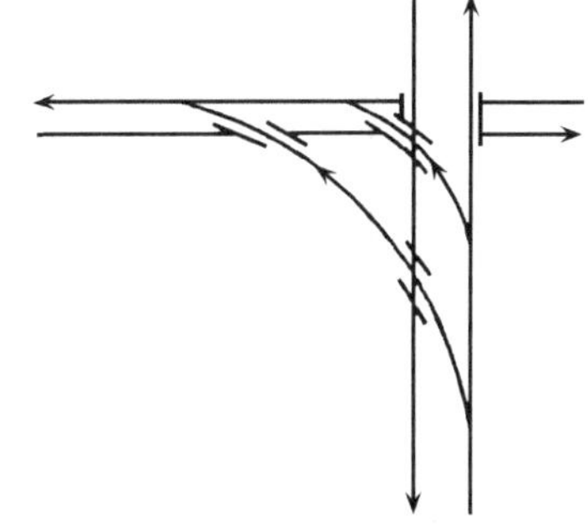
图 8.18　直连式左转匝道(左出左进)

因定向式左转匝道存在左出和左进的问题，且与我国右侧行驶规则不相适应，所以除左转交通量很大或条件适宜外，一般不采用。图 8.18 中两种形式可视经济性、线形指标及用地等比较选用。

2) 半直接式。又称半定向式或半直连式匝道，按车辆由相交道路的进出方式可分为三种基本形式。

① 左出右进式。如图 8.19 所示，左转车辆从左侧直接驶出后左转弯，到相交道路时

由右侧驶入。与直接式匝道相比,右进改变了左进的缺点,但仍然存在左出的问题;匝道略绕行;驶出道路双向车道间需有足够间距;对应图示三种情况,需设二层式单向和双向跨线桥各一座,或三层式双向一座,或二层式单向一座。

② 右出左进式。如图 8.20 所示,左转车辆从右侧右转驶出,在匝道上左转,到相交道路后直接由左侧驶入。改善了左出的缺点,但左进仍然存在;驶入道路双向车道之间需有足够间距,其余与左出右进匝道相同。

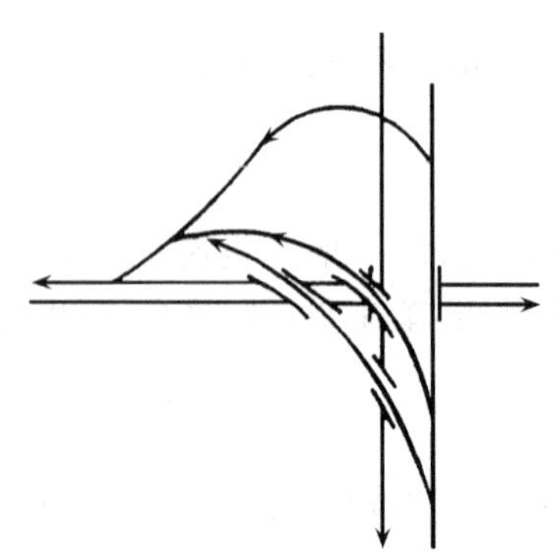

图 8.19 左出右进式左转匝道

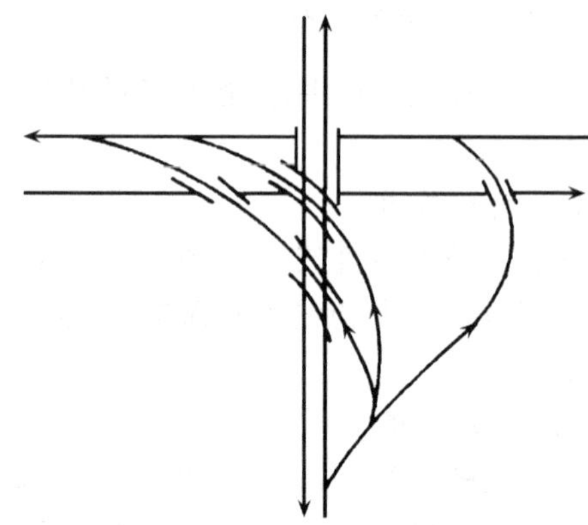

图 8.20 右出左进式左转匝道

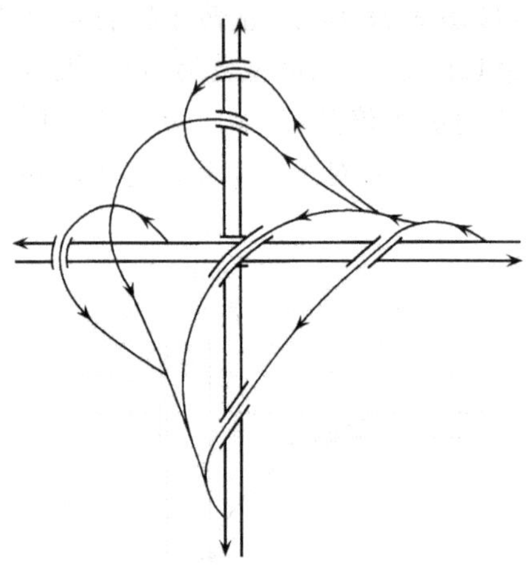

图 8.21 右出右进式左转匝道

③ 右出右进式。如图 8.21 所示,左转车辆都是右转弯驶出和驶入,在匝道上左转实现转弯。这是比较常用的左转匝道形式,它完全消除了左出、左进的缺点,行车安全,但匝道绕行最长,构造物最多。

3) 间接式。又称环圈式,左转车辆先驶过正线跨线构造物,然后向右回转约 270°达到左转的目的,如图 8.22 所示。特点是右出右进,行车安全;不需设构造物;造价最低;匝道线形指标差;占地较大;车速和通行能力低;左转绕行较长。

环圈式匝道为苜蓿叶和喇叭式立体交叉的标准组成部分。图中(a)为常用基本形式,当苜蓿叶式立体交叉为了改善交织而设置集散道路时,可用其余三种形式。

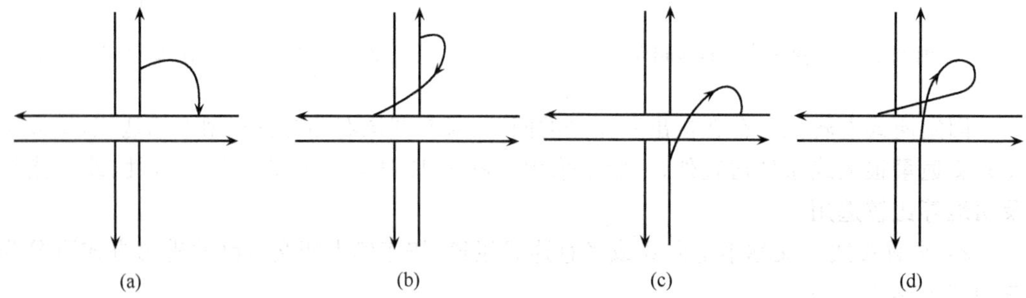

图 8.22 环圈式左转匝道

2. 匝道的特性

上述匝道的基本形式中，右转匝道在不设跨线构造物前提下是定型的，几乎都采用右出右进的形式，只是在使用中视场地限制条件改变匝道的线形而已，若某一象限未设右转匝道，该立体交叉相交道路上会出现平面交叉口。

左转匝道的基本形式变化多端，各种匝道可以单独或相互组合使用，形成许多不同类型的立体交叉。进一步观察左转匝道的基本形式，它们具有如下特性。

(1) 对称性

左转匝道可分为十种，如图 8.23 所示。从外观图形分析，可归纳为两类：一类为自身斜轴对称，如编号为 1、6、7、10 四种；另一类为自身无对称轴，但可分为相互轴对称的三对，如 2 和 4、3 和 5、8 和 9 六种。由这两类不同对称性的左转匝道，可以相互组合成许多对称的、造型美观的立体交叉形式。

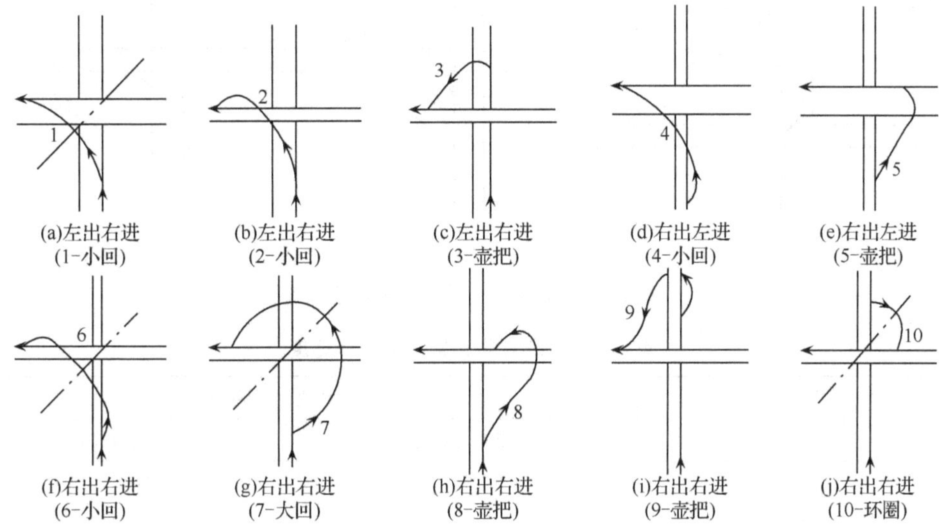

图 8.23　十种左转匝道的基本形式

(2) 可达性

任何一个方向左转的车辆，均可在所有象限内完成左转弯运行。如图 8.24 所示，若 A 方向来车拟左转到 B 方向时，可在四个象限内布置左转匝道。

(3) 局域性

所有行驶方向左转的车辆，均可在部分象限内完成左转弯运行。如图 8.25 所示，(a) 为一个象限集中布置，(b) 和 (c) 分别只在两个和三个象限内布置。

3. 匝道的设计依据

(1) 设计速度

匝道设计速度是指匝道中线形紧迫路段所能保持的最大安全速度。其余路段上应以与

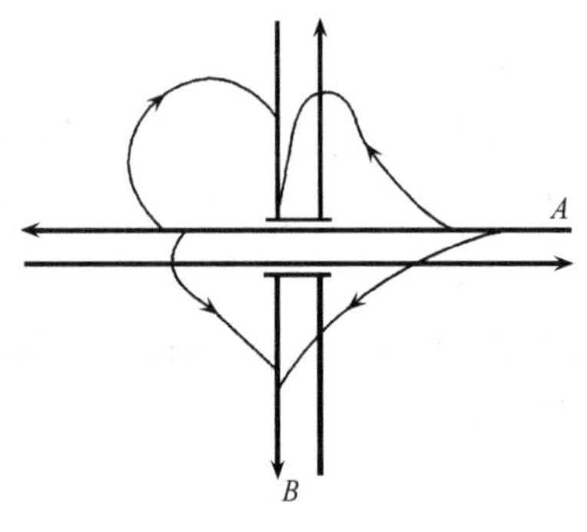

图 8.24 一个方向左转匝道布置

匝道中必然存在的变速行驶相适应的速度作为设计的控制值。匝道的设计速度主要是根据立体交叉的类型、转弯交通量以及用地和建设费用等条件选定。如果匝道的设计速度能和正线一样，即使采用不同速度相交道路中较低者，车辆运行也是顺畅的。由于地形、用地和建设费用等限制，匝道的设计速度通常都较正线低，但降低不得过大，避免车辆在离开或进入正线时产生急剧的减速或加速，导致行车危险和不顺畅。

公路和城市道路立体交叉匝道设计速度的规定分别见表 8.2 和表 8.3。

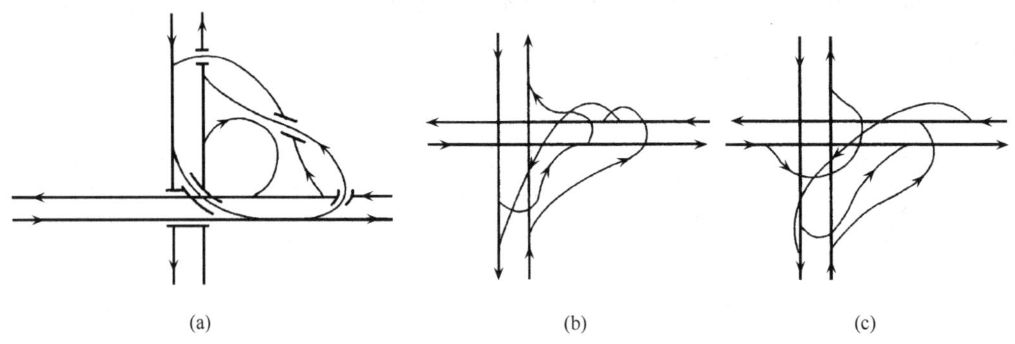

图 8.25 部分象限所有左转匝道布置

表 8.2 公路立体交叉匝道设计速度

匝道形式	匝道设计速度/(km/h)	
	枢纽互通式立交	一般互通式立交
直连式	80、60、50	60、50、40
半直连式	80、60、50、40	60、50、40
环形匝道	40	40、35、30

表 8.3 城市道路立体交叉匝道设计速度

相交道路设计速度/(km/h)	主线设计速度/(km/h)				
	120	80	60	50	40
80	60～40	50～40	—	—	—
60	50～40	45～35	40～30	—	—
50	—	40～30	35～25	30～20	—
40	—	—	30～20	30～20	25～20

应当指出，同一座立交的各条匝道，其设计速度可以而且应当是不同的，应当根据立体交叉类别和匝道形式确定，选用匝道设计速度时应遵循如下原则。

1）满足最佳车速要求。匝道采用较主线低的车速不一定意味着会降低立交的通行能力，因为车速高时由于制动距离增加而使车头间距变大，使通行能力降低。为确保行车安全及通行能力要求，并考虑占地及行驶条件，匝道设计速度宜接近其最大通行能力时的车速，即最佳车速 V_k，简化计算公式为

$$V_k=\sqrt{\frac{L+L_0}{C}} \tag{8.1}$$

式中：L——车长（m）；

L_0——安全距离（m），一般取 5～10m；

C——制动系数（s^2/m），一般取 0.15～0.30。

2）按匝道的不同形式选用。右转弯匝道应尽量采用上限值或中间值。直连式和半直连式左转弯匝道宜采用上限值或中间值。环圈式宜采用下限值。

3）适应出、入口行驶状态需要。接近自由流出入口附近的匝道部分应有较高的设计速度；接近收费站或平面交叉的匝道端部，设计速度可酌情降低。

4）考虑主线设计速度。匝道设计速度的确定一般有两种方法：一种是根据互通式立体交叉的类型和匝道形式取值，另一种是根据主线的设计车速取值。表 8.1 根据互通式立体交叉类别和匝道形式提供了匝道设计车速的取值范围，在实际使用中尚应结合主线设计速度予以确定。

（2）设计交通量

匝道设计交通量是确定匝道类型、设计速度、车道数、几何形状、平交或立交以及是否分期修建等的基本依据。设计交通量主要根据相交道路的交通量，结合交通调查资料进行交通预测得到。设计交通量的内容包括交通组成、流量和流向三部分。

（3）通行能力

匝道的通行能力取决于匝道本身的和出、入口处的通行能力，以三者之中较小者作为采用值。通常出口和入口处的通行能力与匝道本身通行能力相比甚小，故匝道的通行能力主要受出、入口处通行能力的控制，并受主线通行能力、车道数、设计交通量等影响。

4. 匝道的线形设计标准

（1）匝道的平面线形

1）匝道平曲线半径。平曲线半径直接影响着匝道的形式、用地、规模、造价以及行车的安全性和舒适性。匝道圆曲线最小半径计算原理与第三章公式相同。最小半径取决于匝道的设计速度，同时应考虑经济性、安全性和舒适性。表 8.4 为匝道圆曲线最小半径和不设超高的圆曲线最小半径，通常应选用大于一般值的半径，当受地形条件或其他特殊情况限制时，方可采用最小值。冰冻积雪地区不得采用最小半径。

主线出入口至匝道平面线形紧迫路段之间，平面线形应与变化着的行驶速度相适应。

城市道路立体交叉圆曲线最小半径及平曲线最小长度见表 8.5。线形设计宜采用大于或等于表 8.5 中超高 $i_h=2\%$ 的最小半径，有条件的地方可采用不设超高的最小半径。

表 8.4 匝道圆曲线最小半径和不设超高的圆曲线最小半径

匝道设计速度/(km/h)		80	70	60	50	40	35	30
匝道圆曲线最小半径/m	一般值	280	210	150	100	60	40	30
	极限值	230	175	120	80	50	35	25
不设超高的圆曲线最小半径/m	路拱≤2%	2500	2000	1500	1000	600	500	350

表 8.5 城市道路立体交叉匝道圆曲线半径及平曲线最小长度

匝道设计速度/(km/h)	60	50	45	40	35	30	25	20
横向力系数 μ	0.18						0.16	0.14
超高 i_h=6%的最小半径/m	120	80	65	50	40	30	20	15
超高 i_h=4%的最小半径/m	130	90	75	60	45	35	25	20
超高 i_h=2%的最小半径/m	145	100	80	65	50	40	30	20
不设超高的最小半径/m	180	125	100	80	60	45	35	30
平曲线最小长度/m	100	85	75	65	60	50	40	35

2) 匝道回旋线参数。匝道及其端部应设置缓和曲线。缓和曲线应采用回旋线,其参数及长度宜不小于表 8.6 所列数值。反向曲线的两个回旋线参数宜相等或相近。相差较大时,两参数之比不宜大于 2。

表 8.6 匝道回旋线参数及长度

匝道设计速度/(km/h)	80	70	60	50	40	35	30
回旋线参数 A/m	140	100	70	50	35	30	20
回旋线长度/m	70	60	50	40	35	30	25

(2) 匝道的纵面线形

1) 匝道最大纵坡。匝道因受上下线标高的限制,为克服高差、节省用地和减少拆迁,并考虑匝道上车速较低,故匝道纵坡一般比正线纵坡大。各种设计速度所对应的最大纵坡见表 8.7 和表 8.8。若机动车与非机动车混行时,考虑非机动车的行车要求,其纵坡不宜大于 3%。

表 8.7 公路立体交叉匝道最大纵坡

匝道设计速度/(km/h)			80、70	60、50	40、35、30
最大纵坡/%	出口匝道	上坡*	3	4	5
		下坡	3	3	4
	入口匝道	上坡	3	3	4
		下坡*	3	4	5

注:因地形困难或用地紧张时可增大 1%。

*非冰冻积雪地区在特殊困难情况下可增加 2%。

表 8.8　城市道路立体交叉匝道最大纵坡

匝道设计速度/(km/h)		80	≤60
最大纵坡/%	冰冻地区	4	4
	非冰冻地区	4	5

2）匝道竖曲线半径。各设计速度对应的竖曲线最小半径及最小长度见表 8.9。

表 8.9　匝道竖曲线最小半径及最小长度

匝道设计速度/(km/h)			80	70	60	50	40	35	30
竖曲线最小半径/m	凸形	一般值	4500	3500	2000	1600	900	700	500
		最小值	3000	2000	1400	800	450	350	250
	凹形	一般值	3000	2000	1500	1400	900	700	400
		最小值	2000	1500	1000	700	450	350	300
竖曲线最小长度/m		一般值	100	90	70	60	40	35	30
		最小值	75	60	50	40	35	30	25

(3) 匝道横断面

匝道横断面由车道、路缘带、硬路肩和土路肩（城市道路不设）组成，对向分隔的匝道还应包括中央分隔带。匝道横断面的基本类型有四种，布置形式如图 8.26 所示。

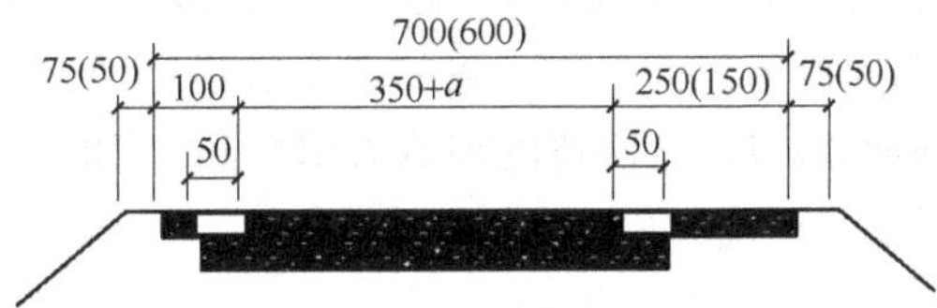

(a) 单车道 (R1 型，a 为加宽值)

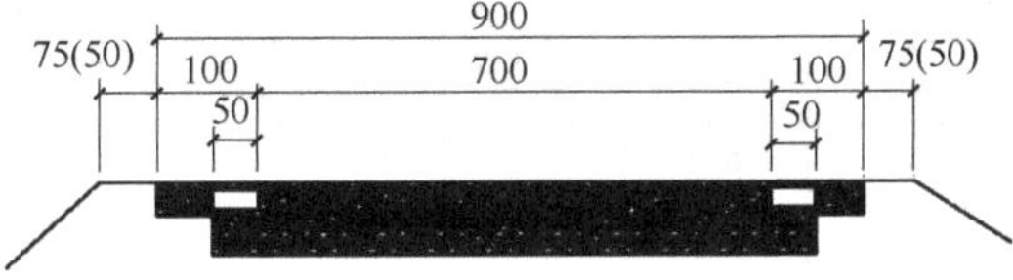

(b) 无紧急停车带的双车道 (R2 型)

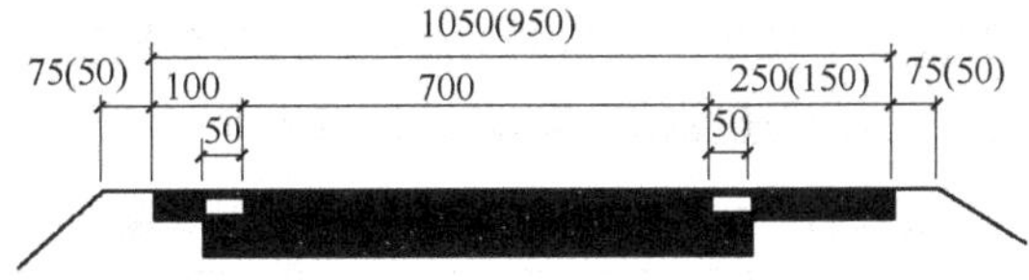

(c) 设紧急停车带的双车道 (R3 型)

图 8.26　匝道横断面的基本类型(尺寸单位:cm)

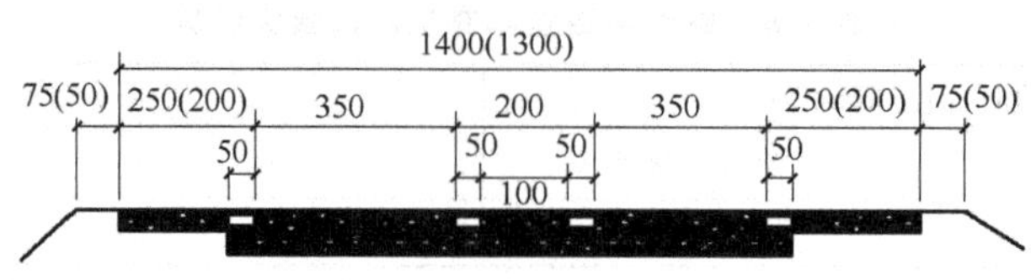

(d) 对向分隔的双车道(R4 型)

图 8.26(续)

匝道各组成部分的宽度:车道宽度一般为 3.5～4.0m,公路立交为 3.5m,城市立交机、非混行的匝道,非机动车车道宽度应视交通量而定。中央分隔带的宽度为 1.0m(设刚性护栏时可为 0.6m),路缘带宽度为 0.5m。土路肩宽度为 0.75m 或 0.5m。单车道匝道右侧应设硬路肩,其宽度包括路缘带为 2.5m,特殊困难时取 1.5m 或 2.0m,左侧硬路肩包括路缘带宽为 1.0m。具体规定见表 5.2。

当匝道硬路肩窄于主线硬路肩时,根据车道数不同,应在匝道或变速车道内设置渐变率为 $\frac{1}{30}$～$\frac{1}{20}$的过渡段过渡。当匝道硬路肩宽于主线硬路肩时,在变速车道上设置渐变率$\frac{1}{40}$～$\frac{1}{30}$的过渡段过渡。

(4) 匝道的加宽和超高

1) 匝道圆曲线的加宽值。匝道圆曲线的加宽值,R1、R2 型应根据圆曲线半径按表 8.10所示数值采用。表中加宽值是对图 8.26 的标准行车道宽度而言,如遇特殊断面时,加宽值应予以调整,使加宽后的总宽度与标准一致。对向分隔的双车道匝道(R4 型),应按各自车道的曲线半径所对应的加宽值分别加宽。R3 型匝道的加宽为 R2 型加宽值减去 R2、R3 两者硬路肩的差值。曲线加宽的过渡可按照正线加宽过渡的方式进行。

表 8.10 双车道路面加宽值 (单位:m)

加宽类别	设计车辆	圆曲线半径								
		200～250	150～200	100～150	70～100	50～70	30～50	20～30	20～25	15～20
第 1 类	小客车	0.4	0.5	0.6	0.7	0.9	1.3	1.5	1.8	2.2
第 2 类	载重汽车	0.6	0.7	0.9	1.2	1.5	2.0	—	—	—
第 3 类	铰接列车	0.8	1.0	1.0	2.0	2.7	—	—	—	—

注:单车道公路路面加宽值应为表列规定值的一半。

2) 匝道的超高及其过渡。

① 超高值。当匝道圆曲线半径小于表 8.11 所列值时,应根据规定要求设置必要的超高,超高应与匝道上变速过程中的行驶速度相适应,超高值按表 8.12 选用。

表 8.11 匝道上保持正常路拱的圆曲线半径

匝道设计速度/(km/h)	80	70	60	50	40	35	30
保持正常路拱(2%)的圆曲线半径/m	3500	2600	2000	1300	800	650	500

表 8.12　匝道圆曲线的超高

匝道设计速度/(km/h)	80	70	60	50	40	35	30	超高/%
匝道圆曲线半径/m	280	<210	<140	<90	<50	<40	—	10
	280 330	210 250	140 180	90 120	50 70	40 50	—	9
	330 380	250 300	180 220	120 160	70 90	50 60	30 40	8
	380 450	300 350	220 270	160 200	90 130	60 90	40 60	7
	450 540	350 430	270 330	200 240	130 160	90 110	60 80	6
	540 670	430 550	330 420	240 310	160 210	110 140	80 110	5
	670 870	550 700	420 560	310 410	210 280	140 220	110 150	4
	870 1240	700 1000	560 800	410 590	280 400	220 280	150 220	3
	>1240	>1000	>800	>590	>400	>280	>220	2

② 超高过渡段。匝道上直线与圆曲线间或两超高不同的圆曲线间应设置超高过渡段，其长度应根据设计速度、横断面类型、旋转轴的位置以及超高渐变率等因素确定。超高过渡段长度计算公式与正线相同。

匝道超高过渡应平顺和缓，不产生扭曲突变。一般以正线边线不动并作为匝道超高的旋转轴，沿超高过渡段逐渐变化，直至达到圆曲线内的全超高。

③ 超高设置方式。超高方式与正线相同。超高过渡段设置方法视匝道平面线形而定，有缓和曲线时，超高过渡在回旋线的全长内进行；当匝道上无缓和曲线时，可将所需过渡段长度的$\frac{1}{3}\sim\frac{1}{2}$插入圆曲线，其余设在直线上；两圆曲线径相连接时，可将过渡段的各半分别置于两圆弧内。当两圆曲线半径相差较大时，大半径圆曲线可适当多插入一些。

(5) 匝道的视距

互通式立体交叉范围内应具有良好的通视条件。

1) 识别视距。主线分流鼻之前应保证判断出口所需的视距。一般情况下，此视距宜为表 8.13所列识别视距。条件限制时，应大于 1.25 倍的主线停车视距。

表 8.13　识别视距

设计速度/(km/h)	120	100	80	60
识别视距/m	350(460)	290(380)	230(300)	170(240)

注：括号中为行车环境复杂、路侧出口提示信息较多时应采取的视距值。

2) 停车视距。单向单车道匝道主要满足停车视距;单向双车道可快、慢车分道行驶,无须考虑超车视距;双向双车道一般应设中间隔离设施,也不存在会车和超车问题,匝道全长只需满足停车视距要求。匝道停车视距见表 8.14,积雪冰冻地区应大于括号内数值。

表 8.14 匝道停车视距

匝道设计速度/(km/h)	80	70	60	50	40	35	30
停车视距/m	110(135)	95(120)	75(100)	65(70)	40(45)	35	30

3) 通视三角区。在汇流鼻前,匝道与主线间应具有如图 8.27 所示的通视三角区。另外,匝道出口位置应明显,易于识别。当出口接下坡匝道时,应保证驾驶者能在出口前看清楚匝道中第一曲线的起点及曲率趋势。

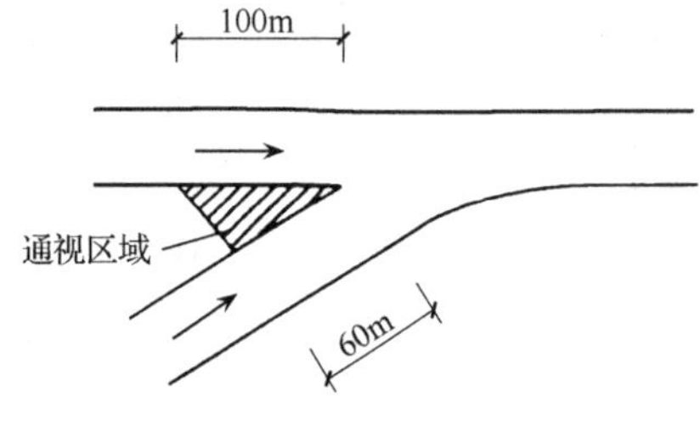

图 8.27 汇流鼻前通视三角区

5. 匝道的线形设计要点

(1) 匝道平面线形设计

1) 一般要求。

① 汽车在匝道上的行驶速度是由高到低再到高逐渐变化的过程,从出、入口至匝道中平面线形紧迫路段的范围内,平曲线的半径应与变化着的速度相适应。

② 右转弯匝道和左转弯直连式或半直连式匝道应采用较高的平面指标。

③ 直连式立交中,纵面起伏的匝道上,凸形竖曲线前后的平面线形应一致,或具备良好的线形诱导。严禁在小半径凸形竖曲线以后紧接平曲线。

④ 匝道平面线形指标应与交通量相适应,转弯交通量大的匝道,应采用较高的平面线形指标。

⑤ 应尽量避免反弯线形。

2) 匝道平面线形。匝道平面线形要素仍然是直线、圆曲线及缓和曲线,但由于匝道通常较短,难以争取到较长直线,故多以曲线为主。

在可能的情况下,应采用较大的圆曲线半径,只有条件受限时方可选用最小半径值。在平面线形设计中,应以回旋线作为主要的线形要素加以灵活运用。回旋线的参数和长度以及相邻回旋线参数的比值应满足规范的要求,一般情况下应选用较大的回旋线参数和较长的回旋线长度,只有在条件受限时方可采用最小值。

(2) 匝道纵面线形设计

1) 一般要求。

① 匝道的纵坡应平缓,且使两端较缓,中间较陡,并尽量避免反坡。

② 匝道同主线相连接的部位,其纵面线形应连续,避免线形的突变。

③ 出口匝道宜为上坡匝道。

④ 上坡加速或下坡减速的匝道(逆坡匝道),应采用较缓的纵坡,应尽量避免采用最大纵坡值。

⑤ 匝道中设收费站时,邻接收费广场的路段,其纵坡应平缓,不得以较大的下坡驶向或进入收费广场。

⑥ 匝道端部纵坡变化处应采用较大半径的竖曲线。匝道中间难以避免反坡时,凸形竖曲线应具有较大的半径,尤其在其后不远有反向平曲线或匝道分、汇流的情况下。

2) 匝道纵面线形。纵面线形多受其两端相连接正线的纵坡大小及坡向限制。右转匝道纵面线形常由一个以上竖曲线组合而成,但纵坡较小,起伏不大,竖曲线半径较大。左转匝道一般由反向或同向竖曲线组成,反向竖曲线的上端多为凸形,下端多为凹形,中间宜插入直坡段,也可直接连接;同向竖曲线宜加大半径,连成一个竖曲线或复合竖曲线。

纵坡设计应尽量平缓,最好一次起伏,避免多次变坡。出口处竖曲线半径应尽可能大一些,以便误行或其他原因要倒车时不致造成危险或引起阻塞。入口附近的纵面线形必须有同正线一致的平行区段,以看清正线,安全驶入。

(3) 匝道平、纵线形组合设计

匝道平、纵线形组合设计的基本要求是使匝道立体线形平顺无扭曲,视野开阔,行车安全舒适,视觉美观,并与周围环境协调。设计的原则和要点与正线基本相同,但应注意进、出口处平、纵组合的处理。

在出口处,若是越过凸形竖曲线以下坡驶入匝道时,坡顶之后的平曲线不应突然出现在驾驶员眼前,应将凸形竖曲线加长以增大视距,使驾驶员能及早发现平曲线的起点和方向,并有足够的安全运行时间。在入口处,若由匝道上坡驶入道口时,应将连接道口的匝道(一般长度至少 60m)纵断面与邻近正线基本一致,以使驾驶员能对正线前后一目了然。出、入口的设计详见后述。

8.3.3 端部线形设计

端部指匝道两端分别与正线相连接的道口,包括出入口、变速车道及辅助车道等。两端的道口和中间部分匝道共同组成一条完整的匝道。从主要道路(简称主线)出入的道口都应是自由流畅式,而次要道路(次线)上的道口有时则是存在平面交叉的情况。

1. 出口与入口设计

(1) 主线出、入口

一般情况下主线出、入口应设在主线行车道的右侧,出口位置应易于识别,一般设在跨线构造物之前。若在其后时,应与构造物保持 150m 以上的距离为宜。为便于车辆减速,出口最好位于上坡路段。入口应设在主线的下坡路段,以利于重型车辆加速。

在分流鼻两端,为给误行车辆提供返回的余地,应在行车道边缘设置偏置加宽,用圆弧连接主线和匝道相交的路面边缘,并用路面标线引导行驶方向,如图 8.28 所示。分流鼻偏置加宽值和分流鼻端圆弧半径见表 8.15。分流鼻处加宽路面收敛到正常路面的过渡长度 Z_1 和 Z_2 可按表 8.16 的渐变率计算。当主线硬路肩宽度大于偏置加宽值时,只将渐变段部分的硬路肩铺成与路面相同的结构。

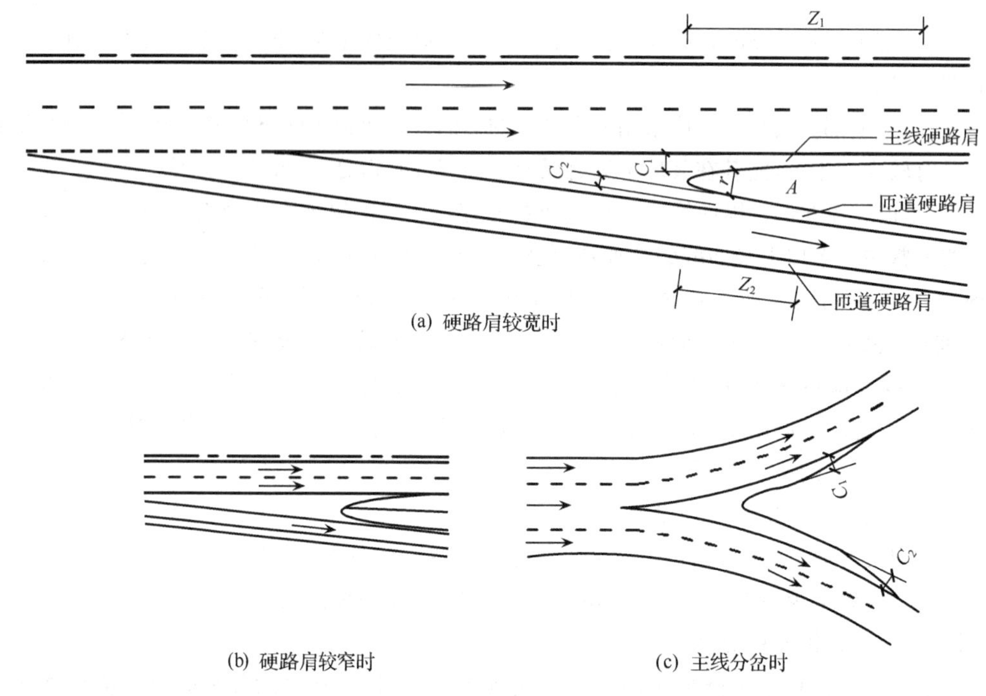

图 8.28 分流鼻处的偏置加宽

表 8.15 分流鼻偏置加宽值和分流鼻端圆弧半径

分流方式	主线偏置加宽值 C_1/m	匝道偏置加宽值 C_2/m	分流鼻端半径 r/m
驶离主线	≥3.0	0.6~1.0	0.6~1.0
主线分岔	≥1.8		0.6~1.0

表 8.16 分流鼻偏置加宽渐变率

设计速度/(km/h)	渐变率/(1/m)
120	1/12
100	1/11
80	1/10
60	1/9
≤40	1/7

(2) 互通式立体交叉的平面交叉口

互通式立体交叉在次线或匝道上可设置平面交叉口。这种平面交叉口往往决定整个立体交叉的通行能力、服务水平和交通安全,设计时应予以充分重视。在选定互通式立体交叉形式时,应考虑所含平面交叉的必要性与合理性。设计中应将匝道布置在合适的象限内，使冲突点减至尽可能少的程度。平面立体交叉应比被交道路上同等交通量的平面交叉更为畅通和安全，应根据交通量、交通组成和行驶速度等做出合理布置，并设置必要的标志、标线、分隔带、交通岛、变速车道、转弯车道等；行人与非机动车交通对平面交叉影响很大时，必要时应采取专用车道、渠化或立体交叉等措施，与机动车分离行驶。互通式立体交叉中的平面交叉设计应符合前面章节有关要求及规定。

2. 变速车道设计

在匝道与正线连接的路段，为适应车辆变速行驶的需要，而不致影响正线交通所设置的附加车道称为变速车道。变速车道分为减速车道和加速车道。车辆由正线驶入匝道时减速所需的附加车道称为减速车道；车辆从匝道驶入正线时加速所需的附加车道称为加速车道。

(1) 变速车道的形式

变速车道分为平行式与直接式两种，如图 8.29 所示。平行式是在正线外侧平行增设的一条附加车道。其特点是车道划分明确，行车容易辨认，但车辆行驶轨迹呈反向曲线对行车不利。直接式不设平行路段，由正线斜向渐变加宽，形成一条与匝道连接的附加车道。其特点是线形平顺并与行车轨迹吻合，对行车有利，但起点不易识别。变速车道为单车道时，减速车道宜采用直接式，加速车道宜采用平行式；为双车道时，加、减速车道均应采用直接式。

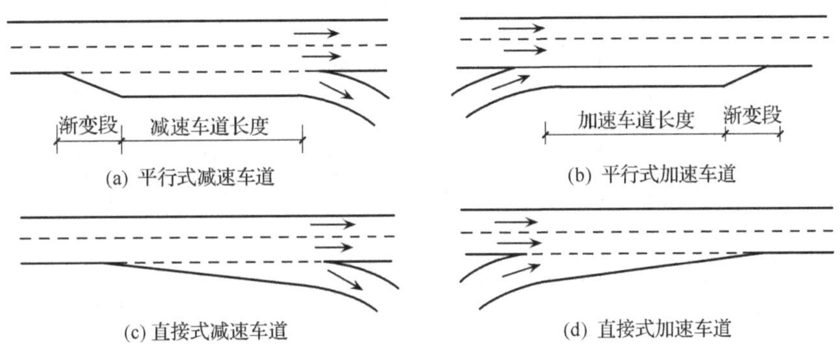

图 8.29 变速车道的形式

(2) 变速车道的横断面

变速车道的横断面是由左侧路缘带(与主线行车道共用)、行车道和包括右侧路缘带在内的右路肩组成，如图 8.30 所示，城市道路可不设右路肩，但应保留路缘带。

(3) 变速车道的长度

变速车道长度为加速或减速车道长度与渐变段长度之和，如图 8.29 所示。

1) 加、减速车道长度是指渐变段车道宽度达一个车道宽的位置与分流或合流端之间的距离，其计算公式为

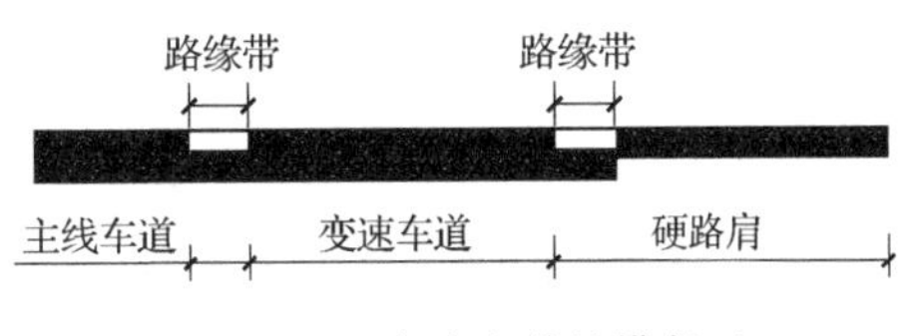

图 8.30 变速车道的横断面

$$L=\frac{1}{2a}(v_1^2-v_2^2)=\frac{V_1^2-V_2^2}{26a} \tag{8.2}$$

式中：V_1——正线平均行驶速度(km/h)；

V_2——匝道平均行驶速度(km/h)；

a——汽车平均加(减)速度(m/s^2)：加速时 $a=0.8\sim1.2\ m/s^2$；减速时 $a=2.0\sim3.0\ m/s^2$。

平坡时加、减速车道长度可按表 8.17 查用，并根据正线纵坡度按表 8.18 中的系数修正。变速车道的选用还应结合主线和匝道的设计速度、交通量、大型车比例等对变速车道长度进行验算，必要时可增加变速车道长度。

表 8.17 变速车道长度及有关参数

变速车道类别		主线设计速度/(km/h)	变速车道长度/m	渐变率	渐变段长度/m	主线硬路肩或其加宽后的宽度/m	分、汇流鼻端半径/m	分流鼻处匝道左侧硬路肩加宽 C_2
出口	单车道	120	145	1/25	100	3.5	0.60	0.60
		100	125	1/22.5	90	3.0	0.60	0.80
		80	110	1/20	80	3.0	0.60	0.80
		60	95	1/17.5	70	3.0	0.60	0.70
	双车道	120	225	1/22.5	90	3.5	0.70	0.70
		100	190	1/20	80	3.0	0.70	0.70
		80	170	1/17.5	70	3.0	0.70	0.90
		60	140	1/15	60	3.0	0.60	0.60
入口	单车道*	120	230	—(1/45)	90(180)	3.5	0.60(0.55)	—
		100	200	—(1/40)	80(160)	3.0	0.60(0.75)	—
		80	180	—(1/40)	70(160)	2.5	0.60(0.75)	—
		60	155	—(1/35)	60(140)	2.5	0.60(0.70)	—
	双车道	120	400	1/45	180	3.5	0.63	—
		100	350	1/40	160	3.0	0.63	—
		80	310	1/37.5	150	2.5	0.67	—
		60	270	1/35	140	2.5	0.50	—

* 单车道入口一般为平行式的，若为直接式的，采用括号内数值。

表 8.18 坡道上变速车道长度修正系数

主线平均坡度/%	$i\leqslant2$	$2<i\leqslant3$	$3<i\leqslant4$	$i>4$
下坡减速车道修正系数	1.00	1.10	1.20	1.30
上坡加速车道修正系数	1.00	1.20	1.30	1.40

2）渐变段长度。平行式变速车道渐变段的长度不应小于表 8.17 所列数值。直接式

变速车道渐变段按外边缘渐变率控制，出、入口端渐变参数规定见表8.17。

3. 辅助车道设计

在高速公路和城市快速路的全长或较长路段内，必须保持一定基本车道数。同时在正线与匝道的分、合流处必须保持车道数目的平衡，两者之间是通过辅助车道来协调的。

(1) 基本车道数

基本车道数是指一条道路或其某一区段内，根据交通量和通行能力的要求所必需的一定数量的车道数。基本车道数在相当长的路段内不应变动，不因通过互通式立交而改变基本车道数，目的是防止因修建立交而可能形成瓶颈或导致不必要的浪费。

(2) 车道平衡原则

正线的车流量必然会因分、合流的存在而发生变化，分流减少，合流增大。为适应这种车流量的变化，保证车流畅通和工程经济，在分、合流处的车道数应保持平衡。

车道平衡的原则如下。

1) 两条车流合流以后正线上的车道数应不少于合流前交汇道路上所有车道数总和减1。

2) 正线上车道数应不少于分流以后分岔道路的所有车道数总和减1。

3) 正线上的车道数每次减少不应多于一条。

分、合流处应按车道数平衡式(8.3)进行计算，以检验车道数是否平衡，如图8.31所示。

$$N_C \geqslant N_F + N_E - 1 \tag{8.3}$$

式中：N_C——分流前或合流后的正线车道数；

N_F——分流后或合流前的正线车道数；

N_E——匝道车道数。

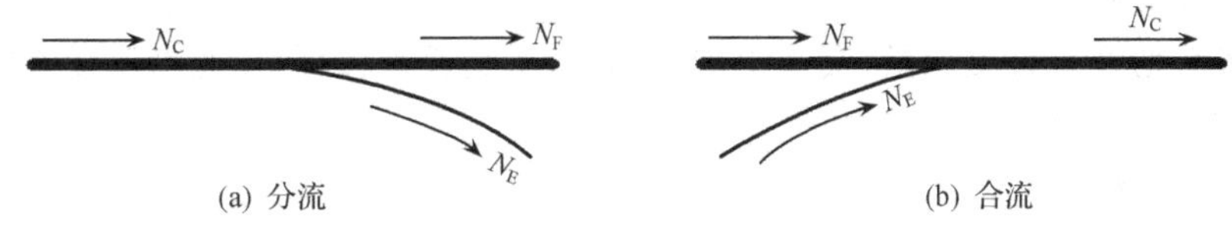

图8.31　分、合流处车道数的平衡

(3) 辅助车道设计

在分、合流处，既要保持车道数平衡，又要保持基本车道数，如果两者发生矛盾时，可通过在分流点前与合流点后的正线上增设辅助车道的办法来解决，如图8.32所示。在基本车道数连续的条件下，一般单车道匝道也能满足车道数平衡的要求；而设置双车道匝道时车道数不平衡，应增设辅助车道。一般规定辅助车道长度在分流端为1000m，最小为600m；在合流端为600m。另外，当前一个立交加速车道的末端至下一个立交减速车道起点之间的距离小于500m时，必须设辅助车道将两者连接起来。

辅助车道的宽度与主线车道相同，辅助车道长度与主线和匝道的交通量有密切的关系，表8.19规定了一般值。

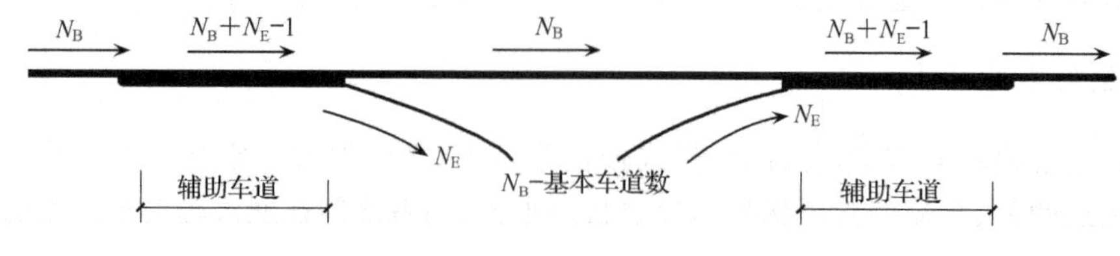

图 8.32 分、合流处车道数的平衡

表 8.19 辅助车道长度

主线设计速度/(km/h)			120	100	80
辅助车道长度/m	入口		400	350	300
	出口	一般值	580	510	440
		最小值	300	250	200
渐变段长度/m	入口		180	160	140
	出口		90	80	70

8.3.4 立体交叉综合设计的方法与步骤

1. 收集资料

在立体交叉设计之前,应通过实地勘测、调查等方法收集下列所需设计资料。

(1) 自然资料

测绘立交范围(1∶500)~(1∶2000)的地形图,详细标注建筑物的建筑线、种类、层高、地上及地下各种杆柱和管线;调查并收集用地发展规划,水文、地质、土壤、气候资料;收集附近的国家控制点和水准点等。

(2) 交通资料

收集各转弯及直行交通量、交通组成;推算远景交通量;绘制交通量流量流向图;调查非机动车和行人流量等。

(3) 道路资料

调查相交道路的等级、平纵面线形、横断面形式和尺寸;相交角度、控制坐标和标高;路面类型及厚度;确定净空高度、设计荷载、设计速度及平纵横指标等。

(4) 排水资料

收集立交所在区域的排水制度、现状和规划;各管渠位置、埋深和尺寸。

(5) 文书资料

收集设计任务书,上级主管部门的具体要求、意见及有关文件等。

(6) 其他资料

调查取土、弃土和材料来源;施工单位、季节、工期和施工期间的交通组织与安全。

2. 初拟方案

根据交通量和地形条件,在地形图或其上覆盖的透明纸上勾绘出各种可能的立体交叉方案。

3. 确定比较方案

对初拟方案进行分析,应考虑线形是否顺适,半径能否满足,各层间可否跨越,拆迁是否合理,选 2～4 个比较方案。

4. 确定推荐方案

在地形图上按比例绘出各比较方案,完成初步平纵设计、桥跨方案和概略工程量计算,做出各方案比较表,全面比较后确定推荐方案(一般 1～2 个)。方案应考虑交通是否流畅安全,各匝道的平纵横及相互配合是否合适,立交桥的结构、布置是否合理,设计和施工难易程度,整体工程的估价,养护营运条件以及立交的造型和绿化等。

5. 确定方案

对推荐方案视需要做出模型或透视图,征询有关方面意见,最后定出采用方案。应权衡造价与方案、近期与远期、局部与全局的关系,也可采用分期修建方案。

6. 详细测量

对采用方案实地放线并详细测量,进一步收集技术设计所需的全部资料。

7. 技术设计

完成全部施工图设计和工程预算。

以上 1～5 步为初步设计阶段,当可选方案较少或简单明了时可酌减步骤,6～7 步为施工图设计阶段。

思考与习题

8.1 绘图表示标准苜蓿叶式立体交叉的流线。苜蓿叶式立体交叉属于哪一类立体交叉?有何特点?

8.2 菱形立交属于哪一类立体交叉?有何特点?试分析主线桥下交叉口的交通运行特点。

8.3 什么是枢纽互通式立体交叉和一般互通式立体交叉?

8.4 环形立体交叉有何特点?适用条件是什么?

8.5 设置立体交叉时应考虑的因素有哪些?

8.6 公路立体交叉的最小间距是多少?如不能满足,但经过论证必须设置时,应如何解决?

8.7 左转匝道的基本形式有哪些?具有哪些特性?

8.8 同一座立体交叉具有不同形式的匝道,各匝道的设计速度是相同的吗?为什么?

8.9 如何理解"主线出入口至匝道平面线形紧迫路段之间,平面线形应与变化着的行驶速度相适应"这句话?

8.10 当匝道上无缓和曲线时,超高过渡段应如何设置?

8.11 举例说明立体交叉次要道路上存在的平面交叉情况,并说明应采取何种措施保证交通畅通和安全。

8.12 变速车道有哪些形式?各有什么特点?

8.13 为什么要保证基本车道数?车道平衡原则是什么?

8.14 T形路口,相交道路均为各向三车道。设 AC 为主要的左转交通方向,且用地不受限制。试规划一喇叭形立体交通。假定匝道采用二车道,试分析说明分、合流处的车道数。

8.15 试用右转匝道及小回和环圈式左转匝道,规划两座互通式立体交叉。

第九章　道路排水设计

9.1　概　　述

道路排水系统分公路排水系统和城市道路排水系统。

9.1.1　公路排水系统

为防止地面水和地下水对公路的损害，确保公路排水通畅、结构稳定、行车安全所采用的各种拦截、汇集、拦蓄、输送、排放地表水或地下水的排水设施和构造物组成的有机系统称为公路排水系统。公路排水设计是公路设计的重要组成部分，排水设施功能的有效发挥，是防治公路病害，保证公路正常运营的关键。

在一般情况下，路面排水系统由路界地表排水、路面内部排水和地下排水三部分组成。

(1) 路界地表排水

路界地表排水是指公路范围内的表面排水，包括路面、路肩、中央分隔带、路基边坡坡面和路界范围内地表坡面的表面排水，以及有可能进入路界的公路毗邻地带的地表水和由相交道路进入路界内的地表水的排除，如图 9.1 所示。

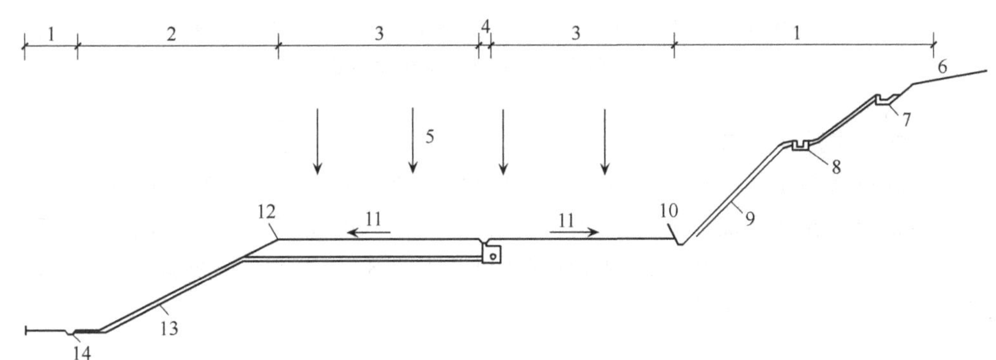

1——相邻地带排水；2——坡面排水；3——路面排水；4——中央分隔带排水；5——降水；6——路界；7——坡面截水沟；8——边坡平台排水沟；9——急流槽；10——边沟；11——路面路肩横坡；12——拦水带；13——急流槽；14——坡脚排水沟。

图 9.1　路界地表排水系统

(2) 路面内部排水

路面内部排水是指通过路面接缝、裂缝或空隙，以及由路基或路肩渗入并滞留在路面结构内的自由水，通常可沿路面边缘或者在路面结构层设置排水基层或排水垫层排除。

(3) 地下排水

地下排水是指在地下水危及路基稳定(包括整体和局部稳定)或严重影响路基强度的情况

下,根据具体情况采取拦截、旁引、排除含水层的地下水,降低地下水位或者疏干坡体内的地下水。

9.1.2 城市道路排水系统

城市道路排水系统是为了保证车辆和行人的正常交通,改善城市卫生条件,以及避免路面的过早损坏,要求迅速地将地面雨雪水排除所设置的排水设施和采取的排水措施的总称。城市道路排水是城市道路设计的一个组成部分。

根据设施构造的特点,城市道路的雨水排除方式有明式排水系统、暗式排水系统和混合式排水系统三种。

(1) 明式排水系统

明式排水系统采用明沟排水,仅在街坊出入口、人行横道处增设某些必要的带漏孔的盖板明沟或管涵。这种方式多用于郊区或临街建筑物稀少的道路。

(2) 暗式排水系统

暗式排水系统是城市排水的一种主要排水设施,是埋设于道路下的雨水沟管排水系统。雨水以道路路面的纵坡、横坡流向两侧街沟,然后汇集到专门设置的雨水口(进水井),经埋设在路面下的雨水支管、干管排入附近的河流湖泊水体中,如图 9.2 所示。

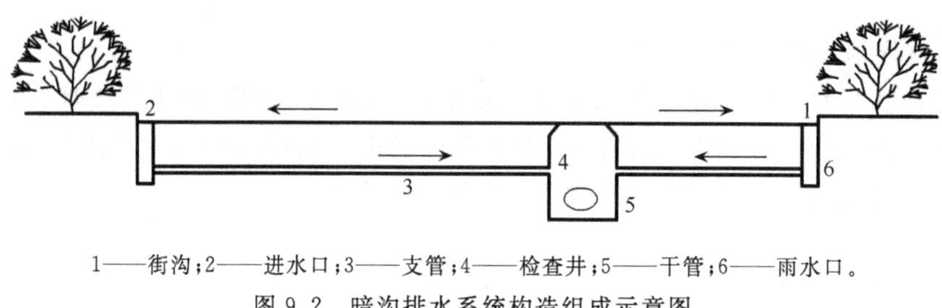

1——街沟;2——进水口;3——支管;4——检查井;5——干管;6——雨水口。

图 9.2 暗沟排水系统构造组成示意图

(3) 混合式排水系统

混合式排水系统是一种明沟和暗管相结合的排水方式。为节约建设投资,在城市中一般采取混合式排水系统。例如,在建筑密集、交通量大的建成区道路,为了行人交通出入方便和环境卫生,可采用暗式布置;在郊区以及工业区、居民区边缘至城镇分区,为节省投资,便于维修,宜采用明式布置。

9.2 公路排水设计

公路排水的主要任务是迅速把降落、流经路面、路肩表面和路基范围的雨水排走,以免造成路面积水,降低路基强度稳定性而影响行车安全。

9.2.1 公路排水设计的一般要求

1) 全面规划、合理布局、少占农田,并与当地排灌系统协调,防止冲毁农田及其水利设施;重视环境保护,防止水土流失和水源污染。

2) 根据公路等级、沿线地形、地质、水文、气象等条件以及桥涵设置等情况进行综合考虑,注意各种排水设施及排水构造物之间的联系与协调,使全线形成完善的排水系统。

3）在不断总结生产实践经验和科学试验的基础上,积极采用新材料、新技术和新工艺。

4）考虑施工场地的临时性排水设施,并尽可能使之与永久性排水设施结合起来。各项排水设施和构造物的设计,均应考虑便于施工、检查和养护维修。

5）穿越城镇的公路,其排水设计应与城镇现有或规划的排水系统和设施相协调。

6）黄土、膨胀土、盐渍土、多年冻土、滑坡等特殊地区(段)的公路,其排水设计应结合该工程的其他处治措施综合进行。

9.2.2 公路地表排水

1. 路界地表排水的一般规定

1）地表排水设施的布设应充分利用地形和天然水系,形成完善的排水系统,并做好进出口位置的选择和处理,使水流顺畅,不出现堵塞、溢流、渗漏、淤积、冲刷、冻结等,以免对路基、路面和毗邻地带造成危害。

2）各项地表排水设施的设计流量、各种沟管和泄水口的泄水能力应按规范所述的方法计算确定,其断面形状和尺寸满足排泄设计流量的要求,沟管内水流的最大和最小流速应控制在允许流速范围内。

3）各种排水构造物所用材料的强度应满足规范要求。

4）路界地表排水设施不应兼做其他流水用途。对于二级以下的公路,如受条件限制而需兼用时,应限制在较小的范围和规模内,符合公路排水设计原则,并应进行个别设计。

5）地表排水设计应与坡面防护工程综合考虑,采取有效措施防止坡面岩土遭受冲刷和失稳。

6）地表排水沟管排放的水流不得直接排入饮用水的水源,也不宜直接排入养殖池、农田等。

2. 路面表面排水

路面表面排水的主要任务是迅速把降落在路面和路肩表面的雨水排走,以免造成路面积水而影响行车安全。路面表面排水应遵循下列原则。

1）降落在路面上的雨水,应通过路面横向坡度向两侧排流,避免行车道路路面范围内出现积水。

2）在路线纵坡平缓、汇水量不大、路堤较低且边坡面不会受到冲刷的情况下,应采用在路堤边坡上横向漫坡的方式排除路面表面水。

3）在路堤较高,边坡坡面未做防护而易遭受表面水流冲刷,或者坡面虽已采取防护措施但仍有可能受到冲刷时,应沿路肩外侧边缘设置拦水带,汇集路面表面水,然后通过泄水口和急流槽排离路堤。

4）设置拦水带汇集路面表面水时,拦水带过水断面内的水面,在高速公路及一级公路上不得漫过右侧车道外边缘,在二级及二级以下公路上不得漫过右侧车道中心线。

按照上述原则,当路基横断面为路堑时,横向排放的表面水应汇集于边沟内。当路基横断面为路堤时,可采用两种方式排除路面表面水:一是让路面表面水以横向漫流形式向堤坡面分散排放;另一种方式是在路肩外侧边缘放置拦水带,将路面表面水汇集在拦水带内,或者路肩和部分路面铺面组成的浅三角形过水断面内,然后通过相隔一定间距设置的泄水口和急流槽集中排放到路堤坡脚外。两种排水方式的选择,主要依据表面水是否可能对路堤坡面造成冲刷危害。在汇水量不大,路堤不高,路线纵坡不大,坡面耐冲刷能力强的情况下,应优先采用横坡漫流与散排放的方式。而在表面水有可能冲刷路堤坡面的情况下,则采用将路面表面水汇集在拦水带内,通过泄水口和急流槽集中排放的方式。由于修筑拦水带和急流槽需增加工程投资,因而,在两种方式作抉择时,须对投资的经济性进行分析和比较后作出决定。

拦水带可由混凝土现场浇注,或者由水泥混凝土预制块铺砌而成,拦水带的横断面尺寸如图 9.3 所示。拦水带的顶面应略高于过水断面的设计水面高(水深)。设计水深应遵照规定计算确定。在低路堤布设防撞护栏的路段上,拦水带的外露高度不宜超过 10cm,其迎车面的坡度不宜陡于 1∶2。

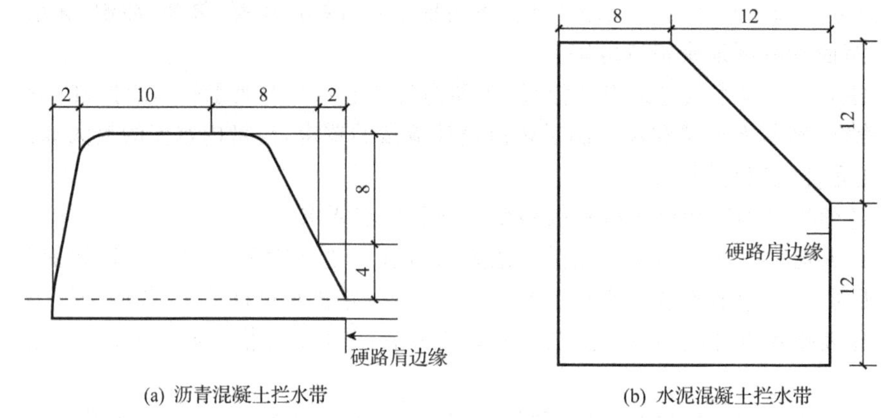

图 9.3 拦水带横断面参考尺寸(尺寸单位:cm)

拦水带的泄水口可设置成开口(喇叭)式。设在纵坡段上的泄水口,宜做成不对称的喇叭口,并在硬路肩边缘的外侧设置逐渐变宽的低凹区,如图 9.4 所示。低凹区的铺面类型与路肩相同。设在平坡或缓坡坡段上时,泄水口可做成对称式。

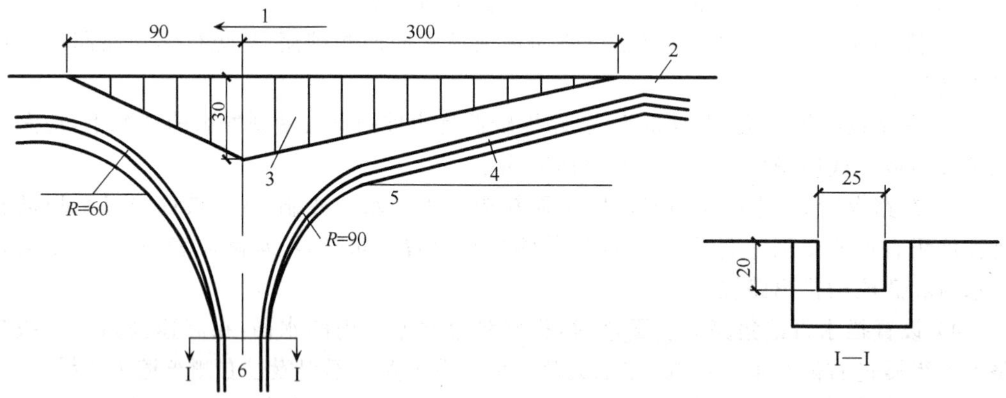

1——水流流向;2——硬路肩边缘;3——低凹区;4——拦水带顶;5——路堤边坡坡顶;6——急流槽。

图 9.4 纵坡坡段上拦水带不设泄水口的平面布置示意图(尺寸单位:cm)

在道路交叉口、匝道口、桥梁等构造物连接处及超高段和一般路段的横坡转换处，应设置泄水口以避免路面表面水横向流过行车道或结构物，泄水口的设置间距以 20～50m 为宜。

3. 中央分隔带排水

中央分隔带排水是高速公路、一级公路地表排水的重要部分。根据分隔带宽度、绿化和交通安全设施的形式、分隔带表面的处理方式等因素选择不同的排水方式。我国的《公路排水设计规范》(JTG/T D33—2012)将中央分隔带排水划分为三种类型。

(1) 宽度小于 3m 且表面采用铺面封闭的中央分隔带

降落在分隔带上的表面水排向两侧行车道，其坡度与路面的横坡度相同；在超高路段上，可在分隔带上侧边缘处设置缘石或泄水口，或者在分隔带内设置缝隙式圆形集水管或碟形混凝土浅沟和泄水口(图 9.5)，以拦截、排泄上侧半幅路面的表面水。缘石过水断面的泄水口可采用开口式、格栅式或组合式。碟形混凝土浅沟的泄水口采用格栅式。格栅铁条应平行于水流方向，孔口的净泄水面积应占格栅面积的一半以上，泄水口间和截流量计算以及截面尺寸，可通过计算选取。

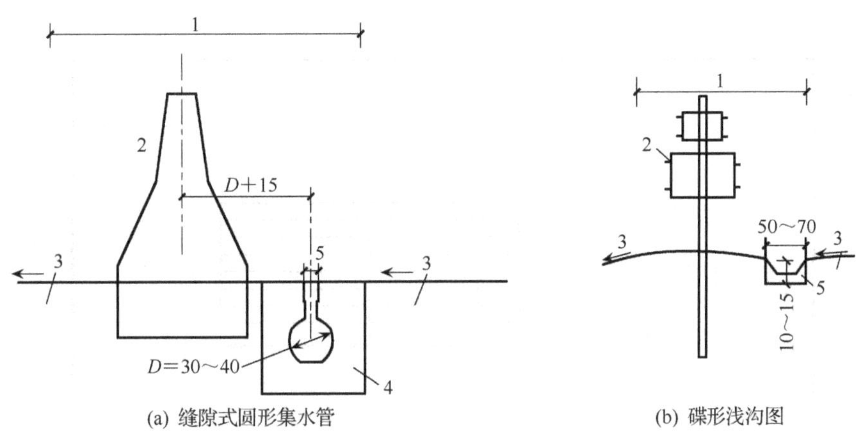

1——中央分隔带；2——护栏；3——铺面；4——缝隙式圆形集水管；5——碟形混凝土浅沟。

图 9.5　超高路段中央分隔带排水方式(尺寸单位：cm)

在纵坡坡段上的格栅式泄水口，其泄水量为过水断面中格栅宽度 B_q 所截流的部分(图 9.5)，可利用式(9.1)确定：

$$Q_c = 0.377\frac{1}{i_h n}h^{\frac{8}{3}}i^{\frac{1}{2}} \tag{9.1}$$

式中：Q_c——沟或管的泄水能力(m^3/s)；

i_h——沟或过水断面的横向坡度；

n——沟壁或管壁的粗糙系数；

i——水力坡度，取用沟或管的底坡。

格栅孔口所需的最小净长度按式(9.2)确定：

$$L_g = 0.91 v_g (h_i + t_b)^{0.5} \tag{9.2}$$

式中：L_g——格栅孔口的最小净长度(m)；

v_g——格栅宽度范围内水流的平均流速(m/s)；

t_b——格栅栅条的厚度(m)；

h_i——格栅上面水深(m)。

(2) 宽度大于3m且表面未采用铺面封闭的中央分隔带

降落在分隔带上的表面水汇集在分隔带中央的低洼处，并通过纵坡排流到泄水口或横穿路界的桥涵水道中。分隔带的横向坡度不得陡于1∶6。分隔带的纵向排水坡度，在过水断面无铺面时不得缓于0.25%，有铺面时不得缓于0.12%。当水流速度超过地面上的最大允许流速时，应在过水断面宽度范围内对地面上进行铺砌防冲刷处理，做成三角形或U形断面的水沟。防冲刷层可采用石灰、水泥稳定土、浆砌片石铺砌，层厚10～15cm。当中央分隔带内的水流流量过大超过允许范围时，在分隔带低凹区的流水汇集处，通过设置格栅或泄水口，经排水管引排到桥涵与路界外。格栅可同周围地面齐平，也可适当降低，并在其周围一定宽度范围内做成低凹区(图9.6)，以增加泄水能力。泄水口的泄水量在纵坡坡段上可按式(9.1)计算。在凹形竖曲线底部的格栅式泄水口，其泄水量按式(9.3)和式(9.4)计算。

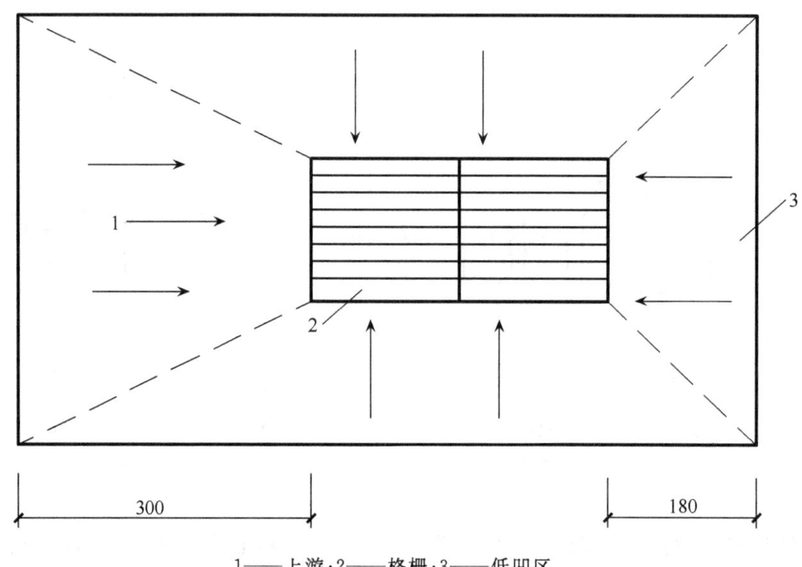

1——上游；2——格栅；3——低凹区。

图9.6 中央分隔带隔栅式泄水口布置示意图(尺寸单位：cm)

当格栅上面的水深 h_i 小于0.12m时

$$Q_0 = 1.66 p_g h_i^{1.5} \tag{9.3}$$

式中：p_g——格栅的有效周边长，为格栅进水周边边长之和的一半(m)。

当格栅上面的水深 h_i 大于0.43m时

$$Q_0 = 2.96 A_i h_i^{0.5} \tag{9.4}$$

式中：A_i——格栅孔口净泄水面积的一半(m^2)。

当格栅上面的水深 h_i 处于 0.12～0.43m 时，其泄水量介于按式(9.3)和式(9.4)计算的结果之间，可按水深通过直线内插得到。

(3) 表面无铺面且未采用表面排水措施的中央分隔带

降落在分隔带上的表面水下渗，由分隔带内的地下排水设施排除。常用的纵向排水渗沟如图 9.7 所示，应隔一定间距通过横向排水管将渗沟内的水排引出路界。渗沟周围包裹反滤织物(土工织物)，以免渗入携带的细粒将渗沟堵塞。渗沟上的回填料与路面结构的交界面铺设涂双层沥青的土工布隔渗层或者其他方式的防渗层。排水管可采用直径 70～150mm 的塑料管。

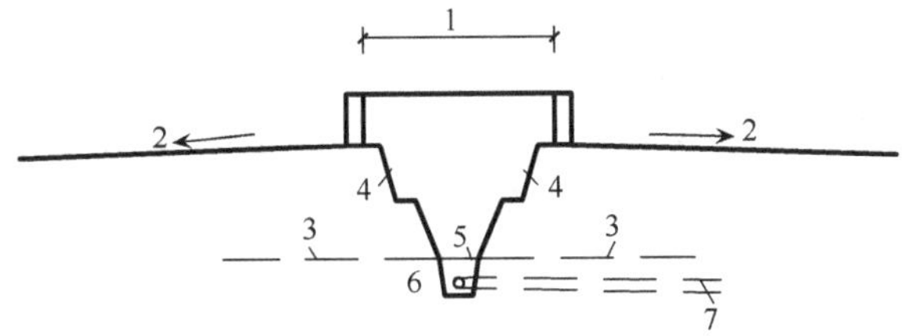

1——中央分隔带；2——路面；3——路床顶面；4——隔渗层；5——反滤织物；6——渗沟；7——横向排水管。

图 9.7 中央分隔带下设排水渗沟示意图

4. 坡面排水

挖方路段及填土高度小于边沟深度的填方路段，应在挖方边坡或填方边坡坡脚外设置边沟，以汇集和排泄降落在坡面和路面上的表面水。边沟断面可采用三角形、碟形、梯形或矩形横断面。按公路等级、所需排泄的设计流量、设置位置和土质或岩质选定。高速公路及一级公路宜采用三角形或碟形边沟。二级及二级以下公路，可采用梯形横断面。岩石挖方路段可采用矩形横断面，其内侧坡面用浆砌片石砌筑以保证直立。矩形和梯形挖方路段边沟的外侧坡面与路堑下部坡面的坡度一致。

边沟的纵坡坡度应结合路线纵坡、地形、土质、出水口位置等情况选定，尽可能与路线纵坡坡度保持一致。边坡出水口的间距，一般地区不宜超过 500m，多雨、山岭重丘地区不宜超过 300m，三角形和碟形边沟不宜超过 200m。边沟出口水的排放应结合地形、地质条件以及桥涵位置，将水排到路基范围外，避免冲刷路堤坡脚。

当路堑或路堤边坡上流入路界的地表径流量大时，应设置拦截水沟。在坡面汇流长度大的山坡上，应酌情设置一道以大致平行于路线的截水沟。在坡堤稳定性较差，有可能形成滑坡的路段，应在滑坡体的周围外设置截水沟。截水沟设在路堑坡口外 5m，路堤坡脚 2m 以外，如图 9.8 所示。如土质良好、路堑边坡不高、沟壁进行了铺砌，前者也可不小于 2m。截水沟应结合地形和地质条件沿等高线布置，将拦截的水顺畅地排向自然沟谷与水道中。截水沟长度以 200～500m 为宜，超过 500m 时，可在中间适当位置处增设泄水口，由急流槽或急流管消能排出路基范围以外。

截水沟一般采用梯形横断面，沟坡坡度为(1∶1.0)～(1∶1.5)，底宽、沟深不宜小于 0.5m。地质或土质条件差，有可能产生渗漏或变形时，应采用相应的铺砌或防护措施。

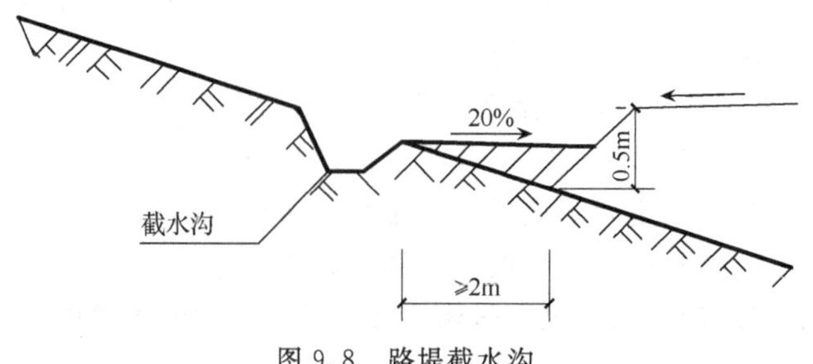

图 9.8　路堤截水沟

9.2.3　公路地下排水

当路基范围内出露地下水或地下水位较高，影响路基、路面强度或边坡稳定时，应设置暗沟(管)、渗沟、检查井等地下排水设施。所采用地下排水设施的类型、位置及尺寸应根据地质和水文地质条件决定。

(1) 暗沟(管)

为排出泉水或地下集中水流，有针对性地采用暗沟(管)单一排出。暗沟横断面一般为矩形，用浆砌片石或水泥混凝土预制块砌筑，沟顶设置盖板。各部位尺寸根据排出水量及地形、地质条件确定。

暗沟的纵坡不宜小于1%，出水口应高出地表排水沟常水位0.2m，以避免倒灌。寒冷地区的暗沟，应做防冻保温处理或将暗沟设在冻结深度以下。

(2) 渗沟

为降低地下水位或拦截地下水，可在地面以下设置渗沟。渗沟可分为填石渗沟、管式渗沟和洞式渗沟。当水量较大时，渗沟底部可增设排水管(孔)。

渗沟各部位尺寸根据埋设位置及排水需要等情况确定。渗沟的平面布置，当用作降低地下水位时，应尽量靠近路基；用作拦截地下水时，应尽量与地下水流方向垂直。沟宽不宜小于0.6m。渗沟顶部和底部应设置封闭层，可采用M5浆砌片石铺砌或水泥混凝土抹面。

填石渗沟最小纵坡不宜小于1%，管式及洞式渗沟最小纵坡不宜小于0.5%。渗沟的设置长度视实际需要确定，一般间隔100～300m设横向排水。

渗沟应设置反滤层，反滤层设置在迎水面一侧，背水面一侧设隔渗层，否则，在两侧沟壁均应设置反滤层。反滤层应选用颗粒大小均匀的砂石材料分层填筑，相邻层颗粒直径比不宜小于1∶4，层厚不宜小于15cm，砂石料粒径小于0.15mm的颗粒含量应小于5%，填料的粒径应为含水层粒料最大粒径的8～10倍。也可采用渗水土工织物做反滤层。

管式渗沟的排水管可采用预制渗水管。水泥混凝土圆管的最小直径不宜小于20cm，带孔塑料渗水管直径宜为8～15cm。管的渗水孔径为1.5～2.0cm，管壁可采用渗水土工织物形成反滤层。带有钢圈、滤布和加强合成纤维组成的加筋软式透水管，直径为8～30cm。设于边沟下的管式渗沟见图9.9。

深而长的渗沟，应设检查井。每隔30～50m、转弯处设置。检查井直径不宜小于1m，井壁应设渗水孔和反滤层。井壁处的排水管应高出井底0.3～0.4m。检查井应设检查梯，井口顶部应高出附近地面0.3～0.5m，并设井盖。

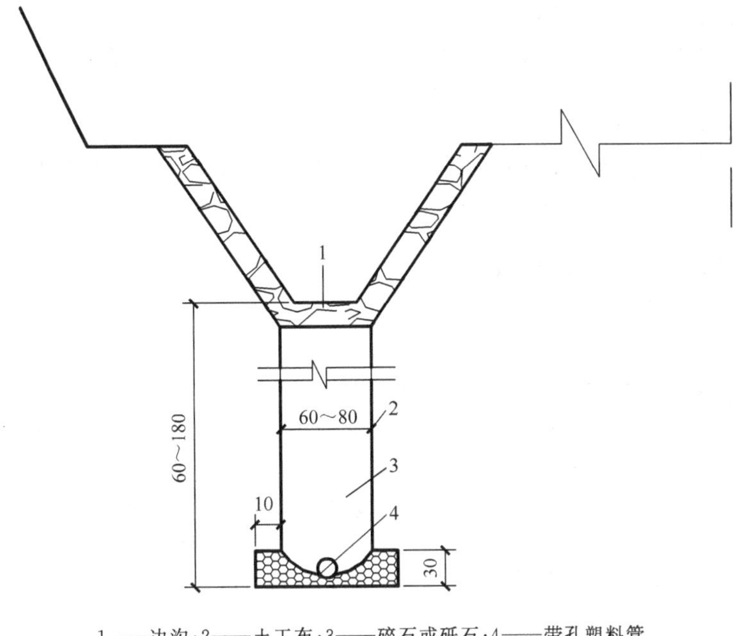

1——边沟；2——土工布；3——碎石或砾石；4——带孔塑料管。

图 9.9　管式渗沟(单位：cm)

9.3　城市道路排水设计

暗式排水系统是城市道路排水的主要设施，本节主要介绍暗式排水系统的设计。

9.3.1　排水系统的制度

城市道路排水是城市排水系统的重要组成部分。为了保障交通畅通、生产和人民生活，城市中除需要排除的雨、雪水等，还需要排除工业废水和生活污水。由于废污水和雨水的水质不同，可分别组织不同的管道系统来排除。城市道路排水系统分为分流制和合流制两种。

(1) 分流制

以两个或两个以上的管道系统分别汇集生活污水、工业废水和雨水的称为分流制排水系统。汇集和处理生活污水、工业废水的系统称为污水排除系统。分流制排泄雨水的系统，称为雨水排除系统。分流制排水系统又可分为两种情况：一种情况是分别设置污水和雨水管道系统；另一种情况是只有污水管道系统，而不设雨水暗管，雨水沿着地面、街道边沟和明渠泄入天然水体。

采用分流制，有利于污水的综合利用，便于从废水中回收有用物质，可以做到清浊分流，降低需要处理的废水量，有利于环境卫生的保护。

(2) 合流制

污水和雨水以同一管道系统排除的称为合流制排水系统。以往我国很多旧城市大都采用合流制，污水不经过处理与雨水直接排入水体，这是由于历史原因造成的。随着工业的高速发展，生活污水量和工业废水量急剧增加，这样的合流制，对环境卫生往往会造成严重的危害。原有的合流制管道系统应加以积极利用，并应尽可能减少污水对环境的污染。如今新建的大中城市均对这种排水系统进行了改造,而采用分流制排水系统。

对排水系统制度(分流制或合流制)的选择,应根据当地自然条件、卫生要求、原有排水设施、水质和水量、地形、气候、水体和污水利用等条件,从全局出发,综合考虑确定。新建的排水系统一般采用分流制,同一城镇的不同地区可以采用不同的排水制度。在具体实施方面,可根据当地的条件,如雨量少而集中,地面坡度较大,可先建造污水管道系统,用较少的投资将有碍卫生的污水从居住区排泄出去进行处理,雨水可用明沟排泄。

9.3.2 城市道路排水设计的一般要求

1. 设计范围及原则

1) 城区道路排水设计应按城市排水规划进行,并应符合现行的《室外排水设计规范(2016 年版)》(GB 50014—2006)规定。无排水规划时,应先作出排水规划,再进行设计。因修建道路引起两侧建筑物或街坊排水困难时,应在排水设计中解决。

2) 城区道路排水一般采用管道形式。设计时应根据当地材料和道路类别来选择。城区道路排水设计包括边沟、雨水口和连接管的布设,不包括排水管设计。

3) 郊区道路排水设计包括边沟、排水沟与涵洞设计等。设计流量可按当地的水文公式计算。

4) 郊区道路排水设计应处理好与农田的排灌关系。

5) 快速路的路面水应排泄迅速,以防止路面形成水膜影响行车安全。

2. 道路排水设计标准

1) 城市道路排水设计重现期如表 9.1 规定,重现期高于地区排水标准时,应增设必要的排水设施。

2) 当郊区道路所在地区有城市排水管网设施或排水规划时,应按表 9.1 规定选用适当的重现期。

3) 郊区道路为公路性质时,其排水标准可参照《公路工程技术标准》(JTG B01—2014)和《公路排水设计规范》(JTG/T D33—2012)的规定进行设计。

4) 道路路面雨水径流量应按现行的《室外排水设计规范(2016 年版)》(GB 50014—2006)执行。

5) 计算道路雨水口流量时,边沟水深不宜大于缘石高度的$\frac{2}{3}$。

表 9.1 城市道路排水设计重现期

城市类型	重现期/年			
	中心城区	非中心城区	中心城区的重要地区	中心城区地下通道和下沉式广场等
超大城市和特大城市	3~5	2~3	5~10	30~50
大城市	2~5	2~3	5~10	20~30
中等城市和小城市	2~3	2~3	3~5	10~20

注:1. 按表中所列重现期设计暴雨强度公式时,均采用年最大法。

2. 雨水管渠应按重力流、满管流计算。

3. 超大城市指城区常住人口在 1000 万以上的城市;特大城市指城区常住人口在 500 万以上 1000 万以下的城市;大城市指城区常住人口在 100 万以上 500 万以下的城市;中等城市指城区常住人口在 50 万以上 100 万以下的城市;小城市指城区常住人口在 50 万以下的城市(以上包括本数,以下不包括本数)。

9.3.3 雨水管道及其构造物沿道路的布置

1. 雨水管

(1) 雨水管设计原则

城市道路的雨水管不仅用来排除道路地面水，还要使雨雪水能顺利地从建筑物、工厂或居住区排泄出去。因此，雨水管道设计，是指整个城市或城市某一区域范围内雨水排除设施的总体设计。雨水管道的总体布置主要根据城市的地形和道路规划来确定，设计时应遵循下列原则。

1) 利用地形就近排入水体，要求雨水管能从最短路程把雨雪水就近排入池塘、河流、湖泊等水体。

2) 尽量能利用地形使雨雪水靠重力流排入水体，避免放置泵站。

3) 出水口布置应尽可能合理。

(2) 雨水管布置

城市道路的雨水管线是平行于道路的中心线或规划红线的直线，雨水管一般沿道路铺设在人行道或隔离带下面。当道路规划红线宽度大于 60m 时，一般布置两条，小于 24m 时，布置一条，宽度在 24～60m 的道路，通过技术经济比较，可考虑布置一条或两条（图 9.10）。

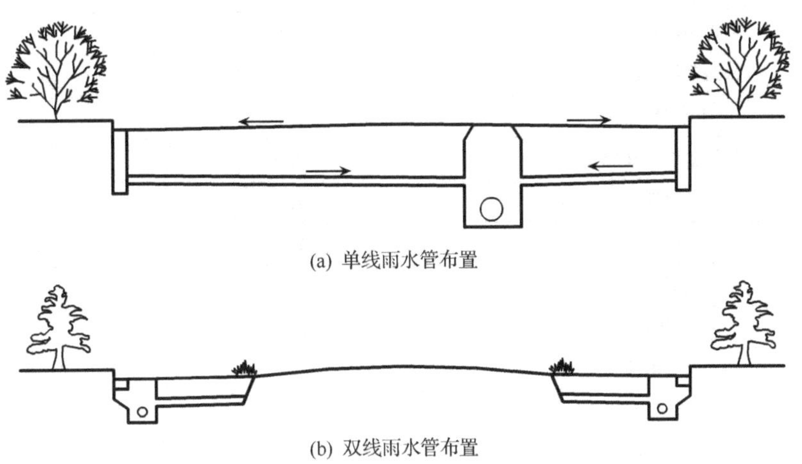

(a) 单线雨水管布置

(b) 双线雨水管布置

图 9.10　雨水管布置形式

管道施工和检修对交通运输影响较大，故在交通量大的干道上，雨水管也可埋设在街道的绿带下和较宽的人行道之下；但不可埋设在种植树木的绿化带下和灯杆线及侧石线下。雨水管线应尽可能避免或减少与河流、铁路以及其他城市地下管线的交叉，否则将使施工复杂，管线间相互干扰增加工程造价。在不能避免相交处应直交，保证相互之间有一定的竖向间隙。雨水管道离开房屋及其他管道的最小距离见表 9.2。

表 9.2 排水管道与其他管线(构筑物)的最小净距

名称			水平净距/m	垂直净距/m
建筑物			见注 3	
给水管	$d \leqslant 200$mm		1.0	0.4
	$d > 200$mm		1.5	
排水管				0.15
再生水管			0.5	0.4
燃气管	低压	$P \leqslant 0.05$MPa	1.0	0.15
	中压	0.05MPa$< P \leqslant$0.4MPa	1.2	0.15
	高压	0.4MPa$< P \leqslant$0.8MPa	1.5	0.15
		0.8MPa$< P \leqslant$1.6MPa	2.0	0.15
热力管线			1.5	0.15
电力管线			0.5	0.5
电信管线			1.0	直埋 0.5
				管块 0.15
乔木			1.5	
地上柱杆	通信照明及<10kV		0.5	
	高压铁塔基础边		1.5	
道路侧石边缘			1.5	
铁路钢轨(或坡脚)			5.0	轨底 1.2
电车(轨底)			2.0	1.0
架空管架基础			2.0	
油管			1.5	0.25
压缩空气管			1.5	0.15
氧气管			1.5	0.25
乙炔管			1.5	0.25
电车电缆				0.5
明渠渠底				0.5
涵洞基础底				0.15

注:1. 表列数字除注明者外,水平净距均指外壁净距,垂直净距系指下面管道的外顶与上面管道基础底间净距。

2. 采取充分措施(如结构措施)后,表列数字可以减小。

3. 与建筑物水平净距,管道埋深浅于建筑物基础时,不宜小于 2.5m;管道埋深深于建筑物基础时,按计算确定,但不应小于 3.0m。

(3) 雨水管设计的步骤和方法

雨水管道设计应完成以下工作。

1) 调查研究收集资料。首先做调查研究,收集并整理各种原始资料,根据当地情况确定一些设计基本数据。

2) 划分流水区域。根据前述管道设计原则,在(1∶2000)~(1∶5000)的地形图上划分排水流域，规划雨水管道路线，确定水流方向。

3）划分设计管段并标定检查井的位置。两个检查井之间管径没有变化的管段为设计管段。设计管段的起点就是检查井的位置，计算时可以把两个检查井的间距作为一个计算管段的长度，但这样工作量较大。为了简化计算，可以把估计采用同样管径和坡度的连续段合并成为一个设计管段。

4）计算设计管段的汇水面积。每条管道都有它所服务的汇水面积，各条管线和各个设计管段的汇水面积的区界，是根据当地的地形和地物决定的。如图 9.11 所示，街区 A_1 的雨水在集水点 1 处集中流入管段 1～2；街区 A_2 的雨水在集水点 2 处集中汇合街区 A_1 流来的雨水流入管段 2～3；街区 A_3 的雨水在集水点 3 处集中，与前面汇水街区的雨水一起流入管段 3～4。各段管道长度和相应计算汇水面积应填写在图中。

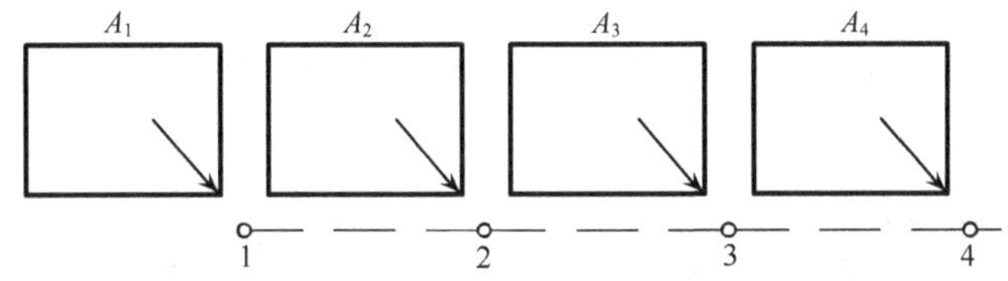

图 9.11　汇水区界划分示意图

5）确定控制点标高。根据地形上等高线确定各设计管段起讫点（即检查井处）的地面标高；确定沿干管的控制点（如支管交汇处、最低处、出口、与其他地下构造物交叉处）的高程，准备水力计算。

6）确定径流系数。根据汇水面积内的不同地面种类，按加权平均值计算确定。

7）确定地面集水时间 t_1。地面集水时间是指雨水从集水面积的最远点到集水点所需要的时间。一般不进行计算，而是根据街坊面积的大小、地面种类、坡度、覆盖情况以及街坊内部排水系统等因素取 $5\text{min} \leqslant t_1 \leqslant 15\text{min}$。

8）根据区域的性质、地形以及漫溢后的损失大小等因素确定重现期。设计重现期是指在一个很长的记录年限中，在同一降雨历时的情况下，等于或大于某一降雨强度的暴雨出现一次需要的年数。

9）根据调查研究资料确定暴雨强度公式，并绘制单位径流量和集流时间关系曲线。

10）计算。进行雨水管道水力计算，即根据各设计管段的设计流量确定管道的直径、坡度、管底标高、覆土及埋深并列表计算。

2. 雨水口

（1）雨水口布置

雨水口（进水口）是道路上的雨（雪）水进入雨水管的入口。雨水口一般设在街道区内、广场上、街道交叉口和街道边沟的一定距离处，以防止雨水漫过道路或造成道路及低洼地区积水，妨碍交通。布置雨水口时，首先应根据道路纵断面设计，把街沟纵断面上低洼汇水处和交叉口上必须设置雨水口的地点确定下来，然后根据街沟纵坡大小、街道的宽窄、路面种类以及两旁街坊院落排水情况等，综合考虑确定雨水口的间距和位置。此外，还要考虑当地暴雨强度、雨水口的排水能力和汇水面积等因素。道路上雨水口的间距一般为30～80m。道路纵坡直接影响雨水口的间距。通常道路纵坡较大时，水的流速大，不能充分进入雨水口，而纵坡过小时，水的流速过缓，往往形成积水。因此，纵坡过大或过小时，雨水口的间距均须减少，即增加雨水口数量。雨水口应避免设在沿街建筑物通道、停车站、分水点及其他地下管道顶上。建筑物通道、停车站处均应在上游设雨水口对雨水进行截流。

(2) 雨水口形式及适用地点

雨水口的构造形式很多，从使用情况来看，一般可分为边沟式雨水口、平箅式雨水口、联合式雨水口三种，每一种可采用单箅或多箅，其适用地点如下。

1) 边沟式雨水口适用于有道牙的路段，且在该路段一般无杂物堵塞雨水口井箅的情况。

2) 平箅式雨水口适用于无道牙的路段、广场及地面低洼聚水处，如图 9.12 所示。

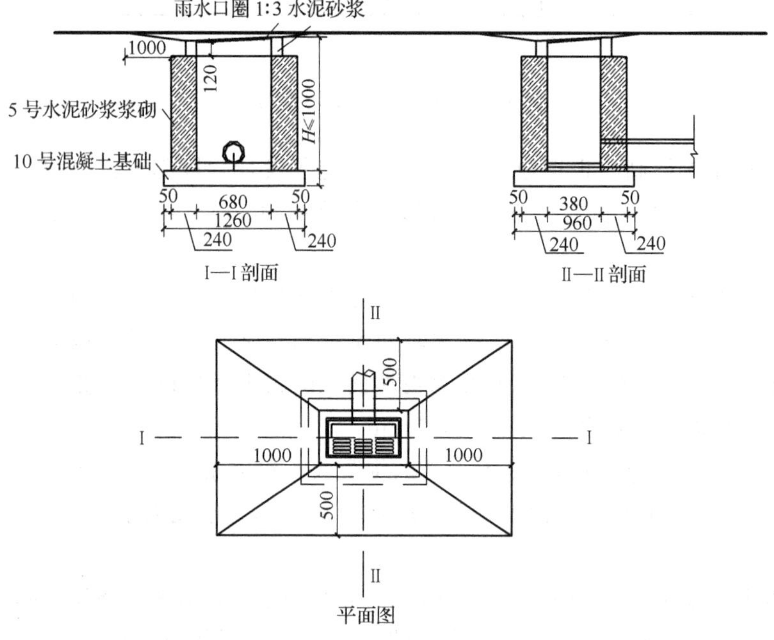

图 9.12 平箅式单雨水口图(尺寸单位:mm)

3) 联合式雨水口适用于有立道牙的路段、径流量较大的路段或有可能有杂物堵塞水口井箅的情况。

4) 多箅式雨水口适用于径流量大而集中的积水区。道路纵断凹折或广场最低点以及宽街道时，为避免单箅雨水口间距过近、支管过多时采用多箅式雨水口。

(3) 雨水口设置要求

1) 设置在道路边沟里的雨水口，应使边沟纵坡坡向雨水口，使雨水口低于沟底2～3cm。

2) 设置在有立道牙路段上的雨水口，应使边沟路面纵坡在前后 1m、横向 0.5m 范围内坡向雨水口，使雨水口圈低于两侧路面 2～3cm。

3）设置平箅式雨水口时，应使其四面的地面坡向雨水口，并应自雨水口圈向四周护砌。

4）雨水口砌置深度要根据支管位置（通过行车道或人行道）、水文地质、道路交叉等情况决定，一般砌置深度以 0.5～1.0m 为宜。

5）雨水口井边可用机砖砌筑或预制装配，井底不需设沉泥部分，应填抹平滑，设置流槽。

6）雨水口支管坡度一般不应小于 1%，最大不得超过 20%，超过时需要特殊处理。覆土深度一般不小于 50cm。不能满足时，则视需要考虑采取加固措施。

3. 检查井的布置

检查井分为圆形和矩形两种，图 9.13 为矩形检查井。建筑材料可采用砖、石、混凝土和钢筋混凝土。

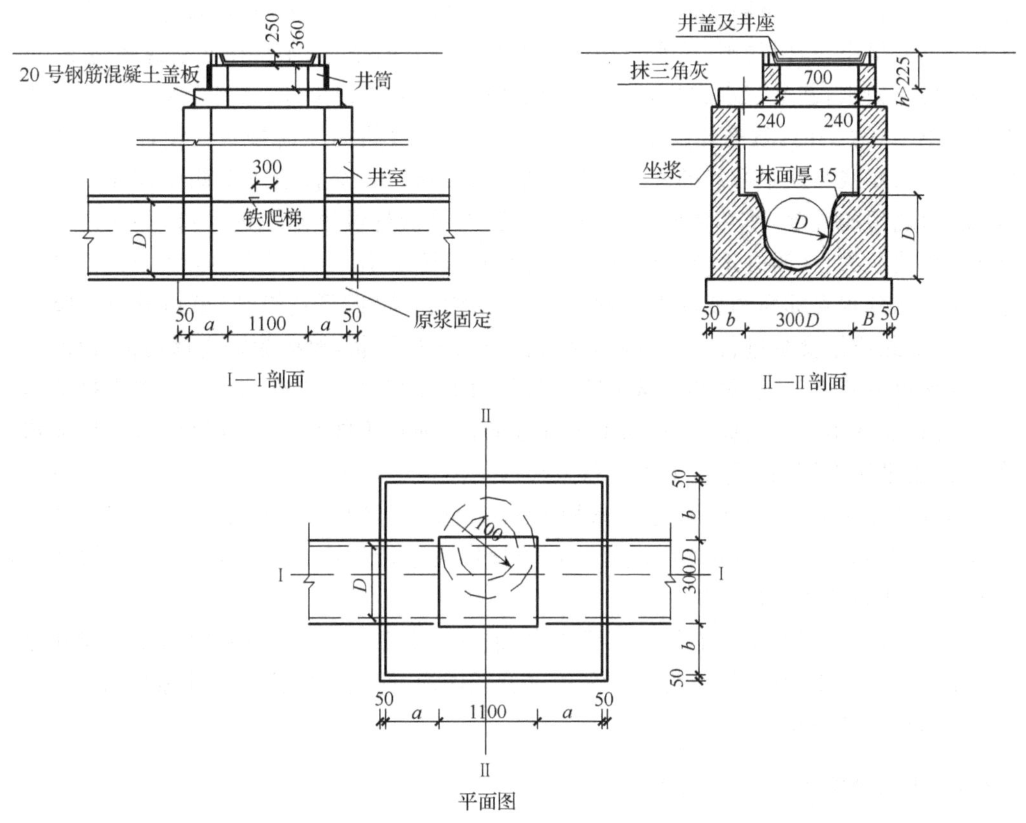

图 9.13　矩形检查井图（尺寸单位：mm）

为了对管道进行检查和疏通，管道系统上必须设置检查井。同时检查井还起连接沟管的作用。在管道交汇处、转弯处、管径或坡度改变处、跌水处以及直线管段上，每隔一定距离都需要设置检查井。检查井在直线管段上的最大间距根据《室外排水设计规范（2016

年版)》(GB 50014—2006)规定按表 9.3 采用。

表 9.3 检查井最大间距

管径或暗渠净高/mm	最大间距/m	
	污水管道	雨水(合流)管道
200～400	40	50
500～700	60	70
800～1000	80	90
1100～1500	100	120
1600～2000	120	120

4. 锯齿形街沟设计

在较平坦地区的城市,城市道路的纵坡很小甚至是水平的,这样对车辆行驶有利,但对排水却不利。考虑道路地面排水时,尽管道路路面设置路拱横坡,以排除路面雨、雪水,但由于纵坡很小,积留的雨、雪水就很难沿道路的纵方向排除,尤其在暴雨或多雨季节,常使路面局部积水,甚至积水成片,这样既影响路基、路面的稳定性,又妨碍交通。当路中心线纵坡小于 0.3%时,就需要设置锯齿形街沟来保证道路的纵向排水。设计的方法是在保证侧石顶面线与路中心线的纵坡设计线平行的条件下,交替地改变侧石顶面线与平石(或路面)之间的高度,即交替地改变侧石高度,在最低处设置雨水进水口,并使进水口处的路面横坡放大,在两进水口之间的分水点处的横坡减小,使车行道两旁平石的纵坡度跟着进水口和分水点标高的变动而变动。这样,街沟纵坡(或平石纵坡)就由升坡到降坡再到升坡,如此连续交替进行,其街沟的纵坡就变成锯齿形状,故称为锯齿形街沟设计。

在城市道路上,一般都利用露出路面部分的侧石与路面边缘(或平石)作为排除地面水的沟道,简称街沟。因此,侧石高度不宜过低,否则将不能容纳应排泄的最大地面水流量,以致溢过侧石流到人行道上影响行人交通。但也不宜过高,过高不便于行人跨越。一般侧石高度 $h=0.08\sim0.18$m,通常采用 $h=0.15$m,在进水口与分水点处的侧石高度之差,宜控制在 0.06～0.10m 之间较好。在设计锯齿形街沟中,主要确定街沟纵坡转折点的距离,以便布置雨水进水口。

设置锯齿形街沟,虽然能保证路面排水,但缺点是施工麻烦,对路面拓宽改建和路面补强不方便。所以,有些城市就很少采用锯齿形街沟,而是通过调整设计标高的办法来解决排水所需要的最小纵坡。

9.3.4 雨水管渠水文、水力计算

1. 雨水设计流量计算

雨水设计流量一般按下式计算:

$$Q_s = q\times\psi\times F \tag{9.5}$$

式中:Q_s——雨水设计流量(L/s);

q——设计暴雨强度[L/(s·hm²)]；

ψ——径流系数；

F——汇水面积(hm²)。

采用上式计算时应注意，当有允许排入雨水管道的生产废水排入雨水管道时渠时，应将其水量计算在内。

式中参数 q、ψ、F 的确定：

1) 径流系数 ψ。某时段内的径流量(流入雨水管渠的雨水)与同时段全部降雨量的比值，称为径流系数。影响径流系数的因素主要包括排水地区的地面性质和地面覆盖。在城市排水地区，经常遇到不同种类的地面，所以排水地区的平均径流系数应按加权平均法计算，其计算公式为

$$\psi_p = (\psi_1 F_1 + \psi_2 F_2 + \cdots + \psi_n F_n)/(F_1 + F_2 + \cdots + F_n) \tag{9.6}$$

式中：ψ_p——排水地区内的加权平均径流系数；

$F_1, F_2, \cdots, F_n$——排水地区内各种地面面积(hm²)；

$\psi_1, \psi_2, \cdots, \psi_n$——相应各种地面的径流系数，可按表 9.4 选用。

表 9.4 地面径流系数值

地面种类	ψ 值	地面种类	ψ 值
各种屋面、混凝土和沥青路面	0.85～0.95	干砌砖石或碎石路面	0.35～0.40
大块石铺砌路面和沥青表面各种的碎石路面	0.55～0.65	非铺砌土地面	0.25～0.35
级配碎石路面	0.40～0.50	公园或绿地	0.10～0.20

2) 汇水面积 F。每条管道都有它所服务的汇水面积，单位以 $10^4 m^2$ 计(1 公顷 = $10^4 m^2$)。一个设计管段的汇水面积的边界是根据地形地物决定的，计算汇水面积时，除街坊面积外还包括街道面积。

当地势平坦，街坊、四周的道路都有沟管时，可用各街角的分角线划分汇水面积，各汇水面积内的雨水分别流入相邻的雨水管沟。

当地势向一边倾斜时，街坊的雨水流入低侧街道下的管道内(图 9.14)。一般不需要把街坊划分成几块面积，但大街坊的两边如都有雨水管道时，也可考虑使雨水流入街坊两侧的管道。

3) 设计暴雨强度 q。设计暴雨强度一般是根据长期(10 年以上)的自动降雨量记录资料进行计算的。因为降雨量是以暴雨强度 I 表示的，其单位为 mm/min。暴雨强度 I 的单位换算成设计暴雨强度 q 的单位为 L/(s·hm²)时，则

$$q = (1 \times 10\,000 \times 10\,000) \times I/(10\,000 \times 60) = 167I[\mathrm{L/(s \cdot 10^4 m^2)}] \tag{9.7}$$

根据长期雨量记录资料的统计分析，可以推求暴雨强度、降雨历时和设计重现期的关系，即

$$I = A/(t + b)^n \tag{9.8}$$

式中

$$A = A_1(1 + C\lg P)$$

所以

$$I = A_1(1 + C\lg P)/(t + b)^n \tag{9.9}$$

故

$$q = 167I = 167A_1(1 + C\lg P)/(t + b)^n \tag{9.10}$$

式中：I——暴雨强度(mm/min)；

q——设计暴雨强度[L/(s·hm²)]；

t——降雨历时(min)；

P——设计重现期(年)；

A_1、C、n、b——参数，根据统计方法进行计算确定。

暴雨强度公式的推导一般用数理统计法，对有雨量记录的观测站，按降雨历时 5min、10min、15min、20min、30min、45min、60min、90min、120min，每年选择 4～8 场最大暴雨记录进行统计分析。我国的主要城市大都有暴雨强度公式，可参见《城市道路设计手册》第五章。如北京市的暴雨强度公式为 $q=2111(1+0.85\lg P)/(t+8)^{0.70}$。设计重现期可按表 9.5 选用。

表 9.5　暴雨设计重现期

汇水面积/hm	设计重现期/年								
	q≤100L/(s·hm²)			101L/(s·hm²)≤q≤150L/(s·hm²)			151L/(s·hm²)≤q≤200L/(s·hm²)		
	居民区		工厂、广场、干道	居民区		工厂、广场、干道	居民区		工厂、广场、干道
	平坦地形	沿溪谷线		平坦地形	沿溪谷线		平坦地形	沿溪谷线	
≤20	0.33	0.33	0.5	0.33	0.33	0.5	0.33	0.5	1
21～50	0.33	0.33	0.5	0.5	0.33	1	0.5	1	2
51～100	0.33	0.5	1	1	0.5	2	1	2	2～3

2. 雨水管渠的水力计算

雨水管渠的水力计算，主要是根据已求得的设计流量，计算确定雨水管的管径和明渠的断面尺寸或校核管渠坡度和流速，从而确定各管道的管底标高和埋设深度，以便于施工。

雨水管渠水力计算的基本公式如下：

$$Q = \omega v \tag{9.11}$$

式中：Q——流量(m³/s)；

ω——水流有效面积(m²)；

v——流速(m/s)。

$$v = C(R \cdot i)^{0.5} \tag{9.12}$$

式中：i——水力坡降或管渠底坡，$i=h/l$ 即管段的起点与终点的高差(h)与该段长度(q)的比；

C——流速系数，$C=\frac{R^{\frac{1}{6}}}{n}$，其中 n 为粗糙系数(表 9.6)；

R——水力半径(m)。

$$R = \frac{\omega}{\chi} \tag{9.13}$$

式中：χ——湿周(m)。

表 9.6　管渠粗糙系数

管渠类别	粗糙系数	管渠类别	粗糙系数	管渠类别	粗糙系数
陶土管	0.013	钢管	0.012	干砌片石渠道	0.025～0.030
混凝土和钢筋混凝土管	0.013～0.014	水泥砂浆抹面渠道	0.013～0.014	土明渠(包括带草皮)	0.025～0.030
石棉水泥管	0.012	浆砌砖渠道	0.015	木槽	0.012～0.014
铸铁管	0.013	浆砌片石渠道	0.017		

对于排水管道采用的材料一般为混凝土、钢筋混凝土和铸铁，$n=0.013\sim0.014$，计算时通常采用0.013。

在进行水力计算时，常用下列基本公式：

流速　$$v=\frac{1}{n}R^{\frac{2}{3}}i^{\frac{1}{2}} \tag{9.14}$$

流量　$$Q=\frac{1}{n}\omega R^{\frac{2}{3}}i^{\frac{1}{2}} \tag{9.15}$$

管道直径(满流)　$$D=\sqrt{4Q/\pi v} \tag{9.16}$$

管道满流时　$$\omega=\pi D^2/4 \tag{9.17}$$

梯形断面　$$\omega=(B+mh_0)h_0 \tag{9.18}$$

式中：B——渠道底宽(m)；

m——边坡系数；

h_0——正常水深(m)。

水力半径 R：管道满流时　$R=D/4$

$$梯形断面\ R=\frac{(B+mh_0)h_0}{B+2h_0\sqrt{1+m^2}} \tag{9.19}$$

【例 9.1】　已知设计流量 $Q=15\text{m}^3/\text{s}$，糙率 $n=0.02$ 和沟底纵坡 $i=0.05$，梯形边坡系数 $m=2.00$，渠道底宽 $B=1.0\text{m}$。求等流速状态的正常水深 h_0。

解：由 $Q=\omega v, v=\frac{1}{n}R^{\frac{2}{3}}i^{\frac{1}{2}}$ 得

$$nQi^{-\frac{1}{2}}=\omega k^{\frac{2}{3}}$$

而

$$nQi^{-\frac{1}{2}}=0.02\times15\times0.05^{-\frac{1}{2}}=1.34$$

即

$$\omega R^{\frac{2}{3}}=1.34$$

将式(9.18)和式(9.19)代入上式即可得正常水深 $h_0=0.84\text{m}$。

【例 9.2】　已知某设计管段的设计流量 $Q=355.8\text{L/s}$，管底纵坡 $i=0.002$，$n=0.013$，求管道直径 D 和设计流速 V。

解：管道满流时 $\omega=\pi D^2/4$

水力半径 $R=D/4$

由 $Q=\omega R^{\frac{2}{3}} i^{\frac{1}{2}}/n$ 得

$$[3.14 \times D^2 \times (D/4)^{\frac{2}{3}} \times 0.002^{\frac{1}{2}}]/(4 \times 0.013) = 355.8 \times 10^{-3}$$

解得 $D=0.647\text{m}$，有

$$v = R^{\frac{2}{3}} i^{\frac{1}{2}}/n = (0.647/4)^{\frac{2}{3}} \times 0.002^{\frac{1}{2}} \times 0.013 = 1.021(\text{m/s})$$

9.3.5 雨水管道计算示例

【例 9.3】 北京市某城市干道，要求依据下列各项资料，进行管渠设计。

已知项目：

1）图 9.14 为干道及两侧街坊、广场、公园等排水管道的主干道设计平面图。

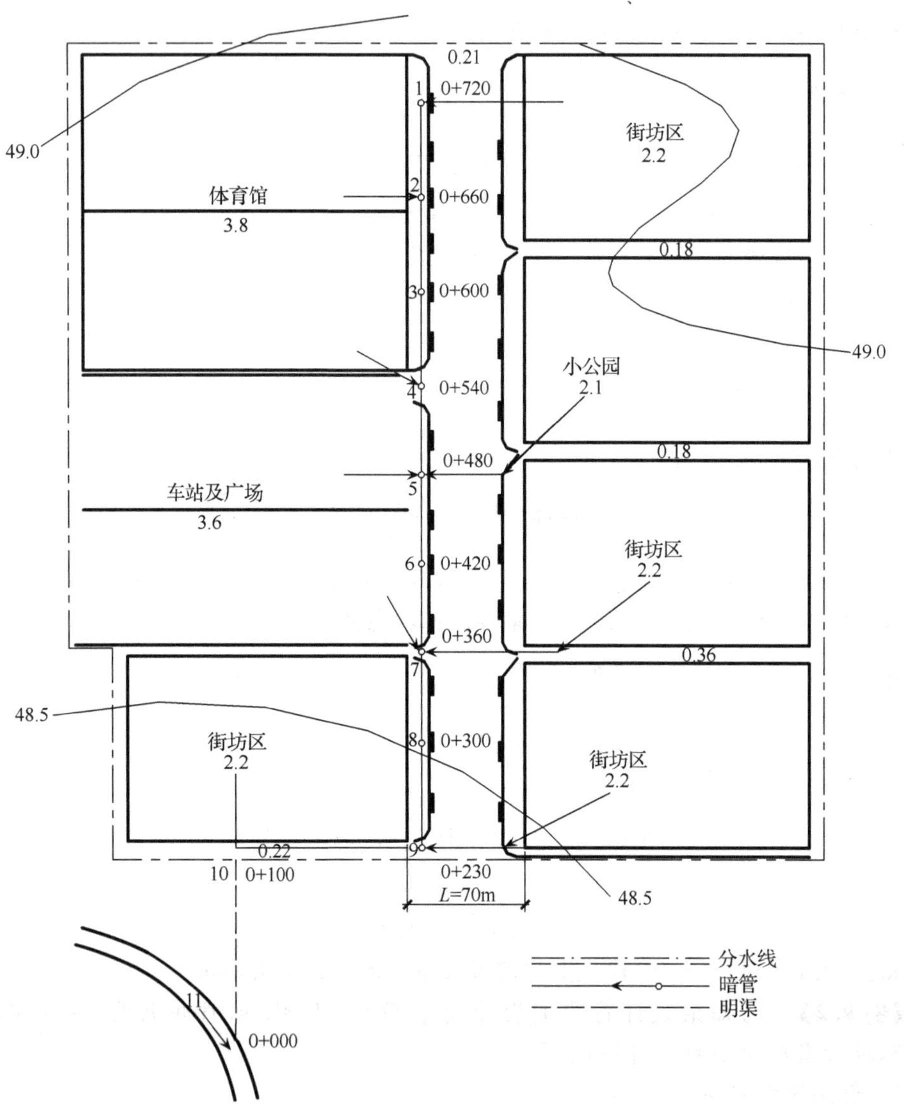

图 9.14 管道设计平面图(单位:m)

2）管渠的粗糙率 n：暗管 $n=0.013$（满管），明渠 $n=0.025$。

3）明渠设计边坡系数 $m=1.5$。

4）管道起点埋深大于 1.5m。

5）河道正常水位标高 45.5m。

解：

1）依据设计步骤，定出干管流向、汇水面积、管道布置等。

2）管道开始汇流时间，由于街坊内部有排水系统，经估算取 15min。

3）重现期采用 $P=1$ 年。

4）暴雨强度公式，本地区 $P=1$ 时 $q=\frac{2111}{(t+8)^{0.7}}$[L/(s·hm)]

5）求该区平均径流系数 ψ_p。已知每个街坊区面积 2.2hm，平均径流系数为 0.7，共 4 个区；体育馆 3.8hm，平均径流系数为 0.6；广场及车站 3.6hm，平均径流系数为 0.8；主干道 3.6hm，平均径流系数为 0.6；街坊外部道路为级配碎石路面，面积共为 0.94hm，平均径流系数为 0.45；公园 2.1hm，平均径流系数为 0.4。总面积 22.84hm。总平均径流系数为

$$
\begin{aligned}
\psi_p=&(4\times 2.2\times 0.7+3.8\times 0.6+3.6\times 0.8+3.6\times 0.6+0.94\times 0.45+2.1\times 0.4)\\
&/(4\times 2.2+3.8+3.6+3.6+0.94+2.1)=14.743/22.84\approx 0.65
\end{aligned}
$$

6）水力和流量计算，详见表 9.7。其具体说明如下：

① 1 号井以上的汇水面积 F_1 为街坊面积加上 1 号井以上的街道汇水面积，$F_1=2.41\text{hm}^2$。

汇流时间：$t=15$min。

设计重现期：$P=1$ 年。

计算暴雨强度：$q=2111/(15+8)^{0.7}\approx 235.1[\text{L}/(\text{s}\cdot 10^4\text{m}^2)]$。

平均径流系数：$\psi=0.65$。

设计流量：$Q=q\psi_p F=235.1\times 0.65\times 2.41=368.28(\text{L/s})$。

由 1 号井至 2 号井管底设计纵坡 $i=0.002$，经计算得管径 $D=700$mm，管渠的粗糙率 n：暗管 $n=0.013$（满管），按式(9.16)计算得设计流速 $v=1.076$m/s。管内底进口设计标高为 46.56m，出口设计标高为 46.44m。1 号井与 2 号井间间距为 60m，管内流行时间 $t_2=L/60V=60/(60\times 1.076)\approx 0.93(\text{min})$。

② 2 号井从以上的汇水面积 $F_2=F_1+1.8+0.42=4.63(\text{hm}^2)$（增加体育馆面积的一半再加上街道汇水面积）。

汇流时间

$$t=15+2t_2=16.86(\text{min})$$

设计流量

$$Q=q\psi_p F=2111/(16.86+8)^{0.7}\times 0.65\times 4.63\approx 670.1[\text{L}/(\text{s}\cdot 10^4\text{m}^2)]$$

由 2 号井至 3 号井管底纵坡 $i=0.002$，计算得设计管径 $D=900$mm，设计流速 $v=1.273$m/s。

表 9.7 雨水自流管渠计算

街道								排水面积		设计重现期/年	设计降雨历时/min	
名称	检查井号		长度 L/m	起点桩号	起点路面高程/m	高差/m	坡度/‰	分段面积 F_i/(10^4m^2)	累计面积 $F=\sum F_i$/(10^4m^2)		汇流时间 t	管内流行时间($2t_2$)或渠内流行时间($1.2t_2$)
	起	讫										
1	2	3	4	5	6	7	8	9	10	11	12	13
干管	1	2	60	0+720	48.90	0.06	1	2.41	2.41	1	15	1.86
	2	3	60	0+660	48.84	0.06	1	2.22	4.63	1	16.86	1.57
	3	4	60	0+600	48.78	0.06	1	0.42	5.05	1	18.43	1.57
	4	5	60	0+540	48.72	0.06	1	2.22	7.27	1	20.00	1.47
	5	6	60	0+480	48.66	0.06	1	4.48	11.75	1	21.47	1.30
	6	7	60	0+420	48.60	0.06	1	0.42	12.17	1	22.77	1.30
	7	8	60	0+360	48.54	0.07	1	4.78	16.95	1	24.07	1.23
	8	9	70	0+300	48.48			0.42	17.37	1	25.3	1.44
渠道	9	10	120	0+230	48.41			2.69	20.06	1	26.74	2.20
	10	11	110	0+110				2.78	22.84	1	28.94	

设计流量计算				管渠								附注
降雨强度 q/[L/(s·10^4m^2)]	径流系数 ψ	$q\psi$	流量 $Q=q\psi F$/(L/s)	直径 D 或高 H 宽 B/mm	坡度 i/‰	流速 v/(m/s)	流量/(L/s)	管沟底高差/m	管沟内底高程/m		起点覆土深度/m	
									上端	下端		
14	15	16	17	18	19	20	21	22	23	24	25	26
235.1	0.65	152.8	368.28	ϕ700	2	1.076	414.1	0.12	46.56	46.44	1.58	
222.7	0.65	144.7	670.10	ϕ900	2	1.273	809.8	0.12	46.34	46.22	1.52	
213.3	0.65	138.65	700.18	ϕ900	2	1.273	809.8	0.12	46.22	46.10	1.58	
204.9	0.65	133.19	968.29	ϕ1000	2	1.365	1072.1	0.12	46.00	45.88	1.64	
197.7	0.65	128.51	1509.0	ϕ1200	2	1.542	1744.0	0.12	45.78	45.66	1.58	
191.8	0.65	124.67	1517.23	ϕ1200	2	1.542	1744.0	0.12	45.66	45.54	1.64	
186.3	0.65	121.10	2052.65	ϕ1300	2	1.626	2158.2	0.12	45.44	45.32	1.65	
181.5	0.65	118.0	2049.66	ϕ1300	2	1.626	2158.2	0.14	45.32	45.18	1.75	
176.2	0.65	114.53	2297.47	ϕ1300	2.5	1.818	2413.1	0.30	45.08	44.78	1.93	
168.7	0.65	109.66	2504.63	H=930								
				B=1000	2	1.150	2561.0	0.22	44.78	44.56		

管内底进口设计标高为 46.34m,出口设计标高为 46.22m。

其余各分段的计算方法同上,依次类推。

③ 如图 9.14 所示,由 10 号井至 11 号井,此段改为明渠排水,其累计汇水面积 $F=22.84hm^2$,聚积时间 $t=28.94min$,降雨强度 $q=2111/(28.94+8)^{0.7}\approx 168.7$

[$L/(s \cdot 10^4 m^2)$]，平均径流系数 $\psi=0.65$，设计流量 $Qq\psi F=168.7\times0.65\times22.84=2559.4(L/s)\approx2.5m^3/s$。

设明渠底宽 $B=1m$，边坡系数 $m=1.5$；$i=0.002$，粗糙系数 $n=0.025$，按式(9.14)、式(9.15)、式(9.14)和式(9.19)计算得：设计水深 $h_0=0.93m=930mm$。

设计流速 $v=Q/\omega=2.56/(Bh+h^2m)=2.56/(0.93\times1+0.93^2\times1.5)\approx1.15(m/s)$。

出口河道正常水位为45.50m，所以渠底设计标高：进口为44.78m；出口为44.56m，计算成果列入表9.7。

思考与习题

9.1　什么是公路排水系统？公路排水系统由哪些设施组成？

9.2　什么是城市道路排水系统？城市道路排水系统适用于什么场合？

9.3　公路排水系统的一般要求和规定是什么？

9.4　公路各排水设施的布置与构造要求是什么？

9.5　城市道路设计的一般要求与标准是什么？

9.6　雨水管的布置主要考虑哪些因素？

9.7　叙述雨水管的设计方法与步骤。

第十章　道路计算机辅助设计

10.1　概　　述

计算机辅助设计(computer aided design,CAD)技术作为20世纪重大技术成就之一,正深刻影响着当今工业和各个工程领域,已成为工程设计及科学研究中不可缺少的组成部分。工程设计领域是CAD技术应用最活跃,也是CAD发展最快的领域之一,到目前为止,已实现勘察设计的技术手段从传统的手工方法向现代化CAD技术转变的目标。

10.1.1　国外道路CAD新技术的现状与发展趋势

20世纪60年代末期以来,英、美、法、德和丹麦等国在道路路线设计中开始广泛地使用计算机技术,至今已有60多年的历史。计算机在道路设计中的运用主要是解决烦冗重复的大量计算,如平、纵几何线形的计算,横断面、土石方计算,以及计算数据图表的输出等内容编写的单独程序。特别是在纵断面优化技术方面,经过一段时间的探索,各国都研制成了比较成熟的纵断面优化程序系统;但这一阶段开发的程序,功能单一,应用面较窄,还不是一个完整的程序系统,是道路应用计算机的探索阶段。

到了20世纪70年代,道路优化技术从单一的纵断面优化扩展到平面和空间(三维)选线;数字地面模型(digital terrain model,DTM)开始使用;计算机绘图技术发展为实用阶段,可直接提供设计和施工图纸。由于平面线形或空间线形优化涉及更多复杂因素,需要大量的计算数据,给研究工作带来较大困难,同时也削弱了程序的实用性。

20世纪80年代,很多国家建立了由航测设备、计算机(包括绘图机、数字化仪等外部设备)和专用软件包形成的公路CAD组合系统。软件包包含从数据采集、建立数字地面模型、优化技术以至进行全套计算机计算、绘图和报表的完整系统。道路CAD系统的发展更加完善,并逐步向系统化、集成化的方向发展,逐渐形成了从数据采集,到建立数字地面模型,再到线形优化和道路平纵横设计的计算机辅助设计的全过程,从而大大地提高了道路工程设计的速度和质量。

进入20世纪90年代后,道路CAD系统进入成熟阶段。发展到今天,道路设计从由电子测量数据形成三维数字地面模型,然后进行平、纵、横断面设计和土方量等分析计算,一直到最后输出设计图表,完全实现了计算机一体化,从而使道路设计完全摆脱了图板手工方法,实现了无纸化设计的梦想。许多国家建立了由航测设备、计算机和专用软件包组成的成套系统,可以完成从数据采集、建立数字地面模型、优化设计到设计文件编制的全部工作,系统都有成功的图形环境支撑,商品化程度很高,如英国的MOSS系统、美国的INROADS、德国的CARD/1等。

目前,其他高新技术的发展进一步推动了道路CAD技术的现代化。在数据采集上,全站仪、电子手簿、现场绘图电子平板的新发展,以及GPS-RTK仪的出现,为通过GIS、

GPS和CAD使数据采集、设计绘图、方案优化等一体化创造了条件。在软件开发方面，面向对象的程序设计方法、可视化快速应用程序开发环境以及计算机辅助软件工程(computer aided software engineering,CASE)开发环境的出现，标志着软件工程进入了崭新的阶段。

10.1.2　国内道路CAD新技术的开发和应用概况

我国对道路CAD技术的研究开发始于20世纪70年代末，经历了70年代末与80年代初期的探索、80年代后期的发展与90年代的提高与普及，到目前为止，已在数据采集、内业辅助设计和图形处理各方面取得了较大的成绩。

20世纪70年代末期至80年代初期，国内有关高等院校与科研院所在收集和翻译国外路线优化技术和CAD技术资料的基础上，首先开展路线优化技术方面的研究，编制了相关优化程序。由于受当时计算机软硬件环境的限制，所编制的程序都是针对某一单项工作，以替代手工计算为目的，功能单一，缺乏系统性，应用面较窄。

在80年代中后期，随着我国道路建设的快速发展，对道路CAD技术的需求也不断增加，促进了道路CAD技术的快速发展。在这一阶段，高档次计算机和外部设备的出现，给道路CAD软件的开发提供了良好的条件，推出了一些各具特色的道路CAD系统。这些软件均以提高软件的自动化程度为目标，实现了计算分析和成图一体化，但大多缺乏交互性能或交互性能不高，软件的子系统之间接口繁多，没有统一的数据管理。

20世纪90年代至今，道路建设的速度明显加快，建设规模空前扩大，对道路CAD软件的要求越来越高。软件开发技术迅速提高，对软件的性能、用户界面及图形处理能力进行了大幅扩充；对软件的内部结构和部分软件模块，特别是数据管理部分，进行了重大改造，采用了面向对象的软件设计方法和面向对象的语言，培养和造就了大批既懂专业又懂计算机知识的复合型人才，完成了包括高速公路在内的大量设计任务，取得了很大的经济和社会效益，使我国的道路CAD技术向前推进了一步。

10.1.3　道路CAD新技术的发展前景

道路设计水平的提高依赖新技术的发展，计算机技术的发展和应用，使道路设计发生革命性的变化。在应用范围方面，除了快速发展的道路CAD技术外，道路的三维造型和动画技术、计算机局域网络建设和应用、数据和信息采集新技术及GPS和GIS的应用、道路工程库和道路信息系统的建立等新成果不断推出。在应用水平方面，道路设计的计算机应用技术向集成化发展的趋势更加明显，GPS技术、遥感技术和数字摄影测量技术的研究有了创新成果，在“三维造型”方面采用计算机三维建模技术、面向对象技术、图形可视化技术、红外彩色航片在三维动画中的应用和制作技巧等，都达到了新的水平。可以预计，在不久的将来，图形编程系统、人工智能技术、空间技术、信息技术在道路工程中的应用将越来越广泛，计算机辅助技术将步入一个新的高度。

10.2 地形数据的采集与处理

地形数据是进行公路设计的基础。传统的数据采集方式已不能满足现代道路勘测设计的需要,并且是影响设计周期及质量的关键。因此,获取高速、精确的地形数据是现代道路勘测设计中急需解决的问题。

10.2.1 地形数据采集的分类与特点

公路设计原始地形数据的来源,通常有三种方法:航测法、地形图数字化、野外实测采集。对于以上每种方法,根据设备及手段的不同又有多种数据采集形式。航测法采集按设备不同又可分为遥感模拟法测图、解析法测图及数字测图等方式;地形图数字化有人工手扶跟踪数字化仪输入法和全自动数字化仪(图形扫描仪)输入法两种;野外实测采集既可采用常规的野外测量,由人工实测和记录获得地形数据,也可用电子速测仪从野外实测获得地形数据,还可采用全球定位系统从野外采集地形数据等。地形数据采集分类如图10.1所示。

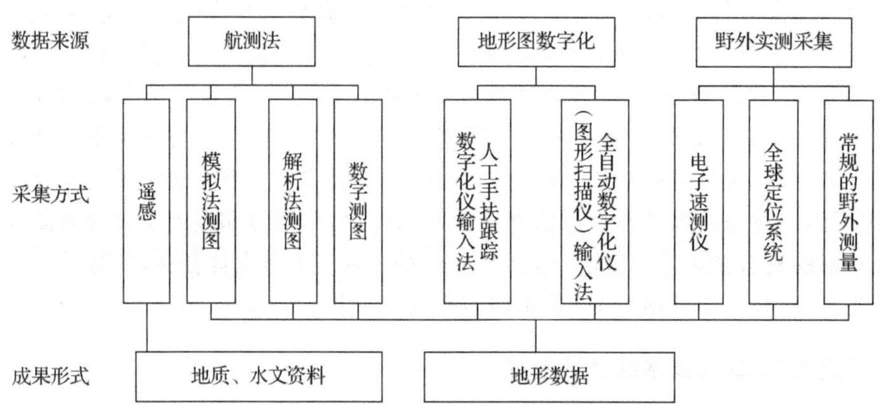

图10.1 地形数据采集分类

1. 航测法

在公路设计中,充分利用航片所反映的信息和地表现象,进行判释和量测,配合立体观察和处理,可得到测区的地形、地貌、地质、水文等多种资料,为路线设计提供原始数据。

(1) 航测地形数据采集

航测法采集数据能直观地观察地表形态,控制地形点的分布和密度,信息可靠,精度高。利用解析仪测图的同时,可以附带记录测图信息,不需要专门为建立数字地面模型重新采集,给数据采集带来极大方便。因此,航测法是理想的地形数据采集手段。

全数字化测图利用相关技术和扫描技术将照片影像数字化,得到测区的地表三维数据。其过程是：首先将照片影像的灰度数字化，然后在计算机上进行数据处理，通过扫描方式将照片上影像的灰度值转换成电信号或数字信号，形成“数字影像”，然后用相关技术自动地立体照准同名像点。随着研究的深入进行，代表航空摄影测量学科发展方向的全数字化、自动化测图方式，将成为公路设计中地形数据采集的理想方法之一。

(2) 航测判释及遥感

路线经过区域的地质、地貌、水文等信息是公路设计中很重要的原始数据。在图像中通过航测判释及遥感技术可以获得大量地质及水文资料，使得勘测设计工作目标明确，避免了盲目性，提高了勘测设计的质量和速度。

2. 地形图数字化

把已有的大比例尺地形图数字化是目前地形数据的主要来源。按采用的数字化设备划分有以下两种形式。

(1) 人工手扶跟踪数字化仪输入法

利用人工手扶跟踪数字化仪可将平面图形转化为平面坐标数据。按等高线点串的方式采集数据，由操作员从键盘输入等高线高程值一次，用鼠标或光笔沿该等高线依次将其以点列的方式输入即可。其精度取决于地形图本身的精度、仪器的误差及作业员的熟练程度等。从地形图采集的数据一般只用于初步设计阶段。

(2) 全自动数字化仪(图形扫描仪)输入法

利用全自动数字化仪(图形扫描仪)也能将平面图形扫描输入计算机，对图形数据进行矢量化处理，可得到图形的平面坐标数据，但对高程字符和一些符号识别仍有困难。在使用中需要对已矢量化的数据人工进行高程安置。

3. 野外实测采集

在没有航摄资料及地形图的情况下，可以采用野外实测的数据采集方法，目前主要有全球定位系统(GPS)测图法、全站仪测图法及常规测量法等。

(1) 全球定位系统

GPS作为新一代卫星导航与定位系统，不仅具有全球性、全天候、连续的精密三维导航与定位能力，而且具有良好的抗干扰和保密性。GPS定位技术具有观测点之间无须通视、定位精度高、观测时间短、提供三维坐标、操作简便、全天候作业等主要特点。由于GPS提供的高程值是大地高程系统，即以椭球面为基准的高程系统，而工程及测量中采用的坐标系统，是以似大地水准面为基准面的正常高程系统，所以两个高程系统存在差异(称为高程异常)。解决高程异常的方法主要有重力改正、地形改正及利用GPS与水准点的同名点进行拟合等三种方法，可以把大地高差归化到水准高差。目前，GPS在道路勘测设计中主要用来作平面控制，高程则配合电子经纬仪的三角高程测量来求得。

(2) 利用全站仪在野外采集地形数据

在没有航测资料及地形图时，利用全站式电子经纬仪在野外实测地形数据，是一种有效的地形数据采集方式。测量数值直接记录并输入计算机进行处理，得到被测点的三维坐标值。消除了一系列粗差源，保证了数据的可靠性，提高工作效率。这种方式在测量工作中得到广泛的应用,是目前野外数据采集的主要手段。

(3) 利用常规测量仪器在野外采集地形数据

采用普通光学经纬仪、水准仪及花杆、卷尺等测量仪器进行地形图测绘、中线测量、路线水准测量和横断面测量等工作。这些仪器采集地形数据,不仅劳动强度大,效率低,而且可靠性低。目前仅在测绘地形图或横断面测量等工作中部分使用。

与现代测量方法相比,常规公路测量方法的缺陷表现在以下几个方面。

1) 规范对附合导线长、闭合导线长及结点导线间长度等有严格规定,一般对于高等级公路均要求达到一级导线要求。这样,导线附合或闭合长度最长不得超过 10km,结点导线结点间距不能超过附合导线长度的 0.7 倍。这种要求一般在实际作业中难以达到,往往出现超规范作业。

2) 搜集到的用于路线测量控制的起算点间一般很难保证为同一测量系统,往往国测、军测、城市控制点混杂一起,这就存在系统间的兼容性问题,如果用不兼容的起算点,势必影响测量质量。

3) 国家大地点破坏严重,影响测量作业。由于国家基础控制点,大多为 20 世纪 50～60 年代完成,经过三十多年,有些点由于经济建设的需要被破坏,有些点则由于人们缺乏知识,遭人为破坏。在这些地区进行路线测量作业,还找不到导线的联测点。这样路线控制测量的质量得不到保证。

4) 地面通视困难往往影响常规测量的实施。一般路线的控制点要求布设在距路线的 300m 范围内。由于通视的原因,这一条件难以满足,甚至在大范围密林、密灌及青纱帐地区,根本无法实施常规控制测量。

5) 对于长大隧道和特大桥梁用常规测量有下列局限。

① 长大隧道、特大桥等构造物一般要求测量等级在四等以上。用常规测量方法,往往采用增加测回数、延长观测时间等费时、费工的方法来设法提高精度。

② 长大隧道、特大桥多为地形复杂困难地带,进行常规控制测量,为保证通视和网形,往往使砍伐工作量和勘测设计费用增加,作业艰苦。

③ 长大隧道及特大桥控制网的高精度与路线网的低精度衔接,虽说用平差方法可以得到克服,但由于地形条件困难,其联结的测量工作量很大,且不太方便。实际工作中,构造物的控制测量与路线的控制测量经常出现脱节现象。

利用 GPS 测量能克服上述缺陷,提高作业的效率,减轻劳动强度,保证高等级道路勘测设计质量。

10.2.2 地形图数字化采集地形数据

大比例尺地形图的数字化是目前公路路线初步设计阶段地形数据的主要来源。在实际工程中通常采用数字化仪将地形图数字化,它可将图形转换成坐标数据并输入计算机,操作时用游标(鼠标和定标器)确定数字化仪平面上的各个位置,数字化仪与主机相连后,进行数据通信,鼠标所在位置上的 x、y 坐标可实时送到计算机系统中,完成平面图形到坐标数据的转换和采集。下面分别介绍数据转换、图纸变形的纠正、地形图的数字化输入等问题。

(1) 数字化仪坐标转换

数字化仪发送到计算机的数据是笛卡儿坐标系的数据。因此必须根据图形要求进行旋转、平移和缩放，将其转换成大地坐标或特定坐标系。坐标转换前需事先求出数字化仪坐标系和所需坐标系的关系，确定 x、y 的平移值、旋转角等定向元素。

平面坐标转换有 4 个定向元素，至少需 2 个已知控制点作为定向点，当定向点个数多于 2 个时，采用最小二乘平差求 4 个定向元素。对每个定向点有 2 对坐标，该点的数字化仪量测坐标 x_s、y_s 和大地坐标 x_t、y_t。对于两点定向，解下列方程组得定向元素 x_0、y_0、$\cos\theta$、$\sin\theta$。

$$\begin{cases} x_{t1} = x_0 + x_{s1}\cos\theta - y_{s1}\sin\theta \\ y_{t1} = y_0 + x_{s1}\sin\theta + y_{s1}\cos\theta \\ x_{t2} = x_0 + x_{s2}\cos\theta - y_{s2}\sin\theta \\ y_{t2} = y_0 + x_{s2}\cos\theta + y_{s2}\cos\theta \end{cases} \tag{10.1}$$

若有 n 个定向点，则有 $2n$ 个方程，如下所示：

$$\begin{cases} x_{t(1)} = x_0 + x_{s(1)}\cos\theta - y_{s(1)}\sin\theta \\ y_{t(1)} = y_0 + x_{s(1)}\sin\theta + y_{s(1)}\cos\theta \\ \quad\vdots \\ x_{t(i)} = x_0 + x_{s(i)}\cos\theta - y_{s(i)}\sin\theta \\ y_{t(i)} = y_0 + x_{s(i)}\sin\theta + y_{s(i)}\cos\theta \\ \quad\vdots \\ x_{t(n)} = x_0 + x_{s(n)}\cos\theta - y_{s(n)}\sin\theta \\ y_{t(n)} = y_0 + x_{s(n)}\sin\theta + y_{s(n)}\cos\theta \end{cases} \quad (i = 1,2,\cdots,n) \tag{10.2}$$

由于存在误差，上述方程中各式并不恒等，令 $\Delta V_{x(i)}$、$\Delta V_{y(i)}$ 分别表示其误差，则

$$\begin{cases} \Delta V_{x(1)} = \cos\theta x_{s(1)} - \sin\theta y_{s(1)} + x_0 - x_{t(1)} \\ \Delta V_{y(1)} = \cos\theta y_{s(1)} + \sin\theta y_{s(1)} + y_0 - y_{t(1)} \\ \quad\vdots \\ \Delta V_{x(i)} = \cos\theta x_{s(i)} - \sin\theta y_{s(i)} + x_0 - x_{t(i)} \\ \Delta V_{y(i)} = \cos\theta y_{s(i)} + \sin\theta y_{s(i)} + y_0 - y_{t(i)} \\ \quad\vdots \\ \Delta V_{x(n)} = \cos\theta x_{s(n)} - \sin\theta y_{s(n)} + x_0 - x_{t(n)} \\ \Delta V_{y(n)} = \cos\theta y_{s(n)} + \sin\theta y_{s(n)} + y_0 - y_{t(n)} \end{cases} \quad (i = 1,2,\cdots,n) \tag{10.3}$$

可将其表示为矩阵方程

$$\boldsymbol{V} = \boldsymbol{AX} - \boldsymbol{B}$$

式中

$$\boldsymbol{A} = \begin{bmatrix} x_{s(1)} & -y_{s(1)} & 1 & 0 \\ y_{s(1)} & x_{s(1)} & 0 & 1 \\ & \vdots & & \\ x_{s(i)} & -y_{s(i)} & 1 & 0 \\ y_{s(i)} & x_{s(i)} & 0 & 1 \\ & \vdots & & \\ x_{s(n)} & -y_{s(n)} & 1 & 0 \\ y_{s(n)} & x_{s(n)} & 0 & 1 \end{bmatrix} \quad \boldsymbol{X} = \begin{bmatrix} \cos\theta \\ \sin\theta \\ x_0 \\ y_0 \end{bmatrix} \quad \boldsymbol{B} = \begin{bmatrix} x_{t(1)} \\ y_{t(1)} \\ \vdots \\ x_{t(i)} \\ y_{t(i)} \\ \vdots \\ x_{t(n)} \\ y_{t(n)} \end{bmatrix}$$

对误差 $\boldsymbol{V}$ 求极小值,并解矩阵方程可得定向系数 $\boldsymbol{X}$。

定向点的选择,应尽量位于图形的区域边缘。对于两点定向,宜选在待数字化区域边缘的对角线上;对于多点定向,宜选在待数字化区域的四周。图纸变形较大时,采用最小二乘平差求定向元素,其总体精度高于二点定向。

(2) 图纸变形纠正

由于各种原因,图纸变形存在误差很难避免。为保证数据的可靠性,必须对数据逐点纠正,从而减少精度损失。一般方法是事先确定所需数字化的图纸分别在 x 方向和 y 方向的最大变形,可由相应点的转换坐标和实际坐标之间的关系求得。在量测过程中,对发送的每一对坐标,经转换后根据其 x、y 坐标值按线性关系分别纠正。

实际上图纸变形不仅存在线性变形,还存在非线性变形以及具有旋转形式的变形。依据数学中仿射变换的思想,采用双线性函数逐点改正,效果很好。具体做法:先量测测图区域四个角点的坐标值,并进行误差改正,得到其转换过后的四对平面坐标 x_c、y_c 对经转换后的平面坐标 x_c、y_c 进行逐点变形纠正后得大地坐标 x_t、y_t 并输入。

(3) 地形图的数字化输入

在地形图的输入中,数字化仪最适合按等高线点串的方式采集数据。对每一条等高线来说,操作人员只需从键盘或自定义的数字化仪菜单中输入等高线高程值一次,然后用十字丝跟踪该等高线,依次以点列方式输入即可。

地形图的数字化输入,除地形点的三维坐标外,还有建立数模和建立地图数据库,建立地理信息库所需的各种地形、地貌、地物等的图形、符号及说明注记等原始资料。从而便于识别和处理,数字化时除平面坐标外,其余属性和特征要以编码方式和补充信息输入。这些编码及补充信息输入方法是:在数字化仪面板感应区内,根据地形图的各种图式、符号及高程值输入的特点,自定义一个数字化仪输入的菜单。操作人员在点入其坐标的过程中,根据需要可随时在菜单上点入其编码或高程值等信息,不需记忆编码,简化了作业过程,加快了速度。最后,程序对输入的各种数据,按其属性和编码,自动进行分类管理,存入相应数据文件中,以便于调用和处理。

10.2.3 全站仪采集地形数据

由于全站仪具有测距、测角、记录、计算、检查及平差等功能,用全站仪在野外实测地形数据,是一种有效的数据采集形式,尤其是在没有航摄资料及大比例尺地形图的情况下得到广泛应用。

1. 全站仪的测量原理与数据处理

(1) 测量原理

1) 光电测角原理。光电测角即是以光电信号的形式表达角度测量结果。采用新型的度盘刻划形式,以光电技术和电子测微技术确定与其相适应的光电测角原理。

2) 光电测距原理。相位法测距是工程测量中最为常用的测距方法。其原理如图 10.2所示。

A 处为发射光波的仪器,B 处为光反射器,A 处光射向 B 处,经反射回到 A,光速 c 已

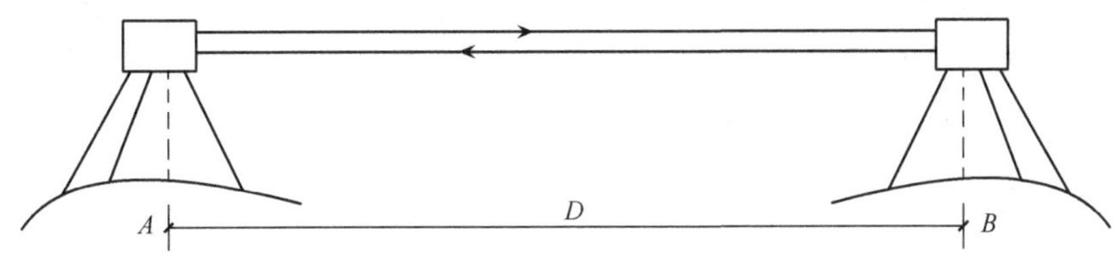

图 10.2　相位法测距原理

知，只要测得光在 AB 上往返时间 t，可求得距离 D 为

$$D = \frac{1}{2}ct \tag{10.4}$$

(2) 数据处理与记录

全站仪在测量过程中，同时完成测角与测距的工作。得到被测点的水平角和竖直角，以及测点距测站的距离，根据测站的已知坐标和高程，及仪器后视点的方向就可以通过微处理器中的程序实时直接求得待定点的坐标和高程。这些数据直接存储在数据终端内，可将数据传送至微机中。

对于公路 CAD 系统来说，除地形数据外，还要记录各种地物信息，地形断裂线、水系、地貌以及建立数模和测绘地形图所要求的其他信息。为了准确再现所测的各种数据，必须给各类数据赋予不同的、明确的编码。这些信息、注释及数据存储格式等，均可由用户从全站仪的键盘中给定或输入，与测量数据一起存入数据终端中，使用灵活方便。

2. 全站仪采集地形数据

用全站仪采集地形数据，记录器现场记录，操作过程类似常规测量。水平角、垂直角、斜距由全站仪直接送入电子手簿或其他形式记录器中，这样加快了量测速度，减轻了工作强度，而且保证了数据的可靠性。

由于地形要素多，所记录的地形数据要能充分反映地形的变化，包括图根控制点、地形碎部点以及测量各类地物、地形断裂线、水系、植被类型、地质、地貌等各种数据，从而满足建立数模和机助成图的要求。

为了便于野外数据采集及后续的数字地面模型程序处理，所有数据必须能由后续程序识别，进行分类和处理。因此，野外数据采集时，必须对各种地形要素编码，测量时将编码的特征信息输入记录器，并赋予各自量测值。

全站仪野外地形数据采集，主要用于建立数字地面模型，为路线 CAD 系统及机助成图提供地形数据。因此，数据的采集既要满足所建数模的高程内插要求，又要满足地形图机助成图的需要。为便于数据采集和程序处理，必须针对各数据的不同属性及对建立数模和绘图的影响，设计编码系统。编码系统在设计时既要满足数据采集与处理需要，还要尽量简化编码，从而简化数据采集工作。

10.2.4　航测数据的采集

目前，我国公路设计部门在进行路线设计时，普遍采用航测成图。航空照片含有大量丰富的地表信息,从航片上采集数据可直观地观察地表形态,获得可靠的地形数据。利用航测成图,不但可以大幅度降低劳动强度,提高工效,而且可以保证数据采集质量。利用航测方法获取数据是目前最理想的数据采集方法。

1. 采集形式

数据采集的目的主要是为建立公路设计用的数字地面模型提供原始地形数据。根据数模的用途、结构和地形特征的不同,航测采集有各种不同的要求。其中数据点的采集方式、分布形式与密度等因素对数模的精度有直接影响。

(1) 采集方式

解析测图仪采集数据有静态采集和动态采集两种形式。静态采集是间断进行的,在测量瞬间仪器静止不动,记录其坐标,其特点是采集速度慢,但精度高;动态采集是连续进行的,按预定时间自动记录所量测点和坐标。其特点是采集速度高,但精度低。

(2) 数据点的分布

根据数模的目的、用途以及数据点的采集方式和将来输出格式,数据点的分布形式分为规则点、半规则点以及不规则点。

1) 规则点。按规则格网记录数据点,即量测的地面每个点相对周围点的位置是固定的,可以是规则格网的结点。一般情况下只需记录格网首点的平面坐标及各点的高程,其余任何一点的平面坐标可由该数据所在的行、列数据及格网间距推导得出,但规则格网对地形不太敏感,不能适应地形变化。

2) 半规则点。数据点的布设与地形特征有一定的关系。按半规则的分布方式采集数据能较灵活地适应地形变化,避免量测许多冗余信息,有改善精度与经济关系的潜力。但数据采集结果容易受主观影响,不易实现数据采集的自动化。

3) 不规则点。数据点的分布是任意的、随机的,点与点之间无联系,其最大的优点是可以根据地形特征采集数据,保证地形变化处有数据点。缺点是需要人工判读地形,数据采集容易受主观影响,容易产生遗漏和重复量测的现象,数据采集速度比较慢,不能实现自动采集。

根据点的排列特征,可以把数据点的分布归结为点列式和格网式两大类。点列式属于线状,如沿等高线、断裂线、断面线等均属于这一类。格网式属于面状分布,如矩形、正方形、正三角形格网、不规则的四边形、三角形、多边形格网属于这一类。

一般来说,对数据点分布形式的选择,基本要求是原始数据点的分布和密度要与地形的变化相适应。考虑的主要内容是所采用的数模类型,所研究地区的地形类型,气候的数据处理和将来的输出格式。

(3) 数据点的密度

数据点的密度取决于数字地面模型的精度要求、区域内的地形特征等。如果数字地面模型的精度高,地形本身复杂,数据点的密度就应大些,否则将达不到要求的精度。确定地形点密度的方法有三种。

1) 预先给定法。根据数字地面模型的用途和地形特征,预先给定点的密度。这种方法虽然简单,但由于地形是复杂变化的,将会出现平缓地带数据点较多而复杂地带数据点过少的问题，不能很好地适应地形。

2）连续调整法。该方法可在数据采集过程中根据地表特征调整点的密度以适应地形，把反映地形特征的点取上，不会有过多的冗余数据点。

3）预定与调整结合法。该方法可根据地形特征调整，效果较好，采用较多。如断面或等高线的间距可以预先给定，而沿这些线的数据点密度可根据地形特征进行调整。

2. 内容和要求

用解析测图仪采集数据精度高、速度快、操作方便，点的分布形式可以有多种，一般有：离散点方式，主要按特征点采集，需要人工判读地形，速度比较慢，数据质量受主观影响；断面方式，沿断面扫描采集数据，如按给定的断面间距或沿路线的横断面地面线采集；规则格网方式，按 X 和 Y 方向给定间距进行数据采集；串状方式，按串的方式采集数据，如地形按等高线串方式采集，地物、断裂线均沿轮廓线或地形线按点串方式采集记录。

（1）地形等高线数据采集

目前，航测在公路中应用的主要任务是为设计提供 1∶2000 的地形图，为了和现行的航测作业方法相吻合，减少对作业员的额外要求及数据采集费用，可采用按常规的数据采集方法测绘地形图。作业员在用解析测图仪测绘地形图的同时，适时将测图数据记录下来，在得到地形图的基础上，只需补测建立数模所需要的地形断裂线、水系及地物等资料。

（2）地物、地形断裂线及植被隐蔽区的数据采集

实际地表往往不是平滑的，有陡坎、梯田、河流、冲沟、池塘等，地面产生突变，我们称之为地形断裂线。断裂线是建立数字地模中非常重要的数据，对数字地模的高程内插精度有相当大的影响，尤其在山区和水系较高的地区。

地物类数据应视其影响程度进行取舍，一般需要测量下列一些数据。闭合型地物，如建筑物、居民区、水库、湖泊、池塘等，要求依次沿其外边缘测一闭合多边形，为建模时易于判断，可在闭合多边形中央部分测一些参考点。对于建筑物群集中的地方，可只测其外边缘轮廓线。对于如河流、渠道及原有公路、铁路、堤坝等人工构造物，可按单断裂线和双断裂线的方式视其具体情况进行采集。以上各类地物均要明确编码，遵循约定的采集方式进行，以便于数模阶段的处理。

对于测绘地形图而言，上述地物、地形断裂线数据一般只需测量其平面位置即可。对于建立数模的数据采集，所有建模的原始数据必须是测标切准地面所获得 X、Y、Z 的三维坐标。

为准确反映地形的实际情况，在植被覆盖的困难地段，内业测图可不沿等高线而采用散点分布的形式在能切准地面的地方进行数据采集，用这些切准地面的离散点来控制局部地形的变化。在植被密集无法看到地面的区域，内业测图用散点分布的方式切准地面进行采集仍有困难时，则必须由外业在实地采用全站仪在地面采集一定密度的地形散点，进行野外地形补点测量。

3. 航测数据采集的质量保证措施

航测采集的地形原始数据是进行路线设计的基本数据，该数据质量的好坏、精度的高

低直接影响到设计成果的质量,也是影响航测数模技术用于公路路线施工图设计的关键。而航测数据的精度取决于航测比例尺、航摄质量、外控点的布置及外控点测量的精度、内业加密精度、航测仪器本身的量测精度以及作业员水平等因素。航测数据的采集质量主要指其采集的数据点是否适应地形的变化,其点的密度及分布形式是否能客观反映地形,特别是地物,地形断裂线的选取是否合理,采集是否充分。

(1) 航测精度的保证措施

1) 航摄方案的设计。航摄比例尺的选择应该以公路各设计阶段所需要地形图的比例尺及相应精度要求为依据,结合摄区的地形条件,成图方法及所用仪器的性能等因素,兼顾经济性和效率综合考虑确定。航测比例尺分母与成图比例尺分母之比以 4~6 为宜。

2) 外控测量及内业加密。基础控制测量和相片控制点测量是航测内业加密控制点和测图数据采集的依据。点的布设与精度要满足有关航测外业规范的要求,特别是精度要严格控制。外控测量及内业测量均应选用高精度仪器设备,点的布设也应顾及路线导线点的布置。外业控制、判点或刺点、电算加密、测图大地定向、数据采集等工序应严格把关,满足精度要求。

3) 数据采集。仪器的精度是影响数据量测精度的主要因素之一。数据采集前对解析测图仪进行调校和保养,使仪器处于最佳技术状态,量测精度必须符合设备的标称精度;计算机控制运动部件运行正常,软件运行正常。

作业员的工作状态必须认真负责,量测时测标必须切准地面,根据地形等高线点串、注记点、地形断裂线点串等,量测时静态与动态采集结合进行。为保证数据精度,作业员对相同点的动态与静态采集、二次采集的精度应有具体精度指标。对最终数据结果,可根据航测合同中规定的精度要求,野外实测抽查一些点,对达不到精度要求的,需要详细分析误差产生的原因,以确定是否补测、重测以及确保精度。

(2) 质量保证措施

原始数据是否适应地形变化,点的密度及分布形式是否能客观反映地形和各种地物,断裂线的选取是否合理,采集是否充分,直接影响到所建立数模的高程内插精度,也关系到这些数据能否用于公路路线设计。因此,对原始数据采集质量的控制与检查是航测数据采集与处理中的必备环节。

用软件手段检查和控制数据采集质量的方法与步骤如下。

1) 将航测数据转换为数模原始数据。

2) 原始数据预处理。

3) 抽取检查点数据。

4) 建立数字地面模型。

5) 地形检查点的高程内插及误差估计。

6) 显示与绘制检查点高程误差分析图。

7) 进行误差分析,确定高程误差超限的区域。

8) 重测高程误差超限的局部区域。

9) 用重测的数据修改原始数据文件。

航测数模技术在道路勘测设计中的应用,将航测数模与路线 CAD 紧密结合成一个有机整体，形成覆盖数据采集与处理，路线初步设计，路线施工图设计到输出设计文件的路线设计全过程的一体化系统。充分利用航测成图时地形图数据建立数字地面模型，进行公路初步设计和施工图设计，提高设计效率和设计质量。

10.2.5　全球定位系统数据采集

1. 全球定位系统

全球定位系统是美国从 20 世纪 70 年代开始研制，历时 20 年，耗资 200 亿美元，于 1994 年全面建成，具有在海、陆、空进行全方位实时三维导航与定位能力的新一代卫星导航与定位系统。GPS 以全天候、高精度、自动化、高效益等显著特点，广泛应用于大地测量、工程测量、航空摄影测量、运载工具导航和管制、地壳运动监测、工程变形监测、资源勘察、地球动力学等多种学科，从而给测绘领域带来一场深刻的技术革命。随着全球定位系统的不断改进，硬、软件的不断完善，应用领域正在不断地开拓，目前已遍及国民经济各种部门，并开始逐步深入人们的日常生活。

GPS 包括三大部分：空间部分（GPS 卫星及星座）、地面控制部分（地面监控系统）、用户设备部分（GPS 信号接收机），如图 10.3 所示。

(1) GPS 卫星及星座（图 10.4）

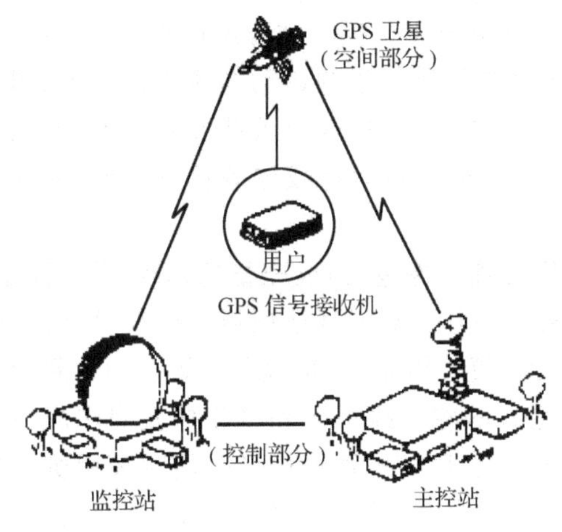

图 10.3　GPS 组成

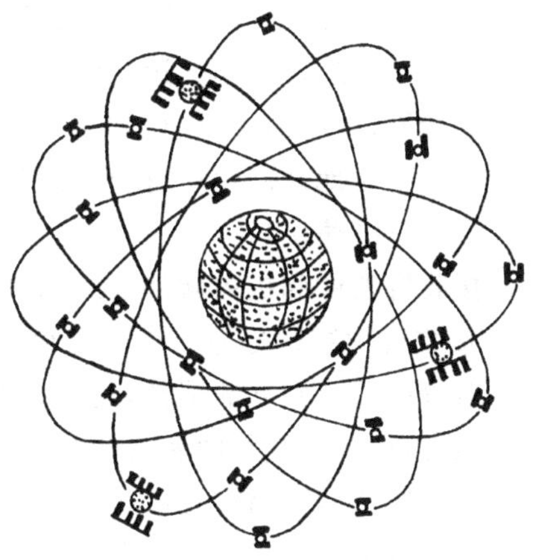

图 10.4　GPS 卫星及星座

由 21 颗工作卫星和 3 颗在轨备用卫星组成 GPS 卫星星座，记作（21＋3）GPS 星座。24 颗卫星均匀分布在 6 个轨道平面内，轨道倾角为 55°，各个轨道平面之间相距 60°，即轨道升交点（与赤道交点）之间的角距为 60°。每个轨道平面内各颗卫星之间的升交角距相差 90°，轨道平面上的卫星比西边相邻轨道平面上的相应卫星超前 30°。在两万公里高空的 GPS 卫星，当地球对恒星来说自转一周时，它们绕地球运行二周，即绕地球一周的时间为 12 恒星时。这样，对于地面观测者来说，每天将提前 4 分钟见到同一颗 GPS 卫星。位于地平线以上的卫星颗数随着时间和地点的不同而不同，最少可见到 4 颗，最多可见到 11 颗。在用 GPS 信号导航定位时，为了结算测站的三维坐标，必须观测 4 颗 GPS 卫星，称为定位星座。这 4 颗卫星在观测过程中的几何位置分布对定位精度有一定的影响。对于某地某时,甚至不能测得精确的点位坐标,这种时间段叫作间隙段。但这种时间间隙段是很短暂的,并不影响全球绝大多数地方的全天候、高精度、连续实时的导航定位测量。GPS 工作卫星的编号和试验卫星基本相同。

(2) 地面监控系统

对于导航定位来说,GPS 卫星是一动态已知点。星的位置是依据卫星发射的星历(描述卫星运动及其轨道)的参数算得的。每颗 GPS 卫星所播发的星历,是由地面监控系统提供的。卫星上的各种设备是否正常工作、卫星是否一直沿着预定轨道运行,都要由地面设备进行监测和控制。地面监控系统的另一重要作用是保持各颗卫星处于同一时间标准——GPS 时间系统。这就需要地面站监测各颗卫星的时间,求出钟差。然后由地面注入站发给卫星,卫星再由导航电文发给用户设备。GPS 工作卫星的地面监控系统包括一个主控站、三个注入站和五个监测站。

(3) GPS 信号接收

GPS 信号接收机的任务是:能够捕获到按一定卫星高度截止角所选择的待测卫星的信号,并跟踪这些卫星的运行,对所接收到的 GPS 信号进行变换、放大和处理,以便测量出 GPS 信号从卫星到接收机天线的传播时间,解译出 GPS 卫星所发送的导航电文,实时地计算出测站的三维位置,甚至三维速度和时间。静态定位中,GPS 接收机在捕获和跟踪 GPS 卫星的过程中固定不变,接收机高精度地测量 GPS 信号的传播时间,利用 GPS 卫星在轨的已知位置,解算出接收机天线所在位置的三维坐标。动态定位则是用 GPS 接收机测定一个运动物体的运行轨迹。GPS 信号接收机所位于的运动物体叫作载体(如航行中的船舰、空中的飞机、行驶的车辆等)。载体上的 GPS 接收机天线在跟踪 GPS 卫星的过程中相对地球而运动,接收机用 GPS 信号实时地测得运动载体的状态参数(瞬间三维位置和三维速度)。

接收机硬件和机内软件以及 GPS 数据的后处理软件包,构成完整的 GPS 用户设备。GPS 接收机的结构分为天线单元和接收单元两大部分。对于测地型接收机来说,两个单元一般分成两个独立的部件,观测时将天线单元安置在测站上,接收单元置于测站附近的适当地方,用电缆线将两者连接成一个整机。也有的将天线单元和接收单元制作成一个整体,观测时将其安置在测站点上。GPS 接收机一般用蓄电池做电源。同时采用机内机外两种直流电源。设置机内电池的目的在于更换外电池时不中断连续观测。在用机外电池的过程中,机内电池自动充电。关机后,机内电池为 RAM 存储器供电,以防止丢失数据。近几年,国内引进了许多种类型的 GPS 测地型接收机。各种类型的 GPS 测地型接收机用于精密相对定位时,其双频接收机精度可达 5mm+1PPM. D,单频接收机在一定距离内精度可达 10mm+2PPM. D。用于差分定位其精度可达亚米级至厘米级。目前,各种类型的 GPS 接收机体积越来越小,质量越来越小,便于野外观测。GPS 和 GLONASS 兼容的全球导航定位系统接收机已经问世。

2. GPS 定位原理

GPS 定位的实质是空间距离后方交会,即将空间卫星作为已知点,同时测定接收机到几颗卫星的空间位置。与传统的距离交会有所不同的是 GPS 定位中的已知点是离测点距离很远的高速运动的卫星，距离的测量方式也不同。

GPS 的定位方法，若按用户接收机天线在测量中所处的状态来分，可分为静态定位和动态定位；若按参考点的不同位置来分，可分为绝对定位（或单点定位）和相对定位（或差分定位）。

（1）绝对定位原理

以 GPS 卫星与用户接收天线之间的几何距离观测量 ρ 为基础，并根据卫星的瞬时坐标(x_3, y_3, z_3)，以确定用户接收机天线所对应的点位，即观测站的位置。

该接收机天线的相位中心坐标(x, y, z)为观测站相对于地球质心位置的三维坐标，则有

$$\rho = \sqrt{(x_3 - x)^2 + (y_3 - y)^2 + (z_3 - z)^2} \tag{10.5}$$

其中(x_3, y_3, z_3)可由导航电文获得，所以式中只有 x, y, z 三个未知量，只要同时接收 3 颗 GPS 卫星，则可解出站点坐标(x, y, z)。

（2）相对定位原理

GPS 相对定位是目前 GPS 定位中精度最高的一种定位方法，其原理是用两台 GPS 用户接收机分别安置在基线的两端，并同步观测相同的 GPS 卫星，以确定基线端点在 WGS-84 坐标系中的相对位置或基线向量，即相对定位确定的是观测站与某一地面参考点之间的相对位置。

3. GPS 测量的实施

线路测量中应用 GPS 技术的形式是沿设计线路建立狭带状控制网（图 10.5）。目前主要有两种情况，一种是应用 GPS 定位技术替代导线测量，一种是应用 GPS 定位技术加密控制点或建立首级控制网，在实际生产中较多地用了后者。

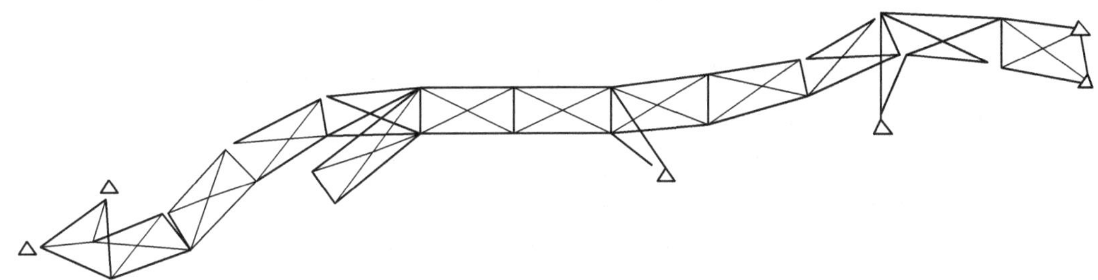

图 10.5　GPS 控制网示意图

下面简要介绍 GPS 测量中最常用的定位精度最高的方法——静态相对定位方法。

GPS 静态相对定位测量的实施：按静态相对定位实施的工作程序，大体分为 GPS 网的设计、选点及建立标志、外业观测、成果检验与处理等几个阶段。

（1）GPS 网的技术设计

GPS 网设计包括 GPS 测量的精度指标的确定和网形设计。网形设计就是根据用户要求，确定具体的布网观测方案。根据 GPS 测量的不同用途，GPS 网的独立观测边应构成一定的几何图形。图形的基本形式如图 10.6 所示。

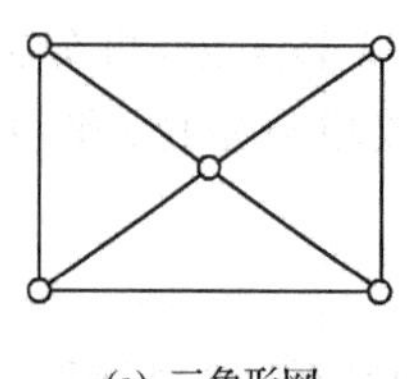

(a) 三角形网

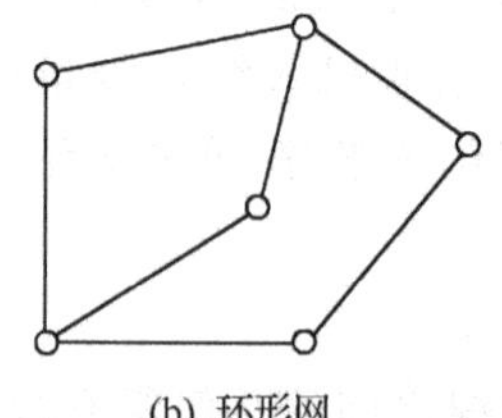

(b) 环形网

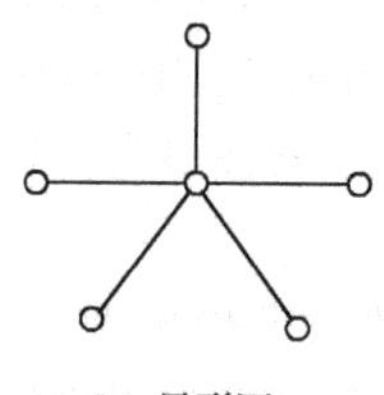

(c) 星形网

图 10.6 GPS 网基本图式

1) 三角形网。这种图形的几何结构强,具有良好的自检能力,能够有效地发现观测成果的粗差,以保障网的可靠性。

2) 环形网。这种网形与导线网相似,结构强度比三角形网差。其自检能力和可靠性与闭合环中所含基线边数有关。

3) 星形网。这种图形简单,其观测边之间一般不构成闭合图形,检核能力差。

(2) 选点和建立标志

1) 选点。由于 GPS 测量观测站之间不一定要求相互通视,而且网的图形结构也比较灵活,所以选点工作比常规控制测量的选点要简便。由于点位的选择对于保证观测工作的顺利进行和测量结果的可靠性有着重要的意义,选点工作还应遵守以下原则。

① 点位应设在易于安装接收设备、视野开阔的较高点上。

② 点位目标要显著,视场周围 15°以上不应有障碍物,以减小 GPS 信号被遮挡或被障碍物吸收。

③ 点位应远离大功率无线电发射源(如电视台、微波站等),其距离不小于 200m;远离高压输电线,其距离不得小于 50m,以避免电磁场对 GPS 信号的干扰。

④ 点位附近不应有大面积水域或不应有强烈干扰卫星信号接收的物体,以减弱多路径效应的影响。

⑤ 点位应选在交通方便、有利于其他观测手段扩展与联测的地方。

⑥ 地面基础稳定,易于点的保存。

⑦ 选点人员应按技术设计进行踏勘,在实地按要求选定点位。

⑧ 网形应有利于同步观测边、点联结。

⑨ 当所选点位需要进行水准联测时,选点人员应实地踏勘水准路线,提出有关建议。

⑩ 当利用旧点时,应对旧点的稳定性、完好性以及视标的安全性进行检查。

2) 标志埋设。GPS 网点一般应埋设具有中心标志的标石,以精确标识点位,点的标石和标志必须稳定、坚固,以利长久保存和利用。在基岩露头地区,也可直接在基岩上嵌入金属标志。每个点位标石埋设结束后,应填写点之记并提交以下资料。

① 点之记。

② GPS 网的选点网图。

③ 土地占用批准文件与测量标志委托保管书。

④ 选点与埋石工作技术总结。

点名一般取村名、山名、地名、单位名等,应在进行调查后确定。利用原有旧点时,点名不宜更改，点号编排(码)应适应计算机计算。

(3) 观测

1) 主要技术指标。GPS观测与常规测量在技术要求上有很大差别，对城市及工程GPS控制在作业中应按表10.1中有关技术指标执行。高等级公路测量一般采用四等GPS网。

表10.1　各级GPS测量作业的基本技术要求

项目		卫星高度角/(°)		有效观测卫星数		观测时段数	重复设站数	时段长度/(′)		数据采样间隔/(″)		PDOP	
方法		相对	快速	相对	快速	相对	快速	相对	快速	相对	快速	相对	快速
等级	二等	≥15		≥4	—	≥2		≥90		10～60		<6	
	三等	≥15		≥4	≥5	≥2	≥2	≥60	≥20	10～60		<6	
	四等	≥15		≥4	≥5	≥2	≥2	≥45	≥15	10～60		<8	
	一级	≥15		≥4	≥5	≥2	≥2	≥45	≥15	10～60		<8	
	二级	≥15		≥4	≥5	≥1	≥2	≥45	≥15	10～60		<8	

2) 天线安置。天线安置完成后，在离开天线适当位置的地面上安放GPS接收机，接通接收机与电源、天线、控制器的连接电缆，并经过预热和静置，即可启动接收机进行观测。

3) 开机观测。开机观测的主要目的是捕获GPS卫星信号，并对其进行跟踪、处理和测量，以获得所需要的定位信息和观测数据。

接收机锁定卫星并开始记录数据后，观测员可按照仪器随机提供的操作手册进行输入和查询操作，在未掌握有关操作系统之前，不要随意按键和输入，一般在正常接收过程中禁止更改任何设置参数。

4) 观测记录。在外业观测工作中，所有信息资料均须妥善记录。接收机内存数据文件在转录到外存介质上时，不得进行任何剔除或删改，不得调用对数据实施重新加工组合的操作指令。用GPS仪进行路线测量操作示意如图10.7所示。

(4) 成果检核与处理

观测任务结束后，必须在测区及时对外业观测数据进行严格的检核，并根据情况采取淘汰或必要的重测、补测措施，只有按照要求，对各项检核内容严格检查，确保无误，才能进行后续的平差计算、数据处理。线路测量采用国家统一的平面坐标系统——1980年西安坐标系。WGS-84与1980年西安坐标系统的转换采用国家控制点重合转换。

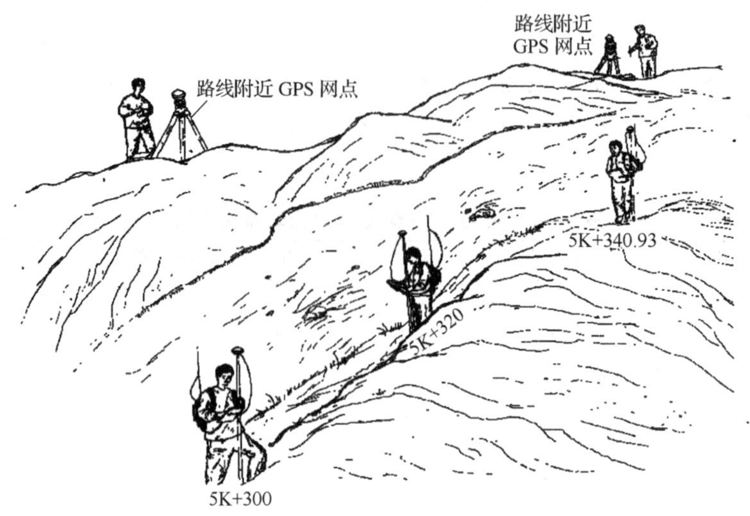

图 10.7 用 GPS 仪进行路线测量操作示意图

10.3 数字地面模型

数字地面模型这一概念,首先是由美国麻省理工学院的 Miller 教授于 1955 年提出的。当时研究的目的是如何应用从摄影测量获得的数据通过数字化计算的方法来加快公路设计。数字地面模型(digital terrain model,DTM)是一个描述地面上地形起伏特性的空间分布的有序数字阵列,是带有空间位置特征和地形属性特征的数字描述。它除了适用于计算机处理的地貌形态的数字表示外,还包括插值运算和各种实用程序。不同于地形图和地形立体模型等直观地表示地形的方法,数字地面模型是以抽象的数字阵列表示地貌起伏、地表形态的。

10.3.1 数字地面模型的类型及特点

由于数字地面模型原始数据点的分布形式和数据采集的方式不同,以及数据处理、内插的方法和最后的输出格式不同等,数字地面模型的类型较多。数字地面模型的分类方法有很多种,就其结构形式来分,可分为面状、线状与点状三大类。面状数字地面模型是由一些微小的或局部的面的集合来反映地形表面变化的,如常见的方格网数字地面模型、规则与不规则的矩形格网数字地面模型、三角形格网数字地面模型以及空间多边形数字地面模型等。线状数字地面模型是由地形表面的一系列串线状数据的集合来表示地形表面,常见的有串状数字地面模型(如英国的 MOSS),由一系列的多维数据串所组成(如等高线串为二维串,断裂线为三维串等)。点状数字地面模型是指地形表面由一系列密集的地形点所表示的一类数字地面模型,最具代表性的是散点数字地面模型等。

根据数字地面模型中已知数据点的分布形式并考虑到数据输出格式及数据处理方式,数字地面模型可大致地分为规则数字地面模型、半规则数字地面模型和不规则数字地面模型三大类。各类数字地面模型的主要特点如下。

(1) 规则数字地面模型

规则数字地面模型是指原始地形点之间均有固定的联系，如方格网数字地面模型、矩形格网数字地面模型和正三角形格网数字地面模型等。在格网之间待定点的高程，常采用局部多项式进行内插。

因为每个已知点相对于周围已知点的位置是固定的，所以若按规则格网方式采集数据建立数字地面模型，量测地形点简单、客观，不需判读地形，易于实现数据采集的自动化、半自动化。由于格网是规则等距的，在计算机中只需储存各个格网节点的高程值，而平面坐标只需记录第一个格网节点即可，其余节点的平面坐标根据其格网管理信息很容易在计算机中确定和恢复，这可大为节省计算机内存。这种只记录节点高程的数字地面模型，也称为数字高程模型(digital elevation model，DEM)。该数字地面模型的另一个优点是输出形式简单、数据结构良好、便于应用，内插待定高程时，检索与内插简单快速。

这种数字地面模型的最大缺点是原始数据不能适应地形的变化，除十分均匀的地形外，已知点没有与地形特征点联系起来，易遗漏地形变化点。此外，由于规则格网节点不能兼顾地形变化线和地形特征点，格网中也就难于确定地面坡度的变化，导致高程内插精度降低。若要使规则格网数字地面模型更好地表示地形，则只有将格网间距缩小，这将导致原始数据的采集工作成倍增加。

规则格网数字地面模型一般适用于地形较平缓和变化均匀的区域，以及用于搜索地形等高线、绘制地形全景透视图和对内插速度要求极高的路线平面优化中内插地面线等。

(2) 半规则数字地面模型

半规则数字地面模型是指各原始数据点之间均有一定联系，如用地形断面或等高线串表示的数字地面模型。当以断面线高程表示地形时，任一串原始地形点均表示某一个特定的地形剖面。各断面之间的距离及断面上点与点之间的距离可以是固定的，也可随地形变化而定。这种数字地面模型相当于用一批密集的、相互关联的地形剖面叠合在一起模拟地形，待定点的高程由相邻断面的已知点高程内插得到。

沿等高线采集的一系列同一高程的 X、Y 坐标的地形高程信息(二维串线)，以及沿地形特征线、断裂线、地物、水系等各种信息采集的一系列 X、Y、Z 三维坐标信息(三维串线)所组成的数字地面模型，称为串状数字地面模型。由于等高线具有在地形坡度大的地方密、在地形平缓处稀的特征，故地形点的分布与密度能很好地适应地形的变化。此外，在数字地面模型中由于三维串线可以表示各种断裂线、地物和水系信息，使程序功能大为加强，这是串状数字地面模型最为突出的优点。

半规则数字地面模型的优点是能较好地适应地形变化，内插精度较高。半规则数字地面模型的缺点是：数据采集不能实现自动化，原始数据的分布与密度易受操作人的主观影响；建立数字地面模型过程中的程序处理较规则数字地面模型复杂。

(3) 不规则数字地面模型

不规则数字地面模型其原始地形数据点之间无任何联系，点的分布是随机的，一般常采集地形特征点、变坡点、反坡点、山脊线、山谷线等，常见的有散点数字地面模型、三角网数字地面模型等。

散点数字地面模型是将原始地形点看作一些随机分布的“离散点”，可认为点与点之间无任何联系,在这种已知点中直接进行内插其精度是不可靠的,因为不能确定由哪些点构成实际的地表面,所以内插时先要利用已知点拟合一个局部的或区域的内插表面,然后再由该内插表面确定待定点的高程,这是第一类散点数字地面模型的共同特点。

三角网数字地面模型的基础是假设地表面可用有限个平面来表示。三角网数字地面模型的缺点是:采集地形原始数据完全靠人的经验来选择地形点,易产生遗漏和重复量测的现象。此外,三角网的网形完全取决于原始地形点的分布,使得数字地面模型的精度易受主观影响,对采集地形数据的要求较高。尽管如此,由于三角网数字地面模型能以较少的已知点去逼近地形,方便地处理地物、断裂线等技术难点,内插结果合理、精度高,故仍不失为一种较好的数字地面模型建立方法,在实际工程设计中应用较广泛。

不规则数字地面模型总的特点是:数据采集是随机的,一般都是取地形特征点,所以能较好地适应地形变化,内插精度较高。其缺点是采样需要人工判读地形,从而增加了数据采集的难度,此外构造数字地面模型较复杂,计算时间较长。由于该类数字地面模型优点较为明显,其应用最为广泛。

10.3.2 数字地面模型的建立

建立数字地面模型,一般要经过地形数据采集、数据预处理、原始数据的排序与检索、待定点的高程内插等主要过程,为了提高数字地面模型的精度,增强对地形表面描述的能力,数字地面模型中必须对地物、地形断裂线进行有效的处理。

1. 地形数据采集

本章第10.2节中介绍了数字地面模型原始数据的各种来源,目前在实践中采用的主要有三种:由航测仪器从航空照片上获得地形数据;从已有地形图上由数字化仪输入地形数据;由可记录量测数据的电子经纬仪、全站式速测仪等仪器从野外实测获得地形数据。

用航测方法采集数据能直观地观察地表形态,工作环境好,可以随意和方便地控制地形点的分布和密度,所得到的地形信息可靠、精度高。

在没有航拍资料的情况下,可利用已有的地形图采集地形数据。人工手扶跟踪数字化仪就是一种理想的将平面图形转化为平面坐标数据的设备,在等高线地形图的输入中,最适合于按等高线串的方式采集数据。

利用航测或数字化仪采集地形数据,由于点的分布与密度可随意控制,故适宜于对已知点要求较多的散点数字地面模型,若三角网数字地面模型的构网及检索速度问题能有效解决,也适应于三角网数字地面模型。

在没有航拍资料及地形图,不能用上述方法采集地形数据时,利用带记录装置的全站式速测仪在野外实测地形数据,这也是一种切实可行的数字地面模型数据采集方法。由于野外实测劳动强度大、工作环境差、效率低,不适宜采集过多的地形点,因此由野外实测采集地形数据建立的模型,一般只适用于路线较短的局部区域或局部工点测量,并用于对已知点数要求较少的三角网数字地面模型程序。

地形原始数据是建立数字地面模型的基础数据,它直接影响到建模的合理性以及高程内插结果是否可靠。对数据采集总的要求是原始数据点的分布与密度要与地形的变化相适应，尽可能做到以不太多的地形点表示出具有一定精度的地形表面。对地形点分布形式的选择以及其密度的确定，取决于所采用的数据采集设备和方式、模型类型、模型的目的、模型的精度要求，以及所研究地区的地形特征等诸多因素。

2. 地形数据预处理

数据预处理的目的是将各种设备采集得到的数据格式各异的原始地形数据，转换成具有统一坐标系、数据格式及编码形式的地形数据文件，并进行查错、改错以及数据压缩的处理。然后，根据路线大致走向，将整个地形原始数据经旋转、平移至全线统一的模型坐标系中，供建立沿路线走向的带状数字地面模型连续调用。

对模型的计算速度而言，其数据结构尤为重要，模型的数据结构优劣直接影响到模型的效率，也是关系到模型能否用于实际工程的关键。在数据预处理阶段，确定模型数据所采用的数据结构，也是其主要任务之一。研究模型数据结构及数据组织时，主要应考虑两个因素：一是所建模型应占有最小的存储空间，减少数据冗余；二是在最小存储空间基础上，模型应提供完整的数据信息，以利于快速检索、内插和各种应用。

3. 地形数据排序与检索

数据处理是一个对已知地形点排序排格的过程。由于原始地形数据在预处理阶段已转换至以路线走向为主方向的模型坐标系中，沿路线走向可设置一个较大的数组，以满足长大路线建模的需要，而在横向则只需根据路线两侧的数据采集最大宽度，确定数组大小。这种数据排序排格的思想，非常适合公路带状模型庞大数据量的处理，减少了大量的数据冗余，增强了模型对各种不规则复杂地形区域处理的能力。图 10.8 为某一区域的模型数据排序排格示意图。

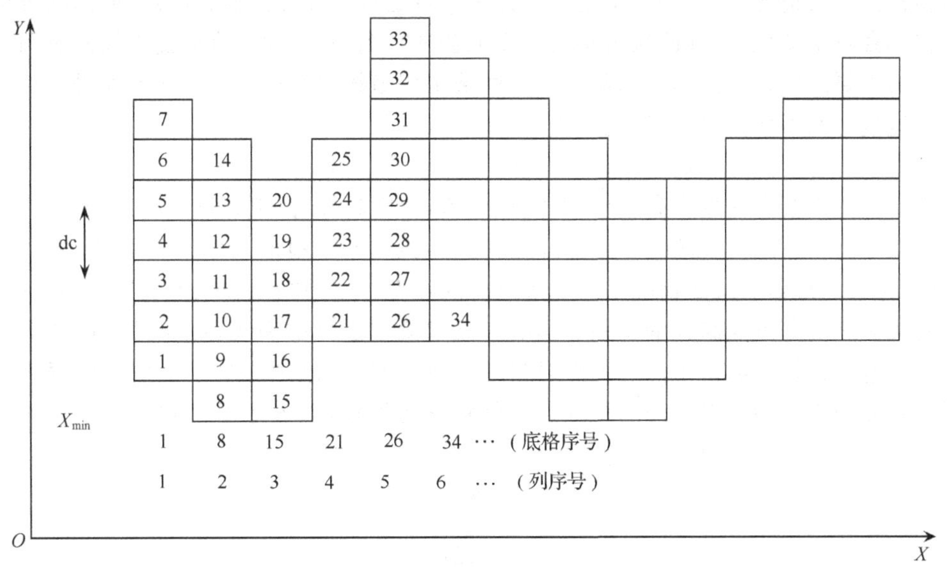

图 10.8　模型数据排序排格示意图

图 10.8 所示排序排格情况是在 X、Y 方向的二维数组的排序问题，但从排序算法的分析可知，对一维数组的排序比对二维数组的排序要快得多，所以可将模型数据二维排序转化为一维数组排序问题，分别对 X、Y 方向排序。这不仅是为了压缩存储单元、节省内存，更重要的是为后续的快速检索和内插打好基础。

模型数据的排序，实质上是将原始数据点按排序排格所确定的“管理格网”对号入座，记录每格的已知数据和各列、各格的索引关系，建立便于检索、存取的模型数据结构。由待定点的平面坐标，可以快速检索出该待定点所处的格网序号，从而快速调出待定点所处格网及相邻格网的已知地形点。模型数据结构以及快速排序检索算法，是建立模型的核心问题。

4. 数字地面模型的高程内插

对采集得到的地形原始数据，用一定的数学方法进行内插加密，这是建立模型的又一核心问题之一。内插高程的精度既取决于采样点的密度与分布，也取决于所使用的数学方法。20 世纪 70 年代以来，国际测量学界曾就此问题进行了广泛的探讨，并提出多种内插理论和方法，按其特点可归纳为下列几类。

(1) 移动曲面拟合法

移动曲面拟合法也称为逐点内插法，其特点是用待定点周围的已知地形点确定一个拟合面，用该拟合面求得待定点高程。视采用拟合面的不同，主要有移动曲面拟合法(用曲面拟合)和加权平均值法(用加权平均水平面移动拟合)两种。

1) 移动曲面拟合法。内插的基本假设是：在地面某个小范围内，认为可用一个曲面表示，即可用一个曲面在局部去拟合地形。首先利用每一个待定点周围的已知点确定一个内插曲面，并使该曲面到各已知点的距离的加权平方和为极小，然后由该曲面确定待定点的高程。一般情况下，从一个待定点到另一个待定点的高程内插，其拟合曲面的方位乃至形状都会发生变化，故称此法为移动曲面拟合法。图 10.9 为拟合曲面内插示意图。这类方法的主要区别是内插曲面的类型以及所采用权函数的类型。用二次曲面进行拟合能较好地适应地面形状，内插的表达式为

$$z_{\mathrm{p}} = ax^2 + bxy + cy^2 + dx + ey + f$$

用二次曲面拟合法进行高程内插，简单灵活，精度尚好，占用计算机内存较少。

2) 加权平均值法。加权平均值法内插的出发点：基于地形表面是连续地、光滑地变化的(不考虑地形断裂线的情况下)，地形点之间存在一定的联系和依附关系，即某一位置上的高程必然受邻近点高程的牵制和影响。欲求某待定点的高程，可通过该点周围已知点的高程进行估算。离待定点近的点对它的影响大些，反之则影响小一些。根据此原则可对已知点按其与待定点之间的距离远近分别进行加权，以各地形已知点高程的加权平均值作为待定点的高程值。内插公式为

$$z_{\mathrm{p}} = \frac{\sum p_i z_i}{\sum p_i}$$

式中：z_{p}——待定点高程；

z_i、p_i——已知点的高程及加于该点的权系数。

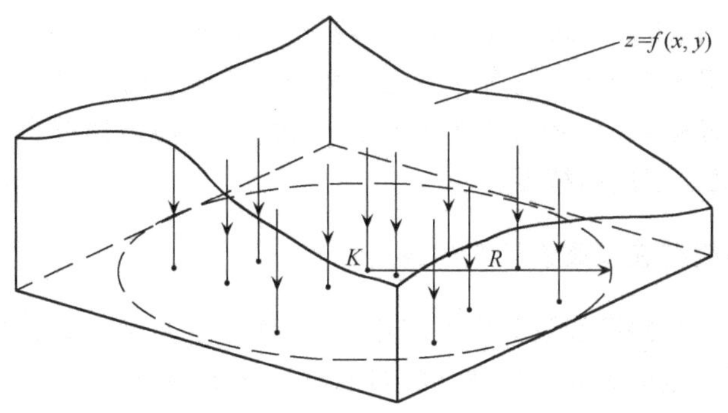

K——待定点；· ——地形数据点；R——拟合曲面的拟合半径；$z=f(x,y)$——拟合曲面。

图 10.9　移动曲面内插示意图

(2) 最小二乘配置法

最小二乘配置法基于统计学的考虑，假定待预测的现象是具有遍历性的平稳随机过程，从而应用平稳随机函数的相关理论作为内插和光滑方法的数学基础。

高程内插是在一区域内进行。假定该区域内共有 n 个已知数据点(可以是任意分布的)，从而可求得已知点处的已知高程与拟合曲面上的相应高程之差 l(余差)，余差 l 由系统误差 s(实际地面与拟合曲面之差，也称信号)和偶然误差 r(已知点测量误差，也称噪声)组成，即 $l=s+r$，如图 10.10所示。图 10.10 中 H_r、H_s、H_o 分别为已知地面、实际地面和拟合地面的高程。

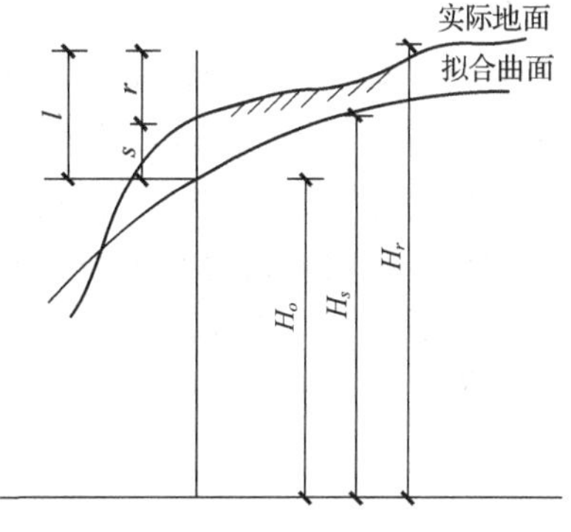

图 10.10　最小二乘内插示意图

设任一待定点的系统误差 s 是已知点上余差 l 的加权平均值，即

$$s=a_1l_1+a_2l_2+\cdots+a_nl_n=\mathbf{A}^{\mathrm{T}}L$$

式中：$\mathbf{A}$——权系数矩阵。根据要求所得系统误差 s 的均方误差为最小，可求得系统误差 s，将其叠加在参考曲面上待定点位置处内插点的高程上，从而求得此内插点的地面实际高程。

由于只求出了内插点的高程系统误差，实际上滤去了量测偶然误差 r 分量，并且是用线性函数求解，故此法也称为线性最小二乘和滤波。目前，所采用的高程内插理论和方法还有曲面求和法、联立分块多项式法、矩形格网中内插法及三角形格网中内插法等。

5. 地物、断裂线处理

从上面讨论的各种内插算法可知，数字地面模型的高程内插，不管采用什么算法，均是基于在拟合(内插)范围内地表面是均匀、连续且光滑这样一个假定。但实际的地表面常常不是光滑的，有各种特征线、断裂线及地物、水系等因素的影响，在这些地形表面不光滑处(产生了转折，突变)用上述方法进行高程内插，显然是不合理的，内插结果极不可靠。因此，能否有效地处理地物、断裂线，提高高程内插精度，是模型程序能否实用的一个关键。

不管采用何种数字地面模型，对地物、断裂线处理的基本思想是：以断裂线或地物边缘为界,将地面划分成地形连续变化、光滑的若干区域(即子区),使每一子区的表面为一连续光滑曲面。在高程内插时,只有与待定点在同一子区上的已知点才能参加内插,从而使高程内插不跨越断裂线、地物等地形不光滑的边界,使得内插符合地面的实际变化情况,以保证数字地面模型的高精度。

10.3.3 数字地面模型在道路设计中的应用

数字地面模型在公路路线设计中的应用,是把测量重点从一条已知的平面线型扩大到路线平面线将要通过的具有一定宽度的带状地面区域内,建立带状数字地面模型。在模型建立的基础上,只需把选定的平面线起讫点、交点的平面坐标及平曲线要素输入CAD系统,计算机便可自动从模型中内插出路线设计所需的地形数据,以及为绘制路线平面图所需的地形等高线串状数据,配合路线优化及辅助设计程序就可快速完成路线设计的各项内业工作,并输出各项成果设计文件。此外,利用模型可进行施工前的工程仿真设计,通过模型表示的三维地形表面以及工程设计模型叠加而产生的带真实背景的三维实体工程模型,可进行工程设计的评估和修改,以期消除后患,提高工程实际质量。

模型在路线设计中的最大功能是可使设计人员在不需作进一步测量的情况下,比较所有可能的平面线形,可进行路线平面优化及空间优化,从而找出最佳路线方案。模型与航测、路线计算机辅助设计相结合,将形成覆盖数据采集与处理、路线设计与计算及设计图表输出的完整的设计全过程的路线设计一体化系统,这是道路勘测设计现代化的发展方向。图10.11为采用数字地面模型与常规测量进行公路设计的作业过程示意图。

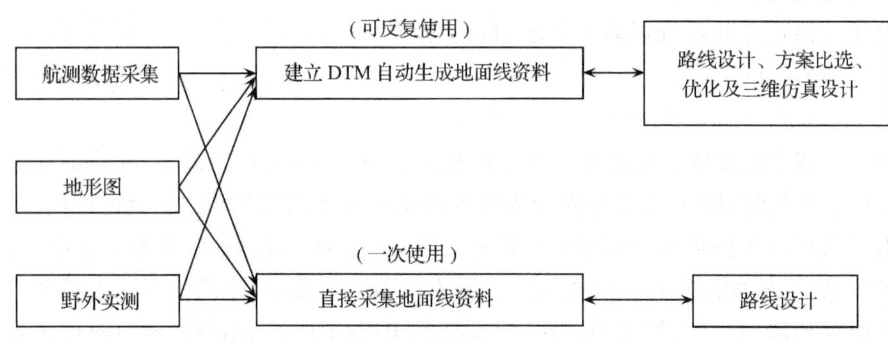

图10.11 采用数字地面模型与常规测量进行公路设计的作业过程示意图

10.4 道路路线计算机辅助设计

10.4.1 系统的总体设计

路线CAD系统是一套复杂、庞大的系统。路线设计内容包括平面、纵断面、横断面、土石方计算等主要内容,涉及土石方调配、设计图表的自动生成、透视图的生成。考虑到设计一体化，还包括对数字地面模型系统和地形原始数据的处理。在路线CAD系统中，各子系统或功能模块是分散开发的，各子系统相互独立，但又具有联系。例如，某个模块运行后生成的数据文件，可以被另一个模块运行时调用。因此协调各子系统（或模块）之间的关系，提高系统的整体性、系统性以及易维护、易扩充的功能，对路线CAD系统非常重要。

一个先进实用的路线CAD系统，必须建立在数字地面模型基础之上，有功能强大的数字地面支撑，才能为路线设计提供所需的一切原始数据，才能有利于路线多方案的比选和优化设计，才能使路线的三维设计、可视化设计，高交互性成为可能。特别是随着目前道路勘测新技术的发展，如航空摄影测量、全球定位系统、卫星遥感技术、全站仪、扫描仪、数字摄影测量等新技术的应用，将地形数据采集自动化成为可能。数字地面模型作为连接野外勘测（数据采集）和内业设计（CAD）之间的纽带和桥梁，在设计系统中起着至关重要的作用。只有基于数字地面模型和路线CAD才可能成为覆盖道路勘测全过程的一体化集成系统，这也是道路勘测设计现代化的研究方向。

10.4.2　路线的平面、纵断面和横断面设计

1. 路线平面设计

利用计算机来完成平面设计，目前有两种方法：一种是设计人员先确定平面设计参数，然后把平面设计资料输入计算机，由计算机逐一完成计算和绘图；另一种是在数字地面模型的支持下，人-机交互完成设计。通常把第一种方法称为辅助计算和绘图，国内目前大多采用这种方法；第二种方法称为交互设计，该方法基于数字地面模型，能大大提高设计质量，将成为工程师广泛采用的方法。

（1）辅助计算和绘图

设计者根据实际地形，可以在实地选线或在大比例尺的地形图上纸上定线，确定路线的平面线形；然后将平面设计资料（包括交点桩号、转角、平曲线类型、平曲线半径、缓和曲线长度等）以一定的数据格式输入到指定的目录下，供程序进行平面计算时调用。计算机利用这些资料进行平面设计计算，如路线里程、平曲线要素、主点桩号及逐桩坐标等。设计者可以根据输出设计成果或显示图形，反复调整设计参数，直至满意为止。最后，绘制平面设计图表。这是在路线平面位置完全确定的情况下进行的。计算机在平面设计过程中，只相当于一个计算绘图工具，对设计者的支持层次较低。基于辅助计算和绘图的平面设计流程如图10.12所示。

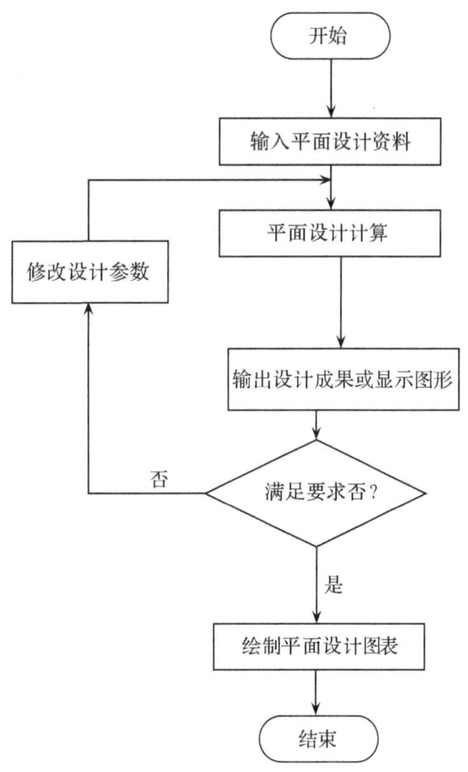

图10.12　基于辅助计算和绘图的平面设计流程

(2) 交互设计

在路线平面方案确定的基础上,设计者根据地形、地物情况,利用交互设备(鼠标、键盘等),确定路线线位的控制点,再根据控制点的分布情况,初步拟定线位的线位单元,一般为直线或圆曲线,形成一个圆弧与一个圆弧或圆弧与直线组成的具有错位的间断线形,如图 10.13 所示。

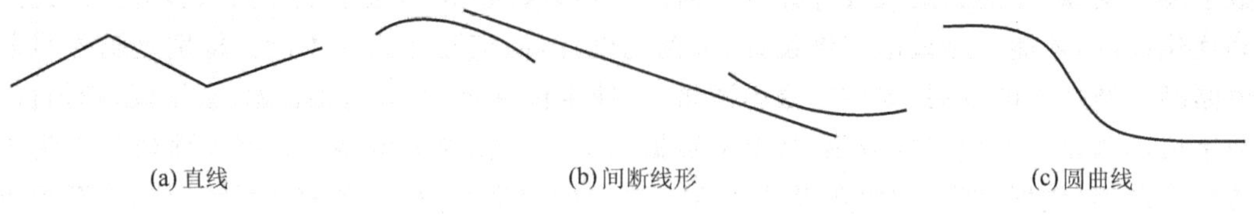

图 10.13 交互设计

设计者选定两个或多个控制单元,计算机根据给定的连接信息,用回旋线将各个片断的线形单元连接起来,以构成符合规范要求的理想的平面线形。这将给平面设计工作带来极大的方便,对提高设计质量、缩短设计周期是非常重要的。

根据设计者确定控制线形单元的不同,平面设计分为直线法和曲线法。图 10.14 所示为基于交互设计的平面设计流程。

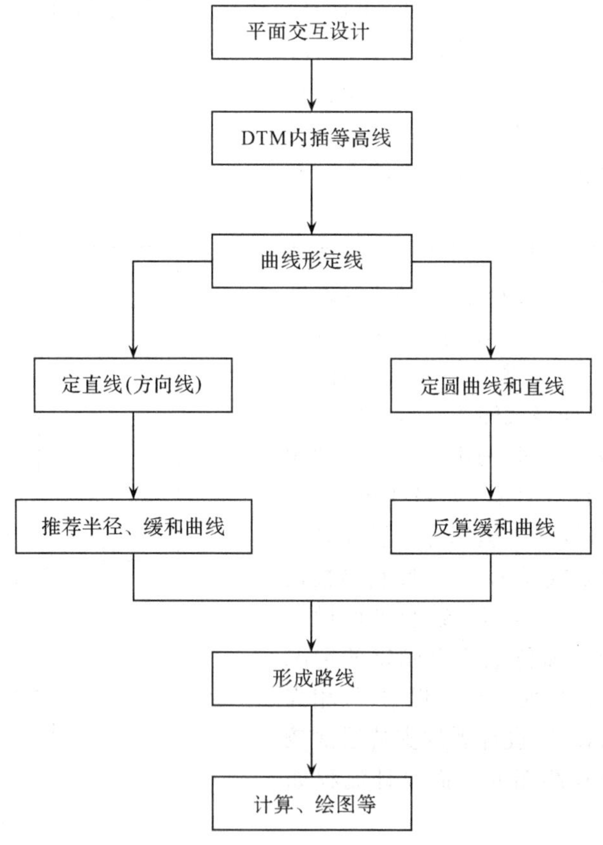

图 10.14 基于交互设计的平面设计流程

平面设计完成后，计算机自动将设计成果以数据文件格式存储在指定目录下，供后面的纵断面和横断面计算子程序调用。

2. 路线纵断面设计

(1) 纵断面高程的获取

道路平面设计完成后，可以实地对道路中线水准测量或根据纸上定线的结果在地形图上人工读取中桩高程，通过键盘输入计算机，以数据文件格式保存在指定的目录下，得到地面高程资料。这是获取纵断面地面线高程的传统方法。另一种方法就是利用建立的数字地面模型，计算机进行模型内插，得到道路中线上任意一点的高程值，从而获得纵断面地面线。

(2) 纵断面设计线的确定

在纵断面设计时，目前有两种方法。第一种是传统的设计方法，即计算机输入纵断面地面线资料后，生成 AutoCAD 格式的纵断面图，打印出来后，设计者在上面进行手工拉坡，然后将纵坡设计信息[即纵断面设计资料(变坡点桩号、竖曲线半径、变坡点高程)]输入计算机指定目录下，计算机自动完成纵断面设计的计算与输出工作。在生成纵断面设计图的同时，有的 CAD 系统还能够生成竖曲线一览表。设计者通过检查纵断面设计图或竖曲线一览表，可以反复进行纵断面设计资料的修改，直至满意为止。第二种方法是在纵断面图上通过交互设备直接在屏幕上交互拉坡。采用交互式拉坡可给设计人员一个自由发挥的空间，使之能方便地顾及平、纵、横三方面的协调配合和土石方数量等因素，从而得到经济、合理、最佳的路线纵断面设计方案。

纵断面设计流程如图 10.15 所示。

3. 路线横断面设计

横断面设计的工作量是相当繁重的，并且大部分工作是重复性的，如对横断面面积的计算、土石方数量计算以及绘图等工作。因此，利用计算机进行辅助设计，可以提高设计速度和设计质量，大大降低设计人员的劳动强度，把设计者的主要精力放在需要创造性思维、抽象判断、综合决策以及紧急、意外情况的处理上。

(1) 获取横断面地面线

根据现有的技术手段，获取横断面地面线的方法有三种。

1) 将野外实地测量获得的各桩号的横断面数据，靠人工利用键盘输入，并以一定的数据文件格式存储在指定目录。这种方法输入效率低、工作量大，并且容易出错。

2) 利用数字化仪将实测横断面地面线输入。虽然这种方法输入工作量大，但可以大大提高输入速度，减少人为出错。

3) 利用数字地面模型。根据平面设计提供的路线中桩逐桩坐标和切线方位角，恢复横断面上测点的平面坐标，由模型内插出横断面地面线数据。

无论采用什么方法，横断面地面线在计算机内的存储，都是按一定的格式，用一系列坐标构成的折线。一般的做法是将每一个横断面的坐标的原点定义在路中线处。

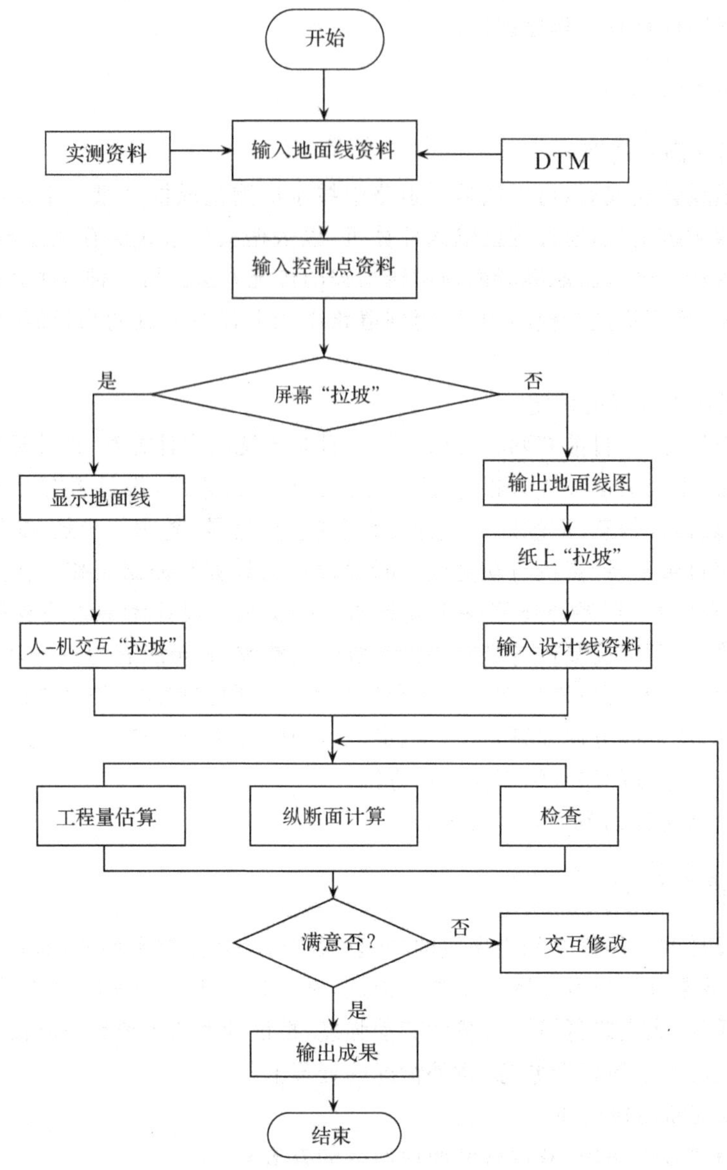

图 10.15 纵断面设计流程

(2) 横断面设计

横断面的设计是指设计者根据路线所经地区的地形、地质、水文、气候等条件,确定横断面的各种形式、尺寸及坡度等参数,根据路线纵断面设计资料将其套到相应的横断面地面线上,计算出设计线与地面线的交点坐标,从而确定各断面处的填、挖面积,并计算得到土石方工程数量。实际上,相当于将所设计的标准横断面作为模板,程序用这个模板来自动“戴帽子”。横断面自动设计完成后,会有少量的一些断面设计不尽如人意,难以实现设计者的意图,因此需要对这些个别的横断面进行交互修改。这种先进行横断面自动设计,可能使绝大部分横断面满足设计要求，再采用交互设计手段，对不合理的横断面进行重点检查和修改的方式，大大提高了设计效率。

(3) 横断面面积计算

横断面设计完成后，由中心桩分别向两侧顺序求出各地面测点及路基设计各折点的填挖高度及距中心距离，然后按梯形或三角形计算出各块的填挖面积，最后分别相加得到该断面总的填方和挖方面积。值得注意的是，因为在进行横断面面积计算时，路槽也作为横断面的组成部分计算在内，所以在计算土石方时要扣除路槽所占体积。此外，若在路基横断面内设有挡墙时，也应考虑设挡墙后填挖方面积的减少。

(4) 土石方工程量的计算

目前，土石方工程量的计算多采用平均断面法近似计算土石方数量。这是建立在两断面之间设计线及地面线呈线性变化基础上的。事实上，地面情况复杂，平均断面法计算公式很难反映地形的任意变化，特别是相邻断面填、挖高度相差很大或处在填、挖过渡段以及地形变化较大的路段时，可能与实际情况有较大误差。若桩距增大，这种误差将随之增大。要想提高土石方的计算精度，做到与实际相符，在现有计算模式下行之有效的办法就是加密中桩，但这对人工实测纵、横断面是困难的，工作量及难度将成倍增加。对以功能强大的数字地面模型作为支撑的路线 CAD 系统来说，加密中桩桩距比较容易，设计者可根据地形变化的复杂程度和土石方计算精度的要求，给出中桩桩距，利用模型内插出所有纵横断面地面线资料，并在此基础上进行路线设计，再利用相应的公式较为精确地计算逐桩之间的土石方体积。得到土石方体积后，根据各区段土石分类百分比，分别计算各区段土、石工程量，利于土石方调配与编制概预算。

横断面设计流程如图 10.16 所示。

10.4.3　路线设计图表的自动生成

按照《公路工程基本建设项目设计文件图表示例》[①] 的内容与格式要求，路线 CAD 系统可直接输出设计图表，提交设计文件。

(1) 设计表格的自动生成

路线设计输出的主要表格有：直线、曲线及转角表，路基设计表，断面高程表，竖曲线一览表，逐桩坐标表，路基土石方数量计算表，土石方调配数量表，每公里土石方数量表，导线点表，水准点表及公路用地表等。这些表格中的数据，由路线 CAD 系统直接产生。制表程序把这些成果数据读入到已经制作好的空白表格模板，自动生成表格，直接在打印机上打印输出，并自动进行分页、累积页码以及由软件实现各页小计、每公里合计、总页数等需统计汇总的内容，并按《公路工程基本建设项目设计文件图表示例》要求形成设计表格。

在设计表格生成中，也可利用现有的各种电子表格和通用制表系统，例如 Word、Excel、AutoCAD 等，做一些少量、简单的二次开发，设计好各种表头式样、定义好表格线后，读入设计成果，自动形成设计表格。

① 中华人民共和国交通部. 公路工程基本建设项目设计文件图表示例[M]. 北京：人民交通出版社，2007.

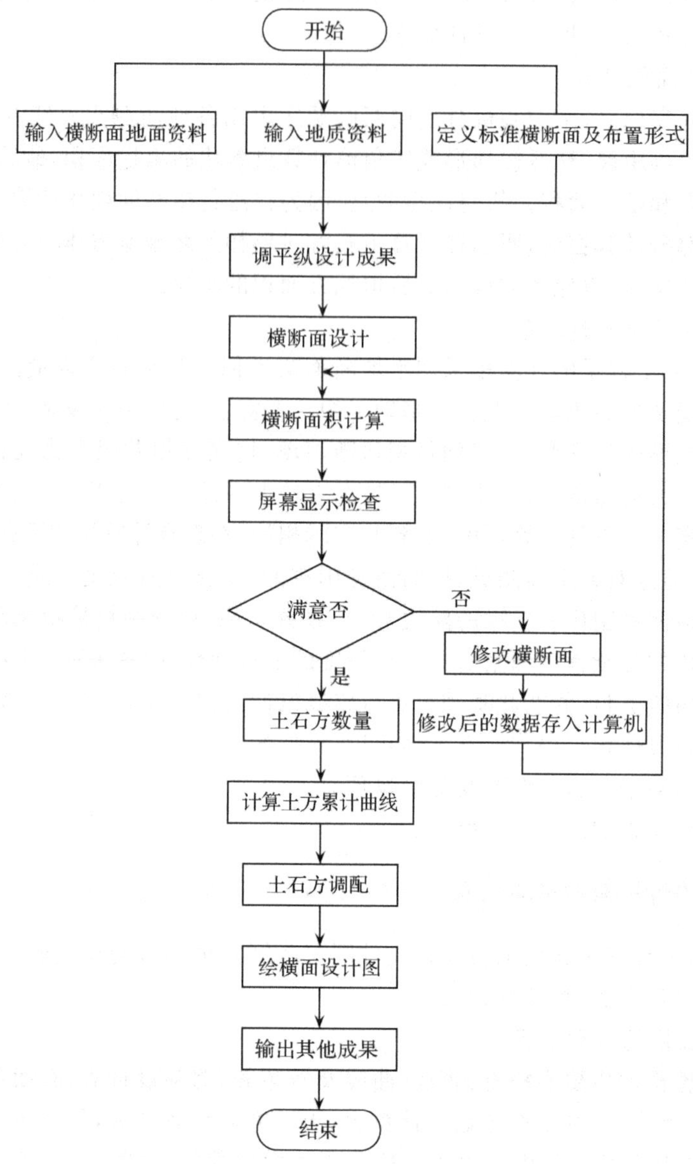

图 10.16 横断面设计流程

(2) 纵断面设计图的自动生成

路线纵断面设计完成后,可自动生成路线纵断面设计图。纵断面设计图的绘制以《公路工程基本建设项目设计文件图表示例》为依据,设计图中绘制的表格包括地质概况、坡度及坡长、设计高程、地面高程、里程桩号、直线及平曲线等内容;图形部分要绘制纵向的高程标尺、纵断面地面线、纵断面设计线、竖曲线要素以及桥梁、涵洞、通道、隧道、断链、地质钻孔及探坑、水准点指示等示意。绘图所需的各类数据直接由有关原始输入数据和设计成果提供。

纵断面设计图一般采用 A3 图幅,绘图比例为水平方向 1∶2000 和纵向 1∶200。在纵断面设计绘图过程中，需将设计图中的图形实际尺寸按比例进行交换，并转换成绘图仪中的绘图坐标单位，直接驱动绘图仪输出。

采用A3图幅，一幅图可绘约700m长的路线，若需绘图的路段为零桩号，一般调整第一幅图中的起始桩范围，使分页在百米整桩处。这种处理方法可使所有的图纸分幅处在百米整桩处，图纸清晰整齐，便于使用。

在山区公路中，由于地形高差较大，经常出现在一张图中的图形的纵向地面线超出图框的情况。为全面表示出地形的变化和纵断面线形的设计情况，程序必须进行处理，将纵断面分段绘出。分段处理的原理与人工处理的过程一致，是根据图纸的实际图长计算该段路线设计标高与地面标高的最大高差值。程序中以设计标高的最大高差值及地面标高的最大高差值中的大者作为控制高差，若该高差值超出了纵向绘图的范围，则必须考虑分段绘制。分段的判断按顺序进行，从该图幅绘图起始桩开始，直至该分段内的最大高差值等于图幅内纵向绘图范围为止，从而决定了第一段纵断面图的绘制范围，并将该路线的纵断面图布置在图幅纵向范围内的合适位置。纵向的高程标尺设成浮动式，可随纵断面设计图的上下位置自动确定。第一段确定好后，以第一段的终点桩作为第二段的起点桩按同样的方法进行处理，直至将整个图幅纵断面图绘制完成。上述程序处理非常灵活，可根据实际地形与纵断面线形的高差关系自动进行分段绘制的处理，且无须固定每幅图的分段数。

在绘制纵断面图时，一般将地面线绘制成细实线，将设计线绘成粗实线，在直接驱动绘图机绘图时，是通过对设计线的重复绘制实现的，也可使设计线上或下移一微小值，使设计线加宽绘制而实现。纵断面设计线由直线和圆曲线组成，由于图形绘制路线纵横比例不一致，竖曲线已不是标准的圆弧曲线，必须按光滑曲线的方法绘制。

在设计中，由于分段测量、平面改线、数据输入错误等原因的影响，断链的出现有时是不可避免的。因此，绘图时要对断链进行处理。断链分为桩号断链和高程断链两种情况。对桩号断链的处理必须同时在直线与平曲线栏中平面线形曲率示意图和纵断面设计图中设计线上进行考虑。由于规范要求断链不应设在平曲线范围内，所以在平面示意图上的处理只需考虑断链位于直线段上的情况。当断链为短断链时，按实际短链长度空开不画；若为长链，则按长链长度重绘制，并在其重合部分上下错开一个距离，过了重合部分后再回到原来的位置。当断链位于竖曲线以外时，纵断面设计线上的处理原则同平面段的情况，但需保证断链两端的设计高程相等。若断链处于竖曲线范围内，断链处竖曲线图形可以不断开，只在相应位置将断链标出即可。

在纵断面图绘制中，里程桩号、地面高程、设计高程三组数字要求绘制在垂直于图纸的方向排为一列。对于桩号较密、相邻桩之间距离较小的情况，为了使绘出的数字不重叠、美观、清晰，在程序中应舍去某些离得太近的标注，但必须保留公里桩、百米桩及平曲线主点桩(ZH、HY、QZ、YH、HZ)等。若要保留的两桩之间桩距太小、标注不下时，也可适当将位置拉开，既保证不重叠，又能反映桩号的变化。

直线及平曲线示意图及超高示意图的绘制，与人工绘制的思路一致。在路线上的桥、涵、通道、隧道以及水准点位置指示及钻孔、探坑应按具体位置用专用符号给出，并标注相应的桩号、尺寸和说明，如桥梁的孔数、孔径及桥型说明，隧道的长度等；竖曲线示意图上标注该竖曲线的半径、切线长及竖曲线的外距;在每幅图的右上方,标注页码第几页共几页以及该图起止桩号。直接驱动绘图机使出图工作自动化,工作效率大大提高,但无法对生成的图形进行修改。在上面纵断面设计图生成的基础上,可将图形文件生成AutoCAD所要求的DXF格式,在AutoCAD环境下调出,并进行屏幕交互修改,待用户满意后再出图。这是目前纵断面绘图程序的常用做法。

(3) 横断面设计图的自动生成

根据横断面设计结果,可直接绘制横断面设计图。横断面绘图内容包括:画边框及角标,绘制横断面地面线及设计线,其中地面线一般为细实线,设计线为粗实线;并按常规的方法和要求标注桩号、中心填挖面积;为方便施工放样,亦可方便地标注左、右侧路基坡顶或坡脚处距中心桩的距离;若有要求,也可标注各坡段上的坡率及台阶宽度,并绘制排水沟、边沟、截水沟在设计图上的示意,也可根据两侧占地宽表示出占地宽度。

在横断面设计图中应绘制护肩、挡墙、砌石、护脚等路基支挡构造物的示意图。这些数据应事先编写,并保存在指定目录,供横断面设计时调用,并均可在横断面设计图上表示出来。

按《公路工程基本建设项目设计文件图表示例》,横断面按A3规格的图幅绘制,一般比例尺为1∶200。

若用户希望每一张图能多表示一些横断面设计图,也可根据要求自定比例。至于横断面的排版比较容易,这里不再赘述。国内早期的横断面设计图绘制,大多是由程序直接驱动绘图机自动绘图,图纸修改与调整不便。随着AutoCAD绘图系统的普及应用,现在主要的做法大多由程序自动生成每幅横断面设计图的DXF格式文件,在AutoCAD环境下生成图形由设计人员进行适当调整后再绘出,这增加了横断面绘图的实用性和灵活性,易于保证设计成果质量。

(4) 路线平面设计图的自动生成

路线平面设计图是设计文件中主要图纸之一,它能直观反映路线平面线位的情况。路线平面图是在地形平面图基础上生成的,对于低等级公路,只需在地形平面图上将路中心线表示出来,标注公里桩、百米桩,标注桥、涵等位置并反映平面交点和平曲线要素等资料即可;对于高等级公路,规范要求必须绘制带路线填、挖坡脚的路线平面图,图中表示中桩桩号、平曲线主点桩号、路基边缘线、路基坡顶、坡脚线,标注桥涵位置及排水设计示意,对于路基填、挖方边坡还需标出示坡线等。

路面平面可由路线中线,左、右侧路基边缘线,左、右侧坡脚线或坡顶线五条线来描述。路线设计完成后,左、右侧路基边缘及边坡坡顶、坡脚线与路线中线的距离随之而定,再根据路线平面逐桩坐标和切线方位角,即可确定这5条线的平面坐标。有了这些数据就可以把路线填、挖脚平面示意图反映出来,根据左右边坡的填、挖情况,在图上将填、挖示坡线表示出来,示坡线一般应垂直于路中线。从而得到路基范围带坡顶、坡脚线的路线平面图。

在路线平面图的绘制中,按常规做法,低等级公路平面设计图大多在带状地形图上,直接由人工画出路线中线的位置,并作相应的标注;对于带填、挖坡脚的路线平面图,则多由计算机根据路线设计的计算成果,绘制路基范围内带坡顶、坡脚线和示坡线的路基设计线平面图，经剪贴附在相应地形图面上。随着图形扫描仪的应用，也可将地形图扫描进计算机，将计算机生成的路基设计线平面图覆盖在地形图上面。对被路基坡顶、坡脚下所覆盖的地形图部分进行各种编辑、修改处理，从而生成与地形图叠加在一起的路线平面设计图。采用地形图扫描输入，对地形图的要求较高，图纸必须清晰、干净，变形要小，以保证输入后在计算机中生成和图形能满足设计要求。

只有建立在数字地面模型基础上的路线 CAD 系统，才能完成路线平面图的自动生成。具体过程是由数模搜索地形等高线，并形成满足规范要求的沿路线走向的带状地形图；在完成路线设计并生成带填挖坡脚的路基设计线平面图后，在计算机中直接叠加在带状地形图上，进行消隐等各种处理，自动生成带路线填挖坡脚下的路线平面设计图。

10.5 道路透视图的绘制及设计成果的三维动态实时显示

10.5.1 道路透视图的绘制

道路透视图是路线计算机辅助设计的重要组成部分，可以使设计者在设计阶段获得形象逼真的道路全貌。它可以检查路线设计的线形质量以及道路与周围景观的协调程度，并以此作为修改设计的重要依据。

道路透视图有线形透视图、全景透视图、复合透视图和动态透视图。线形透视图只绘出路基边缘线以内的线条，这种透视图主要用来检查平、纵面线形及其组合情况以及立体线形是否顺适，或走向是否清楚，如图 10.17 所示；全景透视图不仅能提供线形检查，还可真实反映路线与周围景观的协调程度，并直观反映视距不良路段，用以指导设计，如图 10.18所示；复合透视图是将全景透视图与实拍照片进行叠加，形成具有真实背景的路线透视图，它能逼真地反映拟建公路与周围景观的配合情况；路线动态透视图是通过计算机连续不断地调用经过事先生成、经过特殊处理过的若干幅相邻且视点轨迹连续的路线透视图进行显示，使之在屏幕上形成具有动画效果的图形显示。通过改变各幅透视图的视点间距和调整显示时间间隔，可逼真地模拟各种车速在公路上行驶的情况，这也是评价公路设计质量的重要手段。

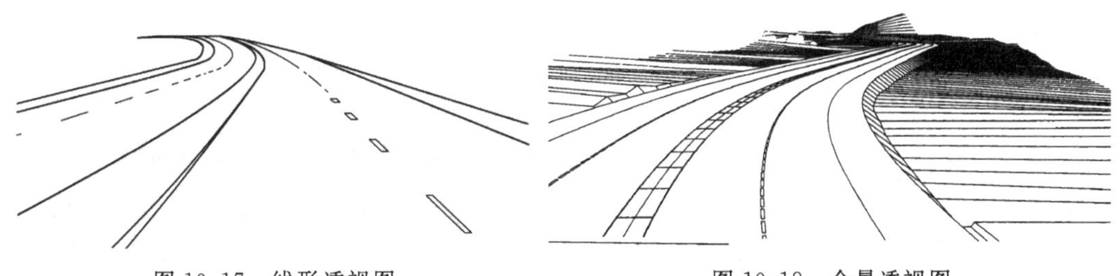

图 10.17 线形透视图　　图 10.18 全景透视图

1. 视点和视轴的选择

视点位置和视轴方向是根据透视的目的和透视图的种类来选择的，当然也可以由计算机自动选取。

(1) 视点的选取

在驾驶员透视图中,视点应取驾驶员在道路上眼睛的位置。视高一般采用1.0～1.5m,鸟瞰图可高出路面几十米甚至几百米以上。在AutoCAD及3DS MAX环境中,用户可根据自己的需要自行选定视点位置。

(2) 视轴的选取

视轴方向对透视图的影响极大,一般来说,在高速公路上驾驶员注意力集中点与视点的距离约为设计车速V(km/h)的5倍,故视轴在水平方向应通过前方路中线$5V$处。视轴的竖起角与站点的纵坡切线方向一致。

(3) 视野范围

视野范围也称可视区间,是最远和最近可见道路断面的桩号差,视野范围是透视图中所需绘制的道路长度范围。

2. 横断面间距及物点选择

根据车速与可视距离和车前距离的关系,透视图的绘制范围一般为20～70m。为了保证透视图的精度,横断面间隔建议按表10.2选取。

表10.2 横断面间隔

绘制范围/m	横断面间隔/m
20～50	5
50～150	10
150～370	30
>370	仅取平曲线起点、中点、终点、竖曲线中点

当横断面确定后,绘制线形透视图,可以选取横断面上的路中心点、路面边缘点和路基边缘点作为物点;而全景透视图,除了上述这些点外,还应包括边坡坡脚点和横断面地面线上的一些高程变化点。对于有中央分隔带的公路,还要选取中央分隔带左、右边缘点为物点。

3. 道路透视图的生成

透视变化是产生立体效果的基础,是生成真实感图形的保证,在道路线形设计中,由于需要变换视点位置,从各个角度观察线形,因此选用观察坐标系下的一点透视变换,即从一点出发,在整个平面上生成三维物体的投影。生成道路透视图包括坐标计算转换和消隐两个过程。

(1) 物点坐标的计算

坐标计算和转换是绘制透视图关键的一步,如图10.19所示。物点的透视坐标计算是通过四个坐标系(局部坐标系O_1、x_1、y_1、z_1,整体坐标系O_2、x_2、y_2、z_2,视轴坐标系O_3、x_3、y_3、z_3,以及最后求得的物点二维坐标的透视平面坐标系O_4、x_4、y_4、z_4)的变换来实现的。

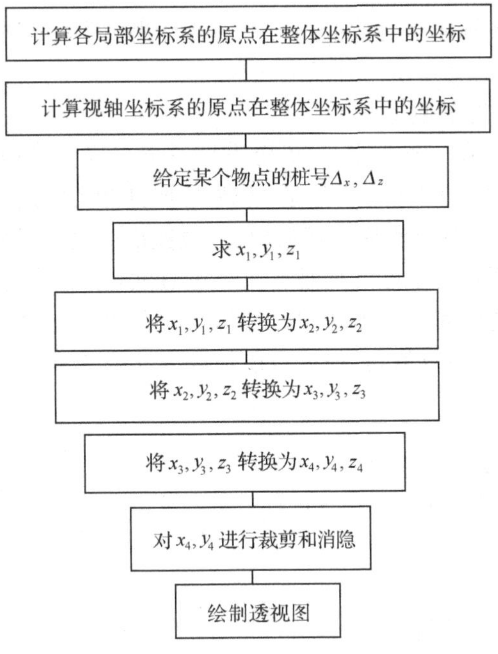

图 10.19 透视图坐标计算与变换程序流程图

计算出各迹点的坐标后，按照一定的规律连接这些迹点，就形成了道路的透视图。这种规律就是前面讲到的道路横断面特征点的属性问题。除此之外，物点坐标的计算还必须考虑迹点边线的消隐问题。

(2) 裁剪、消隐与绘制

路基横断面上的各特征点及地面线点，经过坐标变换至图像坐标系中后，各点及按连接关系确定的各线段有可能部分或全部落到规定画出的窗口以外。图形裁剪就是要将窗口以内部分保留并显示或绘出，而将其余部分裁剪掉，以保持路线透视图画面的美观和简洁。

为了真实地反映物体的视觉效果，必须把那些被不透明的面或物体遮蔽的线段、平面隐去，否则画面将会杂乱无章，这一过程就是消隐。在计算路基横断面上物点的透视图坐标时，还无法判别哪些线段是被前面的面遮挡，变成不可见的。只有在所有透视点坐标求得后，在透视图绘制时，根据一定算法，判断并消去不可见的隐线和隐面。

隐线和隐面的消除算法是计算机图形学中比较困难但又十分关键的一个问题，算法很多。根据道路的带状几何特性，一般选用以下两种消隐算法：峰值线算法和画家算法。前者以线框模型为基础，用于产生线框模型透视图；后者以面模型为基础，可以产生彩色面模型透视图。

10.5.2 道路透视图三维动画实时显示

随着计算机的发展，在工程设计领域渲染图和动画也被大量应用。交互式的动态透视图，即实时动画，是画面显示和画面生成同时进行，采用“双缓冲区”方式进行。最大优点是交互性强,用户能通过键盘、鼠标等外部设备控制透视画面的生成,例如,改变车速、视点、视线方向等,透视画面随之改变。交互的特性提供了一个模拟驾驶环境。在道路动画的实时显示中,用户的交互动作有以下几种。

(1) 加减车速的交互和响应

模拟车辆在道路上从一个车速 v_1 转变为另一个车速 v_1 的方法有两种:一是通过加减速步长改变车速(图 10.20);二是通过改变加速度的方法达到改变车速的目的(图 10.21)。前一种方法具有程序实现简单、加减速反应灵敏的特点,用户通过触发加减速消息,直接改变车速数值,不足之处是反应不够真实,改变加速度的方法则能够更加真实地表现驾驶员加减速动作。该方法同时扫描当前车速、当前加速度两个变量,用户激发加减消息时,改变加速度的数值,再根据当前加速度计算车速。

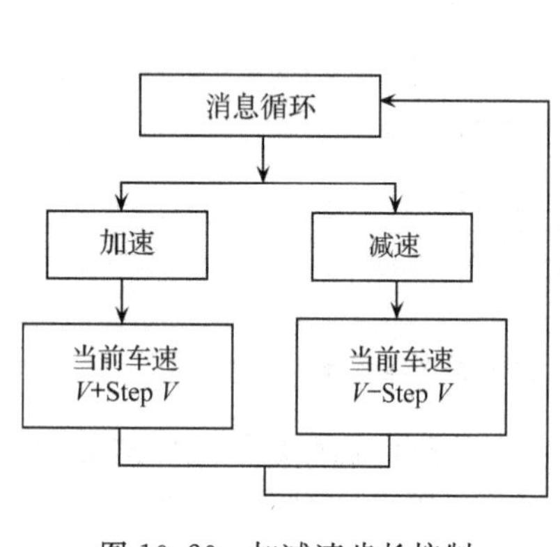

图 10.20 加减速步长控制

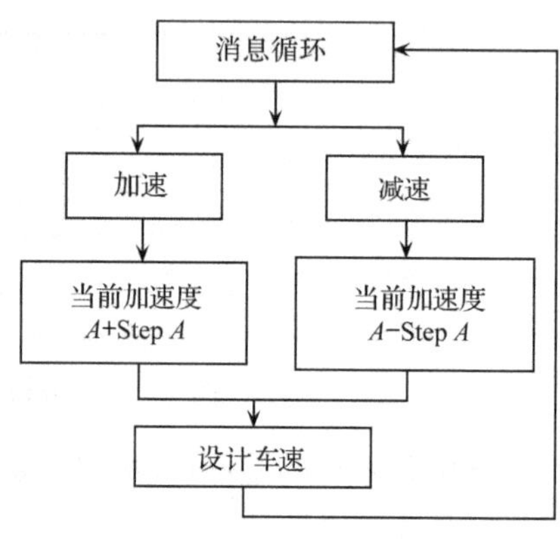

图 10.21 加速度控制

(2) 改变行车方向的交互和响应

模拟车辆在道路上从一个行车方向 α_1 转变为另一个行车方向 α_2 的方法有也两种:一是通过直接改变摄像机指向观察目标点的矢量(图 10.22);二是通过改变转运角速度的方法达到改变方向的目的(图 10.23)。与加减车速的情况相似,前一种方法具有程序实现简单、反应灵敏的特点,不足之处是反应不够真实。用户通过触发转向消息,直接改变方向,一旦方向改变后,车辆沿新方向直线行驶。改变转动角速度的方法则能够更加真

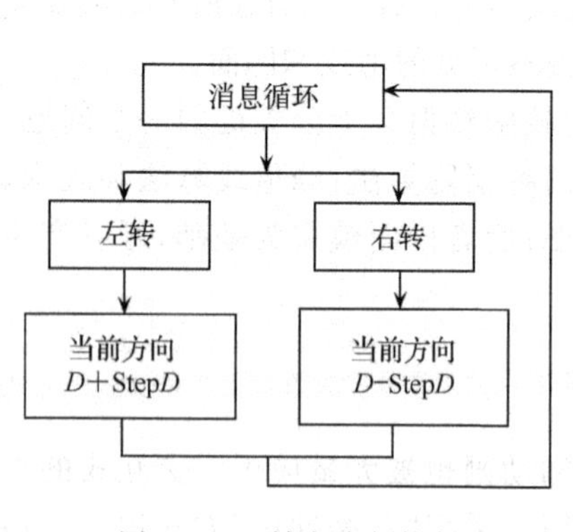

图 10.22 转向步长控制

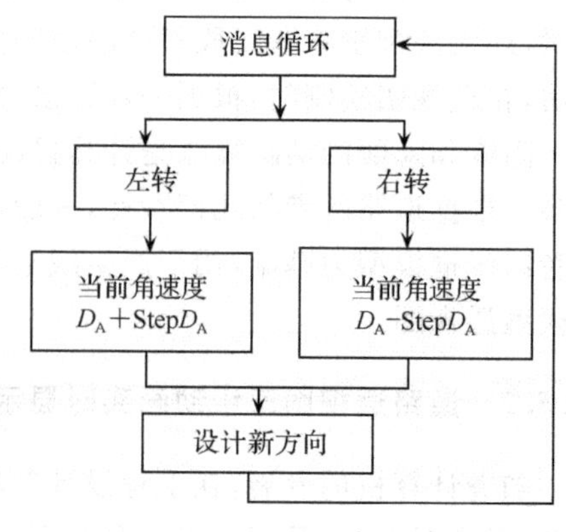

图 10.23 角速度控制

实地表现驾驶员转向动作。该方法同时扫描当前行车的矢量方向和当前转动角速度两个变量，用户激发转向消息时，改变转动角速度的值，再根据该角速度计算新的角度，并保持转动趋势，实时改变摄像机矢量方向。例如，驾驶员向左转动方向盘后，车辆会向左一直转动，做圆周运动，而不是做直线运动，这是与前一种方法的最大区别。

（3）变观察方向的交互和响应

驾驶员的注意力可能并不一定始终集中在道路的正前方，尤其是当车速较慢时，驾驶员能从左右车窗观赏沿路的风景。如图 10.24 所示，为了模拟这种情况，我们应当增加一个摄像机矢量方向，它区别于行车矢量方向。行车矢量方向和行车速度被用于计算摄像机所在点的空间坐标，但是摄像机矢量方向与视线长度被用于计算摄像机目标点的位置。响应用户改变观察方向的动作，可以参照第一种车辆转向响应方法。我们认为驾驶员一旦转动观察方向，就保持这一方向观察，而不会继续转动下去。

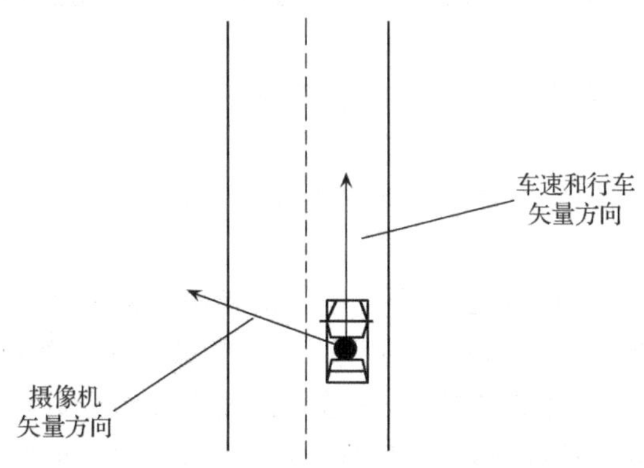

图 10.24　行车方向与摄像机方向示意图

随着计算机软、硬件技术的不断进步，一些能够实现高质量的动态交互式道路实景透视图的软件不断推出，将大大改善道路三维制作的现状，并逐步发展成包含视觉、听觉、嗅觉和触觉的真正意义上的虚拟现实。将虚拟现实技术引入工程设计领域，面临三维建模和交互仿真两方面的问题。动态交互式的仿真方式，在工程设计中用于完成动态全景透视图，它是一种虚拟汽车、行人在道路、桥梁等工程环境中通行、运动的交互式视觉仿真系统。尽管虚拟现实技术涉及多个学科领域，但随着高速中央处理器和更高流水数三维图形加速卡的出现，在计算机平台上开发出适应道路、桥梁设计的虚拟现实系统也是可行的。

10.6　道路勘测设计一体化

10.6.1　现状评述

20 世纪 80 年代中后期以来，随着新的电子测量仪器、数据采集器、立体分析绘图仪等设备的引入以及软件处理能力的不断扩大，计算机技术在道路勘测设计领域得到了广泛的应用。国外最新研究成果主要在于线路勘测设计中智能CAD技术的应用、道路设计中地理信息系统的应用以及道路设计中的三维CAD技术的应用与可视化技术。而发展到今天,道路线路设计从由电子测量数据形成三维数字地面模型,然后进行平、纵、横断面设计和土方量等分析计算,一直到最后输出设计图表完全实现了计算机一体化,从而使道路设计完全摆脱了图板手工方法,实现了无纸化设计的梦想。

进入20世纪90年代以来,我国在道路勘测和设计等方面开始广泛应用计算机技术,一些科研院所和高等院校相继研制和开发了道路CAD应用软件。但从整体上分析,勘测设计全过程中分散作业、重复劳动的现象还大量存在,数据传输和图形处理的过程中不能互相协调,这样就很难提高道路勘测和设计的整体水平,也不能获得很好的经济效益。目前突出的问题主要表现在以下几个方面。

1)由于数字测图中的某些环节不畅,数字测图与设计系统之间不贯通,数据不能共享,设计系统无法直接获取数据文件,大量重复劳动,造成勘测设计过程的低效率和高成本。

2)国内自己开发的某些专业设计软件系统数字测图与设计系统之间接口设计不完善。

3)包括软件开发和硬件配置的一体化勘测设计系统的建设,迫切需要建立一体化、集成化的生产体系。

我国在道路勘测设计中虽然已完全摆脱了图板设计的方法,但还没有开发出一套功能完整的公路路线设计CAD一体化应用软件,要有效克服传统勘测设计方法存在的问题,必须从道路勘测设计一体化的角度,对道路勘测设计的全过程进行整体研究,在引进国外优秀的专业设计软件的同时,改善传统的勘测设计方法,形成集数据采集与处理、路线设计与优化、设计成果输出于一体的设计集成系统。

10.6.2 道路勘测设计一体化集成系统

道路勘测设计一体化集成系统是将地形数据采集、数字地面模型与路线CAD紧密结合成一个有机的整体,形成覆盖数据采集与处理、路线初步设计、路线施工图设计到输出设计文件的路线设计全过程的一体化系统。

从地形数据采集而言,勘测中关键的问题是如何高速、准确、有效地获取设计所需的大面积的各类地形原始数据。在有效获得地形数据的基础上,建立沿公路走向的带状数字地面模型,从而快速、准确地为公路设计提供所需的一切地形资料。在道路勘测设计一体化集成系统中,设计人员只需给出路线的平面线形,便可由数模快速内插出该路线的纵、横断面的地面线数据,配合路线CAD系统便可快速完成该路线的设计。在初步设计阶段,路线多方案比选是一项重要任务,按常规的设计方法,当路线方案变动时,必须重新做从地形图上读取纵横断面地面线的工作,工作量大,设计周期长,设计费用增高,因而很难实现真正的多方案比选。在这方面,道路勘测设计一体化设计方法具有明显的优势,每变动路线平面线形,系统便可快速完成设计,而且完成的每个设计,均是同精度的、同深度的。它可使设计人员不需重新作数据采集的情况之下,比较所有可能的平面线形,并通过直接由数字地面模型与路线设计成果自动产生的带地面景观的三维道路工程模型,能准确、客观地反映道路修建后的真实情况，设计人员可通过从线形设计指标、工程量大小、线形景观、道路与地形环境的配合与协调等多角度全面、客观评价路线设计成果，从而找出最佳设计方案。这对工程费用的降低、设计周期的缩短、设计质量的提高具有重要意义。

在路线施工图设计阶段，为控制中桩填挖高，保证设计质量，可采用实测中桩加数模横断的组合作为地面资料来进行设计，在需设置构造物的横断面作野外实测修正。

基于航测数据采集与处理的道路勘测设计一体化集成系统的流程和作业程序示意图如图 10.25 所示。

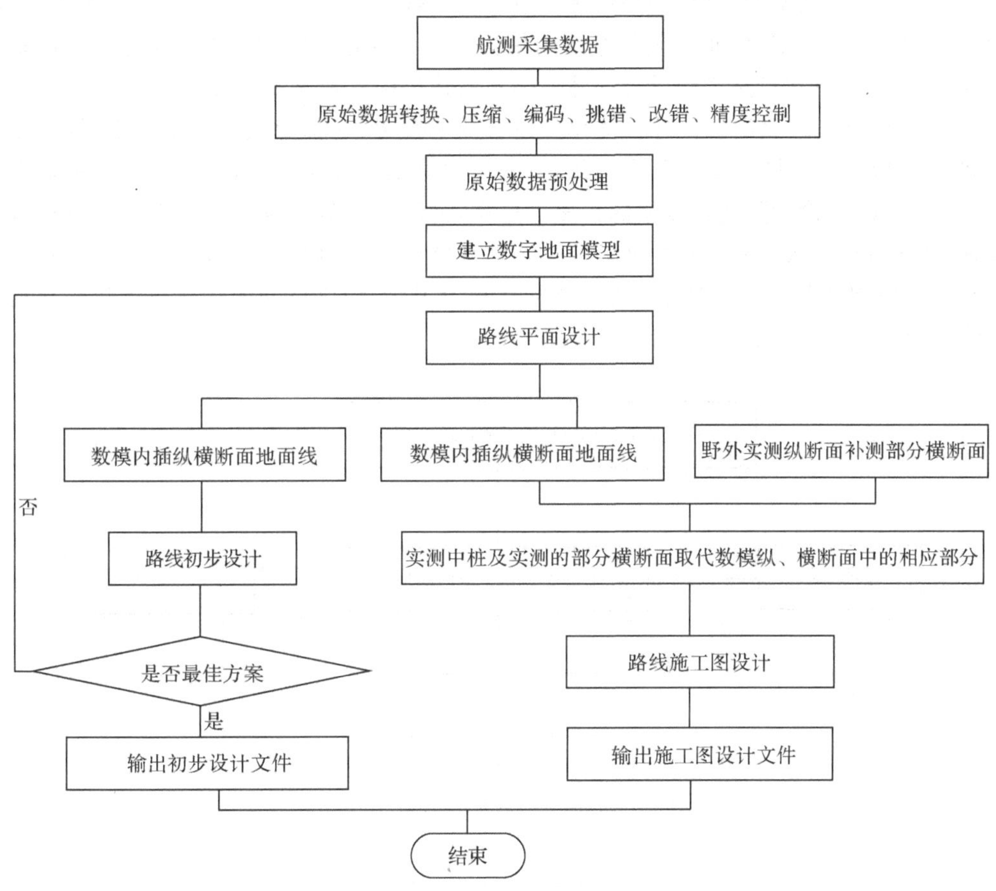

图 10.25　基于航测数模技术和路线设计一体化系统

道路勘测的数据采集与处理是构成道路勘测设计一体化的重要基础和前提。由于我国很多公路设计单位均引进了国外最先进的测量设备和相关软件，所以采用的测量设备及手段基本与国际先进水平同步，数据的采集技术已相当成熟，特别是航测技术在我国道路勘测设计中的应用也已普及。对数据处理而言，经过多年的研究、开发和应用，我国自己开发的数字地面模型软件已得到很大发展，软件的功能、技术及采用的核心算法等均已相当成熟、实用。基于数字地面模型的路线设计一体化系统，已经在高等级公路的初步设计及施工图设计中得到广泛应用。目前，在系统的总体性、软件的通用性、自动勘测系统与平纵断面优化系统之间的接口技术、平纵断面整体优化系统与个体工程系统的接口、交互式 CAD 和可视化技术等方面,还有许多问题有待于深入研究。

随着航测数字摄影测量、机载 GPS 辅助空中三角定位测量、遥感地质计算机判释技术的进一步发展和完善以及地理信息系统(GIS)的推广和普及,将有望逐步实现公路野外勘测工作的自动化,从而促进道路勘测设计的自动化进程。

10.6.3 道路勘测设计一体化与 GIS

随着互联网技术的发展,网络地理信息系统(WebGIS)日益引起研究人员的关注,成为 GIS 的热点之一,网络地理信息系统的最主要的特点是能够实现地理信息或空间信息的共享,这一特点在道路勘测设计一体化体系的建设中有着重要意义。

基于 Web 的道路勘测设计一体化可以分成两部分:一部分是设计院内部,即各工种之间通过 WebGIS 服务器实现数据共享;另一部分是设计院之外,各相关单位和数据源通过 Internet 与设计院达到数据的传递。这样,勘测设计数据统一通过 WebGIS 服务器管理,从而保证了数据的一致性和完整性。除此之外,在工程设计中,还可以利用 GIS 的空间分析功能对设计文件进行分析和评价。基于 Web 的道路勘测设计一体化系统的数据流程如图 10.26 所示。

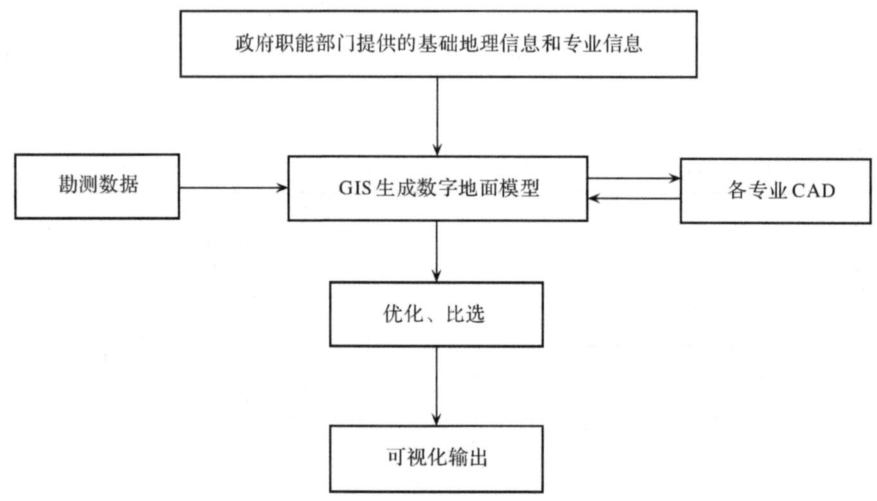

图 10.26 道路勘测设计一体化的数据流程

在系统中,首选利用 GIS 的空间数据管理功能,建立空间数据库,对勘测数据进行管理,同时利用 WebGIS 的地理数据共享的特点,查询检索政府职能部门提供的基础地理信息和专业信息并与勘测数据结合作为公路设计的基础。在设计阶段,利用 WebGIS 的客户/服务器机制,各专业 CAD 共享 GIS 中的空间数据。在这里,GIS 不仅仅是提供信息共享服务,而且直接面向信息生产过程本身,要求解决并发的读写控制,对空间数据库更新提供保障。设计结果作为空间信息再返回到 GIS 空间库,利用 GIS 强大的分析功能,可以对设计结果进行空间分析,如土石方计算、生态环境影响、占地面积计算等,最后进行方案比选，选出最优方案。

可以看出，网络地理信息系统涉及面广，并充分利用 Internet/Intranet 和 WebGIS 优势，打破以前信息按区域、部门分割的缺陷，形成一个物理上分布、逻辑上集中的大型空间数据库。如此庞大的系统，不可能一朝一夕完成，需要一个逐步推进的过程。联网、建立空间数据库、解决接口问题是系统建设的基础。

1）联网：要实现网络勘测设计一体化，首选需要实现网络化。在联网的过程中，将地质勘探（包括钻探、物探）、地形测量、滑坡工程设计等及各生产部门都纳入网中。至于网络操作系统的选择、网络结构的确定可以根据各单位的具体情况而定。

2）勘测设计工程数据库的建立：道路勘测设计是一项繁杂的工程，在具体实施当中将产生大量的图形、图像、文本等多种数据，其中既有空间数据，又有属性数据，传统的商业数据库缺乏管理空间数据的能力，因此只有借助 GIS 的空间数据管理功能，形成 GIS＋MIS 的数据库管理系统，来完成勘测设计数据的集成与交换。

3）接口设计：接口的设计至关重要，接口的设计应能够满足各工程勘测设计软件的要求，要有良好的灵活性，能较好地解决数据查询和传递的要求，最重要的是要处理好 GIS 与勘测设计软件的接口及服务器与客户端的接口。

勘测设计一体化作业的主要特点是勘测设计各环节使用计算机作业，勘测阶段为设计阶段，上道工序为下道工序以及各专业间提供接口数据文件，使数据传递流畅，达到数据共享。要实现道路勘测设计的一体化，应该首选实现道路勘测设计流程的数字化和网络化。利用先进的空间数据管理技术和网络通信技术，研究网络化道路设计模式，利用 WebGIS 的特点，建立道路勘测设计一体化生产体系，将会产生巨大的经济效益。

10.7 国外优秀道路软件简介

10.7.1 德国 CARD/1 软件

CARD/1 土木工程设计软件是德国位于汉堡的 IB&T 软件公司开发的，它主要适用于公路和城市道路工程的测量和设计任务，包括互通式立体交叉的勘测设计，也可以使用于铁道工程和水工管道的设计任务。该软件的主要特点如下。

1）具有独立的图形平台和统一的数据编译系统。CARD/1 软件自设图形平台，具有高度集成化，除采用 Windows95/98/NT 操作系统外，可以不依靠任何其他支撑软件；另外也是深度开放的，可与其他众多 CAD 软件保持有接口。

2）勘测设计和绘图一体化。CARD/1 软件是一个测量、设计和绘图一体化的软件，从大地测量的平差计算、道路路线的设计，一直到图纸的产生和输出，可以使用统一的数据和图形库，将所有待处理的工作在一个系统中完成。

3）具有先进的设计思想和方法。CARD/1 软件中，在定线方法、横断面及平面交叉设计等方面，融合了德国有经验工程师先进的设计思想和方法，可以获得高效优质的设计成果。

4）设计精细，功能广泛。在构成数字地形模型时运用 CARD/1 软件的构网规则，可建立高质量的数模;在纵断面拉坡时,可以即时显现单位宽度的土石方累计曲线以判断土石方的平衡;对文字和图形的编辑也有不少独特的功能。

10.7.2 美国 Intergraph 公司的 InRoads 软件

美国 Intergraph 公司的 InRoads 软件具有先进的软硬件结构,能够直接应用多种工程软件系统,有一体化的综合解决问题的条件和手段。作为 InRoads 软件的两个基础软件是 ModelView 和 MicroStation,三维造型软件 ModelView 具备了极强的三维造型渲染功能,而 MicroStation 可以在多种硬件平台上运行,可方便地通过网络形成工作站与微机的资源共享。目前推出的新的微机版本 Selected CAD 系统可以在 MicroStation 和 AutoCAD 之间进行无缝切换。InRoads 软件的主要功能如下。

1) 直接处理来自全站仪、航摄照片、扫描文件立体摄像、ASCII 文件和其他数字化手段获得的数据。

2) 建立三维数字地面模型支持三维交通基础设施的设计,运用 ModelView 方便完成三维造型渲染。

3) 根据交点和曲线要素设置各种类型的道路线形,纵断面和交叉口设计同样可以采用人机交互方式完成。

4) 可以在任何时候展示在多种标准横断面模式下所需的横断面图,并产生相应的超高及土方图表,并对设计成果通过统计图表和规范数据等多种手段进行校核。

10.7.3 英国 MXRoad 软件

英国 Infrasoft 公司推出的大型土木工程 MXRoad 软件,为公路、铁路、水利工程、机场、场地工程以及矿山工程等提供了勘测设计一体化的解决方案。它的主要特点如下。

1) 适用领域广泛,包括路线设计、交叉设计、山岭和沙漠地区及城市道路设计、景观设计及路面改建和加宽设计等,并适用于多个国家的多种设计标准。

2) 地面数据采集手段齐全,用“串”线表达的方法既完整又精确。

3) 具有完善的三维图形显示功能。对几何形体的图形显示与表达具有充分的灵活性。

4) 运用人机交互、采用立体定线方法进行平面、纵面设计。绘制公路全景透视图,并采用动态技术模拟汽车行驶。

10.7.4 其他软件简介

(1) 美国的 Eagle Point 软件

Eagle Point 软件是由美国的 Eagle Point 软件公司开发,适用于道路规划设计、测量、建筑景观设计及地理信息系统和地图测绘等。是一种基于其他图形软件支撑的专业软件。它可以用 AutoCAD 图形软件或 MicroStation 图形软件支撑,获得同样效果。该软件在道路规划和设计子系统中的主要功能是地面模型建立、平面布局设计、道路要素计算及剖面设计等几个主要模块。适用于道路线形设计、土石方计算等,包括最后的成图和输出,可以提供人机图形交互的操作方式。

(2) 挪威的 NovaCAD 软件

NovaCAD 软件是一个以交通地理信息系统 TrafGIS 为基础的多模块集成系统。它具备公路、铁路、桥梁与结构设计的完整功能。适用于公路设计的子系统可以进行快速高效的设计工作,它包含有线形几何设计、交互式的纵断面设计、道路用地平面设计、横断面设计和土石方计算、图纸绘制、路面设计、交叉口平面和立面设计、工程量计算及设计文件形成等主要模块。

(3) 加拿大的 GWN-ROAD 软件

加拿大 GWN(Great White North)公司是专门研究开发土木工程设计软件的公司,GWN-ROAD 软件是它开发的集成化整体软件中的重要组成部分。该软件具有较高的性价比,使用方便灵活,它是基于美国道路技术标准(AASHTO)的交互式道路设计软件包,同时也可以人为地设计和规定参数,并可以在 Intergraph 的 MicroStation 上运行,并充分利用 MicroStation 的对话管理工具,使软件便于使用。它还可以在 AutoCAD 上灵活运行。

(4) 比利时的 Star Info 软件

比利时的 Star Informatic 公司开发的 Star Info 软件土木工程软件已为 26 个国家的 3000 多个用户使用,其应用领域为公路、铁路、机场、建筑规划及地理信息系统等多方面的设计和管理。软件中适用于道路路线设计的主要模块有 Star Infra、Track Core Design、Digital Terrain Model 等。Star Info 软件是一个为基础设施进行布局设计的 CAD 系统,它包括输入设计项目的地理信息和原始数据,在三维的数字地面模型上进行道路或铁路等基础设施的设计。该软件可以采用交互式图形设计的操作方法,并可以绘制透视图。

10.8　BIM 在公路行业的应用简介

10.8.1　BIM 概述

建筑信息模型(building information modeling,BIM)是以三维数字技术为基础,集成建筑项目各种相关信息的产品信息模型,是对工程项目设施实体与功能特性的数字化表达。

BIM 自从 2002 年引入工程建设行业,至今已有近二十年历程,在全球范围内得到业界的广泛认可,被誉为建筑业变革的革命性力量。CAD 的出现帮助绘图人员甩掉了绘图板,从此手工绘图转变为电脑绘图。如果说 CAD 是绘图员的第一次技术革命,那 BIM 技术就是第二次技术革命。BIM 技术的出现极大地提高了建设行业的信息化水平。

BIM 技术主要有可视化、协调性、模拟性、优化性、可出图性等特征。基于完整 BIM 模型可描述建筑全生命期各阶段建筑实体及其建设、使用过程的所有数据和信息,各参与方可随时查询、利用、更新和完善 BIM 模型信息,将极大地提升工程决策、规划、设计、施工和运营的管理及决策水平,减少返工浪费,有效缩短工期,提高工程质量和投资效益,提升项目生产效率,降低建造成本。

10.8.2 BIM应用现状

1. 国外BIM应用现状

随着BIM技术在国内外基础设施行业的发展,美国、日本等先后将BIM技术应用在复杂的基础设施项目中。

美国很早就开始了建筑行业信息化研究。目前,美国大量房屋建筑项目已经应用BIM,组建了各种BIM协会,并出台了各种BIM标准。2007年美国工程建设行业采用BIM的比例为28%,至2009年增长为49%,到2012年已经达到了71%。2016年,有超过四分之三的人赞同BIM技术的全面应用,BIM的价值不断被认可。美国公路交通行业BIM技术主要应用在三维模型设计优化和方案展示、施工机械控制方面,并开始在项目的维护和资产管理中应用,BIM在提高项目安全性、控制成本、提高效率方面展现了良好的效果。很多施工企业已经或正在试用带有自动导引设备系统的设备,以求提高控制精度、节约人力成本,部分项目业主也开始利用BIM技术进行施工质量管理。

英国是少数几个由政府强制要求应用BIM的国家。2011年5月,英国政府发布了“政府建设战略”要求建设行业强制使用BIM,并提出到2016年实现全面协同的3D BIM,并将全部的文件以信息化方式管理。得益于政府对BIM的强制推广,英国BIM实施方面达到领先水平。英国政府希望到2025年通过BIM技术革新,实现政府投资项目成本降低30%,项目交付周期缩短50%。

日本是从2009年开始,在大量的设计和施工企业应用BIM技术,交通土建行业也在2010年3月以政府建设项目为试点探索BIM在设计可视化、信息整合方面的价值及实施流程。据统计2010年,日本33%的施工企业已经应用BIM技术,在这些企业当中近90%是在2009年之前开始实施的。日本建筑学会于2012年7月发布了日本BIM应用指南,从BIM团队建设、BIM数据处理、BIM设计流程,到应用BIM进行预算、模拟等方面,为日本的设计和施工企业应用BIM提供了指导。

新加坡政府在1997年启动建筑信息化项目,其目的是将建筑工业中琐碎的业务联系起来,提高建筑的质量和生产率。2000年,新加坡政府积极开发CORENET项目的e-Plan Check,提供对建筑业国际工业标准IFC(industry foundation classes)格式的建筑图纸的自动审图功能。2003年开发完成集成建筑规划(integrated building plan,IBP)系统;2004年开发完成了集成建筑服务(integrated building services,IBS)系统;2005年通过采用学术会议、使用BIM设计的经济奖励政策、对新采用BIM系统提供培训及BIM项目全程跟踪和服务等一系列手段,使系统顺利启用。2008~2009年,新加坡政府7个部门联合通过了3D电子提交建筑BIM模型。2010年,新加坡政府通过了3D电子提交结构BIM模型。

2. 国内BIM应用现状

近年来,我国政府相关单位、各行业协会与设计施工单位、科研院校等也开始重视并推广 BIM，住房和城乡建设部也连续发文，进行 BIM 的推广应用。

2011 年 5 月，住房和城乡建设部发布《2011—2015 建筑业信息化发展纲要》，首次提到“BIM”这一概念。2014 年 7 月发布《关于推进建筑业发展和改革的若干意见》推进建筑信息模型（BIM）等信息技术在工程设计、施工和运行维护全过程的应用。2015 年 6 月发布《关于推进建筑信息模型应用的指导意见》，明确到 2020 年末，新立项项目集成应用 BIM 的项目比例达到 90％。2016 年 9 月发布《2016－2020 年建筑业信息化发展纲要》，增强 BIM、大数据、智能化、移动通信、云计算、物联网等信息技术集成应用能力。2018 年 5 月发布《城市轨道交通工程 BIM 应用指南》，提出城市轨道交通应结合实际制定 BIM 发展规划，建立全生命技术标准与管理体系，开展示范应用。

与建筑行业不同，在交通基础设施领域，由于行业特点、专业技术人才不足以及 BIM 相关政策缺失等原因，BIM 技术的应用发展相对滞后。近年来，交通运输部也连续发布 BIM 发展实施指导意见及发展纲要，大力推进 BIM 在交通基础设施行业的应用发展。

2017 年 1 月 22 日，交通运输部发布了《推进智慧交通发展行动计划（2017—2020 年）》，规定到 2020 年推进 BIM 技术在重大交通基础设施项目规划、设计、建设、施工、运营、检测维护管理全生命周期的应用。2018 年 1 月 11 日交通运输部发布了《关于推进公路水运工程应用 BIM 技术的指导意见》，规定到 2020 年，初步建立 BIM 相关标准体系，显著提升公路水运行业 BIM 技术应用深度、广度，行业主要设计单位应具备运用 BIM 技术设计的能力。

10.8.3 BIM 软件研发与应用现状

BIM 技术是利用计算机软硬件技术，通过建筑信息模型的创建和使用，实现建筑信息有效传递和共享的技术，它同时也是建筑开发、设计、施工及运维基于 BIM 的过程和方法，并且贯穿于建筑的全生命周期。

BIM 软件产业是整个 BIM 产业的核心与根基。国内 BIM 软件市场上，以 Autodesk、Dassault Systems、Graphisoft、Tekla 为代表的国外软件厂商依然在设计 BIM 软件领域占据绝对优势。在我国 BIM 领域市场占有率较高的主要是 Autodesk 和 Bentley 公司。这些大型软件公司凭借对 BIM 的深刻理解以及多年的研发投入和积累沉淀，形成了各自的 BIM 解决方案系列软件，占据了绝大部分市场。建筑行业的 BIM 软件已经较为成熟，基本达到买来即用的程度，但在公路、桥梁、隧道工程方面的软件还在不断发展完善中，存在一些专业领域的空白，目前还没有一套 BIM 软件能够达到买来即用的程度，大都需要在基础平台上进行各专业二次开发才能满足应用需求。

1. Autodesk 公司 BIM 软件平台

目前 Autodesk 公司最为核心的 BIM 软件是 Autodesk Revit，除此之外还有 Autodesk Inventor、Autodesk Infraworks 360、Autodesk Civil 3D、Autodesk Navisworks、Autodesk Vault 等一系列软件来支持 BIM 在工程全生命期的应用。该软件门槛较低，是目前建筑行业最常用的 BIM 平台，但其专业覆盖面窄，文件格式不统一，大体量模型支持能力差。目前，Autodesk 公司建立了大型的服务器集群，将相关的软件功能集成到云平台，通过云计算的方式为客户提供服务。Autodesk 公司 BIM 软件产品线丰富,同时保留了一定的开放性,BIM 应用者可根据自身情况二次开发相应插件解决遇到的软件问题。

2. Bentley 公司 BIM 软件平台

Bentley MicroStation 是全球领先的信息建模环境,专为所有基础设施类型的建筑、工程设计、施工与营运量身打造,包括公共事业系统、公路与铁路、桥梁、建筑、电信网络、纯水与废水处理网络、流程工厂、采矿业及其他行业。Bentley BIM 产品线包括 Architecture、Structural、Mechanical System、Electrical、Piping 和 Site 等。Bentley 产品在道路、桥梁、市政、水利等基础设施领域也有着广泛的应用,适用于大型基础设施,尤其是特大复杂工程,是目前专业覆盖最全面的软件服务商。

3. Dassault 公司 BIM 软件平台

由法国 Dassault 公司研发的系列软件,它的优势为建模能力强,软件之间基本互通,但价格相对昂贵。其代表软件有 Catia、Solid Works、Digital Project,因其参数化能力出色,被广泛地应用在航空航天、汽车制造、机械设计等领域,面向工程业的专业应用相对较少。该平台之所以能作为 BIM 的核心建模工作,是因为它能创建出复杂的三维实体模型,用于仿真分析、模拟等。例如:①CATIA 可参数化建模,采用模板可快速建立同类不同位置的模型,常用于三维模型建立;②DELMIA 可以进行仿真模拟、资源优化,普遍应用在模型仿真;③SIMULIA 可以进行仿真分析和有限元计算,广泛运用在模型分析。

目前,BIM 技术在推广过程中存在硬件投资高、软件种类多、建筑全生命周期环节众多、模型信息传递不便等问题。利用云计算、互联网进行数据整合,解决 BIM 软件对硬件和产业链整合的要求高等问题,是软件平台未来发展的方向。

10.8.4 BIM 标准现状

BIM 技术在使用过程中想要达到预期效果,BIM 标准的制定是必须要完成的工作。在国家 BIM 标准体系计划中,多部国家标准出台。

1)《建筑信息模型应用统一标准》(GB/T 51212—2016),2017 年 1 月 1 日起实施,关键词是“统一”。它对 BIM 模型在整个项目生命周期里该怎么建立,如何共享做出了统一的规定,其他所有的标准都要以该标准为基本原则。后续的其他标准都是基于这个标准进行细化编制的。

2)《建筑信息模型分类和编码标准》(GB/T 51269－2017),2018 年 5 月 1 日开始实施,关键词是“分类和编码”。对应着国际标准体系的第一类:分类编码标准。本标准直接参考美国标准并针对国情作了一些本土化调整。本标准是对建筑全生命周期进行编码,不只是模型和信息有编码,项目中涉及的人事也都有对应的编码。

3)《建筑信息模型存储标准》,2022 年 2 月 1 日起实施,关键词是“存储”。它对应着国际标准体系的第二类:数据模型标准,国内主要参考的是 IFC 标准。

4)《建筑信息模型设计交付标准》(GB/T 51301－2018),2019 年 6 月 1 日起实施,关键词是“设计”,主要对项目规划、设计阶段中 BIM 模型的命名规则、模型精细度及交付物等做了详细的要求。该标准针对设计的各个环节，以及每个环节对应的 LOD 等级，应该包含哪些信息进行了细致的规定。设计人员可以根据项目的进展，找到规范对应的模型精细度要求。

5)《制造工业工程设计信息模型应用标准》(BG/T 51362－2019)，2019 年 10 月 1 日起实施，关键词是“制造工业”。这是一部专门面向制造业工厂和设施的 BIM 执行标准，内容包括这一领域的 BIM 设计标准、模型命名规则，规定了数据交换和单元模型的拆分规则及模型的简化方法和交付方法，还有模型精细度要求等。

6)《建筑信息模型施工应用标准》(GB/T 51235—2017)，2018 年 1 月 1 日起实施，关键词是“施工”。本标准面向施工和监理，规定其在施工过程中该如何使用 BIM 模型中的信息，以及如何向他人交付施工模型信息，包括深化设计、施工模拟、预加工、进度管理和成本管理等方面。

在标准统一后，数据交换将再无障碍。“BIM 技术＋GIS＋物联网”将在智慧城市建设、城市管理和路产管理等多个方面，实现更多的技术创新和管理创新。随着 BIM 技术在智慧城市建设中的应用日趋成熟，BIM 技术将释放出巨大的市场潜力。

思考与习题

10.1　现代道路测设中地面信息采集技术有哪些？

10.2　地形图数字化方法有哪些？什么是 3S 技术？

10.3　如何建立数字地面模型(DTM)？数字地面模型在道路设计中有哪些应用？

10.4　了解并学习 GPS-RTK 测设技术的方法和步骤。

10.5　什么是道路勘测设计一体化技术？

参考文献

符锌砂，2003.公路计算机辅助设计[M].北京：人民交通出版社.

何景华，2001.公路实用勘测设计[M].北京：人民交通出版社.

交通部，2010.公路建设项目可行性研究报告编制办法[M].北京：人民交通出版社.

交通运输部公路局，中交第一公路勘察设计研究院有限公司，2007.公路工程基本建设项目设计文件编制办法[M].北京：人民交通出版社.

雒应，许娅娅，2006.公路勘测设计新技术[M].北京：人民交通出版社.

裴玉龙，2009.道路勘测设计[M].北京：人民交通出版社.

王国峰，2013.真三维道路智能设计理论与方法实践[M].北京：人民交通出版社.

许金良，2018.道路勘测设计[M].北京：人民交通出版社.

尤晓暐，2016.现代道路勘测设计[M].4版.北京：清华大学出版社.

于凤河，张永明，2004.公路实用勘测设计[M].北京：人民交通出版社.

交通运输部，2014.公路工程技术标准：JTG B01—2014[S].北京：人民交通出版社股份有限公司.

住房和城乡建设部，2016.城市道路工程设计规范（2016年版）：CJJ 37—2012[S].北京：中国建筑工业出版社.

交通部，2007.公路勘测规范：JTG C10—2007[S].北京：人民交通出版社.

中交第一公路勘察设计研究院有限公司，2017.公路路线设计规范：JTG D20—2017[S].北京：人民交通出版社股份有限公司.

朱照宏，2000.公路计算机辅助工程[M].北京：人民交通出版社.

朱照宏，符锌砂，2003.道路勘测设计软件开发与应用指南[M].北京：人民交通出版社.

附录一　公路建设项目的可行性研究

附 1.1　公路建设项目可行性研究的基本概念

可行性研究是目前国内外工程建设中广泛采用的一种技术经济论证方法。建设项目可行性研究是指在项目决策前，通过对与该项目有关的工程、技术、经济等各方面条件和情况进行深入全面的调查、研究、分析、预测，对各种可能的实施方案进行比较论证，并对项目建成后的经济损益进行测算和评价的一种科学分析活动，由此为该项目投资决策推荐可行方案，为设计任务书的编制、审批提供科学的依据。

可行性研究是项目前期工作的重要内容，它从项目建设实施的全过程、多角度综合论证项目建设的必要性、技术可行性、经济合理性以及项目实施的可能性等，为投资者的立项和最终决策提供直接的依据。

技术可行性有两层含意：一是研究某项目采用现代技术是否可能办到；二是研究完成某项目需要采用什么技术，并且各项技术之间的集成配套性如何，技术与其他有关资源、环境的协调性如何。

经济合理性是可行性研究的核心。可行性研究的一个重要任务就是以一种为人们容易接受的方式分析比较资源的各种用途对国家基本目标贡献的大小，从而选择出最佳用途。可行性研究实质上就是把项目的效益和费用放在一个共同可比的标准上进行衡量和评价。如果效益大于费用，项目是可以接受的，该项目经济上是合理的；否则，项目经济就是不合理的，不应该建设。

项目实施的可能性是对建设该项目的主客观条件所做的分析和结论，投资估算和资金来源是最重要的研究内容。当然，还有其他一些条件，如设计施工力量，原材料供应，水、电、土地、地质、气候以及交通运输条件等，都影响项目的实施可能性。

大中型建设项目的可行性研究是一项复杂的系统工程。它不仅按项目进行研究，还应从整个国民经济角度出发，对工程建设规模、发展速度、投资结构、生态环境、社会政治等通盘考虑，进行技术、经济、社会效果分析与论证。

附 1.2　公路建设项目可行性研究的编制

一般公路建设项目投资期可行性研究的编制分为四个阶段。

(1) 机会研究

机会研究的主要任务是为项目的投资方向提出建议，即在一个确定的地区或部门内，利用自然资源基础，寻找最有利的投资机会，主要用于编制规划，对各种设想的项目和投资机会作出鉴定，并确定是否有必要做进一步的研究。机会研究工作较为粗略，主要依靠综合的估计，而不是依靠详细计算分析；投资费用数据一般从可比较的现有项目中得出。

其投资估算误差范围应控制在±30%以内,研究费用一般占投资的0.2%~1.0%。

机会研究可分为一般机会研究和具体项目机会研究。一般机会研究有地区研究、部门研究和以利用资源为基础的研究三种,以便指明具体的投资建设项目或方向。具体项目机会研究是在一般机会研究的基础上,将设想的建设项目转变为概括性的投资建议,以便使投资者可据以决策。机会研究阶段相当于我国基本建设程序中的"项目建议书"阶段。

机会研究的主要内容是:地区情况、产业政策、资源条件、劳动力状况、社会条件、地理环境、国内外市场情况以及工程项目建成后对社会的影响等。

(2) 初步可行性研究(预可行性研究)

初步可行性研究介于机会研究和可行性研究之间。当工程项目的规划设想经过机会研究的分析、鉴定,认为有生命力,值得进一步研究时,才进入初步可行性研究阶段。它主要是弄清楚投资是否存在机会研究时所提供的前景。机会研究与可行性研究之间的区别是获得资料的详细程度不同,从而研究的深度也不同。

进行初步可行性研究的目的是节约时间和费用,它并不是预投资期不可缺少的阶段,按建设项目的具体情况,可以不进行初步可行性研究。

初步可行性研究投资估算误差一般应控制在20%以内,其研究费用一般占投资的0.25%~1.25%。

(3) 工程可行性研究

工程可行性研究有时称为最终可行性研究或详细可行性研究,是投资前期研究和评价的最后阶段。它必须详细说明与项目有关的关键因素,以及实现这种生产的各种可行方案,通过技术经济论证选取最佳方案,为建设方案的投资决策提供技术上、经济上和环境上的依据。可行性研究一般有以下几方面的内容。

1) 工程项目的概况。包括项目的背景、投资经济意义、项目来源、研究工作的依据和范围。

2) 需求预测和拟建规模。产品和劳务的现有供应能力分析,未来需求状况预测,拟建项目的规模、设计方案以及技术经济的比较分析。

3) 资源、原材料、燃料及公用设施情况。资源储量、品位、成分以及开采、使用条件的评述,原料、材料、燃料等的种类、数量、来源及供应条件,所需公用设施的数量、供应方式和供应可能。

4) 项目条件和项目选址。项目的地理位置、气象、水文、地质、地形条件和社会经济、人文景观状况,项目布局的比较方案和选择的意见、理由。

5) 工程项目设计。综合前述各方面的要求,设计多种方案,并对不同选型方案进行比较,选取最优方案;同时,要确定土建结构及其工程量,编制有关费用的估算表。

6) 环境保护思想、措施。调查环境现状,预测项目可能对环境的影响;提出环境保护的方案和意见措施。

7) 生产组织、人员与管理费用估算。组织结构设计与项目设计密切相关,结合项目设计确定组织各类机构和人员、开支项目、管理费用。

8) 制定工程实施进度。工程实施期限包括从项目决定投资到正式生产这段时间。

实施期限的长短直接影响工程项目的经济效益，应以科学的方法制定实施进度计划。

9）投资估算及资金筹措。主体工程、分项工程及辅助配套工程的投资估算；资金来源、筹措方式及贷款的偿付方式、贷款利息计付；资金使用计划及管理方式。

10）社会经济效益评价。包括国民经济评价与企业财务评价。主要技术经济指标有：内部收益率、净现值、效益费用比、投资回收期、投资偿还能力、敏感性等。

（4）评价与报告

评价与报告是指对可行性研究的最后结论由建设单位会同有关部门进行的评审，供投资者决策。评价报告是对可行性研究报告的审查意见，对项目是否继续进行作出结论。

附 1.3　公路建设项目可行性研究的任务与要求

（1）公路建设项目可行性研究的任务

可行性研究的任务就是研究建设项目不同方案的可行性和合理性，正确地进行投资决策，从不同方案中选择一个技术上先进、经济上合理、投资效益高的最优化方案，为编制设计任务书提供依据。因此它的作用在于：

1）是确定建设项目和编制设计任务书的依据。

2）是筹措资金和向银行申请贷款的依据。

3）是编制下阶段设计和建设工作计划的依据。

4）是与项目有关部门、单位签订合同和协议的依据。

5）是确定新技术、新设备研制计划的依据。

6）是补充工程、水文地质勘测和相关试验的依据。

7）是从国外引进资金、技术和设备的依据。

8）是向国土资源部门和环保部门等申请建设的依据。

（2）公路建设项目可行性研究的要求

为了维护可行性研究工作的严肃性，保证可行性研究结论的可靠性，不断提高我国公路运输项目建设的管理水平，对从事可行性研究工作的承办单位提出以下要求。

1）资质方面的要求。公路项目建设单位，必须按照交通运输部关于公路建设前期工作资质管理的有关规定，委托持有与所承担公路工程等级相应资质证书的公路工程勘测设计咨询单位编制可行性研究报告。大中型项目、高等级公路及技术复杂的独立大桥、500m 以上的隧道工程项目，原则上应由持甲级证书的单位承担。

2）人员组织方面的要求。可行性研究报告的编制单位，应根据上级主管部门（或委托单位）下达的任务，组织有经验的技术、经济、管理人员拟订工作大纲和工作计划，安排充足的时间，进行深入的调查、论证，编制可行性研究报告。多个编制单位共同承担项目时，应确定一个主办单位，主办单位应负责协调有关参加单位的工作，使各部分工作相互衔接，内容统一，不重复、不遗漏。主办单位应对研究报告全面负责。

3）协作责任方面的要求。建设单位与可行性研究报告编制单位要签订合同，明确任务、工作深度、完成时间、双方责任以及有关问题，并按国家有关规定付给可行性研究费用。建设单位委托工程可行性研究任务时，应向被委托单位提供经上级批准的项目建议书及预可行性研究报告。

4) 技术方面的要求。编制可行性研究报告,应严格执行国家的各项政策、规定和交通运输部颁布的技术标准、规范等。有关交通量预测和经济评价的工作,应按《公路建设项目可行性研究报告编制办法》办理,如另用其他办法,必须加以详细说明。

可行性研究报告的编制单位,必须客观、公正,不应有虚假说明、误导性陈述和重大遗漏;应如实反映研究过程中的真实情况,保证报告的科学性,对报告的质量负责。

5) 程序方面的要求。可行性研究报告编就后,经编制单位行政领导、总工程师、项目负责人签字后送交建设单位,由建设单位报送主管部门审批。

研究报告的审批应按国家有关规定办理。凡需中央政府审批的项目一般先由省、自治区、直辖市及计划单列市进行预审,认为报告内容齐全,研究成果符合国家有关规定和《公路建设项目可行性研究报告编制办法》的要求,提出预审意见,才能上报审批,否则应进行必要的修改补充后再行报审。

可行性研究报告报批后,在未批复前若发现报告的基础依据有重大变化,建设单位应委托原编制单位进行修改或重新编制后报批。

附 1.4 公路建设项目可行性研究的主要内容及编制步骤

(1) 公路建设项目可行性研究的依据

根据《公路建设项目可行性研究报告编制办法》的要求,对一个拟建公路项目进行可行性研究,必须在国家有关的规划、政策、法规的指导下完成,同时,还要有相应的各种技术资料。一般来说,应具备以下依据。

1) 国家、地区、部门有关的发展规划、计划文件,包括国家和地区的经济和社会发展战略及规划、国家和地区的交通发展战略与规划,公路网络发展战略与规划,以及对交通运输业的优惠、鼓励、特许、限制、禁止等有关政策、规定。

2) 项目主管部门对项目建设要求、请示的批复。

3) 项目建议书及其审批文件。

4) 项目承办单位委托进行可行性研究的合同或协议。

5) 国家有关经济、交通法规,如引进外资、筹资、贷款等方面的法规。

6) 国家有关公路建设方面的技术标准、规范、定额等资料。

7) 项目所在地自然、经济、社会的历史记录和现状。

8) 试验试制报告,在进行可行性研究之前,对某些需要经过实验的问题,应由项目承办单位委托有关单位进行试验或测试,并将其结果作为可行性研究的依据。

(2) 公路建设项目可行性研究的主要内容

公路建设项目可行性研究按其工作深度,分为预可行性研究(初步可行性研究)和工程可行性研究。两者在研究时,要求的内容有所不同。预可行性研究要求通过踏勘和调查,重点研究建设项目的必要性,并对项目的建设规模、技术标准、建设资金、经济效益等进行必要的分析论证,编制研究报告,作为项目建议书的依据。工程可行性研究要求进行充分的调查研究,通过必要的测量(高等级公路必须做)和地质勘探,对不同建设方案从技术、经济、环境等方面进行综合论证，提出推荐方案，确定建设规模、技术标准和投资额度，论证投资效益，编制研究报告，工程可行性研究报告一经批准，即为初步设计必须遵循的依据。工程可行性研究的投资估算与初步设计概算之差，应控制在上下浮动10%以内。

可行性研究报告的主要内容应包括：项目影响区域社会经济、交通运输现状及发展；建设项目的交通量；建设的必要性；建设规模及技术标准；项目建设条件；工程环境影响分析；路线方案及工程情况；方案选定；估算投资及资金筹措；经济评价及敏感性分析；节能分析；实施安排等。具体见《公路建设项目可行性研究报告编制办法》。

(3) 公路建设项目可行性研究的编制步骤

公路建设项目可行性研究的一般工作步骤如下。

1) 接受任务与签订合同。公路项目的可行性研究，可以由项目主管部门直接给工程设计单位下达任务进行，也可以由项目业主自行委托有资格的工程设计单位承担。

项目业主和受委托单位签订的合同中一般应包括：进行该项目可行性研究的依据，研究的范围和内容，研究工作的质量和进度，研究费用及其支付方法，合同双方的责任和义务，协作方式和关于违约处理的方法等主要内容。

2) 组织准备与计划安排。受委托单位接受任务后，应根据工作内容组织项目小组、确定项目负责人和专业负责人。承担研究工作的人员，必须是具有较丰富的公路勘察设计、施工的工程实践经验和对宏观经济、公路经济、交通工程等有较广泛知识的专门人才组成。项目负责人还应具备广博的学识、远大的目光、较高的领导水平和丰富的工作经验。研究组一般包括如下人员：项目负责人及公路经济、交通工程、公路路线工程、桥隧工程、公路路面工程、地质水文和工程概预算人员等。

项目组根据任务要求，研究和制订工作计划和实施进度。在安排实施进度时，要充分考虑各专业的工作特点和任务交叉情况，协调技术专业和经济、交通专业的关系，为各专业工作留有充分的时间。根据研究工作进度和内容要求，如果需要向外分包时，应办理好分包手续，处理分包关系。

3) 调查研究与资料搜集。在清楚地了解公路项目建设意图和要求的基础上，拟定调查研究提纲，组织有关专业人员赴现场进行实地调查和专题抽样调查，包括经济调查、交通量调查、路况调查、地形图或航测照片定线、线路桥隧踏勘、地质调查、建筑材料调查以及必要的线路桥隧测量和地质勘察钻探工作。

机动车起讫点调查的布点应在准备工作阶段初期拟好，外业阶段先与项目所在地区公路管理部门商定，然后布置到各调查点，组织交调、路政、监察、运营等部门协同完成。

通过这些调查，广泛搜集项目所在地区的经济、社会、自然资源、环境、交通、运输等方面的资料，并以科学的方法对资料进行整理、分析，为技术方案设计和技术经济评价提供可靠的依据。

4) 方案设计与经济分析。在搜集、整理了一定的设计基础资料和技术经济基本数据的基础上，开展深入的分析、研究工作，包括公路运输量、交通量的预测和评价，工程规模与技术标准研究，线路和桥隧方案研究，建设材料来源分析，环境保护工作研究，工程量分析与估算，投资估算及资金来源研究，经济评价，建设工程安排等。通过研究提出若干种可供选择的建设方案和技术方案，并进行比较和评价，从中选择或推荐最佳的建设方案。

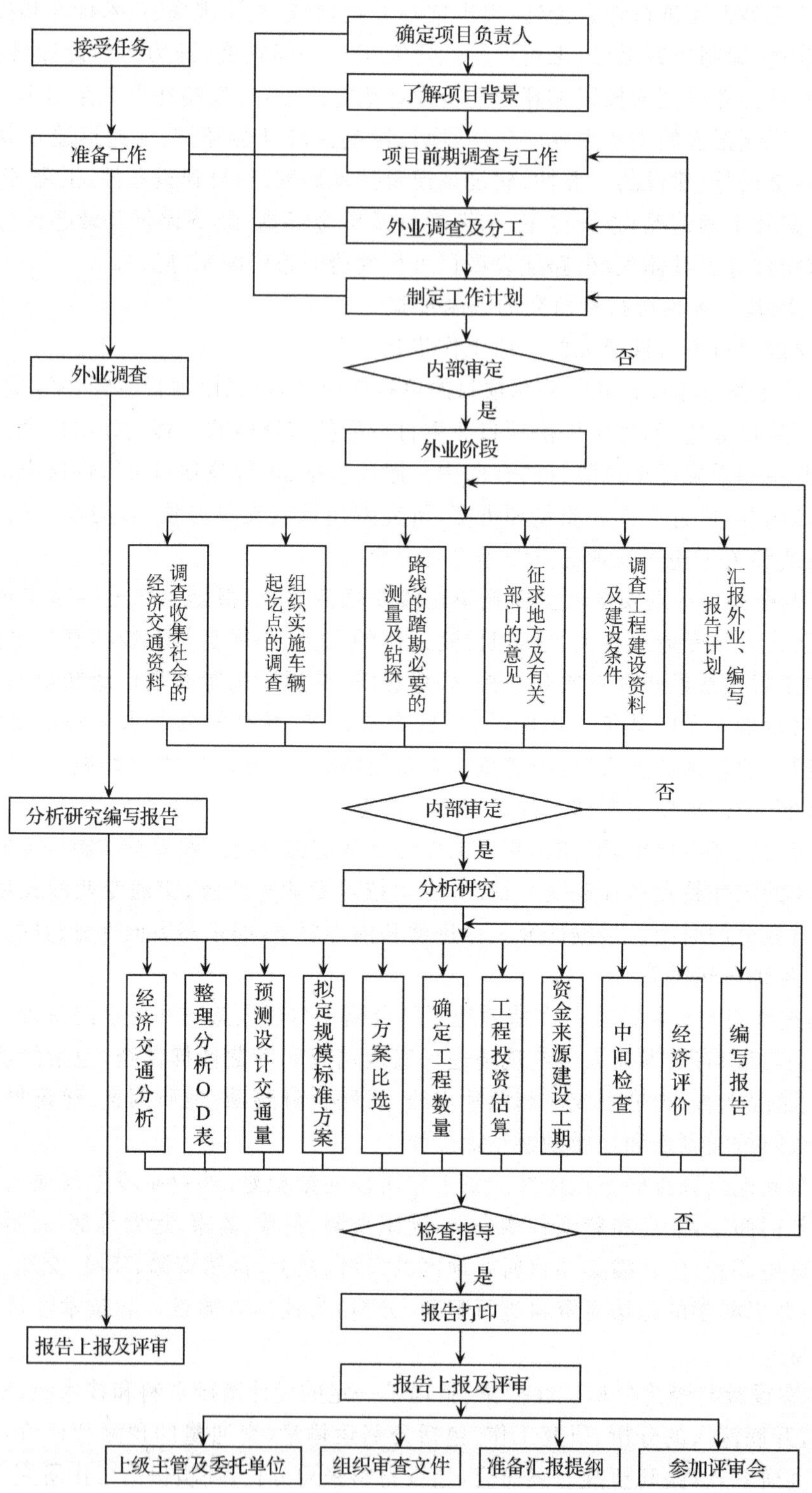

附图 1.1 公路建设项目可行性研究工作步骤

5）编写报告文本及绘制附表、附图。在对建设方案和技术方案进行技术经济论证和评价后，组织研究人员分别编写详尽的可行性研究报告。在报告中可推荐一个或几个项目建设的方案，也可提出项目不可行的结论意见或项目改进的建议。研究报告须按《公路建设项目可行性研究报告编制办法》的格式和要求编写。

6）报告出版、上报及评审。按现行规定、大中型建设项目的可行性研究报告，由主管部、各省、市、自治区或全国性专业公司负责预审，报国家发展和改革委员会审批或由国家发展和改革委员会委托有关单位审批。重大项目和特殊项目的可行性研究报告，由国家发展和改革委员会会同有关部门预审，报国务院审批。小型项目的可行性研究报告按隶属关系由主管部、各省、市、自治区或全国性专业公司审批。

公路建设项目可行性研究工作步骤见附图 1.1。

附 1.5　公路建设项目交通量评价

(1) 交通量评价的目的及意义

公路交通量是社会经济发展对公路交通需求的反映，其发生和发展与沿线的社会经济状况密切相关。交通量评价是公路项目可行性研究的重要内容，是确定公路建设项目的技术等级、工程设施规模及经济评价的基础。

交通量评价准确与否，对公路规划与设计的影响巨大而深刻。交通量预测过大，据之规划设计的公路因技术标准大幅度地超过实际需求，必然过早占用大量资金，并造成土地等资源浪费和大量拆迁损失；而交通量预测偏小，则公路在投入使用后会因实际交通量的迅速增加而导致车辆拥挤、运行效率降低、交通事故频繁等后果。

(2) 交通量评价的主要内容

公路建设项目交通量评价是对项目影响区域交通运输，特别是公路交通现状及发展所进行的调查分析和建设项目交通量的预测工作。包括的主要内容有：调查影响区域社会和交通运输状况；分析区域交通运输特点；评价现状公路网交通运行质量；研究社会经济和交通运输的发展趋势；测算区域交通需求；建立交通需求分担或分配模型；确定路网参数；预测建设项目交通量。

(3) 交通调查与分析

1）交通调查的内容。交通调查是进行项目交通量评价的基础。交通调查包括交通方针政策及法规调查、区域社会经济调查、综合运输调查、公路网调查以及公路运输和交通流量调查等。

交通方针政策及法规调查的内容有：交通运输技术政策、交通和基建法规、有关的技术标准规范、交通运输发展战略等。

区域社会经济调查的内容有：区域资源、社会发展、经济政策、经济水平、经济布局、经济结构、建设投资、对外贸易、经济计划及规划。

综合运输调查的内容有：综合运输概况、区域内各种运输方式主要路线及港站基本情况、各种运输方式改造计划和长远规划。

公路网调查的内容有：公路网概况、区域内主要相关公路的路线名、起讫点、路段里程、技术标准、主要技术指标、交通量、行车速度、行车时间、大桥及隧道、公路交叉、公路渡口、公路养护及大修管理、公路收费、公路交通事故及损失、公路网计划和长远规划。

公路运输及交通流量调查的内容有:公路客货运输量、汽车运输成本、公路运输效率指标、运输工具保有量、相关公路的交通量及构成、交通量分布系数、交通流的运行特性、区域主要交通出行的起讫地点、运输货类等。

2) 交通调查的地域范围。调查的范围是项目影响区,项目影响区一般可以划分为直接影响区和间接影响区,交通调查的重点是直接影响区。为了研究区域交通出行的集中发生情况和起讫点情况,满足项目交通量的评价的深度要求,项目影响区需要分成若干小区。小区是交通调查的最小地理单元,交通调查的主要内容应分小区进行。

3) 交通调查的时间范围。包括历史情况,现状和发展规划。主要指标的历史年份应满足趋势分析的需要,原则上不少于15年的历史数据;规划数据年份原则上是项目计算期内的各个特征年。

4) 交通调查的方法。公路建设项目交通调查的方法可以分为一般访问法和专项调查法。

一般访问法是通过走访有关综合和职能部门的方式,获取所需要调查的资料。一般访问法是交通调查中最常用的方法。

交通量评价工作需要进行的专项调查主要有机动车起讫点调查,交通流运行特性调查、乘客出行目的调查等。

5) 交通分析。交通分析是交通量评价的重要环节。交通分析的主要内容有:区域社会经济和交通运输特点分析,社会经济和交通运输结构分析、社会经济和交通运输发展趋势分析、现状公路网交通运行质量分析及机动车起终点分析。

(4) 交通量预测

项目可行性研究时公路交通量预测是对某一路线的交通量发展趋势的预测,主要采用单项分别预测法。单项分别预测交通量是通过对拟规划研究的高速公路上远景年份的正常交通量、转移交通量和诱增交通量分别进行定量预测后,汇总得到该路线远景交通量预测值。在预测过程中考虑预测指标时,可以直接以交通量为因变量进行预测,也可以以公路运输量为预测指标,获得预测结果后,再转换为交通量预测值。

在可行性研究阶段,公路交通量预测的其他方法应用较广的有直接法和间接法。直接法是直接以交通量作为研究对象的预测方法,间接法是先以运输量为对象进行研究,最后再转换为交通量的预测方法。

直接法和间接法的核心是基年交通量与未来交通量增长率的确定。其预测过程首先假设在研究基年时,拟建项目已经存在,并根据交通调查资料(包括其他运输方式的资料)和路网状况,合理确定拟建项目基年交通量;然后通过研究地区经济与交通运输的关系,采用多种手段(相关分析、弹性系数等)科学确定拟建项目交通量的增长率,然后根据确定的基年交通量和未来交通量的增长率进行交通量的预测。

附 1.6 项目经济评价

(1) 项目经济评价的概念及特点

公路建设项目经济评价是公路建设项目可行性研究的主要内容。它根据国民经济发展规划和有关技术经济政策的要求，结合交通量预测和工程技术研究情况，比较项目的建设费用和效益，多方案论证，对项目的经济合理性进行分析并作出评价，为项目决策提供依据。

公路建设项目经济评价与其他建设项目经济评价一样，可分国民经济评价和财务评价。

项目国民经济评价是从国家、社会整体的角度研究项目需要国家付出的代价和对国家的贡献，以判别项目投资的经济合理性。一般情况下，应以国民经济评价结论作为项目取舍的主要依据。

项目财务评价是依据国家现行的财税制度和现行价格，从企业财务角度分析、测算项目的费用与效益，考察项目的获利能力，清偿债务能力，以及外汇效果等财务状况，以判别项目在财务上的可行性。一般来说，目前仅对以项目收费偿还投资贷款的公路建设项目进行财务评价。

项目国民经济评价与财务评价存在如下区别。

1) 评价的角度不同。国民经济评价是站在国家的角度评价项目对国民经济的贡献；财务评价则是从企业或项目本身的角度评价其财务状况。

2) 效益与费用的含义不同。国民经济评价根据项目对社会提供的服务及项目所消耗全社会有用资源，研究项目的效益与费用，以增加、减少国民收入为主要的鉴别原则；财务评价则是根据项目实际发生的货币支付及现金流量来确定效益和费用，以企业盈利为考核标准。两者在效益的计算范围上也不同。

3) 评价采用的价格不同。国民经济评价采用反映资源的机会成本和供求关系的影子价格；而财务评价则采用现行市场价格。

4) 评价采用的主要参数不同。国民经济评价采用影子价格、影子汇率、影子工资和社会折现率等国家统一测定的参数；财务评价则采用现行价格、官方汇率，以及因行业而异的财务折现率等参数。

公路建设项目相对于其他建设项目而言还有其自身的特点，从而也决定了其经济评价与其他建设项目经济评价不同，主要表现在以下几个方面：

1) 公路项目一般不形成建设和运营统一核算的独立企业。公路面向全社会开放，公路上行驶的车辆，分属于许多运输企业和非运输企业与单位。而且，公路建设、公路管理、公路运输、公路养护很多情况下是分开经营与管理的，分属于不同的单位和企业。

2) 公路建设项目以获得间接经济效益和社会效益为主。公路运输作为生产过程在流通领域里的继续，在实现产品价值的同时，不仅使公路运输部门获得直接经济效益，而更主要更大量的是全社会公路使用者(工矿企业、事业单位、个体经营者等)获得社会效益。因此，公路的效益主要是间接效益和社会效益。尽管在《公路建设项目经济评价办法》中以及本书后面的效益计算中提到的直接经济效益，是按人们的习惯分法，将便于计算的由公路使用者获得的效益称为直接经济效益，其实，这部分“直接经济效益”严格地讲，大部分还是属于间接经济效益的范畴。

3) 收费公路需进行财务评价。通过收费偿还贷款的公路建设项目必须进行财务分析。财务分析的目的是通过研究收费标准、测算过路(桥)费收入，动态计算贷款偿还年限等指标，分析项目的财务可行性。由于公路是一项公共设施，公路建设部门本身没有盈利问题，且公路收费收入不完全是公路效益的全部货币表现。因而，公路建设项目财务分析不必计算用路者的经济收益，这是公路项目财务分析的一个显著特点。

(2) 项目经济评价的原则

项目经济评价是一项复杂的调查、分析、评判工作，应在国家宏观经济政策指导下进行，使各投资主体的内在利益符合国家宏观经济计划的发展目标。具体工作应遵照如下原则。

1) 必须符合国家交通运输发展战略规划和投资的方针、政策，以及有关法规。

2) 必须把宏观经济分析与微观经济分析相结合，定量分析与定性分析相结合。

3) 必须确保效益、费用的计算范围对应一致，具有可比基础。

4) 公路项目经济评价采用“有、无比较”法的原则。“有、无比较”法是指拟建项目实施建设的情况下发生的各种费用和效益与假定拟建项目不实施的情况下发生的各种费用和效益两者进行对比，来确定拟建项目费用与效益的一种方法。这种比较对于准确地衡量项目所带来的净收益是非常必要的。

5) 必须使用国家发展和改革委员会、住房和城乡建设部、交通运输部制定、颁布的有关参数、标准等。

6) 必须具备应有的基础条件，保证基础资料来源的可靠性和时间的同期性。

7) 必须保证项目经济评价的客观性、科学性和公正性。

(3) 项目经济评价的阶段性

建设项目经济评价贯穿于项目周期的各个阶段，包括项目建议书阶段的经济评价、可行性研究阶段的经济评价和项目投产后的后评价，也可以根据需要进行实施阶段的中间评价。各阶段经济评价的特点与要求不尽相同。公路建设项目阶段的经济评价目的、内容与要求，参照《公路建设项目可行性研究报告编制办法》(2010 年 4 月)。

1) 项目建议书阶段的经济评价。目前我国项目建议书阶段经济评价的深度大体上介于国外项目机会研究与初步可行性研究之间，它是在对项目的初步调查研究的基础上进行的简单的分析，计算内部收益率、投资回收期等指标，初步判断项目国民经济与财务的可行性。

2) 可行性研究阶段的经济评价。可行性研究阶段的经济评价在整个项目周期中具有非常重要的地位与作用，它是项目决策的主要依据之一。较之项目建议书阶段的经济评价，可行性研究阶段的经济评价要求更全面、更详细、更具体、更深刻。其任务是在完成交通量、经济量调查、预测，线路勘测及必要的初步设计的基础上，对拟建项目投入产出的各种经济要素进行调查、研究、预测、计算与论证，运用定量分析与定性分析，动态分析与静态分析，宏观效益分析与微观效益分析相结合的方法，比选推荐最佳方案。可行性研究阶段的经济评价主要采用动态分析方法，主要计算指标有内部收益率、净现值、效益成本比、投资回收期、投资利润率等，并应用影子价格、影子汇率、社会折现率等国家参数，计算相应的国民经济评价指标。

3）项目建成投入运用后的后评价。建设项目后评价是项目投入运营若干年后，根据项目的各项实际数据资料和项目寿命期内其余年份的预测资料进行的经济评价。这个阶段的经济评价要求据实计算，将前期工作中的项目经济评价的预期效果与实际效果进行对比，对预期效果与实际效果的背离程度进行定量计算，并分析产生背离的原因，反馈评价结果，以提高项目决策水平。后评价所采用的评价原则、方法、指标体系与可行性研究阶段的经济评价基本相同。评价的具体方法见《公路建设项目后评价报告编制办法》（1996 年 12 月）。

（4）项目经济评价的步骤

1）国民经济评价工作步骤如下。

① 选择、调整、计算有关资源（如主要原材料、人力等）的影子价格、社会折现率。

② 计算国民经济效益值。

③ 对投资估算中的费用进行调整。

④ 计算国民经济评价的主要指标值，如经济净现值、经济效益费用比、经济内部收益率和经济投资回收期等，进行多方案比较。

⑤ 进行国民经济评价指标的敏感性分析。

⑥ 进行项目决策，选取最佳方案。

2）企业财务评价工作步骤如下。

① 搜集有关资源的现行市场价格。

② 以市场价格计算项目企业财务收入，即项目的收费收入。

③ 以市场价格计算企业投资费用。

④ 计算企业财务评价主要指标，如财务净现值、财务收入费用比、财务内部收益率和财务投资回收期。

⑤ 进行财务评价指标的敏感性分析。

⑥ 进行项目财务投资决策。

（5）项目国民经济评价

国民经济评价是指立足于国家立场，着眼于整体观点，从国民经济综合平衡角度出发，采用影子价格、影子汇率、影子工资和社会折现率，进行分析和计算建设项目的效益和费用对国民经济带来的净效益，据以考察投资行为经济上合理性的一种评估。

1）国民经济评价的基本概念。项目国民经济评价应遵循统一的效益和费用划分原则。项目的效益是指项目对国民经济所做的贡献，分为直接效益和间接效益。直接效益是指项目产出物（物质产品或服务）用影子价格计算的经济价值。间接效益亦称外部效益，是指项目为社会做出了贡献，而项目本身并未得益的那部分效益。公路运输项目的经济效益主要表现为有项目相对于无项目时给国民经济带来的各种运输费用的节约。也就是说，凡此项目为国民经济所做的贡献均应计为项目的效益，一般评价时只计算直接效益。公路运输项目效益的主要内容如附图 1.2 所示。根据项目的性质和类型，分别用不同的公式进行计算，本书不做阐述。

公路运输项目效益
- 客、货运输成本降低的效益
- 相关公路减少拥挤导致客、货运输成本降低的效益
- 公路里程缩短而节约的运费
- 节约客、货在途时间的价值
- 减少交通事故而产生的效益
- 减少货损而产生的效益
- 诱增交通量而产生的效益

附图 1.2 公路运输项目效益的主要内容

项目的费用是指国民经济为项目所付出的代价,分为直接费用和间接费用。直接费用乃指用影子价格计算的项目投入物(固定资产投资和流动资金等一次性投入和经常性投入)的经济价值。间接费用也称外部费用,指社会为项目付出的代价,而项目本身并不需要支付的那部分费用。为了与效益计算的口径一致,这里仅讨论直接费用的计算问题。直接费用一般表现为:其他部门为供应本项目投入物扩大生产规模所消耗的资源费用;挤占其他项目(原用户或最终消费者)投入物的供应量而放弃的效益;增加进口(或减少出口)所耗用(或减收)的外汇等。直接费用是项目和国家都要付出的代价。公路项目费用计算的具体范围表现在以下方面:公路建设费、公路大修费、公路养护费、交通管理费和残值(负值)。

2) 国民经济评价的指标。国民经济评价有四个指标,即净现值(ENPV)、效益费用比(EBCR)、内部收益率和投资回收期(N)。这些经济评价指标都是在效益费用折现的基础上计算的。

① 折现。将未来不同年份的效益和费用的价值调整到现在的同一年份的过程称为折现。折现的过程就是将评价计算期内某一年的费用和效益乘以该年的折现系数,转换成基年的费用和效益。公路建设项目折现基年是项目开工的前一年。

② 经济净现值(ENPV)和经济净现值率(ENPVR)。经济净现值是反映项目对国民经济所作贡献的绝对指标(价值指标)。它是用社会折现率 P_t 将项目计算期内各年的净效益折算到建设起点(开工前一年)的现值之和,其经济含义是在整个计算期内项目投资对国民经济的净贡献。计算公式为

$$\mathrm{ENPV}=\sum_{i=1}^{n}(B_t-C_t)P_t \tag{附 1.1}$$

式中:ENPV——项目经济净现值(万元);

B_t——第 t 年的项目经济效益额(万元);

C_t——第 t 年的项目经济费用值(万元);

P_t——第 t 年的按社会折现率计算的折现系数;

n——项目计算评价的年限。

ENPV$>$0 时,表示国家为拟建项目付出代价后,除得到符合社会折现率的社会盈余外,还可以得到以现值计算的超额社会盈余。故 ENPV$\geqslant$0 的项目,通常被认为是可以考虑接受的。在进行方案比较时,自然选择 ENPV 大的方案。当各方案投资额不同时,需用 ENPVR 进行比较,$\mathrm{ENPVR}=\dfrac{\mathrm{ENPV}}{C_\mathrm{p}}$,这里的 C_p 为投资(包括固定资产投资和流动资

金)的现值。ENPVR 反映项目单位投资为国民经济所作的净贡献。

③ 经济效益费用比(EBCR)。项目投资的经济效益费用比是指评价期限内各年的经济效益现值总额与各年的经济费用现值总额的对比,其经济含义为每万元的投资经济费用能获取多少经济效益。计算公式为

$$\mathrm{EBCR}=\frac{\sum_{t=1}^{n}B_tP_t}{\sum_{t=1}^{n}C_tP_t} \tag{附 1.2}$$

式中:EBCR——项目经济效益费用比率;

其他符号意义同前。

当 EBCR>1 时,说明项目的经济效益现值大于经济费用现值,具有获利能力,项目可行;当 EBCR<1 时,说明项目具有的获利能力不足抵偿项目的投入,项目不可接受;当 EBCR=1 时,说明项目的经济效益现值与经济费用现值相等,应根据其他指标情况判定项目方案优劣。

④ 经济内部收益率(EIRR)。经济内部收益率指的是使项目在计算期内的经济净现值等于零时的折现率,它是反映项目占用的投资对国民经济净贡献能力的相对指标。

$$\sum_{t=0}^{n}(B_t-C_t)(1+\mathrm{EIRR})^{-t}=0 \tag{附 1.3}$$

式中符号意义同前。

当经济内部收益率大于或等于社会折现率的时候,表明项目投资对国民经济的净贡献能力达到要求的水平,项目可行;反之,则项目不可行。

⑤ 投资回收期(N)。投资回收期是以项目的净效益抵偿项目建设总投资所需要的时间,也就是项目的经济效益与费用相抵需要的年份数。投资回收期有静态和动态两种。静态投资回收期采用费用、效益的原值,不考虑货币的时间价值;动态的投资回收期要包括时间价值因素,即对建设投资费用和效益采用同一折现率折现为现值,然后再计算费用和效益相抵的年限。通常只计算动态的投资回收期。

采用投资回收期作为评价指标,主要是根据收回投资年限的长短作为衡量和筛选项目的标准和依据。一般地讲,投资回收期短说明项目获利能力高,风险较小,项目值得投资,或项目方案可行。

(6) 财务评价

1) 财务评价的含义。财务评价是根据国家现行财税制度和现行价格,分析和计算项目的效益和费用,研究项目的获利能力、清偿能力及外汇效果等财务状况,据以考察投资行为在财务上的可行性的一种评估。

2) 财务评价的指标财务评价指标有财务净现值(FNPV)及其净现值率(FNPVR)、财务效益费用比(FBCR)、财务内部收益率(FIRR)、投资回收期(N)等,其中以财务内部收益率和投资回收期为主要指标。

① 财务净现值(FNPV)和财务净现值率(FNPVR)。财务净现值是项目的收费收入现值总额减去项目费用现值总额的差额。其计算公式为

$$\mathrm{FNPV}=\sum_{i=1}^{n}(B_t-C_t)P_t \tag{附 1.4}$$

式中：FNPV——项目财务净现值(万元)；

B_t——第 t 年的项目收费收入金额(万元)；

C_t——第 t 年的项目费用总额(万元)；

P_t——第 t 年的按财务基准折现率计算的折现系数；

n——项目计算财务评价的年限。

财务净现值率是 FNPV 与全部投资(包括固定资产投资和流动资金)现值 C_p 之比，即 $\mathrm{FNPVR}=\dfrac{\mathrm{FNPV}}{C_p}$。

FNPV 和 FNPVR 都是反映项目在计算期内获利能力的动态指标。当项目的 FNPV≥0 时，则此项目是可以考虑接受的。在作方案比较时，自然选择 FNPV 较大的方案。当各方案投资额不同时，需用 FNPVR 指标来判断。

② 财务效益费用比(FBCR)。项目的财务效益费用比是各年的收费收入现值总额与各年费用的现值总额的比率。其计算公式为

$$\mathrm{FBCR}=\frac{\sum_{t=1}^{n}B_tP_t}{\sum_{t=1}^{n}C_tP_t} \tag{附 1.5}$$

式中：FBCR——财务效益费用比；

其他符号意义同前。

③ 财务内部收益率(FIRR)。财务内部收益率指的是使项目在计算期内的财务净现值等于零时的折现率。计算公式为

$$\sum_{t=0}^{t=n}(B_t-C_t)(1+\mathrm{EIRR})^{-t}=0 \tag{附 1.6}$$

式中符号意义同前。

由公式求得的 FIRR 应与部门或行业的基准折现率 $\gamma_{行业}$ 进行比较，当FIRR≥$\gamma_{行业}$ 时，应认为此项目在财务上是可以接受的。

④ 投资回收期(N)。投资回收期是以项目的净收益抵偿全部投资(包括固定资产投资和流动资金)所需要的时间，它是反映项目财务上投资回收能力的重要指标。计算公式为

$$N=\text{累计财务收费净收入开始出现正数的年份数}-1+\frac{\text{上年累计收费净收入的绝对值}}{\text{当年收费净收入}}$$

上述四个评价指标中，投资回收期是反映项目在财力上投资回收能力的重要指标，是判断项目取舍的依据；财务内部收益率表明了项目在财务上的实际承受能力。建设单位可以通过财务内部收益率与国外贷款机构的利率或国内银行贷款利率的比较，确定项目在财务上能否接受。

(7) 投资方案的不确定性分析

1) 不确定分析与风险投资的含义。由于环境、条件及有关因素的变动和主观预测能

力的局限，一个投资项目的实施结果，即结局和经济效益通常不符合人们原来做出的某种确定的预测和估计，这种现象称为风险投资和不确定性。如何在这种不确定的因素条件下做出比较合理的决策，就需要在项目投资决策前做好项目不确定分析，以便决策者了解项目风险。

2）不确定性分析的内容。项目不确定性分析按所涉及的不确定性因素掌握程度，大概可包括以下三种情况。

① 当对某方案中某相关参数值的变化一无所知时，则应作“倾向分析”，如盈亏平衡分析。

② 当对某方案中某相关参数值不确定，也不知其发生概率，只提供变化的范围时，应作范围分析，如采用敏感性分析。

③ 当对某方案中某相关参数值不确定，但知道其发生概率，这时要做概率分析。

3）敏感性分析。

① 敏感性分析的概念。敏感性是指某一相关因素的变化对反映项目投资效果的评价指标（如净现值、效益费用比、内部收益率和投资回收期等）的影响程度。敏感性分析就是为了提高决策的正确性与可靠性，预防决策中相关因素的变动可能带来的损失而进行的预算，即测算相关因素变动对项目投资评价指标的影响程度，或测算能够保持项目可行时，容许相关因素变动的范围。也就是说，项目对某种因素的敏感程度，可以表示为该因素按一定比例变动时引起评价指标的变动范围或幅度；也可以表示为评价指标达到某一临界点（如内部收益率等于基准收益率）时，允许某个因素变化的最大幅度，即极限变化，若超过了此极限，则项目就不可取。

② 敏感性分析的作用。敏感性分析的主要作用有如下几点：通过敏感性分析，研究不确定因素变动对项目经济评价指标的影响程度，即引起经济评价指标的变化幅度。通过敏感性分析，找出影响项目经济效果的敏感性因素，并进一步分析与预测或估算有关数据的可能变化范围，测算项目风险。通过对项目不同方案中某些关键因素的敏感性程度对比，可区别项目不同方案对某关键因素的敏感性，选取敏感性小的方案，以减少项目的风险性。通过敏感性分析，可以估算能够保持项目评选原有结论时，相关因素容许的变动范围，找出它们变化的最坏与最好情况，以便在项目中实施有效的控制，使项目能够获得预期的或更大的收益。

③ 敏感性分析的步骤。确定敏感性分析的对象，即评价项目经济效益的指标。一般按项目的性质特点、类型、要求的不同，选取最能反映项目经济效益的综合性指标作为敏感性分析对象。公路建设项目可能发生变化的主要因素有公路造价、交通量、运输成本等，受影响的经济评价指标包括净现值、效益费用比、内部收益率、投资回收期等，重点是测定变化的因素对内部收益率变化的影响。项目对某种因素的敏感性程度可表示为该因素按一定比例变化时引起评价指标的变化范围或幅度。

设定不确定性因素，即敏感因素。一般应选用在成本效益分析中比例大、影响大且在建设期和经济寿命期内最有可能发生变动的因素。公路建设项目评价中一般选用总造价和总效益指标进行分析。

计算和分析敏感因素。按最可能的情况预测出各因素的值，并计算方案的经济效益指标。

各变动因素的变化规律还可以用图表示,即将所得数据列成表,用纵坐标表示经济、效益指标,横坐标表示不确定性因素的变化幅度,作出敏感性分析图。

对于许多项目而言,敏感性分析能合理的解决数据中包含的可变因素,预知项目投资的风险程度,若应用得当,敏感性分析确是项目经济分析中的有利工具。

4) 概率分析。概率分析是使用概率研究预测不确定因素和风险因素对项目经济评价指标影响的一种定量分析方法。它与敏感性分析的区别在于:敏感性分析的不确定因素的概率是未知的,概率分析中的不确定因素的概率是可以估计出来的。

附 1.7 公路建设项目可行性研究编制中应注意的问题

(1) 可行性研究应具有全局性

可行性研究工作涉及国家、地区、部门、企业及个人多方面的利益关系,必须以系统的思想和方法全面地研究论证该项目的地位和作用、利益和损失。不仅要从技术、经济上考证项目的可行性,还要从社会文化、环境资源方面论证其可行性;不仅要从微观角度研究项目建设是否可行,而且要求从宏观角度对项目进行研究和评价;不仅要分析项目建设的近期可行性,还要对项目的长远利益和影响进行预测和研究。因而,可行性研究要全面地研究国家的产业发展政策、投资政策、环境保护政策、国家和社会经济长期发展战略和规划,有关地方、部门的社会经济发展战略和规划等。

(2) 应具有客观公正性

可行性研究要在广泛地搜集各方面资料的基础上,进行由浅入深、由表及里的分析整理、去伪存真,使可行性研究的结果建立在真实可靠的事实基础上。在论证当中,必须保持编制单位的客观公正性不受外界因素的干扰。国外许多咨询机构在进行可行性研究时,特别强调独立公正的原则,以保证咨询服务质量,维护其声誉和地位,总结我国过去的经验,尤其要避免“长官意志”。

(3) 应具有科学性

可行性研究经过充分调查研究、实地踏勘获得第一手资料,运用现代化手段做多方案的比选,本着实事求是的原则进行分析和论证,按科学规律、经济规律办事,以保证可行性研究的科学性和严肃性。为了维护科学性,在实际工作中不能把可行性研究作为争项目、争投资、争利益的手段,不能东拼西凑,把“不可行”的项目研究为“可行”的项目。

(4) 应具有一定的可操作性

可行性研究要注重对项目的前提性和关键性综合技术经济问题的研究。研究应具有相当的深度,研究结论必须明确而肯定,不能含糊其词,模棱两可,但又不能将后面初步设计程序中要解决的问题,统统地拿到可行性研究中来解决,这样会增加可行性研究的时间,延缓项目实施的后续进度,甚至浪费人力、财力和物力。

附录二　小桥涵勘测设计

小桥涵在道路工程中占有重要地位，它具有跨越沟渠、道路排水、农田排灌、居民通行等功能，分布在公路的全线，工程量大，平原地区每公里1～3道，山区每公里3～5道，其造价可达全部公路工程造价的5%～20%，故在选定路线和进行平、纵面设计时对小桥涵应予以重视。

小桥涵勘测设计的任务是通过对公路所跨越的沟河（包括沟河周围的环境）进行现场调查，并通过勘测收集各种资料，结合公路的要求以及地形、水文、地质、材料等条件完成桥涵的设计及工程量的计算，为编制概、预算和施工提供准确可靠的资料。

小桥涵勘测设计主要内容如下：

1）小桥涵位置选择。

2）小桥涵类型选择。

3）桥涵测量与调查包括水文勘测及调查、桥涵位置的地形及断面等测量、地质及其他调查等，为小桥涵内业设计搜集资料。

4）设计流量计算，即水文计算。

5）孔径确定：根据设计流量，通过水力计算，结合小桥涵所在河沟的具体条件，确定涵洞及小桥的孔径尺寸。

6）小桥涵布置：绘出反映小桥涵及进出口附属工程细部构造布置图。

附2.1　小桥涵位置和类型的选择

附2.1.1　小桥涵位置选择

在公路勘测设计中一般在下列位置应设置小桥涵。

1. 一沟一桥（涵）

凡路线与一条有明显沟形的干沟、小溪、河流相交，当上游汇水面积大于0.1km^2时，原则上均应设一座小桥或涵洞。

涵洞的定位，一般是顺沟设涵，如附图2.1所示。在平原地区，当河流变曲时可改沟设涵，如附图2.2所示。在山区当河沟纵向坡降大，路线过沟填方又大，顺沟设涵会大大增加工程量时，可改于岸坡设涵，但必须使河沟边坡稳定，且改移河道及涵洞的进出口处理都不困难时，为减少涵洞数量，可改为并涵。如改沟合并后将使河沟产生过大冲刷、淤积，

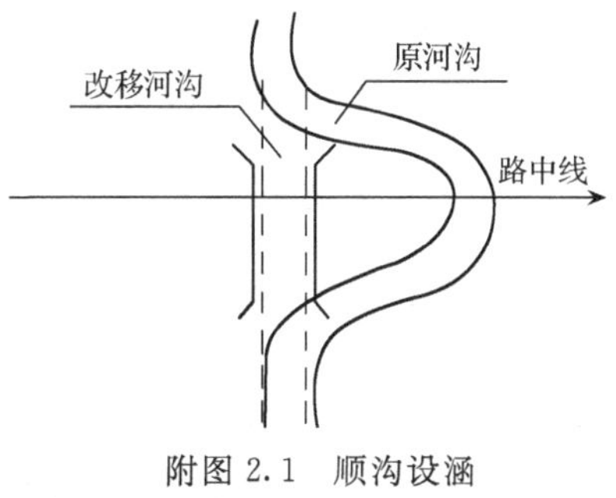

附图2.1　顺沟设涵

以致影响路基稳定或者改沟工程过大时,都不宜采取合并的办法。两沟如大小不等时,亦可采取填死沟将水引入主沟,沿主沟设涵的办法。

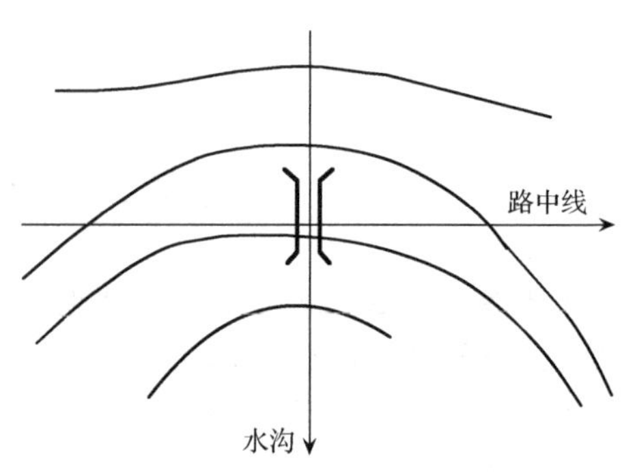

附图 2.2　改沟设涵

2. 路基边沟排水涵

山区公路的傍山线,为排除路基内侧边沟的流水,通常每隔 200～400m 应设置一道涵洞,其具体位置可根据路线纵、横断面及实际地形在下列位置设置。

1）路线上下坡变坡处,如附图 2.3 所示。

2）纵坡陡缓变坡处,如附图 2.4 所示,当路线由大于 6%的纵坡变换至小于 3%的纵坡时,边沟水流由急变缓,易产生冲刷,故应考虑设涵。

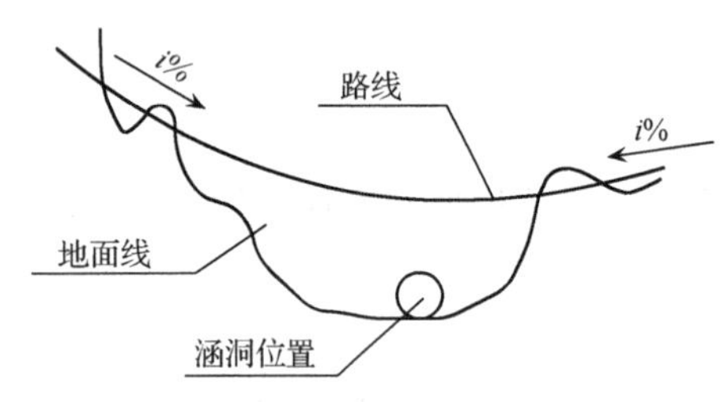

附图 2.3　上下坡底部

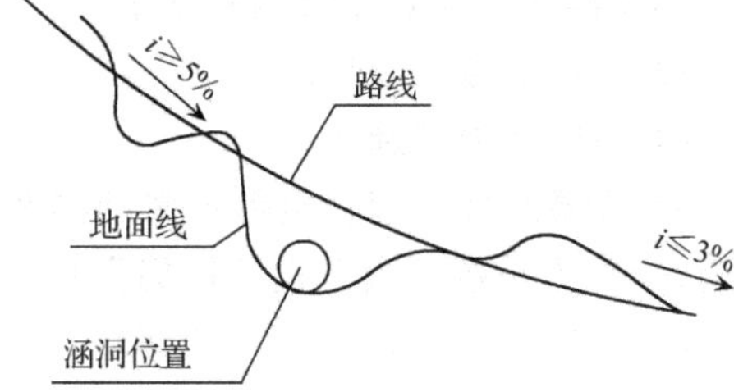

附图 2.4　纵坡陡坡变坡处

3. 路线交叉涵

当路线与铁路、公路或大车道、机耕道平面交叉时,为了不使边沟流水受阻,同时不致冲坏相交路线的路基,一般应设排水涵洞。

4. 农田灌溉涵

路线经过农作物区,当跨越稻田、水渠,为了不致因修路阻水而影响自流灌溉或淹没庄稼时,必须设置满足排水要求的涵洞。

5. 其他设涵情况

平原区路线穿过天然积水洼地,为沟通路基两侧水位、平衡水压而设置的涵洞。

路线紧靠村镇通过时,为排除村内地面汇水而设置的涵洞。

6. 小桥位置的确定

关于小桥位置的确定,主要根据地形、水文、地质等条件综合选定。一般应选在以下位置:

1）河面窄、河流顺直、水流平缓、地质条件好的河段。

2）桥位中线尽可能与洪水主流方向垂直的河段。

3）桥位应有利于布置两端引线的河段。

附 2.1.2　小桥涵类型选择

小桥和涵洞的使用，主要根据设计流量、路堤高度、沟谷的深浅及河床纵坡、地基情况以及建筑材料等确定。一般在宣泄能力容许范围内，当设计流量较小、跨越常年水流或季节性水流漂浮物少、不受路堤高度限制时采用涵洞比采用小桥经济。当设计流量较大、河道漂浮物多或有泥石流或冲积堆、两岸为陡峭的深沟且填土过高时宜考虑采用小桥。

（1）石拱桥（涵）

这是山区公路常用的结构类型。特点是：结构以受压为主，只需石料，不需钢材，造价低，结构坚固，自重及超载潜力大。适用于高填土路堤（路堤高度在 2.0～2.5m 以上）、盛产石料地区、设计流量超过 $10m^3/s$、跨径等于或大于 2m、地基情况较好时的情况。

与板式桥涵相比，拱式结构需要较高的建筑高度，不可能由工厂预制现场装配，遭受破坏后难以修复；施工时占用劳力较多，工期较长以及对地基要求较高，因而在使用范围上受到其缺点的限制。

（2）石盖板涵

石盖板除具有石拱涵就地取材、结构坚固等特点外，还具有在建筑高度上受限制较小，对地基条件要求不高以及施工简便，利于修复等特点。但由于其力学性能差，因而一般仅适用于跨径在 2m 以下的涵洞，填土也不能太高。其适应的设计流量常在 $10m^3/s$ 以下。

（3）钢筋混凝土盖板涵和钢筋混凝土箱涵

钢筋混凝土盖板涵是常用的结构类型。其主要特点是：建筑高度较低，受填土高度限制少，既能作明涵也能作暗涵；能采用工厂预制现场装配，施工简便迅速；为简支结构，对地基条件要求不高；遭受破坏后易于修复等。一般适用于缺石料地区，设计流量较大，填土高度受限等情况。对于钢筋混凝土箱涵，由于其结构整体性好，适用于软土地基，但造价高。

（4）钢筋混凝土圆管涵

钢筋混凝土圆管涵的涵洞力学性能好、构造简单、工程量小、施工方便、工期短、利于装配运输等。一般适用于孔径 0.5～2.0m；宣泄设计流量在 $10m^3/s$ 以下的小型涵洞。这种涵洞一般采用单孔比多孔经济，多孔时一般不宜超过 3 孔。

（5）钢筋混凝土板桥

钢筋混凝土板桥结构简单，可预制安装，施工方便，是跨度在 20m 以下的公路小桥常用的一种形式。一般跨径在 8m 以下采用实心板，跨度超过 8m 用空心板，其中跨度超过 13m 用预应力混凝土空心板，采用“先张法”预制。

（6）钢筋混凝土拱桥

在山区公路小桥中，钢筋混凝土拱桥也是常用的一种形式，可以现浇施工，也可以预制施工。例如，采用“化整为零”的方法预制施工的双曲拱桥以其结构轻、用料省、造价低、施工方便的特点得到广泛采用。

（7）各类桥涵单孔与双孔的选择

一般情况下，桥涵宜采用单孔。因为在相同的宣泄条件下，单孔比双孔要经济。双孔小桥涵通常是在建筑高度受限无法采用单孔,或因修建单孔跨径过大而不经济且河床中有良好的修建涵墩的地基条件时才采用。

附 2.2 小桥涵设计流量及孔径确定

附 2.2.1 水文资料调查及流量计算

桥涵设计流量是确定桥涵孔径及类型的依据。一条河沟的流量随季节气候变化而异,并且各年的最大流量也不尽相同。它是以一定设计频率要求的设计流量为准。设计流量的计算一般有以下几种方法。

1. 直接类比法

直接类比法是目前一般低等级公路勘测设计中所常用的一种方法。它是从调查原有公路、铁路、大车道、堤坎等小桥涵排水工作着手,通过类比确定拟建小桥涵的设计流量及孔径。

直接类比方法简便,能较真实地反映特定自然条件的径流特征和原有桥涵的状况,从而使拟建的桥涵比较符合客观实际。但采用此法时,必须在新建桥涵的上下游或邻近河沟上有已建的桥涵或其他排水构造物可以调查和类比。其具体调查内容如下。

1) 原有小桥涵的形式、孔径,墩台建筑、洞口加固类型,涵底(或河槽底)纵向比降,修建年月,过去有无损坏与维修,目前有无淤积及冲刷等。

2) 访问附近居民和养护单位,调查上游洞口附近的历史洪水痕迹和历年排洪情况,据此确定水头高度和洪水频率。

3) 调查拟建小桥涵与原有小桥涵之间的距离、两者的汇水面积或主河槽长度的相差数值,以及在地形地质上有无显著的变化与差别,据此拟定新建桥涵的设计流量。

2. 形态调查法

形态调查法是通过调查河槽形态与洪水位的方法取得河槽某一断面的泄水面积、平均流速及洪水频率等资料,据此确定设计流量。具体调查内容如下。

(1) 调查各种洪水位及其频率

通过广泛访问当地居民,调查并测定桥址附近河沟两岸不同年代、较大历史洪水所遗留下的痕迹。如对地形变化、漂浮物与植物覆盖的特征等进行详细调查,经过反复研究核查,确定比较可靠的设计洪水位及其频率。对于在 n 年内重现为 m 次的洪水位,其频率一般按下列近似公式计算

$$p=\frac{m}{n+1}\times 100\%$$

(2) 形态断面布设与测量

形态断面一般应布设在有较可靠的洪水调查资料并满足下述条件的河段。

1) 河流顺直、河床稳定、河床比降无急剧变化、河床在平面上没有很大收缩及扩

张处。

2）河段上无很大的石块、树枝、柴草堵塞。

3）在桥位及形态断面间无支流、岔流等情况。

当按沉积物粒径决定流速时，除满足以上要求外，在形态断面附近应具有高出常水位的浅滩。按河槽比降确定流速时，则宜选择曲率半径较小的河弯中部，并在河弯上无很大的收缩及扩张的河段。

形态断面测量可用手水准或水准仪沿垂直河流方向施测，施测宽度以高程作控制，应测到洪水痕迹或高程特征点高度以上1～2m。如断面离路线不远，其高程应引用路线上所设水准点的标高。形态断面与桥涵位置之间的距离及其联系关系应进行量测，并将其相互关系绘于调查记录本上。

(3) 天然流速资料调查

根据确定拟采用的天然流速公式来调查计算参数，目前在公路小桥涵勘测设计中常采用下列两种公式。

1）谢才公式：

$$V = C\sqrt{Ri}$$

式中：R——水力半径(m)，等于过水面积 w 与湿周之比，当水面宽度比断面平均水深大于10倍时，R 可近似采用相应水位下的平均水深；

i——洪水比降，可实测桥位上下游同一频率的洪水痕迹，测出各点高和间距以求得比降，其测量长度在平原区一般上游测100～200m，下游测50～100m，在山区可按上述距离减半；

C——形态参数，我国多采用满宁公式计算

$$C = \frac{1}{n}R^{y}$$

其中：n——河槽粗糙系数，其值与河沟曲直程度、岸壁粗糙程度、水流深浅、流速缓急和河滩种植情况有关，通过对河段形态特征的上述调查参照附表2.1和附表2.2分析选用。

附表 2.1 山区河槽粗糙系数

类别	河槽特征	n	$m=\frac{1}{n}$	y
1	在陡壁上开采出来的十分平整的人工引水河槽	0.020	50	$\frac{1}{6}$
2	同上类型，但只是将表面进行一般的整理	0.022	45.5	$\frac{1}{6}$
3	源于山区河流的天然河槽，但坡度不大，并处于良好的状况下，清洁、顺直的土质（黏土、砂、小砾石）河槽。纵坡 $I=0.0005\sim0.0008$	0.025	40	$\frac{1}{6}$
4	同样情况下，小卵石、砾石河槽，纵坡 $I=0.0008\sim0.0010$	0.030	33	$\frac{1}{5}$
5	河槽形态和表面状况良好的周期性河槽（较大的和较小的）与土壤一样，为小卵石、砾石河槽，但带有比较大的小卵石。纵坡 $I=0.001\sim0.003$	0.035	30	$\frac{1}{5}$
6	在良好条件下，周期性流水的土质河槽（干沟）；山区河流的下游规则，整治良好的小卵石河槽，纵坡 $I=0.003\sim0.007$	0.040	25	$\frac{1}{5}$

续表

类别	河槽特征	n	$m=\frac{1}{n}$	y
7	颇为堵塞、弯曲和局部植物丛生、水流不平稳的石质河槽(较大和中等河流);河底大卵石覆盖或有植物覆盖的周期性(暴雨和春汛)流水的河槽,纵坡 $I=0.0070\sim0.0015$	0.050	20	$\frac{1}{4}$
8	非常堵塞和弯曲的周期性流水的河槽,水流表面不平稳的山区型(中流)的卵石或巨石河槽,其纵坡 $I=0.05\sim0.09$	0.065	15	$\frac{1}{4}$
9	山区河流(中游和上游)上周期性流水的山区型巨石河槽,水流湍急有泡沫(水花向上喷溅),其纵坡 $I=0.05\sim0.09$	0.08	12.5	$\frac{1}{3}$
10	山区瀑布型河槽(多半在上流区段),河床弯曲并有大漂石,跌水现象明显,水花四溅以致使水失去透明性而变成白色,水流的声音盖过其他声音,其纵坡 $I=0.09\sim0.20$	0.10	10	$\frac{1}{3}$
11	特征与土壤相同的山区河流,但具有更强的阻力	0.140	7.5	$\frac{1}{3}$
12	山区河流具有极限最高阻力	0.20	5	$\frac{1}{2}$

附表 2.2 平原区河槽粗糙系数

类别	河槽特征	n	$m=\frac{1}{n}$	y
1	渠化河流的顺直区段,具有薄层的淤泥而较密实的土壤	0.020	50	$\frac{1}{6}$
2	渠化河流的风景区区段,具有薄层的淤泥而较密实的土壤	0.022	45.5	$\frac{1}{6}$
3	在良好状态下的天然土质河床,清洁、顺直、水流平稳	0.025	40	$\frac{1}{6}$
4	同上类条件下的小卵石与砾石河槽	0.030	33	$\frac{1}{5}$
5	在河槽与水流处于良好的状况下,经常流水的中等和较大的河沟	0.035	30	$\frac{1}{5}$
6	一般条件下比较清洁的经常流水的河槽,其流向具有不规则的弯曲,或流向虽顺直,但河底不规则,有浅滩、深坑、或零星的孤石,而无茂密杂草的平坦河滩	0.040	25	$\frac{1}{5}$
7	颇为堵塞,弯曲和部分长有植物,水流不平稳的多石的大、中河流的河槽,覆盖以正常数量植物(草、灌木丛),稍加整洁的较大和中等河流的河滩	0.050	20	$\frac{1}{5}$
8	十分堵塞和弯曲的周期性流水的河槽,比较堵塞的平坦缺整治的河滩(深坑、灌木丛、树木、存在回水),平原河流的多石滩区段	0.065	15	$\frac{1}{4}$
9	具有很深的深坑,植物丛生的河槽与河滩(水流很慢)	0.08	12.5	$\frac{1}{3}$
10	同上类但具有很不规则的斜流和回水等现象	0.100	10	$\frac{1}{3}$
11	沼泽型河流(芦、丛、草丘,在很多地方水不流动等),具有很大死水区域的、多树林的、有很深深坑以及湖泊的河滩等	0.140	7.5	$\frac{1}{3}$
12	同上类型,满布树林堵塞的河滩	0.200	5	$\frac{1}{2}$

2) 沉积物粒径公式:

$$V=\sqrt{20(\gamma-1)d}$$

式中:γ——石块密度,通常采用 $\gamma=2.5$,则公式可简化为 $V=5.5\sqrt{d}$;

d——洪水冲积物的平均粒径,其调查方法是在形态断面附近平时高出常水位的浅滩上，寻找为洪水沉积而非两侧河岸崩坍的最大石块，取其平均粒径，按此法计算平均流速较简便，但准确度低，一般与谢才公式计算结果验证采用。

（4）设计流量

$$Q = wV$$

3. 径流形成法

径流形成法是研究形成河流量大径流的诸因素，如暴雨强度、暴雨总量、土壤渗入强度、汇流时间等，据以确定设计流量。按径流成因推理建立的计算流量公式，由于侧重点及分析研究的途径不同，在公式形式上是多种多样的。公路上比较广泛采用的是原交通部公路科学研究所提出的径流形成简化公式和经验公式。

（1）简化公式（适用于 $F \leqslant 30\text{km}^2$）

$$Q = \phi(h-z)^{3/2}F^{4/5}$$

（2）经验公式（适用于 $F < 10\text{km}^2$）

$$Q = KF^N$$

式中：ϕ——地貌系数，根据主河沟平均纵坡 $I\%$ 和汇水面积 F 的大小，查附表 2.3 确定；

h——暴雨径流厚度（mm）；

z——滞流径流厚度（mm）；

F——汇水面积（km^2）；

K——径流模数，参见附表 2.4；

N——面积参数，参见附表 2.5。

附表 2.3　地貌系数（ϕ）建议值

地形	按主河槽平均坡度 $I/\%$	汇水面积 $F \leqslant 30\text{km}^2$ 时的 ϕ 值		
		$F \leqslant 10$	$10 < F \leqslant 20$	$20 < F \leqslant 30$
平地	1、2	0.05	0.05	0.05
平原	3、4、6	0.07	0.06	0.06
丘陵	10、14、20	0.09	0.07	0.06
山地	27、35、45	0.10	0.09	0.07
山岭	60～100	0.13	0.11	0.08
	100～200	0.14	—	—
	200～400	0.15	—	—
	400～800	0.16	—	—
	800～1200	0.17	—	—

主河沟平均坡度 I 是指从流域分水岭到桥（涵）址的主河沟平均坡度，一般多利用等高线地形图，沿河沟截取高程和距离，点绘出主河沟底纵断面，作等面积的切割线来确定平均坡度。如所测路段无现成地形图可以利用时，可沿主河沟进行实测，其测量方法可用手水准测高及皮尺量距，也可用经纬仪读测视距及高程。

附表 2.4 径流模数 K 值

频率	K					
	华北	东北	东南沿海	西南	华中	黄土高原
1∶2	8.1	8.0	11.0	11.0	9.0	5.5
1∶5	13.0	11.5	15.0	15.0	14.0	6.0
1∶10	16.5	13.5	18.0	18.0	17.0	7.5
1∶15	18.0	14.5	19.5	19.5	18.0	7.7
1∶25	19.5	15.8	22.0	22.0	19.6	8.5
1∶50	23.4	19.0	26.4	19.2	23.5	10.2

附表 2.5 面积参数 N 值

地区	华北	东北	东南沿海	西南	华中	黄土高原
N	0.75	0.85	0.75	0.68	0.75	0.80

注：1) 洪水塌平作用折减系数 β,根据桥涵至汇水面积重心的距离 L_0 查附表 2.6 求得。

2) 汇水区降雨不均匀折减系数 γ,由附表 2.7 查得。

附表 2.6 洪水塌平折减系数 β

汇水面积重心至桥涵的距离 L_0/km		1	2	3	4	5	6	7	10
β	平地及丘陵汇水区	1.00	0.95	0.90	0.85	0.80	0.75	0.70	0.60
	山地及山岭汇水区	1.00	1.00	1.00	0.95	0.90	0.85	0.80	0.70

附表 2.7 降雨不均匀折减系数 γ

汇流时间 t/min	γ							
	季候风地区				西北和内蒙古地区			
	汇水面积长度或宽度							
	25km	35km	50km	100km	5km	10km	20km	35km
30	1.0	0.9	0.8	0.8	0.9	0.8	0.7	0.6
45		1.0	0.9	0.9	1.0	0.9	0.8	0.7
60			1.0	0.9		0.9	0.8	0.7
80				1.0		1.0	0.9	0.8
100							0.9	0.8
150							1.0	0.9
200								1.0

注：当汇水面积的长度或宽度大于 5km 时，才考虑此种折减。

暴雨径流厚度 h(mm)是反映暴雨大小及形成径流各因素的一个综合参数。h 值确定的主要根据：路线所在地区的暴雨分区(附表 2.8)、相应公路等级的设计洪水频率(附

表 2.9)、汇水区土壤吸水类属(附表 2.10)、汇流时间 t(附表 2.11)四个因素，查径流厚度 h 表(附表 2.12)。

附表 2.8 暴雨分区范围

区别	分区界线				分区范围
	东	南	西	北	
第 1 区	由海河入海处起至太行山麓	黄河	五台山、太行山	燕山山脉	主要是太行山东南山区，包括：河北西北部，河南西北角，山西东部一小部分
第 2 区	黄河	黄河	海河入海处	太行山东麓	华北平原，包括：河北大部分，山东黄河以北，河南黄河以北的北角一小部分
第 3 区	黄河	沂河	运河	黄河、渤海	山东半岛，包括：山东大部分，江苏北部一小部分
第 4 区	黄山	天目山、黄山、大别山、大洪山、荆山	武当山、巫山	沂河、运河黄河、嵩山	淮河流域和长江下游平原，包括：江苏全部，安徽、河南的绝大部分，湖北北部的一小部分，山东西南角
第 5 区	武夷山	大夷岭和沿广西北部省界山脉	武陵山脉	黄山、大别山、大洪山、荆山	长江流域中游平原，包括：湖南全部，江西的万安、抚州、德兴以西的地区，湖北保康、广水以南地区，安徽西南角
第 6 区	指苍山、戴云山	罗浮云、九连山	武夷山、大夷岭北江、西江分水岭	天目山	东南丘陵区，包括：浙江，福建、广东的佛山，龙山以北地区，江西的万安，抚州以南地区
第 7 区	东海、北湾海峡		指苍山，戴云山	杭州湾	东南丘陵区，包括：浙江，福建的洞海地区
第 8 区	韩江、九龙江分水岭	南海	国界	罗浮山、九连山、云开大山、十万大山	东南丘陵区，包括：广东的龙山，广州以南地区，广西玉林、十万大山以南到沿海地区
第 9 区	北江、江西分水岭	云开大山、十万大山	沿经度 106°山脉	沿省界山脉苗岭山脉	东南丘陵区，包括：广西大部分，广东西部一小部分
第 10 区	武陵山脉	苗岭、国界	沿经度 107°山脉大娄山，沿经度 104°山脉	大巴山	云贵高原区，包括：贵州全部，四川东部和湖北西部地区，云南东部和广西西部地区
第 11 区	沿经度 104°山脉	国界	国界	纬度 28°	云贵高原区，包括：云南大部分，西川雷波，越西以南地区
第 12 区	沿经度 107°山脉	大娄山	茶坪山、邛崃山、来金山、大相岭	米仓山、摩天岭	四川盆地，包括：四川一大部分
第 13 区	大兴安岭、太行山、武当山、五台山、巫山	大巴山	洛河、泾河发源山脉分水岭	长城	黄土高原区，包括：山西太行山以西，应县、兴县以南大部分地区，甘肃岷县、榆中以东部分，陕西全部，河北怀来、张家口之间地区
第 14 区	大兴安岭	太行山、五台山	贺兰山、六盘山	阴山、锡林浩特、国界	北部高原和黄土高原，包括：内蒙古自治区的大部分，河北、山西、陕西及长城以北地区，黑龙江大兴安岭以西地区

续表

区别	分区界线				分区范围
	东	南	西	北	
第 15 区	小兴安岭	大小兴安岭南麓	大兴安岭	国界	黑龙江省齐齐哈尔以北地区，内蒙古一部分
第 16 区	国界	国界、龙江山、公主岭、双山、燕山山脉	大兴安岭	国界、大小兴安岭南麓	松花江平原，包括：黑龙江、吉林、内蒙古、大兴安岭以东，辽河平原以西，内蒙古的一部分，河北承德以北地区
第 17 区	龙江山、公主岭	千山、辽东湾	大兴安岭东麓	双山	运河平原区，包括：辽宁的大部分，即长春、通辽、建昌、旅大、平溪、辽源之间地区
第 18 区	鸭绿江	西朝鲜湾	旅大、本溪的连线	龙江山、千山	辽东半岛区，包括：辽宁的一部分，即旅大、本溪、浑江、鸭绿江之间地区

注：1）海南岛地区用第 8 区资料，兰州用第 14 区资料。
2）新疆、西藏地区，因形成最大洪水多为融雪水，不在本分区方案之内。
3）台湾省尚未分区。

附表 2.9　小桥设计洪水频率

构造物名称	公路等级			
	高速公路、一级	二级	三级	四级
小桥	1/100	1/50	1/25	1/25
涵洞及小型排水构造物	1/100	1/50	1/25	不做规定

附表 2.10　土壤吸水类属

类属号	土壤名称	含沙率/%
Ⅰ	无裂缝岩石、沥青面、混凝土面、冻土、重黏土、冰沼土、沼泽土、水稻土	0～5
Ⅱ	黏土、盐土、碱土、龟裂土、山地草甸土	5～15
Ⅲ	壤土(亚黏土)、红壤、黄壤、紫色土、灰化土、灰钙土、漠钙土	15～35
Ⅳ	黑钙土、黄土性土壤、灰色森林土、棕色森林土(棕壤)、森林棕钙土(褐土)、生草沙壤	35～65
Ⅴ	沙壤土(亚沙土)、生草的沙	65～85
Ⅵ	沙	85～100

注：1）表中所指含沙的粒径自 0.05～3.00mm。
2）取样位置在地面下 0.2～0.5m。
3）取样重量为 200g。
4）在根据土的类别确定径流厚度时，须考虑下列因素，酌予提高或降低类别：
① 如某种土的含沙率大于表列该类别的平均范围，可提高 1 类；
② 如底土不透水，视表土与中心厚薄，可降低 1 类；
③ 对于耕作土或异常松散土，可提高 1～2 类；
④ 如土中有遇水不闭合的裂隙(土岩土裂缝)或植物(森林)根系通道、虫孔、动物孔等较多时，可提高 1～2 类；
⑤ 土中夹杂碎石、卵石砾石特多时，可提高 1～2 类。

附表 2.11　汇流时间 t 值

汇水面积 F/km^2	$F \leqslant 10$	$10 < F \leqslant 20$	$20 < F \leqslant 30$
汇流时间 t/min	30	45	80

附表 2.12 常用径流厚度 h 值

区别	频率	汇流时间 t/min	径流厚度					
			土壤类别Ⅰ	土壤类别Ⅱ	土壤类别Ⅲ	土壤类别Ⅳ	土壤类别Ⅴ	土壤类别Ⅵ
第 1 区	1∶15	20	28	29	24	17	11	2
		45	47	35	29	21	13	2
		80	62	45	38	30	16	5
	1∶25	30	41	32	27	29	13	3
		45	50	35	32	25	15	5
		80	65	47	41	32	18	7
	1∶50	30	45	36	31	25	18	7
		45	56	44	38	30	20	9
		80	73	55	49	39	25	13
	1∶100	30	48	39	35	28	19	9
		45	59	48	42	33	24	12
		80	78	61	55	46	32	20
第 2 区	1∶15	20	43	34	28	22	15	—
		45	53	42	36	28	18	—
		80	68	51	45	34	16	—
	1∶25	30	48	38	32	27	18	3
		45	58	45	38	31	21	—
		80	70	54	42	37	20	—
	1∶50	30	51	43	37	30	22	8
		45	63	51	45	38	25	9
		80	79	62	55	45	29	7
	1∶100	30	57	48	43	36	28	12
		45	68	57	51	43	32	13
		80	86	69	61	51	35	15
第 3 区	1∶15	20	47	38	32	29	19	8
		45	61	48	42	35	25	11
		80	79	63	55	46	30	16
	1∶25	30	52	37	37	32	24	13
		45	66	54	48	41	31	17
		80	86	70	64	54	40	24
	1∶50	30	56	48	41	37	28	15
		45	70	59	52	46	34	20
		80	93	77	70	60	44	30
	1∶100	30	60	52	46	41	31	19
		45	75	63	57	50	39	26
		80	100	84	75	67	52	40

续表

区别	频率	汇流时间 t/min	径流厚度					
			土壤类别Ⅰ	土壤类别Ⅱ	土壤类别Ⅲ	土壤类别Ⅳ	土壤类别Ⅴ	土壤类别Ⅵ
第4区	1∶15	20	45	38	32	24	14	7
		45	57	46	40	32	20	10
		80	76	63	55	44	31	11
	1∶25	30	52	44	39	32	20	12
		45	64	54	50	40	25	14
		80	84	72	64	53	37	18
	1∶50	30	56	48	43	35	23	16
		45	70	62	35	45	32	21
		80	97	82	75	64	53	30
	1∶100	30	60	52	46	41	31	21
		45	78	68	63	54	40	28
		80	109	95	90	77	60	41
第5区	1∶15	20	40	32	27	21	11	3
		45	51	40	35	27	15	4
		80	66	53	44	35	20	6
	1∶25	30	43	35	30	24	14	5
		45	55	44	39	31	19	6
		80	72	60	52	42	26	9
	1∶50	30	48	10	35	27	17	7
		45	60	50	43	34	23	9
		80	78	65	57	47	32	15
	1∶100	30	56	48	43	35	24	12
		45	69	59	52	44	31	15
		80	89	77	68	59	42	22
第6区	1∶15	20	42	34	30	21	12	1
		45	51	40	35	26	15	2
		80	65	50	43	31	15	3
	1∶25	30	48	40	35	27	16	2
		45	57	47	41	32	19	3
		80	71	57	50	37	21	5
	1∶50	30	52	44	39	31	22	5
		45	61	51	46	36	23	6
		80	79	65	56	44	27	9
	1∶100	30	57	49	43	36	27	11
		45	69	60	52	44	30	11
		80	86	72	64	54	35	14

续表

区别	频率	汇流时间 t/min	径流厚度					
			土壤类别Ⅰ	土壤类别Ⅱ	土壤类别Ⅲ	土壤类别Ⅳ	土壤类别Ⅴ	土壤类别Ⅵ
第7区	1∶15	20	48	40	35	27	15	6
		45	59	50	43	34	19	7
		80	77	64	55	45	25	9
	1∶25	30	54	46	41	34	21	9
		45	68	57	51	41	26	10
		80	85	71	63	51	35	13
	1∶50	30	60	52	47	39	29	17
		45	75	66	59	50	35	19
		80	96	82	74	61	46	23
	1∶100	30	66	59	53	46	33	19
		45	83	74	66	58	40	24
		80	105	94	84	72	52	30
第8区	1∶15	20	55	47	43	35	25	17
		45	73	62	57	48	35	22
		80	99	85	80	67	51	32
	1∶25	30	59	52	47	39	27	18
		45	77	67	61	51	36	25
		80	105	92	83	72	56	38
	1∶50	30	65	58	53	45	34	24
		45	85	76	69	59	45	33
		80	116	103	95	82	63	49
	1∶100	30	70	63	58	49	39	30
		45	92	82	76	66	53	42
		80	131	118	110	96	79	63
第9区	1∶15	20	53	46	40	32	20	3
		45	63	53	45	36	22	4
		80	74	61	53	41	23	5
	1∶25	30	58	50	46	38	26	5
		45	69	59	53	42	28	6
		80	81	67	59	47	28	9
	1∶50	30	63	56	51	43	30	10
		45	74	64	58	48	32	9
		80	86	72	66	53	34	15
	1∶100	30	70	63	57	48	37	18
		45	80	71	64	55	40	19
		80	94	82	73	59	41	22

续表

区别	频率	汇流时间 t/min	径流厚度					
			土壤类别Ⅰ	土壤类别Ⅱ	土壤类别Ⅲ	土壤类别Ⅳ	土壤类别Ⅴ	土壤类别Ⅵ
第10区	1∶15	20	40	32	27	20	10	—
		45	40	38	32	24	10	—
		80	60	47	39	28	10	—
	1∶25	30	43	35	30	24	13	—
		45	54	43	38	29	16	—
		80	67	53	46	33	16	—
	1∶50	30	46	38	34	27	15	—
		45	57	46	41	32	19	—
		80	71	57	50	38	21	—
	1∶100	30	52	44	39	34	21	4
		45	64	54	48	40	25	4
		80	79	60	57	45	27	—
第11区	1∶15	20	36	29	23	16	8	—
		45	45	35	29	21	8	—
		80	60	46	36	27	7	—
	1∶25	30	40	31	27	16	9	—
		45	50	39	34	24	15	—
		80	64	50	42	30	11	—
	1∶50	30	43	34	28	20	12	—
		45	56	43	38	26	15	—
		80	68	55	46	35	19	—
	1∶100	30	45	39	32	25	15	—
		45	55	49	40	31	20	—
		80	73	62	51	41	25	—
第12区	1∶15	20	45	38	31	25	13	2
		45	53	44	35	28	15	2
		80	67	53	45	34	17	3
	1∶25	30	48	41	35	27	15	2
		45	58	48	41	32	19	2
		80	72	58	50	39	21	4
	1∶50	30	53	45	41	33	21	5
		45	62	52	48	38	23	5
		80	78	64	57	44	26	7
	1∶100	30	59	51	46	38	26	10
		45	71	61	53	45	30	10
		80	84	73	64	53	35	12

续表

区别	频率	汇流时间 t/min	径流厚度					
			土壤类别Ⅰ	土壤类别Ⅱ	土壤类别Ⅲ	土壤类别Ⅳ	土壤类别Ⅴ	土壤类别Ⅵ
第13区	1∶15	20	32	24	19	12	—	—
		45	38	26	20	11	—	—
		80	44	27	20	9	—	—
	1∶25	30	35	26	21	14	2	—
		45	41	29	24	15	—	—
		80	48	32	24	14	—	—
	1∶50	30	40	31	26	20	9	—
		45	47	35	30	21	6	—
		80	54	37	30	20	1	—
	1∶100	30	46	37	31	25	16	—
		45	52	41	35	27	14	—
		80	61	44	37	27	6	—
第14区	1∶15	20	27	19	15	3	—	—
		45	33	23	16	5	—	—
		80	41	24	16	4	—	—
	1∶25	30	30	21	16	3	—	—
		45	36	25	19	6	—	—
		80	45	27	20	9	—	—
	1∶50	30	34	25	20	14	6	—
		45	41	23	25	16	5	—
		80	50	34	25	15	1	—
	1∶100	30	38	30	29	17	10	—
		45	46	35	29	21	8	—
		80	57	39	32	22	3	—
第15区	1∶15	20	33	25	19	13	7	—
		45	41	30	24	16	—	—
		80	51	35	26	16	—	—
	1∶25	30	37	29	23	17	10	—
		45	46	35	29	20	9	—
		80	56	39	33	22	—	—
	1∶50	30	39	31	25	19	13	—
		45	49	39	32	24	16	—
		80	63	48	39	29	—	—
	1∶100	30	44	36	30	23	15	—
		45	54	43	36	29	19	—
		80	69	52	44	35	10	—

续表

区别	频率	汇流时间 t/min	径流厚度					
			土壤类别Ⅰ	土壤类别Ⅱ	土壤类别Ⅲ	土壤类别Ⅳ	土壤类别Ⅴ	土壤类别Ⅵ
第16区	1∶15	20	34	25	20	15	7	—
		45	42	30	24	17	5	—
		80	53	36	29	19	—	—
	1∶25	30	36	28	23	16	9	—
		45	45	34	28	20	10	—
		80	56	41	33	25	—	—
	1∶50	30	41	32	27	21	13	—
		45	90	30	33	26	15	—
		80	63	47	46	31	13	—
	1∶100	30	45	38	31	25	18	2
		45	56	44	38	30	21	1
		80	71	54	47	31	21	—
第17区	1∶15	20	48	39	35	28	21	1
		45	58	46	42	33	2	1
		80	70	54	45	35	36	2
	1∶25	30	52	44	39	32	24	6
		45	64	52	45	37	28	2
		80	76	67	53	42	26	2
	1∶50	30	58	50	49	32	29	2
		45	70	59	53	45	34	9
		80	85	68	60	50	52	5
	1∶100	30	66	58	52	45	38	19
		45	79	67	61	53	43	19
		80	93	76	69	59	42	13
第18区	1∶15	20	44	35	31	25	16	6
		45	52	44	38	30	20	5
		80	69	53	46	37	21	3
	1∶25	30	46	37	32	28	20	7
		45	57	46	40	32	22	8
		80	75	58	51	41	25	6
	1∶50	30	53	43	37	33	24	10
		45	64	53	46	39	28	12
		80	81	64	57	47	31	11
	1∶100	30	57	49	43	37	28	16
		45	69	58	52	45	33	18
		80	87	80	64	55	39	21

滞流径流厚度 Z，汇水区内滞留的径流厚度与植物覆盖的疏密程度、植物落叶残积层的厚薄及地面平整起伏情况有关，调查时应从整个汇水区着眼，取在汇水区面积上占绝对多数的植物覆盖类别选用 Z 值，如整个汇水区系由多种植物覆盖组成，则应分别估测其各所占面积，用加权平均法确定其 Z 值，即

$$Z=\frac{Z_1A_1+Z_2A_2+\cdots+Z_nA_n}{\sum A}$$

调查方法以登高眺望，目测估计并结合访问当地居民为主，如汇水面积图系实测，也可在测绘的同时，一并加以观察描述，勾绘出其范围，其值可按附表 2.13 查取。

附表 2.13　植物滞流和拦蓄径流厚度 Z 值

地面特征	Z/mm
高 1m 以上密草，1.5m 以下幼林，稀灌木丛，根浅茎细的旱农作物（如麦类）	5
高 1m 以上密草，1.5m 以上幼林，灌木丛，根深茎粗的旱农作物（如高粱），山地水稻田，结合治理，坡面已初步控制	10
顺坡带埂的梯田，每个 0.1～0.2m^3，每平方千米大于 10 万个的鱼鳞坑，每个 6.3m^3 左右，每平方千米大于 5 万 m 的平沟（后两项在黄土高原水土流失严重地区不考虑）	10～15
稀林、树冠所遮盖的面积占全面积的百分比（即郁闭度）为 40%以下，结合治理，坡面已基本控制者	15
平原小稻田	20
中等稠度林（郁闭度 60%左右）	25
水平带埂或倒坡的梯田	20～30
密林（郁闭度 80%以上）	35
阻塞地，青苔泥苔地，洪水时期长有农作物的耕地	20～40

汇水面积 F(km^2)是计算流量和排水系统综合设计的基本资料。一般是先在已有的小比例尺图上标出路线位置，并勾绘出各河沟上游的分水界线，然后再到现场进行查核，定出汇水区域平面图。如无现成地形图或某些流域需作重点调查时，可用简单仪器实施。

湖泊及水库折减系数 δ，可计算为

$$\delta=1-(1-K_{\mathrm{K}})\frac{F_{\mathrm{K}}}{F}$$

式中：F_{K}——小水库所控制的流域面积(km^2)；

F——桥涵位置以上全汇水面积(km^2)；

K_{K}——小水库本身的洪峰调节系数，它是溢洪流量与入库流量之比，一般为 0.6～0.9，当缺乏资料时，可取 $K_{\mathrm{K}}=0.7$。

附 2.2.2　孔径计算

孔径是桥涵下过水净空的大小，它是桥涵的基本尺寸。桥梁的孔径是指桥梁的孔径和跨径，而涵洞的孔径则指孔数、跨径和台高。例如(2～1.0)×1.0 则表示 2 孔，跨径

1m,台高 1m 的涵洞。

一条河沟修建桥涵后,将使水流发生两种变化:一是由于桥墩台压缩河床引起水位提高产生桥前壅水;二是由于水位提高后,压力增大使桥涵下流速加大。如果设计时将桥涵的跨径定得太小,虽然可以降低修建费用,但可能造成上游壅水淹没农田和增大路基填土高度,同时增加桥涵下河库加固工程。因而桥涵孔径计算,必须根据通过的设计流量,合理解决流速、桥涵壅水高度等各因素之间的矛盾。

1. 涵洞孔径计算

(1) 孔径计算的水力图式

与小桥相比,涵前水深可以低于涵洞高度或高于涵洞高度,一般有三种水力图式。

1) 无压力式涵洞,如附图 2.5 所示。当水流通过涵洞,在其全部洞身长度内部有与洞顶不接触的自由水面,此称无压力式流过。此时下游河槽的水流不影响洞内流出,因此它相当于自由式宽顶堰流过图式。

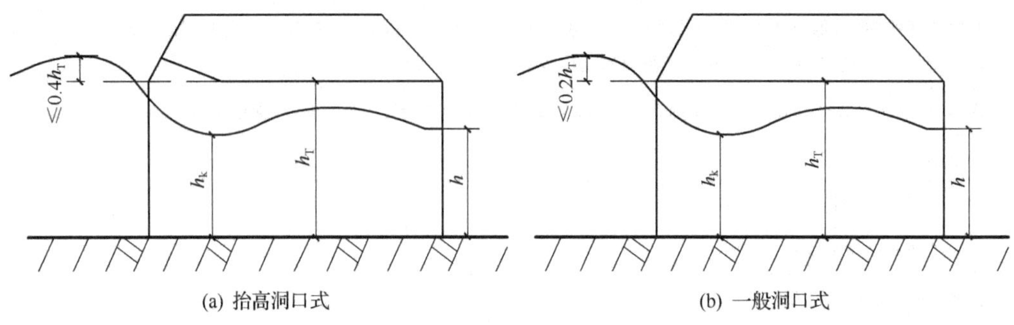

附图 2.5 无压力式涵洞

2) 半压力式涵洞,如附图 2.6 所示。涵洞进口被水淹没,但水流仅在洞口充满,而洞内仍有自由水面,此为半压式流过。此时洞口呈有压状态,与水流穿过壁孔流进水槽的水力图式相似。

3) 压力式涵洞,如附图 2.7 所示。涵洞进水口被水淹没并且整个洞身都无自由表面的称为压力式流时。此时整个涵洞呈有压状态,它与水力学中的管嘴流出的水力图式相同。

有压式涵洞由于洞内流速高、压力大,同时洞前积水较深,水流对涵洞和路基的破坏较大,采用时要慎重,并应符合以下要求。

① 洞身应用混凝土及钢筋混凝土结构。

② 一般限于单孔。

③ 上下游洞口要进行加固处理。

④ 洞身接头必须严密,不发生漏水、渗水现象。

通常新建公路多采用无压力式涵洞。只有当地形、地质、路线条件允许时才采用半压力式或压力式涵洞。在改建公路中有时为充分利用原有涵洞,常采用压力式或半压力式涵洞。

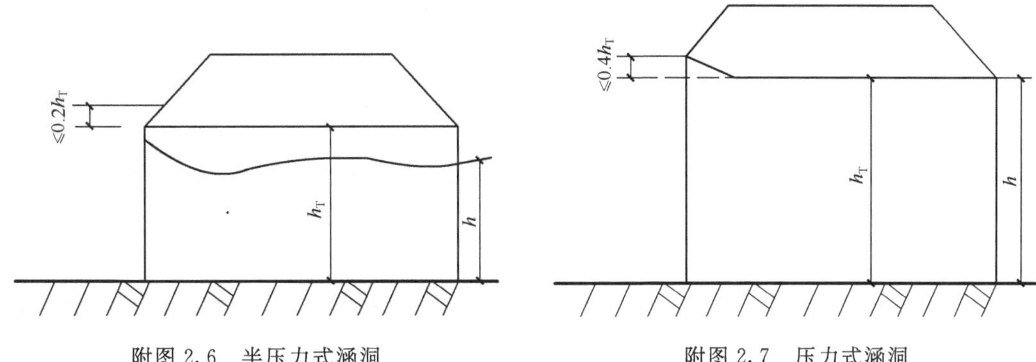

附图 2.6　半压力式涵洞　　　　附图 2.7　压力式涵洞

(2) 计算公式

根据宽顶堰流的基本公式，通过常采用的定型涵洞，将有关数据代入得下列简化公式。

石盖板及箱涵

$$Q = 1.575BH^{3/2} \qquad B = \frac{Q}{1.575H^{3/2}}$$

石拱涵

$$Q = 1.422BH^{3/2} \qquad B = \frac{Q}{1.422H^{3/2}}$$

圆管涵

$$Q = 1.69d^{5/2} \qquad d = \left(\frac{Q}{1.69}\right)^{2/5}$$

式中：Q——设计流量(m^3/s)；

B——涵洞宽即净跨径(m)；

d——圆管涵孔径(m)；

H——涵前壅水高度(m)，根据水的降落曲线近似计算为

$$H = \frac{h_{进}}{\beta}$$

其中：

$$h_{进} = h_{洞} - \Delta$$

式中：β——进口壅水降落系数，通常用 $\beta=0.87$；

$h_{进}$——进口处水流深度(m)；

$h_{洞}$——涵洞高度(m)，计算时可初步拟定；

Δ——进口处涵洞净空高度(m)，按附表 2.14 采用。

附表 2.14　无压力式涵洞内顶点至最高流水面的净高

涵洞进口净高(或内径)/m	净空高度/m		
	管涵	拱涵	矩形涵
$h \leqslant 3$	$\geqslant \frac{1}{4}h$	$\geqslant \frac{1}{4}h$	$\geqslant \frac{1}{6}h$
$h > 3$	$\geqslant 0.75$	$\geqslant 0.75$	$\geqslant 0.5$

【附例 2.1】 某石盖板涵,设计流量 $Q=4\text{m}^3/\text{s}$,计算其孔径。

解:初拟 $h_{洞}=1.5\text{m}$,由附表 2.14 查得

$$\Delta=\frac{1}{6}h_{洞}=\frac{1.5}{6}=0.25(\text{m})$$

$$H=\frac{h_{进}}{B}=(h_{洞}-\Delta)/0.87=(1.5-0.25)/0.87=1.44(\text{m})$$

$$B=\frac{Q}{1.757\times(1.44)^{3/2}}=1.48\approx1.5(\text{m})$$

选用孔径为(1～1.5m)×1.5m,则 $1.2h_{洞}=1.2\times1.5=1.8(\text{m})>H=1.44\text{m}$,属于无压力式。

2. 小桥孔径计算

(1) 小桥孔径计算的特点

1) 小桥的跨径与桥无一定比例关系的要求,因而小桥孔径计算主要是解决跨径问题,即在一定桥梁高度下,用增加跨径的办法来加大过水面积,以提高宣泄能力。

2) 小桥比涵洞孔径大得多,一般很少用河床加固来提高泄水能力,故容许流速是小桥孔径计算的重要控制条件。

3) 小桥一般水流都不会淹没整个桥孔(漫水桥除外),计算时都要保证水面距桥梁底有一定的净空高度。因而计算按水力学中的明渠宽顶堰计算。

(2) 小桥计算的水力图式

1) 自由流出。此时桥下游天然水深 h 较小,不影响上游水的流出,因此桥孔宣泄流量与桥下游的水流状态无关,仅与桥下的临界水深 h_k 有关。这时河槽的天然水深 h 小于或等于 1.3 倍临界水深,即

$$h_{天}\leqslant1.3h_k$$

2) 非自由流出。此时桥下游天然水深较深,直接影响桥下游水流状态。桥下流量降低,过桥流量比自由流出时有所减少。此时

$$h_{天}>1.3h_k$$

(3) 小桥孔径计算的程序

1) 确定河槽中的天然水深 $h_{天}$。

① 先假定天然水深 $h_{天}$,根据实测的河床断面,用此水深求过水面积 w 及湿周 X。

② 计算水力半径 R。

$$R=\frac{w}{X}$$

③ 由谢才公式计算水深为 $h_{天}$ 的天然流速,即

$$v=\frac{1}{n}R^2i^{\frac{1}{2}}$$

④ 由 $Q=wv$ 计算天然水深时的流量,将计算流量与设计流量相比较,若相差在 10%以内,则假定的天然水深符合要求,反之则试探性地重新设 $h_{天}$ 进行计算。

2）确定桥下临界水深 h_k。

平均临界水深$(h_k)_{cp}$为

$$(h_k)_{cp} = v_k^2/g$$

式中：v_k——桥下临界流速(m/s)。计算孔径时，应将其控制在桥下允许的不冲刷流速之内，即 $v_k = v_{容}$。关于各类土壤的容许流速，可以从《公路小桥涵勘测设计实用手册》一书中查取。

对于矩形桥孔断面$(h_k)_{cp} = h_k$。对于狭而深的梯形桥孔断面，其最大临界水深可由下式求得

$$h_k = \frac{B_k - \sqrt{B_k^2 - 4mB_k(h_k)_{cp}}}{zm}$$

式中：m——锥形护坡沿桥跨方向的斜率；

B_k——通过设计流量时，临界断面的水面宽度，即

$$B_k = gQ/\varepsilon v_{容}^2$$

其中：ε——侧向挤压系数，可由附表 2.15 查得。

附表 2.15　侧向挤压系数 ε

桥台形式	侧向挤压系数 ε	流量系数 M	流速系数 ϕ
单孔桥锥坡填土	0.9	1.55	0.90
单孔桥有八字翼墙	0.85	1.46	0.90
多孔桥或无锥坡式桥台伸出锥坡外	0.8	1.37	0.85
拱足淹没的拱桥	0.75	1.29	0.80

3）判定水力图式。

4）确定桥梁孔径长度 L。

① 自由流出时，由流量基本公式

$$Q = wv_k$$

而

$$w = (h_k)_{cp}B_k \qquad (h_k)_{cp} = \frac{v_k^2}{g}$$

则

$$Q = B_k v_k^3 \frac{1}{g}$$

所以

$$B_k = gQ/\varepsilon v_k^3$$

当为多孔时

$$B_k = \frac{gQ}{\varepsilon v_k^3} + Nd$$

式中：N——中墩个数；

d——每个中墩在水面线上顺桥跨方向的宽度(m)。

当桥孔断面为矩形时：$L=B_k$；

当桥孔断面为梯形时：$L=B_k+2m\Delta h$[式中：Δh 为桥梁上部结构底面高出水面的距离(m)]。

② 非自由流出时，则桥下水深为天然水深 $h=h_{天}$，则

$$B_{cp}=\frac{Q}{\varepsilon h v_{容}}+N_d$$

式中：B_{cp}——桥下过水断面的平均宽度(m)；

$v_{容}$——河床的容许不冲刷流速(m/s)。

桥孔断面为矩形：$L=B_{cp}$；

桥孔断面为梯形：$L=B_{cp}+2m\left(\frac{1}{2}h_{天}+\Delta h\right)$。

5) 计算桥前水深。

① 自由流出时，桥前水深按下式计算：

$$h=h_k+\frac{v_k^2}{2g\phi^2}-\frac{v_0^2}{2g}m$$

式中：ϕ——流速系数，其值可查附表 2.15；

v_0——桥前水深为 H 时的桥前流速(m/s)，即行近流速，当 $v_0\leqslant 1$m/s 时，公式中最后一项可略去不计。

② 非自由流出时，桥前水深 H 为

$$H=h_{天}+\frac{v_{容}^2}{2g\phi^2}-\frac{v_0^2}{2g}$$

(4) 确定桥头路堤及桥面最低标高

小桥孔径计算，除了解决桥孔长度外，还应考虑建桥压缩河床后引起桥前壅水时对路堤和桥面的影响，因此还需对路堤及桥面最低标高进行检查。

$$路堤高度=H+\Delta$$

式中：H——桥前水深(m)；

Δ——安全值，一般为 0.5m。

$$桥面最低标高=H+\Delta+K$$

式中：K——桥梁上部构造建筑高度(m)；

Δ——桥下净空高度(m)，见附表 2.16。

附表 2.16　桥下净空高度 Δ 取值

桥梁底部	Δ/m	
	高出设计洪水位以上	高出最高流水面以上
梁底	0.50	0.75
支承垫石顶面	0.20	0.50
拱脚	0.25	0.25
木桥梁底	0.25	0.50

附 2.3　小桥涵外业勘测

小桥涵位置测量目的有三点：第一，通过测量实地检查桥涵位置选择和布设是否恰当合理，并把桥涵位置（即中心桩）在实地设置出来；第二，与路线勘测设计密切配合，及时提供路线设计所必需的资料；第三，通过测量，为桥涵内业设计提供断面、地面标高及其他有关资料。其内容包括桥（涵）址测量、水文调查、地质及料场调查以及其他调查。

附 2.3.1　桥涵位置测量

桥址与涵址在测量要求上略有差异，现分述如下。

1. 桥址测量

1）测绘桥位中线及其上下游平行线的纵断面（即河床横断面）。在桥位选定后，可在桥头两岸离岸边 10～20m 处各钉中线桥位桩一个，然后沿上述桥位桩间施测桥址中线纵断面。平原区河沟仅当沟形弯曲或桥位斜交时，方需在桥上下游侧墙及锥形护坡坡足处增设 1～2 条平行线路的纵断面；山区河沟一般均需增测 2～3 条平行纵断面。平行纵断面均需测到两岸以上，其起测点的位置和高程要和中线桥位桩或路线中桩取得联系。

有了桥址中线和上下游平行线的纵断面图后，即可在图上布孔、定桥中心桩号和桥的高度，检查侧墙和锥形护坡的基础有无悬空或深埋现象，以便在套用标准图时能按实际地形进行适当修正。

桥址纵断面图上应标明桥位中心桩号，设计水位或调查洪水位、地貌特征等，遇有复杂或不良地质情况时，还需将地质试坑或钻孔柱状图绘于纵断面图上。

2）河床比降图的测绘。桥址附近的河床比降图可显示出其上下游沟底纵剖面有无陡坡、跌水及淤积、冲刷等现象，便于考虑是否需要设缓流设备，河床应否开挖及如何加固等，另外在孔径水力计算中求河沟的天然水深亦需河床比降数值。

3）河床比降施测范围。平原区河沟桥址上游一般测 200m，下游测 100m；丘陵区和山岭区河沟，上游测 100m，下游测 50m；但如上下游附近有跌水、陡坡，则应适当延长，把跌水、陡坡部分一并测出。

4）桥址地形图的测绘。小桥涵一般无须测绘地形图，当桥址上、下游河沟弯曲、地形起伏、流向紊乱，需纸上研究桥位布置、改移河道、设置导流工程或复杂的弯桥或斜桥时，则应实测桥址等高线地形图。测图范围应以能满足设计需要为准，测图比例一般采用 1∶200～1∶500，当测绘范围较大时可用1∶1000，等高线间距一般用 1m，地形平坦地区可用 0.5m。

2. 涵址测量

1）涵位中线纵断面测量。当涵位及其与路线的交角选定后，应自涵位中桩沿涵洞中线方向分别向上下游施测纵断面，施测长度一般各为 15～20m，但遇有改沟、筑坎或缓流设备等附属工程时，应适当延长之。每一地貌特征应予记录，注明是沟底还是沟边，以便决定涵底标高和比降。

2）涵址河沟横断面测量。在涵位中桩及上下游进出口翼墙处，各测一个垂直于涵位中线的横断面。平原区较顺直的河沟可只测涵位中桩一个横断面。山区河沟，当沟形十分曲折，地形起伏较大时，需在上下游纵面起伏较大处适当增测几个横断面。借以了解涵位附近的地形全貌，便于检查涵位及其与路线的交角是否合适，涵身与翼墙基础有无悬空现象，以便更合理地布设翼墙及洞口加固与缓流设备等。

施测范围，自涵位中线分别向两岸边以外 5～10m，并将测点的地貌特征记录下来标注在横断面图上。

3）涵址平面示意图勾绘，为了便于内业设计时了解涵址附近的地形地貌现状，当地形复杂、河流较弯曲、涵位与路线斜交、上下游河沟需改道或与其他构造物有干扰等情况时，有必要勾绘出涵址平面示意图。

附 2.3.2 桥涵地质调查

桥涵地质调查的目的在于摸清桥涵基础工程地质情况，为正确选定桥涵及附属构造物的基础类型和尺寸、埋置深度等提供有关资料。调查内容包括：基底地质土壤类别与特征，有无不良地质情况，土壤冻结深度及水文地质对桥涵基底与施工有无影响等。

方法以就地调查为主，挖探为辅，当地质条件比较简单，通过天然露头调查、访问当地群众，对附近原在桥涵调查，或能从有关地质部门取得当地区域地质资料，足以判明桥涵基底情况时，一般不进行专门勘探工作。仅当通过上述手段，不足以查明地质情况或设计有特殊需要时，方布置必要的挖探或辅以钻探。

探坑的布设位置、数量和深度，根据实际地质条件或设计需要而定，小桥涵一般布设1～2 个探坑，分别设在沟底中心或两侧台基（或上下游墙基）附近。挖探深度一般应不少于预定基底标高以下 1～2m，如条件允许，最好在挖探的同时分层选取代表性土样先做试验，以资鉴别。